国家哲学社会科学成果文库

NATIONAL ACHIEVEMENTS LIBRARY
OF PHILOSOPHY AND SOCIAL SCIENCES

新發現古籍紙背明代黃冊文獻復原與研究

孫繼民 宋坤 著

中国社会科学出版社

作者簡介

孫繼民 男，河北邯鄲人。武漢大學歷史系畢業，獲碩士、博士學位。河北省社會科學院研究員，河北師範大學兼職教授、博士生導師，邯鄲學院特聘教授、古籍紙背文書研究中心主任。2000年以前主要從事隋唐史和敦煌吐魯番文書、戰國秦漢時期的趙文化和地方史研究，2000年以後研究的興趣和重點逐漸向黑水城文獻整理研究轉移，2010年以後又向古籍紙背文書整理研究領域擴展。隋唐史和敦煌吐魯番文書方面的研究主要著作是《唐代行軍制度研究》《敦煌吐魯番所出唐代軍事文書初探》和《河北新發現石刻與隋唐史研究》；戰國秦漢時期趙文化和地方史研究方面的主要著作是《先秦兩漢趙文化研究》；黑水城文獻方面的代表作是《俄藏黑水城所出〈宋西北邊境軍政文書〉整理與研究》《俄藏黑水城漢文非佛教文獻整理與研究》和《中國藏黑水城漢文文獻的整理與研究》；古籍紙背文書整理研究的代表作是《公文紙本：傳世文獻最後一座待開發的富礦》一文和《南宋舒州公牘佚簡整理與研究》一書。

作者簡介

宋坤 男，河北南皮人，歷史學博士，現爲河北師範大學歷史文化學院教授、碩士生導師。主要研究方向爲黑水城漢文文獻及公文紙本古籍紙背文獻整理與研究，代表作《中國藏黑水城漢文文獻的整理與研究》（第二作者）、《明洪武三年處州府小黄册的發現及意義》（論文）等。

《國家哲學社會科學成果文庫》
出版說明

為充分發揮哲學社會科學研究優秀成果和優秀人才的示範帶動作用，促進我國哲學社會科學繁榮發展，全國哲學社會科學工作領導小組決定自2010年始，設立《國家哲學社會科學成果文庫》，每年評審一次。入選成果經過了同行專家嚴格評審，代表當前相關領域學術研究的前沿水平，體現我國哲學社會科學界的學術創造力，按照"統一標識、統一封面、統一版式、統一標準"的總體要求組織出版。

全國哲學社會科學工作辦公室
2021年3月

前　言

一

本書是2015年度國家社科基金重大招標項目"上海圖書館藏明代古籍公文紙背文獻整理與研究"的研究性成果之一。

"上海圖書館藏明代古籍公文紙背文獻整理與研究"的整理研究對象是上海圖書館藏《論衡》（宋乾道三年紹興府刻元印公文紙本）、《後漢書》（宋紹興江南東路轉運司刻宋元遞修明初公文紙印本）、《魏書》（宋刻宋元遞修明初公文紙印本）、《羅昭諫詩集》（明公文紙抄本）、《選詩》（明嘉靖二十八年湯易刻明公文紙印本）、《酉陽雜俎》（明刻公文紙印本）、《陶朱新錄》（明嘉靖公文紙印本）、《毅庵奏議》（明萬曆孫成名刻公文紙藍印本）、《漢隸分韻》（明正德十一年刻公文紙印本）、《勸忍百箴考註》（明正統十四年周恂如刻公文紙印本）、《武安王靈籤》（明刻萬曆公文紙印本）、《胡廉一撫孤井柳錄》（明胡山刻公文紙印本）、《藝文類聚》（明嘉靖二十八年平陽府刻公文紙印本）、《張司業詩集》（清初公文紙影宋抄本）、《增修復古編》（明公文紙影明初抄本）、《徐僕射集》（明張溥刻漢魏六朝百三名家集明公文紙印本）、《崔豹古今註》（明嘉靖十二年陳鈇刻公文紙印本）、《樂府詩集》（明末毛氏汲古閣刻公文紙印本）、《趙元哲詩集》（明萬曆十年朱應轂刻公文紙印本）、《負暄野錄》（明隆慶元年葉恭煥用嘉靖十八年公文紙抄本）、《歷代史纂左編》（明嘉靖四十年新安胡宗憲刻公文紙印本）和《梁昭明太子集》（明張溥刻公文紙印本）等22種公文紙本古籍的紙背文獻。這22種公文紙本古籍除《論衡》紙背文獻屬元代文書之外，其餘全部爲明代文書。

這些明代文書按照內容大致可分爲三類：第一類是行政類文書，包括各種公文，例如《羅昭諫詩集》紙背明天順三年（1459）爲覆勘錢泚之妻守節事浙江金華縣委官知縣蕭子楫呈文及鄰居保結狀等，《毅庵奏議》紙背明萬曆四年（1576）山東文武官員考語冊；第二類是軍事類文書，包括清勾軍士文冊、水軍餉銀文冊等，例如《勸忍百箴考註》紙背嘉靖三十年（1551）浙江杭州府仁和縣勾軍回答文冊，《武安王靈簽》紙背明萬曆十九年（1591）浙江台金嚴區水軍餉銀文冊；第三類是經濟類文書，包括黃冊類文書和藩王宗祿冊等，例如《藝文類聚》紙背爲萬曆時期交城王府、陽曲王府、西河王府和懷仁王府宗祿文書，《樂府詩集》紙背則爲多種明代賦役黃冊。

因"上海圖書館藏明代古籍公文紙背文獻整理與研究"屬於新出文獻的整理研究性課題，因此，本課題的最終成果也相應地分成了整理性成果和研究性成果兩類。整理性成果主要是刊發上述 22 種紙背文書的全部彩色掃描圖版和錄文，錄文整理同時加定名、題解、標點和校註等。該部分成果已經進入出版階段，目前正在加緊進行，預計不久就會面世。研究性成果主要是對紙背文書進行歷史學研究，這項工作幾乎與開始着手整理時同步進行，內容包括《武安王靈簽》紙背明萬曆年間浙江台金嚴區水軍餉銀文冊研究、《勸忍百箴考註》紙背嘉靖時期浙江杭州府仁和縣勾軍回答文冊研究、《論衡》紙背元延祐年間卷宗事目研究、《後漢書》紙背和《魏書》紙背明洪武三年（1370）處州府小黃冊研究、《樂府詩集》紙背多種明代賦役黃冊研究、《毅庵奏議》紙背明萬曆時期山東文武官員考語冊研究、《藝文類聚》紙背明萬曆時期交城王府、陽曲王府、西河王府和懷仁王府宗祿文書研究等，其中有些成果已經形成論文並發表。本書就是對這些研究成果中有關洪武三年（1370）小黃冊和明代其他各個時期賦役黃冊研究的專題討論和集中展示。

上圖有關明代黃冊的紙背文獻主要集中於 9 種公文紙本古籍，其中《後漢書》《魏書》紙背爲明洪武三年（1370）處州府小黃冊；《樂府詩集》紙背文獻包含 20 餘種不同時期、不同地域攢造的明代賦役黃冊；《梁昭明太子集》紙背文獻包含 3 種不同時期、不同地域攢造的明代賦役黃冊；《張司業詩集》紙背爲明永樂二十年（1422）某里賦役黃冊；《增修復古編》紙背文獻爲明天順六年（1462）某縣壹都壹圖賦役黃冊；《徐僕射集》紙背包含 8 種不同時期、不同地域攢造的明代賦役黃冊；《崔豹古今註》紙背爲明嘉靖十一年（1532）浙江衢州府龍游縣賦役黃冊；《趙元哲詩集》紙背爲明萬曆十年（1582）山東兗州府東平州東阿縣賦役黃冊。由此可見，上述黃冊文獻主要分爲兩類，洪武三年小黃冊和明代其他各個時期的賦役黃冊。

二

黃冊又稱戶籍黃冊或賦役黃冊，是一項明王朝用於控制人口和賦役徵派並堅持推行的重要制度。據史籍記載，明朝曾於洪武三年（1370）在部分地區試行小黃冊圖之法，洪武十四年（1381）開始在全國推行賦役黃冊制度。按照十年一大造的規定，據目前所知，有明一朝共計攢造小黃冊 1 次（僅部分地區試行）、賦役黃冊 27 次（除西南邊疆少數地區，明王朝在直隸府、州、縣及十四布政司均推行了賦役黃冊制度）。其作爲明王朝行政管理的一項基本制度，一直頗受學界重視。黃冊制度及其相關的明代里甲制度研究論著極爲豐碩，其中代表性論著主要有：

（一）小黃冊研究論著：

1962 年 3 月，小山正明在日本東洋文庫"實政錄研究會"上口頭發表了《關於里甲制設置的年代》一文，首次公佈了《永樂大典》中保存的"小黃冊圖之法"材料。[1] 之後，中日學界相繼展開了關於明初小黃冊之法的研究，如藤井宏《明初に於ける均工夫と稅糧との関係》[2]、鶴見尚弘《明代の畸零戶について》[3]、山根幸夫《明代徭役制度の展開》[4]、唐文基《明代賦役制度史》[5]、欒成顯《明代黃冊制度起源考》[6]《明代黃冊研究》[7]，夏維中、

---

①　[日]小山正明：《關於里甲制設置的年代》，實政錄研究會發言，1962 年 3 月。
②　[日]藤井宏：《明初に於ける均工夫と稅糧との関係》，《東洋學報》44（4），1962 年，第 465—494 頁。
③　[日]鶴見尚弘：《明代の畸零戶について》，《東洋學報》47（3），1964 年，第 351—380 頁。
④　[日]山根幸夫：《明代徭役制度の展開》，東京女子大學學會 1966 年版。
⑤　唐文基：《明代賦役制度史》，中國社會科學出版社 1991 年版。
⑥　欒成顯：《明代黃冊制度起源考》，《中國社會經濟史研究》1997 年第 4 期。
⑦　欒成顯：《明代黃冊研究》，中國社會科學出版社 1998 年版。

羅侖《關於洪武三年湖州府小黃冊圖之法的幾點考辨》①、夏維中《洪武初期江南農村基層組織的演進》② 等文，先後就小黃冊里甲人戶數及編排原則、小黃冊與賦役黃冊的演變關係等問題展開了熱烈探討。據已有研究，目前可確定曾實行小黃冊的地區包括湖州府、嘉興府、徽州府、蘇州府、處州府等地。

（二）賦役黃冊研究論著：

學界關於明代賦役黃冊的研究，興起於 20 世紀 30 年代。1935 年，日本學者清水泰次先生發表《江南經濟史方面的考察》③《明代の戶口冊（黃冊）の研究》④ 等文，對賦役黃冊與魚鱗圖冊關係及黃冊登載田土信息進行了論述。之後，1936 年梁方仲先生發表《明代的黃冊》⑤ 一文，1950 年又發表《明代黃冊考》⑥ 一文。此兩文中，梁先生對賦役黃冊的編造內容與格式、管理官員早期歷史與由來、賦役黃冊與魚鱗圖冊的關係及後湖黃冊庫的管理制度等問題進行了全面論述。二位先生關於黃冊的分析和研究，奠定了後來明代黃冊研究的重要基礎。1961 年，韋慶遠先生出版《明代黃冊制度》⑦ 一書，是學界全面論述明代黃冊制度的第一本專著，該書突出特點是堅持以黃冊制度爲中心，對其他相關制度，諸如里甲制度、軍戶世襲制度等也進行了充分論述，史料豐富、史論結合，附錄和附圖尤有價值。這一時期的研究特點是，學者所依據史料大都爲傳世史籍記載，對黃冊原件的涉及利用極少。

20 世紀 80 年代起，學者們開始逐步利用各大圖書館、博物館新發現的黃冊文書開展研究，通過對黃冊實物的分析和探討，極大推動了黃冊研究的深入。如，鶴見尚弘《關於明代永樂年間的戶籍殘篇——中國歷史博物館藏徽州文書》⑧ 一文指出：中國歷史博物館藏明萬曆九年（1581）丈量歙縣十

---

① 夏維中、羅侖：《關於洪武三年湖州府小黃冊圖之法的幾點考辨》，收於趙毅、林鳳萍主編《第七屆明史國際學術討論會論文集》，東北師範大學出版社 1999 年版，第 170—176 頁。
② 夏維中：《洪武初期江南農村基層組織的演進》，《江蘇社會科學》2005 年第 6 期，第 141—150 頁。
③ ［日］清水泰次：《江南經濟史方面的考察》，《日華學報》五，1935 年。
④ ［日］清水泰次：《明代の戶口冊（黃冊）の研究》，《社會經濟史學》5 卷 1 號，1935 年。
⑤ 梁方仲：《明代的黃冊》，《中央日報》"史學"專刊，1936 年 8 月 6 日、9 月 3 日、10 月 1 日。
⑥ 梁方仲：《明代黃冊考》，《嶺南學報》1950 年第 10 卷第 2 期，第 145—172 頁。
⑦ 韋慶遠：《明代黃冊制度》，中華書局 1961 年版。
⑧ ［日］鶴見尚弘：《關於明代永樂年間的戶籍殘篇——中國歷史博物館藏徽州文書》，氏著、姜鎮慶等譯《中國明清社會經濟研究》，學苑出版社 1989 年版，第 262—278 頁。

六都商字號魚鱗冊，裱紙部分是永樂二十年（1422）攢造的徽州府歙縣十七都五圖賦役黃冊相關之物；趙金敏《館藏明代戶帖、清冊供單和黃冊殘稿》① 和《明代黃冊的發現與考略》② 二文對中國歷史博物館藏"洪武四年（1371）徽州府祁門縣江壽戶帖"、"天啟元年（1621）休寧縣許威美供單"、"永樂黃冊殘稿"、"明徽州府休寧縣由山東鄉十八都十圖十甲黃冊"、"明徽州府休寧縣由山西鄉二十四都一圖五甲黃冊"和"明徽州府休寧縣由山西鄉二十五都三圖二甲黃冊底籍"等黃冊文書的攢造時間、所屬地點進行了詳細考證和史料分析。這時期最爲重要的研究成果是欒成顯先生利用徽州文書並結合其他文書資料發表的一系列文章，包括：《明初地主制經濟之一考察——兼敘明初的戶帖與黃冊制度》③《明代黃冊底籍的發現及其研究價值》④《明代黃冊制度起源考》⑤《明代黃冊人口登載事項考略》⑥《論明代甲首戶》⑦《明代戶丁考釋》⑧《賦役黃冊與明代等級身份》⑨ 和《明代黃冊歸戶底籍二種》⑩ 等。其研究成果最終彙集成《明代黃冊研究》⑪ 一書，書中欒先生對自己搜集到的 12 種黃冊遺存文書及 3 種黃冊相關文書進行了深入整理分析，並據此對明代黃冊種類、明初小黃冊實行、里甲編排、甲首戶數量等問題作了細緻考證，進而在宏觀上對明代地主制和明初人口爭論兩個明史學界的重要問題提出了自己的觀點，可稱是目前學界代表該領域最高研究水準的專題論著。2000 年，岩井茂樹先生發表《〈嘉靖四十一年浙江嚴州府

---

① 趙金敏：《館藏明代戶帖、清冊供單和黃冊殘稿》，《中國歷史博物館館刊》1985 年總第 7 期，第 102—107、138 頁。
② 趙金敏：《明代黃冊的發現與考略》，《中國歷史博物館館刊》1996 年第 1 期，第 70—83 頁。
③ 欒成顯：《明初地主制経済之一考察——兼叙明初的戶帖与黃冊制度》，《東洋學報》68（1、2），1987 年，第 35—70 頁。
④ 欒成顯：《明代黃冊底籍的發現及其研究價值》，《文史》（第 38 輯），中華書局 1994 年版，第 111—134 頁。
⑤ 欒成顯：《明代黃冊制度起源考》，《中國社會經濟史研究》1997 年第 4 期，第 34—43 頁。
⑥ 欒成顯：《明代黃冊人口登載事項考略》，《歷史研究》1998 年第 2 期，第 39—53 頁。
⑦ 欒成顯：《論明代甲首戶》，《中國史研究》1999 年第 1 期，第 119—132 頁。
⑧ 欒成顯：《明代戶丁考釋》，《中國史研究》2000 年第 2 期，第 135—143 頁。
⑨ 欒成顯：《明代黃冊與明代等級身份》，《中國社會科學院研究生院學報》2007 年第 1 期，第 89—96 頁。
⑩ 欒成顯：《明代黃冊歸戶底籍二種》，《安徽大學學報》（哲學社會科學版）2007 年第 5 期，第 101—110 頁。
⑪ 欒成顯：《明代黃冊研究》，中國社會科學出版社 1998 年版。

遂安縣十八都下一圖賦役黃冊殘本〉考》[1] 一文，經過詳細考證指出欒先生《明代黃冊研究》書中提及的 12 種黃冊遺存文書中祇有 4 種爲黃冊原本，並對嘉靖四十一年（1562）浙江嚴州府遂安縣十八都下一圖賦役黃冊殘本內容及黃冊與實徵冊的關係作了分析和探討。

（三）里甲問題研究論著

明代里甲制度是黃冊攢造的根基，與黃冊制度關係密切，因而對黃冊的研究基本均會涉及里甲制度，代表性研究成果主要有：松本善海《明代里甲的設置》[2] 一文認爲明代里甲制是爲了徵取稅役而按戶數單位編成的村落組織；山根幸夫《關於明代里長職責的考察》[3] 一文，對明代里長的職責和任期做了相關探討；鶴見尚弘《論明代的畸零戶》[4] 一文則通過對畸零戶的分析，認爲里甲制並非所謂的行政村落，而是屬於承認鄉村的現實階級關係，以村落共同體機能爲前提而建立起來的基層組織；梁方仲《論明代里甲法和均徭法的關係》[5] 一文對明代里甲制中的甲首人數、應役方式和二者關係作了探討分析，但因所見黃冊原件較少，結論頗多可商榷之處。關於里甲輪役方式，梁方仲、衛微、山根幸夫、松本善海、奧崎裕司、川勝守、李曉路、欒成顯、唐文基、小山正明、劉志偉、李新峰等學者均曾先後發表論著，對相關問題進行闡述，提出自己的觀點。[6] 李新峰先生曾對學界已有研究進行

---

[1] ［日］岩井茂樹：《〈嘉靖四十一年浙江嚴州府遂安縣十八都下一圖賦役黃冊殘本〉考》，載馬進夫主編《中國明清地方檔案研究》（研究成果報告書），2000 年，第 37—56 頁。

[2] ［日］松本善海：《明代里甲的設置》，《東方學報》1941 年第 12 卷第 1 號。

[3] ［日］山根幸夫：《關於明代里長職責的一點考察》，《東方學》1953 年第 3 期。

[4] ［日］鶴見尚弘：《明代の畸零戶について》，《東洋學報》47（3），1964 年，第 35—64 頁。。

[5] 梁方仲：《論明代里甲法和均徭法的關係》，《學術研究》1963 年第 4 期，第 49—55 頁；第 5 期，第 32—41 頁。

[6] 相關研究成果：梁方仲《明代糧長制度》（上海人民出版社 1957 年版）、《論明代里甲法和均徭法的關係》（收入《梁方仲經濟史論文集》，中華書局 1989 年版）；衛微《明代的里甲制度》（《歷史教學》1963 年第 4 期，第 40—41 頁）；山根幸夫《明代徭役制度的展開》（東京女子大學學會 1966 年版）；松本善海《中國村落制度史的的研究》（岩波書店 1977 年版）；奧崎裕司《中國鄉紳地主的研究》（汲古書院 1978 年版）；川勝守《中國封建國家的支配構造——明清賦役制度史的研究》（東京大學出版會 1980 年版）；李曉路《明代里甲制研究》（《華東師範大學學報（哲學社會科學版）》1983 年第 2 期，第 50—54 頁）；欒成顯《明代黃冊研究》（中國社會科學出版社 1998 年版）；唐文基《明代賦役制度史》（中國社會科學出版社 1991 年版）；小山正明《明清社會經濟史研究》（東京大學出版會 1992 年版）；劉志偉《在國家與社會之間——明清廣東里甲賦役制度研究》（中山大學出版社 1997 年版）；李新峰《論明初里甲的輪役方式》（《明代研究》2010 年第 14 期，第 17—43 頁）。

過詳細評述，指出對應着《明實錄》與《明史》，學界關於明初里甲制度的運作方式大體存在四種理解：梁氏（梁方仲）認爲每甲由常設一甲首和普通人戶組成，即每里十個甲首戶；以欒氏（欒成顯）爲代表的大多數則認爲每甲由十戶甲首組成；李氏（李曉路）認爲每甲設固定甲首輪應里長；以奧崎裕司爲代表的少數則認爲每年由各甲出一戶應役。李新峰先生則認爲明代里甲制度最初奉行各甲出一戶輪役的方式或設計理念，到洪武後期第二次修造黃冊時，各甲出一戶輪役的方式，開始迅速讓位於按甲輪差的方式。①

另外，在研究明代人口和宗族的部分論著中，也往往存在涉及明代賦役黃冊的內容，如王其榘《明初全國人口考》② 一文提到明代黃冊登載的人口數字不包括婦女在內；王育民《〈明初全國人口考〉質疑》③ 則認爲明代戶籍制度並非"女口不預"，否定了明代黃冊所載人口數字不包括婦女在內的說法；葛劍雄《明初全國戶口總數並非"丁"數——與王其榘先生商榷》④ 一文也主要是批駁明代黃冊所載人口不包括婦女之論斷；周紹泉《中國明代人口統計的經緯與現存黃冊底籍》⑤ 一文主要利用現存黃冊資料中的人口數來恢復明代人口的統計方式；周紹泉、落合惠美子和侯楊方《明代黃冊底籍中的人口與家庭——以萬曆徽州黃冊底籍爲中心》⑥ 及黃忠鑫《明清徽州圖甲絕戶承繼與宗族發展——以祁門瀛洲黃氏爲中心的考察》⑦ 等論著也有與賦役黃冊有關的明代人戶問題論述，此處不再一一贅述。

總體而言，當前學界關於明代黃冊制度研究已達相當深度和廣度，但仍存在着相對薄弱之處。例如，關於明初"小黃冊"的研究，學者討論基本均是依據 20 世紀 60 年代初期日本學者在《永樂大典》引《吳興續志·役法》中發現

---

① 李新峰：《論明初里甲的輪役方式》，《明代研究》2010 年第 14 期，第 17—43 頁。
② 王其榘：《明初全國人口考》，《歷史研究》1988 年第 1 期，第 181—190 頁。
③ 王育民：《〈明初全國人口考〉質疑》，《歷史研究》1990 年第 3 期，第 55—64 頁。
④ 葛劍雄：《明初全國戶口總數並非"丁"數——與王其榘先生商榷》，《中國歷史地理論叢》1990 年第 4 期，第 143—158 頁。
⑤ 周紹泉：《中國明代人口統計的經緯與現存黃冊底籍》，《中國學術》2001 年第 4 期，第 183—194 頁。
⑥ 周紹泉、落合惠美子、侯楊方：《明代黃冊底籍中的人口與家庭——以萬曆徽州黃冊底籍爲中心》，載張國剛主編：《家庭史研究的新視野》，生活·讀書·新知三聯書店 2004 年版，第 218—262 頁。
⑦ 黃忠鑫：《明清徽州圖甲絕戶承繼與宗族發展——以祁門瀛洲黃氏爲中心的考察》，《安徽史學》2016 年第 6 期，第 132—139 頁。

的唯一一段史料，但該段史料並非是小黃冊原件，且本身即存在前後抵牾之處，導致學界爭議頗多。又如，之前學界已知的明代賦役黃冊文書僅12種，數量較少，又均非黃冊正本，所屬區域也以徽州一地爲主，較爲集中，不利於對全國性或其他地區問題的討論。因而，明代黃冊研究仍有較大的推進空間。

三

筆者及課題組成員在上海圖書館藏9種公文紙本古籍紙背新發現了明洪武三年（1370）處州府1府4個以上縣15個左右都的小黃冊原件及明代不同時期、不同地域的賦役黃冊35種以上。另外，在整理相關紙背文獻過程中，還發現中國科學院國家科學圖書館藏《沈侍中集》紙背永樂二十年（1422）上海縣長人鄉賦役黃冊1種，哈佛大學燕京圖書館藏《重刊併音連聲韻學集成》《直音篇》紙背明代嘉靖、隆慶年間揚州府賦役黃冊1種，嘉德拍賣會曾拍賣《漢隸字源》紙背正德、嘉靖時期廬州府六安州永和鄉賦役黃冊1種，總計新發現明代黃冊文獻40餘種，其中主要以上圖藏公文紙本古籍紙背黃冊爲主。

上圖藏古籍紙背包括小黃冊和賦役黃冊在內的明代黃冊文獻具有重要的史料價值和學術價值，撮其要則不外乎兩點：一、明洪武三年（1370）小黃冊構成了上圖藏古籍紙背黃冊文獻的最大特色，也是上圖黃冊文獻的最大價值所在；二、賦役黃冊進呈本構成了上圖藏古籍紙背黃冊文獻的第二大特色，也是上圖藏古籍紙背黃冊文獻中僅次於小黃冊的第二個亮點所在。

有關明初小黃冊的記載，傳世史籍中僅見於《永樂大典》卷二二七七引《吳興續志·役法》中唯一一段"湖州府小黃冊圖之法"的記載，於20世紀60年代初由日本學者小山正明首先發現公佈，之後引起中日學界的極高關注。但《吳興續志·役法》發現的還祇是與小黃冊有關的史料，並不是小黃冊本身。小黃冊原本資料的發現者是日本學者竺沙雅章，他於1973年發表《漢籍紙背文書の研究》一文公佈了靜嘉堂文庫藏《漢書》紙背所見的8葉小黃冊文書。[1] 但由於研究領域的不同，竺沙先生的發現並未引起

---

[1] ［日］竺沙雅章：《漢籍紙背文書の研究》，《東京大學文學部研究紀要：第十四》，1973年，第37—52頁。

明史學界的關注。此後，有關小黃冊原本的信息再次趨於沉寂。筆者及課題組成員近年在上海圖書館發現的古籍紙背小黃冊數量驚人，位於《後漢書》紙背的明洪武三年處州府小黃冊多達365葉，位於《魏書》紙背的明洪武三年處州府小黃冊有247葉。如果再加上我們在四川圖書館發現的另一冊《魏書》紙背22葉，則小黃冊原本總葉數可達634葉，超過《漢籍紙背文書の研究》一文公佈數量的幾十倍，堪稱一宗數量可觀的小黃冊新文獻再發現。由此也足見小黃冊堪稱上圖藏古籍紙背黃冊文獻的最大特色。

本書第二章用相當大的篇幅介紹了小黃冊的基本情況，第三章則用整章的篇幅對有關小黃冊的若干問題進行了專題研究，例如小黃冊的歸屬地考證、浙江處州府某縣某都第四里小黃冊的綴合復原、處州府"小黃冊"書式復原與考釋、小黃冊所見明初里甲編排原則考略、明初小黃冊中帶管戶和畸零戶探析、明初小黃冊中寄莊戶分析等。其中最主要的一個亮點即是公佈了一批復原的小黃冊原本。所以，無論是小黃冊數量還是小黃冊復原的完整度以及小黃冊所占篇幅比重，其均足以稱是本書的最大特色。

如何衡量、判定小黃冊在黃冊文獻中所具有的資料價值和文獻意義，我們認爲應主要把握三個基本要素：一是數量關係要素，二是結構關係要素，三是供求關係要素。所謂數量關係實質就是某類文獻的總量，所謂結構關係是某處文獻占同類文獻總量的比例，所謂供求關係是某類文獻相對具體王朝傳世文獻的稀缺程度以及研究主體對該類文獻的需求程度。數量關係體現的是文獻的絕對供應量，結構關係體現的是文獻的相對供應量，供求關係體現的是文獻的有效供應量，這三個量分別代表了文獻的絕對值、相對值和有效值。上圖藏古籍紙背小黃冊在黃冊文獻中所具有的資料價值和文獻意義，主要是相對於賦役黃冊而言，相對於它處小黃冊而言，相對於明史學界對黃冊類文獻的需求程度而言。就文獻的數量關係而言，上圖藏古籍紙背小黃冊的目前已知數量不如學術界現在已知的賦役黃冊數量大，也不如上圖藏古籍紙背的賦役黃冊數量大，文獻的絕對值不如賦役黃冊大。但就文獻的結構關係而言，上圖藏古籍紙背小黃冊的擁有數量遠遠大於四川圖書館和日本靜嘉堂文庫的數量，上圖古籍紙背小黃冊文獻的相對供應量最大，文獻的相對值最高。就文獻的供求關係而言，小黃冊相關記載祇見於傳世史籍《永樂大典》一處，小黃冊原本文獻不見於任何傳世典籍，因此，上圖藏古籍紙背小黃冊與四川圖書館和靜嘉堂文庫藏古籍紙背小黄册屬於完整意義上的史料新發現，也屬於明史研究領域極度稀缺的新史料，對於明代賦役黄册制度研究領域有着極高的需求度。總之，小黄册儘管絕對值不高，但相對值最高，有效值最大，這就是我們稱之爲古籍紙背黄册文獻最大價值所在的基本原因。

我們稱賦役黄册進呈本構成上圖藏古籍紙背黄册文獻的第二大特色是相比較於小黄册而言，如果僅僅就賦役黄册而言，它在全國範圍內則又是獨一無二的。

對明代賦役黄册研究卓有成就的欒成顯先生曾在《明代黄册研究》一書中指出，此前已知的黄册遺存文書祇有 12 種：一、明永樂至宣德徽州府祁門縣李務本户黄册抄底；二、永樂徽州府歙縣胡成祖等户黄册抄底；三、成化嘉興府嘉興縣清册供單殘件；四、嘉靖四十一年嚴州府遂安縣十八都下一圖六甲黄册原本；五、萬曆徽州府休寧縣二十七都五圖黄册底籍；六、萬曆二十年嚴州府遂安縣十都上一圖五甲黄册殘件；七、天啟二年徽州府休寧縣二十四都一圖五甲黄册草册；八、崇禎五年徽州府休寧縣十八都九圖黄册殘篇；九、崇禎十五年徽州府休寧縣二十五都三圖二甲黄册底籍；十、天啟元年徽州府休寧縣二十四都一圖六甲許威美供單；十一、崇禎十四年祁門縣洪公壽户清册供單；十二、黄册歸户底籍：萬曆徽州府祁門縣吳自祥户黄册歸户册底、嘉靖徽州府歙縣程立信黄册析户册底。[①] 對於上述欒先生所列 12 種黄册遺存文書的性質，學界有着不同看法。日本學者岩井茂樹先生《〈嘉靖四十一年浙江嚴州府遂安縣十八都下一圖賦役黄册殘本〉考》[②] 一文對上述黄册遺存文書進行了考訂，並細分爲供單類文書、抄底底籍類文書和黄册原本類文書三種。他認爲供單類文書包括上列的第三、十、十一這三種，屬於編造黄册過程中各户申報的文書；抄底、底籍類文書包括上列的第一、二、五、九、十二這五種，其中"抄底"屬於依據黄册而謄寫部分內容的簿册，"底籍"是明代里甲保存的作爲賦役徵調依據的黄册底册，"歸户底籍"是依據官府正式黄册所載而編立的私家册籍，這五種文書並非官府的正

---

① 欒成顯：《明代黄册研究》，第 40—97 頁。
② ［日］岩井茂樹：《〈嘉靖四十一年浙江嚴州府遂安縣十八都下一圖賦役黄册殘本〉考》，第 37—56 頁。

規冊籍，與黃冊原本格式有所不同；黃冊原本類文書祇包括上列的第四、六、七、八這四種。按照欒成顯先生比較寬泛的標準，現今存世的黃冊原本不過 12 種，按照岩井茂樹先生比較嚴格的劃分和標準，欒先生所列 12 種黃冊類文獻中祇有第四、六、七、八這四種才屬於黃冊原本。無論是欒先生的寬泛標準還是岩井先生的嚴格標準，已知傳世的黃冊原本都非常之少。

我們知道，明代賦役黃冊以里爲單位攢造，匯總成冊後一式四份上解縣、府、省（布政司）和朝廷戶部各一份。上述欒先生和岩井先生均認可的四種黃冊原本屬於縣、府、省（布政司）和戶部哪一級官衙收貯的黃冊呢？岩井茂樹認爲第六種（即萬曆二十年嚴州府遂安縣十都上一圖五甲黃冊殘件）不屬於州縣之類官府保存的正式文本，而是里甲之下保存的底冊；第七種（即天啟二年徽州府休寧縣二十四都一圖五甲黃冊草冊）屬於爲編造正式黃冊而作的草稿（草冊）；第八種（即崇禎五年徽州府休寧縣十八都九圖黃冊殘篇）也不是休寧縣的正式簿冊，而是後來據"原本"謄寫或改造的有關黃冊的文書；第四種（嘉靖四十一年嚴州府遂安縣十八都下一圖六甲黃冊原本）屬於嘉靖四十一年（1562）大造過程中造冊的"原本"，但與第七種休寧縣"黃冊草冊"性質類似，也不是遂安縣收貯的正冊。總之，岩井茂樹認爲 8 種供單類文書、抄底底籍類文書並非黃冊原本，4 種黃冊類原本比較接近真正的黃冊正本，但又都屬於"草冊""底冊"之類，亦即認爲 4 種黃冊原本均非縣、府、省（布政司）和戶部四級官衙收貯的黃冊正本。所以他感歎後湖黃冊正本"今天我們已不能找出一冊一葉"。

然而我們在上圖藏古籍紙背新發現的大量賦役黃冊文獻就大都屬於各地解貯南京戶部後湖黃冊庫的進呈本，是真正的後湖黃冊正本。《樂府詩集》第十三冊紙背文書有這樣一葉黃冊殘葉：

該葉黃冊殘葉內容分爲上下兩部分，下半部分內容與普通賦役黃冊無異，上半部分內容有 5 行 49 字："一戶郭迪，原駁少田地壹拾叁畝伍分，米陸斗伍升壹合陸勺。回稱實在的該田地壹拾伍畝捌分肆厘，米柒斗叁升柒合玖勺。"文字之上鈐有一方篆文朱印，印文爲"管理後湖黃冊關防"。該葉上半部文字和印章實際上是後湖黃冊庫在駁查補造環節形成的查冊記錄、工作用語和印章確認，也是《樂府詩集》紙背黃冊文獻出自南京後湖黃冊庫的最確鑿證據。上圖藏古籍紙背賦役黃冊文獻主體部分是各地進呈後湖黃冊

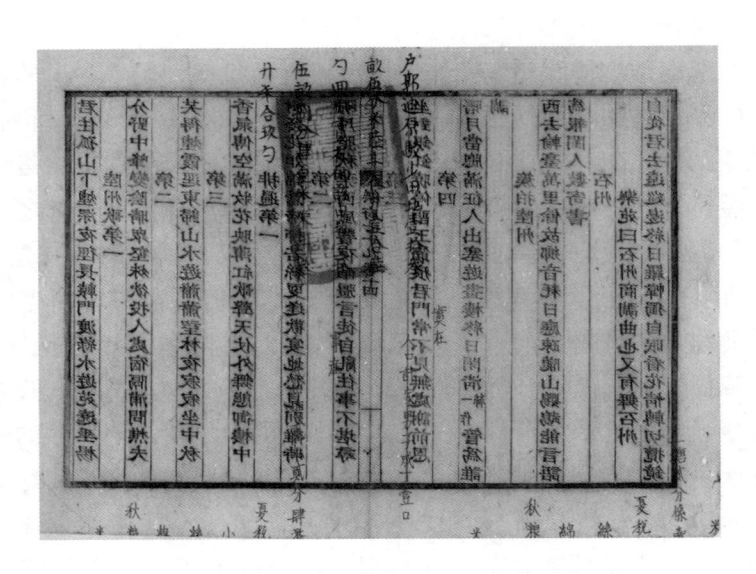

庫的正本可以無疑。這也是我們將賦役黃冊進呈本作爲上圖古籍紙背黃冊文獻的第二大特色、僅次於小黃冊的第二個亮點的基本原因。

當然，上圖古籍紙背黃冊文獻的價值是多方面的，以上概括的兩個方面祇是撮要而論，其它方面還可以舉出更多。例如《永樂大典》所引《吳興續志·役法》中發現有關小黃冊史料後，學術界對小黃冊之法實施地區的範圍曾經有過討論，欒成顯先生曾據徽州文書《嘉靖四十五年歙縣吳善塋經理總簿》（藏於臺灣"國立中央"圖書館）有明代黃冊始於洪武四年"黃冊底籍"的記載和《大明律·戶律》有關資料，推斷小黃冊之法洪武初期"不局限於湖州地區，至少是在浙北等江南相當一部分地區實行過。"[①] 上圖藏古籍紙背處州府小黃冊的發現完全證實了欒成顯先生的這一推斷。至於處州府小黃冊的發現爲研究明代里甲制度的創立、賦役黃冊登載形式的來源、里甲輪役方式等問題所顯示的史料價值，更無需贅言。

又如以往知道的賦役黃冊總數不過 10 多種，以攢造時間而言祇有永樂至宣德、成化、嘉靖、萬曆、天啟、崇禎等幾個時期，以地域而言則祇有徽州府祁門縣、歙縣、休寧縣及嘉興府嘉興縣、嚴州府遂安縣等地。而上圖藏

---

① 欒成顯：《明代黃冊研究》，第 23 頁。

古籍紙背明代黃冊文獻多達30餘種，攢造時間包括洪武三年、永樂二十年、天順六年、成化八年、弘治五年、正德七年、嘉靖三十一年、嘉靖四十一年、隆慶六年、萬曆十年等，正可與已知黃冊構成一個完整的時間鏈條；涉及地域則包括處州府龍泉、青田、遂昌等縣、浙江金華府永康縣、嘉興府桐鄉縣、衢州府龍遊縣、台州府臨海縣，直隸揚州府泰州、直隸蘇州府崑山縣、吳縣、長洲縣、嘉定縣，直隸松江府華亭縣；直隸常州府武進縣；直隸寧國府寧國縣；直隸應天府上元縣；山東東昌府茌平縣、兗州府東平州東阿縣；山西汾州、太原府代州崞縣、大同府應州；福建汀州府永定縣、興化府莆田縣；湖廣衡州府衡陽縣等27個州縣。這既大幅增加了明代黃冊文獻資源的數量種類，又極大豐富了明代黃冊文獻資源的地區分佈情況，尤其是其中山東、山西、福建、湖廣等地的黃冊，均為首次發現，史料價值更為珍貴。

四

  本書除前言和附錄之外，主體章節爲四章，每章又各含專題研究論文多篇：
  前言旨在介紹本書的來龍去脈，要旨在凸顯上圖藏古籍紙背明代黃冊文獻的核心史料價值和主要學術意義。
  第一章"公文紙本古籍紙背文獻綜論"為全書的背景性論述。因本書主要復原研究對象為新發現於古籍紙背的明代黃冊，而古籍紙背文獻又屬於一個相對比較新的概念，故本書首先對"公文紙本古籍紙背文獻"相關概念、存世數量、概念內涵與外延及其價值意義等問題進行了論述，以便於學者了解該批新發現明代黃冊文獻的相關背景。
  第二章"公文紙本古籍紙背所見明代黃冊文獻概述"主要是對目前已知的古籍紙背明代黃冊文獻進行了詳細梳理和概述介紹，主要介紹了新發現於各種公文紙本古籍紙背的39種明代黃冊。
  第三章"新發現公文紙本古籍紙背洪武三年處州府小黃冊復原與研究"，是對新發現上圖藏古籍紙背明洪武三年處州府小黃冊的復原與專題研究，主要包括小黃冊攢造縣都考證、處州府某縣某都第四里小黃冊復原、小黃冊書式復原、登載格式起源、明初里甲輪役編排原則及外役、畸零、寄莊等特殊民戶的考證等。

　　第四章"新發現上海圖書館藏古籍紙背明代賦役黃冊復原與研究"，則是對新發現的上圖藏古籍紙背各種明代賦役黃冊的復原與專題研究，主要包括正德七年（1512）揚州府泰州寧海鄉賦役黃冊戶頭散葉綴合復原，古籍紙背明代福建莆田縣、永定縣及山西汾、應二州賦役黃冊考釋，古籍紙背帶墨戳賦役黃冊考釋及古籍紙背賦役黃冊所見州縣軍戶和田土買賣問題考證等內容。

　　本書的附錄，主要包括三部分內容：

　　（一）"洪武三年處州府小黃冊綴合復原"。本書在研究過程中，已經完成了對新發現上圖及川圖藏古籍紙背所包含的處州府 4 個以上縣、15 個以上都、34 里、900 餘戶人丁和田產信息的小黃冊全部綴合復原工作，鑒於小黃冊的稀缺程度及重要學術、史料價值，本擬多公佈一些資料，但限於篇幅，最後僅選取了 3 個里的復原小黃冊收入：一種是收於本書第三章的"處州府某縣某都第四里"小黃冊復原，另外兩種即收入了本附錄的"青田縣四都某里"和"龍泉縣二都某里"小黃冊復原。其他復原小黃冊，待有機會，將盡快公佈。

　　（二）"新發現古籍紙背明代賦役黃冊示例"主要選錄了"永樂二十年（1422）浙江金華府永康縣義豐鄉壹都陸里賦役黃冊"、"成化八年（1472）山東東昌府茌平縣叁鄉第壹圖賦役黃冊"、"弘治五年（1492）浙江台州府臨海縣貳拾玖都貳圖賦役黃冊"、"正德七年（1512）直隸蘇州府崑山縣全吳鄉第陸保第拾圖賦役黃冊"、"嘉靖四十一年（1562）山西汾州南郭西廂關廂第拾壹圖賦役黃冊"、"萬曆十年（1582）山東兗州府東平州東阿縣賦役黃冊（稿）"、"某年湖廣衡州府衡陽縣賦役黃冊"等 7 種新發現的不同時期、不同地域的賦役黃冊部分內容和圖版。這些新發現黃冊均位於古籍紙背，而古籍本身又大都屬於善本書籍，借閱查看頗為不便，故而本書附錄部分內容，以提供給學界使用。但同樣因限於篇幅，每種僅能選取內容相對完整的幾葉散葉進行示例。

　　（三）"哈佛藏《韻學集成》《直音篇》紙背明代黃冊綴合與研究"主要對哈佛藏《韻學集成》《直音篇》兩書紙背明代揚州府賦役黃冊進行了簡要介紹，並復原出了 14 件相對完整的黃冊散葉。因其不屬於本書復原研究的主體——上圖藏古籍紙背文獻，但同屬新發現古籍紙背明代黃冊文獻，爲保證體例的統一和內容的完整，將其放入附錄部分，一併公佈。

最後特別說明，本書書名使用的"黃冊文獻"概念包括小黃冊和賦役黃冊兩種。我們在行文中對"小黃冊"盡量使用全稱，對"賦役黃冊"則在使用頻次較高的時候可能會以"黃冊"簡稱。另外，本書各章所收均爲專題性研究論文，這些文章當中既有已經公開發表的舊作，也有首次刊布的新論，由於形成時間不同，有些行文用語並不一致，有些內容也不免重復，在收入本書的時候，我們除做了一些必要的內容增刪修飾和文字統一處理之外，還盡量保持原文的面貌，以反映筆者對文書認識和研究的歷程。以上兩點希望讀者注意並予以理解。

目　录

前　言 ………………………………………………………………（1）

第一章　公文紙本古籍紙背文獻綜論 ……………………………（1）
　一　公文紙本：傳世文獻最後一座富礦 …………………………（1）
　二　現存古籍公文紙本數量概説 …………………………………（6）
　三　近代以來公文紙本古籍的流傳和存佚 ………………………（10）
　四　封皮裱紙文書：古籍公文紙背文獻的特殊形態 ……………（35）
　五　古籍公文紙背文獻學的内涵與外延 …………………………（42）

第二章　公文紙本古籍紙背所見明代黄冊文獻概述 ……………（53）
　一　公文紙本古籍紙背所見洪武三年（1370）處州府小黄冊 …（54）
　二　上海圖書館藏公文紙本《樂府詩集》紙背賦役黄冊 ………（78）
　三　上海圖書館藏其他公文紙本古籍紙背賦役黄冊 ……………（232）
　四　其他圖書館藏公文紙本古籍紙背明代賦役黄冊 ……………（314）

第三章　新發現公文紙本古籍紙背洪武三年處州府小黄冊復原與研究 ……………………………………………………（333）
　一　古籍紙背洪武三年（1370）小黄冊歸屬地考釋 ……………（333）
　二　《後漢書》紙背處州府某縣某都第肆里小黄冊復原與研究 …………………………………………………………………（347）
　三　古籍紙背洪武三年（1370）小黄冊書式復原及相關問題探析 ……………………………………………………………（393）

四　古籍紙背洪武三年（1370）小黄册所見明初里甲編排
　　　　原則考略 ………………………………………………（428）
　　五　古籍紙背洪武三年（1370）小黄册所見帶管户和畸零户
　　　　探析 ……………………………………………………（451）
　　六　古籍紙背洪武三年（1370）小黄册所見寄莊户淺析 ………（478）

第四章　新發現上海圖書館藏古籍紙背明代賦役黄册復原與研究 …（500）
　　一　《樂府詩集》紙背明代揚州府泰州寧海鄉賦役黄册户
　　　　頭散葉綴合復原 ………………………………………（500）
　　二　《樂府詩集》紙背明代福建莆田縣賦役黄册簡釋 …………（520）
　　三　《樂府詩集》紙背明代福建永定縣賦役黄册考釋 …………（537）
　　四　上海圖書館藏古籍紙背明代山西汾、應二州賦役
　　　　黄册考釋 ………………………………………………（576）
　　五　《樂府詩集》紙背明賦役黄册殘葉所見墨戳文字
　　　　内涵淺析 ………………………………………………（597）
　　六　《樂府詩集》紙背明代揚州府泰州寧海鄉賦役
　　　　黄册所見軍户登載格式探析 …………………………（609）
　　七　《趙元哲詩集》紙背明代兖州府東阿縣賦役黄册
　　　　所見軍户應役問題探析 ………………………………（633）
　　八　《樂府詩集》紙背明代賦役黄册所見田土推收過
　　　　割問題探析 ……………………………………………（654）

附　録 ……………………………………………………………（676）
　　一　新發現古籍紙背明洪武三年（1370）小黄册復原 ………（676）
　　二　新發現古籍紙背明代賦役黄册示例 ………………………（716）
　　三　哈佛藏《韻學集成》《直音篇》紙背明代賦役黄册
　　　　綴合復原 ………………………………………………（768）

索　引 ……………………………………………………………（804）

Contents

PREFACE ·· (1)

CHAPTER ONE A Summary of the Documents Written on the Back of the Ancient Books Made of official Paper ······················· (1)

  I Official Documents: The Last Rich Ore of Handed down Documents ··· (1)

  II An Overview of the Quantity of Existing Ancient Books of Official Documents ··· (6)

  III The Spread and Preservation of the Ancient Books of Official Documents since Modern Times ·························· (10)

  IV Documents with Cover and Mounted Paper: The Special Forms of the Documents Written on the Back of the Ancient Books Made of official Paper ·································· (35)

  V The Connotation and Extension of the Philology about the Documents Written on the Back of the Ancient Books Made of official Paper ·· (42)

CHAPTER TWO An Overview on Yellow Register Archives in the Ming Dynasty Which Found on the Back of the Ancient Books Made of Official Paper ············· (53)

  I The Small Yellow Register Archives of Chuzhou Prefecture in Hongwu Third Year (1370) Found on the Back of the Ancient Books Made of Official Paper ··· (54)

Ⅱ　The Yellow Register Archives of Taxes Written on the Back of the Ancient Books Named *The Collection of Poems of Yuefu* Which Made of Official Paper and Collected in Shanghai Library ·················（78）

　　Ⅲ　The Yellow Register Archives of Taxes Written on the Back of other Ancient Books Made of Official Paper and Collected in Shanghai Library ·················（232）

　　Ⅳ　The Yellow Register Archive of Taxes in the Ming Dynasty Which Written on the Back of the Ancient Books Made of Official Paper and Collected in other Libraries ·················（314）

CHAPTER THREE　The Restoration and Research on the Small Yellow Register Archives ofChuzhou Prefecture in Hongwu Third Year（1370）**Which Newly Discovered on the Back of the Ancient Books Made of Official Paper** ···（333）

　　Ⅰ　The Research on Location of Small Yellow Register Archives in Hongwu Third Year（1370）Written on the Back of the Ancient Books Made of Official Paper ·················（333）

　　Ⅱ　The Restoration and Research on the Small Yellow Register Archives of the Fourth Li belongs to One Du of One County in Chuzhou Prefecture Found on the Back of the Ancient Books Named *Hou Han Shu* Which Made of Official Paper ·················（347）

　　Ⅲ　The Restoration and Analysis on the Small Yellow Register Archives of Chuzhou Prefecture in Hongwu Third Year（1370）Written on the Back of the Ancient Books Made of Official Paper ·················（393）

IV　The Study of the Principle of Arrangements of Li-jia in the Early Ming Dynasty Found in the Small Yellow Register Archives in Hongwu Third Year (1370) Written on the Back of the Ancient Books Made of Official Paper ……………(428)

V　The Analysis of DaiGuan Household and JiLing Household of the Small Yellow Register Archives in Hongwu Third Year (1370) Written on the Back of the Ancient Books Made of Official Paper ……………(451)

VI　A Brief Analysis of JiZhuang Household of the Small Yellow Register Archives in Hongwu Third Year (1370) Written on the Back of the Ancient Books Made of Official Paper …………(478)

CHAPTER FOUR　The Restoration and Research on the Yellow Register Archives of Taxes in the Ming Dynasty Written on the Back of the Ancient Books Made of Official Paper and Collected in Shanghai Library ……………………(500)

I　The Compiling and Restoration of the Yellow Register Archives of Taxes Which belongs to Ninghai County of Tai State in Yangzhou Prefecture Written on the Back of the Ancient Books Named *The Collection of Poems of Yuefu* ……………………………………………(500)

II　The Study of the Yellow Register Archives of Taxes of Putian County in Fujian Province Written on the Back of the Ancient Books Named *The Collection of Poems of Yuefu* ……………………………………(520)

III　The Study of the Yellow Register Archives of Taxes of Yongding County in Fujian Province Written on the Back of the Ancient Books Named *The Collection of Poems of Yuefu* ……………………………………(537)

A Study of Newly Discovered Ming Dynasty Yellow Register Recorded on
Reused Government Documents: Restoration and Analysis

  IV The Study of the Yellow Register Archives of Taxes of Fen
    State and Ying State in Shanxi Province Written on the
    Back of the Ancient Books Collected in Shanghai Library ······ (576)
  V The Analysis of the Connotation of the Ink – stamped Words
    on the Remaining Sheets of the Yellow Register Archives of
    Taxes Found on the Back of the Ancient Books Named
    The Collection of Poems of Yuefu ······ (597)
  VI The Analysis on the Publication Format of the Military
    Families of the Yellow Register Archives of Taxes Which
    belongs to Ninghai County of Tai State in Yangzhou
    Prefecture Written on the Back of the Ancient Books
    Named *The Collection of Poems of Yuefu* ······ (609)
  VII The Research on Corvee of Military Families of the
    Yellow Register Archives of Taxes Which belongs to
    Dong'e County in Yunzhou Prefecture Written on
    the Back of the Ancient Books Named *The*
    Collection of Poems of Zhaoyuanzhe ······ (633)
  VIII The Exploration on the Land Transaction of the
    Yellow Register Archives of Taxes in the Ming
    Dynasty Written on the Back of the Ancient Books
    Named *The Collection of Poems of Yuefu* ······ (654)

Appendix ······ (676)

  I The Restoration on the Small Yellow Register Archives
    in Hongwu Third Year (1370) Which Newly Discovered
    on the Back of the Ancient Books ······ (676)
  II The Examples of the Yellow Register Archives of Taxes in
    the Ming Dynasty Which Newly Discovered on the Back
    of the Ancient Books ······ (716)

III The Compiling of the Yellow Register Archives in the Ming Dynasty Written on the Back of the Ancient Books Named *Rhyme integration* and *ZhiYinPian* Collected in Harvard ·· (768)

第 一 章
公文紙本古籍紙背文獻綜論

一　公文紙本：傳世文獻最後一座富礦

　　近代以來，我國對典籍文獻新資源的利用和開發首先開始於考古出土新文獻的發掘、整理和研究，上世紀 50 年代以後特別是 80 年代以後又擴展到傳世典籍文獻新資源的搜集、整理與開發。考古出土新文獻的發掘、整理與研究的對象就是人們津津樂道的近代考古新材料的"三大發現"或曰"四大發現"。稱三大發現者通常指商周甲骨文、戰國至西晉簡帛文字、十六國至宋初敦煌文書（包括吐魯番文書）；稱四大發現者則加上屬於宋遼夏金元時期的黑水城文獻。傳世典籍文獻新資源的搜集、整理與開發的對象主要是明清內閣大庫檔案、徽州文書、清水江文書以及巴縣檔案、南部縣檔案、河北獲鹿檔案等等。經過近百年，特別是改革開放以來 30 多年，我國學術界、出版界在文獻新資源的整理、開發方面取得了輝煌成就，出版了一系列標誌性的大型文獻資料編纂成果，對文獻新資源整理與開發涉及的範圍之廣、種類之多和數量之大，幾乎涵蓋了傳世典籍文獻和考古出土文獻的各個方面，從而形成了我國歷史上前所未有的整理出版新文獻的高潮。不過，在目前已出考古新文獻基本整理完畢（仍有一批正在進行中），各地古代公私檔案（包括民間散存的各種文獻）正陸續進入相關地區、部門研究者視野或已着手整理，普遍認爲除了將來考古新發現之外已無大宗新材料新文獻發現空間的情況下，筆者提請學界同行注意：我們還有一筆非常豐厚卻基本不爲人所知而處於待開發狀態的文化遺產和文獻資源，這就是蘊藏於我國傳世典籍文獻中的公文紙本文獻。

所謂公文紙本，在版本學界和目錄學界通常稱爲公文紙印本，也稱公牘紙本、文牘紙本、官冊紙本等，是古籍刻印本的一種特殊形態，專指宋元明時期利用官府廢棄的公文檔冊帳簿（包括私人書啓等寫本）紙背刷印的古籍，亦即古人利用公私廢舊紙張背面印刷的古籍印本。不過，筆者認爲，對"公文紙印本"概念的使用還需要有一個補充説明，即除了"公文紙印本"之外，還應該有"公文紙抄本"的概念，即古人利用公私廢舊紙張背面抄寫的古籍，公文紙抄本雖然極少，但畢竟存在（詳下），應視爲"公文紙本"之一類。

現存的公文紙本最早爲宋代，元明時期相對較多，清代很少見。傳世公文紙本的數量，周廣學先生《古代的公牘紙印書》一文所列有 16 種[①]，日本學者竺沙雅章先生《漢籍紙背文書の研究》一文曾就包括中國大陸、臺灣和日本在内的所見所知做過統計，共計 35 種，其中，宋代 9 種，元代 9 種，明代 17 種。[②] 竺沙雅章先生的統計並不全面，筆者曾據《中國古籍善本書目》所載進行過不精確的統計，發現宋元明時期的公文紙印本遠不止 35 種，各朝公文紙印本累計至少達 64 種之多。而瞿冕良先生在《略論古籍善本的公文紙印、抄本》一文中更是羅列出各代公文紙印本 81 種，另外還列出公文紙抄本 15 種，總計 96 種。[③] 這仍然不可能是現存公文紙本的全部，例如沈津先生《公文紙印本——〈重刊併音連聲韻學集成〉》[④]《明代公文紙抄本兩種——〈明文記類〉〈觀象玩占〉》[⑤] 兩文介紹的公文紙印本《重刊併音連聲韻學集成》和公文紙抄本《明文記類》《觀象玩占》，這三種印本和抄本即不在瞿冕良先生的統計之列。由此推測，古代公文紙本的總數超過 100 種應無疑義，估計至少應有一百幾十種左右。

---

　　① 周廣學：《古代的公牘紙印書》，《圖書與情報》1991 年第 3 期。
　　② [日] 竺沙雅章：《漢籍紙背文書の研究》，《東京大學文學部研究紀要：第十四》，1973 年，第 1—54 頁。
　　③ 瞿冕良：《略論古籍善本的公文紙印、抄本》，《山東圖書館季刊》1992 年第 2 期。
　　④ 沈津：《公文紙印本——〈重刊併音連聲韻學集成〉》，收於氏著《書林物語》，上海辭書出版社 2011 年版，第 53—60 頁。
　　⑤ 沈津：《明代公文紙抄本兩種——〈明文記類〉〈觀象玩占〉》，收於氏著《書林物語》，第 61—66 頁。

因爲現在缺乏古代公文紙本的總數統計，公文紙本所包含的古代公私文獻的總量不得而知，但我們不妨做一個大致推測。按現存公文紙本總數 100 種推算，如果每種約略相當《宋人佚簡》①所含公私文檔 780 頁左右，則公文紙本總數 100 種應含公私文檔約在 78000 面左右；如果每種約略相當《宋西北邊境軍政文書》②所含文檔 109 頁左右，則公文紙本總數 100 種應含公私文檔 11000 面左右。《宋人佚簡》屬於篇幅相對較大的公文紙本，《宋西北邊境軍政文書》屬於篇幅相對較小的公文紙本，二者相加除以二，則 100 種公文紙本所含公私文檔的平均總數應在 44000 面左右。我們知道，專家們估計敦煌文書總數約有 58000 多件，吐魯番文書總數約有 42000 件，黑水城文獻約有 20000 件左右（當然，我們這裏說的敦煌、吐魯番文書和黑水城文獻的"件"，與公文紙本的"頁"即"面"有所不同。有的"件"可能包含多個"面"，例如黑水城文獻 20000 件，白濱先生估計其頁數應在 15—20 萬面之間）。可見，公文紙本所含公私文檔總頁（面）數雖然不能與敦煌文書、吐魯番文書和黑水城文獻相提並論，但其數量之大仍足以堪稱是敦煌文書、吐魯番文書和黑水城文獻之外的又一大宗歷史文獻。

公文紙本所蘊涵的文獻在來源上與敦煌文書、吐魯番文書和黑水城文獻明顯不同。敦煌文書、吐魯番文書和黑水城文獻屬於考古出土文獻，公文紙本則屬於傳世文獻的一部分。不過，公文紙本又與一般意義上的傳世文獻不同。如果說傳世文獻包括以古籍形式流傳的文獻和以公私檔案形式流傳的文獻兩大部分的話，那麼，以古籍形式流傳的文獻和以公私檔案形式流傳的文獻，均爲藏者和讀者有了一定程度的了解或研究，包括著錄、閱讀和使用，屬於人們已知或曰已經開發、利用的傳世文獻。而公文紙本則因爲屬於冊子線裝形式的古籍的背面文獻，古籍由於線裝裝訂的緣故不能或不宜輕易打開，因此其背面文獻內容不爲人知或知之甚少。所以，它在相當程度上屬於人們未知或曰未被開發、利用的傳世文獻。公文紙本雖形式上屬於傳世文獻卻在性質上類似於考古新發現的新文獻，而其總量又僅次於敦煌文書、吐魯

---

① 《宋人佚簡》爲宋龍舒本《王文公文集》紙背文獻，見上海市文物管理委員會、上海博物館編：《宋人佚簡》，上海古籍出版社 1990 年版。
② 《宋西北邊境軍政文書》爲西夏文《文海寶韻》紙背文獻，圖版收於《俄藏黑水城文獻》第 6 冊，上海古籍出版社 2000 年版，第 164—273 頁。

番文書和黑水城文獻的規模，這便是我們將其稱爲傳世文獻最後一座待開發富礦的原因所在。

公文紙本文獻作爲一種文獻資源富礦，目前的利用或曰開發極其有限，筆者所知僅有兩種。一種是出自黑水城文獻的《宋西北邊境軍政文書》[①]，一種是根據宋代公文紙印本《王文公文集》背書整理而成的《宋人佚簡》。《宋西北邊境軍政文書》本是宋代西北邊境鄜延路地區（今延安地區）軍政活動的原始記錄和公文檔案，共109頁，涉及兩宋之際政治軍事活動、陝西戰場宋軍的軍事建置、陝西駐軍司法活動、軍人日常生活和管理及宋代文書制度等方面內容，後落入西夏之手，其背面被用來印刷西夏文刻本《文海寶韻》，原書今藏俄羅斯聖彼德堡東方文獻研究所，後影印收入《俄藏黑水城文獻》第6冊，2000年由上海古籍出版社出版。筆者於2006年申請並獲國家社科基金資助，撰著而成《俄藏黑水城所出〈宋西北邊境軍政文書〉整理與研究》一書，2009年由中華書局出版發行。《宋人佚簡》係拆自宋刻龍舒本《王文公文集》。《王文公文集》即王安石文集，現存殘帙兩部，一在日本，一在中國（藏於上海博物館）。在日本的一部爲普通印紙，在中國的一部爲公文紙印本。中國的這部印本現存72卷（原本應有100卷），共900餘頁，其中大部分是用公文紙刷印，達780餘頁。這些舊紙原是南宋時期舒州的廢舊公文檔冊和舒州知府向沔等官員文人的書啟，時間範圍在宋高宗紹興三十二年（1162）至宋孝宗隆興元年（1163）之間，1990年由上海古籍出版社以《宋人佚簡》爲名影印出版。該書分裝爲五大冊，包括"書簡"和"公牘"兩大部分。書簡分裝於前四冊，涉及60餘人（其中見於史籍的人物達20餘人），計300餘通，內容爲官員、文士之間交往、酬酢的書啟，間或涉及公務處理等。公牘集中於第五冊，爲紹興末隆興初舒州的官府公文，計有127頁，分屬53件公文，內容涉及南宋初期政治、經濟、軍事、文化等多個方面。這些資料既是研究宋代州級官府行政制度和公文制度，特別是酒務行政管理制度的細節資料，還是研究宋代財政史和經濟史的第一手資料，具有重要的史料價值。正如《宋人佚簡·編後記》所說：其"內容

[①] 該文獻屬於考古出土的文獻，與傳世古籍保存的公文紙本在來源上有所不同。

之豐富和可貴，無異打開了一座宋代文化遺藏的寶庫。"①

　　公文紙本具有獨特的文化和史料價值。周廣學先生《古代的公牘紙印書》一文曾將公文紙本的價值概括爲四個方面：一是"考定古籍版本的依據"；二是"研究古代紙張的珍貴實物"；三是"研究古代刻書情況的重要參考"；四是"公牘紙上原有的文字，也是研究歷史的良好實物資料"。② 可以這樣說，公文紙本具有正面爲古籍刻本內容，背面爲原始文獻內容的雙料價值，公文紙印本相對於一般古籍版本更加珍貴。特別是宋代刊本傳世極少，而通過宋代刊本以實物形態保存至今的公牘私啟尤其少之又少，由公文紙印本《王文公文集》整理而成的《宋人佚簡》，正面是"宋代文獻"，背面是"珍本古籍"，"兩者均係稀世之品，可譽爲'國寶'"，充分展現了公文紙本作爲一種特殊古籍版本形態所具有的雙重文獻文物的價值所在。李偉國先生《紹興末隆興初舒州酒務公文研究》一文的認識更深刻，曾稱公文紙本所承載的公文檔案，"從文獻角度說，如公牘之類的實物，未經任何刪汰概括加工，比方志、會要、法典、編年史、雜史、正史等原始得多"，"即使片紙隻字，亦被珍同球（珠）璧"。③

　　總而言之，公文紙本文獻是我國傳世典籍中一座極具珍貴價值、富於開發意義而又亟待發掘的文獻資源富礦。1991年周廣學先生即呼籲："現在存世的公牘紙書已爲數不多，公牘紙書對於今天的學術研究具有較大的參考價值，應當引起人們的足夠重視。"20年過去了，筆者願意在此響應周先生的疾呼：籲請學術界、版本目錄學界和圖書館學界的朋友關注傳世文獻最後一座待開發的富礦——公文紙本文獻！

　　（本文作者孫繼民、魏琳，首刊於《光明日報·史學理論版》2012年4月12日。）

---

① 《宋人佚簡》第5册《編後記》，第1頁。
② 周廣學：《古代的公牘紙印書》，《圖書與情報》1991年第3期。
③ 李偉國：《紹興末隆興初舒州酒務公文研究（之一）》，收於鄧廣銘、漆俠主編：《國際宋史研討會論文選集》，河北大學出版社1992年版，第119頁。

二　現存古籍公文紙本數量概説

　　現存的公文紙本古籍最早爲宋代，元明時期相對較多，尤其是明代，清代很少見。傳世公文紙本古籍的數量，周廣學先生《古代的公牘紙印書》一文所列常見和已知的宋元明公文紙本有 16 種，分別是《雲仙散錄》《花間集》《北山小集》《洪氏集驗方》《桯史》《隋書》《李端詩集》《戰國策》《治平類編》《廬州詞》《幽蘭居士東京夢華錄》《三禮圖集註》《增修互註禮部韻略》《兩漢書》《僑吳集》和《李賀歌詩編》。① 日本學者竺沙雅章先生《漢籍紙背文書の研究》一文曾就包括中國大陸、臺灣和日本在内的所見所知做過統計，共計 35 種，其中，宋代 9 種，分別是：《李賀詩歌編》《三國志註》《新定三禮圖集註》《洪氏集驗方》《花間集》《雲仙散錄》《集古文韻》《白氏六帖事類集》《歐陽先生文萃》；元代 9 種，分別是：《增修互註禮部韻略》《唐書》《魏書》《歐公本末》《中庸或問》《爾雅疏》《説文字原》《後漢書註》《周易集説殘卷》；明代 17 種，分別是：《爾雅疏》《魏書》（存九十四卷）、《忠文王紀事實錄》《隋書》《漢書》《幽蘭居士東京夢華錄》《魏書》（存十七卷）、《魏書》（一百一十四卷）、《致堂讀史管見》《史記集解》《歐陽行周文集》《博物志》《樂書》《桯史》《文選雙字類要》《隋書》（八十五卷）、《皮日休文集》。② 竺沙雅章先生的統計並不全面，筆者曾據《中國古籍善本書目》所載進行過不精確的統計，可知宋元明時期的公文紙印本遠不止 35 種，各朝公文紙印本累計至少達 72 種之多，算上公文紙抄本及影抄本，則爲 75 種。其中，宋代 8 種，分別爲：《新定三禮圖》《集古文韻》《三國志》《洪氏集驗方》《雲仙散錄》《歐陽先生文粹》《王文公文集》《花間集》；元代 14 種，分別爲：《周易集説》《説文字原》《增修互註禮部韻略》《後漢書》二種、《魏書》四種、《唐書》《通鑒續編》《論衡》二種、《風俗通義》；明代 52 種（書名從略），清代 1 種（《張司業詩

---

① 周廣學：《古代的公牘紙印書》，《圖書與情報》1991 年第 3 期。
② ［日］竺沙雅章：《漢籍紙背文書の研究》，《東京大學文學部研究紀要：第十四》，1973 年，第 1—54 頁。

集》）。就收藏地而言，國家圖書館藏公文紙本 25 種；上海圖書館藏 19 種；南京圖書館藏 8 種；其他省市圖書館藏 10 種，分別爲：湖北省圖書館、河南省圖書館、四川省圖書館、吉林省圖書館、遼寧省圖書館、浙江省圖書館、重慶市圖書館、無錫市圖書館、蘇州市圖書館、大連市圖書館各 1 種。各高校圖書館藏 7 種，分別爲：北京大學圖書館 3 種、復旦大學圖書館 1 種、南京大學圖書館 1 種、中國科學院圖書館藏 2 種；各文博單位收藏公文紙印本 6 種，分別爲：上海博物館 2 種（其中的元至正二十一年顧逖刻公文紙印本《通鑒續編》二十四卷與國家圖書館均存殘本，種數計算時算作 1 種）；天一閣文物保管所、安徽省博物館、南京博物院、北京市文物局、蘇州博物館均各藏 1 種。

而瞿冕良先生在《略論古籍善本的公文紙印、抄本》一文中更是羅列出各代公文紙印本 86 種，另外還列出公文紙抄本 15 種，總計 101 種，包括：宋代 22 種，元代 17 種，明代 60 種，清代 2 種。[①] 通過綜合比對竺沙雅章、《中國古籍善本書目》及瞿冕良先生所列的各種公文紙本，排除相互間交叉重復部分，其實際種數爲 135 種，具體爲：宋代 21 種、元代 20 種、明代 91 種、清代 3 種。當然，這仍不可能是現存公文紙本的全部，例如沈津先生《公文紙印本——〈重刊併音連聲韻學集成〉》[②]《明代公文紙抄本兩種——〈明文記類〉〈觀象玩占〉》[③] 兩文介紹的公文紙印本《重刊併音連聲韻學集成》和公文紙抄本《明文記類》《觀象玩占》，這三種印本和抄本即不在前面統計之列。由此推測，現存古代公文紙本的總數絕不僅僅祇有 138 種之多。

顯然，在所見各朝公文紙本數量的構成上，明代佔有絕對優勢，這在很大程度上恐怕得益於明代本的有效保存。至於清，隨着雕版印刷全盛期的到

[①] 瞿冕良：《略論古籍善本的公文紙印、抄本》，《山東圖書館季刊》1992 年第 2 期。按，本文發表之時稱瞿文所列各代公文紙印本 81 種、公文紙抄本 15 種，總計 96 種，這一數字是基於瞿文形式上分爲 96 段，每段各介紹一種書籍或一個版本。實際上，瞿文有的段落並非只列一種書籍，例如宋方逢辰《蛟峰集》一段，同時介紹的書籍除了《蛟峰集》7 卷之外，還有《蛟峰外集》4 卷和《山房先生遺文》1 卷，此段實際上介紹了 3 種古籍；又如"後蜀趙崇祚《花間集》10 卷"一段，作者除了介紹南宋淳熙十四年邵州公使庫刻本外，還提到了"今北京圖書館另有宋刻遞修公文紙印本"，此段實際介紹了兩個版本的《花間集》。據最新統計，瞿文實際介紹了公文紙本古籍 101 種，現予以改正。

[②] 沈津：《公文紙印本——〈重刊併音連聲韻學集成〉》，收於氏著《書林物語》，上海辭書出版社 2011 年版，第 53—60 頁。

[③] 沈津：《明代公文紙抄本兩種——〈明文記類〉〈觀象玩占〉》，收於氏著《書林物語》，第 61—66 頁。

來，印刷品的普及率也達到歷史最高水準，紙張獲得廣泛應用，惜字敬紙的傳統不復存在，公文紙本的特殊形態自然而然會逐漸減少，直至消亡。

另外需要指出的是，在比對公文紙本書目過程中，筆者發現有些記載出現訛誤或疑問，現將其一一指出，以便同仁校正：

一、竺沙雅章文與《中國古籍善本書目》中均記載《皮日休文集》十卷，係明刻公文紙印本，藏於國家圖書館，而瞿冕良先生在文章中亦提到此書，為《皮子文藪》十卷，元刻本，原藏張氏涉園。至於二者是否為同書，筆者因未目驗而不知；

二、竺沙雅章文與《中國古籍善本書目》中提到《唐書》二百二十五卷，宋紹興刻宋元遞修公文紙本，藏於國家圖書館，瞿冕良先生提到此書，祇是所列卷數為二百卷，疑為先生記載有誤；

三、瞿先生在文中提及宋陳暘《樂書》二百卷，元至正間福州路儒學刻本，用嘉靖間公文紙背印，現藏國家圖書館。竺沙雅章文中指其收藏地為臺北國立圖書館，而《中國古籍善本書目》雖有此書，但係元至正七年（1347）福州路儒學刻明修明成化公文紙印本，且收藏地為河南省圖書館。筆者遍查《北京圖書館古籍善本書目》及《中國古籍善本書目》，並未見國圖收錄此公文紙本，可見瞿先生記錄有誤；

四、《桯史》十五卷，宋刻元明遞修公文紙本。《中國古籍善本書目》與瞿先生文中均記錄收藏地為北京大學圖書館，竺沙雅章據《北京圖書館古籍善本書目》所載，言為北京圖書館（即現在國家圖書館）所有，《中目》成書時間晚於《北目》三十年[①]，因而在漫長的三十年歲月中，書籍出現遷移流轉的事情也合乎常理，所以，有關《桯史》一書現在的藏身之所，經筆者親自查驗，確定其現藏於北京大學圖書館。

公文紙本古籍作為一種特殊古籍版本形態，具有雙重文獻文物的獨特文化價值和史料價值，也具有良好的學術研究和學科發展前景。筆者曾在《光明日報》撰文《公文紙本：傳世文獻最後一座待開發的富礦》[②]，呼籲學術界、

[①]《中國古籍善本書目》1989 年出版，《北京圖書館古籍善本書目》1959 年出版。
[②] 孫繼民、魏琳：《公文紙本：傳世文獻最後一座待開發的富礦》，《光明日報·史學理論版》2012 年 4 月 12 日。

版本目錄學界和圖書館學界關注公文紙本文獻的研究、開發和利用。一年即將過去，筆者對學術界的反應既感到倍受鼓舞，也感到任重道遠。倍受鼓舞不僅是因爲筆者發起組織的公文紙本文獻整理與研究小型學術研討會在去年6月得以順利召開，得到了國家圖書館汪桂海、山東財經大學圖書館周廣學等先生的響應與會，收到會議論文近20篇。而且更重要的是去年8月份筆者到南開大學參加"元代國家與社會國際學術研討會"時，意外發現南開大學王曉欣、魏亦樂先生提交會議的論文《元公文紙本史料初窺——宋刊元印本〈增修互註禮部韻略〉紙背所存部分元代資料淺析》，正是宋元公文紙本背書文獻開發、研究的專文，也是對筆者呼籲的最好回應，筆者欣喜之情可想而知。感到任重道遠是因爲去年下半年筆者前往南方一些省級圖書館和大學圖書館走訪調查公文紙本文獻資源時，遇到兩個未曾預料到的問題：一是個別登記在《中國古籍善本書目》上的公文紙本古籍善本，如有一種宋刻宋元遞修公文紙印本《魏書》現在居然查無下落，筆者不禁擔心起這些不可再生的珍本文獻的最終命運；二是筆者在一些圖書館借閱公文紙本古籍，既遇到熱心服務而又嚴格手續的情況，但更多的是遭遇有關部門和人員設置的層層障礙，甚至有的聲稱任何非本單位的專業研究人員不能借閱，任何證明進行專業研究之需的證件和材料均無濟於事。任你千言萬語，她都一言以蔽之——不准借閱！這就是筆者感到公文紙本古籍文獻開發整理前景任重道遠的原因所在。

  筆者願意借此撰文的機會再次呼籲：真誠希望圖書館學界的朋友爲開發我國豐富的古籍文化資源，特別是爲開發公文紙本古籍文獻作出自己的獨有貢獻，至少是爲從事公文紙本古籍文獻研究的專業人員提供必要的借閱方便。須知道，公文紙本古籍文獻均具有正背兩面文獻的雙倍價值，而目前絕大多數公文紙本古籍文獻僅僅體現了一半的價值。爲了發掘公文紙本的雙倍價值，也爲了給祖國古籍文化留下甚至是搶救出更多的財富，讓我們共同努力吧！

  （本文作者孫繼民、魏琳，首刊於《中国社会科学报》2013年6月5日，收入本書有改動。）

三　近代以來公文紙本古籍的流傳和存佚
——兼议公文纸本原始文献与次生文献的价值比较

　　古籍公文紙本包括公文紙印本和公文紙抄本兩種，本指古人利用廢棄官府公文檔冊和私人文書背面刷印的古籍，有"公牘紙""文牘紙""官冊紙""冊子紙""冊籍紙"等不同稱謂[1]，1987 年北京書目文獻出版社出版的《北京圖書館古籍善本書目》一書使用"公文紙印本"一語著錄此類古籍以後，公文紙本古籍才有了統一的稱謂。1989 年瞿冕良先生《略論古籍善本的公文紙印、抄本》一文又在公文紙印本之外，提出了公文紙抄本的概念，並列舉了十多種公文紙抄本的古籍。[2] 於是，涵蓋公文紙印本和公文紙抄本兩種古籍形式於一體的"公文紙本"概念的提出就成爲一種必然，這也是筆者近年有時在使用"公文紙印本"之外也不排除使用"公文紙本"一稱的學術背景。不過，瞿文在追述公文紙印本起源時提到了敦煌文書中一紙兩面書寫的寫本，認爲"是我國版本史上最早的公文紙抄本"。[3] 從公文紙本古籍廣義的內涵講，將敦煌文書（包括吐魯番文書）唐五代宋以前兩面書寫的抄本納入公文紙本也未嘗不可，但爲避免雜糅混淆之嫌，本文使用的公文紙本古籍一語僅指以冊葉線裝形式傳世的古籍，暫不包括像敦煌文書和黑水城文獻等考古發現的卷軸裝公文紙印本和公文紙抄本，這是本文必須首先說明的一點。

　　自從 1990 年上海古籍出版社將上海博物館收藏的宋代公文紙印本《王文公文集》（王安石文集）紙背文獻拆裝原色原大影印出版成《宋人佚簡》[4] 以來，國內學術界對這批南宋的公私檔案文獻形成了相當數量的研究成果。本世紀初以來，筆者在潛心黑水城漢文文獻整理研究的同時，也開始關注、介入《宋人佚簡》的整理研究，先後指導研究生完成了五

---

[1] （清）葉德輝著、李慶西標校：《書林清話》卷 8《宋元明印書用公牘紙背及各項舊紙》，復旦大學出版社 2008 年版，第 196—198 頁。
[2] 瞿冕良：《略論古籍善本的公文紙印、抄本》，《山東圖書館季刊》1992 年第 2 期。
[3] 瞿冕良：《略論古籍善本的公文紙印、抄本》，《山東圖書館季刊》1992 年第 2 期。
[4] 上海市文物管理委員會、上海博物館編：《宋人佚簡》，上海古籍出版社 1990 年版。

篇有關《宋人佚簡》整理研究的碩士學位論文，發表了一系列專題研究論文，並與魏琳等合作出版了《南宋舒州公牘佚簡整理與研究》一書。① 以此爲基礎，筆者還在 2012 年 4 月 12 日《光明日報·史學理論版》上發表《公文紙本：傳世文獻最後一座待開發的富礦》② 一文，在 2013 年 6 月 5 日《中國社會科學報》A5 版《歷史學》發表《現存古籍公文紙本數量概說》③ 一文，呼籲學術界重視公文紙本古籍原始文獻資源的開發和整理研究。近年，隨着學術界關注度的提高和國家社科基金課題的連續立項，公文紙印本古籍的整理研究正方興未艾。同時，筆者在各地圖書館調研、查閱和抄錄公文紙本古籍原始文獻的過程中，也遇到了公文紙本古籍資源底數不清、查閱障礙太多、整理難度太大等問題，因此草成此文，以求教於學界同仁尤其是圖書館學界、古籍版本目錄學界的學者朋友，殷望各位不吝賜教。

全國現存古籍數量龐大，據文化部副部長周和平在 2007 年接受中國政府網採訪時稱："現在據圖書館、博物館和文獻收藏單位不完全統計，數量在 2700 萬冊以上。大量存在於民間的古籍國家還没有進行統一的普查等級，數量至少在 3500 萬到 4000 萬冊以上。"④ 這還不包括民間大量藏於個人和寺廟的古籍。由於我國的古籍普查登録系統目前没有採集公文紙本古籍的專門信息設置，也没有進行過這方面的普查，因此，我們並不了解國内外目前古籍公文紙本存世數量的確切信息，我們祇能借助以往學者的相關著録加以推測。

公文紙本古籍如果以寫本言，誠如瞿文所説應始於敦煌文書、吐魯番文書主體時代的唐代，如果以印本言應始自宋代。换言之，以一紙雙面文獻爲特徵的公文紙本古籍至遲在宋代已開始存在和流傳。但在相當長時間内，公文紙本古籍祇是作爲一種少見的特殊版本形式存續於歷史發展的長河之中，並未引起人們太多的注意。傳世文獻中首見文人學者提及公文紙本古籍的似

---

① 孫繼民、魏琳：《南宋舒州公牘佚簡整理與研究》，上海古籍出版社 2011 年版。
② 孫繼民、魏琳：《公文紙本：傳世文獻最後一座待開發的富礦》，《光明日報·史學理論版》2012 年 4 月 12 日。
③ 孫繼民、魏琳：《現存古籍公文紙本數量概說》，《中國社會科學報》2013 年 6 月 5 日。
④ 中國網引述 china. com. cn 時間：2007 - 03 - 02。

是元代人吳師道，他在宋姚宏《戰國策註》序跋中說："余所得本，背紙有寶慶字，已百餘年物，時有碎爛處。"① 吳師道的序跋作於元文宗"至順四年（1333）癸酉七月"，吳氏所稱經歷百餘年時有碎爛的"所得本"應是刻於宋理宗寶慶年間的公文紙本。吳氏爲南宋入元人，這是筆者目前所知最早提及公文紙本古籍的古代學者。如果說吳氏還衹是順便提及公文紙本的個案和特例的話，那麼到了明人張萱《疑耀》一書，則專門設置了談論古籍公文紙本這一版本現象的條目。該書卷三《宋紙背面皆可書》記載：

  顏文忠每於公牒背作文稿，黃長睿得雞林小紙一卷，已爲人書鄭衛《國風》，復反其背以索靖體書章草《急就》二千一百五十字。余嘗疑之，自有側理以來，未聞有背面皆書者，顏乃惜紙，黃或好奇耳。余幸獲校秘閣書籍，每見宋板書，多以官府文牒翻其背以印行者，如《治平類篇》一部四十卷，皆元符二年（1099）及崇寧五年（1106）公私文牒箋啓之故紙也。其紙極堅厚，背面光澤如一，故可兩用，若今之紙不能爾也。②

張萱是明後期人，萬曆年間爲官，曾授殿閣中書、戶部郎中、平越知府等。其云"獲校秘閣書籍"，應是在京師做官時所爲。他原來還懷疑宋人的公文紙張印書之事，但及至親自入校皇家秘閣書籍，才知道"宋板書多以官府文牒翻其背以印行"。《疑耀》中此《宋紙背面皆可書》的條目和對公文紙本用紙的議論，是古代學者有關宋代公文紙本古籍最早的議論和研究，很值得重視。進入清朝和民國以後，公文紙本古籍已經成爲藏書家和版本目錄學家時常記載和議論的話題，可以說已經成爲相關領域學者們關注的一個學術話題，這一點我們可以從下面引述的瞿文和列表中看到。這一時期，需要特別提到的是清末民初的版本目錄學家葉德輝及其《書林清話》。在《書林

---

① 轉引自瞿冕良《略論古籍善本的公文紙印、抄本》，《山東圖書館季刊》1992 年第 2 期。
② （明）張萱：《疑耀》卷 3《宋紙背面皆可書》，《叢書集成初編》本，中華書局 1985 年版，第 49—50 頁。

清話》一書中，卷八《宋元明印書用公牘紙背及各項舊紙》一節即是專門研究公文紙本古籍的成果①，卷六《宋人鈔書印書之紙》也涉及了不少公文紙本古籍的內容②，葉德輝堪稱清末民初記錄、研究公文紙本古籍最有成就的專家和大家。新中國建立後直至改革開放新時期，在公文紙本古籍整理方面最大的成就是《宋人佚簡》的出版，這種拆裝原色原大彩色影印出版的形式也是目前公文紙本古籍最理想、最高水準的整理方法。在公文紙本古籍研究方面最有成就的學者應首推瞿冕良先生，而他的《略論古籍善本的公文紙印、抄本》一文集錄了所見所知清代民國時期各私家藏書目錄、題跋有關公文紙本古籍的所有資料和公立圖書館收藏的情況，也是近代以來對清代民國時期公文紙本古籍目錄的系統梳理和進行綜合研究的第一人。③ 因此，本文有關近代以來公文紙本古籍的流傳和存佚就主要圍繞瞿文內容的再整理、再分析展開。

（一）清代民國時期著錄的公文紙本古籍已有相當部分不見蹤影

瞿文是目前摘錄公文紙本古籍最多最豐富的文獻，列出公文紙本古籍總計有 101 種。這 101 種公文紙本古籍是瞿氏根據所見各種善本書目、題跋而摘出，著錄的內容一般包括作者（編者、輯者）、書名、卷數、版本、年代等，對於現今藏地明確的書目，往往直接標明"現藏北京圖書館"或"現藏臺灣'中央'圖書館"等中外圖書館的名稱，對於歷史上有著錄但現今不知藏地或下落不明的書目，則祇揭示該書的著錄來源根據，不涉及現今藏地的信息。因此，我們可以根據這兩類信息，將藏地明確和下落不明的兩類書目分別列表如下：

公文紙本古籍現今藏地明確的書目（印本 45 種，抄本 1 種，總計 46 種）

作、編者	書名	卷數	版本	收藏單位	備註
（唐）李賀	《歌詩編》	4卷、集外詩1卷	北宋、南宋間刻公牘紙印本	臺灣"中央"圖書館	

---

① （清）葉德輝著、李慶西標校：《書林清話》，復旦大學出版社 2008 年版，第 196—198 頁。
② （清）葉德輝著、李慶西標校：《書林清話》，第 143—145 頁。
③ 瞿冕良：《略論古籍善本的公文紙印、抄本》，《山東圖書館季刊》1992 年第 2 期。

续表

作、編者	書名	卷數	版本	收藏單位	備註
（宋）聶崇義	《新定三禮圖》	20卷	南宋淳熙二年鎮江府學刻公文紙印本	北京圖書館	今國家圖書館
（後蜀）趙崇祚	《花間集》	10卷	宋刻遞修公文紙印本	同上	同上
（宋）王安石	《王文公文集》	100卷	南宋中期龍舒（公使庫）刻公文紙印本	上海市文物管理委員會	上海博物館
（宋）夏竦	《集古文韻》	5卷	南宋紹興十五年齊安郡學刻，開禧元年黃州諸官致黃州教授書狀紙背印。	北京圖書館	今國家圖書館
（唐）白居易	《白氏六帖事類集》	20卷	南宋紹興間刻本，紙背有嘉定六至八年鄞江鹽稅、酒稅公牘文。	日本天理大學圖書館	
（唐）馮贄	《雲仙散錄》	10卷	南宋開禧元年臨江郭應祥刻，嘉泰、開禧間官印冊子紙背印。	南京圖書館	
（劉宋）裴松之	《三國志註》	65卷	宋刻遞修公文紙印本，缺配衢州本。	北京圖書館	今國家圖書館
（漢）應劭	《風俗通義》	10卷	元大德九年無錫州學刻，元公文紙印本（卷九有闕葉）。	北京大學圖書館	
（宋）呂祖謙	《歐公本末》	4卷	南宋嘉定間嚴陵詹義民刻，元延祐四年官冊紙背重印。	日本靜嘉堂文庫	
（宋）朱熹	《中庸或問》	2卷	元初燕山嘉氏覆宋刻《四書集註》公牘紙印本	臺灣故宮博物院	
（宋）朱熹	《中庸或問》	2卷	元泰定間江浙行省各路戶口錢糧冊等公牘紙印	臺灣"中央"圖書館	
（唐）李賢	《後漢書註》	120卷	宋刻元修公文紙印本	北京圖書館	今國家圖書館

续表

作、編者	書名	卷數	版本	收藏單位	備註
（北齊）魏收	《魏書》	114卷	宋刻宋元遞修公文紙印本	同上	同上
（北齊）魏收	《魏書》	殘本卷41，壹冊	宋刻宋元遞修公文紙印本	南京大學圖書館	
（五代）劉昫	《唐書》	200卷	宋紹興刻宋元遞修公文紙印本	北京圖書館	今國家圖書館
（元）俞琰	《周易集說》	40卷	元至正九年俞氏讀易樓自刻公文紙印本	同上	同上
（元）周伯琦	《說文字原》	1卷	元至正十五年高德基刻公文紙印本	同上	同上
（宋）謝起岩	《忠文王紀事實錄》	5卷	南宋咸淳七年吳安朝刻，明洪武間紹興府公文紙背印。	同上	同上
（宋）邢昺	《爾雅疏》	10卷	宋刻宋元明初遞修公文紙印本	同上	同上
（唐）房玄齡、令狐德棻	《晉書》	130卷（存62卷）	宋刻元明遞修，明天順間公牘紙印本。	復旦大學圖書館	
	《增入諸儒議論杜氏通典詳節》	42卷	明弘治八年刻公文紙印本	北京圖書館	今國家圖書館
（劉宋）裴駰	《史記集解》	130卷	宋刻元明遞修本，弘治間公文紙背印。	同上	同上
（唐）歐陽詹	《歐陽行周文集》	10卷	明弘治十七年莊㮞、吳晟刻公文紙印本	同上	同上
（宋）孟元志（老）	《幽蘭居士東京夢華錄》	10卷	明弘治十七年刻公文紙印本	同上	同上
（宋）趙汝愚	《國朝諸臣奏議》	150卷（存15卷）	南宋淳祐十年史季溫刻，明印本，紙背係正德間公文皮紙。	寧波天一閣	

续表

作、編者	書名	卷數	版本	收藏單位	備註
（北齊）魏收	《魏書》	114卷	宋刻宋元明遞修公文紙印本	北京圖書館	今國家圖書館
（唐）魏徵、長孫無忌等	《隋書》	85卷	元大德饒州路儒學刻，明嘉靖遞修公文紙印本。	同上	同上
（宋）陳暘	《樂書》	200卷	元至正間福州路儒學刻本，嘉靖間公文紙背印	同上	同上
（宋）釋法雲	《翻譯名義集》	14卷（存10卷）	明洪武間刻《南藏》本，印紙爲嘉靖時官文書紙。	浙江省圖書館	
（明）唐順之	《歷代史纂左編》	142卷	明嘉靖間胡宗憲刻，公文紙印本。	蘇州市圖書館	
（明）王守仁	《陽明先生文錄》	17卷	明嘉靖十四年聞人詮蘇州刻，公文紙印本。	臺灣"中央"圖書館	
（明）夏鍭	《赤城夏先生集》	7卷	明嘉靖二十一年王廷幹刻，嘉靖三十五年公文紙印。	北京大學圖書館	
（唐）白居易	《白氏諷諫》	1卷	明刻公文紙印本	北京圖書館	今國家圖書館
（宋）岳珂	《桯史》	15卷	宋刻元明遞修公文紙印本	北京大學圖書館	
（明）胡山	《胡廉一撫孤井柳錄》	不分卷	明刻公文紙印本	上海圖書館	
（宋）真德秀	《真西山讀書記乙集上大學衍義》	43卷	明刻公文紙印本	旅大市圖書館	今大連市圖書館
（明）王慎中	《遵岩先生文集》	25卷	明隆慶五年嚴鏓蘇州刻本，公文紙背印。	浙江省圖書館	
（明）楊循吉	《七人聯句詩記》	1卷	明代蘇州顧氏刻《明朝四十家小說》本，嘉靖間公文紙背印。	北京大學圖書館	

续表

作、編者	書名	卷數	版本	收藏單位	備註
（明）姚福	《青溪暇筆》	1卷	同上	同上	
（明）閻秀卿	《吳郡二科志》	1卷	同上	同上	
（明）顧元慶	《瘞鶴銘考》	1卷	同上	同上	
（明）都穆	《寓意編》	1卷	明代蘇州顧氏刻《明朝四十家小說》本，用萬曆間公文紙背印。	蘇州大學圖書館	
（明）顧璘	《國寶新編》	1卷	同上	同上	
（唐）殷璠	《河岳英靈集》	3卷	明刻公文紙印本	蘇州市文物管理委員會	今蘇州博物館
（宋）張有	《增修復古編》	4卷	影明初公文紙抄本	上海圖書館	抄本

公文紙本古籍現今藏地不明的書目（印本41種，抄本14種，總計55種）

作、編者	書名	卷數	版本	收藏單位	備考
	《治平類編》	40卷	宋刻本，北宋元符二年、崇寧五年公私文牘紙背印。	見明人張萱《疑耀》卷三	現藏地不明
（宋）邢昺	《爾雅疏》	10卷	北宋仁宗時刻、南宋初修補後印本，係宋官文書紙背印。	曾藏南潯人蔣汝藻（字孟蘋，1876—1954）處	現藏地不明
（宋）程俱	《北山小集》	40卷	南宋刊本，用乾道六年官司簿冊紙背印，有歸安、烏程等縣印記。	曾爲蘇州黃丕烈所藏	現藏地不明

续表

作、編者	書名	卷數	版本	收藏單位	備考
（宋）洪遵	《洪氏集驗方》	5卷	南宋姑孰郡齋本，《鐵琴銅劍樓藏書目錄》稱用淳熙七、八年官冊紙背印，中鈐官印，惜不可識。		今藏國家圖書館
（後蜀）趙崇祚	《花間集》	10卷	南宋淳熙十四年邵州公使庫刻	原藏聊城楊氏海源閣，莫伯麟曾慨歎"今不知流傳何所矣。"	現藏地不明，此與國圖所藏非同本。
（宋）張元幹	《蘆川詞》	2卷	南宋刻本，紙背爲宋時收糧案牘廢紙。據黃丕烈稱"紙背皆宋時冊籍，朱墨之字，古拙可愛。"		現藏地不明
（宋）呂祖謙	《皇朝文鑒》	150卷	南宋刻本，紙背正面多紙鋪朱記及星命家言的冊子紙，有"寶慶二年"字樣。		現藏地不明
（宋）姚宏	《戰國策註》	33卷	南宋紹興四年刻本，用有"寶慶"字樣的冊子紙背印。元至順四年癸酉七月吳師道稱："背紙有'寶慶'字，已百餘年物，時有碎爛。"		現藏地不明
（漢）揚雄	《揚子方言》	13卷	南宋刻本，紙背係南宋樞府諸公交啟承劄，翰墨粲然。		現藏地不明
（宋）歐陽修	《歐陽先生文粹》	20卷	南宋刻巾箱本，背用宋代文牘紙，並鈐宋印。		今藏南京圖書館
（晉）陶潛	《陶詩》	1卷	刻本未詳，曾藏毛氏，紙背亦宋人公移文牘，見《五十萬卷樓群書跋文·樂府詩集》條。		現藏地不明

续表

作、編者	書名	卷數	版本	收藏單位	備考
（宋）陸遊	《放翁先生劍南詩稿》	85卷	南宋刻本，用宋人詩稿背面印，見趙萬里《影印王文公文集題記》。按傅增湘記"麻紙印精湛，目錄卷一前十二頁，紙背乃宋人詩草稿。"		現藏地不明
（宋）毛晃	《增修互註禮部韻略》	5卷	元湖州刻本，用元初戶口冊子紙背印，載有"湖州路某縣某人，亡宋民戶，至元某年歸順"字樣，見《滂喜齋藏書記》。		今藏上海圖書館
（唐）魏徵、長孫無忌等	《隋書》	85卷	元刻公牘紙印本，原藏江陰藝風堂。據繆荃孫記"後有宋人公牘、元人官銜，似元翻刻天聖本。"		國圖、臺灣各有一種
（宋）邢昺	《爾雅疏》	10卷	元覆印北宋本。據陸心源、傅增湘記載，紙背係元致和、至順中公牘，有蒙古文官印。	曾藏蘇州袁氏五硯樓	應在東京靜嘉堂文庫
（唐）顏師古	《漢書註》	100卷（殘存8卷）	原南宋蜀刻大字本，用元代公牘紙背印，據陸心源記"間有官印"。	未知已歸靜嘉堂否	現藏地不明
（唐）皮日休	《皮子文藪》	10卷	元刻本，冊子紙印。	原藏張氏涉園	現藏地不明
（元）陳桱	《通鑒續編》	24卷	元至正二十二年刻本，用元代昆山錢糧冊紙背印。		應藏國家圖書館
（元）吳師道	《戰國策校註》	10卷	元至正二十五年平江路刻，公文紙印本。	曾藏積學齋徐乃昌處	現藏地不明
（唐）顏師古	《漢書註》	100卷	南宋初期江南東路轉運司本。錢大昕跋稱："有元人重修之版，其紙背多爲洪武中廢冊，知爲明初印本也。"	原藏蘇州周錫瓚（？—1819）家	現藏地不明

续表

作、編者	書名	卷數	版本	收藏單位	備考
（唐）李瞱	《後漢書註》	120卷	同上		現藏地不明
（唐）魏徵、長孫無忌等	《隋書》	85卷	元大德饒州路儒學刻，用洪武初年行移文冊子紙背重印。		國圖、臺灣各有一種
（宋）孟元志（老）	《幽蘭居士東京夢華錄》	10卷	元刻本，用國子監生功課薄背面印。據黃丕烈記"印本當在明初，紙背文字有'本班助教廖崇志堂西二班學生翁深學正江士魯考訖正誼堂誠心堂西二班民生黃刷卷運差易中等論語大誥'云云，雖文字不可卒讀，而所云皆國子監中事。"		今藏應在東京靜嘉堂文庫
（宋）林慮、樓昉	《兩漢詔令》	23卷	元刊，公文紙印本。據傅增湘記："紙背有字跡，審為洪武時兵冊，有半官印不甚可辨。"		現藏地不明
（三國）韋昭	註《國語》	21卷	宋刻元修本，用成化二十餘年冊子紙背印。原藏繆氏藝風堂。據傅增湘記："印紙用明成化、弘治時江南職官戶口等冊，有鳳陽縣、巢縣、全椒縣、無為州等處官印"，殆安徽印本也。"		現藏地不明
（唐）李端	《李端詩集》	3卷	明翻刻宋本，用弘治元年至四年蘇州府官冊紙背印。		現藏地不明
（元）鄭元佑	《僑吳集》	12卷	明弘治九年蘇州張習刻本，紙背皆明人箋翰簡帖。據葉德輝記："雖非素紙印本，然古氣斑斕，清晰可觀。"		應藏今國家圖書館
	《分類通鑒》	2卷	明弘治十二年刻公文紙印本。據趙鴻謙記："用舊官紙，靛青印。"		現藏地不明

续表

作、編者	書名	卷數	版本	收藏單位	備考
（宋）方逢辰、方逢振	《蛟峰集》《蛟峰外集》《山房先生遺文》	7卷 4卷 1卷	明天順間方中刻，弘治、嘉靖遞修，官文書紙刷印本。		應藏南京圖書館
（元）蘇天爵	《國朝文類》	70卷	原元西湖書院本，用明中葉冊籍紙背印。		現藏地不明
（宋）左圭	《百川學海》	179卷	明弘治十四年無錫華珵刻，嘉靖補版，官紙印。據傅增湘記："乃嘉興府糧冊，内有崇德縣，今已省并矣。"		現藏地不明
（明）蔡龍暘	《螽斯集》	1卷	明刻本，嘉靖間公牘紙背印。		現藏地不明
（明）葉龍皋編	《城遊錄》	1卷	明嘉靖間自刻，公文紙藍印本。		應藏今南京圖書館
（明）李濂	《汴京遺跡志》	24卷	明嘉靖二十五年自刻本，用官紙印。		現藏地不明
（宋）謝枋得	《文章軌範》	7卷	明嘉靖十三年姜時和刻，明官紙背印。		應藏南京圖書館
（明）李元陽輯、高士奎校正	《史記題評》	130卷	明刻本，公文紙背印。據趙鴻謙記："背有朱絲欄，並官印。"		應藏南京圖書館
（明）戚繼光	《紀效新書》	14卷	明萬曆二十年廣東軍政掌印署刻藍印本，用廣東海陽縣試卷紙反面印刷，正面有試士制藝及海陽縣印。	曾藏浙江王氏治莊樓	現藏地不明
（宋）郭茂倩	《樂府詩集》	100卷	明末汲古閣刻本，用明代公牘書紙背面印。		今藏上海圖書館
（陳）徐陵	《玉台新詠》	10卷	辛亥革命後徐乃昌積學齋覆刻宋本，使用乾隆時代冊子紙背印。		現藏地不明

续表

作、編者	書名	卷數	版本	收藏單位	備考
（西漢）史遊	《急就篇》	1卷	北宋黃長睿（1079—1118）寫索靖體章草，2150字，紙背已爲人寫過鄭、衛國風。		抄本，現藏地不明
（宋）楊太后	《楊太后宮詞》	1卷	宋抄本，紙係宋時呈狀廢紙，有官印朱痕可證。		現藏地不明
（金）張瑋等	《大金集禮》	40卷	以閣中預備票擬之紙背面寫錄，紙質甚松，錢曾《讀書敏求記》以爲金人抄本，似未的，見張金吾《愛日精廬藏書志》。	曾藏錢曾述古堂	抄本，現藏地不明
（宋）王欽若、楊億等	《冊府元龜》	1000卷	明棉紙藍格抄本，紙背皆公牘文字。	見繆荃孫《藝風堂藏書記》	抄本，現藏地不明
（唐）李鼎祚	《周易集解》	10卷	影抄原南宋嘉定五年鮮于申刻本，用明時戶口冊籍紙背寫，上有"嘉靖五年"等字。據陳鱣（1753—1817）記："既薄且堅，反面印格摹寫，工整絕倫，纖毫無誤。"		抄本，現藏地不明
（宋）張正之	《五行類事占》	7卷	明抄本，其紙皆明代冊籍紙背，間可辨識，蓋猶是嘉靖年間人所抄也。	原藏蘇州黃氏士禮居，後歸陸氏皕宋樓，未知已流入日本靜嘉堂否。	抄本，現藏地不明
（宋）陳樞	《負暄野錄》	2卷	明隆慶五年昆山人葉恭煥（1523—?）抄本，用嘉靖十八年官文書紙反面寫，見《增訂四庫簡明目錄標註》。	原張元濟藏本	抄本，今藏上海圖書館
	《蟋蟀經》		湘潭袁氏臥雪廬舊藏抄本，用明代訴狀廢紙背面寫。據後來同邑人葉德輝記："其狀略如今式，稱官府爲老爹台前，想是今老爺之稱。然今稱長官爲老爺，差役爲老爹，竟不知沿革於何時。"		抄本，現藏地不明

续表

作、編者	書名	卷數	版本	收藏單位	備考
	《鶴鶉譜》		同上		抄本，現藏地不明
	《酒經》	1 卷	明抄本，紙背皆明萬曆間未寫過之市肆帳薄廢紙。據葉德輝記："板心有'萬曆丁丑'字，蓋五年也，行格兩截，板心下有'逢源'二字，不知其爲市店牌記，抑帳簿店之牌記。書背裁去數行，當是寬平改窄者。"	臥雪廬舊藏散出者	抄本，現藏地不明
（唐）杜光庭	《虯髯公傳》	1 卷	同上		抄本，現藏地不明
（唐）李朝威	《柳毅傳》	1 卷	同上		抄本，現藏地不明
（清）王道隆	《笠澤堂書目》	二冊	清人冊子紙抄本。據王修記："乃謄於帳冊者。"按此書當是利用未用過的廢舊帳冊，在正面空白行格上抄寫，雖與其它一紙正反兩用不同，但性質仍然是"公文紙"抄本。		抄本，現藏地不明
（宋）許洞	《虎鈐經》	20 卷	寫本，紙背爲明代公牘，曾藏明項元汴、清朱彝尊家。	傅增湘見於北京圖書館	抄本，今藏國家圖書館

　　以上"公文紙本古籍現今藏地明確的書目"就是筆者根據瞿文清單而來，其中收藏單位一欄所列國家圖書館、上海圖書館、上海市文物管理委員會、南京圖書館、浙江圖書館、北京大學圖書館、復旦大學圖書館、南京大學圖書館、蘇州大學圖書館、旅大市圖書館、蘇州市文物管理委員會、寧波天一閣、臺灣"中央"圖書館、臺灣故宮博物院、日本天理大學圖書館、日本靜嘉堂文庫，都是瞿文明確著錄的"現藏"圖書館。筆者曾經核查過《中國古籍善本書目》《中國古籍善本總目》和《中國古籍總目》等書，瞿

文上表所著錄的公文紙本古籍的國內收藏單位絕大多數與上述書目一致。有關境外與國外的收藏單位，筆者也查對了日本學者竺沙雅章1973年發表的《漢籍紙背文書の研究》一文①，該文附表中的李賀《歌詩編》4卷集外詩1卷確實收藏於臺灣"中央"圖書館，南宋紹興間刻本《白氏六帖事類集》確實藏於日本天理大學圖書館（竺沙雅章作20卷），南宋紹興間刻本《歐公本末》4卷本確藏於日本靜嘉堂文庫。由此可見，瞿文著錄的收藏單位應是其親見或依據相應的圖書館藏目錄，可以信從。

　　以上瞿文不著現今藏地的古籍公文紙本書目，瞿文本身並沒有解釋不著現今藏地的原因和內涵，筆者推測可能是作者瞿先生成文時尚不知上述書目的下落而然，因此筆者將瞿文該部分古籍概稱爲"公文紙本古籍現今藏地不明的書目"。實際上，根據筆者的考察和分析，瞿文這部分古籍有三種情況：一是有少部分古籍現在已歸藏於中外公私圖書館，二是有相當部分可能已經失傳或滅失，三是有一部分目前可能仍然存世但暫時不知下落或尚未識別。

　　關於少部分古籍現在已歸藏於中外公私圖書館的情況，至少有《洪氏集驗方》《爾雅疏》②《增修互註禮部韻略》《歐陽先生文粹》《幽蘭居士東京夢華錄》《僑吳集》《蛟峰集》《蛟峰外集》《山房先生遺文》《城遊錄》《文章軌範》《史記題評》《樂府詩集》《負暄野錄》等書屬於這種情況。例如宋人洪遵5卷本《洪氏集驗方》一書，瞿文稱："南宋姑孰郡齋本。《鐵琴銅劍樓藏書目錄》稱用淳熙七、八年（1180、1181）官冊紙背印，中鈐官印，惜不可識。"③瞿文未著此書今藏地，但據《中國古籍善本書目》《中國古籍善本總目》等書，今國家圖書館藏有此書。又據2008年6月30日《人民日報海外版》所刊《宋刻孤本〈洪氏集驗方〉》一文介紹，此書即"宋乾道六年姑孰郡齋刻公文紙印本"，稱其"用公文紙刷印，紙背文字清晰可見，爲宋淳熙七、八年（1180、1181）檔冊內容。"二者版本和年代均同，可證瞿文著錄的《洪氏集驗方》一書今藏國家圖書館無疑。再如宋人毛晃5卷本《增修互註禮部韻略》一書，瞿文稱："元湖州刻本，用元初戶

---

① ［日］竺沙雅章：《漢籍紙背文書の研究》，《東京大學文學部研究紀要：第十四》，1973年，第1—54頁。
② 上表中有兩個版本的《爾雅疏》，一爲宋刻宋印本，一爲元刻元印本，此處指後者。
③ 瞿冕良：《略論古籍善本的公文紙印、抄本》，《山東圖書館季刊》1992年第2期。

口冊子紙背印，載有'湖州路某縣某人，亡宋民戶，至元某年歸順'字樣，見《滂喜齋藏書記》。"① 據《中國古籍善本書目》等書，上海圖書館藏有《增修互註禮部韻略》一書，稱其爲宋刻元公文紙印本。2013年由南開大學教授王曉欣主持的國家社科基金資助項目"元公文紙印本《增修互註禮部韻略》紙背所存元代戶籍文書的整理與研究"，就是對上海圖書館所藏《增修互註禮部韻略》一書的整理研究課題。據王曉欣先生介紹，上海圖書館藏該書即源自滂喜齋，五卷本，內容爲元初湖州路各縣戶口冊，可見瞿文著錄的該書即今上海圖書館所藏。又如宋邢昺《爾雅疏》10卷本，瞿文稱："元覆印北宋本。據陸心源、傅增湘記載，紙背係元致和、至順中公牘，有蒙古文官印，曾藏蘇州袁氏五硯樓。"② 而竺沙雅章《漢籍紙背文書の研究》一文附表中即有日本靜嘉堂文庫的"致和、至順間公牘"本《爾雅疏》10卷。③ 瞿文所稱的"紙背係元致和、至順中公牘"與靜嘉堂文庫的"致和、至順間公牘"高度契合，二者顯然同爲一書。此外，瞿文所著錄的南宋刻巾箱本宋代文牘紙印《歐陽先生文粹》現今歸藏於南京圖書館，元刻國子監生功課簿紙背印《幽蘭居士東京夢華錄》今藏於靜嘉堂文庫，元至正二十二年刻昆山錢糧冊紙背印《通鑒續編》今藏於國家圖書館，明弘治九年刻明人箋翰簡帖紙背印本《僑吳集》今藏於國家圖書館，明天順間刻弘治嘉靖遞修官文書紙印本《蛟峰集》《蛟峰外集》《山房先生遺文》今藏於南京圖書館，明嘉靖刻公文紙藍印本《城遊錄》今藏於南京圖書館，明嘉靖刻官紙背印《文章軌範》今藏於南京圖書館，明刻公文紙印本《史記題評》今藏於南京圖書館，明末汲古閣刻明公牘紙印《樂府詩集》今藏於上海圖書館，明隆慶五年昆山人葉恭焕抄本嘉靖十八年官文書紙反面寫《負暄野錄》今藏於上海圖書館。

關於有相當部分可能已經失傳或滅失的情況，應即上表中標註爲"現藏地不明"中的書目。不過，這應該區分爲兩種情況：第一種情況是"現藏地不明"的宋元公文紙印本古籍應該已經失傳或滅失，如宋刻元符二年

---

① 瞿冕良：《略論古籍善本的公文紙印、抄本》，《山東圖書館季刊》1992年第2期。
② 瞿冕良：《略論古籍善本的公文紙印、抄本》，《山東圖書館季刊》1992年第2期。
③ [日]竺沙雅章：《漢籍紙背文書の研究》，第5頁。

（1099）、崇寧五年（1106）公私文牘紙背印本《治平類編》，北宋仁宗時刻南宋初修補宋官文書紙印本《爾雅疏》①，南宋刻乾道六年（1170）官司簿冊紙背印《北山小集》，南宋淳熙十四年（1187）邵州公使庫刻印 10 卷本《花間集》②，南宋刻收糧案牘廢紙印《蘆川詞》，南宋刻冊子紙印本《皇朝文鑒》，南宋紹興四年（1134）刻冊子紙背印《戰國策註》，南宋刻宋樞府諸公交承啓劄紙背印《揚子方言》，"紙背亦宋人公移文牘"印本《陶詩》，南宋刻宋人詩稿背印《放翁先生劍南詩稿》，宋蜀刻元公牘紙背印《漢書註》，元刻冊子紙印《皮子文藪》，元至正二十五年（1365）平江路刻印本《戰國策校註》等，都應該是已經損毁或滅失的公文紙本古籍。之所以做這樣的推斷，一是因爲我們從現在大型古籍目錄書《中國古籍善本書目》《中國古籍善本總目》和《中國古籍總目》以及各大圖書館目錄中都查不到上述古籍的信息和蹤跡；二是宋元刻本屬於古籍善本中的精品，相當於"超級善本"，歷來爲古籍版本、目錄學家和收藏家所珍視熟知，如果這些古籍存世，一般來說都逃不過他們的眼睛，多少會有所著錄。既然不見各家書目和圖書館著錄，那祇能依理推斷已經失傳或滅失。第二種情況是"現藏地不明"的明清公文紙本古籍應該大部已經失傳或滅失，但不排除還有一部分尚未識別出來（理由詳下）。

  關於有一部分古籍目前可能仍然存世但暫時不知下落或尚未識別的情況。上面主要是分析瞿文中"現藏地不明"的宋元公文紙印本古籍應該已經失傳或滅失，現在再分析一下明清公文紙本古籍應該大部已經失傳或滅失，但不排除還有一部分尚未識別出來的問題。我們之所以作出這樣的推測，主要是基於明清古籍歷來不爲古籍版本學家、目錄學家和收藏家所重視，明代古籍和清代前期古籍受到重視並被國家列爲善本祇是近幾十年的事情。流風所及，人們對明清公文紙本古籍重視的程度遠不及宋元公文紙印本古籍，因此古籍版本學家、目錄學家和收藏家對明清公文紙本古籍的著錄極

---

① 此爲宋刻宋印本，與上文元刻宋元印本不同。
② 國家圖書館也藏有一個宋刻宋印的公文紙本《花間集》，但瞿文稱"今北京圖書館另有宋刻遞修公文紙印本"（瞿冕良：《略論古籍善本的公文紙印、抄本》，《山東圖書館季刊》1992 年第 2 期），認爲自己所列南宋淳熙十四年邵州公使庫刻印本《花間集》與今國圖本非同本。不知瞿文何據，今暫仍其說。

少。加之一般市縣級圖書館工作人員也缺乏對公文紙本古籍的了解和相關知識，沒有給以必要的關注，因此一般圖書館目錄卡片不對公文紙本的信息予以著錄，這就造成了有相當數量的明清公文紙本古籍沒有得到識別，長期湮沒於一般古籍之中。《中國古籍善本書目》和《中國古籍善本總目》雖然著錄了不少的公文紙本古籍，但明清公文紙本古籍由於時代稍晚或刻印裝幀稍欠，也未能入選其中。例如2010年6月公佈的第三批國家珍貴古籍名錄中，明嘉靖十三年（1534）江西布政司刻本（公文紙印本）《蘇文忠公全集》（111卷）和明隆慶六年（1572）施篤臣、曹科刻公文紙印本，羅振玉跋《重修政和經史證類備用本草》（30卷）就沒有在《中國古籍善本書目》和《中國古籍善本總目》中得到著錄。2014年4月公佈的第四批國家珍貴古籍名錄中，明正德九年（1514）張縉刻公文紙印本《宋學士文集》（75卷，存49卷）一書也沒有在《中國古籍善本書目》和《中國古籍善本總目》中著錄過。這就是我們推測瞿文中"現藏地不明"明清公文紙本古籍中有一部分尚未得到識別的基本依據。事實上，瞿文中"現藏地不明"的明清公文紙本古籍中也的確有一部長期未得到識別、未被《中國古籍善本書目》和《中國古籍善本總目》著錄而入選國家珍貴古籍名錄的古籍，這就是瞿文所列的"明刻本，用公文紙背印。據趙鴻謙記背有朱絲欄，並官印"[1]的《史記題評》一書。第四批國家珍貴古籍名錄公佈的古籍中就有一部藏於今南京圖書館的明嘉靖十六年（1537）胡有恆、胡瑞刻公文紙印本《史記題評》，該書顯然與瞿文所記應是一書。又如，瞿文中所云現藏地不明的明隆慶五年昆山人葉恭煥抄本，用嘉靖十八年（1539）官文書紙反面寫《負暄野錄》一書，據筆者親自查閱，發現其現藏於上海圖書館。所以，筆者推測瞿文中"現藏地不明"的明清公文紙本古籍今後還會有一部分會陸續得到識別和公佈，瞿文中"現藏地不明"的明清公文紙本古籍不大可能全部失傳或滅失。

以上我們在列表和分析瞿文所述宋元明清公文紙本古籍的存佚情況基礎上，可以對近代以來公文紙本古籍的流傳和保存情況做出一個基本估計和判斷。根據以上"公文紙本古籍現今藏地明確的書目"和"公文紙本古籍現

---

[1] 瞿冕良：《略論古籍善本的公文紙印、抄本》，《山東圖書館季刊》1992年第2期。

今藏地不明的書目"統計，瞿文所列公文紙本古籍藏地明確的古籍包括印本45種，抄本1種，總共46種；現藏地不明確的印本41種，抄本14種，總共55種，二者相加爲101種。① 在這101種版本的公文紙本古籍中，現在藏地明確的46種毫無疑問是現存的古籍，而在瞿文當時不明藏地的55種中，我們判斷至少應有14種已經歸藏中外公私圖書館之中，在其餘現藏地不明的古籍版本中，我們分析12種宋元公文紙印本古籍可能已經失傳或滅失。這樣，在剩餘的現藏地不明的明清版本古籍還有29種。對這29種版本古籍的具體下落，我們目前還無法做出準確判斷，祇是推測應該大部已經失傳或滅失，但不排除還有一部分尚未識別出來。如果以三分之二失傳或滅失、三分之一尚未識別出來計算，則29種古籍中失傳或滅失的應在20種左右，尚未識別的應占9種左右。如此，則瞿文涉及的101種歷代公文紙本古籍中，現藏地明確的46種加上瞿文當時不明藏地而我們判明已經歸藏中外公私圖書館的14種，再加上現藏地不明中約有三分之一左右可能尚未識別出來的9種，瞿文所知公文紙本古籍版本流傳下來的應是69種左右，已經失傳或滅失的應是32種左右，兩者比例應是流傳率約占68%，失傳率約占32%。

　　以上瞿文所涉公文紙本古籍版本流傳率與失傳率對於我們判斷近代以來整個公文紙本古籍的存佚狀況具有重要的指標意義和參考價值。根據筆者目前掌握的資料，瞿文所知公文紙本古籍的數量遠非現存的全部，但卻是近代以來直至目前古籍版本學家、目錄學家和收藏家著錄最多的一種，因此，該文對揭示近代以來公文紙本古籍的存佚狀況具有一定的代表性。再者，從瞿文引文內容可見，他依據的資料除了極少數屬元明時期之外，絕大多數出自清代和民國時期的古籍版本學家、目錄學家和收藏家之手，因此，這一書目反映的應主要是清代和民國時期公文紙本古籍的存世情況。而將這一清末民

---

① 以前筆者曾著文稱瞿文所列各代公文紙印本81種，公文紙抄本15種，總計96種。這一數字是基於瞿文形式上分爲96段，每段各介紹一種書籍或一個版本。實際上，瞿文有的段落並非只列一種書籍，例如宋方逢辰《蛟峰集》一段，同時介紹的書籍除了《蛟峰集》7卷之外，還有《蛟峰外集》4卷和《山房先生遺文》1卷，此段實際上介紹了三種古籍。又如"後蜀趙崇祚《花間集》10卷"一段，作者除了介紹南宋淳熙十四年邵州公使庫刻本外，還提到了"今北京圖書館另有宋刻遞修公文紙印本"，此段實際介紹了兩個版本的《花間集》。這就是本文有關瞿文所涉古籍數字與以往不同的緣故，特此說明。

初存世情況與目前的佚失狀況一進行對照，則百年來公文紙本古籍的存佚狀況便顯而易見。正是從這個意義上我們說，瞿文古籍版本流傳率與失傳率一定程度上反映了整個近代以來公文紙本古籍的存佚狀況，即流傳至今的公文紙本古籍應占清末民初時期全部公文紙本古籍的近 70%，失傳或滅失的應占全部公文紙本古籍的 30% 多。換言之，近代以來整個公文紙本古籍的流傳率與失傳率之比是 5.4：4.6，這應是近代以來公文紙本古籍整個存佚狀況的近似寫照。

總而言之，明清時期著錄的公文紙本古籍截至目前大約已有三分之一不見蹤影，這既是近代以來公文紙本古籍流傳的一個基本狀況，也是我們必須面對的一個嚴峻現實。

（二）公文紙本古籍保存現狀亦有隱憂

筆者近年來致力於公文紙本古籍文獻的搜集和整理工作，先後到多家圖書館、博物館查閱、抄錄公文紙背的原始文獻。在這一過程中，筆者發現，《中國古籍善本書目》和《中國古籍善本總目》刊載的古籍公文紙本至少有幾種有目無書，在相關圖書館查不到現存的實物。這幾種古籍公文紙本：一是南京大學圖書館收藏的宋刻宋元遞修公文紙印本《魏書》，二是北京市文物局收藏的明張溥刻漢魏六朝百三名家集公文紙印本《廈度支集》，三和四是蘇州大學圖書館收藏的明代蘇州顧氏刻《顧氏明朝四十家小說》公文紙印本《寓意編》和《國寶新編》。

有關南京大學圖書館藏宋刻宋元遞修公文紙印本《魏書》的情況，見於《中國古籍善本書目》史部 68、69 頁。據該書所載，公文紙印本《魏書》共有五種：1. 配宋元明遞修本，編號爲 717 號，藏北京圖書館（0101，北京圖書館）；2. 存十二卷本，編號爲 718 號，藏上海圖書館（0201，上海圖書館）；3. 存卷 47、81 的兩卷本，編號爲 719 號，藏四川圖書館（2701，四川圖書館）；4. 存卷 41 的一卷本，編號是 720 號，藏南京大學圖書館（1641，南京大學圖書館）；5. 存卷 1 至 17 的十七卷本，編號是 723 號，藏北京圖書館（0101，北京圖書館）。南京大學圖書館藏宋刻宋元遞修公文紙印本《魏書》的情況，也見於《中國古籍善本總目》第 2 冊 229 至 230 頁史部紀傳部分。據該書刊載，公文紙印本《魏書》共有六種，均不記行款：

1. 配宋元明遞修本的是 845 號（0101，北京圖書館）；2. 存第 41 卷一卷本的是 846 號（1641，南京大學圖書館）；3. 存卷 42 一卷本的是 847 號（0201，上海圖書館）；4. 存十二卷的是 848 號（0201，上海圖書館）；5. 存卷 47、81 的兩卷本是 849 號（2701，四川圖書館）；6. 存卷 1 至 17 的十七卷本的是 854 號（0101，北京圖書館）。從以上所列可見，《中國古籍善本書目》和《中國古籍善本總目》雖然有關公文紙印本《魏書》藏書的總數有異，一記五種，一記六種，但所記南京大學圖書館藏有一卷本的宋刻宋元遞修公文紙印本《魏書》則完全相同。然而不可思議的是，筆者曾於 2012 年 11 月通過南京大學的兩位學者查閱該校圖書館所藏的公文紙印本《魏書》，但得到的回答均稱沒有此書，後來圖書館採訪部榮方超先生 11 月 16 日還給筆者回復了一個郵件，稱："先生：您好！得知您要查閱宋刻元印《魏書》，即向古籍部同事詢問。古籍部查找了南大自編館藏目錄以及古籍資料庫，均無宋刻元印《魏書》的記錄。在古籍書庫中也沒有找到此書，可以確認南大圖書館並無此書。1、《中國古籍善本書目》編纂年代較早，編者也是通過各種目錄所編，有時恐怕不能親見原書。所以，或許會跟實際情況有些出入；2、50 年代至 70 年代期間，南大的古籍在院系資料室與圖書館之間出現了一些館藏地的變化。目前有些院系（歷史系與文學院）的古籍存藏情況我們還不是很清楚。所以，這部《魏書》無法得見，我館也是無能爲力。非常抱歉！敬頌秋安！——榮方超/南京大學圖書館採訪部。"總而言之，一卷本的宋刻宋元遞修公文紙印本《魏書》，南京大學圖書館查無此書。

　　有關北京市文物局藏明張溥刻漢魏六朝百三名家集公文紙印本《庾度支集》（一卷）的情況，見於《中國古籍善本書目》集部上冊第 37 頁，編號爲 467 號，稱："梁庾肩吾撰。明張溥刻漢魏六朝百三名家集公文紙印本。"據該書下冊 2238 頁，與書名編號 467 號對應的藏書單位代號爲 0198 號；再查集部下冊 2196 頁，與藏書單位代號 0198 號對應的單位爲北京市文物局。《中國古籍善本總目》有關公文紙印本《庾度支集》的信息見於該書第 4 冊第 1171 頁漢魏六朝別集部分，著錄信息爲："《庾度支集》一卷，梁庾肩吾撰。明張溥刻漢魏六朝百三名家集公文紙印本。九行、十八字、白口、左右雙邊。"書名編號爲 259。據第 4 冊第 1147 頁漢魏六朝別集部分 259 號的收藏單位代號爲 0198；據第 1 冊《藏書單位代號表》第 3 頁，收藏單位代號 0198 號即北京市文物局。由此可見，《中國古籍善本書目》和《中國古籍善本總目》均記公文紙印本《廋度支集》收藏在北京市文物局。但同樣奇怪的是 2014 年 7 月 24 日上午筆者前往北京市文物局資料室查閱該書，工作人員查找後堅稱查無此書，並稱根據《中國古籍善本總目》，該書應在中國科學院圖書館收藏。最近，筆者爲寫本文，又一次仔細查對了一遍《中國古籍善本書目》和《中國古籍善本總目》兩書，收藏單位確鑿無疑寫的是北京市文物局。

有關蘇州大學圖書館收藏的明代蘇州顧氏刻《顧氏明朝四十家小說》公文紙印本《寓意編》和《國寶新編》的情況，見於前文屢稱的瞿文，稱："明都穆《寓意編》1 卷，明代蘇州顧氏刻《明朝四十家小說》本，用萬曆間公文紙背印。據莫棠記：'紙背皆明萬曆初公牘，涉及人名有鄺彭齡、敖選、黃尚明、陳漢、夏時等人，似係會計案牘刷印紙張之卷，但不知屬江南何縣耳。'現藏蘇州大學圖書館。"又稱："明顧璘《國寶新編》1 卷，同上書。"[①] 也就是說，《國寶新編》一書也在蘇州大學圖書館，且同在《明朝四十家小說》公文紙印本一書之中。我們知道，瞿冕良先生長期供職於蘇州大學圖書館，熟悉古籍版本目錄學，他稱兩書現藏蘇州大學圖書館，一定是親眼見過。而且，蘇州古籍保護網所刊載 2009 年江蘇省政府公佈的"第一批江蘇省珍貴古籍名錄"，共 1588 部，其中蘇州市共 364 部，說蘇州大學圖書館"顧氏明朝四十家小說四十種四十三卷，（明）顧元慶編，明嘉靖十八年（1539）至二十年（1541）顧氏大石山房刻本，蘇州大學圖書館存二種二卷（國寶新編一卷，寓意編一卷）。"應該說以上各種信息都非常明確地將公文紙本《寓意編》和《國寶新編》的現存地指向了蘇州大學圖書館，然而筆者 2014 年 10 月 22 日前往蘇州查閱公文紙本古籍並專派課題組成員前往蘇州大學圖書館查閱上述兩書時，該館工作人員卻無論在電腦目錄還是紙質目錄卡片，都查不到以上兩書，筆者祇好失望而歸。

以上四種公文紙本古籍分明著錄在公私圖書館的相關目錄中，相關古籍也是收藏在公立圖書館中，但就是在現場查檢不到，筆者實在百思不得其

[①] 瞿冕良：《略論古籍善本的公文紙印、抄本》，《山東圖書館季刊》1992 年第 2 期。

解。苦思冥想的結果，筆者推測應該不外乎以下原因：第一，有的可能是目錄書在著錄、編校和印刷中存在失誤，導致著錄的現藏情況不準確。例如《中國古籍善本書目》和《中國古籍善本總目》都是大型聯合目錄，涉及單位上千家，國家圖書館、省級、市縣級圖書館等多個層次，各個圖書信息從最初填報到層層上報、匯總，再到編排、印刷、校對和出版，涉及的環節和人員之多難以想像，任何一個環節都難免存在一些意想不到或可能預料之中的疏失。這一點學術界已就兩書中存在的問題發表過不少意見和具體的指摘，此處不贅。第二，或許是出於保護善本減少磨損的本能，以找不到作爲婉拒讀者的的藉口。第三，也許是相關人員不熟悉業務，不了解善本的收藏所致。總而言之，筆者不敢說以上四種公文紙本古籍已經滅失或丟失，但至少是目前不能爲讀者利用，有滅失或丟失之虞。這一點希望引起圖書館學界和有關部門的重視。

筆者近年去不少圖書館查閱公文紙本古籍文獻，感受最大的一點就是：難！不是一般意義上的難，而是難上加難。這些"難"至少可以歸納爲三個方面：

一是借閱難。古籍尤其是善本古籍管理部門的門難進，臉難看，書難借，有的管理部門和工作人員任憑你好說歹說，借口善本是文物，就是不肯同意查閱。

二是閱讀難。公文紙本原始文獻主要在背面，也就是說是在線裝書古籍的折葉之內，閱讀祇能是從書葉夾縫向裏看。如果線裝書葉有足夠的寬度和合適的高度多少還好些，能夠閱讀的空間相對大些，內容也相對多些。如果寬度不夠，高度狹長，紙縫掀開的空間極其有限，紙背文獻往往祇能看到上下兩端，中間文字很難看到。如果裝訂線再寬些，則被縫合掩蓋其下的文字更多，整葉紙能夠閱讀抄寫的內容更少。當然，這是由公文紙背文獻的性質和裝幀形式決定的。

三是抄寫難。國內圖書館學界古籍抄錄文獻的清規戒律太多，不能拍照，不能用水筆和簽字筆抄錄，祇能用鉛筆，必須戴手套等等。由於閱讀的空間受限，抄錄的範圍大受限制，往往文字零散，缺行缺字，縱不成行，橫不成頁，形不成系統連貫的內容。還有，能夠抄錄的有效時間偏少，有的圖書館善本部提書的速度太慢，還書的時間太早，有時提書需等一個多小時甚至兩個小時才能拿到書，而往往下班時間偏早，收書速度很快，所以一天之內有效的抄錄時間屈指可數。如果加上交通、食宿等費用，整理公文紙本文獻的經濟成本之高和人力投入之大不難想見。

　　紙背文獻的整理雖有以上三難，其實最難的是借閱難。閱讀難和抄錄難雖難但操之於我，屬於整理者主觀可控的範疇，是自甘於難，可以設法自我克服，唯有借閱難是整理者自身無法逾越的障礙。借閱難固然有管理體制借閱制度、工作人員業務素質職業精神等方方面面的原因，但最大的問題卻是管理者思想意識深處的認識誤區，認爲公文紙本是善本，善本是文物，不能輕易借閱，不能拆裝整理，借閱、拆裝會有損於古籍文物價值，不能因整理背面文獻而損害古籍文物。

　　造成上述認識誤區的主觀原因確實含有保護古籍、保護文物的良苦用心和高度責任感，這一點應該肯定，但是其中客觀原因也確實存在不了解古籍公文紙本正面文獻與背面文獻的關係，不了解紙背文獻的特點和價值的不足之處。大家都知道，古籍公文紙本是廢紙利用的結果，是用廢棄的舊紙來刷印新編新著的書籍，因此紙背文獻在形成時間上早於正面文獻，紙背文獻是一次利用文獻，正面文獻是二次利用文獻；紙背文獻是原始文獻，正面文獻是次生文獻。大家還知道，紙背文獻通常是官府檔案和私人文書，一般爲寫本文獻，正面文獻爲新編新著新印各種內容的刻本印本文獻（這裏暫不包括公文紙抄本）。這樣一來，作爲原始文獻的寫本文獻，因爲是現實生活中的實用文獻，往往祇有一份；而作爲次生文獻的印本文獻化身千百，往往流傳存世的不祇一本。從這個意義上說，原始文獻的寫本文獻往往又是孤本文獻，次生文獻的印本文獻往往又是重本文獻。二者的邏輯順序和邏輯關係既明，其價值順序和價值關係便不言自明：即一次文獻早於二次文獻，原始文獻優於次生文獻，孤本文獻珍於重本文獻，寫本文獻高於印本文獻。一言以蔽之，每一公文紙本古籍雖是同一版本同一紙文獻，但背面文獻和正面文獻卻有着不同的時間、不同的內涵、不同的價值，紙背原始文獻的價值總體上高於正面次生文獻。正因爲公文紙本古籍具有正面爲刻本古籍文獻內容，背面爲原始寫本文獻內容的雙料價值，其相對於一般古籍版本更加珍貴。所以著名版本學家顧廷龍先生曾經感歎："自宋以來公文紙所印宋刻之書，今所存者，殆僅十餘種，其稀珍爲何如哉！"①《宋人佚簡·編後記》也說由公文紙印本《王文公文集》整理而成的《宋人佚簡》，正面是"宋代文獻"，背面是"珍本古籍"，"兩者均係稀世之品，可譽爲'國寶'"，一語道出了《王文公文集》和《宋人佚簡》作爲公文紙印本古籍一體雙面、一本雙寶的珍貴價值，也闡明了公文紙印本古籍作爲一種特殊古籍版本形態所具有的雙重文獻文物的價值所在。對於後一點，李偉國先生《紹興末隆興初舒州酒務公文研究》一文的認識更深刻，曾稱公文紙本所承載的公文檔案，"從文獻角度說，如公牘之類的實物，未經任何刪汰概括加工，比方志、會要、法典、編年史、雜史、正史等原始得多"，"即使片紙隻字，亦被珍同珠璧"。②以上各位先生所論，也完全適用於元明清各個時期的公文紙本的情況。再者，因爲紙背文獻屬於孤本文獻，如果不加以整理，讓孤本內容化身千百，一旦有閃失，就將造成紙背文獻作爲唯一存世文獻永遠滅失而無法彌補的損失。我們應該汲取近代以來已有近三分之一公文紙本古籍滅失的深刻教訓。所以說，公文紙本古籍紙背文獻的整理不僅僅是一個簡單整理的問題，還具有搶救瀕臨滅失危險文獻文物的性質。

總之，對公文紙本古籍紙背文獻的整理應該引起圖書館學界、古籍學界的高度重視，應該將公文紙本古籍紙背文獻的整理放在比限制閱讀和簡單"保護"更優先、更突出、更重視的地位，何況公文紙本原始文獻的整理不僅不會損害正面文獻的價值，反而可以極大地提高原本文獻的價值。

（本文作者孫繼民，首刊於《河北學刊》2015 年第 3 期）

---

① 上海文物管理委員會、上海博物館編：《宋人佚簡》，上海古籍出版社 1990 年版，"序言"。
② 李偉國：《紹興末隆興初舒州酒務公文研究（之一）》，收於鄧廣銘、漆俠主編：《國際宋史研討會論文選集》，河北大學出版社 1992 年版，第 119 頁。

四　封皮裱紙文書：古籍公文紙背文獻的特殊形態

　　《河南圖書館學刊》2009 年第 2 期發表的王曼茹、潘德利《〈文苑英華〉版本裝幀拾遺》一文，介紹了瀋陽師範大學圖書館所藏古籍善本《文苑英華》，稱該書爲明隆慶元年（1567）福建刻，隆慶六年（1572）、萬曆六年（1578）、萬曆三十六年（1608）遞修，並稱："《文苑英華》一千卷，四周單邊，半葉十一行，每行二十二字，白口，單白魚尾，版心有鎸卷數，大十六開，正文一百冊，目錄一冊，合計一百一冊。"據其所述：該書前有明隆慶元年塗澤民序，次有同年胡維新序，由序得知當是胡維新、戚繼光刻，參加者還有福州太守胡帛；該書封皮均爲萬曆年間所配原書封皮，封皮襯紙均用當時福建官府廢棄公文紙托裱，公文紙所署時間爲萬曆三十六年（1608）至萬曆四十一年（1613），據此確定該書印刷裝訂時間當在萬曆四十一年（1613）。①

　　對於該書封皮托裱所用"廢棄公文紙"，《〈文苑英華〉版本裝幀拾遺》稱之爲一個"重要發現"，"經專家鑒定，未發現有此種版本裝幀的《文苑英華》，查閱多種古籍善本書目均沒有記載。"關於裱紙內容，該文介紹稱："這部《文苑英華》是利用明代萬曆年間，福建官府當時廢棄的公文紙作書皮襯紙托裱印製而成的。逐本翻閱該書的封二封三，更多的是用萬曆三十六年（1608）至萬曆四十一年（1613）六年期間手寫的福建官府帳簿冊紙，其中監察御史、主簿、典史等官銜人名，年月和記項，還有帶藍色花邊的'憲票'，均歷歷可辨，上面還留下不少明代福建官府的朱文印記和鈐記，大小兩款。"②

　　筆者近年從事古籍公文紙背文獻的整理研究，投入相當精力搜集現存古籍公文紙背所保存的原始文獻，當得知上述信息後，遂於 2015 年 7 月帶領研究生前往查閱抄錄，經親手翻閱和實測，得知該書現爲 20 函 101 冊，除第 1 函爲六冊外，其餘 19 函每函均爲 5 冊。書長 30.1 厘米，寬 19.2 厘米，框高 20.8 厘米，寬 15.1 厘米。每冊封皮所用公文紙托裱情況不一，多則四葉，少則一二葉，共計用公文紙托裱 317 葉。每葉公文裱紙的形式多爲單紙托裱，部

---

① 王曼茹、潘德利：《〈文苑英華〉版本裝幀拾遺》，《河南圖書館學刊》2009 年第 2 期。
② 王曼茹、潘德利：《〈文苑英華〉版本裝幀拾遺》，《河南圖書館學刊》2009 年第 2 期。

分爲兩張或多張殘缺公文紙拼合托裱。公文形成的時間，上至萬曆三十七年（1609），下至萬曆四十一年（1613），未見萬歷三十六年（1608）公文，内容均爲福建福州府、建寧府、延平府、汀州府、泉州府、福寧州等下屬各縣的官府行文，主要爲各縣上呈巡按福建監察御史的公文，内容包括記載官府日常開支的帳簿（宴席及其席面物品、印刷書籍所用紙張、收孤老情況等）；向上級（監察御史）呈報轄内的各項事宜（出巡事、公務事、禮儀事等）等，部分公文既有朱印也有藍色戳記。公文撰寫者涉及知縣、縣丞、主簿、典史等官員。另外還有帶藍色花邊的"憲票"，多爲表格形式，加蓋有朱印和簽押。這些藍色花邊憲票雖多有殘缺，但仍能反映出憲票的整體面貌。

瀋陽師大所藏明本《文苑英華》的價值，除了《〈文苑英華〉版本裝幀拾遺》一文作者概括的"公文紙痕跡可作爲推斷版刻年份的參考"、"是一種經濟實惠的古籍裝幀表現藝術"、"非但沒有降低價值反倒爲此增添了特色"、"是一份難得的四百年前的行政管理和經濟史料"、"透露了明萬曆年間中國福建省的經濟信息"和"爲我國珍善本古籍園地增添一朵豔麗奇葩"等幾個方面之外[①]，筆者以爲該書對古籍公文紙背文獻的整理研究至少還有兩個方面的重要價值：一是在人們熟知的公文紙本古籍紙背文獻典型形態之外，提供了一種保存於線裝古籍封皮裱紙的新形態，從而豐富了公文紙本古籍紙背文獻的形態構成；二是提供了古籍版本的内文版刻時間與封皮裱裝時間不同步的確鑿證據，對深化古籍紙背文獻學基本問題的認識具有積極的學術意義。

《文苑英華》爲公文紙本古籍提供的新形態主要是指它保存的明代公文殘件位於該書封皮的裱紙而非通常的内文紙背。我們知道，公文紙本古籍又被稱爲"公牘紙本"、"文牘紙本"、"官冊子紙本"等，是指古代利用廢棄的官私文書、帳簿文獻等紙張背面來印刷古籍的線裝書，宋元明時期居多，清代較少。其形態主要是作爲原始文獻的官私文書内容位於線裝書紙葉的背面（内面、反面），而作爲次生文獻的古籍内容位於線裝書紙葉的正面（外面），這也是公文紙本古籍原始文獻被稱爲紙背文獻的主要原因。當然，我們近幾年在查閱公文紙本古籍時也發現有官府公文位於古籍正面，亦即原始文獻和次生文獻位於同一葉面的情況，但這種情況極其少見。因此，我們可

---

① 王曼茹、潘德利：《〈文苑英華〉版本裝幀拾遺》，《河南圖書館學刊》2009 年第 2 期。

以將這種雙面文獻亦即正面爲傳世古籍文獻內容，背面爲官私文書原始文獻內容的類型稱爲內文紙背型的公文紙本古籍。內文紙背型是公文紙本古籍的主要形態和典型形態。但我們上文介紹的《文苑英華》卻是內文紙背沒有一葉帶有原始文獻的官私文書內容，亦即內文用紙並非官私文書的廢紙，倒是作爲古籍附屬構成的裝幀用紙，確切地說是該書的封皮裱紙卻用了相當數量的廢棄官府公文。這種使用廢棄的公私文書爲古籍封皮加固的護封裱紙形式，我們可以稱之爲封皮裱紙型公文紙本文獻。封皮裱紙型公文紙本文獻我們在一些古籍線裝書上也見過，但數量很少，往往不過一兩葉，至多幾葉，形不成規模，文書內容自然也構不成系列。而《文苑英華》因爲是數至千卷的巨著，多達20函101冊，每冊公文裱紙雖也不過幾葉，但積少成多，將包括外封的紙背裱紙和內封的正面裱紙以及背面裱紙全部加起來就蔚爲大觀，總數達317葉，既具有了相當的歷史資料價值和文獻文物價值，更具備了一定的規模效應，成爲一宗兼具文物價值與文獻規模的明代福建官府第一手資料的文書檔案，因此，它在封皮裱紙型公文紙本古籍中具有相當的代表性。

　　總之，瀋陽師大藏明本《文苑英華》提供了一種公文紙本古籍文獻的新形態——封皮裱紙型；封皮裱紙型與內文紙背型對稱，可以視爲公文紙本古籍典型形態之外的補充形態；封皮裱紙型與典型形態的內文紙背型一起構成了公文紙本古籍類型的基本結構（公文紙本古籍還有一種拓本裱紙形式的類型，此處暫略）。毫無疑問，《文苑英華》爲我們整理研究公文紙本古籍和建構古籍紙背文獻學的學科框架提供了新材料、新類型，值得珍視。

　　《文苑英華》提供的線裝古籍內文版刻時間與封皮裱裝時間不同步的確鑿證據，主要是指該書用於封皮裱褙用紙確實存在使用後代公文的情況。王曼茹、潘德利一文早已指出瀋陽師大所藏明本《文苑英華》前有明隆慶元年（1567）塗澤民序，次有同年胡維新序，該書爲明隆慶元年福建刻，隆慶六年（1572）、萬曆六年（1578）、萬曆三十六年（1608）遞修[①]，並根據封皮襯紙所署時間爲萬曆三十六年（1608）至萬曆四十一年（1613），推定

---

　　① 中華書局2012年出版的《中國古籍總目》集部第6冊第2901頁記《文苑英華》有"明隆慶元年（1567）胡維新、戚繼光刻本"和"明隆慶元年（1567）胡維新、戚繼光刻本，隆慶、萬曆間遞修本"兩種，瀋陽師大所藏應即後者。

該書印刷裝訂時間當在萬曆四十一年（1613）。對於王文所述《文苑英華》內文版刻時間，筆者沒有研究，不敢妄議，但對於現存封皮裝幀時間的判定則可以根據我們新查檢到的資料線索予以重新認識。我們知道，古代官府公文能夠使用於公文紙本古籍的印裝，必定是在官府公文廢棄之後，而公文的廢棄又必然是在官府檔案保存逾期之後。明代官府檔案保存期限多長，筆者尚未查到，但唐宋時期官府檔案的保存期限是有相關規定的。據《唐律疏議》卷一九《賊盗》疏議，唐代官府公文檔案有"常留"與"不常留"之分，不常留的文書是"每三年一揀除。"① 據《慶元條法事類》卷一七《文書門·文書令》，宋代官府公文檔案有也有"長留"、"不長留"的規定："諸制書及重害文書，若祥瑞、解官、婚田、市估、獄案之類，長留"，"諸架閣公案非應長留者，留十年，每三年一檢簡。"② 由此可見，宋代的皇帝制書和"重害文書"亦即"祥瑞、解官、婚田、市估、獄案之類"的文書屬於永久保存的"長留"檔案，而其他"非應長留者"的檔案保存期限則是十年，且是"每三年一檢簡"，即每三年揀除淘汰一次。明代的檔案肯定也有永久保存和限期保存之分，限期保存的檔案具體時間儘管我們目前尚未弄清，但相信與宋代限期十年應該相同或相近。《〈文苑英華〉版本裝幀拾遺》推定該書印刷裝訂時間當在萬曆四十一年（1613），暫且按明代一般文書檔案保存期限爲十年計算，《文苑英華》封皮的裝訂時間最早也要到十年之後的天啓三年（1623）之後。

實際上，《文苑英華》封皮的裝訂時間比天啓三年（1623）更晚許多。我們在查閱時發現，該書第1函第1冊封一背面裱紙隱約有一方朱文反印和一行反字，經仔細辨認字跡爲"乾隆肆拾柒年肆月日"等，這也是該書封皮裱紙中唯一的一件清代文書殘葉。這說明該件清代公文裱紙殘葉應是在清朝乾隆四十七年（1782）以後才裱褙在封皮之上的，該書封皮裱紙所用明代公文也應是在清朝乾隆四十七年（1782）以後才裱糊的。由此還可以進一步推定，《文苑英華》封皮裱紙的裱糊時間與《文苑英華》內文正文的印

---

① （唐）長孫無忌等撰，劉俊文點校：《唐律疏議》卷19《賊盗·即盗應除文案者》，中華書局1983年版，第351頁。

② （宋）佚名，戴建國點校：《慶元條法事類》卷17《文書門二·令·文書令》，《中國珍稀法律典籍續編》第1冊，黑龍江人民出版社2002年版，第357頁。

刷時間並不同步，《文苑英華》內文正文的印刷時間在前，封皮裱紙的裱糊時間在後，二者前後相距時間至少一百多年，現有的封皮裱紙應是藏家在《文苑英華》初印一百多年之後爲保護封面而後來加裱上去的。《文苑英華》封皮裝幀時間與內文印刷時間的不同步對於研究公文紙本古籍的類似情況無疑具有重要的尺規意義和參考價值。

附明刻《文苑英華》封皮裱紙文書兩例：

一　第一函第二冊封皮裱紙文書之一

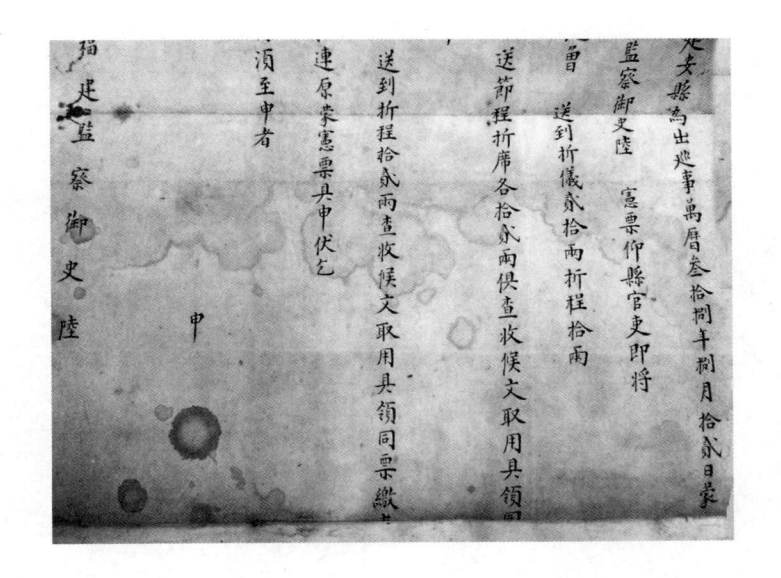

1. □□□① 建 安縣爲出巡事。萬曆叄拾捌年捌月拾貳日蒙
2. □□□② 建 監察御史陸　　憲票，仰縣官吏即將
3. ＿＿＿ 院 曾　　送到折儀貳拾兩、折程拾兩，
4. □□□送節程、折席各拾貳兩，俱查收，候文取用。具領
　　　同＿＿＿

---

① 據文義推斷，此處所缺文字疑爲"建寧府"。
② 據文義推斷，此處所缺文字疑爲"巡按福"。

5. □□□申

6. □□□送到折程拾貳兩查收，候文取用。具領同票繳□

7. _____粘連原蒙憲票具申，伏乞

8. _____①行，須至申者。

9. □②　　　　　　　　申

10. □□③福建監察御史陸

　　　　　　　（後缺）

二　第一函第四冊封皮裱紙文書之一

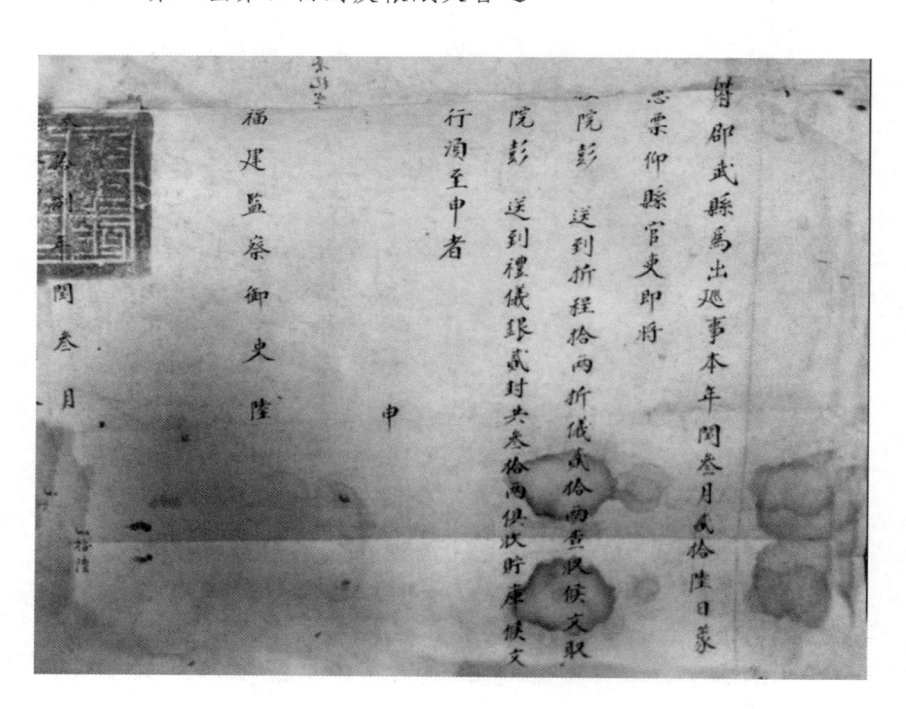

_____

① 據文義及明代文書格式推斷，此處所缺文字疑爲"照驗施"。
② 據文義及明代文書格式推斷，此處所缺文字應爲"右"。
③ 據文義推斷，此處所缺文字疑爲"巡按"。

1. □□①府邵武縣為出巡事。本年閏叁月貳拾陸日蒙
2. 憲票，仰縣官吏即將
3. 按院彭　　送到折程拾兩、折儀貳拾兩查收，候文取□＿＿
4. □②院彭　　送到禮儀銀貳封，共叁拾兩俱收貯庫，候文＿＿
5. □③行，須至申者。
6. □④　　　　　　　　　申
7. □□⑤福建監察御史陸

8. □□⑥叁拾捌年（邵武縣印）閏叁月　　貳拾陸□＿＿⑦
9. 　　出巡事　　　　　　　　　　　　　　　□⑧

（本文作者孫繼民，曾以《一種特殊形態的古籍公文紙本文獻——明刻〈文苑英華〉封皮裱紙文書簡介》為名，刊發於《紀念岑仲勉先生誕辰130周年國際學術研討會論文集》，中山大學出版社2019年版。收入本書時略有改動。）

---

① 據文義推斷，此處所缺文字應為"邵武府"。
② 據文意推斷，此處所缺文字應為"按"。
③ 據文意推斷，此處所缺文字應為"施"。
④ 據文義及明代文書格式推斷，此處所缺文字應為"右"。
⑤ 據文義推斷，此處所缺文字應為"巡按"。
⑥ 據文義及其他同類文書可知，此處所缺文字應為"萬曆"。
⑦ 據其他同類文書可知，此處所缺文字應為知縣、縣丞、主簿等姓名。
⑧ 據其他同類文書可知，此處所缺應為"典史姓名"。

五　古籍公文紙背文獻學的內涵與外延

筆者從本世紀初開始轉入黑水城文獻研究，最先接觸的文獻是《宋西北邊境軍政文書》。①《宋西北邊境軍政文書》係西夏文刻本《文海寶韻》的背面文獻，爲宋代西北邊境鄜延路地區軍政活動的原始記錄和檔案，共109頁。西夏文的《文海寶韻》與漢文的《宋西北邊境軍政文書》實爲一體兩面文獻，屬於古籍版本目錄學界所稱的公文紙印本的正面文獻與背面文獻合璧於一體的雙面文獻。《宋西北邊境軍政文書》作爲《文海寶韻》背書而得以保存流傳的特殊文獻形式，使筆者在從事黑水城文獻研究的過程中，逐漸對古籍公文紙背文獻產生了興趣，因而於1990年由上海古籍出版社出版的公文紙背文獻專集《宋人佚簡》②便納入了自己的視野。《宋人佚簡》係拆自上海博物館藏宋刻龍舒本王安石著《王文公文集》。這部印本現存72卷（原本應有100卷），共900餘頁，其中大部分是利用公文紙刷印，達780餘頁，內容是南宋時期舒州的廢舊公文檔冊和舒州知府向沟等官員文人的書啓，時間範圍在宋高宗紹興三十二年（1162）至宋孝宗隆興元年（1163）之間，既是研究宋代州級官府行政制度和公文制度，特別是酒務行政管理制度的細節資料，還是研究宋代財政史和經濟史的第一手資料，具有重要的史料價值。正如《宋人佚簡·編後記》所說：其"內容之豐富和可貴，無異打開了一座宋代文化遺藏的寶庫。"③筆者自2007年開始指導研究生對《宋人佚簡》進行整理研究，先後形成了專門以《宋人佚簡》爲整理研究對象的五篇碩士論文。筆者也先後在《文史》《中國經濟史研究》《光明日報》理論版和《中國社會科學報》發表了多篇有關《宋人佚簡》和公文紙本古籍的論文，並最後形成了由本人主編多人參加的《南宋舒州公牘佚簡整理與研究》④一書，2011年由上海古籍出版社出版，成爲《南宋史研究叢書》的

---

① 《宋西北邊境軍政文書》圖版收於《俄藏黑水城文獻》第6冊，上海古籍出版社2000年版，第164—273頁。
② 上海市文物管理委員會、上海博物館編：《宋人佚簡》，上海古籍出版社1990年版。
③ 《宋人佚簡》第5冊《編後記》，第1頁。
④ 孫繼民、魏琳：《南宋舒州公牘佚簡整理與研究》，上海古籍出版社2011年版。

一種。2012年，我們還組織了一次"公文紙背文獻整理與研究學術研討會"，邀請部分知名學者就有關公文紙本古籍紙背文獻整理研究的學術問題進行討論。此後，有關公文紙本古籍紙背文獻的整理研究逐漸引起學術界的重視：2013年國家社科基金首次將公文紙本文獻整理研究列入資助範圍，有王曉欣先生"元公文紙印本《增修互註禮部韻略》紙背所存元代戶籍文書的整理與研究"和魏琳女士"古籍公文紙印本《王文公文集》紙背文書整理與研究"兩項課題獲得立項；2014年筆者以"古籍公文紙本《洪氏集驗方》和《論衡》紙背所存宋元公牘文獻整理與研究"爲題，成功申請國家社科基金重點項目；2015年又以"上海圖書館藏明代古籍公文紙背文獻整理與研究"爲題，申請國家社科基金重大招標項目也獲得成功；2016年度《國家社科基金項目課題指南》將"宋元明古籍公文紙本文獻整理與研究"一題列入指南範圍。截至目前，古籍紙背文獻的整理研究已獲得長足進展，先後有7項青年項目、一般項目、重點項目和重大項目獲得國家社科基金立項，有2項面上項目和特別資助項目獲得中國博士後科學基金立項。① 有關公文紙本古籍紙背文獻的整理研究作爲一門新學科、新學問正方興未艾，已經成爲我國史學領域新的學術增長點。

筆者自承擔兩項公文紙本文獻整理的國家課題後，已將研究重點轉到公文紙本文獻的整理方面。近幾年主要做了三個方面的工作：一是帶領課題組成員或由課題組成員獨自前往北京、上海、天津、遼寧、黑龍江、山東、江蘇、浙江、安徽、福建、河南、湖北、廣東、廣西、海南、青海、陝西、重慶、四川等地的衆多圖書館和部分博物館，搜尋、查找、抄錄古籍紙背文

---

① 本文爲2018年寫作，所統計爲截止2018年數據。截止2020年，國家社科基金共計獲立11項相關課題，分別爲：王曉欣2013年一般項目"元公文紙印本《增修互註禮部韻略》紙背所存元代戶籍文書的整理與研究"；魏琳2013年青年項目"古籍公文紙印本《王文公文集》紙背文書整理與研究"；孫繼民2014年重點項目"古籍公文紙本《洪氏集驗方》和《論衡》紙背所存宋元公牘文獻整理與研究"；孫繼民2015年重大招標項目"上海圖書館藏明代古籍公文紙背文獻整理與研究"；杜立暉2015年一般項目"公文紙本《魏書》紙背元代文獻整理與研究"；宋坤2015年青年項目"天一閣藏公文紙本《國朝諸臣奏議》紙背文獻整理與研究"；張重艷2016年一般項目"國圖藏宋代公文紙本《三國志》紙背文獻整理與研究"；李哲坤2018年青年項目"新見《諸吏會編大全》紙背文獻整理與明代鋪戶問題研究"；孟月2019年青年項目"新見《册府元龜》裱紙文獻整理與明代訴訟問題研究"；孫繼民2019年冷門絕學專項項目"新見三種古籍紙背文書'清康熙早期行省奏銷册'整理與相關財政問題研究"；張春蘭2020年一般項目"新見三種明代賦役黄册的散葉復原與攢造問題研究"等，另有杜立暉中國博士後科學基金面上項目和特別資助項目各1項獲得立項。

獻；二是對謄抄迻錄的紙背文獻進行定名、題解、錄文、標點和校註，目前兩項重點課題和重大課題的紙背文獻整理任務已大體完成，並圍繞新出文獻寫出了一組研究論文；三是筆者也在整理過程中開始思考紙背文獻整理研究需要解決的學科框架、内涵、種類、性質、地位等學理層面的問題，並已寫出或發表的幾篇文章，如《公文紙本：傳世文獻最後一座富礦》①《現存古籍公文紙本數量概說》②《古籍公文紙背文獻：中國古文書家族的新丁》③《近代以來公文紙本古籍的流傳和存佚——兼議公文紙本原始文獻與次生文獻的價值比較》④《明代五城兵馬指揮司研究的新綫索——明正德二年南京南城兵馬指揮司呈文的發現及意義》⑤《曾鞏〈局事帖〉認識誤區盲區的幾點正補》⑥《宋本〈洪氏集驗方〉印紙屬地的確認及其意義》⑦《宋刻元修公文紙印本〈論衡〉紙背元代文書的整理研究》⑧和《一種特殊形態的古籍公文紙本文獻——明刻〈文苑英華〉封皮裱紙文書簡介》⑨等文，或多或少地涉及到了上述問題的某個側面。其實，筆者多年以來最想寫的一篇是有關公文紙背文獻涵義外延以及學科定名的文章，祗是考慮到見聞有限、見解不成熟而遲遲不敢動筆。現在鑒於感性認識的積累和見聞的豐富，因此嘗試就公文紙背文獻的涵義和外延發表一些不成熟的意見，以求教大家。

（一）古籍公文紙背文獻的内涵

構成古籍公文紙背文獻這一概念的要素有四個，即古籍、公文紙、紙背

---

① 孫繼民、魏琳：《公文紙本：傳世文獻最後一座富礦》，《光明日報·史學理論版》2012年4月12日。
② 孫繼民、魏琳：《現存古籍公文紙本數量概說》，《中國社會科學報》2013年6月5日。
③ 孫繼民：《古籍公文紙背文獻：中國古文書家族的新丁》，《原生態民族文化學刊》2015年第4期。
④ 孫繼民：《近代以來公文紙本古籍的流傳和存佚——兼議公文紙本原始文獻與次生文獻的價值比較》，《河北學刊》2015年第2期。
⑤ 孫繼民、耿洪利：《明代五城兵馬指揮司研究的新綫索——明正德二年南京南城兵馬指揮司呈文的發現及意義》，《軍事歷史研究》2016年第1期。
⑥ 孫繼民、耿洪利：《曾鞏〈局事帖〉認識誤區盲區的幾點正補》，《光明日報·史學理論版》2016年9月21日。
⑦ 孫繼民：《宋本〈洪氏集驗方〉印紙屬地的確認及其意義》，《唐宋歷史評論》2017年第1輯。
⑧ 孫繼民：《宋刻元修公文紙印本〈論衡〉紙背元代文書的整理研究》，收於劉進寶、張涌泉主編《絲路文明的傳承與發展》，浙江大學出版社2017年版，第445—462頁。
⑨ 孫繼民：《一種特殊形態的古籍公文紙本文獻——明刻〈文苑英華〉封皮裱紙文書簡介》，收於《紀念岑仲勉先生誕辰130周年國際學術研討會論文集》，中山大學出版社2019年版，第169—172頁。

和文獻。在確定古籍公文紙背文獻的內涵之前需要首先明確與這一內涵密切相關的四要素的具體所指。

關於古籍一語，歷來有不同見解，但大略不外乎上古時期硬質書寫材料的簡策類文獻、中古時期紙質書寫材料的卷子類文獻和宋以後的冊子類文獻。對於公文紙本古籍的範圍和種類以及時代起訖，目前尚未見專門論述，祇有瞿冕良先生將公文紙本古籍的起源追溯至敦煌文書中背面有寫本文獻的一紙兩面文書。但筆者所謂的公文紙本古籍，不擬包括敦煌文書的兩面文書，也不包括簡策文書的兩面簡策，祇想將其限定在宋代以後與卷子裝形式對稱的冊子裝古籍範圍以內，亦即專指宋代以後各種冊子裝形式的古籍，包括蝴蝶裝、包背裝、經折裝和線裝在內的各種古籍，從而將戰國至西晉時期的簡策和十六國至唐五代北宋時期卷子裝敦煌文書中的雙面文書排除在外。

關於公文紙一語，此處需要特別強調，它是古籍紙背所有公私文獻的代稱，絕非專指官府形成的公文文書。我們在各地圖書館搜尋公文紙本古籍的過程中，多次遇到過這種情況，當詢問古籍部工作人員有否公文紙本古籍時，回答稱沒有。當改問是否有書葉正反兩面均有文字的古籍時，則回答稱有。這說明即使在古籍專業領域，對古籍版本中"公文紙"一語的理解相當程度上不甚了了。① 對於"公文紙本古籍"一語的來歷，1989 年瞿冕良先生《略論古籍善本的公文紙印、抄本》一文曾有梳理，指出公文紙印本抄本的用紙，葉德輝《書林清話》卷八《宋元明印書用公牘紙背及各項舊紙》有"公牘紙""文牘紙""官冊紙""冊子紙""冊籍紙"等別稱；《藏園群書經眼錄》有"官紙"，《增訂四庫簡明目錄標註》有"官文書紙"，1989 年深圳海天出版社本《圖書館學辭典》有"庫鈔紙"等異名；毛春翔《古書版本常談》還有"官庫本"，臺灣圖書館《善本題跋真跡》有"公牘紙本"等別稱。他認爲，利用舊書背面重印的可以稱爲"冊籍紙"，利用空白

---

① 對"公文紙本"內涵的望文生義，還有另外一種形式的誤解。例如吉林文史出版社 2009 年 7 月出版的王愛功、李古寅主編的《河南圖書館古籍善本聯合目錄》著錄新野縣圖書館藏有一種公文紙本圖書，書名爲清籌備憲政考核處撰《河南憲政月報》，宣統元年公文紙本。筆者於 2014 年 12 月曾專程前往新野縣圖書館查閱，但我們將該館所藏《河南憲政月報》宣統元年第五期全部拍照和翻閱之後，卻沒有在背面發現任何文字。開始我們百思不得其解，詢問工作人員定爲公文紙印本的依據是什麽，答稱是老館長在退休前申報的善本，他們也不知道依據何在。後來我們恍然大悟，很可能是因爲該書收錄的內容均爲河南省諮議局的公文，書本又是鉛印，故鬧出了"公文紙印本"張冠李戴的笑話。

帳冊背面的可以稱爲"冊子紙"，而官庫空白戶口冊、錢糧帳冊就可稱爲"官冊紙"，利用書簡公牘背面的都可稱爲"文牘紙"或"公牘紙"，利用監生功課簿、行移文冊子等印書的可概稱爲"官文書紙"，因而主張，"儘管品種各別，但它們總的性質，一言以蔽之，還是利用已利用過的廢舊紙張。鑒於歷來記載歧異，淆人耳目，1987 年《北京圖書館古籍善本書目》對此作了比較，規範化地提出了統一著錄，稱爲'公文紙印本'，簡單明瞭，可無異議。"① 由此可見，公文紙本古籍一語是對"品種各別""廢舊紙張"的總括，不一定必指文獻的載體就是官府公文的用紙。根據我們幾年來對各地圖書館公文紙本古籍的調查所見，此類古籍的用紙既包括官府用紙也包括私家用紙。官府用紙既包括使用印章的公文也包括未使用印章的帳簿以及其它種類的文獻；私家用紙的範圍更廣，包括書信、帳簿、契約、各類應用文等等。總而言之，公文紙本古籍是借用"公文紙"一名而代指所有利用古代官私廢棄的文書檔冊、帳簿、書啟等紙背來刷印或抄錄的書籍，屬於借用特稱而泛指整體的概念，它的用紙絕非僅僅限於古代廢棄的官府公文。

關於紙背一語，容易產生歧見，這裏需要特別說明兩個問題：

第一個是關於古籍紙背的字面含義問題。筆者在研究實踐中有時遇到這種情況，對於古籍版本學界所稱的"公文紙背"一語，歷史文獻研究學者並不認同，認爲公文紙本古籍所用紙張背面的以寫本形式形成的公文等文獻形成時間在前，應稱正面；古籍紙張以印本形式形成的文獻時間在後，應稱背面。這兩種貌似不同的觀點實際上並不矛盾。我們知道，公文紙本古籍是廢紙利用的結果，是用廢棄官私文書舊紙印刷、抄寫新編新刊書籍，因此舊紙原有文獻在形成時間上早於新印古籍文獻，舊紙原有文獻是一次利用文獻和原始文獻，新印古籍文獻是二次利用文獻和次生文獻。由此可見，如果根據紙張的利用順序而言，那麼一次利用的一面應是正面，二次利用的另一面應是背面；如果根據線裝書的版本形式而言，紙張折葉外在刻印、抄寫文獻的一面爲正面，紙張折葉內在有文獻或空白的一面爲背面。這就是古籍版本研究學者與歷史文獻研究學者所稱正面、背面正好相反的緣故。有鑒於此，爲了避免歧義，我們特意說明，本文所謂的紙背一語採用的就是古籍版本學

---

① 瞿冕良：《略論古籍善本的公文紙印、抄本》，《山東圖書館季刊》1992 年第 2 期。

界根據線裝書版本形式而確定的含義，亦即專指線裝古籍紙張折葉內面有文獻或空白的一面爲紙背。

　　第二個是關於紙背的實際含義問題。如上所述，紙背文獻的內涵是指古籍書葉背面的文字資料，但我們在這裏又提出了"紙背文獻的實際含義"問題。我們的意思主要是想說明在紙背文獻的整理過程中，我們在大量名實相符的紙背文獻之外，還發現了一些名實不符的"紙背文獻"，即有些公文紙本古籍中既有大量的原生文獻（一次利用文獻）位於書葉背面，也有少部分原生的一次利用文獻不位於書葉背面而位於主要爲次生文獻的書葉正面，亦即屬於一次利用的寫本文獻和屬於二次利用的印本文獻同位於書葉正面。我們在河南省圖書館抄錄元至正七年（1347）福州路儒學刻明修明成化公文紙印本《樂書》和重慶市圖書館抄錄元大德三山郡庠刻元明遞修明弘治公文紙印本《通志》紙背文獻時，都遇到過這種情況。例如《樂書》卷22的第一葉和第二葉、卷48的第一葉、卷64的第一葉和第二葉和《通志》第一冊總序部分的第八葉，目錄部分的第六葉和第十葉等葉，就是一次利用的寫本文獻（明代公文）與二次利用的印本文獻位於同一書葉正面。再如上海圖書館藏公文紙本古籍也時見此種情況，其中的《樂府詩集》一百卷，十六冊，共計1336葉，其中紙背有字的公文紙爲1318葉，背面無字而寫本文獻位於書葉正面的約有100葉左右，如目錄部分第五葉和第五十一葉等葉面均是寫本文獻（明代公文）與印本文獻在同一葉面。造成一次利用寫本文獻位於古籍書葉正面的具體原因不明，從此類情況多是寫本文字較少或位於書葉天頭地腳等邊角位置推斷，似是刻印者在利用舊紙印刷古籍時的刻意忽略。因此，我們所說的"紙背文獻的實際含義"，就是指既包括位於古籍書葉背面的一次利用寫本文獻，也包括位於古籍書葉正面的一次利用寫本文獻，統指與"紙背文獻"名實相符的一次寫本文獻和與"紙背文獻"名實不符的一次寫本文獻。

　　關於文獻一語，此處特意強調的是，古籍公文紙背文獻除了通常意義上的文字資料之外，還包括一些符號、印章和表格之類的非文字資料。凡是與紙背文獻內容有關的書寫記號、文字符號和有文印章、無文印章等，我們均視爲古籍公文紙背文獻的內容構成。

　　基於以上對古籍公文紙背文獻四個構成要素（即古籍、公文紙、紙背和文獻）的認識，我們可以將古籍公文紙背文獻的涵義做如下概括：所謂古籍公文紙背文獻是指位於冊子類古籍書葉背面（少量位於正面）、以寫本爲主要構成的各類公私文檔帳冊簿籍等文獻（也包括一部分非文字形式的印章、符號和表格等）形式。這就是目前我們對古籍公文紙背文獻內涵和性質的最新認識。

（二）古籍公文紙背文獻的外延

古籍公文紙背文獻的基本類型有內文紙背文獻、封皮裱紙文獻、拓本裱紙文獻和內文襯紙文獻四種。

內文紙背型文獻指的是線裝古籍正文的書葉背面的文獻，也是公文紙本文獻中最多最常見的一種形式。在已知公文紙本文獻中，內文紙背文獻所占比重最大，數量最多，也最典型，像作爲《王文公文集》紙背文獻的《宋人佚簡》，筆者主持整理的公文紙本《洪氏集驗方》《論衡》和上海圖書館所藏明代古籍公文紙背文獻的諸書等，都屬於內文紙背類型文獻，此處不再贅舉。

封皮裱紙型文獻指的是線裝書的封皮（包括外封和內封）背面裱糊的公私舊紙。我們所見的裱紙文獻主要是瀋陽師大圖書館所藏的明萬曆本《文苑英華》和重慶圖書館所藏的明抄本《冊府元龜》。明萬曆本《文苑英華》正文 100 冊，目錄一冊，合計 101 冊。該本內文書葉背並無文字，封皮裱紙卻大量使用了當時福建官府廢棄公文紙托裱。經我們目閱和實測，該本書長 30.1 厘米、寬 19.2 厘米，版框高 20.8 厘米、寬 15.1 厘米。每冊封皮所用公文紙托裱情況不一，多則四葉，少則一葉，共計用公文紙托裱 316 葉。每葉裱紙所用公文殘件多爲單紙，部分爲兩張或多張殘紙拼合托裱。公文形成的時間，上至萬曆三十七年（1609），下至萬曆四十一年（1613），內容均爲福建福州府、建寧府、延平府、泉州府、汀州府、福寧州等下屬各司、縣官府公文紙。明抄本《冊府元龜》一千卷，目錄十卷，藍格棉紙抄本，共 14 函 202 冊，每函 15 冊。該本也是內文書葉背無文字，封皮裱紙大量使用了當時官府廢棄的公文紙托裱。經實測，書長 31 厘米、寬 19.2 厘米，版框高 21.3 厘米、寬 14.7 厘米。90% 的封皮襯紙使用公文紙托裱，各冊封皮用紙多寡不一，平均每冊約用 2 紙，公文殘紙總數約在 370 葉左右。公文形成的時間，大多集中在嘉靖十九年（1540）和嘉靖二十年（1541）兩個年份，内容多爲山西榮河、夏縣、蒲坼、臨汾、長樂、安邑、鹽池、平陽府等府州縣的公文，也有一些陝西和河南部分府州縣的公文。本來封皮裱紙文獻因位於封皮之背，而古籍多數篇幅有限，每種幾冊或十多冊的居多，且每冊封皮不見得都有帶字的裱紙，所以古籍裱紙文獻就顯得更零散瑣碎，篇幅更少。因此，像《文苑英華》和《冊府元龜》這樣比較成系統、成篇幅的裱紙文獻就很少見。二書因爲篇幅大，各有一千多卷，而封皮有字裱紙所占比例較高，故形成的裱紙文獻各有幾百葉，篇幅數量非常可觀，可以進行專題研究。至於偶有裱紙文獻的綫裝古籍更多，筆者曾在一著名藏書樓偶遇一管庫員稱，該庫明版古籍封皮裱紙文獻多得很。例如網上微博"樊川"2014年10月23日刊出一幅攝自天一閣《周易義海撮要》的圖片，是嘉靖四年（1525）至六年（1527）戶丁納工食銀的內容。從博主文字介紹和網上照片看，這幅照片即屬於天一閣博物館所藏《周易義海撮要》的封皮裱紙文獻。筆者也曾在2014年走訪河南省新野縣圖書館，發現該館藏明振綺堂萬曆乙未刻本《山堂肆考》一書的前後護封裱紙即爲寫本文獻，其中一紙似爲清初契約。2016年走訪酒泉肅州區圖書館時，也曾在該館見過幾種帶有封皮裱紙文獻的古籍。我們在各地走訪圖書館古籍時，常聽到工作人員講見過封皮裱紙文獻，僅管他們多說不出具體的古籍名稱。可想而知，這些零星散見的裱紙文獻，最大的缺點就是過於零散，難以進行專題研究。再者，目前裱紙文獻的整理也存在較大的局限性，因爲封皮裱紙往往多層，外層裱紙的文字相對容易辨識，內層裱紙文獻因不允許揭裱而無法知道內容，或不能準確知道內容。

　　拓本（包括經折裝古籍）裱紙型文獻指的是書法作品法帖背面和宗教古籍經折裝背面爲起加固作用而糊裱的帶字紙張。這些拓本和經折裝在流傳中，收藏者爲防止折縫斷裂，往往在拓本和經折裝背面糊裱不止一層的帶字紙張，因此就形成了拓本（包括經折裝）裱紙文獻的形式。我們見過幾種拓本裱紙文獻，一是中國政法大學教授李雪梅女士收藏的明代《東書堂集古法帖》卷六背面裱紙文獻，二是《九天玉樞雷經註解》背面裱紙文獻，三是上海博物館藏《爨龍顏碑》背面裱紙文獻，四是劉建業藏《潭帖》背面裱紙文獻，五是山東師範大學杜立暉從互聯網孔夫子舊書網搜集的《東書堂集古法帖》卷八背面裱紙文獻。《東書堂集古法帖》卷六爲明永樂十四年

（1416）拓本，成化十七年（1481）重刻。該法帖共十卷，李雪梅女士收藏的卷六爲公文紙裱裝，計70頁。公文性質主要爲呈狀，內容涉及禮儀、會審獄囚、清理逃軍、官員吏役名冊、科舉、考核等，官署名多見河南等處承宣布政使司、河南等處提刑按察使司、河南都指揮使司、宣武衛指揮使以及南陽府儒學、衛輝府、彰德府等，文書形成年代集中於正德十一年（1516）和十二年（1517）兩個年度。《九天玉樞雷經註解》背面裱紙文獻我們未能親自目驗，是通過江蘇揚州市劉向東先生購置的電子照片。互聯網轉載有《華西都市報》2017年4月25日介紹《九天玉樞雷經註解》的文章，其中附有一張照片，將我們購置的電子照片和《華西都市報》刊載的照片對照，可知二者爲同一書。據《華西都市報》介紹，《九天玉樞雷經註解》爲明洪武年間刻本，一冊，蝴蝶裝，是成都古籍收藏愛好者郭雲龍的藏書。又，根據電子照片，該本裱紙文獻現存37葉殘件，從文中涉及地名以及徵稅以銀計，似是明代後期陝西地區的商稅記錄。劉建業先生藏《潭帖》拓本背紙文獻的信息，我們是從其微博獲知的。其主要內容是明萬曆八年（1580）到萬曆二十五年（1597）間直隸監察御史、都察院、松江府、蘇州府、蘇松道、松江海防等衙門的錢糧賦稅檔案原件，部分蓋有官印，總量應有幾十葉，網絡上公佈的照片爲9幅。杜立暉從互聯網孔夫子舊書網搜集的《東書堂集古法帖》卷八裱紙文獻爲殘葉，祇有四張照片。從照片看，《東書堂集古法帖》卷八背面裱紙也應是明代公文，時間應與《東書堂集古法帖》卷六大體相當，內容屬於"欽差提督學校山西等處提刑按察司"有關考試、學校的公文，與李雪梅女士收藏的卷六主要屬於河南地區的公文有所不同。《爨龍顏碑》拓本爲北京畫院李松先生所捐，兩冊，折裝，共20折。拓本背面裱紙有多層，文獻內容有札付、呈文等，年號有嘉靖二十九年（1550）等。

拓本裱紙文獻的存世數量目前不得而知。我們估計，其總數應該超過內文紙背文獻，因爲法帖拓本和經折裝在民間具有廣泛傳佈的基礎，民間的收藏量相當大，加之它具有讀書習字啟蒙等實用性，更爲普通民衆所珍惜。而流傳越久遠，則紙背裱糊越普遍、越經常、越厚實，使用廢棄公私文書的概率更高，故內含文獻資料的可能性更大。這就是我們推測裱紙文獻數量更多的根據。據我們了解，古舊市場經常見到此類帶有裱裝有字舊紙的拓本，祇是它長期以來未被人們認識，也未受到收藏家和收藏部門的重視，缺乏統計而已。據有些學者見告，日本有的博物館就收藏有上千種帶裱紙文獻的拓本。拓本裱紙文獻很有可能成爲公文紙背古籍文獻資源最大的一個文獻來源。

　　內文襯紙型文獻指線裝古籍內文書葉中間夾插的有字紙張。線裝古籍的內文折葉中間夾插紙張以保護書葉並不鮮見，但這種襯紙大多爲白紙，很少一部分爲字紙。這種字紙就是襯紙文獻。襯紙文獻與紙背文獻在文獻的時間順序上有所不同，襯紙文獻一般是在書籍形成之後或很久之後才插入折葉之間的，其文獻內容的形成時間晚於內文書葉的時間，這與紙背文獻早於內文正面時間明顯不同。從理論上講，襯紙文獻既包括寫本文獻也包括印本文獻，據我們訪談熟悉古籍的學者，不少人見過襯紙文獻爲寫本的，但筆者親眼所見的四種襯紙文獻均是印本文獻。這四種印本文獻：一是煙臺市圖書館藏明人馮應京撰《月令廣義》襯紙文獻，二是廈門大學圖書館所藏明刻本《莆陽知稼翁集》襯紙文獻，三是四川大學圖書館藏《三藩紀事本末》襯紙文獻，四是陝西師大黃壽成教授所藏內容爲《文選》的襯紙文獻。《月令廣義》共二十四卷，明萬曆間刻本，存九至二十四卷，其中襯紙文獻內容爲清代《欽定兵部處分則例》。經初步查驗，襯紙文獻的內容範圍爲《欽定兵部處分則例》卷一至卷三十二的部分內容。《莆陽知稼翁集》現存4冊，明代天啟五年（1625）刻本，襯紙文獻內容是《邃雅堂學古錄》卷1至卷5內容，一冊是目錄卷上1至22葉，二冊是卷上23葉至52葉，三冊是卷下1至46葉，四冊是卷下47至84葉。①《三藩紀事本末》爲清刻本，襯紙文獻爲《讀易日鈔》，四川大學圖書館古籍部主任丁偉先生從中輯出了107葉。黃壽成所藏《文選》襯紙文獻係其父黃永年先生輯出，出自何書已經不得其詳，現存散葉30餘葉，均爲《文選》內容。黃壽成先生根據書體判斷是明嘉靖風格，其中玄字不避諱。

　　以上列舉的內文紙背型文獻、封皮裱紙型文獻、拓本裱紙型文獻和內文襯紙型文獻祇是古籍公文紙背文獻的四種基本類型，並非全部，其它類型的紙背文獻也還有，但我們目前所見實物有限，擬待將來見聞豐富後再予以介紹。

---

① 此次查閱承蒙刁培俊先生與其夫人王志雙女士提供幫助，謹此致謝。

古籍公文紙背文獻作爲文史研究領域的一個文獻門類，如果以 1990 年出版的《宋人佚簡》爲標誌，不過 20 多年的時間；如果以之作爲一門新興學科或新興學問的稱謂，不過是近年學人才加以思考和提出的問題。這一新學科新學問的全稱、通稱和簡稱以及學科性質、學科特色、學科地位、學術價值等等，近年來一直是筆者反復思索並試圖解決的問題，本文有關古籍公文紙背文獻內涵與外延的見解，實際上就是以上思考的一部分內容，也是解決全部問題的關鍵和基礎。

（本文作者孫繼民、張恆，首刊於《寧夏社會科學》2018 年第 4 期）

第 二 章
公文紙本古籍紙背所見明代黃冊文獻概述

　　黃冊制度是明代戶籍與賦役之法的一項基本制度，明政府曾製訂出一套嚴密的冊籍收藏稽查制度，並建立了專門的收藏機構——後湖黃冊庫收藏全國上呈戶部黃冊。明代黃冊十年一大造，有明一代全國性的攢造黃冊共計27次。據記載，歷經明末戰亂，至清初順治年間，南京後湖黃冊庫所藏明賦役黃冊還曾多達179萬餘冊，但這一海量文獻卻在清代被集中毀棄，幾乎消失殆盡。[①] 清桐城詩人方文曾以沉痛的筆調描述清初南京黃冊散失的情景："數年不到三山街，今春偶到多感懷。不知是何大書冊，路旁堆積如蘆柴。行人紛紛來買此，不論何書衹秤紙。官價每斤錢七十，多買少買隨人耳。借問此是何版圖？答云出自玄武湖。天下戶口田畝籍，十年一造貢皇都。玄武湖心絕炊爨，永無火患及鼠患。洪武至今三百年，收藏不知幾千萬。一從世變陵谷新，此圖廢閣空埃塵。"[②]

　　目前學界關於黃冊遺存文書搜集、介紹最爲全面當屬欒成顯先生《明代黃冊研究》一書[③]，在該書中，欒先生統計出已知黃冊遺存文書共計12種，分別爲：1. 明永樂至宣德徽州府祁門縣李務本戶黃冊抄底；2. 永樂徽州府歙縣胡成祖等戶黃冊抄底；3. 成化嘉興府嘉興縣清冊供單殘件；4. 嘉靖四十一年（1562）嚴州府遂安縣十八都下一圖六甲黃冊原本；5. 萬曆徽州府休寧縣二十七都五圖黃冊底籍；6. 萬曆二十年（1592）嚴州府遂安縣十都上一圖五甲黃冊殘件；7. 天啟元年（1621）徽州府休寧縣二十四都一圖六

[①] 趙踐：《記明代賦役檔案——黃冊的最後遭遇》，《山西檔案》1987年第5期。
[②] （清）方文：《清人別集叢刊·嵞山集》卷3《負版行》，上海古籍出版社1979年版，第176頁。
[③] 欒成顯：《明代黃冊研究》，中國社會科學出版社1998年版。

甲許威美供單；8. 天啟二年（1622）徽州府休寧縣二十四都一圖五甲黃冊草冊；9. 崇禎五年（1632）徽州府休寧縣十八都九圖黃冊殘篇；10. 崇禎十四年（1641）徽州府祁門縣洪公壽戶清冊供單；11. 崇禎十五年（1642）徽州府休寧縣二十五都三圖二甲黃冊底籍；12. 黃冊歸戶底籍：萬曆徽州府祁門縣吳自祥戶黃冊歸戶冊底、嘉靖徽州府歙縣程立信黃冊析戶冊底。

近年來筆者在整理公文紙本古籍紙背文獻過程中，又發現有多種明代黃冊文獻，在此將目前所見公文紙本古籍紙背明代黃冊文獻概述如下。

一　公文紙本古籍紙背所見洪武三年（1370）處州府小黃冊

據史籍記載，明代賦役黃冊的正式施行是明洪武十四年（1381），而上世紀60年代殘本《永樂大典》影印出版後，日本學者率先發現了其中關於洪武三年（1370）湖州府曾實行"小黃冊圖之法"的相關材料①，證實明代正式在全國施行賦役黃冊制度之前，曾於部分地區先試行了小黃冊之法。

關於湖州府"小黃冊圖之法"，《永樂大典》引《吳興續志》載：

國初，各都仍立里長。洪武三年以來，催辦稅糧軍需，則爲小黃冊圖之法；夫役則有均工之制；總設糧長以領之。祇候、禁子、弓兵、驛夫、鋪兵點差，皆驗苗額之數。立法創制，視昔至爲詳密。

……

黃冊里長、甲首，洪武三年爲始。編置小黃冊，每百家畫爲一圖，內推丁力田糧近上者十名爲里長，餘十名爲甲首。每歲輪流，里長一名，管甲首十名；甲首一名，管人戶九名。催辦稅糧，以十年一週。

……

（烏程縣）黃冊里長，洪武三年定，每一百戶設里長一名、甲首一十名，畫爲一圖，催辦糧稅，以十年爲週。

……

---

① ［日］小山正明：《關於里甲制設置的年代》，實政錄研究會發言，東洋文庫，1962年3月。

（歸安縣）黃冊里甲，洪武三年始定。每一百戶爲一圖，每圖以田多者一戶爲里長，管甲首一十名。不盡之數，九戶以下附正圖，十戶以上自爲一圖，甲首隨其戶之多寡而置。編定十年一周。

……

（長興縣）黃冊里長，洪武三年定擬，每百家爲一圖，里長一名，甲首一十名。不盡畸零，九戶以下附正圖，十戶以上者，亦爲一圖，設里長一名，甲首隨戶多寡設爲。……逐年輪當，催辦稅糧。①

這是傳世史籍中確切記載明朝曾於洪武三年在部分地區試行小黃冊之法的首次發現，也是目前唯一一次發現，學界相關研究基本圍繞此一史料展開。

而目前所知洪武三年小黃冊原件，則散見於日本靜嘉堂文庫藏公文紙印本《漢書》、上海圖書館藏公文紙印本《後漢書》《魏書》及四川省圖書館藏公文紙本《魏書》等書紙背。

（一）日本靜嘉堂藏《漢書》紙背小黃冊

日本靜嘉堂文庫藏《漢書》紙背明洪武三年（1370）小黃冊，目前僅見日本學者竺沙雅章《漢籍紙背文書の研究》② 一文進行過專門介紹。據竺沙氏稱，該《漢書》爲陸氏皕宋樓舊藏，現存傳六四下、六五、六六上、六六下、六九上、六九中等卷，每半頁九行，行十六字，紙張大小爲30.8×43厘米。該書紙背公文計兩種：一種是明洪武五年（1372）、六年（1373）"卷宗刷尾"；一種則是記錄丁口、田產的文書，經考證爲明洪武三年（1370）處州府青田縣小黃冊。

文中，竺沙氏共迻錄了8葉小黃冊文書，並提供了兩張紙背文書插圖。其判定該批紙背文書爲明洪武三年青田縣小黃冊的依據，主要有以下兩點：

首先，《漢書》傳六九上第30葉背載：

---

① 《永樂大典》卷2277《湖州府三·田賦》，中華書局1986年版，第886—890頁。
② ［日］竺沙雅章：《漢籍紙背文書の研究》，《東京大學文學部研究紀要：第十四》，1973年，第37—52頁。

1. 第壹甲：
2. 　里長葉彥芳等柒戶。
3. 　　一戶葉彥芳，係本都民戶，洪武四年里長。
4. 　　　人丁玖口：
5. 　　　　男子柒口：
6. 　　　　　成丁伍口，
7. 　　　　　不成丁貳口。
8. 　　　　婦女貳口。
9. 　　　田產：
10. 　　　　田陸頃伍拾叁畝伍分玖厘壹毫陸絲柒忽；
11. 　　　　地壹畝。
12. 　　　　　夏稅
13. 　　　　官①

（後缺）

據第 1 行"第壹甲"和第 3 行"葉彥芳"充"洪武四年甲首"等語，結合《永樂大典》引《吳興續志》關於洪武三年湖州府"小黃冊圖"之法的記載，證明該文書應爲湖州府之外，洪武十四年（1381）之前實行里甲制度的新資料。

其次，《漢書》傳六九上第 41 葉背載：

1. 青田縣坊郭里長董均明等承奉
2. 本縣旨揮該，奉
3. 溫②州府旨揮，為稅糧黃冊事。仰得③坊郭有田人戶，每一百戶，分爲一里，內推田糧丁力近上之家定爲里長。每一年挨次一名，承當十年，週而復始。

---

① 轉引自竺沙雅章：《漢籍紙背文書の研究》，第 39 頁。
② 疑此處"溫"字有誤，青田縣明代屬處州府。
③ 據文義及其他紙背小黃冊文書推斷，"得"字疑爲"將"字之訛。

4. □名承當甲首，下年一體挨次輪當。保內但有編排不盡畸零戶家，或有三十、四十戶，務要不出本保，一體設立甲首，鄰近里長，通行管帶。如及□□□□□□

5. □編排成甲。置立小黃冊，開寫各（丁）口田糧數目，令當該里長收受，相沿交割，催辦錢糧。奉此，今將坊郭攢造到人丁田糧黃冊，編排里長甲首，□□□□□□

6. 具於後。

7. 　　一各各田土起科則例：

8. 　　　　官田每畝照依民田則例，起科夏稅正麥陸勺，秋糧照依原額起科不等；

9. 　　　　職田每畝照依民田則例，起科夏稅正麥陸勺，秋糧照依原額起科不等；

10. 　　　學院田每畝照依民田則例，起科夏稅正麥叁勺，秋糧照依原額起科不等；

　　　　　（後缺）[①]

　　該葉文書第5行載"置立小黃冊""今將坊郭攢造到人丁田糧黃冊，編排里長甲首"等語，可肯定其應爲小黃冊。另，第1行"青田縣坊郭里長董均明奉本縣旨揮該"等語，則表明其應爲"青田縣坊郭里"小黃冊。

　　竺沙氏在文中還指出"青田縣"在明代屬於"處州府"，而本葉文書則云"本縣奉溫州府旨揮"，也許是從溫州府開始，向以處州府爲首的浙東諸府下達了此項通告，由此可以證明，溫州、處州兩府洪武之初便設立並且實施了百戶爲一里的里甲制度。但上海圖書館藏公文紙本《後漢書》卷四第13葉背爲一件與本文書內容基本相同的文書殘葉，其前3行云："處州府青田縣四都承奉/本縣旨揮該：奉/處州府旨揮爲稅糧黃冊事"，則明確指出青田縣編訂黃冊爲奉"處州府"旨揮，據此則不能排除"溫州府"三字爲訛誤之可能。但不管如何，由上引兩葉文書可知，靜嘉堂文庫所藏《漢書》

[①] 轉引自竺沙雅章：《漢籍紙背文書の研究》，第44頁。

紙背記載人丁、田糧的文書殘葉爲明洪武三年（1370）處州府小黃冊無疑。①

竺沙氏除選錄了部分文書之外，還就文書內容對明初黃冊書寫特點、里甲編制原則、畸零戶、帶管戶、里甲輪役原則等問題進行了分析探討，屬於學界第一位依據小黃冊原件探討相關問題者。但可惜的是，由於研究領域的不同，竺沙先生的發現並未引起明史學界的關注，之後相關研究未見有對此珍貴史料的引用，故將其介紹於此，以便學者瞭解引用。

（二）上海圖書館藏《後漢書》紙背小黃冊

上海圖書館藏公文紙本《後漢書》爲宋紹興江南東路轉運司公文紙刻本，單葉紙張大小爲 31.8×43 厘米，共九十卷，紙背帶有文字者計三十七卷，365 葉。其紙背所載文書內容多有與靜嘉堂藏《漢書》紙背洪武三年小黃冊相同者。例如卷二第 10 葉背內容如下：

1. 　第一甲：
2. 　　　　里長葉則正等一十戶。
3. 　　　　　一戶葉則正，係本都民戶，洪武肆年里長。
4. 　　　　　　人丁叁口：
5. 　　　　　　　　男子貳口：
6. 　　　　　　　　　　成丁壹口，
7. 　　　　　　　　　　不成丁壹口。
8. 　　　　　　　　婦女壹口。
9. 　　　　　　田產官民田土壹頃貳拾叁畝叁分貳厘。
10. 　　　　　　　夏稅：
11. 　　　　　　　　官：
12. 　　　　　　　　　正麥叁升陸合壹勺捌撮，

---

① 因在與該《漢書》紙背文書相似的上圖藏《後漢書》紙背文書中，除發現有青田縣小黃冊外，另發現有遂昌、縉雲等縣小黃冊，故不能肯定《漢書》紙背小黃冊殘葉均爲青田縣攢造。但該批小黃冊均屬於處州府則無疑義，故暫將其統定爲"明洪武三年處州府小黃冊"，特此說明。

13.　　　　　　　　　耗麥貳合伍勺貳抄柒撮伍
　　　　　　　　　　　圭陸粟。
14.　　　　　　　　　民：
　　　　　　　（後缺）

　　與《漢書》傳六九上第 30 葉背文書書寫方式相同。又如，卷四第 13 葉背內容如下：

1. 處州府青田縣四都承奉
2. 本縣旨揮該：奉
3. 處州府旨揮爲稅糧黃冊事，仰將本都有田人戶，每壹百家分爲十甲，內選田糧丁力近上之家壹拾名，定爲里長，每一年挨次一名承當，十年週而復始。
4. 其餘人戶，初年亦以頭名承充甲首，下年一體挨次輪當。保內但有編排不盡畸零戶數貳拾、叁拾、肆拾戶，務要不出本保，一體設立甲首，鄰近里長，通行
5. 帶管；如及五十戶者，另立里長一名，排編成甲，置立小黃冊一本，開寫各戶田糧數目，令當該里長收受，相沿交割，催辦錢糧。奉此，今將攢造到人丁
6. 田糧黃冊，編排里長、甲首資次，備細數目，開具於後：
7. 　　　本都
8. 　　　　一各各起科則例：
9. 　　　　　　沒官田每畝照依民田則例起科，夏稅正麥陸勺，秋糧正米照依舊額起科不等。
10. ＿＿＿＿＿＿＿＿＿＿＿＿＿＿
　　　　　　（後缺）

　　與《漢書》傳六九上第 41 葉背文書內容相似，由此可以確定，上海圖書館藏公文紙本《後漢書》紙背文獻同樣應爲洪武三年（1370）小黃冊。

另外，上圖藏《後漢書》紙背還保存有 8 葉"里長甲首輪流圖"殘葉，如卷二第 6 葉背：

各年里長甲首輪流圖

洪武十一年	洪武十年	洪武九年	洪武八年	洪武七年	洪武六年	洪武五年	洪武四年	
王壯全	葉玄青	葉德先	翁子安	吳宗德	翁子奇	翁景明	葉則正	里長
翁應星	周子良	葉福	葉子青	葉德里	尹廉	葉德均	翁必仕	甲首
徐崇	徐僧保	呂龍	翁仁壽	呂濟川	王明之	吳可貴	王安周	甲首
吳綸脩	馮亨	王維	翁良桂	吳恭	葉習之	王伯玉	葉友之	甲首
吳羊盛	徐明	吳可顯	王仁逸	□端	翁嵌光	□景先	□狀祥	甲首
葉嗣二	劉文輕	劉德遂	金應時	普照堂	葉易之	翁文普	葉成	甲首
葉壽逺	高喬中元會	葉進三	善會堂	徐僧行	葉伯樂	翁方四	葉伯志	甲首
楊德進	吳和尚	吳得惠	董蓬	鄭劉	吳青遠	吳保興	吳□	甲首
翁德友	王仲安	楊興	葉成弟	楊君顯	葉明弟	葉德五	何僧壽	甲首
王仁	鄭師得	吳羊弟	周白弟	李卒	翁師曾	翁仁守	翁師普	甲首

該圖爲朱絲欄，左側殘，結合其他"里長甲首輪流圖"殘葉可知，完整"輪流圖"應爲 10×10 的方格。該輪流圖應即《永樂大典》所載湖州府"小黃冊圖法"之圖。日本靜嘉堂藏《漢書》紙背，同樣保存有此類"輪流圖"，竺沙雅章先生曾在文中引用一幅，爲《漢書》傳六六第 33 葉背[1]，內容如下：

洪武十一年	洪武十年	洪武九年	洪武八年	洪武七年	洪武六年	洪武五年	洪武四年	
七保	七保	七保	四保	五保	九保	九保	九保普濟院	里長
一保	一保	一保	一保	一保	四保	一保	一保葉彥浩	甲首
一保	一保	一保	一保	三保	三保	三保	三保胡先之	甲首
三保	四保	四保	四保	四保	四保	四保	四保金安堂	甲首
四保	四保	四保	四保	四保	四保	四保	四保葉成柒	甲首

---

[1] 轉引自竺沙雅章《漢籍紙背文書の研究》，第 48 頁。

续表

四保	四保	四保	四保	四保	四保	四保	四保項福參	甲首
四保	五保	四保	五保	五保	五保	五保	五保劉盛三	甲首
五保	五保	五保	五保	六保	六保	六保	六保王仲達	甲首
六保	六保	六保	六保	六保	六保	六保	六保金遏伍	甲首
六保	六保	六保	六保	六保	六保	六保	六保鄭彥名	甲首

　　由此輪流圖結合上引青田縣坊郭里和四都呈文開頭可知，洪武三年"小黃冊"的編訂原則應是以都爲單位攢造，都下設里，每里100戶，其中"田糧丁力近上"10戶爲里長戶，其餘90戶爲甲首戶，每年由1名里長帶領9名甲首應役，挨次輪當，十年一週。另外，都內有編排不盡人戶者，50戶以下，設立甲首（1甲10戶），鄰近里長帶管；50戶以上，則另立一里，編排成甲。除此編排不盡人戶之外，由《漢書》《後漢書》紙背文書可見，每一里下還帶管有數量不等的"外役人戶"，如水站夫、驛站夫、弓兵等。故而，小黃冊的里甲編排當中，一里人戶主要包括三類：里甲正戶、編排不盡人戶和帶管外役人戶。其中，里甲正戶爲100戶，其餘兩種數量不等，所以一里總人戶應超過100戶。

　　在里甲編排次序上，小黃冊中存在兩種編排順序，一爲"順甲法"，一爲"穿甲法"。結合"里長甲首輪流圖"來說，所謂"順甲法"即是依"里長甲首輪流圖"縱向按列排序，將其分爲1—10甲，一里長九甲首爲一甲，甲首戶係於里長戶之後；而"穿甲法"則是依"里長甲首輪流圖"橫向按行排序，十戶里長戶爲一里長甲，其下九十戶甲首戶則爲9個甲首甲，里長甲不計入甲首甲的排序，故甲首甲的排序爲1—9。

　　輪役之時，"順甲法"明顯是按"甲"輪役，每年1個甲應役，十年一週；而"穿甲法"則是每年由"里長甲"中一戶出任"里長"，九個"甲首甲"中各出一戶出任"甲首"，應役方式即是日本學者松本善海先生認爲的："第一年由第一里長、第一甲第一甲首、第二甲第一甲首……應役，第二年由第二里長、第一甲第二甲首、第二甲第二甲首……應役。"[①]

---

① ［日］松本善海：《中國村落制度の史的研究》，岩波書店1977年版，第182頁。

由《後漢書》紙背文書可見，其刊印時是將原小黃冊的完整一紙，從中間縱向裁開，變爲了印刷用的兩張紙，故現存《後漢書》兩葉可以拼合爲原黃冊的一葉。如卷二第13葉背與卷二第14葉背拼合内容如下：

（前缺）

1. 　　　　　　　男子捌口：
2. 　　　　　　　　　成丁叁口，
3. 　　　　　　　　　不成丁伍口。
4. 　　　　　　　婦女肆口。
5. 　　　田產柒畝捌分伍厘。
6. 　　　　　　　夏稅：
7. 　　　　　　　　　正麥壹升捌合捌勺肆抄；
8. 　　　　　　　　　耗麥壹合叁勺壹抄捌撮捌圭。
9. 　　　　　　　秋糧：
10. 　　　　　　　　　正米壹斗伍升柒合；
11. 　　　　　　　　　耗米壹升玖勺玖抄。
12. 　　　一戶葉成，係本都民戶，洪武四年甲首。
13. 　　　　　　　人丁肆口：

（以上卷二第13葉背）

14. 　　　　　　　男子叁口：
15. 　　　　　　　　　成丁貳口，
16. 　　　　　　　　　不成丁壹口。
17. 　　　　　　　婦女壹口。
18. 　　　田產民田肆畝伍分肆厘壹毫陸絲柒忽。
19. 　　　　　　　夏稅：
20. 　　　　　　　　　正麥壹升玖勺捌粒；
21. 　　　　　　　　　耗麥柒勺陸抄叁撮伍微陸塵。

22.　　　　　　　　　秋糧：
23.　　　　　　　　　　　正米玖升捌勺叁抄叁撮
　　　　　　　　　　　　　肆圭；
24.　　　　　　　　　　　耗米陸合叁勺伍抄捌撮叁圭
　　　　　　　　　　　　　叁粟捌粒。
25.　　　　　　一戶葉伯志，係本都民戶，洪武四年甲首。
26.　　　　　　　　人丁陸口：
27.　　　　　　　　　男子叁口：
（以上卷二第 14 葉背）
　　　　　　　　　　　（後缺）

由此可知，原小黃冊用紙，每紙大小約 63.6×43 厘米。
《後漢書》紙背帶文字者計三十七卷，365 葉，各卷具體分佈如下：
卷二 30 葉、卷三 29 葉、卷四 29 葉、卷六 4 葉、卷七 1 葉、卷九 6 葉、卷十上 11 葉、卷十下 2 葉、卷二十五 1 葉、卷二十九 4 葉、卷三十上 10 葉、卷三十下 34 葉、卷三十一 27 葉、卷三十二 17 葉、卷四十 4 葉、卷四十一 1 葉、卷四十二 2 葉、卷四十八 7 葉、卷四十九 8 葉、卷五十一 3 葉、卷五十二 10 葉、卷五十三 4 葉、卷五十五 2 葉、卷五十七 5 葉、卷五十八 6 葉、卷五十九 1 葉、卷六十一 1 葉、卷六十二 22 葉、卷六十三 26 葉、卷六十四 27 葉、卷六十九 1 葉、卷七十 1 葉、卷七十三 10 葉、卷七十四上 10 葉、卷七十四下 1 葉、卷七十五 3 葉、卷七十八 4 葉。

此 365 葉文書，其排序基本依照小黃冊原有順序排序，中間偶有錯葉，但殘缺較爲嚴重。從紙背內容來看，其應與靜嘉堂藏《漢書》紙背小黃冊相同，同爲處州府小黃冊。據統計，現存文書內容，共包含 3 個以上縣，10 餘個都，25 個里，513 戶人戶的人丁、田產信息。一里之中，保存人戶最多者爲 93 戶，最少者僅保存 2 戶。具體分佈如下：

縣都	現存里戶數	《後漢書》葉碼	備註
處州府遂昌縣建德鄉十五都（存2里，順甲攢造）	1里存編排不盡人戶8戶。	卷二第1—5葉	
	1里存93戶，含里甲正戶80戶，帶管外役2戶，編排不盡11戶。	卷二第6—30葉、卷三1—29（其中第9葉爲錯簡，應位於第29葉之後）、卷四第1—12葉	卷二第6葉背爲"里長甲首輪流圖"，其後各葉基本依此圖順甲排序；卷四第12葉云："右潤之編類前項里甲首等役，並是依式攢造，……/洪武年月日建德鄉十五都里長翁潤之。"可知其爲建德鄉十五都黃冊，據耿洪利考證，建德鄉十五都屬處州府遂昌縣。
處州府青田縣四都（存4里，順甲攢造）	1里存17戶，含3個里甲正戶14戶，帶管外役3戶。	卷四第13—29葉（其中第21葉爲錯簡，應位於第27葉之後）、卷六第15、17、18、25葉	卷四第13—17葉爲四都黃冊開首呈文及全都總丁口、田糧數目，第18—19葉爲第1里里長甲首輪流圖，第20、22—24葉爲該里丁口、田糧總數，之後各葉爲各甲各戶丁口、田糧數。
	1里存15戶，含3個甲里甲正戶8戶，帶管外役7戶。	卷七第16葉、卷九第8—11、13、15葉	
	1里存4戶，爲2個甲里甲正戶4戶。	卷十上第3、4葉	
	1里存18戶，爲6個甲里甲正戶18戶。	卷十上第17、22—26、30、31、37葉，卷十下第3、12葉	

续表

縣都	現存里戶數	《後漢書》葉碼	備註
某縣某都 （存 2 里，穿甲攢造）	1 里存 1—9 甲，缺里長甲，共存 54 戶，均爲里甲正戶。	卷二十九第 14、16、21、25，卷三十上第 1—10 葉，卷三十下第 1—19、25、20—22 葉（第 25 葉爲錯簡，應位於第 19 葉之後）	
	1 里存 10 個甲 77 戶，均爲里甲正戶。	卷三十下第 23、24、26—34 葉，卷三十一第 1—27 葉（其中第 10 葉應位於第 9 葉之前、第 16 葉位於第 14 葉之後、第 18 葉位於第 15 葉之後、第 23 葉應位於第 11 葉之後、第 27 葉應位於第 24 葉之後），卷三十二第 1—17 葉（其中第 9 葉應位於第 6 葉之後、第 14 葉應位於第 10 葉之前、第 15 葉位於第 13 葉之後）	卷三十下第 23 葉背爲"第肆甲里長甲首輪流圖"，第 24 葉背爲該里總丁口、田糧數目。①
某縣某都 （存 9 里，穿甲攢造，此 9 里黃冊殘缺較爲嚴重，是否屬於同一都不明，爲便於表述，暫將其歸爲一都。）	1 里存 9 戶，含 1 甲首甲正戶 8 戶、帶管外役 1 戶。	卷四十第 14、15、21、22 葉，卷四十一第 18 葉（該里小黃冊應存在錯簡問題）	
	1 里存 12 戶，爲 3 個甲首甲里甲正戶。	卷四十二第 19、23 葉，卷四十八第 1、7、8、20、21 葉	
	1 里存 7 戶，爲 4 個甲首甲里甲正戶。	卷四十八第 27、29 葉，卷四十九第 8、30、38 葉	卷四十八第 27 葉爲該里"里長甲首輪流圖"殘葉。
	1 里存 8 戶，均爲里甲正戶。	卷四十九第 21、22、23、26、33 葉	
	1 里存 13 戶，爲 1 個里長甲、4 個甲首甲里甲正戶。	卷五十一第 6、11、12 葉，卷五十二第 1、2、4—7、13、14 葉	卷五十一第 6 葉爲"第陸甲里長甲首輪流圖"殘葉。

---

① "穿甲法"攢造的小黃冊中，將都下各里稱爲"第壹甲"、"第貳甲"，里下甲則稱爲"甲下第幾甲"，爲了防止混淆，本書表述中，還是延用學界通行稱呼，將都下各里稱爲了里，特此說明。

续表

縣都	現存里戶數	《後漢書》葉碼	備註
某縣某都 (存9里，穿甲攢造，此9里黃冊殘缺較爲嚴重，是否屬於同一都不明，爲便於表述，暫將其歸爲一都。)	1里存7戶，爲3個甲首甲里甲正戶。	卷五十二第26、28葉，卷五十三第2、6、9、11葉	
	1里存12戶，爲1個長甲、3個甲首甲里甲正戶。	卷五十五第13、16葉，卷五十七第1—3、17、21葉	
	1里存10戶，含里長甲4戶里長、1個甲首甲2戶甲首及編排不盡人戶2戶。	卷五十八第2、5、11、25葉，卷五十九第1葉，卷六十一第21葉	
	1里存4戶，含2戶里長、2戶甲首。	卷五十八第7、8葉	
某縣某都 (含1里，順甲法攢造)	1里存14戶，爲2個甲里甲正戶。	卷六十二第2—13葉，17葉（第17葉背位於第4葉背之後）	卷六十二第3葉爲"里長甲首輪流圖"殘葉，第2、4、17葉爲該里丁口、田糧總數。
某縣某都 (含2里，穿甲法攢造)	1里存24戶，爲第4—9甲等6個甲首甲里甲正戶。	卷六十二第14—16、18—23葉，卷六十三第1—7葉	
	1里存61戶，爲里長甲和第1—7個甲首甲里甲正戶。	卷六十三第8—26葉背（其中第10葉背應位於第8葉背之前，第15葉背應位於第13葉背之前），卷六十四第1—27葉背（其中第9、21、22葉背爲錯簡，具體位置待考）	卷六十三第10葉爲"第叁甲里長甲首輪流圖"，第8葉爲該里田糧總數。
某縣某都 (含2里，順甲法攢造。本都黃冊中民戶均註明爲"本都某保人戶"，多出了"保"的信息。)	1里存21戶，含3個甲里甲正戶9戶，帶管外役戶1戶，編排不盡人戶11戶。	卷六十九第2葉，卷七十第22葉，卷七十三1、3、6、7、13、15—19葉，卷七十四上第1—3、9葉	卷六十九第2葉爲里長甲首輪流圖。
	1里存13戶，爲3個甲里甲正戶。	卷七十四上第14、16、17、22、24、32葉，卷七十四下第18葉	

续表

縣都	現存里戶數	《後漢書》葉碼	備註
某縣某都 （含 2 里，穿甲法攢造）	1 里存 2 戶	卷七十五第 13、20 葉	卷七十五第 13 葉爲"第貳甲里長甲首輪流圖"殘葉。
	1 里存 2 戶	卷七十五第 24 葉	
某縣某都 （含 1 里，順甲法攢造）	1 里存 7 戶，爲 1 個甲里甲正戶。	卷七十八第 2、8、10、11 葉	
存疑	1 戶	卷二十五第 12 葉	其爲單獨 1 葉，未能確定其所屬。

（三）公文紙本《魏書》紙背小黄冊

紙背爲小黄冊的公文紙印本《魏書》，目前所見共三個殘本，分藏上海圖書館、四川省圖書館兩地。上海圖書館藏二殘本：

其一，館藏目錄標註爲宋刻宋元遞修公文紙印本，共 4 冊，存卷四十五、四十六、六十一至六十五、八十二、八十三上、八十三下等十卷，共 210 葉，紙背帶文字者 206 葉。其中，卷四十五共 30 葉，第 17、19、20、22 四葉背無文字；卷四十六共 7 葉，紙背全部帶文字；卷六十一共 32 葉，紙背全部帶文字；卷六十二共 30 葉，紙背全部帶文字；卷六十三共 16 葉，紙背全部帶文字；卷六十四共 19 葉，紙背全部帶文字；卷六十五共 35 葉，紙背全部帶文字；卷八十二共 17 葉，現存 16 葉（缺第 3 葉），紙背全部帶文字；卷八十三上共 20 葉，現存 14 葉（第 2、3、14—17 等 6 葉缺），紙背全部帶文字；卷八十三下共 12 葉，現存 11 葉（第 8 葉缺），紙背全部帶文字。該殘本紙背文書內容分兩類：一是洪武六年（1373）左右台州衛下某中千戶所爲文卷事呈文，共 4 葉（卷六十二第 13 葉、卷六十五第 9、10 葉、卷八十二第 8 葉）；一是洪武人口田糧文冊。該書紙背文書類型及內容均與靜嘉堂藏《漢書》紙背文書相似。

其二，館藏目錄標註爲元修明初公文紙印本，共 1 冊，存卷八十六至八十八等三卷，共 37 葉，每葉背均有文字。其中卷八十六計 8 葉、卷八十七計 9 葉、卷八十八計 20 葉，紙背文書均爲洪武人口田糧文冊。

四川省圖書館藏一個殘本，同爲宋刻宋元遞修本，共 1 冊，存卷四十七和八十一等二卷，計 27 葉，每葉背均有文字，其中卷四十七共 26 葉，現存 22 葉（第 1—3、5 等 4 葉缺）；卷八十一現存第 2—6 葉等 5 葉，紙背文書均爲洪武人口田糧文册。

以上三殘本《魏書》，紙張大小均爲 27.3 × 39.8 厘米左右，且刊刻版式、紙張、版心背面裱補紙條均同，最重要的是紙背文書多有相關之處，故可肯定其原應爲同一刻本。

《魏書》紙背人口田糧文册書寫形式也與靜嘉堂藏《漢書》紙背小黃册相同，如卷四十五第 5 葉背載：

（前缺）

1. 一戶李四官，係本都民戶，洪武伍年甲首。
2. 人丁玖口：
3. 男子肆口：
4. 成丁貳口，
5. 不成丁貳口。
6. 婦女伍口。
7. 田叁畝陸分陸厘陸毫陸絲柒忽。
8. 夏稅正耗麥壹升肆合壹勺貳抄肆撮。
9. 正麥壹升叁合貳勺，
10. 耗麥玖勺貳抄肆撮。
11. 秋糧正耗米壹斗壹升柒合柒勺。

（後缺）

另，《魏書》紙背也保存有"里長甲首輪流圖"，現存 3 個殘葉，如卷四十五第 23 葉背"輪流圖"如下：

一各年里長輪流

洪武玖年	洪武捌年	洪武柒年	洪武陸年	洪武伍年	洪武肆年	
崇德寺	江達卿	張惠觀	陳厚壹	萬象庄	葉彥璋	里長
吳平叁	吳達叁	吳天貳	葉正壽	毛景叁	葉崇拾	甲首
徐貴貳	范君澤	季彥通	葉信叁	葉進貳	徐隆貳	甲首
范謙伍	陳厚貳	陳福柒	王禮陸	范天民	葉崇陸	甲首

续表

洪武玖年	洪武捌年	洪武柒年	洪武陸年	洪武伍年	洪武肆年	
葉坡壹	葉壽卿	王廣陸	范崇二叁	徐彥叁	葉劉叁	甲首
葉備貳	暨付叁	李和卿	葉奉壹	李肆官	王斌玖	甲首
吳方捌	金瓊壹	梅轉叁	全智肆	范□肆	范惠叁	甲首
葉玉環	徐立貳	徐和壹	周森二叁	何德溫	張亨貳	甲首
吾太伍	范遠賢	沈高壹	陳兆玖	葉序壹	徐和肆	甲首
趙敬壹	葉龍貳	陳觀伍	何德陸	陳□叁	梅轉壹	甲首

　　據此，可以確定《魏書》紙背的洪武人口田糧文冊，應同爲洪武三年小黄册。由紙背文書内容可見，其刊印時，與上述《後漢書》相同，也是將原小黄册的完整一紙，從中間縱向裁開，變爲了印刷用的兩張紙，故現存《魏書》兩葉也可拼合爲原黄册的一葉，但綴合後中間有缺文，大多缺1—3行左右，應是書籍裝訂裁邊導致。例如依據上舉卷四十五第23葉"里長甲首輪流圖"可知卷四十五第2、3葉背文書可以綴合，綴合後内容如下：

　　　　　　　（前缺）
1.　　　　　　　　正①柒升貳合貳勺伍抄，
2.　　　　　　　　耗米伍合伍抄柒撮。
3.　　　　　一戶王廣六，係本都民戶，洪武柒年甲首。
4.　　　　　人丁貳口：
5.　　　　　　　男子壹口：
6.　　　　　　　　　成丁壹口。
7.　　　　　　　婦女壹口。
8.　　　　　田壹畝肆分。
9.　　　　　　　夏稅正耗麥伍合玖抄叁撮。
10.　　　　　　　　正麥伍合肆抄，
11.　　　　　　　　耗麥叁勺伍抄叁撮。

―――――――――
① 原文如此，此處應缺一"米"字。

（以上卷四十五第 2 葉）

　　　　　　　　　　（中缺秋糧正耗米總數及正米數量 2 行）

12.　　　　　　　　　　　　　耗米貳合玖勺肆抄。
13.　　　　　一戶葉壽卿醮，係本都民戶，洪武八年甲首。
14.　　　　　　　　　　　田壹畂。
15.　　　　　　　　　夏稅正耗麥叁合捌勺伍抄貳撮。
16.　　　　　　　　　　　正麥叁合陸勺，
17.　　　　　　　　　　　耗麥五勺貳抄貳撮。
18.　　　　　　　　　秋糧正耗米叁升貳合壹勺。
19.　　　　　　　　　　　正米叁升，
20.　　　　　　　　　　　耗米貳合壹勺。
21.　　　　　一戶葉坡一，係本都民戶，洪武玖年甲首。
22.　　　　　　　　　　人丁貳①口：
　　　　　　　　　　　　　（後缺）

　　整體來看，《魏書》紙背小黃冊殘損較上圖藏《後漢書》紙背小黃冊嚴重，且錯簡更多，經過整理，可以確定，現存《魏書》紙背小黃冊，含 2 個以上縣，5 都 9 里，398 戶人戶人丁、田產信息。一里之中，保存人戶最多者爲 75 戶，最少者僅存一里"里長甲首輪流圖"殘葉及該里人丁、錢糧總數。具體分佈如下：

縣都	現存里戶數	《魏書》葉碼	備註
處州府龍泉縣二都（存1里，穿甲攢造）	1 里存 42 戶，含里長甲 5 戶，第 1—7 甲 34 戶，不明甲 3 戶。	卷四十五第 21、23、26、24、28、27；卷四十六第 1、2、卷四十五第 25 葉、卷四十六第 3、4、5、6、7、卷四十五第 1、2、3、4、5、6、7、8、9、16、10、12、29、30 葉	卷四十五第 21 爲一都田糧總數，第 23 葉爲"里長甲首輪流圖"，第 26—24 葉爲該里人丁、田糧數。另，卷四十五第 28 葉背載"一戶萬象寺，係麗水縣住本都安如山收，充洪武伍年里長"，據（雍正）《處州府志》載："麗水縣崇福寺，元元貞元年僧行美改爲萬象庵……寺有萬象莊田五頃，坐龍泉縣二都黃南地方"。本里中還出現有崇德寺充洪武九年里長，龍泉縣同樣建有崇德寺，故其應屬龍泉縣小黃冊。

---

①　"貳"字被裁切，茲據殘存字跡補。

第二章　公文紙本古籍紙背所見明代黃冊文獻概述　71

续表

縣都	現存里戶數	《魏書》葉碼	備註
處州府龍泉縣某都（存3里，穿甲攢造）	1里存66戶，含里長甲里長5戶，及7個甲甲首戶45戶，帶管外役16戶。	卷六十一第19、16、3葉，卷六十五第35、33、32、31、30、28、29、27、26、25、24、23、21、22、20、18、17、15、16、14、13、12、11、8、7、6、5、4、3、2、1葉，卷六十四第19、18、17、16、15、14、13、12、11、10、9、8、7葉	卷六十一第19、16、3等3葉所載均爲里長戶，其字跡與卷六十五、六十四各葉相同，暫將其合併爲1里。另，卷六十四紙背中載有"大石鋪兵"、"白雁鋪兵"、"楊梅鋪兵"、"武溪鋪兵"、"朱均鋪兵"等，據《處州府志》可知，其均屬龍泉縣所轄，故可知，此小黃冊也應爲龍泉縣小黃冊。該小黃冊原排序與《魏書》頁碼順序正相反。卷六十五第21葉背爲"甲下第柒甲沈鎮四等一十戶"，在其下應爲第8、9等二甲（穿甲法下，十戶里長爲單獨一甲，90戶首分爲1—9甲）。但按照目前現存甲首戶看，確爲10個甲，或是有編排不盡人戶同樣編爲了一甲，或是中間排序有誤，暫存疑。
	1里存65戶，含里長甲7戶，第1—9甲甲首戶58戶。	卷六十四第6、5、4葉，卷六十二第19葉，卷六十四第3、2、1葉，卷六十三第15、12、13、9、7、8、6、14、10、11、5、4、3、16、1葉，卷六十二第30、29、28、27、26、25、24、21、22、23、18、17、20、16、15、14、12、11、10、9、8、7、6、5、4、3、2葉，卷六十五第19葉，卷六十一第15葉，卷六十二第1葉，卷六十一第13葉	卷六十四第6葉背爲里長甲首輪流圖、第5葉爲該里田糧總數。
	1里存35戶，含里長甲6戶，第1—4甲甲首戶27戶，不明第幾甲甲首戶2戶。	卷六十一第12、17、32、10、9、11、8、7、6、5、4、2、27、26、30、31、29、28、25、24、23、22、21、20、1、14、18葉	卷六十一第12葉背爲里長甲首輪流圖。
	存疑2葉，存4戶。	卷六十三第2葉、卷六十五第34葉	

续表

縣都	現存里戶數	《魏書》葉碼	備註
處州府麗水縣某都（存1里，順甲攢造）	1里存41戶，含里甲正戶25戶，帶管外役16戶。	卷四十七第26—20葉，卷四十五第15、14、13、11葉，卷四十七第19、18葉、卷四十五第18葉、卷四十七第17—8葉	該里小黃冊原順序，與《魏書》葉碼順序正相反，主要爲卷四十七，其中部分內容被混入了卷四十五。另，該里載有"萬壽觀"充水站夫、"山巖寺"充鋪兵等，據耿洪利考證，同縣建有"萬壽觀"和"山巖寺"者僅麗水縣，故其應爲麗水縣小黃冊。
處州府麗水縣某都（存1里）	僅存一都田糧總數及都下第1里"里長甲首輪流圖"和該里丁口、田糧數目。	卷四十七第4、7、6葉	該小黃冊與麗水縣小黃冊緊連，可能屬於同縣小黃冊，但其中又出現了一都田糧總數，故應屬於不同都。但因不能確證，暫將其單列，存疑。第7葉爲里長甲首輪流圖，其中載"垂休寺"爲明洪武年間麗水縣所屬。
某縣某都（存3里，順甲攢造）	1里存75戶，均爲里甲正戶。	卷八十三上第3葉，卷八十二第1、2、5、6、10葉，卷八十三上第20葉、卷八十二第16、9、7、4、14、15、13、11、12葉，卷八十三上第8、7、10、5、4、13、12、11、9葉，卷八十三下第1、2葉，卷八十三上第18、19葉，卷八十三下第7葉，卷八十三上第1葉，卷八十三下第4、3、5、6、11、12、9、10葉。卷八十二第17葉位置存疑待考。	
	1里存63戶，存第5—10甲甲首正戶52戶，編排不盡人戶11戶。	卷八十六第1、2葉，卷八十七第2葉，卷八十六第3—7葉，卷八十七第7、1、4、5、6、8葉，卷八十八第1—8葉，卷八十六第8葉，卷八十七第3葉，卷八十七第9—14葉，卷八十七第9葉，卷八十八第15—20葉	

续表

縣都	現存里戶數	《魏書》葉碼	備註
某縣某都（存3里，順甲攢造）	1里存7戶，均為里甲正戶。	卷八十一第2—6葉，	

綜合來看，日本靜嘉堂文庫藏《漢書》，上圖藏《後漢書》《魏書》，四川省圖藏《魏書》等紙背小黃冊均屬洪武三年（1370）處州府小黃冊。三種古籍現存紙張大小雖不盡相同，但差距不大，且上圖藏《魏書》紙背文書含有卷宗和小黃冊兩種，與靜嘉堂文庫藏《漢書》紙背文書類型相同，故可確定，此三種古籍應是使用同一批公文紙印刷。現存紙張的大小差異，應是在裝訂書籍時，裁切不一致導致。此三種古籍紙背小黃冊，應屬同一批小黃冊無疑。其中，又以上圖藏《後漢書》紙背小黃冊，保存數量最多，相對最爲完整，據現存內容可復原出2—3個比較完整的"里"黃冊。

通過比對目前所見小黃冊殘葉，我們可以發現小黃冊應是以"都"爲單位攢造，完整一都的小黃冊構成要素大體包含以下幾項：

一、引述上級部門關於稅糧黃冊編訂的公文；二、各類田土稅糧科則；三、一都當中總計戶數、人丁、田土、稅糧數目；四、都下第一里"里長甲首輪流圖"、"帶管外役人戶圖"及"編排不盡人戶圖"；五、一里民戶戶數、人丁、田土、稅糧數目總體概況；六、依照上述三圖依次登錄各戶人丁、田地、稅糧數目；七、依上開列都下其他各里情況；八、攢造小黃冊各里里長簽署。

而各里下民戶，大都包含里甲正戶、帶管外役戶、編排不盡戶和寄莊戶等四種類型，其中以里甲正戶的登載形式最爲典型，具體登載形式上帶管外役戶和編排不盡戶與之基本相同，"寄莊戶"則僅登錄田產信息，無人丁信息。現各舉一例如下：

里甲正戶，如《後漢書》卷二第15葉、第16葉背載：

（前略）

2. 　　　　一戶何僧壽，係本都民戶，洪武四年甲首。

3.　　　　　　　人丁伍口：
4.　　　　　　　　　　男子肆口：
5.　　　　　　　　　　　　成丁貳口，
6.　　　　　　　　　　　　不成丁貳口。
7.　　　　　　　　　　婦女壹口。
8.　　　　　　田產民田壹畆陸分捌厘叄毫叄絲叄忽。
9.　　　　　　　　夏稅：
10.　　　　　　　　　　正麥肆合叄抄捌撮玖圭玖粟貳粒；
11.　　　　　　　　　　耗麥貳勺捌抄貳撮柒圭玖粟玖粒肆微肆塵。
12.　　　　　　　　秋糧：
13.　　　　　　　　　　正米叄升叄合陸勺陸抄陸撮陸圭；

（以上卷二第 15 葉背）

14.　　　　　　　　　　耗米貳合叄勺伍抄陸撮陸圭陸粟貳粒。

（以上卷二第 16 葉背）

　　　　　　　　　　（後略）

帶管外役戶，如《後漢書》卷四第 2 葉、第 3 葉背載：

　　　　　　　　　　（前略）

5.　　帶管
6.　　　外役人戶：
7.　　　　一戶吳賢，係本都民戶，充當本縣弓兵。
8.　　　　　　人丁壹拾伍口：
9.　　　　　　　　男子玖口：
10.　　　　　　　　　成丁陸口，
11.　　　　　　　　　不成丁叄口。

第二章 公文紙本古籍紙背所見明代黃冊文獻概述 75

12.　　　　　　　　婦女陸口。
13.　　　　　　　　田產伍拾伍畝叁分陸厘貳毫
　　　　　　　　　伍絲。
14.　　　　　　　　夏稅：
（以上卷四第 2 葉背）
15.　　　　　　　　正麥壹斗叁升貳合
　　　　　　　　　捌勺柒抄；
16.　　　　　　　　耗麥玖合叁勺玖
　　　　　　　　　圭。
17.　　　　　　　　秋糧：
18.　　　　　　　　正米壹碩壹斗柒合
　　　　　　　　　貳勺伍抄；
19.　　　　　　　　耗米柒升柒合伍勺
　　　　　　　　　柒撮伍圭。
（以上卷四第 3 葉背）
　　　　　　　　（後略）

編排不盡人戶，如《後漢書》卷四第 6 葉、第 7 葉背載：

　　　　　　　　（前缺）
8.　　　　一戶翁俞，係本都民戶。
9.　　　　　　人丁肆口：
10.　　　　　　　　男子貳口：
11.　　　　　　　　　　成丁壹口，
12.　　　　　　　　　　不成丁壹口。
13.　　　　　　　　婦女貳口。
14.　　　　　　　　田產壹分捌厘柒毫伍絲。
（以上卷四第 6 葉背）
15.　　　　　　　　夏稅：

16.　　　　　　　　　　　正麥肆勺伍抄；
17.　　　　　　　　　　　耗麥叁抄壹撮伍圭。
18.　　　　　　　　　秋糧：
19.　　　　　　　　　　　正米叁合柒勺伍抄；
20.　　　　　　　　　　　耗米貳勺陸抄貳撮伍
　　　　　　　　　　　　圭。
（以上卷四第 7 葉背）
　　　　　　　　（後略）

寄莊戶，如《後漢書》卷七十第 22 葉背載：

　　　　　　　　（前略）
5.　　　　一戶周三秀，係永嘉縣民戶，洪武九年甲首。
6.　　　　田產：
7.　　　　　　民田陸畝叁分伍厘玖毫。
8.　　　　　　　　　夏稅：
9.　　　　　　　　　　　正麥叁合捌勺壹抄
　　　　　　　　　　　　伍撮肆圭；
10.　　　　　　　　　　耗麥貳勺陸抄柒撮
　　　　　　　　　　　　柒粟捌粒。
11.　　　　　　　　　秋糧：
12.　　　　　　　　　　　正米叁升壹合柒勺
　　　　　　　　　　　　玖抄伍撮；
13.　　　　　　　　　　　耗米貳合貳勺貳抄
　　　　　　　　　　　　伍撮陸圭伍粟。
　　　　　　　　（後略）

　　由上舉各件文書可見，洪武三年小黃冊在具體人戶登載形式上與洪武十四年後的賦役黃冊兩者之間異同主要有以下幾點：
　　首先，小黃冊因是明政府首次編訂，故而僅有實在項，無舊管、新收、開除等項；賦役黃冊則是依舊管、新收、開除、實在四柱式開列。

其次，首行列戶主姓名、里籍、充役情況等，小黃冊與賦役黃冊基本相同。在充役情況上，里甲正戶是充某年里長或甲首；帶管外役戶，充除里甲正役之外的其他雜役，如弓兵、鋪兵、水站夫、驛站夫等；編排不盡人戶，則僅記姓名、里籍，無充役。（小黃冊中，如編排不盡戶爲二十、三十、四十戶，也需編爲甲，由鄰近里長帶管，則也應充甲首役。）

再次，在人丁登載項中，小黃冊人丁登載形式與賦役黃冊中"舊管"人丁相同，僅載人丁數目，不載具體人名和年歲；小黃冊寄莊戶，則不載人丁項，僅載田產項目，賦役黃冊中見有寄莊戶同樣記載人丁項目者。

最後，在事產項目中，小黃冊中僅載人戶田產及稅糧信息；賦役黃冊中，則除田產、稅糧外，還登載房屋、頭匹、車船等信息。另外，小黃冊中田地科則一般僅出現在都黃冊總述部分，賦役黃冊中則往往在具體地塊下記載該地塊稅糧科則。由此可見，洪武十四年（1381）賦役黃冊的登載形式對洪武三年（1370）小黃冊既有繼承，又有發展。

綜合來看，洪武三年（1370）小黃冊之法的實施，爲洪武十四年（1381）在全國推廣賦役黃冊制度奠定了重要基礎，也積累了寶貴經驗。最重要的是，小黃冊之法確立了明代里甲編排和賦役黃冊制度的基本原則，賦役黃冊攢造和里甲輪役基本遵循了小黃冊所確立的攢造和輪役方式。但學界已有研究中，關於明初小黃冊和里甲制度的研究，大都僅依據《永樂大典》所引《吳興續志》中的一段記載展開，該記載本身即存有抵牾之處，造成了在諸多問題上，學界一直存在較大爭議。因而公文紙本古籍紙背小黃冊原件的發現，無疑對厘清明代賦役黃冊和里甲制度的建立與發展有着重要價值，並且提供了解決學界爭論的重要契機。

（本文作者宋坤，爲首次刊發。）

二　上海圖書館藏公文紙本《樂府詩集》紙背賦役黃冊

上海圖書館藏《樂府詩集》爲明末毛氏汲古閣刻公文紙印本，共一百卷，十六冊，長 25.7 厘米、寬 16.5 厘米，紙張極薄，無襯紙。

據統計，該書十六冊共計 1336 葉，其中紙背帶公文者 1318 葉。紙背文獻主要爲明賦役黃冊，且包含有多種不同時期、不同地域的黃冊。經過筆者仔細辨別，根據紙背黃冊字跡和內容，目前該書紙背黃冊可確定攢造時間或所屬地區者計 19 種，另有 7 種不同字跡、格式的黃冊散葉，因殘損過重，攢造時間及所屬地區待考證。該書紙背黃冊見有後湖黃冊庫駁語內容及"管理後湖黃冊關防"，由此可以確信，其應是出自明代南京後湖黃冊庫，爲各府州縣攢造黃冊的進呈本。

現將該書紙背所見各種黃冊分述如下：

（一）永樂二十年（1422）浙江金華府永康縣義豐鄉壹都陸里賦役黃冊

《樂府詩集》第三冊卷六第 6 葉背內容如下：

（前缺）

1. ＿＿＿＿＿＿＿第陸圖，充永樂貳拾陸年里長。

（中缺 2 行）①

2. 　　　　　　　男子伍口，
3. 　　　　　　　婦女肆口。

（中缺 1 行）②

4. ＿＿＿＿＿厘。
5. 　　　　　　夏稅：
6. 　　　　　　　麥正耗捌升肆合。
7. 　　　　　　秋糧：

---

① 據文義及同書紙背同一黃冊書寫格式推斷，此處所缺 2 行文字應爲"舊管：/人丁計家男婦玖口"。
② 據文義及同書紙背同一黃冊書寫格式推斷，此處所缺 1 行文字應爲"事產"。

8.　　　　　　　　　　　　米正耗壹石玖斗玖
　　　　　　　　　　　　　升叄合肆勺。
9.　　　　　　☐壹拾壹畝肆分。
10.　　　　　　　　　夏税：
11.　　　　　　　　　　　　麥正耗叄升陸合捌勺。
12.　　　　　　　　　秋糧：
13.　　　　　　　　　　　　米正耗壹石陸斗貳升肆合。
14.　　　　　　☐伍分柒厘。
15.　　　　　　　　　夏税：
16.　　　　　　　　　　　　麥正耗叄升貳合壹勺。
17.　　　　　　　　　秋糧：
18.　　　　　　　　　　　　米正耗壹石伍斗陸升柒合。
19.　　　　　　☐伍分壹厘。
20.　　　　　　　　　夏税：
21.　　　　　　　　　　　　麥正耗叄合叄勺。
　　　　　　　　（後缺）

　　該葉文書第1行存"充永樂貳拾陸年里長"一語，據此結合明代大造黄冊時間可知，其應爲明永樂二十年（1422）賦役黄冊殘葉。

　　根據該葉的筆跡、墨色、行距、内容等判斷，目前可確定《樂府詩集》紙背屬於該里黄冊者，共計247葉，分别爲：卷一第14葉，卷二第3、5—10葉，卷三第3、4、13—15葉，卷五第1—3及5—12葉，卷六第1—8、10葉，卷七第7—11、13、15—17葉，卷八第1—2葉，卷十三第14葉，卷十四第14葉，卷十七第12葉，卷二十八第7—10葉、卷四十一第1—9及11—13葉，卷四十二第2—9葉，卷四十三第1—5及7—10葉，卷四十四第1—5及第7葉，卷四十五第5—9葉，卷四十七第6及第8—14葉，卷四十八第1—12葉，卷四十九第2—12葉，卷五十第1—2葉，卷六十一第12葉，卷八十三第9—11葉，卷八十四1—8葉及10—12葉，卷八十九第14葉，卷九十第4—11葉，卷九十一第1—11葉，卷九十二第1—8葉，卷九十三第

1、2 及 4—9 葉，卷九十四第 1—10 葉，卷九十五第 1—10 葉，卷九十六第 1—13 葉，卷九十七第 1—12 葉，卷九十八第 1—9 葉，卷九十九第 1—9 及第 11、12 葉，卷一百第 2 及 5、6、9—12 葉。

其中，卷七第 10 葉背載：

（前缺）

1. 　　一戶倪有，係壹都第陸里民戶，充永 樂
2. 　　　　舊管：
3. 　　　　　　人丁計家壹口。
　　　　　　（中缺 1 行）
4. 　　　　事產：
5. 　　　　　　民田玖畝叁分。
　　　　　　（中缺 4 行）
6. 　　　　　　民房貳間。
7. 　　　　新收：
8. 　　　　事產：
9. 　　　　　　轉收民
　　　　　　（中缺）
10. 　　　開除：
11. 　　　事產：
12. 　　　　　　轉除 民

（後缺）

另，卷十四第 14 葉第 1 行載"一戶張富，係壹都第陸里民戶，充永樂▢▢▢▢"，卷九十二第 5 葉背第 1 行載："一戶蔣富，係壹都第陸里民戶，充永樂叁▢▢▢"，卷九十五第 1 葉背第 1 行載："▢▢▢都第陸里，充永樂貳拾陸年甲首，原作故叔仲堅爲戶"。目前所見《樂府詩集》紙背永樂二十年賦役黃冊殘葉中，凡保存有戶頭者，大都均屬於"壹都第陸里"民戶，雖有少量原屬其他里民戶，但其後大都接續"今撥補第陸里"字樣，如卷

九十一第 5 葉背第 1—2 行載："第陸甲帶管：／一戶吳子高，原係壹都第柒圖民戶，今撥補本都第陸圖"，卷九十五第 4 葉背第 1 行載："▢▢▢▢▢戶，今撥補本都第陸里，充永樂貳拾伍年甲首"，卷九十一第 2 葉背第 1 行載："一戶黃員叁，原係壹都第柒圖民戶，今撥▢▢▢▢"。據此，可以確定，該批永樂二十年黃冊，應爲某縣壹都第陸里黃冊。

又，卷四十六第 8 葉背載：

（前缺）

1. 　　　　　　　　秋糧米正耗肆斗玖升陸合陸勺柒抄陸撮。
2. 　官田壹畒伍厘。
3. 　　　　　　　　夏稅每畒科正耗麥叁合內每合帶耗柒抄，共該叁合壹勺伍抄。
4. 　　　　　　　　正麥貳合捌勺肆撮，
5. 　　　　　　　　耗麥壹勺玖抄陸撮。①
6. 　　　　　　　　秋糧每畒科正米貳斗，每斗帶耗叁合伍勺，共該貳斗壹升柒合叁勺伍抄。
7. 　　　　　　　　正米貳斗壹升，
8. 　　　　　　　　耗米柒合叁勺伍抄。
9. 　▢▢②塘壹拾畒玖厘。
10. 　　　　　　　 夏稅麥正耗貳升柒合捌勺肆抄捌撮，
11. 　　　　　　　 秋糧米正耗貳斗柒升玖合叁勺貳抄陸撮。
12. 　田玖畒貳分叁厘。
13. 　　　　　　　 夏稅麥正耗貳升柒合陸勺玖抄，
14. 　　　　　　　 秋糧米正耗貳斗柒升陸合玖勺。

---

① 第 3—5 行正耗麥共該數與正麥、耗麥之和數目不符，應有誤。
② 據文義及紙背同一黃冊書寫格式推斷，此處所缺文字應爲"民田"。

15.　　　　　　　　一本都田陸畝柒分叁厘。
16.　　　　　　　　夏稅每畝科正耗麥叁合內每合帶耗柒抄，共該貳升壹合玖抄。
17.　　　　　　　　正麥壹升捌合捌勻陸抄玖撮，
18.　　　　　　　　耗麥壹合叁勻貳抄壹撮。
19.　　　　　　　　秋糧每畝科正耗米叁升內每升帶耗柒勻，共該貳斗壹合玖勻。
20.　　　　　　　　正米壹斗捌升捌合陸勻玖抄貳撮，
21.　　　　　　　　耗米壹升叁合貳勻捌撮。
22.　　　　　　　　一遊僊叁拾叁半都田貳畝伍分。
23.　　　　　　　　夏稅每畝科正耗麥叁合內每合帶耗柒抄，共該柒合伍勻。
24.　　　　　　　　正麥柒合玖撮，
25.　　　　　　　　耗麥肆勻玖抄壹撮。

（後缺）

　　其中，第 22 行存"遊僊叁拾叁半都田貳畝伍分"，此"遊僊叁拾叁半都"又見於卷四十八第 11 葉背第 2 行"於永樂拾叁年柒月內出賣過割與遊僊叁拾叁半都壹圖朱全爲業"、卷四十九第 6 葉背第 8 行"一田肆分玖厘，係買到遊僊叁拾叁半都貳圖杜思名戶下田"及第 20 行"一地叁分玖厘，係買到遊僊叁拾叁半都貳圖杜思名戶下地"、卷四十九第 8 葉背第 17 行"一田肆畝捌分叁厘，於永樂拾叁年陸月內出賣過割與遊僊叁拾叁半都叁圖李孝爲業"、卷八十三第 9 葉背第 24 行"山，遊仙叁拾叁半都山貳畝伍分"、卷八十四第 12 葉第 10 行"一田陸畝陸分伍厘，於永樂拾柒年正月內出賣過割與遊仙叁拾叁半都貳圖張威爲業"、卷九十六第 1 葉背第 21 行"一遊僊叁拾叁半都廢寺田貳拾壹畝伍分肆厘"。又，卷八十四第 12 葉背第 10 行載"一田貳分叁厘，於永樂拾肆年拾月出賣過割與太平叁拾半都伍圖程戴爲業"，據此則該批文書中，出現有"遊僊鄉"和"太平鄉"兩個鄉，其中遊僊鄉轄三十三半都，太平鄉轄三十半都。

根據明代黃冊書寫習慣來看，當黃冊中出現另外一縣的人戶或田地時，都會標明其所屬縣名，出現屬於同縣但不同鄉都的人戶或田地時，則大都僅標鄉都名，不標縣名。由此可見，該永樂二十年賦役黃冊攢造鄉都，應與"遊僊鄉"和"太平鄉"屬同一縣，但不同鄉。查（萬曆）《金華府志》卷二《鄉隅》載："永康縣：東隅、南隅、西隅、北隅。義豐鄉，管上林里一都之五都；長安鄉，管溫泉里六都之九都……太平鄉，管宗仁里十七都之二十都、三十半都；……遊仙鄉，管石門里二十八都、二十九都、三十半都、三十二都、三十三半都、三十四都、三十五都。"①

又，（康熙）《永康縣志》卷一《鄉區》載："義豐鄉，附郭而南，其里上林，舊轄隅四，曰：東隅一圖，南隅一圖，西隅一圖，北隅一圖。本朝按糧編里，析分爲：一都八圖；二都三圖，今析爲四；三都四圖，今併爲三；四都三圖，今併爲二；五都五圖，原併爲四，今併爲三。"② 同卷又載："縣分十鄉，轄四十七都。明初編戶一百二十三里，其後定爲一百一十七里……國朝編里如舊。"③ 其中所載"義豐鄉"所轄"一都"至"五都"，在萬曆《金華府志》中已經見載，則其所云"本朝按糧編里，析分爲"一語，應是指僅將都下各里所轄圖數，進行了新的析分合併，而非是將東南西北四隅四圖析分成爲了"一都"至"五都"，且其中義豐鄉"一都八圖"並未進行析分合併，應是延續了明代的都圖設置。

由此，結合上舉黃冊內容可知，此《樂府詩集》紙背永樂二十年黃冊應爲浙江金華府永康縣義豐鄉壹都陸里賦役黃冊。

由目前所存黃冊內容來看，《樂府詩集》印刷之時，應是將原黃冊的完整一張紙，裁切爲四紙，故《樂府詩集》的四葉紙可拼合爲原黃冊的完整一張紙，故原黃冊一張紙大小應爲 66×51.4 厘米左右。

---

① （萬曆）《金華府志》卷 2《鄉隅》，《中國方志叢書·華中地方·第四九八號》，成文出版社有限公司 1983 年版，第 110—111 頁。
② （康熙）《永康縣志》卷 1《鄉區》，《中國方志叢書·華中地方·第五二八號》，成文出版社有限公司 1983 年版，第 87 頁。
③ （康熙）《永康縣志》卷 1《鄉區》，第 86 頁。

欒成顯先生在《明代黃冊研究》一書中，曾提到目前學界已知的兩件永樂年間黃冊抄底文書，一爲中國社會科學院歷史研究所藏《永樂至宣德徽州府祁門縣李務本黃冊抄底》，含永樂元年（1403）、永樂十年（1412）李務本戶人丁事產及永樂二十年（1422）李景祥承故兄李務本戶人丁事產；一爲中國歷史博物館藏《永樂徽州府歙縣胡成祖等戶黃冊抄底》，存永樂二十年（1422）胡成祖、黃福壽等戶的人丁、事產信息。爲論述方便，現引錄永樂二十年（1422）徽州府歙縣胡成祖戶黃冊抄底內容如下：

1. 一戶胡成祖，係十七都五圖民戶。
2. 　舊管：
3. 　　人口三口：男子二口，婦女一口。
4. 　　事產：
5. 　　　民田地山塘一畝二分三：二升三合六勺，二錢八分〇八，

　　　　　　　　　　六升四合三勺。①
6. 　　　田四分四六，
7. 　　　地二分五六，
8. 　　　山二分五六，
9. 　　　塘二分六三，
10. 　　　民房屋瓦房二間。
11. 　新收：
12. 　　人口正收男子不成丁一口：
13. 　　　男進，係永樂十七年生。
14. 　開除：
15. 　　事產轉除民田地山塘一畝二分三：
16. 　　　　　　二升六合六勺，二錢八分〇八，
　　　　　　　六升四合三勺。

---

① 此應爲夏稅麥、絲和秋糧米數目。

17.　　　　　　田四分四六:
18.　　　　　　　　本都上田六厘八毫,入本圖胡勝祖:
19.　　　　　　　　　　　一合五勺,二分七二,四合五勺。
20.　　　　　　　　本都上田六厘七毫,入本圖胡三保:
21.　　　　　　　　　　　一合四勺,二分六八,四合五勺。
22.　　　　　　　　本都下田三分一一,入本圖胡勝祖:
23.　　　　　　　　　　　六合六勺,一錢二分四四,一升六合七勺。
24.　　　　　　地二分五六:
25.　　　　　　　　本都上地九毫,入本圖胡仕昇。
26.　　　　　　　　本都下地一分八四,入本圖胡勝祖:
27.　　　　　　　　　　　四合,七分三六,六合八勺。
28.　　　　　　　　本都下地二厘一毫,入本圖胡原師:
29.　　　　　　　　　　　四勺,八厘四毫,八勺。
30.　　　　　　　　本都下等地二厘一毫,入本圖胡勝祖:
31.　　　　　　　　　　　四勺,八厘四毫,六勺。
32.　　　　　　　　本都下等地二厘一毫,入本圖胡原師:
33.　　　　　　　　　　　四勺,八厘四毫,六勺。
34.　　　　　　山本都山二分六五,入本圖胡勝祖:
35.　　　　　　　　　　二合九勺,八合六勺。
36.　　　　　　塘二分六三:
37.　　　　　　　　本都塘一分八三,入本圖胡勝祖:
38.　　　　　　　　　　　四合,一升四合八勺。
39.　　　　　　　　本都塘八厘,入本圖胡仕昇。
40.　　　實在:
41.　　　　　人口三口:男子二口:
42.　　　　　　成丁一口:本身,年三十九歲;
43.　　　　　　不成丁一口:男進,年四歲。
44.　　　　　　婦女大一口:妻阿程,年三十四歲。

45.　　　　　事產：
46.　　　　　　民房屋：瓦房二間。①

　　此件爲黃冊抄底，將其與《樂府詩集》紙背永樂二十年（1422）黃冊原件對比來看，可見其在抄錄過程中，進行了諸多省略，並不能完整展現永樂年間賦役黃冊的原始面貌。而《樂府詩集》紙背的永樂賦役黃冊原件雖經裁切，但據目前現存內容來看，仍可看出黃冊中舊管、新收、開除、實在各部分的具體登載形式，並可據此將永樂賦役黃冊的登載書式進行復原。現分述如下：
　　"舊管"部分，如《樂府詩集》卷九十二第6葉背載：

（前缺）

1.　　　　　一戶方祖興，係壹都第陸里民戶，充永樂
2.　　　　　舊管：
3.　　　　　　人丁計家壹口。
4.　　　　　事產：
5.　　　　　　官民田地山塘叁拾□
（中缺3行）
6.　　　　　　　　官田□
（中缺3行）
7.　　　　　　　　民田□
（後缺）

　　由殘存內容可知，此葉現存內容應爲方祖興戶的舊管人丁、事產的上半部分。又如，卷四十九第5葉背載：

（前缺）

1.　　　　　　　　耗米捌撮。

---

①　轉引自欒成顯《明代黃冊研究》，第48—50頁。

第二章　公文紙本古籍紙背所見明代黄冊文獻概述　87

（中缺 4 行）

2. 　　　　　　　　男子貳口，
3. 　　　　　　　　婦女叁口。

（中缺 1 行）①

4. ☐捌畝捌分玖厘。
5. 　　　　　　　　夏税麥正耗壹斗叁升陸合陸勺伍抄，
6. 　　　　　　　　秋糧米正耗壹石玖斗叁升玖合肆抄肆撮。
7. ☐☐②地山塘壹拾肆畝玖分伍厘。
8. 　　　　　　　　夏税麥正耗肆升肆合捌勺伍抄，
9. 　　　　　　　　秋糧米正耗玖斗捌升貳合壹勺肆撮。
10. 田貳畝伍分肆厘。
11. 　　　　　　　　夏税麥正耗柒合陸勺貳抄，
12. 　　　　　　　　秋糧米正耗柒斗壹升陸合伍勺叁抄。
13. 地肆畝玖分壹厘。
14. 　　　　　　　　夏税麥正耗壹升肆合柒勺叁抄，
15. 　　　　　　　　秋糧米正耗壹斗伍合柒抄肆撮。
16. 山柒畝貳分柒厘。
17. 　　　　　　　　夏税麥正耗貳升壹合捌勺壹抄，
18. 　　　　　　　　秋糧米正耗壹斗伍升伍合伍勺柒抄捌撮。
19. 塘貳分叁厘。
20. 　　　　　　　　夏税麥正耗陸勺玖抄，

（後缺）

---

① 據文義及紙背同一黄冊書寫格式推斷，此處所缺 1 行文字應爲 "事産"。
② 據文義及紙背同一黄冊書寫格式推斷，此處所缺文字應爲 "官田"。

由殘存內容結合其他紙背文書可知，本葉文書第 1 行爲一戶的實在事產信息，第 2—20 行則爲一戶的舊管人丁、事產信息下半部。

　　據此並參考《永樂徽州府歙縣胡成祖等戶黃冊抄底》內容，可知永樂年間賦役黃冊的舊管部分，其"人丁"項，先載"計家男婦"丁口總數，後分載男子數、婦女數，且僅載數目，不載具體人口姓名、年歲。

　　舊管部分的事產項，則是先載該戶官民田地山塘總數，下列夏稅正耗麥及秋糧正耗米數；之後再分列官田數及夏稅秋糧正耗數、民田地山塘總數及夏稅秋糧正耗數；民田地山塘總數項後分列田、地、山、塘各自畝數及夏稅秋糧正耗數。田產之後，再列房屋、頭匹、車船等事產數目。

　　"新收"部分，如卷四十一第 12 葉背載：

（前缺）
1.　　　　　男子不成丁壹口：
2.　　　　　　　　姪忠年，係新生。
3.　　　　　婦女大壹口：
4.　　　　　　　　弟婦翁氏，係娶到貳拾肆都貳圖
　　　　　　　　　翁佛員女，彼處原冊失報。
（中缺 2 行）
5.　　　　☐☐☐☐☐内 平田壹畝貳分，係買到本圖徐昱道戶
　　　　　下田。
6.　　　　　夏稅：
7.　　　　　　　　麥每畝科正麥叁合玖勺陸抄陸撮，每斗
　　　　　　　　　帶耗麥柒合，共該伍合壹勺。
8.　　　　　秋糧：
9.　　　　　　　　米每畝科正米貳升玖合捌陸①抄陸撮，每
　　　　　　　　　斗帶耗米柒合，共該叁升捌合叁勺。
（中缺 3 行）

---

① 據文義及紙背同一黃冊書寫格式推斷，"陸"字前應脫一"勺"字。

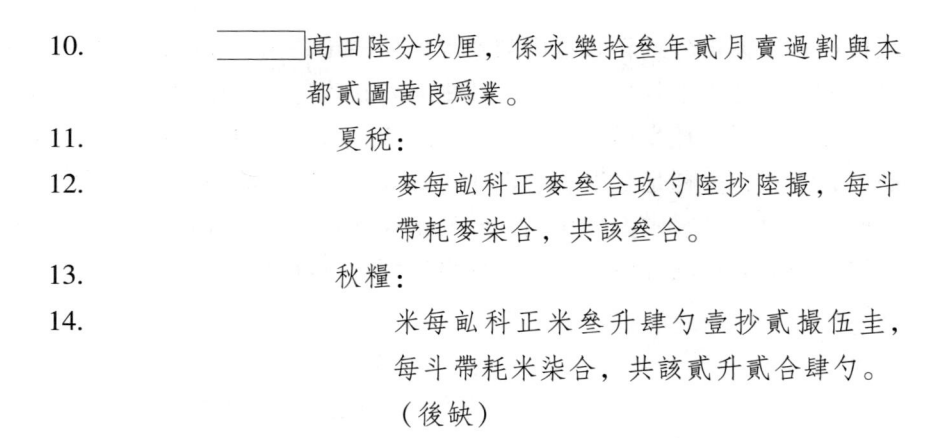

第二章　公文紙本古籍紙背所見明代黃冊文獻概述　89

10.　　　　　□高田陸分玖厘，係永樂拾叁年貳月賣過割與本
　　　　　　都貳圖黃良爲業。
11.　　　　　夏稅：
12.　　　　　　　麥每畝科正麥叁合玖勺陸抄陸撮，每斗
　　　　　　　　帶耗麥柒合，共該叁合。
13.　　　　　秋糧：
14.　　　　　　　米每畝科正米叁升肆勺壹抄貳撮伍圭，
　　　　　　　　每斗帶耗米柒合，共該貳升貳合肆勺。
　　　　　　　　　（後缺）

　　由該葉殘存内容可知，其應爲某戶新收人丁、田產信息的下半部分。又如，卷九十九第 8 葉背載：

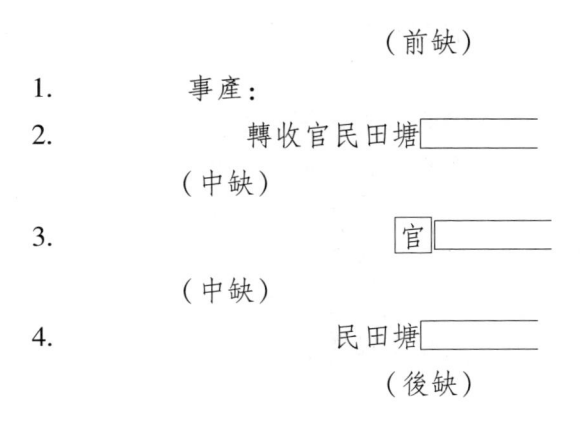

　　　　　　　　　（前缺）
1.　　　　　事產：
2.　　　　　　轉收官民田塘□
　　　　　　（中缺）
3.　　　　　　　　官□
　　　　　　（中缺）
4.　　　　　　　　　民田塘□
　　　　　　　　　（後缺）

　　由第 2 行"轉收"一語可知，其應爲某戶"新收"事產信息上半部分。由此殘葉結合《永樂徽州府歙縣胡成祖等戶黃冊抄底》内容可知，永樂賦役黃冊中民戶"新收"部分的人丁項，需詳細列出新收人口的姓名及新收緣由。據目前現存黃冊内容可見，新收人口分爲"正收"和"轉收"兩種，其中"正收"一般均是新生兒或原冊失報的新娶婦；"轉收"則一般是由其他戶内析分而來。

　　"新收"部分的事產項，也是先列新收的官民田地山塘總數及夏稅秋糧正耗數；之後再分列新收官田數及夏稅秋糧正耗數、新收民田地山塘總數及夏稅秋糧正耗數。各自總數後，詳細開列新收每一塊田地的數量、來源，下列夏稅科則及正耗麥數、秋糧科則及正耗米數。其中，關於"科則"的登載方式有二：一種是如上引卷四十一第 12 葉背，新收的每種類型田地數量總數下，夏稅秋糧處不列科則，僅列正耗數目，而每種類型的田地下的具體每塊田地的夏稅秋糧處，都詳列各自科則；一種則如卷四十九第 11 葉背，

（前缺）

1. 　　　　　　　夏稅麥正耗壹升捌勺玖抄，
2. 　　　　　　　秋糧米正耗壹斗捌合玖勺。
3. 　　地伍分。
4. 　　　　　　　夏稅每畝科正耗麥伍勺內每勺帶耗柒撮，共該貳勺肆抄；
5. 　　　　　　　秋糧每畝科正耗米捌合內每合帶耗柒抄，共該肆合。
6. 　　一地叁分，係買到本都肆圖應叔俊戶下地。
7. 　　　　　　　夏稅麥正耗壹勺伍抄，
8. 　　　　　　　秋糧米正耗貳合肆勺。
9. 　　一地貳分，係買到本都肆圖應彥江戶下地。
10. 　　　　　　　夏稅麥正耗壹勺，
11. 　　　　　　　秋糧米正耗壹合陸勺。
12. 　　山陸畝。
13. 　　　　　　　夏稅每畝科正麥壹勺叁抄叁撮叁圭叁粟，每斗帶耗柒合，共該捌勺伍抄陸撮；
14. 　　　　　　　秋糧每畝科正米貳合，每斗帶耗柒合，共該壹升貳合捌勺肆抄。
15. 　　一山叁畝，係買到本都肆圖應潮戶下山。
16. 　　　　　　　夏稅麥正耗肆勺貳抄捌撮，
17. 　　　　　　　秋糧米正耗陸合肆勺貳抄。
18. 　　一山叁畝，係買到本都肆圖應叔志戶下山。

19. 夏稅麥正耗肆勺貳抄捌撮,
20. 秋糧米正耗陸合肆勺貳抄。
21. 塘一塘捌分捌厘,係買到本都肆圖應叔俊戶下塘。
22. 夏稅每畝科正麥壹勺叁抄叁撮叁圭叁粟,每斗帶耗柒合,共該壹勺貳抄伍撮;
23. 秋糧每畝科正米貳合,每斗帶耗柒合,共該壹合捌勺捌抄叁撮。

（後缺）

　　此種開列方式,是僅在每種類型的田地數量總數下的夏稅、秋糧處,開列各自科則,具體每一塊田地的夏稅、秋糧處則省略科則,僅列正耗數目。

　　"開除"部分,永樂賦役黃冊的"開除"人丁事產信息登載方式與"新收"基本相同。其中,"人丁"項,分爲"正除"和"轉除","正除"登載去世人口,"轉除"登載析分出戶人口和原登載在冊的嫁出人口。

　　如卷四十九第2葉背載:

（前缺）

1. ▭□分。
2. 夏稅每畝科正麥壹勺叁抄叁撮叁圭叁粟,每斗帶耗柒合,共該叁勺捌抄伍撮。
3. 秋糧每畝科正米貳合,每斗帶耗柒合,共該伍合柒勺柒抄捌撮。
4. ▭塘壹畝柒分,係買到本都壹圖盧滿戶下塘。
5. 夏稅麥正耗貳勺肆抄叁撮,
6. 秋糧米正耗叁合陸勺叁抄捌撮。
7. ▭塘壹畝正,係買到本都壹圖胡大海戶下塘。
8. 夏稅麥正耗壹勺肆抄貳撮,
9. 秋糧米正耗貳合壹勺肆抄。

（中缺 2 行）①

10.　　　　　　　　　　男子陸口：
11.　　　　　　　　　　　成丁伍口，
12.　　　　　　　　　　　不成丁壹口。
13.　　　　　　　　　　婦女大叁口：

（中缺 1 行）②

14.　　　　　　　　　　　　嫂馬氏，於永樂拾貳年
　　　　　　　　　　　　　正月内故。

（中缺 2 行）③

15.　　　　　　　　男子陸口：
16.　　　　　　　　　成丁伍口：
17.　　　　　　　　　　姪文浩，係分拆本圖爲戶；
18.　　　　　　　　　　姪文叁伍，幼名 亨 ，係分拆
　　　　　　　　　　　　本圖程彦和男；
19.　　　　　　　　　　姪文華，係分拆本圖程彦
　　　　　　　　　　　　和男；
20.　　　　　　　　　　姪文玉，幼名貴，係分拆本圖
　　　　　　　　　　　　爲戶；
21.　　　　　　　　　　姪孫孟善，係分拆本圖程文
　　　　　　　　　　　　浩男。

（後缺）

　　由殘存内容可知，該葉第 1—9 行出現有"買到某某田"，應爲某戶的新收事産信息；第 11—21 行則應爲該戶的開除人口信息。其中，"嫂馬氏，於永樂拾貳年正月内故"，應爲正除人口；其下男子陸口中，五口均爲分析，則爲轉除人口信息。由 10—13 行的開除人口總數可知，其後還應缺轉除男

---

①　據文義及紙背同一黄册書寫格式推斷，此處所缺 2 行文字應爲"開除：／人口玖口"。
②　據文義及紙背同一黄册書寫格式推斷，此處所缺 1 行文字應爲"正除：婦女大壹口"。
③　據文義及紙背同一黄册書寫格式推斷，此處所缺 2 行文字應爲"轉除：／人口捌口"。

不成丁一口和婦女大二口。

　　"開除"部分的"事產"項，一般也是先列開除的官民田地總數及夏稅秋糧正耗數，下則詳細開列轉除出去的每一塊田地的數目、去向（賣與誰或過割、租佃與誰等）及夏稅秋糧各自科則和正耗數。如卷四十九第 8 葉背載：

（前缺）

1.　　　　　　　　夏稅每畝科正麥壹勺叁抄叁撮叁圭叁粟，每斗帶耗柒合，共該▢▢▢▢。

2.　　　　　　　　秋糧每畝科正米貳合，每斗帶耗柒合，共該壹合伍勺陸抄貳撮。

（中缺 2 行）①

3.　　　　　　　　男子成丁貳口：

4.　　　　　　　　父道裕，於永樂拾陸年叁月內病故；

5.　　　　　　　　兄思，於永樂拾叁年陸月內病故。

6.　　　　　　　　婦女大口壹口：

7.　　　　　　　　母周氏，於永樂拾肆年貳月內病故。

（中缺 1 行）②

8.　　　▢▢▢▢畝肆分貳厘。

9.　　　　　　　　夏稅麥正耗貳升玖合捌勺陸抄，

---

① 據文義及紙背同一黃冊書寫格式推斷，此處所缺 2 行文字應爲 "開除：／人口正除叁口。"

② 據文義及紙背同一黃冊書寫格式推斷，此處所缺 1 行文字應爲 "事產"。

10. 秋糧米正耗貳斗玖升捌合玖勺肆抄玖撮。
11. 田玖畝玖分叁厘。
12. 夏稅每畝科正耗麥叁合內每合帶耗柒抄，共該貳升玖合柒勺玖抄；
13. 秋糧每畝科正耗米叁升內每升帶耗柒勺，共該貳斗玖升柒合玖勺。
14. 一田伍畝壹分，於永樂拾陸年叁月內出賣過割與拾伍都貳圖徐仲容爲業。
15. 夏稅麥正耗壹升伍合叁勺，
16. 秋糧米正耗壹斗伍升叁合。
17. 一田肆畝捌分叁厘，於永樂拾叁年陸月內出賣過割與遊僊叁拾叁半都叁圖李孝爲業。
18. 夏耗①麥正耗壹升肆合肆勺玖抄，
19. 秋糧米正耗壹斗肆升肆合玖勺。
20. 塘肆分玖厘。
21. 夏稅每畝科正麥壹勺叁抄叁撮叁圭叁粟，每斗帶耗柒合，共該柒抄；
22. 秋糧每畝科正米貳合，每斗帶耗柒合，共該壹合肆抄玖撮。

（後缺）

---

① 據文義及紙背同一黃冊書寫格式推斷，此"耗"字應爲"稅"之訛。

该叶的开除事产，田地科则开列方式与上举卷四十九第 11 叶背的"开除"部分相同，即仅在各类型田地总数处列出科则。又如，卷六第 3 叶背载：

（前缺）

1. _____圖高田叁畝伍分柒厘，於永樂拾肆年叁月賣過割與本圖錢榮滿爲業。
2. 　　　夏稅：
3. 　　　　　麥每畝科正麥叁合玖勺陸抄陸撮，每斗帶耗麥柒合，共該壹升伍合壹勺。
4. 　　　秋糧：
5. 　　　　　米每畝科正米叁升肆勺壹抄貳撮伍圭，每斗帶耗米柒合，共該壹斗壹升陸合貳勺。
6. _____圖高田叁畝，於永樂拾肆年貳月賣過割與本圖于道成爲業。
7. 　　　夏稅：
8. 　　　　　麥每畝科正麥叁合玖勺陸抄陸撮，每斗帶耗麥柒合，共該壹升貳合柒勺。
9. 　　　秋糧：
10. 　　　　　米每畝科正米叁升肆勺壹抄貳撮伍圭，每斗帶耗米柒合，共該玖升柒合陸勺。
11. _____圖高田壹畝壹分，於永樂拾玖年叁月賣過割與本圖方目爲業。
12. 　　　夏稅：
13. 　　　　　麥每畝科正麥叁合玖勺陸抄陸撮，每斗帶耗麥柒合，共該肆合柒勺。
14. 　　　秋糧：
15. 　　　　　米每畝科正米叁升肆勺壹抄貳撮伍圭，每斗帶耗米柒合，共該叁升伍合捌勺。

16.　　　□圖高田叁畒，於永樂拾捌年叁月賣過割與本圖方
　　　□法爲業。
17.　　　夏稅：
18.　　　　　麥每畒科正麥叁合玖勺陸抄陸撮，每斗帶耗
　　　　麥柒合，共該壹升貳合柒勺。
19.　　　秋糧：
20.　　　　　米每畒科正米叁升肆勺壹抄貳撮伍圭，每斗
　　　　帶耗米柒合，共該玖升柒合陸勺。
21.　　　□圖高田柒分，於永樂拾捌年貳月賣過割與本圖方
　　　祖與爲業。
22.　　　夏稅：
23.　　　　　麥每畒科正麥叁合玖勺陸抄陸撮，每斗帶耗
　　　　麥柒合，共該貳合玖勺。
24.　　　秋糧：
25.　　　　　米每畒科正米叁升肆勺壹抄貳撮伍圭，每斗
　　　　帶耗米柒合，共該貳升貳合捌勺。
　　　　　　　（後缺）

此葉"開除"事產，則與上舉卷四十一第 12 葉背"新收"事產相同，即在具體每一塊田地處，均詳細列出該田地的科則。

"實在"部分，如卷四十三第 3 葉背載：

　　　　　　（前缺）
1.　　　　男子壹口：
2.　　　　　成丁壹口：
3.　　　　　　　本身，年壹拾玖歲。
4.　　　　婦女壹口：
5.　　　　　　大口壹口：

6.　　　　　　　　　　母阿何，年肆拾玖歲。
　　　　　　　　　（中缺 1 行）①
7.　　　□□□厘。
8.　　　　　　　　夏稅：
9.　　　　　　　　　　麥正耗壹升陸合柒勺。
10.　　　　　　　　秋糧：
11.　　　　　　　　　　米正耗叁斗叁升肆合陸勺。
12.　　　□□□②本都今没官田壹畝壹分。
13.　　　　　　　　夏稅：
14.　　　　　　　　　　麥每畝科正麥叁合玖勺陸抄陸撮，每斗帶耗麥柒合，共該肆合柒勺。
15.　　　　　　　　　　正麥肆合肆勺，
16.　　　　　　　　　　耗麥叁勺。
17.　　　　　　　　秋糧：
18.　　　　　　　　　　米每畝科正米貳斗，每斗帶耗米叁合伍勺，共該貳斗貳升柒合柒勺。
19.　　　　　　　　　　正米貳斗貳升，
20.　　　　　　　　　　耗米柒合柒勺。
21.　　　□□□拾柒畝柒分肆厘。
22.　　　　　　　夏稅：
　　　　　　　　　（後缺）

又如卷四十四第 1 葉，該葉黃冊與《樂府詩集》內容位於同一面，其內容如下：

---

① 據文義及紙背同一黃冊書寫格式推斷，此處所缺 1 行文字應爲"事產"。
② 據文義及紙背同一黃冊書寫格式推斷，此處所缺文字應爲"官田一"。

　　　　　　　　　　　（前缺）
1.　　　　　　　　男子成丁壹口：
2.　　　　　　　　　　本身，年叁拾伍歲。
　　　　　　　　　（中缺1行）①
3.　　□□□□陸分柒厘。
4.　　　　　　　　夏稅：
5.　　　　　　　麥正耗伍升肆合。
6.　　　　　　　　秋糧：
7.　　　　　　　米正耗玖斗貳升玖合。
8.　　□□②一本都歸附後没官田貳畝。
9.　　　　　　　　夏稅：
10.　　　　　　　麥每畝科正麥叁合玖勺陸抄陸撮，
　　　　　　　每斗帶耗麥柒合，共該捌合伍勺。
11.　　　　　　　正麥柒合玖勺，
12.　　　　　　　　耗麥陸勺。
13.　　　　　　　秋糧：
14.　　　　　　　米每畝科正米貳斗柒升肆合，每斗
　　　　　　　帶耗米叁合伍勺，共該伍斗陸升柒
　　　　　　　合貳勺。
15.　　　　　　　正米伍斗肆升捌合，
16.　　　　　　　耗米壹升玖合貳勺。
17.　　□□□③拾叁畝陸分柒厘。
18.　　　　　　　夏稅：
19.　　　　　　　麥正耗肆升伍合伍勺。
20.　　　　　　　秋糧：
21.　　　　　　米正耗叁斗陸升壹合捌勺。

---

① 據文義及紙背同一黃冊書寫格式推斷，此處所缺1行文字應爲"事産"。
② 據文義及紙背同一黃冊書寫格式推斷，此處所缺文字應爲"官田"。
③ 據文義及紙背同一黃冊書寫格式推斷，此處所缺文字應爲"民田壹"。

22.　　　　　　　]都高田壹拾畝叁分貳厘。
23.　　　　　　　　夏稅：
　　　　　　　　（後缺）

　　由上可見，永樂賦役黃冊的"實在"部分，其"人丁"項，先列計家男婦總數，再分列男子數和婦女數，其中男子數下又分"成丁"和"不成丁"數，婦女則分爲"大口"和"小口"。每種男女類型下均詳細列出人口的姓名和年歲。
　　"實在"部分的"事產"項，其田產先列該戶官民田地山塘總數及夏稅、秋糧正耗數，之後再分列官田、民田地山塘的數目及夏稅秋糧數。而在每種類型的田地下，均詳細列出每一塊田地的數目及夏稅、秋糧科則和正耗總數，正耗總數下再開列正麥米數和耗麥米數。
　　綜合上述分析，我們可將永樂年間賦役黃冊具體里甲正戶的登載格式大體復原如下：

　　　　一戶某，係某都某里民戶，充某年里長/甲首。
　　　　　舊管：
　　　　　　　人丁計家男婦 N_1 口
　　　　　　　　　　　　男子 N_2 口，
　　　　　　　　　　　　婦女 N_3 口。①
　　　　　　事產：
　　　　　　　　官民田地山塘 N_1 畝。
　　　　　　　　　　　夏稅正耗數，
　　　　　　　　　　　秋糧正耗數。
　　　　　　　　官田 N_2 畝。
　　　　　　　　　　　夏稅正耗數，
　　　　　　　　　　　秋糧正耗數。
　　　　　　　　民田地山塘 N_3 畝。

---

①　人丁項下的 $N_1 = N_2 + N_3$，下同，不再另作說明。

夏稅正耗數，
秋糧正耗數。

田 N_4 畝。

夏稅正耗數，
秋糧正耗數。

地 N_5 畝。

夏稅正耗數，
秋糧正耗數。

山 N_6 畝。

夏稅正耗數，
秋糧正耗數。

塘 N_7 畝。

夏稅正耗數，
秋糧正耗數。

民房屋 N_1 間：瓦房 N_2 間、草房 N_3 間。
民頭匹 N_1 頭：牛 N_2 頭、驢 N_3 頭等。
民車船 N_1：車 N_2 輛，船 N_3 隻。①

新收：

人丁 N_1 口：

男子 N_2 口，
婦女 N_3 口。

正收男子不成丁口數：

男某，某年新生／係原冊失報。
（依次開列）

婦女大口數：

某妻某氏，係娶到某地某女，彼戶原冊失報。
（依次開列）

---

① 事產項下田土、房屋、頭匹、車輛項的 $N_1 = N_2 + N_3$，田土項下的 $N_3 = N_4 + N_5 + N_6 + N_7$，下同不再另作說明。

婦女小口數：
　　女某，某年新生。
　　（依次開列）
轉收男子成丁口數：
　　某，係某某戶下分析。
　　（依次開列）
男子不成丁數口：
　　某，係某某戶下分析。
　　（依次開列）
婦女大口數：
　　某妻，係娶到某地某女①（或係某戶下分析。）
　　（依次開列）
婦女小口數：
　　某，係某戶下分析。
事產：
　　轉收官民田地山塘 N_1 畝。
　　　　夏稅正耗數
　　　　秋糧正耗數
　　官田 N_2 畝。
　　　　夏稅正耗數，
　　　　秋糧正耗數。
　　一某都某圖內官員職田／没官田／民義莊田畝數，係兌／買到某都某戶戶下田。
　　　　夏稅麥每畝科正麥數，每斗帶耗麥數，共該正耗麥數；
　　　　秋糧米每畝科正米數，每斗帶耗米數，共該正耗米數。

---

① 此爲原冊曾經申報者。

（依次開列）

民田地山塘 N_3 畝。

夏稅正耗數，

秋糧正耗數。

民田 N_4 畝。

夏稅正耗數，

秋糧正耗數。

一則某地田畝數，係買到／兌到某地某戶田。

夏稅麥每畝科正麥數，每斗帶耗麥數，共該正耗麥數；

秋糧米每畝科正米數，每斗帶耗米數，共該正耗米數。

（依次開列）

民地 N_5 畝。

（依民田例開列）

民山 N_6 畝。

（依民田例開列）

民塘 N_7 畝。

（依民田例開列）

民房屋、頭匹、船隻新收情況。①

開除：

人丁 N_1 口：

男子 N_2 口，

婦女 N_3 口。②

正除男子口數：

男某，某年病故。

---

① 新收事產項下官民田土項的 $N_1 = N_2 + N_3$，民田土項下的 $N_3 = N_4 + N_5 + N_6 + N_7$。
② 開除人丁項下的 $N_1 = N_2 + N_3$。

（依次開列）

婦女口數：

某妻某氏，某年病故。

（依次開列）

轉除男子口數：

某，係分析某圖某戶。

（依次開列）

婦女口數：

某，係分析某圖某戶/嫁與某地某戶某為妻。

（依次開列）

事產：

轉除官民田地山塘 N_1 畝。

夏稅正耗數

秋糧正耗數

官田 N_2 畝。

夏稅正耗數，

秋糧正耗數。

一則某都某圖內官員職田/沒官田/民義莊田畝數，係分佃與某圖某戶承種。

夏稅麥每畝科正麥數，每斗帶耗麥數，共該正耗麥數；

秋糧米每畝科正米數，每斗帶耗米數，共該正耗米數。

（依次開列）

民田地山塘 N_3 畝。

夏稅正耗數，

　　　　　秋糧正耗數。
　　　民田 N_4 畝。
　　　　　夏稅正耗數，
　　　　　秋糧正耗數。
　　　　一則某地田畝數，係某年兌佃與／
　　　賣與／過割與某地某戶承種／爲業。
　　　　　夏稅麥每畝科正麥數，每斗帶
　　　　耗麥數，共該正耗麥數；
　　　　　秋糧米每畝科正米數，每斗帶
　　　　耗米數，共該正耗米數。
　　（依次開列）
　　民地 N_5 畝。
　　（依民田例開列）
　　民山 N_6 畝。
　　（依民田例開列）
　　民塘 N_7 畝。
　　（依民田例開列）
　　　民房屋、頭匹、船隻開除情況。
實在：
　　人丁計家男婦 N_1 口。
　　　　男子 N_2 口：
　　　　　成丁口數：
　　　　　　本身，年歲；
　　　　　　某，年歲。
　　　　　（依次開列）
　　　　不成丁口數：
　　　　　　某，年歲。
　　　　　（依次開列）
　　　婦女 N_3 口。
　　　　大口口數：

某氏，年歲，
（依次開列）
　　小口口數：
　　　　某，年歲。
　　　　（依次開列）
事產：
　　官民田地山塘 N_1 畝。
　　　　　　夏稅正耗數，
　　　　　　秋糧正耗數。
　　　　官田 N_2 畝。
　　　　　　夏稅正耗數，
　　　　　　秋糧正耗數。
　　　　　　一某地官員職田/沒官田/民義莊田畝數。
　　　　　　　　夏稅麥每畝科正麥數，每斗帶耗麥數，共該正耗麥數；
　　　　　　　　　　正麥數
　　　　　　　　　　耗麥數
　　　　　　　　秋糧米每畝科正米數，每斗帶耗米數，共該正耗米數。
　　　　　　　　　　正米數
　　　　　　　　　　耗米數
（依次開列）
　　民田地山塘 N_3 畝。
　　　　　　夏稅正耗數，
　　　　　　秋糧正耗數。
　　　　田 N_4 畝。
　　　　　　夏稅正耗數，
　　　　　　秋糧正耗數。

一則某地田畝數。
　　　　夏稅麥每畝科正麥數，每斗帶耗麥數，共該正耗麥數；
　　　　　　正麥數
　　　　　　耗麥數
　　　　秋糧米每畝科正米數，每斗帶耗米數，共該正耗米數。
　　　　　　正米數
　　　　　　耗米數
　　　（依次開列）
民地 N_5 畝。
　　　（依民田例開列）
民山 N_6 畝。
　　　（依民田例開列）
民塘 N_7 畝。
　　　（依民田例開列）
民房屋 N_1 間：瓦房 N_2 間、草房 N_3 間。
民頭匹 N_1 頭：牛 N_2 頭、驢 N_3 頭等。
民車船 N_1：車 N_2 輛、船 N_3 隻。

　　由上述復原後的賦役黃冊民戶登載書式可見，賦役黃冊登載內容，在"舊管"、"新收"、"開除"、"實在"各部分，均先列總數，再列分項，分項數目相加之和，正等於各項總數，邏輯清晰，內容詳盡。其中各項無，則不開列。通過復原書式，我們可以準確判定殘存各葉的內容應屬於哪一部分，進而可對現存各殘葉進行綴合復原，以便對其展開更深一步的研究。

　　此外，《樂府詩集》紙背永樂二十年（1422）黃冊還登載有其他黃冊不多見的、關於房屋租賃收稅的記載，例如卷四十八第3葉背載：

（前缺）

1. 　　　　　　　男子壹口：

（中缺 1 行）①

2. 　☐＿＿＿＿[貳]厘貳毫，並没官房。
3. 　　　　　　　夏税：
4. 　　　　　　　　麥正耗伍升壹合。
5. 　　　　　　　秋糧：
6. 　　　　　　　　米正耗陸斗壹升玖合。
7. 　　　　　　賃錢叁兩陸錢：
8. 　　　　　　　　上半年賃錢壹兩捌錢，折麥正耗捌升伍合陸勺；
9. 　　　　　　　　下半年賃錢壹兩捌錢，折米正耗陸升肆合貳勺。

　　　　　　　　　（後略）

卷九十八第 5 葉背載：

（前缺）

1. 　☐②半年賃錢壹兩捌分，每錢貳兩貳錢伍分科正麥壹斗，每斗帶耗麥柒合，共該
2. 　　　　　　　　　伍升壹合肆勺。
3. 　☐③半年賃錢壹兩捌分，每錢叁兩科正米壹斗，每斗帶耗米柒合，共該叁升捌合伍勺。

　　　　　　　　　（後略）

---

① 據文義及紙背同一黄册書寫格式推斷，此處所缺文字應爲"事産"。
② 據文義及紙背同一黄册書寫格式推斷，此處所缺文字應爲"上"。
③ 據文義及紙背同一黄册書寫格式推斷，此處所缺文字應爲"下"。

108　新發現古籍紙背明代黃冊文獻復原與研究

此對於明代的房屋租賃研究應有着較爲重要的史料價值。

（二）成化八年（1472）山東東昌府茌平縣叄鄉第壹圖賦役黃冊

《樂府詩集》卷二十五第 8 葉正面，除《樂府詩集》印刷内容外，另有賦役黃冊内容如下：

（前缺）

1.　　　一戶王倉兒，係叄鄉第壹圖匠戶，充成化拾肆年□□①。
2.　　　舊管：
3.　　　　　人丁：計家男婦壹拾柒口：
4.　　　　　　　　　男子壹拾□□②，
5.　　　　　　　　　婦女叄□③。
6.　　　　事產：
7.　　　　　　民地陸拾柒畝。
8.　　　　　　　　夏稅：
9.　　　　　　　　　麥 正☐
10.　　　　　　　　　絲 綿☐
11.　　　　　　　　秋糧：
12.　　　　　　　　　米正 耗☐
13.　　　　　房屋：草房貳間。
14.　　　　　頭匹：牛壹隻。
15.　　　新收：
16.　　　　　人口正收男婦貳口：
17.　　　　　　　　　男子不成丁 壹☐
18.　　　　　　　　　婦女大壹口：弟☐

---

① 據明代黃冊書寫格式可知，此處所缺文字應爲"甲首"或"里長"。
② 據文義及紙背同一黃冊書寫格式推斷，此處所缺文字應爲"肆口"。
③ 據文義及紙背同一黃冊書寫格式推斷，此處所缺文字應爲"口"。

19.　　　　　事產：
20.　　　　　　　正收民地壹拾貳畒，係典買☐☐☐☐☐
21.　　　　　　　夏稅：
22.　　　　　　　　　麥 每☐☐☐☐
23.　　　　　　　　　絲 綿☐☐☐☐
24.　　　　　　　秋糧：
25.　　　　　　　　　米 每☐☐☐☐
　　　　　　　　（後缺）

　　通過該葉黃冊第 1 行"一戶王倉兒，係叁鄉第壹圖匠戶，充成化拾肆年☐☐"，結合明代大造黃冊時間可知，本葉應爲明成化八年（1472）某縣叁鄉第壹圖黃冊殘葉。

　　根據該葉的筆跡、墨色、行距、內容等判斷，目前可確定《樂府詩集》紙背黃冊中屬於該黃冊者共計 233 葉，分別爲：卷二十五第 5—11 葉，卷二十六第 1、3—13 葉，卷二十七第 1—2、4—6 葉，卷三十一第 5、8、10 葉，卷三十二第 1—13 葉，卷三十三第 1—7、13—14 葉，卷三十四第 1—11 葉，卷三十五第 1、2、5、6 葉，卷三十六第 1—5、7—8、13—14 葉，卷三十七第 1、3—11 葉，卷三十九第 1—13 葉，卷四十第 1—5 葉，卷四十四第 8、9 葉，卷四十七第 1、2 葉，卷五十第 3—11 葉，卷五十一第 1—9 葉，卷五十六第 1—2、9—15 葉，卷五十七第 8—15 葉，卷五十八第 1—11 葉，卷五十九第 1—15 葉，卷六十第 1、2、5、6 葉，卷六十一第 6—11 葉，卷六十二第 1—8 葉，卷六十三第 1—11 葉，卷六十四第 1—8 葉，卷六十五第 1—9 葉，卷七十第 9 葉，卷八十二第 4—12 葉，卷八十三第 1—8 葉，卷八十四第 9 葉，卷八十五第 1 葉。

　　其中，卷三十二第 6 葉背載：

（前缺）

1. ▭兒，係天順捌年生。

（中缺 1 行）①

2. □婦姜氏，係成化陸年娶到瑀城縣叁都人戶姜浩女；

3. □婦馬氏，係成化柒年娶到高唐州叁鄉人戶馬大女。

（中缺 3 行）

4. ▭兒，於成化柒年故；

5. ▭兒，於成化柒年故。

（中缺 1 行）②

6. 嬸母宋氏，於成化柒年故；母郭氏，於成化捌年故。

（後略）

據此結合明代大造黄冊時間可知，該黄冊應爲成化八年（1472）攢造。另，卷五十九第 11 葉背載：

（前缺）

1. □□③壹兩玖錢壹分肆厘叁毫。

（中缺 1 行）④

2. □□□⑤柒石玖斗陸升伍合陸勺壹抄伍撮。

（中缺 6 行）

3. 男哇兒，係成化元年生；姪男景兒，係成化貳年生；

4. 姪男咬道，係成化叁年生。

（中缺 1 行）

5. 姪男婦王氏，係成化元年娶到高唐州貳鄉王文女；

---

① 據文義及紙背同一黄冊書寫格式推斷，此處所缺 1 行文字應爲"婦女大貳口"。
② 據文義及紙背同一黄冊書寫格式推斷，此處所缺 1 行文字應爲"婦女大貳口"。
③ 據文義及紙背同一黄冊書寫格式推斷，此處所缺文字應爲"絲綿"。
④ 據文義及紙背同一黄冊書寫格式推斷，此處所缺 1 行文字應爲"秋糧"。
⑤ 據文義及紙背同一黄冊書寫格式推斷，此處所缺文字應爲"米正耗"。

6.　　　　　姪男婦郭氏，係成化陸年娶到博平縣崇文鄉郭大女。

（後略）

卷六十一第 9 葉背載：

（前缺）

1.　　　　　姪男羊兒，係成化元年生；弟王尌，係成化伍年生。

（中缺 1 行）

2.　　　　　姪男婦侯氏，係成化捌年娶到博平縣崇文鄉侯董女；
3.　　　　　姪男婦馬氏，係成化柒年娶到博平縣崇文鄉馬鐸女；
4.　　　　　姪男婦牛氏，係成化叁年娶到長清縣尚家庄保牛全女；
5.　　　　　弟婦邵氏，係成化肆年娶到長清縣尚家庄保邵敏女；
6.　　　　　弟婦郭氏，係成化伍年娶到高唐州三鄉郭雄女。

（後略）

　　目前所見該批黃冊中，嫁入本圖的外縣女子，其原籍見有禹城縣、高唐州、博平縣、長清縣等州縣，分屬濟南府和東昌府，均屬山東布政司，故可推斷，該批黃冊應爲成化八年（1472）山東某縣黃冊。

　　經查在禹城、高唐、博平、長清等幾州縣附近，有"茌平縣"設有"叁鄉"，據（康熙）《茌平縣志》卷一《鄉屯》載："明初編戶三十六里，至嘉靖二十一年，奉例併爲三十里。一鄉、東二鄉、西二鄉、三鄉、四鄉、東五鄉、西五鄉、六鄉、在城、趙官屯、徐官屯……"①，據此，該黃冊殘葉極可能爲山東東昌府茌平縣叁鄉第壹圖黃冊殘葉，暫據此定名。

　　總體來看，成化八年（1472）賦役黃冊人戶登載形式大體與上舉永樂二十年（1422）賦役黃冊相同，在此不再贅述。

　　從現存內容來看，該黃冊中人戶，以軍戶爲主。如卷六十五第 6 葉背載：

---

①　（康熙）《茌平縣志》卷 1《鄉屯》，《中國地方志叢書·華北地方·第三七一號》，臺北：成文出版社有限公司 1976 年版，第 141 頁。

（前缺）

1. 官民瓦草房伍百玖拾伍□①。
2. 抄没官房叁拾□□：
3. 瓦房貳□□□，
4. 草房壹□□□。
5. 民瓦草房伍 百 □
6. 瓦房玖 □
7. 草房肆 □
8. 車輛：大車貳拾叁 輛 。
9. 頭匹：牛驢叁百柒拾 拾 □
10. 牛叁百 □
11. 驢肆拾 □
12. 軍戶壹百壹拾貳戶：
13. 人口：貳千壹百壹拾壹口： □
14. 男子 壹 □
15. 成 □
16. 不 □
17. 婦女 陸 □
18. 大 □
19. 小 □
20. 事產：
21. 官民地壹百柒拾捌 頃 □
22. 稅糧 □

（後缺）

---

① 據文義及紙背同一黃冊書寫格式推斷，此處所缺文字應爲"間"。

從該葉殘存內容來看，其應爲該黃冊開頭總述部分，其中第 1—11 行前缺損，不明爲何種人戶的房屋信息，但第 12 行載"軍戶壹百壹拾貳戶"，證明該里應是以軍戶爲主，這也可從目前殘存黃冊內容中得到驗證。

目前現存黃冊殘葉，保存有戶主姓名、里籍的戶頭部分者，共計 28 戶，其具體身份如下：

戶主姓名	人戶類型	現存葉碼	備註
金勝	馬站戶	卷二十五第 6 葉背	里甲正戶
劉椵枚	軍戶	卷二十五第 7 葉正	里甲正戶
王倉兒	匠戶	卷二十五第 8 葉正	里甲正戶
馬馬子郎馬旺	軍戶	卷二十五第 11 葉背	里甲正戶
楊驢兒	軍戶	卷二十六第 1 葉背	里甲正戶
高友才	不明	卷二十六第 5 葉背	畸零人戶
王水牛故，男頭□	不明	卷二十六第 6 葉背	畸零人戶
郭能	軍戶	卷二十六第 7 葉背	里甲正戶
齊道智故，男如兒	不明	卷二十六第 11 葉背	不明
張圈兒	軍戶	卷二十六第 12 葉背	畸零人戶
尹貴故，男福彥兒即尹智	不明	卷二十六第 13 葉正	不明
金得林	驢站戶	卷二十七第 1 葉背	畸零人戶
許宋故，孫男旺兒	軍戶	卷三十三第 6 葉背	不明
文顯	舡站戶	卷三十四第 9 葉背	畸零人戶
季良兒	軍戶	卷三十四第 10 葉背	畸零人戶
郝仲芳故，男惡兒	軍戶	卷三十五第 1 葉背	畸零人戶
金留兒	馬站戶	卷三十五第 2 葉背	里甲正戶
張貳郎奴故，姪男岳驢	不明	卷三十六第 1 葉背	不明
張祥	軍戶	卷三十六第 3 葉背	里甲正戶
陳迪故，男陳富	軍戶	卷三十六第 7 葉背	里甲正戶
郭柒兒故，弟增兒郎郭海	軍戶	卷三十六第 13 葉背	里甲正戶
李旺	軍戶	卷三十七第 4 葉背	成化九年里長
劉長受	軍戶	卷三十七第 8 葉背	里甲正戶
林岳才故，弟糞草	車站戶	卷三十七第 10 葉背	里甲正戶

续表

戶主姓名	人戶類型	現存葉碼	備註
徐討兒係男福受	車站戶	卷五十六第10葉背	不明
王歪頭	軍戶	卷五十七第9葉背	里甲正戶
董敏	軍戶	卷五十九第9葉背	里甲正戶
霍叄漢故，姪男牛驢	軍戶	卷六十五第4葉背	里甲正戶

現存帶戶頭部分的 28 戶中，有 5 戶因殘存戶主屬於何種人戶不明，其餘 23 戶中，軍戶爲 16 戶，車、船、驢等站戶爲 6 戶，匠戶 1 戶，以軍戶占多數，未見有一戶明確的民戶。該圖黃冊以軍戶爲主，或許正與茌平縣軍屯較多相關。

另，《樂府詩集》卷六十五第 7 葉背載：

（前缺）

1. 　　　　　　抄没官地伍畝□□□□
2. 　　　　　　　　　　夏□①：

（中缺 2 行）

3. 　　　　　　　　　　秋□②：

（中缺 1 行）

4. 　　　　　　民地壹拾叄頃□□□□
5. 　　　　　　　　　　夏□③：

（中缺 2 行）

6. 　　　　　　　　　　秋□④：

（中缺 1 行）

7. 　　房屋：草房伍間。
8. 　　頭匹：牛叄隻。

---

① 據文義及紙背同一黃冊書寫格式推斷，此處所缺文字應爲"稅"。
② 據文義及紙背同一黃冊書寫格式推斷，此處所缺文字應爲"糧"。
③ 據文義及紙背同一黃冊書寫格式推斷，此處所缺文字應爲"稅"。
④ 據文義及紙背同一黃冊書寫格式推斷，此處所缺文字應爲"糧"。

9.　　　　正除人戶壹戶：
10.　　　　　　人口肆百貳拾壹口：
11.　　　　　　　　　　男子叄☐☐☐
12.　　　　　　　　　　婦女伍☐☐☐
13.　　　　　　事產：
14.　　　　　　　　官民地玖頃肆拾叄畝☐☐。
15.　　　　　　　　　　　夏☐①：
　　　　　　（中缺 2 行）
16.　　　　　　　　　　　秋☐②：
　　　　　　　　（後缺）

　　該黃冊殘葉，從殘存內容看，應爲該黃冊總述部分的"開除"內容，其中第 9—10 行載："正除人戶壹戶：人口肆百貳拾壹口"，據卷六十五第 6 葉背第 12—13 行載："軍戶壹百壹拾貳戶：人口貳千壹百壹拾壹口"計算，該圖人戶每戶平均人口約爲 19 人左右，此處云"開除壹戶"即肆百貳拾壹口，其原因因黃冊殘缺，不便推知。但現存黃冊殘葉中，確實存在一戶幾十口人丁的情況。如卷三十二第 8 葉背載：

　　　　　　　　　（前缺）
1.　　　　男泊兒，年肆拾貳歲；姪男林兒，年肆拾貳歲；
2.　　　　外甥男樹兒，年肆拾叄歲；姪男伍郎，年叄拾柒歲；
3.　　　　男☐住，年叄拾五歲；外甥男訖兒，年叄拾伍歲；
4.　　　　姪女婿杜鈴兒，年叄拾玖歲；姪男記兒，年叄拾歲；
5.　　　　姪男張曾，年貳拾肆歲；外甥男回兒，年貳拾肆歲；

---

① 據文義及紙背同一黃冊書寫格式推斷，此處所缺文字應爲"稅"。
② 據文義及紙背同一黃冊書寫格式推斷，此處所缺文字應爲"糧"。

6.　　　　　　外甥男小宅兒，年貳拾肆歲；外甥男領傷，年壹拾陸歲；
7.　　　　　　孫男看傷，年壹拾伍歲；孫男泰兒，年貳拾肆歲；
8.　　　　　　孫男馬竉，年貳拾歲。
　　　　　　　　（中缺1行）①
9.　　　　　　本身，年柒拾叁歲；孫男財兒，年捌歲；
10.　　　　　外甥男補數兒，年捌歲；孫男投不倒，年捌歲；
11.　　　　　孫男陸兒，年捌歲；孫男僧兒，年捌歲；
12.　　　　　孫女婿唐投兒，年捌歲。
13. □□□□□②口：
14.　　　　　弟婦劉氏，年柒拾玖歲；弟婦王氏，年陸拾捌歲；
15.　　　　　妻王氏，年捌拾貳歲；弟婦閻氏，年柒拾貳歲；
16.　　　　　弟婦王氏，年陸拾歲；弟婦范氏，年陸拾歲；
17.　　　　　女鈿兒，年伍拾叁歲；妹竹兒，年伍拾歲；
18.　　　　　男婦王氏，年肆拾歲；姪男婦高氏，年叁拾陸歲；
19.　　　　　姪男婦常氏，年叁拾捌歲；外甥男婦周氏，年肆拾歲；
20.　　　　　妹迎霜，年捌拾陸歲。
21.　　□□□③：孫女門楼，年捌歲。
　　　　　　　　（後缺）

據此，該戶下目前殘存丁口即36口。另外，文中第9行載，戶主本身年柒拾叁歲，第20行則載"妹迎霜，年捌拾陸歲"，似有誤。

又如，卷六十四第6葉背載：

---

① 據文義及紙背同一黃冊書寫格式推斷，此處所缺1行文字應爲"不成丁柒口"。
② 據文義及紙背同一黃冊書寫格式推斷，此處所缺文字應爲"婦女大壹拾叁"。
③ 據文義及紙背同一黃冊書寫格式推斷，此處所缺文字應爲"小壹口"。

第二章　公文紙本古籍紙背所見明代黃冊文獻概述　117

(前缺)
1. 　　　姪男章兒，年叁拾伍歲；姪男廈兒，年叁拾玖歲；
2. 　　　姪男福兒，年肆拾歲；姪男新莊兒，年叁拾伍歲；
3. 　　　姪男存兒，年叁拾貳歲；男圭兒，年貳拾陸歲；
4. 　　　弟騷兒，年叁拾歲；弟黑兒，年貳拾捌歲；
5. 　　　姪男寧兒，叁拾歲；姪男兔兒，年壹拾捌歲；
6. 　　　姪男鬮兒，年壹拾陸歲；姪男閬兒，年壹拾捌歲；
7. 　　　男硯兒，年壹拾玖歲。
　　　　　　　　(中缺 1 行)①
8. 　　　姪男頂兒，年玖歲；姪男麻子，年玖歲；
9. 　　　姪男攬兒，年玖歲；姪男虎兒，年玖歲；
10. 　　姪男庫兒，年玖歲；姪男長受，年玖歲；
11. 　　姪男偏兒，年玖歲。
　　　　　　　　(中缺 1 行)②
12. 　　弟婦趙氏，年伍拾伍歲；兄妻范氏，年陸拾玖歲；
13. 　　妻焦氏，年陸拾歲；弟婦姜氏，年陸拾歲；
14. 　　弟婦岳氏，年伍拾伍歲；姪男婦楊氏，年陸拾歲；
15. 　　姪男婦王氏，年叁拾捌歲；姪男婦范氏，年肆拾歲；
16. 　　姪男婦王氏，年貳拾陸歲；姪男婦王氏，年貳拾伍歲；
17. 　　姪男婦姜氏，年壹拾捌歲；姪男婦王氏，年壹拾柒歲；
18. 　　弟婦姜氏，年貳拾歲。
　　　　　　　　(中缺 3 行)
19. 　　□□□③叁石柒斗捌升伍合伍勺貳抄，

---

① 據文義及紙背同一黃冊書寫格式推斷，此處所缺 1 行文字應爲"不成丁柒口"。
② 據文義及紙背同一黃冊書寫格式推斷，此處所缺 1 行文字應爲"婦女大壹拾叁口"。
③ 據文義及紙背同一黃冊書寫格式推斷，此處所缺文字應爲"麥正耗"。

20.　　　□□①壹兩玖錢捌分。

（後缺）

　　該戶現存人口33口，但其中無"本身"年歲的記載，且其書寫都是1行寫2人姓名年歲，則該戶總人口應在35口及以上。再如卷八十三第5葉背載：

（前缺）
1.　　　□□□□□②口：
2.　　　本身，年陸拾伍歲；弟群兒，年陸拾叁歲；
3.　　　姪男禽兒，年肆拾陸歲；姪男周全，年肆拾玖歲；
4.　　　姪男周俊，年肆拾玖歲；姪男鐵住，年肆拾歲；
5.　　　姪男原兒，年叁拾陸歲；姪女婿高糞兒，年肆拾歲；
6.　　　姪男皂兒，年叁拾柒歲；姪女婿李杠兒，年肆拾捌歲；
7.　　　姪男保兒，年叁拾肆歲；外甥男安兒，年叁拾歲；
8.　　　姪男憲兒，年叁拾歲；姪男奈兒，年貳拾伍歲；
9.　　　姪男牛兒，年叁拾歲；孫男萬兒，年貳拾伍歲；
10.　　姪男閭兒，年壹拾玖歲；姪男鐵塊，年壹拾玖歲；
11.　　孫男周綸，年貳拾歲；姪男福寧，年壹拾玖歲；
12.　　孫男泊皮，年壹拾玖歲；姪男荊山，年壹拾捌歲；
13.　　姪男閏兒，年壹拾陸歲；姪男名兒，年壹拾

---

① 據文義及紙背同一黃冊書寫格式推斷，此處所缺文字應爲"絲綿"。
② 據文義及紙背同一黃冊書寫格式推斷，此處所缺文字應爲"成丁貳拾肆"。

玖歲。

(中缺1行)①

14.　　孫男大虫，年壹拾叁歲；姪男狗兒，年壹拾肆歲；

15.　　孫男丑兒，年捌歲；姪男付兒，年捌歲；

16.　　孫男達兒，年捌歲。

(中缺1行)②

17.　　外甥女欒哥，年柒拾玖歲；姪女欒兒，年陸拾歲；

18.　　姪男婦劉氏，年叁拾歲；姪男婦王氏，年貳拾捌歲；

19.　　姪男婦宋氏，年貳拾歲。

(後缺)

該戶現存人口34口，其中年歲最大者爲戶主（65歲）之"外甥女欒哥，年柒拾玖歲"。外甥、妹妹、外甥女係於戶主名下，作爲一戶之人口，爲該批黃冊的一個突出特點。嘉靖元年（1522）六月，易瓚等題准"爲乞懲奸弊以清版圖事"中曾提到："凡軍籍，丁盡戶絕者不許開除，見有人丁者不許析戶。"③由此可見，明代軍籍人戶，因其軍役需世襲，故爲了簽補軍丁方便，"見有人丁者不許析戶"，由此可知，以上所舉人口較多的人戶，均應爲軍戶。

（三）成化八年（1472）浙江嘉興府桐鄉縣永新鄉貳拾捌都第叁圖賦役黃冊

《樂府詩集》卷七十一第8葉背載：

---

① 據文義及紙背同一黃冊書寫格式推斷，此處所缺1行文字應爲"不成丁伍口"。
② 據文義及紙背同一黃冊書寫格式推斷，此處所缺1行文字應爲"婦女大伍口"。
③ （明）趙官等編：《後湖志》卷9《事例六》，南京出版社2011年版，第107頁。

（前缺）

1. 　　一戶許阿勝，係永新鄉貳拾捌都第叁圖民籍，☐☐☐☐☐☐☐
2. 　　　　舊管：
3. 　　　　　　人丁計家男子壹口。
4. 　　　　事產：
5. 　　　　　　官民田地肆拾畝叁分捌☐☐☐☐☐☐
　　　（中缺 7 行）
6. 　　　　　　　　官田地陸畝叁 分 ☐☐☐☐☐☐
　　　（中缺 7 行）
7. 　　　　　　　　　　田肆畝玖☐☐☐☐☐
　　　（中缺 3 行）
8. 　　　　　　　　　　　地壹畝肆☐☐☐☐☐
　　　　　　　　（後缺）

　　據文書第 1 行"許阿勝，係永新鄉貳拾捌都第叁圖民籍"一語，可知該黃冊殘葉應爲"永新鄉貳拾捌都第叁圖"賦役黃冊殘件。耿洪利查證指出，（光緒）《桐鄉縣志》卷一《疆域上·都圖》載，永新鄉爲浙江嘉興府桐鄉縣轄鄉，下轄二十五至二十八等四都，據此可知該黃冊應屬浙江嘉興府桐鄉縣。①

　　據該葉筆跡、行距、內容等判定，《樂府詩集》紙背可確定爲該黃冊者共計 176 葉，分別爲：卷五第 4 葉，卷六第 11—15 葉，卷七第 1—5 葉，卷五十六第 3—8 葉，卷六十四第 9—12 葉，卷七十第 2—6、8 葉，卷七十一 1—11 葉，卷七十二第 1—4、6—8 葉，卷七十三第 1—10 葉，卷七十四 1—10 葉，卷七十五第 1—9 葉，卷七十六第 1—10 葉，卷七十七第 1—10 葉，卷七十八第 1—4、10 葉，卷八十第 1—3、6、10—16 葉，卷八十一第 1—3 葉，卷八十三第 12 葉，卷八十五第 2—13 葉，卷八十六第 1—10 葉，

---

① （光緒）《桐鄉縣志》卷 1《疆域上·都圖》，《中國地方志叢書·華中地方·第七十七號》，成文出版社有限公司 1970 年版，第 47 頁。

第二章　公文紙本古籍紙背所見明代黃冊文獻概述　121

卷八十七第 1、4—10 葉，卷八十八第 1—15 葉，卷八十九第 1—13 葉，卷九十第 1—3 葉，卷九十三第 10 葉。

其中卷七十四第 4 葉背載：

（前缺）

1. 　　　　　□①糧米正耗柒斗柒升陸勺。
2. 　　　　　_____分。
3. 　　　　　□②税：
4. 　　　　　　　麥正耗叁升貳合叁勺，
5. 　　　　　　　絲壹錢貳分伍厘。
6. 　　　　　□③糧米正耗柒斗柒升陸勺。
　　　　　　（中缺 1 行）④
7. 　　　　　　　麥正耗貳斗陸升柒合，
8. 　　　　　　　絲肆錢叁分，
9. 　　　　　　　綿肆錢叁分。
　　　　　　（中缺 2 行）
10. 　　　　　__拾歲，係過繼到本圖朱文童□女。
11. 　　　　　_____係買到本圖朱文童戶下地。
12. 　　　　　　　麥每畞科正麥叁升，每斗帶耗叁合伍勺，共麥壹斗玖升柒合捌勺。
12. 　　　　　　　絲每畞科絲伍分，計絲叁錢玖厘。
13. 　　　　　　　綿每畞科綿伍分，計綿叁錢玖厘。
　　　　　　（中缺 1 行）⑤

---

① 據文義及紙背同一黃冊書寫格式推斷，此處所缺文字應爲"秋"。
② 據文義及紙背同一黃冊書寫格式推斷，此處所缺文字應爲"夏"。
③ 據文義及紙背同一黃冊書寫格式推斷，此處所缺文字應爲"秋"。
④ 據文義及紙背同一黃冊書寫格式推斷，此處所缺 1 行文字應爲"地捌畞陸分"。
⑤ 據文義及紙背同一黃冊書寫格式推斷，此處所缺 1 行文字應爲"開除"。

14. _____於天順捌年病故。
   （中缺1行）
15.   □①稅：
16.   麥正耗貳斗玖升玖合叁勺，
17.   絲伍錢伍分伍厘，
18.   綿肆錢叁分。
   （後缺）

其中，第 14 行載某人 "於天順捌年病故"。另，卷七十四第 5 葉背第 16 行載 "天順捌年病故"，卷八十六第 9 葉背第 13 行載 "____奴，於成化元年病故"，據此結合明代大造黃冊時間可知，該批嘉興府桐鄉縣永新鄉黃冊應爲成化八年（1472）攢造。

現存該黃冊殘葉中，保存有部分冊首總述內容，如卷七十八第 3 葉背載：

   （前缺）
1.   房屋：草房貳間。
2.   當戶：壹戶。
3.   人口：男子壹口。
4.   事產：
5.   民地壹拾伍畝。
6.   夏_____
   （中缺4行）
6.   秋_____
   （中缺2行）
7.   房屋：瓦房壹間．
8.   水馬站戶：陸拾玖戶。

---

① 據文義及紙背同一黃冊書寫格式推斷，此處所缺文字應爲 "夏"。

第二章 公文紙本古籍紙背所見明代黃冊文獻概述　123

9.　　　　　　　人口：叁百柒拾柒口。
10.　　　　　　　　　男子 貳
11.　　　　　　　　　　　成
12.　　　　　　　　　　　不
13.　　　　　　　　　婦女 壹
14.　　　　　　　　　　　大
15.　　　　　　　　　　　小
　　　　　　　　（後缺）

此爲冊首記載各類人戶人口、事產總數部分，由第 8 行可知，該圖站戶人口較多。另，卷七十八第 4 葉背載：

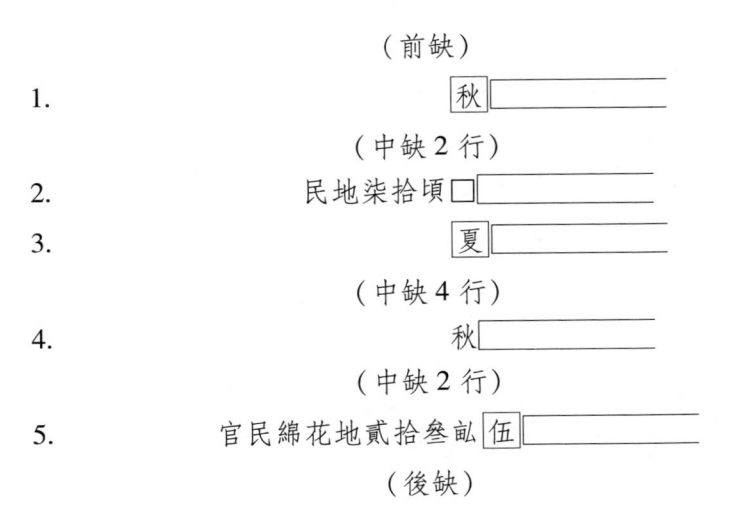

　　　　　　　　（前缺）
1.　　　　　　　　　　秋
　　　　　　　　（中缺 2 行）
2.　　　　民地柒拾頃
3.　　　　　　　　　　夏
　　　　　　　　（中缺 4 行）
4.　　　　　　　　　　秋
　　　　　　　　（中缺 2 行）
5.　　　　官民綿花地貳拾叁畝 伍
　　　　　　　　（後缺）

其中第 2 行載"民地柒拾頃"，數量較多，屬於一戶的可能較小，也應爲該圖黃冊冊首總述部分內容。

由現存內容來看，永新鄉第貳拾捌都第叁圖田土類型主要有田、地、蕩等，徵收田賦則主要有夏稅麥、絲、綿和秋糧米。

例如，卷八十六第 5 葉背載：

（前缺）

1. □□□①貳畝壹分捌厘，歸併與本圖季茂壹爲業。
2. 麥正耗陸升柒合柒勺，
3. 絲壹錢玖厘，
4. 綿壹錢玖厘。

（中缺 2 行）②

5. 成丁貳口：本身，年伍拾歲；女夫陸阿住，年叁拾貳歲。
6. 不成丁壹口：男阿玉，年玖歲。

（中缺 3 行）

7. 夏稅：
8. 麥正耗貳斗柒升柒合貳勺，
9. 絲叁錢捌分貳厘，
10. 綿貳錢玖分壹厘。
11. 秋糧米正耗貳碩柒升柒合壹勺。
12. ＿＿＿陸分陸厘。
13. 夏稅：
14. 麥正耗玖升陸合伍勺，
15. 絲玖分壹厘。
16. 秋糧米正耗貳碩柒升柒合壹勺。
17. ＿＿＿肆畝貳分肆厘。

（後缺）

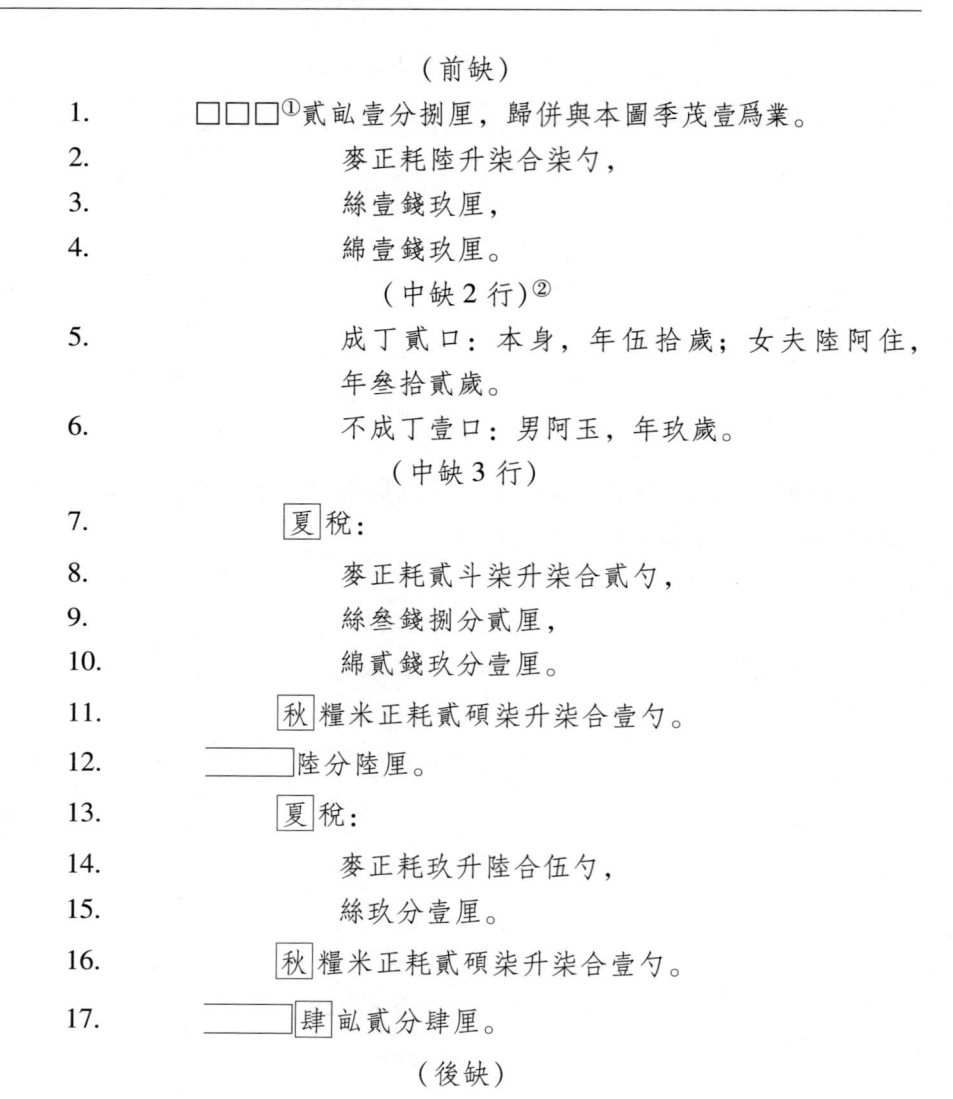

又，該批黃冊保存有部分寄莊戶信息，其登載內容與小黃冊相同，即僅載田產信息，不載人口信息。如卷八十五第 3 葉背載：

---

① 據文義及紙背同一黃冊書寫格式推斷，此處所缺文字應爲"一則地"。
② 據文義及紙背同一黃冊書寫格式推斷，此處所缺 2 行文字應爲"實在：／人口男子叁口"。

（前缺）
1. 一戶姚秀壹，住秀水縣貳拾叁都壹圖民。
2. 舊管：民田地壹拾□畝捌分捌厘。
（中缺 5 行）
3. 田柒畝伍
（中缺 2 行）
4. 地肆拾
（中缺 4 行）
5. 開除：事產轉除民地一則地貳拾叁畝伍分
（中缺 4 行）
6. 一
（後缺）

其中第 1 行載"姚秀壹，住秀水縣貳拾叁都壹圖民"，其云"住秀水縣貳拾叁都壹圖"，與該批黃冊常見的"一戶某某，係永新鄉貳拾捌都第叁圖民籍"明顯不同，專門指明"秀水縣"之名，可知其應爲寄莊戶，其下即未見人口信息，僅載田產信息。

又如，卷七十三第 1 葉背載：

（前缺）
1. 一戶徐慶叁，住秀水縣零宿貳拾叁都第伍圖民
2. 舊管：官民田地陸拾畝壹分陸厘。
（中缺 5 行）
3. 官田地陸畝□
（中缺 2 行）
4. 田伍畝
（中缺 3 行）
5. 地壹
6. 民田地伍拾叁

　　　　　　　　　　　　　　（中缺 5 行）
　　7.　　　　　　　　　　　　　　　　　　　　田壹▢
　　　　　　　　　　　　　　（後缺）

同樣爲原籍秀水縣的寄莊戶，其也未登載戶下人口信息。

（四）弘治五年（1492）浙江台州府臨海縣貳拾玖都貳圖賦役黃冊

《樂府詩集》紙背存兩種字跡的弘治年間浙江台州府臨海縣賦役黃冊，兩者雖字跡不同，但內容相關，應爲由不同書手書寫的同一黃冊殘件。現分述如下：

第一種字跡：《樂府詩集》卷三十八第 1 葉背載：

　　　　　　　　　　　　　　（前缺）
　　1.　　　　　　▢▢▢①每畝科正米叁升叁合壹勺貳抄，每斗帶耗米柒合，共該柒合。
　　2.　　　　　　　　　正米柒合，
　　3.　　　　　　　　　耗米不及合。
　　　　　　　　　　　　　　（中缺 1 行）
　　4.　　▢▢▢▢▢▢▢▢第貳圖軍戶，充弘治拾貳年里長。
　　　　　　　　　　　　　　（中缺 2 行）②
　　5.　　　　　　　　▢③子壹拾捌口，
　　6.　　　　　　　　▢④女壹拾叁口。
　　　　　　　　　　　　　　（中缺 2 行）
　　7.　　　　　　　　夏稅鈔柒百柒拾叁文，

---

① 據文義及紙背同一黃冊書寫格式推斷，此處所缺文字應爲"秋糧米"。
② 據文義及紙背同一黃冊書寫格式推斷，此處所缺 2 行文字應爲"舊管：／人丁：計家男婦叁拾壹口"。
③ 據文義及紙背同一黃冊書寫格式推斷，此處所缺文字應爲"男"。
④ 據文義及紙背同一黃冊書寫格式推斷，此處所缺文字應爲"婦"。

第二章　公文紙本古籍紙背所見明代黃冊文獻概述　127

8.　　　　　　　　□①糧米正耗壹拾玖斗陸升。
　　　　　　（中缺 1 行）
9.　　　　　　　　□□②鈔貳拾叁文，
10.　　　　　　　 □□③米正耗玖斗陸升。
　　　　　　（中缺 1 行）
11.　　　　　　　 □□④鈔貳拾叁文，
12.　　　　　　　 □□⑤米正耗貳斗陸升捌合。

13.　　　　　　　　　　　　　　　五百六十八張 ⑥
　　　　　　（後缺）

　　據第 4 行"第貳圖軍戶，充弘治拾貳年里長"一語，結合明代大造黃冊時間可知，本葉文書應爲弘治五年（1492）某縣第貳圖賦役黃冊。
　　根據該葉的筆跡、墨色、行距、内容等判斷，目前可確定《樂府詩集》紙背黃冊中與之相同者共計 23 葉，分別爲：卷二十七第 10 葉、卷三十八第 1—12 葉、卷四十七第 7 葉、卷四十九第 1 葉、卷六十七第 1 葉、卷六十八第 1—7 葉。
　　其中，卷六十八第 5 葉背載：

　　　　　　（前缺）
1.　　　　　□□□□□□□⑦厘，每畝科麥貳升伍合，該麥壹升
　　　　　　壹合。

---

①　據文義及紙背同一黃冊書寫格式推斷，此處所缺文字應爲"秋"。
②　據文義及紙背同一黃冊書寫格式推斷，此處所缺文字應爲"夏税"。
③　據文義及紙背同一黃冊書寫格式推斷，此處所缺文字應爲"秋糧"。
④　據文義及紙背同一黃冊書寫格式推斷，此處所缺文字應爲"夏税"。
⑤　據文義及紙背同一黃冊書寫格式推斷，此處所缺文字應爲"秋糧"。
⑥　此應爲用紙編號。
⑦　據文義及紙背同一黃冊書寫格式推斷，此處所缺文字應爲"麥苗麥田肆分肆"。

2. 　　□□□□□□□①貳升，每升帶耗柒勺，共米貳升壹合肆勺。
3. ＿＿＿＿＿＿＿＿＿＿＿成化貳拾年正月內賣過割與貳拾叁都貳圖陳綬爲業。
4. 　　□□□□□□□②肆文，該鈔壹拾壹文。
5. 　　□□□□□□□③分，每畝科麥貳升伍合，該麥貳升玖合柒勺。
6. 　　□□□□□□□④米貳升伍合，每升帶耗柒勺，共米柒升貳合貳勺。
7. ＿＿＿＿＿＿＿＿＿＿＿□厘，於弘治元年伍月內賣與貳拾叁都貳圖張育弟爲業。
8. 　　□□□□□□□⑤肆文，該鈔伍文。
9. 　　□□□□□□□⑥厘，每畝科麥貳升伍合，該麥壹升肆合。
10. 　　□□□□□□□⑦米叁升叁合捌勺，每升帶耗柒勺，共米肆升伍合貳勺。
11. ＿＿＿＿＿＿＿＿＿＿＿於弘治叁年叁月內賣過割與貳拾柒都壹圖謝世瑛爲業。
12. 　　□□□□□□□⑧肆文，該鈔捌文。
13. 　　□□□□□□□⑨厘，每畝科麥貳升伍合，該麥貳升陸勺。

---

① 據文義及紙背同一黃冊書寫格式推斷，此處所缺文字應爲"秋糧米每畝科正米"。
② 據文義及紙背同一黃冊書寫格式推斷，此處所缺文字應爲"夏稅鈔每畝科鈔"。
③ 據文義及紙背同一黃冊書寫格式推斷，此處所缺文字應爲"麥苗麥田壹畝貳"。
④ 據文義及紙背同一黃冊書寫格式推斷，此處所缺文字應爲"秋糧米每畝科正"。
⑤ 據文義及紙背同一黃冊書寫格式推斷，此處所缺文字應爲"夏稅鈔每畝科鈔"。
⑥ 據文義及紙背同一黃冊書寫格式推斷，此處所缺文字應爲"麥苗麥田伍分陸"。
⑦ 據文義及紙背同一黃冊書寫格式推斷，此處所缺文字應爲"秋糧米每畝科正"。
⑧ 據文義及紙背同一黃冊書寫格式推斷，此處所缺文字應爲"夏稅鈔每畝科鈔"。
⑨ 據文義及紙背同一黃冊書寫格式推斷，此處所缺文字應爲"麥苗麥田捌分貳"。

14. 　　□□□□□□□①米貳升伍合，每升帶耗柒勺，共米伍升捌勺。
15. 　　_____於弘治元年捌月內賣過割與杜瀆都壹圖王若川爲業。
16. 　　□□□□□□□②肆文，該鈔陸文。
17. 　　□□□□□□□③厘，每畆科麥貳升伍合，該麥壹升陸合伍勺。
18. 　　□□□□□□□④米壹升捌合壹勺，每升帶耗柒勺，共米貳升玖合壹勺。
19. 　　_____分伍厘，於弘治元年陸月內賣與杜瀆都壹圖羅子江爲業。
20. 　　□□□□□□□⑤文，該鈔陸拾壹文。
21. 　　□□□□□□□□⑥畆科麥貳升伍合，該麥壹斗玖升伍合肆勺。

（後缺）

其中第 15、19 行均出現有"杜瀆都"字樣，查（康熙）《臨海縣志》卷一《輿地·坊都》載：

　　承恩鄉，在縣東一百五十里，管都九：十七都、十八都（一圖二圖三圖）、十九都（一圖二圖三圖）、二十都（一圖二圖三圖四圖）、二十一都（一圖二圖）、二十三都（一圖二圖三圖四圖五圖）、二十四都（一圖二圖）、杜瀆都、桃渚都。⑦

----

① 據文義及紙背同一黃冊書寫格式推斷，此處所缺文字應爲"秋糧米每畆科正"。
② 據文義及紙背同一黃冊書寫格式推斷，此處所缺文字應爲"夏稅鈔每畆科鈔"。
③ 據文義及紙背同一黃冊書寫格式推斷，此處所缺文字應爲"麥苗麥田陸分陸"。
④ 據文義及紙背同一黃冊書寫格式推斷，此處所缺文字應爲"秋糧米每畆科正"。
⑤ 據文義及紙背同一黃冊書寫格式推斷，此處所缺文字應爲"夏稅鈔每畆科鈔肆"。
⑥ 據文義及紙背同一黃冊書寫格式推斷，此處所缺文字應爲"麥苗麥田柒畆捌分，每"。
⑦ （康熙）《臨海縣志》卷 1《坊都》，《中國方志叢書·華中地方·第五〇九號》，臺北成文出版社有限公司 1983 年版，第 128 頁。

據此"杜瀆都"屬臨海縣承恩鄉，該黃冊中記"杜瀆都"前未註縣名，則其攢造都應與"杜瀆都"屬同縣，故可確定該批黃冊應爲浙江台州府臨海縣黃冊。

另外，"杜瀆"之名，始於北宋，熙寧五年（1072）宋政府在桃渚北澗開設杜瀆鹽場，元曰杜瀆監，明初改鹽課司。① 而《樂府詩集》卷六十八第 2 葉背載：

（前缺）

1. ☐☐☐☐☐☐☐☐☐圖灶籍，充弘治拾叁年甲首。

（中缺 4 行）

2. ☐☐☐☐☐☐毫。
3. ☐☐②鈔貳百肆拾陸文，
4. ☐☐③麥叁斗柒升肆合柒勺，
5. ☐☐④米正耗壹石肆斗伍升柒合伍勺，
6. ☐☐⑤壹百柒拾陸文，
7. ☐☐壹百柒拾文。

（中缺 1 行）

8. ☐☐☐☐⑥耗貳升壹合肆勺，
9. ☐☐☐☐☐文，
10. ☐☐☐☐☐☐柒拾文。

（後缺）

其第 1 行載弘治拾叁年甲首人戶爲"灶籍"，則其應與鹽場有關無疑，

---

① （清）顧祖禹：《讀史方輿紀要》卷 92《浙江四》，中華書局 2005 年版，第 4271 頁。
② 據文義及紙背同一黃冊書寫格式推斷，此處所缺文字應爲"夏稅"。
③ 據文義及紙背同一黃冊書寫格式推斷，此處所缺文字應爲"麥苗"。
④ 據文義及紙背同一黃冊書寫格式推斷，此處所缺文字應爲"秋糧"。
⑤ 據文義及紙背同一黃冊書寫格式推斷，此處所缺文字應爲"稅鈔"。
⑥ 據文義及紙背同一黃冊書寫格式推斷，此處所缺文字應爲"秋糧米正"。

也可從側面證明，該批黃冊殘葉應爲臨海縣黃冊。

第二種字跡：《樂府詩集》第二冊《目錄下》第 50 葉背載：

（前缺）

1. 　　　　人口：男子成丁壹口：本身，年叁拾伍歲。
2. 　　　　事產：
3. 　　　　　　民田地山本都玖拾柒畝捌分肆厘壹|毫|。
4. 　　　　　　　　夏稅鈔叁百☐☐☐
5. 　　　　　　　　麥苗麥伍斗☐☐☐
6. 　　　　　　　　秋糧米正耗☐☐☐
7. 　　　　　　　　稅鈔壹百陸☐☐☐
8. 　　　　　　民田塗田捌拾捌畝肆分伍厘。
9. 　　　　　　　　夏稅鈔每畝科|鈔|☐☐☐
10. 　　　　　　　麥苗麥田貳拾|壹|☐☐☐
11. 　　　　　　　秋糧米每畝科|正|☐☐☐
12. 　　　　　　　　　正米|玖|☐☐☐
13. 　　　　　　　　　耗米|陸|☐☐☐
14. 　　　　　　地柒畝叁分玖厘壹毫。
15. 　　　　　　　　稅鈔每畝科鈔☐☐☐
16. 　　　　　　山貳畝。
17. 　　　　　　　　稅鈔每畝科鈔☐☐☐
18. 　　　　　　民草房貳間。
19. 　　　一戶王就，係臨海縣貳拾玖都貳圖民籍，充弘☐☐☐
20. 　　　　舊管：
21. 　　　　　　人丁：計家男婦叁口。
22. 　　　　　　　　男子貳口，
23. 　　　　　　　　婦女壹口。

24.　　　　　事產：
25.　　　　　　　　民田地玖畝貳分柒厘玖毫。
26.　　　　　　　　夏稅鈔壹拾伍□□□□□
27.　　　　　　　　秋糧米正耗壹□□□□□
　　　　　　　　　（後缺）

該葉第 19 行云："王就，係臨海縣貳拾玖都貳圖民籍，充弘治"，據此可知該黃冊殘葉應爲弘治年間浙江台州府臨海縣貳拾玖都第貳圖賦役黃冊殘葉。

根據該葉的筆跡、墨色、行距、內容等判斷，目前可確定《樂府詩集》紙背黃冊中與之相同者共計 8 葉，分別爲：目錄下第 50—52、54、55 葉、卷三第 16 葉、卷七十八第 7、8 葉。

此類黃冊殘葉中，田的賦稅一般均是"夏稅鈔""麥苗麥"和"秋糧米"三種，地、山的賦稅則大都爲"稅鈔"。除此之外，還見有"秋租米"和"賃鈔"者，如卷七十八第 7 葉背載：

　　　　　　　　　（前缺）
1.　　　　　　　　秋糧□□□□□
2.　　　　　　　　秋租□□□□□
3.　　　　　　　　稅鈔□□□□□
4.　　　　　　　　賃鈔□□□□
5.　　　官等田地塘叁拾叁畝壹□□□
6.　　　　　　　　夏稅鈔□□□□
7.　　　　　　　　麥苗麥□□□□
8.　　　　　　　　秋糧米□□□□□
9.　　　　　　　　秋租米□□□□□
10.　　　　　　　　稅鈔伍□□□□□
11.　　　　　　　　賃鈔貳□□□□

12. 田叄拾畝叄分陸厘 玖☐
13. 夏稅 鈔☐
14. 麥苗 麥☐
15. 秋糧 米☐
16. 秋租米☐
17. 受官田貳拾柒 畝☐
18. 夏稅 鈔☐
19. 麥苗 麥☐
20. 秋糧 米☐

（後缺）

其中，田收賦稅"夏稅鈔"、"麥苗麥"、"秋糧米"，正與上引"弘治五年臨海縣某都第貳圖賦役黃冊"中卷六十八第 5 葉背所載各田賦稅項目同，在同一戶的官民田地山總數賦稅處記載"夏稅鈔"、"麥苗麥"、"秋糧米"、"稅鈔"、"賃鈔"等項，也正可與上引卷六十八第 2 葉背"灶戶"文書賦稅項目相符。

此兩種黃冊殘葉雖字跡不一，但大造年代均屬弘治年間，攢造圖均爲臨海縣某都貳圖，且賦稅項目相同，故仍可判定其應爲同一批黃冊殘葉，僅是由不同書手書寫而成。由此，《樂府詩集》紙背現存弘治五年（1492）浙江台州府臨海縣貳拾玖都第貳圖賦役黃冊殘葉，總計 31 葉。

該賦役黃冊殘葉中保存有較爲少見的"灶籍"民戶黃冊，對於研究明代灶戶問題有一定的史料價值。且其中賦稅徵收上，出現有其他地區黃冊中較爲少見的"秋租米"、"稅鈔"、"賃鈔"等等，或許也正與此地多灶籍民戶有關。

另外，該批賦役黃冊中，部分殘葉邊緣處，還存有編號墨戳，應爲用紙編號，如卷三十八第 3 葉和第 8 葉背：

（卷三十八第 8 葉背）　　（卷三十八第 3 葉背）

此爲明代大造黃冊用紙規定的直接反映，對於研究明代黃冊用紙制度有着較爲重要的史料價值。

（五）正德七年（1512）直隸揚州府泰州寧海鄉貳拾伍都第壹里賦役黃冊
《樂府詩集》第一册《目錄上》第 18 葉背載：

（前缺）

1. 　　　　　　　　　　　　　合，共該貳斗柒升貳合玖勺。
2. 　　　　　正麥貳斗伍升伍合，
3. 　　　　　耗麥壹升柒合玖勺。
4. 　　　秋糧黃豆每畝科正豆伍升，每斗帶耗豆柒
5. 　　　　　　　　　　　　　合，共該肆斗伍升肆合捌勺。
6. 　　　　　正豆肆斗貳升伍合，
7. 　　　　　耗豆貳升玖合捌勺。

第二章　公文紙本古籍紙背所見明代黃冊文獻概述　135

　　　　　　　　　（中缺3行）

8.　　☐州寧海鄉貳拾伍都第壹里軍戶，充正德拾柒年
　　甲首。
9.　　　　　　　　　　　有祖福貳，洪武參年為同名
10.　　　　　　　　　　軍役事，發洪塘胡①屯田千
　　　　　　　　　　　戶所
11.　　　　　　　　　　充軍。洪武貳拾肆年勾戶
12.　　　　　　　　　　丁徐丑驢補役，故；將菅丁
　　　　　　　　　　　徐狗、
13.　　　　　　　　　　徐王補役，俱故；宣德伍年
14.　　　　　　　　　　將菅丁徐安補役，見在本所
15.　　　　　　　　　　百戶朱瑛、總旗李成、小旗張
16.　　　　　　　　　　榮下當軍不缺。

　　　　　　　　　（中缺1行）②

17.　　☐參口：

　　　　　　　　　（後缺）

《目錄上》第47葉背載：

　　　　　　　　　（前缺）
1.　　　　　　　　　　　桑☐
2.　　　　　　　　　　民草房貳間。
3.　　　　　　　　　　民水牛壹隻。
4.　　一戶樊慶，係直隸揚州府泰州寧海鄉☐

　　　　　　　　　（中缺1行）
5.　　　　新收：

---

① 據文義及相關史籍記載，"胡"應爲"湖"之訛。
② 據文義及紙背同一黃冊書寫格式推斷，此處所缺1行文字應爲"舊管"。

6.　　　　　　　人口：正收男婦貳口。
7.　　　　　　　　　　男子成☐
8.　　　　　　　　　　婦女大☐
9.　　　　　　　事產：民草房壹間，係☐
10.　　　　　　實在：
11.　　　　　　人口貳口：
12.　　　　　　　　　　男子成丁壹☐
13.　　　　　　　　　　婦女大壹口☐
14.　　　　　　事產：民草房壹間。
　　　　　　　　　　（後缺）

　　上舉兩葉文書字跡相同，內容相關，可確定應屬同一黃冊殘葉。據目錄上第 18 葉背第 8 行"寧海鄉貳拾伍都第壹里軍戶，充正德拾柒年甲首"及目錄上第 47 葉背第 4 行"一戶樊慶，係直隸揚州府泰州寧海鄉"等語，結合明代大造黃冊時間可知，該黃冊應爲正德五年（1512）直隸揚州府泰州寧海鄉貳拾伍都第壹里賦役黃冊殘葉。

　　根據上舉兩葉的筆跡、墨色、行距、內容等判斷，目前可確定《樂府詩集》紙背屬於該批黃冊者共計 251 葉，分別爲：目錄上第 1、12—19、30、31、34—40、42—56、58—74 葉；目錄下第 1—9、56—58 葉；卷一第 1—13 葉；卷二第 1、2 葉；卷三第 1、2、5—14 葉；卷四第 1—12 葉；卷八第 13 葉；卷九第 1—9、11—14 葉；卷十第 1、2、4—14 葉；卷十一第 1—11 葉；卷十二第 1—13 葉；卷十三第 1—13 葉；卷十四第 1—9、11—13 葉；卷十五第 1—12 葉；卷十六第 1—14 葉；卷十七第 1—7、9、11 葉；卷十八第 1、2、4—16 葉；卷十九第 2—16 葉；卷二十第 1—4、6 葉；卷三十六第 6、9—11 葉。

　　其中卷三十六第 11 葉背、卷三十六第 10 葉背、目錄上第 40 葉背、卷三十六第 9 葉背爲該黃冊冊首總述部分，其內容如下：

　　卷三十六第 10 葉背載：

第二章　公文紙本古籍紙背所見明代黃冊文獻概述　137

　　　　　　　　　（前缺）
1.　　￣￣￣￣□百肆拾伍口
2.　　￣￣￣￣壹拾口
3.　　￣￣￣￣伍拾玖口
4.　　￣￣￣￣拾捌口
5.　　￣￣￣￣柒口
6.　　￣￣￣￣壹拾伍口
7.　　￣￣￣￣貳口
8.　　￣￣￣￣壹口
　　　　　　　　　（中缺1行）
9.　　￣￣￣肆畝柒分，　　桑柒株。
10.　　　　夏稅：
11.　　　　　　小麥正耗叁石伍升捌勺，
12.　　　　　　生絲壹拾兩伍錢。①
13.　　　　秋糧：
14.　　　　　　米正耗貳拾叁石陸斗肆升柒合，
15.　　　　　　黃豆正耗肆石玖斗叁升肆合捌勺。
16.　　￣￣￣￣叁拾柒畝壹分。
17.　　　　　　夏稅小麥正耗貳斗伍升壹合柒勺。
18.　　　　秋糧：
19.　　　　　　米正耗壹拾柒石叁斗叁升肆合。
　　　　　　　　　（後缺）

　　該葉殘損較重，根據其他幾葉總述部分的相關內容推斷，該葉疑爲"舊管"人口、田糧數目。
　　卷三十六第11葉背載：

———————————————

①　據該黃冊"桑"科生絲科則，每株夏科生絲壹兩伍錢。

（前缺）

1. ▭叁拾贰口
2. ▭贰拾陆口
3. ▭丁壹百陆口
4. ▭拾贰口

（中缺1行）

5. ▭贰畝陆分，桑叁株。
6. 　　夏税：
7. 　　　　小麥正耗壹石肆斗伍升伍勺，
8. 　　　　生絲肆兩伍錢。
9. 　　秋糧：
10. 　　　　米正耗壹拾贰石伍斗贰升肆合肆勺，
11. 　　　　黄豆正耗贰石叁斗柒升捌合肆勺。
12. □□□□□①捌畝叁分。
13. 　　　　夏税小麥正耗玖升伍合玖勺。
14. 　　秋糧：
15. 　　　　米正耗玖石玖斗伍升壹合，
16. 　　　　黄豆正耗壹斗贰合柒勺。
17. □□□②没官荡田柒拾柒畝伍分，秋糧米每畝科正米壹斗贰升，
18. 　　　　　　每斗帶耗米柒合，共該玖石
19. 　　　　　　玖斗伍升壹合。

（後缺）

此葉文書中第4行存"丁壹百陆口"，第6行存"桑叁株"，疑其爲

---

① 據文義及紙背同一黃冊書寫格式推斷，此處所缺文字應爲"官田地柒拾"。
② 據文義及紙背同一黃冊書寫格式推斷，此處所缺文字應爲"田一則"。

第二章　公文紙本古籍紙背所見明代黄冊文獻概述　139

"新收"人口、田糧數。

目錄上第 40 葉背：

(前缺)

1. 　　　　　　　　　桑 柒□
2. 　　　　　　民草房轉除柒□
3. 　戶内所除人口田糧：
4. 　　　　人口：男婦肆百肆拾貳□①。
5. 　　　　　　　　男子貳□
6. 　　　　　　　　　成□
7. 　　　　　　　　　不□
8. 　　　　　　　婦女大 壹□
9. 　　　　　　正除人口男婦□
10. 　　　　　　　　男子貳□
11. 　　　　　　　　　成□
12. 　　　　　　　　　不□
13. 　　　　　　　　婦女大□
14. 　　　　　　轉除人口男婦□
15. 　　　　　　　　男子壹□
16. 　　　　　　　　　成□
17. 　　　　　　　　　不□
18. 　　　　　　　　婦女大□
19. 　　　　　事產：

(後缺)

---

① 據文義推斷，此處所缺文字應爲"口"。

該葉應爲冊首總述該里"開除"人口內容，總計開除人口肆百肆拾貳口。

卷三十六第 9 葉背：

(前缺)

1. 夏稅小麥正耗貳 石柒斗玖升玖合壹勺 。
2. 秋糧：
3. 米正耗伍升叁合伍勺，
4. 黃豆正耗肆石陸斗陸升伍合貳勺。
5. 一則陸地捌拾柒畝貳分。
6. 夏稅小麥每畝科正麥叁升，每斗帶耗麥柒
7. 合，共該貳石柒斗玖升玖合壹
8. 勺。
9. 秋糧黃豆每畝科正豆伍升，每斗帶耗豆柒
10. 合，共該肆石陸斗陸升伍合貳
11. 勺。
12. 一則綿花地壹畝，秋糧米每畝科正米伍升，每斗帶
13. 耗米柒合，共該伍升叁合伍
14. 勺。
15. □□①株，每株夏科生絲壹兩伍錢，共該壹拾兩伍錢。
    (中缺 1 行)
16. ＿＿＿＿壹百柒拾陸戶：

---

① 據文義及紙背同一黃冊書寫格式推斷，此處所缺文字應爲"桑柒"。

17.　　　　　　　　　正管壹百壹拾戶，
18.　　　　　　　　　帶管畸零陸拾陸戶。
19.　▢▢▢▢陸口：

（後缺）

據該葉文書第 16—18 行內容推斷，第 1—15 行應爲"開除"田糧數目，第 16—19 行應爲該里"實在"人戶數目。

該批黃冊中，徵收賦稅的事產主要有三種：田、地和桑，其中田多爲蕩田，僅收秋糧；地多爲陸地，夏稅收麥，秋糧收黄豆；桑收夏稅絲。如卷二十第 2 葉背載：

（前缺）

1.　　　　　夏稅小麥正耗叁升陸合。
2.　　　　秋糧：
3.　　　　　　米正耗壹石壹斗陸升捌合肆勺，
4.　　　　　　黃豆正耗叁升捌合伍勺。
5.　▢▢①則没官蕩田玖畝壹分，秋糧米每畝科正米
6.　　　　　　壹斗貳升，每斗帶耗
7.　　　　　　米柒合，共該壹石壹斗陸
8.　　　　　　升捌合肆勺。
9.　　　　　　正米壹石玖升貳合，
10.　　　　　耗米柒升陸合肆勺。
11.　▢▢▢②没官陸地叁分。
12.　　　　　夏稅小麥每畝科正麥壹斗壹升貳合，每
13.　　　　　　斗帶耗麥柒合，共該叁升陸合。
14.　　　　　正麥叁升叁合陸勺，
15.　　　　　耗麥貳合肆勺。

---

① 據文義及紙背同一黃冊書寫格式推斷，此處所缺文字應爲"田一"。
② 據文義及紙背同一黃冊書寫格式推斷，此處所缺文字應爲"地一則"。

16.　　　　　秋糧黃豆每畒科正豆壹斗貳升，每斗
17.　　　　　　　　　帶耗豆柒合，共該叁升捌
18.　　　　　　　　　合伍勺。
19.　　　　　　　　　正豆叁升陸合，
20.　　　　　　　　　耗豆貳升①合伍勺。
　　　　　　　　　　（後缺）

另，該批黃冊中，目前見有民戶、民灶戶、泥瓦匠戶、軍戶等。其中，民灶戶現存2戶，分見於卷十三第6葉背和同卷第9葉背，其內容如下：

卷十三第6葉背：

　　　　　　　　　　　（前略）
8.　　　_____]海鄉貳拾伍都第壹里民灶戶。
　　　　　　　　　　（中缺1行)②
9.　　　　　　_____]口：
　　　　　　　　　　　（中缺）
10.　　　　　　_____]捌]分。
11.　　　　　　　　　夏稅小麥正耗肆升捌合貳勺。
12.　　　　　　　　　秋糧：
　　　　　　　　　　　（後缺）

卷十三第9葉背：

　　　　　　　　　　　（前略）
10.　　　_____]泰州寧海鄉貳拾伍都第壹里民灶戶。
　　　　　　　　　　　（中缺1行）

---

① 據文義及紙背同一黃冊書寫格式推斷，"升"字應爲衍文。
② 據文義及紙背同一黃冊書寫格式推斷，此處所缺1行文字應爲"舊管"。

11. ▭口：
        （中缺）
12. ▭分，桑叁株。
13.   夏稅：
14.   小麥正耗貳斗壹升壹合
              玖勺。
        （後缺）

泥瓦匠戶現存1戶，見於卷九第1葉背：

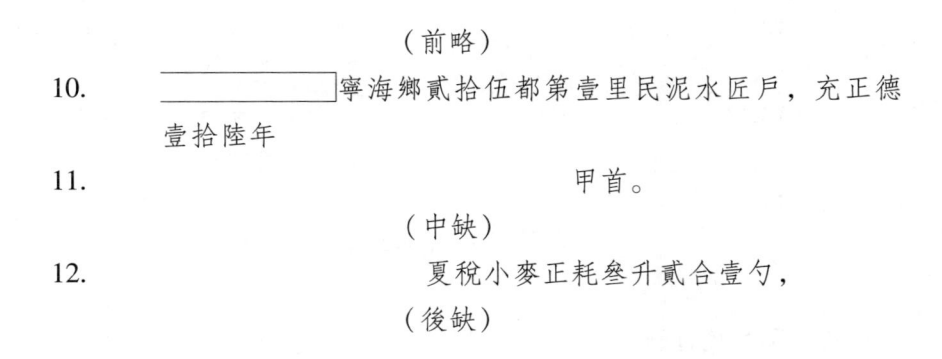

        （前略）
10. ▭寧海鄉貳拾伍都第壹里民泥水匠戶，充正德壹拾陸年
11.   甲首。
        （中缺）
12.   夏稅小麥正耗叁升貳合壹勺，
        （後缺）

軍戶4戶，分見於上舉目錄上第18葉背及目錄上第19葉背、卷一第8葉背、卷十三第12葉背。該黃冊中的軍戶，均註明有其戶的充軍和補役情況。如，目錄上第19葉背載：

        （前略）
3. ▭鄉貳拾伍都第壹圖軍籍，充正德拾壹年里長。有祖
4.   周均仁男周伴叔，洪武貳拾柒
5.   年爲窩戶事，發興州左屯衛

6.　　　　　　　　　　　充軍，故；宣德元年清理遠
7.　　　　　　　　　　　年不勾，將戶丁周毛□照例解
8.　　　　　　　　　　　附近泰州守禦千戶所收操，
9.　　　　　　　　　　　宣德肆年選調南京金吾後
10.　　　　　　　　　　衛充軍，故；正統肆年節勾戶
11.　　　　　　　　　　丁周興兒、周狗兒補役，俱故；天
12.　　　　　　　　　　順元年勾戶丁周呆子補役，見
13.　　　　　　　　　　在本衛左所百戶職忠、總旗缺
14.　　　　　　　　　　下當軍不缺。

　　　　　　　　　　　　（後缺）

卷一第 8 葉背載：

　　　　　　　　　　　　（前略）
16.　_____海鄉貳拾伍都第壹里軍戶，充正德拾肆
17.　　　　　　　　　　年甲首。有祖張安叁、有叔
18.　　　　　　　　　　祖張玄子即張旺，洪武叁
19.　　　　　　　　　　年 張 □□□□

　　　　　　　　　　　　（後缺）

卷十三第 2 葉背載：

第二章　公文紙本古籍紙背所見明代黃冊文獻概述　145

　　　　　　　　　　　（前略）
8.　　□□□□□□□□□泰州寧海鄉貳拾伍都第壹里軍戶。
　　有祖邵興壹
9.　　　　　　　　　　　　　　　弟邵興貳，洪武
　　　　　　　　　　　　　　　　貳拾捌年
10.　　　　　　　　　　　　　　　爲同名軍役事，
　　　　　　　　　　　　　　　　蒙徐州衛
11.　　　　　　　　　　　　　　　勾取充軍，故；
　　　　　　　　　　　　　　　　永樂元年節
12.　　　　　　　　　　　　　　　將營丁邵馬兒、
　　　　　　　　　　　　　　　　邵滿兒補役，
13.　　　　　　　　　　　　　　　俱故；景泰叁年
　　　　　　　　　　　　　　　　勾戶丁邵
　　　　　　　　　　　（後缺）

　　此種記述軍戶充軍來歷、補役情況的登載形式，興起於弘治十三年（1500）之後。《後湖志》弘治十三年"令軍戶備造軍由"載："凡攢造黃冊，係軍戶者，務備開某戶某人，及某年月日，某事發充某衛所軍。其有事故等項，亦備細開具，以便查考。"① 而此正德七年（1512）黃冊爲此規定提供了實物資料。

　　此外，該批黃冊中，還見有人口年歲一百多歲者，如卷十三第 3 葉背載：

　　　　　　　　　　　（前略）
9.　　　　　□肆兒，年柒拾歲，男官音奴，年陸拾玖歲；
10.　　　　　□泰保，年陸拾捌歲，孫旺子，年伍拾玖歲。
11.　　　　　□□□②叁口：

---

① 《後湖志》卷6《事例三》，第78頁。
② 據文義及紙背同一黃冊書寫格式推斷，此處所缺文字應爲"不成丁"。

12.　　　　　本身，年壹百玖歲，弟真兒，年壹百柒歲；

13.　　　　　男孫兒，年捌拾歲。

　　　　　（中缺1行）①

14.　　　　　嬬夏氏，年壹百叄拾歲；妻王氏，年壹百壹拾歲；

15.　　　　　弟婦花氏，年玖拾伍歲；男婦孫氏，年柒拾捌歲。

　　　　　（後缺）

　　此爲一戶的"實在"人口信息，其中戶主本身年109歲，弟弟真兒年107歲，嬬嬬夏氏年130歲，妻子王氏年110歲，弟婦花氏年95歲。

　　此種記載充軍改調來歷及年歲超過一百歲的情況，還見於上海圖書館藏公文紙本《勸忍百箴考註》紙背明代嘉靖年間的清勾文冊。例如該書卷2第15葉背載彭城衛軍士沈旺充軍改調來歷爲：

1.　　　一名沈旺，係浙江杭州府仁和縣清和坊人，丙午年孫院判下充軍，洪武拾肆年改

2.　　　　河南左護衛，永樂拾玖年起取赴京，洪熙元年開設本衛，後所先百

3.　　　戶田寬、總旗殷旺、小旗陳受、今百戶曹英下軍，弘治伍年陸月□□。

4.　　　營無次丁，合行勾補。

　　　　　（後略）

　　文書中的"丙午年"應指元至正二十六年（1366），此時沈旺從軍，若假定他當時有15歲，則到弘治五年（1492），其最少應在140歲以上。又如該書卷三第10葉背載神武右衛于勝的從軍來歷云：

---

① 據文義及紙背同一黃冊書寫格式推斷，此處所缺1行文字應爲"婦女大N口"。

（前略）

5. 神武右衛
6. 　　　一名于勝，原籍浙江杭州府仁和縣似蘭隅人，洪武貳年叁月內歸附華山衛，洪武
7. 　　　　　　　拾陸年叁月內改西安左護衛，宣德伍年正月內改調神武
8. 　　　　　　　右衛右所百戶陳松、總旗缺、小旗趙臨川下軍，嘉靖貳拾□
9. 　　　　　　　年玖月內逃。在營挨無次丁，合行勾補。

（後略）

　　洪武二年（1369）于勝歸附華山衛，也同樣假定他當時有 15 歲，則到"嘉靖貳拾"幾年，按最早的嘉靖二十一年（1542）算，其此時也已經 188 歲左右，絕不可能被記錄爲"仍逃"，其記載必有錯訛。

　　結合明代清勾文冊來看，黃冊中年歲超過 100 的人戶，極大可能應爲軍戶，其一直存留此類戶主姓名，或許是爲了簽補軍丁時，方便查對之用。

（六）正德七年（1512）直隸蘇州府崑山縣全吳鄉第陸保第拾圖賦役黃冊

《樂府詩集》卷二十二第 7 葉背載：

（前缺）

1. 　　　____壹畝玖分伍厘，秋糧米每畝科正米叁斗壹合，每斗帶耗米柒
2. 　　　　　　　　　合，共該陸斗貳升捌合貳勺。
3. 　　　　　　　　　正米伍斗捌升柒合，
4. 　　　　　　　　　耗米肆升壹合貳勺。
5. 　　　____糧帶科夏稅絲田壹分柒厘。

6.　　　　　　　□①稅 絲每畝科絲伍分伍厘，共該玖厘伍毫。
7.　　　　　　　□②糧 米每畝科正米壹斗，每斗帶耗米柒
合，共該壹升捌合壹勺。
8.　　　　　　　　　　正米壹升柒合，
9.　　　　　　　　　　耗米壹合壹勺。
10.　　　　　_____秋 糧田伍分，秋糧米每畝科正米肆斗捌
合捌勺，每斗帶耗米柒合，共
11.　　　　　　　　　　　　該貳斗壹升
捌合柒勺。
12.　　　　　　　　　　正米貳斗肆合肆勺，
13.　　　　　　　　　　耗米壹升肆合叁勺。
（中缺 1 行）
14.　　　_____州府崑山縣全吳鄉第陸保第拾圖
民戶。
（中缺 3 行）
15.　　　　　_____耗壹石肆斗捌升柒勺。
（中缺 3 行）
16.　　　　　_____□，係過房到本圖蔡能弟。
17.　　　　　_____田地貳畝肆分。
（後缺）

由文書第 14 行，可知其應爲"直隸蘇州府崑山縣全吳鄉第陸保第拾圖"賦役黄册。又，卷五十二第 8 葉背載：

（前缺）
1.　　_____保第拾圖民戶。

---

① 據文義及紙背同一黄册書寫格式推斷，此處所缺文字應爲"夏"。
② 據文義及紙背同一黄册書寫格式推斷，此處所缺文字應爲"秋"。

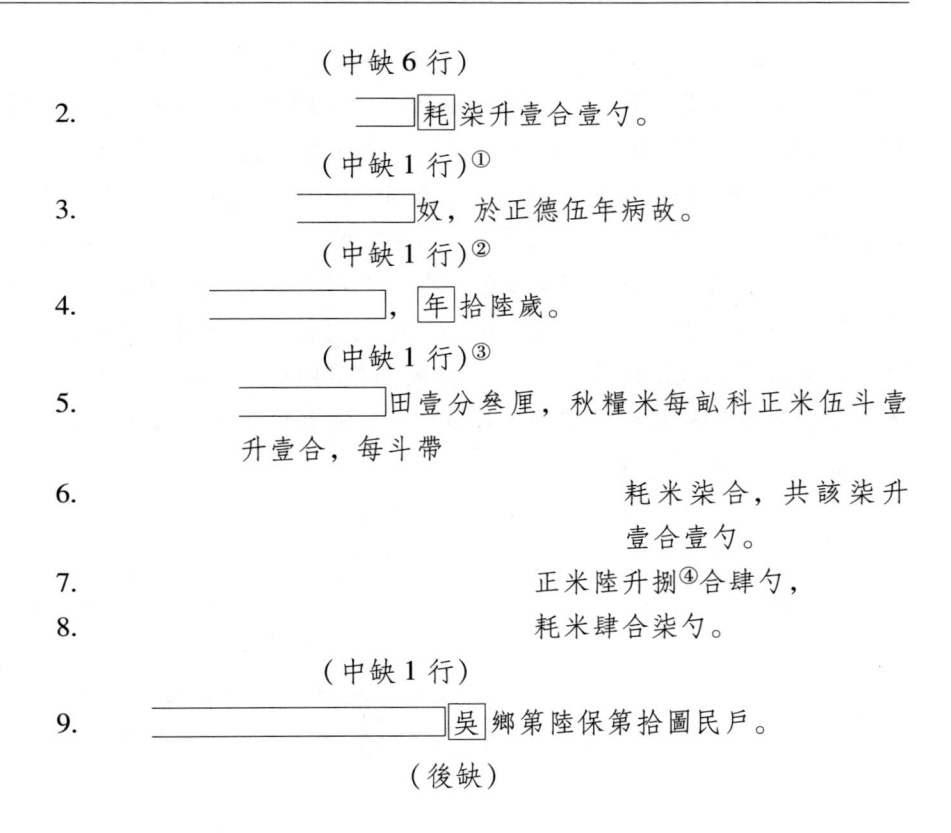

　　　　　　　　（中缺 6 行）
2.　　　　　　☐耗☐柒升壹合壹勺。
　　　　　　　　（中缺 1 行）①
3.　　　　　　☐　　　☐奴，於正德伍年病故。
　　　　　　　　（中缺 1 行）②
4.　☐　　　　　☐，☐年☐拾陸歲。
　　　　　　　　（中缺 1 行）③
5.　☐　　　　　☐田壹分叁厘，秋糧米每畝科正米伍斗壹升壹合，每斗帶
6.　　　　　　　　　　　耗米柒合，共該柒升壹合壹勺。
7.　　　　　　　　　　　正米陸升捌④合肆勺，
8.　　　　　　　　　　　耗米肆合柒勺。
　　　　　　　　（中缺 1 行）
9.　☐　　　　　　　☐吳☐鄉第陸保第拾圖民戶。
　　　　　　　　（後缺）

　　由該文書第 9 行可知，其同爲"崑山縣全吳鄉第陸保第拾圖"黃冊殘葉，其中第 3 行云："於正德伍年病故"，結合明代大造黃冊時間，可確定其應爲正德七年（1512）大造黃冊。
　　《樂府詩集》紙背現可確定爲正德七年（1512）直隸蘇州府崑山縣全吳鄉賦役黃冊者計 182 葉，分别爲卷二十第 11—15 葉，卷二十一第 1—11 葉，卷二十二第 1—9 葉，卷二十三第 2—10 葉，卷二十四第 1—9 葉，卷二十五第 1、2 葉，卷二十七第 3、7 葉，卷二十八第 4、5 葉，卷三十一第 1—4、6、7、9 葉，卷三十三第 8—12 葉，卷三十五第 3、4、7—10 葉，卷三十六

---

① 據文義及紙背同一黃冊書寫格式推斷，此處所缺 1 行文字應爲"開除"。
② 據文義及紙背同一黃冊書寫格式推斷，此處所缺 1 行文字應爲"實在"。
③ 據文義及紙背同一黃冊書寫格式推斷，此處所缺 1 行文字應爲"事產"。
④ 據上下數據推算，此處"捌"應爲"陸"之訛。

第 12 葉，卷三十七第 2 葉，卷四十第 6—12 葉，卷四十四第 10—12 葉，卷四十五第 1—11 葉，卷四十六第 1—4 葉，卷四十七第 3—5 葉，卷四十八第 13 葉，卷五十一第 10 葉，卷五十二第 1—14 葉，卷五十三第 1—15 葉，卷五十四第 1—6、8—10 葉，卷五十五第 1—10 葉，卷五十七第 1—7 葉，卷六十第 3、4、7—11 葉，卷六十一第 1—5 葉，卷六十六第 1—11 葉，卷六十七第 1、10 葉，卷七十二第 9 葉，卷八十六 11 葉，卷九十九第 10 葉。

現存該黃冊中，徵收田賦的田地類型主要有以下幾種：秋糧田，僅收秋糧米；麥絲地，收夏稅麥、絲；原科秋糧帶科夏稅絲田，收夏稅絲和秋糧米；原科秋糧帶科夏稅麥絲田，收夏稅麥、絲和秋糧米。現各舉例如下：

卷五十二第 7 葉背：

（前缺）

1. 　　　　　　　　正米壹石貳升玖合肆勺，
2. 　　　　　　　　耗米柒升貳合貳勺。
3. ____田伍分玖厘伍毫，秋糧米每畝科正米壹斗，每斗帶耗米柒合，共該陸升叁
4. 　　　　　　　　合柒勺。
5. 　　　　　　　　正米伍升玖合伍勺，
6. 　　　　　　　　耗米肆合貳勺。
7. ____秋糧帶科夏稅絲田貳分伍厘。
8. 夏稅絲每畝科絲玖分伍厘，共該貳分肆厘。
9. 秋糧米每畝科正米伍升，每斗帶耗米柒合，共該壹升叁合肆勺。
10. 　　　　　　　　正米壹升貳合伍勺，
11. 　　　　　　　　耗米玖勺。
12. ____麥絲地叁分，夏稅：
13. 麥每畝科正麥叁升，每斗帶耗麥叁合伍勺，共該玖合叁勺。

第二章 公文紙本古籍紙背所見明代黃冊文獻概述　151

14. 　　　　　　　　正麥玖合，
15. 　　　　　　　　耗麥叄勺。
16. 　　　　　　絲每畝科絲伍分，共該壹分伍厘。
　　　　（中缺 1 行）
17. ▭▭▭▭▭崑山縣全吳鄉第陸保第拾圖民戶。
　　　　　　（後缺）

卷五十二第 9 葉背載：

　　　　　　　　　（前缺）
1. 　　　　　　　　共該叄斗玖升柒合。
2. 　　　　　　正米叄斗柒升壹合，
3. 　　　　　　耗米貳升陸合。
4. 　▭▭▭秋糧帶科夏稅絲田叄分壹厘叄毫。
5. 　夏稅絲每畝科絲壹錢伍分，共該肆分陸厘玖毫。
6. 　秋糧米每畝科正米叄斗伍升貳合捌勺，每斗帶耗米柒合，共該壹
7. 　　　　　　　　斗壹升捌合壹勺。
8. 　　　　　　正米壹斗壹升壹合壹勺，
9. 　　　　　　耗米柒合。
10. ▭▭▭秋糧帶科夏稅麥絲田壹分貳厘玖毫。
11. 　　夏稅：
12. 　　　　麥每畝科正麥叄升，每斗帶耗麥叄合伍勺，共該肆合。
13. 　　　　　　正麥叄合捌勺，
14. 　　　　　　耗麥貳勺。
15. 　　　　絲每畝科絲伍分，共該伍厘貳毫。
16. 　　　　秋糧米每畝科正米叄斗伍升捌合叄勺，每斗帶耗米柒合，共該

17.　　　　　　　　　　柒升肆合叁勺。
18.　　　　　　　　正米陸升玖合肆勺，
19.　　　　　　　　耗米肆合玖勺。
20.　____科秋糧帶科夏稅麥絲田壹畒叁分伍厘。
21.　　　　夏稅：

　　　　　　　　　　（後缺）

　　另外，卷二十七第 7 葉背黃冊殘葉分爲上下兩個部分書寫，上半部分字體粗大，下半部分爲正常黃冊內容，其內容如下：

　　　　　　　　　　（前缺）
1.　　　　　　　　　　　　　　　男子成丁壹口：本身____
2.　　　　　　　　　　　　　　　不成丁壹口：男楊和____
3.　□戶楊阿宗，原駁少田壹畒　事產：
4.　　壹分柒厘，米伍斗壹升壹　　官民田第陸保田捌畒貳分貳□①。
5.　　合捌勺。今駁冊回稱：實在的（中缺 5 行）
6.　　該田玖畒叁分玖厘，米叁石壹
7.　　斗肆升叁勺。
8.　　　　　　　　　　　　　　　官田柒畒捌分叁厘。
　　　　　　　（中缺 5 行）
9.　　　　　　　　　　　　　　　原科____
　　　　　　　（中缺 3 行）
10.　　　　　　　　　　　　　　原科____
　　　　　　　（中缺 3 行）

---

①　據文義及紙背同一黃冊書寫格式推斷，此處所缺文字應爲"厘"。

11.　　　　　　　　　　　　　　　　　　　　　　　　抄没☐

（後缺）

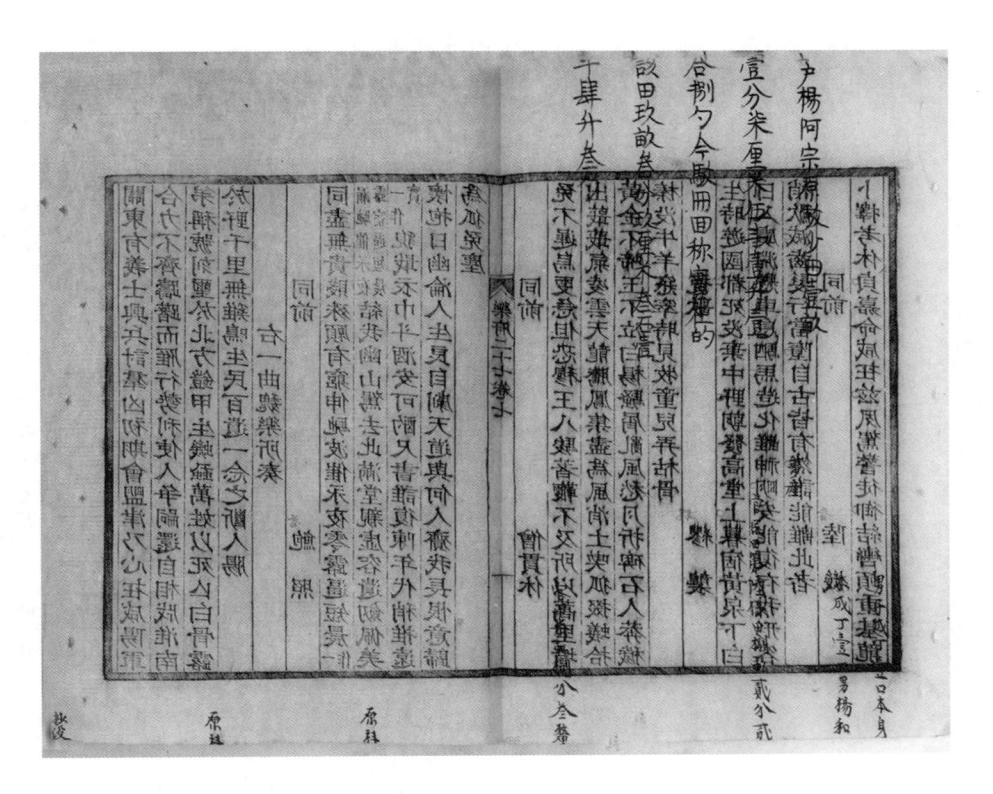

　　據張恆研究，該葉黃冊上半部分，屬於"駁查補造"內容，是對黃冊中所駁查出的錯誤之處進行核實修正，此對於研究明代黃冊的駁查補造程序，有着較爲重要的史料價值。①

（七）正德七年（1512）直隸蘇州府崑山縣諸塘鄉第叁保叁拾圖賦役黃冊

《樂府詩集》卷十第3葉背載：

---

　　① 參見張恆《明賦役黃冊"駁查補造"過程芻議——以新見上海圖書館藏紙背文獻爲中心》，（待刊）。

（前缺）

1. ☐☐☐☐☐☐☐第叄保叄拾圖民籍，編當正德拾柒年甲首。

（中缺 4 行）

2. 　　　　夏稅絲陸分陸厘叄毫，
3. 　　　　秋糧正耗米叄石捌斗陸升叄合伍勺。

（中缺 2 行）

4. ☐☐☐①叄拾叄歲。

（中缺 1 行）②

5. ☐☐☐☐厘捌毫。
6. 　　　　夏稅絲陸分陸厘叄毫，
7. 　　　　秋糧正耗米叄石捌斗陸升叄合伍勺。
8. ☐☐☐☐科秋糧帶科夏稅絲田貳畝玖毫。
9. 　　　　夏稅絲每畝科絲叄厘叄厘③，共該陸分陸厘叄毫。
10. 　　　秋糧米每畝科正米伍斗壹升壹合，每斗帶耗米柒合，共該壹石玖升捌合伍勺。
11. 　　　　　正米壹石貳升陸合陸勺，
12. 　　　　　耗米柒升壹合玖勺。
13. ☐☐☐☐糧田叄畝陸分伍厘柒毫，秋糧米每畝科正米叄斗柒升壹合，每斗帶耗米柒合，共該
14. 　　　　　壹石肆斗伍升壹合柒勺。
15. 　　　　　正米壹石叄斗伍升壹合柒勺，

---

① 據文義及紙背同一黃冊書寫格式推斷，此處所缺文字應爲"本身，年"。
② 據文義及紙背同一黃冊書寫格式推斷，此處所缺1行文字應爲"事產"。
③ 據據文義及紙背同一黃冊書寫格式推斷，末一"厘"字應爲"毫"字之訛。

第二章　公文紙本古籍紙背所見明代黃冊文獻概述　155

16.　　　　　　　　　耗米玖升伍合。
17.　　　_____ 秋 糧田陸分叁厘柒毫，秋糧米每畝科
　　　　　　正米肆斗肆升壹合，每斗帶耗米柒合，共該
18.　　　　　　　　　　　　　叁斗陸勺。
　　　　　　　（後缺）

　　其中載"第叁保叁拾圖民籍，編當正德拾柒年甲首"，據此可知其應爲正德七年（1512）某縣第叁保第叁拾圖賦役黃冊殘葉。與之相似者，又如卷六十九第3葉背載：

　　　　　　　　　　（前缺）
1.　　一戶沈二郎，係諸塘鄉第叁保叁拾圖民，照例分_____
2.　　　　新收：
3.　　　　　　人口：男子成丁壹口，係原先冊漏報。
4.　　　　事產：
5.　　　　　官民田蕩轉收本外區除官 民 _____
　　　　　　　（中缺4行）
6.　　　　　　　　　　第叁保糧長 田 _____
7.　　　　　　　　　　　　　　科 秋 _____
　　　　　　　（中缺2行）
8.　　　　　　　　　　　　拾柒圖除官 民 _____
　　　　　　　（中缺5行）
9.　　　　　　　　　　　　　　科 秋 _____
　　　　　　　（後缺）

　　由該葉第1行"沈二郎，係諸塘鄉第叁保叁拾圖民"可知，叁保叁拾圖屬諸塘鄉。（萬曆）《重修崑山縣志》卷一《鄉保》載："朱塘鄉在縣西，

保二：第三保、第四保……全吳鄉在縣西南，保二：第五保、第六保。"①

其中所載"朱塘鄉"與黃冊中"諸塘鄉"音同字不同，且均轄第三保，鄰近全吳鄉第陸保，故方志所載"朱塘鄉"與黃冊中"諸塘鄉"應爲同一鄉，僅是名稱用字有差。由此可確定，上述正德七年（1512）第叁保叁拾圖賦役黃冊，應爲直隸蘇州府崑山縣諸塘鄉第叁保第叁拾圖黃冊殘葉。

目前所見《樂府詩集》紙背現存正德七年崑山縣黃冊中，大多數屬全吳鄉第陸保第拾圖黃冊，諸塘鄉第叁保第叁拾圖黃冊數量較少，可確定者僅卷十第 3 葉背、卷五十四第 7 葉背、卷六十九第 3 葉背、卷八十一第 7 葉背等 4 葉。

該黃冊在書寫格式與田糧徵收的種類上與正德七年（1512）直隸蘇州府崑山縣全吳鄉第陸保第拾圖賦役黃冊基本相同。

（八）正德七年（1512）直隸寧國府寧國縣寧國鄉叁拾叁都賦役黃冊

《樂府詩集》卷二十七第 8 葉背載：

（前缺）
1.　　　一戶汪玉捨，係直隸寧國府寧☐☐☐☐
　　　　（中缺 1 行）
2.　　　　舊管：
3.　　　　　人丁：計家男婦叁口。
4.　　　　　　　　　　男☐☐☐☐
5.　　　　　　　　　　婦☐☐☐☐
6.　　　　事產：
7.　　　　　民田地山玖拾陸☐☐☐
8.　　　　　　　　　　　夏☐☐☐
9.　　　　　　　　　　　秋☐☐☐

---

① （萬曆）《重修崑山縣志》卷 1《鄉保》，《中國方志叢書・華中地方・第四三三號》，臺北：成文出版社有限公司 1983 年版，第 90—91 頁。

第二章　公文紙本古籍紙背所見明代黃冊文獻概述　157

10.　　　　　田肆拾壹畝 玖□□□
11.　　　　　　　　夏 稅□□□
12.　　　　　　　　秋 糧□□□
13.　　　　　地貳拾肆畝 肆□□□
14.　　　　　　　　夏 稅□□□
15.　　　　　　　　秋 糧□□□
16.　　　　　山叁拾畝壹□□□
17.　　　　　　　　夏□□□
18.　　　　　　　　秋□□□
19.　　新收：
20.　　 人口轉收婦女 大壹□①：

　　　　　　　（後缺）

卷二十八第 1 葉背載：

　　　　　　　（前缺）

1.　　□□□□□□ 縣 寧國鄉叁拾叁都民籍， 充 正德拾肆年
2.　　　　　　　　　　　　甲首。
　　　　　　　（中缺 2 行）
3.　　　□□② 貳 口，
4.　　　□□③ 壹 口。
　　　　　　　（中缺 1 行）

---

① 據文義及紙背同一黃冊書寫格式推斷，此處所缺文字應爲"口"。
② 據綴合後內容推斷，此處所缺文字應爲"男子"。
③ 據綴合後內容推斷，此處所缺文字應爲"婦女"。

5. _____伍分伍厘伍毫。
6. □□①麥正耗壹石伍斗捌升貳合肆勺，
7. □□②米正耗陸石肆斗捌升貳合伍勺。
8. _____伍厘肆毫。
9. □□□□③耗捌斗玖升柒合捌勺，
10. □□□④正耗伍石伍斗叁升陸合叁勺。
11. _____伍厘壹毫。
12. □□□⑤正耗伍斗貳升叁合叁勺，
13. □□□⑥正耗柒斗捌升肆合玖勺。
14. _____厘。
15. □□⑦麥正耗壹斗陸升壹合叁勺，
16. □□⑧米正耗壹斗陸升壹合叁勺。

(後缺)

此2葉文書字跡、行距相同，內容相關，可以綴合，綴合後中間缺1—2字，將其補齊後內容如下：

(前缺)

1. 一戶汪玉捨，直隸寧[國]府寧國縣寧國鄉叁拾叁都民籍，充正德拾肆年
2. 　　　　　　　　　　　　甲首。

---

① 據綴合後內容推斷，此處所缺文字應爲"夏稅"。
② 據綴合後內容推斷，此處所缺文字應爲"秋糧"。
③ 據綴合後內容推斷，此處所缺文字應爲"夏稅麥正"。
④ 據綴合後內容推斷，此處所缺文字應爲"秋糧米"。
⑤ 據綴合後內容推斷，此處所缺文字應爲"夏稅麥"。
⑥ 據綴合後內容推斷，此處所缺文字應爲"秋糧米"。
⑦ 據綴合後內容推斷，此處所缺文字應爲"夏稅"。
⑧ 據綴合後內容推斷，此處所缺文字應爲"秋糧"。

3.　　　舊管：
4.　　　　　人丁計家男婦叁口：
5.　　　　　　　　　男子貳口，
6.　　　　　　　　　婦女壹口。
7.　　　　　事產：
8.　　　　　　　民田地山玖拾陸畝伍分伍厘伍毫。
9.　　　　　　　　　夏稅麥正耗壹石伍斗捌升貳合肆勺，
10.　　　　　　　　秋糧米正耗陸石肆斗捌升貳合伍勺。
11.　　　　　　　田肆拾壹畝玖分伍厘肆毫。
12.　　　　　　　　　夏稅麥正耗捌斗玖升柒合捌勺，
13.　　　　　　　　秋糧米正耗伍石伍斗叁升陸合叁勺。
14.　　　　　　　地貳拾肆畝肆分伍厘壹毫。
15.　　　　　　　　　夏稅麥正耗伍斗貳升叁合叁勺，
16.　　　　　　　　秋糧米正耗柒斗捌升肆合玖勺。
17.　　　　　　　山叁拾畝壹分伍厘。
18.　　　　　　　　　夏稅麥正耗壹斗陸升壹合叁勺，
19.　　　　　　　　秋糧米正耗壹斗陸升壹合叁勺。
20.　　　新收：

21.　　　　　　人口轉收婦女大壹口：
　　　　　　　　　　（後缺）

　　由綴合後文書的第 1—2 行"汪玉捨，直隸寧國府寧國縣寧國鄉叁拾叁都民籍，充正德拾肆年甲首"之記載，結合明代大造黃冊時間可知，本葉黃冊應爲正德七年（1512）直隸寧國府寧國縣寧國鄉叁拾叁都黃冊殘件。

　　根據上舉兩葉的筆跡、墨色、行距、內容等判斷，目前可確定《樂府詩集》紙背屬於該黃冊殘葉者共計 5 葉，除上舉 2 葉外，其餘 3 葉分別爲：

　　卷二十七第 9 葉背：

　　　　　　　　　　（前缺）
1.　　　　　山壹拾貳畒☐
2.　　　　　　　　　夏☐
3.　　　　　　　　　秋☐
4.　　　　　一本都內☐
　　　　　　　（中缺 1 行）
5.　　　　　　　　夏稅☐
　　　　　　　（中缺 1 行）
6.　　　　　　　　秋糧☐
　　　　　　　（中缺 1 行）
7.　　　　　一本都內☐
　　　　　　　（中缺 1 行）
8.　　　　　　　　夏稅☐
　　　　　　　（中缺 1 行）
9.　　　　　　　　秋糧☐
　　　　　　　（中缺 1 行）
10.　　　　實在：
11.　　　　　　人口男婦肆口。

第二章　公文紙本古籍紙背所見明代黃冊文獻概述　161

12.　　　　　男子叁口：
13.　　　　　成丁☐☐☐
　　　　　　（後缺）

卷二十七第 11 葉背，內容如下：

　　　　　　（前缺）
1.　　　　　秋糧☐☐
　　　　　（中缺 1 行）
2.　　　　一肆拾壹☐☐
　　　　　（中缺 1 行）
3.　　　　　夏稅☐☐
　　　　　（中缺 1 行）
4.　　　　　秋糧☐☐
　　　　　（中缺 1 行）
5.　　　　一本都内☐☐
　　　　　（中缺 1 行）
6.　　　　　夏稅☐☐
　　　　　（中缺 1 行）
7.　　　　　秋糧☐☐
　　　　　（中缺 1 行）
8.　　　　一肆拾壹☐☐
　　　　　（中缺 1 行）
9.　　　　　夏稅☐☐
　　　　　（中缺 1 行）
10.　　　　　秋糧☐☐
　　　　　（中缺 1 行）

162　新發現古籍紙背明代黃冊文獻復原與研究

11.　　　　　　　地壹拾畞 伍
　　　　　　　　　　（後缺）

卷二十七第 12 葉背，內容如下：

（前缺）
1.　　　　□□□①正耗壹斗捌升玖合肆勺，
2.　　　　□□□② 正 耗壹石肆升壹合陸勺。
3.　　　　　　　　分 伍厘，於正德貳年正月內出賣與本都
4.　　　　　　　孫榮爲業。
5.　　　　□□□□③ 畞 科正麥貳升，每斗帶耗柒合，
6.　　　　　　共該麥壹升捌合貳勺。
7.　　　　□□□□④畞科正米壹斗壹升，每斗帶耗柒合，
8.　　　　　　　共該米壹斗。
9.　　　　　　　　 畞 ，於正德叁年拾月內出賣與本都
10.　　　　　　　胡辛應爲業。
11.　　　　□□□□⑤畞科正麥貳升，每斗帶耗柒合，
12.　　　　　　共該麥壹斗柒升壹合貳勺。
13.　　　　□□□□⑥畞科正米壹斗壹升，每斗帶耗柒合，
14.　　　　　　共該米玖斗肆升壹合陸勺。
（中缺 1 行）
15.　　　　□□□⑦正耗捌升伍合陸勺，

---

① 據明代黃冊書寫格式可知，此處所缺文字應爲"夏稅麥"。
② 據明代黃冊書寫格式可知，此處所缺文字應爲"秋糧米"。
③ 據明代黃冊書寫格式可知，此處所缺文字應爲"夏稅麥每"。
④ 據明代黃冊書寫格式可知，此處所缺文字應爲"秋糧米每"。
⑤ 據明代黃冊書寫格式可知，此處所缺文字應爲"夏稅麥每"。
⑥ 據明代黃冊書寫格式可知，此處所缺文字應爲"秋糧米每"。
⑦ 據明代黃冊書寫格式可知，此處所缺文字應爲"夏稅麥"。

16.　　　　□□□①正耗壹斗貳升捌合伍勺。
17.　　　　▭畝，於正德肆年伍月內出賣與本都
18.　　　　　　　俞玉林爲業。
　　　　　　　　（後缺）

現存正德七年（1512）直隸寧國府寧國縣寧國鄉叄拾叄都賦役黄冊所見徵收田賦的土地類型主要有田、地、山三類，夏稅收麥，秋糧收米。

（九）正德七年（1512）福建汀州府永定縣溪南里第五圖賦役黄冊

《樂府詩集》卷二十八第 12 葉背、卷十七第 10 葉背，兩者筆跡相同，内容相關，應爲同一黄冊殘葉。其中，卷二十八第 12 葉背載：

　　　　　　　　（前缺）
1.　　　　　　塘肆畝玖分。
　　　　　　（中缺 1 行）
2.　　　　　　民草房屋貳間。
3.　　一戶張森，係汀州府永定縣溪南里第▭
4.　　　舊管：
5.　　　　人丁：計家男婦陸口。
　　　　　　（中缺 2 行）
6.　　　事產：
7.　　　　民田塘叁拾貳畝陸分。
　　　　　　（中缺 3 行）
8.　　　　　田貳拾陸畝壹分。
　　　　　　（中缺 2 行）
9.　　　　　　塘陸畝伍分。
　　　　　　（中缺 1 行）

---

① 據明代黄冊書寫格式可知，此處所缺文字應爲"秋糧米"。

10.　　　　　　　民草房屋貳間。
11.　　　新收：
　　　　　　　　（後缺）

卷十七第 10 葉背載：

　　　　　　　　（前缺）
1.　　　　　　　□①税鈔每畝科鈔肆文，該鈔貳拾伍文。
2.　　　　　　　□②糧米每畝科正米伍升，每斗帶耗米柒合，共
3.　　　　　　　米叁斗叁升柒合。
4.　　　　　　　正米叁斗壹升伍合，
5.　　　　　　　耗米貳升貳合。
（中缺 1 行）
6.　　　　　　　□□③鈔每畝科鈔捌拾文，該鈔陸拾肆文。
（中缺 1 行）
7.　　　　　　　　　　南里第伍圖民籍，充正德拾叁年甲首。
（中缺 2 行）
8.　　　　　　　　　　口，
9.　　　　　　　　　　口，
（中缺 2 行）

---

①　據明代黃冊書寫格式推斷，此處所缺應爲"夏"。
②　據明代黃冊書寫格式推斷，此處所缺應爲"秋"。
③　據明代黃冊書寫格式推斷，此處所缺應爲"夏稅"。

第二章　公文紙本古籍紙背所見明代黃冊文獻概述　165

10.　　　　　　　□①税鈔肆拾柒文，
11.　　　　　　　□②糧米正耗陸斗叁升壹合。
　　　　　　　　　　（中缺）
12.　　　　　　　□□□□③口：
13.　　　　　　　□□④壹口：本身，係原先漏報。
14.　　　　　　　□□□⑤貳口：
　　　　　　　　　　（後缺）

　　據卷二十八第 12 葉背第 3 行"一戶張森，係汀州府永定縣溪南里第"和卷十七第 10 葉背第 7 行"南里第伍圖民籍，充正德拾叁年甲首"，結合明代大造黃冊時間可知，其應爲正德七年（1512）福建汀州府永定縣溪南里第伍圖賦役黃冊殘葉。
　　據上舉兩葉黃冊的筆跡、行距、內容推斷，《樂府詩集》紙背現存正德七年（1512）永定縣黃冊共計 26 葉，分別爲：卷十七第 10 葉，卷二十八第 11—14 葉，卷二十九第 1—12 葉，卷三十第 1—9 葉。
　　其中，卷二十九第 2、3 葉背爲該黃冊開首總述部分，內容如下：
　　卷二十九第 2 葉背，應爲該黃冊冊首總述實在部分：

　　　　　　　　　　（前缺）
1.　　　　　　　內木匠戶壹戶，
2.　　　　　　　內隸伎戶壹戶。
3.　　　　帶管玖戶：
4.　　　　　　　新寄莊戶貳戶，
5.　　　　　　　新僧童壹戶，

---

① 據明代黃冊書寫格式推斷，此處所缺應爲"夏"。
② 據明代黃冊書寫格式推斷，此處所缺應爲"秋"。
③ 據文義及黃冊書寫格式推斷，此處所缺文字應爲"正收男婦叁"。
④ 據文義及黃冊書寫格式推斷，此處所缺文字應爲"成丁"。
⑤ 據文義及黃冊書寫格式推斷，此處所缺文字應爲"婦女大"。

6. 　　　　　原帶管人戶陸 戶 。
7. 　　　　　　人口柒百肆拾☐
8. 　　　　　　　　　男子☐
9. 　　　　　　　　　　成☐
10. 　　　　　　　　　　不☐
11. 　　　　　　　　　婦女 貳 ☐
12. 　　　　　　　　　　大☐
13. 　　　　　　　　　　小☐
14. 　　事產：
15. 　　　　官民田地塘山伍拾玖 頃 ☐
16. 　　　　　　　　　　夏☐
17. 　　　　　　　　　　秋☐
18. 　　　　　　　　　　租☐
19. 　　　　　官田地塘捌拾肆☐
20. 　　　　　　　　　　夏☐
21. 　　　　　　　　　　秋☐
　　　　　　　　　　（後缺）

卷二十九第 3 葉背，應爲冊首總述開除部分：

　　　　　　　　　（前缺）
1. 　　　　　　地壹拾陸 畆 柒分，
2. 　　　　　　塘伍拾捌畆伍分。
3. 　　　　　　正除民草房屋貳間。
4. 　　正除：全戶死絕人戶一戶。
5. 　　　一戶余廣真，於先年陸續逃稅死☐
6. 　　　人口伍口：

第二章　公文紙本古籍紙背所見明代黃冊文獻概述　167

7.　　　　　　　　　　男子☐

（中缺 2 行）

8.　　　　　　　　　　婦女☐
9.　　　　　正除：民草房屋貳間；
10.　　　　轉除：析居人戶貳戶。
11.　　　　轉除：人口肆口。
12.　　　　　　　　　　男子☐
13.　　　　　　　　　　婦女☐
14.　　　　一戶余福斌，原名繼叔余福廣，原係☐

（中缺 1 行）

15.　　　　轉除：人口貳口：
16.　　　　　　　　　　男子☐

（後缺）

　　按照小黃冊書寫習慣，總述部分戶數羅列順序一般爲：里甲正戶、帶管外役、畸零人戶，賦役黃冊大體應與之同。賦役黃冊里甲正戶爲 110 戶，據卷二十九第 2 葉背現存內容，則該里人戶總數應爲 119 戶左右（其他賦役黃冊中見有匠戶充甲首者，則該葉第 1—2 行可能爲里甲正戶，加帶管 9 戶，總數可能爲 119 戶），人口 740 口左右，則平均每戶 6 口左右。

　　由現存黃冊殘葉來看，該圖黃冊徵收田賦田地類型主要有田、地、山、塘，田賦類型現存有夏稅鈔、秋糧米、秋租米等。

（十）正德七年（1512）直隸應天府上元縣賦役黃冊

《樂府詩集》第二冊《目錄下》第 41 葉背載：

（前缺）

1.　　　秋 糧米每畞科正米伍升，每斗帶耗柒合，共米叁斗
　　　　肆升肆合。

（中缺 1 行）

2. ▢▢|鄉|民田叁畒肆分叁厘，於正德元年賣與本圖葉昇爲業。
3. 　　　夏稅麥正耗柒升叁合肆勺，
4. 　　　秋糧米正耗壹斗捌升叁合伍勺。
5. ▢▢|鄉|民田壹畒，於正德元年賣與本圖張倪成爲業。
6. 　　　夏稅麥正耗貳升壹合肆勺，
7. 　　　秋糧米正耗伍升叁合伍勺。
8. ▢▢|鄉|民田壹畒，於正德元年賣與尽節鄉貳圖葉公致爲業。
9. 　　　夏稅麥正耗貳升壹合肆勺，
10. 　　　秋糧米正耗伍升叁合伍勺。
11. ▢▢|鄉|民田壹畒，於正德元年賣與尽節鄉貳圖劉得富爲業。
12. 　　　夏稅麥正耗貳升壹合肆勺，
13. 　　　秋糧米正耗伍升叁合伍勺。
14. ▢▢|分|。
15. 　　　夏稅麥每畒科正麥貳升，每斗帶耗柒合，共麥伍升
16. 　　　　　　　柒合捌勺；
17. 　　　秋糧米每畒科正米叁升，每斗帶耗柒合，共米捌升陸
18. 　　　　　　　合玖勺。

　　　　　　　（後缺）

第二冊《目錄下》第59葉背載：

　　　　　　　（前缺）
1. 　　　　　綿肆分壹厘。
2. 　　　秋糧米正耗叁合柒勺。
3. ▢▢▢▢没官塘壹分，於正德元年兌與尽節鄉壹圖倪□□收。

4.　　　　　夏稅：
5.　　　　　　　絲壹分陸厘，
6.　　　　　　　綿柒厘。
7.　　　　　秋糧米正耗陸勺。
8.　　_____]沒官塘伍分陸厘，於正德元年兌與本圖葉昇收。
9.　　　　　夏稅：
10.　　　　　　　絲玖分，
11.　　　　　　　綿叁分玖厘。
12.　　　　　秋糧米正耗叁合陸勺。
13.　　_____]沒官塘貳分，於正德元年兌與尽節鄉貳圖葉
　　　　　瑝收。
14.　　　　　夏稅：
15.　　　　　　　絲叁分貳厘，
16.　　　　　　　綿壹分肆厘。
17.　　　　　秋糧米正耗壹合叁勺。
18.　　_____]沒官塘陸分，於正德元年兌與尽節鄉貳圖葉洪收。
19.　　　　　夏稅：
20.　　　　　　　絲玖分陸厘，
　　　　　　　　　（後缺）

　　此 2 葉文書中出現有"盡節鄉"壹圖、貳圖，查（萬曆）《上元縣志》卷二《鄉圖》載："洪武二十四年圖籍，上元十有八鄉，編戶凡二百有三里焉。自後歸併，今止轄百有五十。……盡節鄉，轄里七"。[①] 其中出現有"盡節鄉"，且鄉下直接轄里，未設都，與上引兩葉黃冊殘葉相同，故暫定其爲上元縣賦役黃冊殘葉。[②] 另據黃冊中出現的"於正德元年賣與/兌與"

---

①（萬曆）《上元縣志》卷2《鄉圖》，國家圖書館藏萬曆二十一年（1593）刻本，卷二第 2 頁。
② 紙背黃冊中曰"盡節鄉壹圖、貳圖"，（萬曆）《上元縣志》載："盡節鄉轄里七"，按（康熙）《永康縣志》卷1《鄉區》載："爲之限其地則曰里，按其籍則曰圖，以故圖之數，如其里之數"（《中國地方志叢書·華中地方·第五二八號》，成文出版社有限公司 1983 年版，第 85—86 頁），則"圖""里"兩者相通，故可曰"盡節鄉"下直接轄圖。

等語結合明代大造黃冊時間可知，其應爲正德七年（1512）直隸應天府上元縣某鄉某圖黃冊殘葉。

該黃冊殘葉現存較少，目前可確定者，除上引兩葉之外，另有卷八十七第 3 葉背，其內容如下：

（前缺）

1. 綿壹錢壹分玖厘。
2. 秋糧米正耗壹升玖勺。
3. ＿＿＿官塘叁畝貳分壹厘。
4. 夏稅：
5. 　　絲伍錢壹分肆厘，
6. 　　綿貳錢貳分伍厘。
7. 　秋糧米正耗貳升陸勺。
8. ＿＿＿拾叁畝捌分玖厘。
9. 夏稅：
10. 　麥正耗玖斗叁升玖合壹勺，
11. 　絲壹錢壹分貳厘，
12. 　綿肆分玖厘。
13. 秋糧米正耗貳石壹斗肆升捌合捌勺。
14. ＿＿＿叁拾叁畝玖分肆厘。
15. 夏稅麥正耗柒斗肆升壹合貳勺，
16. 秋糧米正耗壹石捌斗肆分①柒合叁勺。
17. ＿＿＿貳拾畝貳分。
18. 夏稅麥正耗肆斗叁升貳合叁勺，
19. 秋糧米正耗壹石捌升柒勺。
20. ＿＿＿拾貳畝肆分肆厘。

---

① 據文義推斷，"分"應爲"升"之訛。

第二章 公文紙本古籍紙背所見明代黃冊文獻概述   171

21. 　　　　　　　　[夏]稅麥正耗貳斗陸升陸合貳勺，
　　　　　　　　　（後缺）

由現存黃冊內容可知，該圖田賦徵收主要包括：夏稅麥、絲、綿、秋糧米等。其中，塘主要徵收夏稅麥、絲和秋糧米。

（十一）正德七年（1512）某縣東北隅第柒圖賦役黃冊
《樂府詩集》卷三十第 11 葉背載：

　　　　　　　　　（前缺）
1. 　　　[　　　　　　]東北隅第柒圖民籍，編充正德捌年甲首。
　　　　　　　　（中缺 2 行）
2. 　　　　　　　男子肆口，
3. 　　　　　　　婦女貳口。
　　　　　　　　（中缺 1 行）
4. 　　　[　　　　]柒]厘。
5. 　　　　　　　夏稅：
6. 　　　　　　　麥正耗陸升伍合陸勺，
7. 　　　　　　　絲叁兩貳錢伍分貳厘，
8. 　　　　　　　綿貳兩壹分叁厘。
　　　　　　　　（中缺 1 行）
9. 　　　　　　　夏稅：
10. 　　　　　　　麥正耗伍升柒合伍勺。
11. 　　　[　　　　]貳]厘。
12. 　　　　　　　夏稅：
13. 　　　　　　　麥正耗壹升壹合捌勺，
14. 　　　　　　　絲叁兩壹錢叁分柒厘，
15. 　　　　　　　綿壹兩玖錢肆分貳厘。
　　　　　　　　（中缺 1 行）

16.　　　　　　　　　夏稅：
17.　　　　　　　　　　　麥正耗肆勺，
18.　　　　　　　　　絲□錢□分伍厘，
　　　　　　　　　　（後缺）

　　據該葉第 1 行殘存"東北隅第柒圖民籍，編充正德捌年甲首"，結合明代大造黃冊時間可知，其應爲正德七年（1512）某縣東北隅第柒圖賦役黃冊。目前，《樂府詩集》紙背可確定爲該黃冊者，除此之外，另有第一冊《目錄上》第 41 葉背及卷三十第 10 葉背，内容如下：
　　第一冊《目錄上》第 41 葉背：

　　　　　　　　　　（前缺）
1.　　　　　　□□□①科絲捌分，共絲陸錢肆分；
2.　　　　　　□□□②科綿伍分貳厘，共綿肆錢壹分陸厘。
3.　　　_____□買到本鄉壹圖熊福户下山。
　　　　　　　　　（中缺 1 行）③
4.　　　　　　□□□④科麥叁抄肆撮，每斗帶耗柒合，共麥柒勺；
5.　　　　　　□□□⑤科絲捌分，共絲壹兩陸錢；
6.　　　　　　□□□⑥科綿伍分貳厘，共綿壹兩肆分。
7.　　　_____]到在城肆圖党奇户下山。
　　　　　　　　　（中缺 1 行）⑦

———————
①　據文義及明代黃冊書寫格式推斷，此處所缺文字應爲"絲每畝"。
②　據文義及明代黃冊書寫格式推斷，此處所缺文字應爲"綿每畝"。
③　據文義及明代黃冊書寫格式推斷，此處所缺 1 行文字應爲"夏稅"。
④　據文義及明代黃冊書寫格式推斷，此處所缺文字應爲"麥每畝"。
⑤　據文義及明代黃冊書寫格式推斷，此處所缺文字應爲"絲每畝"。
⑥　據文義及明代黃冊書寫格式推斷，此處所缺文字應爲"綿每畝"。
⑦　據文義及明代黃冊書寫格式推斷，此處所缺 1 行文字應爲"夏稅"。

第二章　公文紙本古籍紙背所見明代黃冊文獻概述　173

8.　　　　□□□①科麥叁抄肆撮，每斗帶耗柒合，共麥貳勺；
9.　　　　□□□②科絲捌分，共絲貳錢肆分；
10.　　　　□□□③科綿伍分貳厘，共綿壹錢伍分陸厘。
11.　────────分，買到本鄉壹圖蔡成六戶下山。
　　　　　　　（中缺1行）④
12.　　　　□□□□⑤麥叁抄肆撮，每斗帶耗柒合，共麥壹勺；
13.　　　　□□□□⑥絲捌分，共絲壹錢貳分；
14.　　　　□□□□⑦綿伍分貳厘，共綿柒分貳厘。
15.　─────────到本鄉肆圖陳齊九戶下山。
　　　　　　　（中缺1行）⑧
16.　　　　□□□□⑨麥叁勺貳抄伍撮，每斗帶耗柒合，共麥壹合；
17.　　　　□□□□⑩絲玖分貳厘陸毫，共絲貳錢柒分捌厘；
18.　──────────────────⑪
　　　　　　　（後缺）

卷三十第 10 葉背：

---

① 據文義及明代黃冊書寫格式推斷，此處所缺文字應爲"麥每畝"。
② 據文義及明代黃冊書寫格式推斷，此處所缺文字應爲"絲每畝"。
③ 據文義及明代黃冊書寫格式推斷，此處所缺文字應爲"綿每畝"。
④ 據文義及明代黃冊書寫格式推斷，此處所缺1行文字應爲"夏稅"。
⑤ 據文義及明代黃冊書寫格式推斷，此處所缺文字應爲"麥每畝科"。
⑥ 據文義及明代黃冊書寫格式推斷，此處所缺文字應爲"絲每畝科"。
⑦ 據文義及明代黃冊書寫格式推斷，此處所缺文字應爲"綿每畝科"。
⑧ 據文義及明代黃冊書寫格式推斷，此處所缺1行文字應爲"夏稅"。
⑨ 據文義及明代黃冊書寫格式推斷，此處所缺文字應爲"麥每畝科"。
⑩ 據文義及明代黃冊書寫格式推斷，此處所缺文字應爲"絲每畝科"。
⑪ 據文義及明代黃冊書寫格式推斷，此行文字應爲"科綿"數量。

（前缺）

1. ＿＿＿＿＿＿陸畝玖分伍厘。
2. □□□□①畝科正麥貳升，每斗帶耗柒合，共麥壹石陸斗肆升陸合柒勺。
3. 　　　□□②壹石伍斗叁升玖合；耗米壹斗柒合柒勺。
4. ＿＿＿＿分。
5. 　　　　　夏稅麥正耗貳升叁合伍勺，
6. 　　　　　絲玖兩捌錢玖分柒厘，
7. 　　　　　綿陸兩貳錢玖分叁厘。
8. ＿＿＿＿畝貳分。
9. □□□□③畝科麥叁勺叁抄伍撮，每斗帶耗柒合，共麥肆勺；
10. □□□④科絲玖分貳厘陸毫，共絲壹錢壹分柒厘；
11. □□□⑤科綿伍分柒厘叁毫，共綿陸分玖厘。
12. ＿＿＿＿頃伍拾玖畝叁分。
13. □□□□⑥畝科麥壹勺叁抄柒撮，每斗帶耗柒合，共麥貳升叁合；
14. □□□⑦科絲伍分壹厘，共絲玖兩柒錢捌分陸厘。

---

① 據文義及明代黃冊書寫格式推斷，此處所缺文字應爲"夏稅麥每"。
② 據文義及明代黃冊書寫格式推斷，此處所缺文字應爲"正麥"。
③ 據文義及明代黃冊書寫格式推斷，此處所缺文字應爲"夏稅麥每"。
④ 據文義及明代黃冊書寫格式推斷，此處所缺文字應爲"絲每畝"。
⑤ 據文義及明代黃冊書寫格式推斷，此處所缺文字應爲"綿每畝"。
⑥ 據文義及明代黃冊書寫格式推斷，此處所缺文字應爲"夏稅麥每"。
⑦ 據文義及明代黃冊書寫格式推斷，此處所缺文字應爲"絲每畝"。

第二章　公文紙本古籍紙背所見明代黃冊文獻概述　175

(中缺 1 行)

15. 　　　□□□①科綿肆分壹絲，共綿陸兩貳錢貳分肆厘。
16. 　　　_____柒厘。
17. 　　　　　　夏稅麥正耗叁合肆勺，
18. 　　　　　　絲壹兩貳錢柒分伍厘，
19. 　　　　　　綿捌錢柒分叁厘。
20. 　　　_____壹分柒厘。
21. 　　　□□□□②畝科麥叁勺叁抄伍撮，每斗帶耗柒合，共麥壹勺；
22. 　　　□□□③科絲玖分貳厘陸毫，共絲壹分陸厘；
23. 　　　□□□④科綿伍分柒厘叁毫，共綿玖厘柒毫。

(後缺)

該黃冊現存3葉殘葉當中，僅見有夏稅麥、絲、綿的相關內容，未見有秋糧內容。

（十二）正德七年（1512）某縣貳拾捌都第柒里賦役黃冊

《樂府詩集》卷三十第 12 葉背載：

(前缺)

1. 　　　_____□□□□。
2. 　　　_____毫。
3. 　　　　　□□□⑤麥正耗壹升壹合玖勺，

---

① 據文義及明代黃冊書寫格式推斷，此處所缺文字應爲"綿每畝"。
② 據文義及明代黃冊書寫格式推斷，此處所缺文字應爲"夏稅麥每"。
③ 據文義及明代黃冊書寫格式推斷，此處所缺文字應爲"絲每畝"。
④ 據文義及明代黃冊書寫格式推斷，此處所缺文字應爲"綿每畝"。
⑤ 據文義及明代黃冊書寫格式推斷，此處所缺文字應爲"夏稅小"。

4.　　　　　　　　□①叁分捌厘叁毫，
5.　　　　　　　　□②□厘叁毫。
　　　　　　　　（中缺 2 行）
6.　　　　＿＿＿＿＿□，於正德元年病故。
7.　　　　＿＿＿＿＿絲地伍厘，出賣與時雷爲業。
8.　　　　　　□□③小麥每畝科正麥叁升，每斗帶耗麥叁合
9.　　　　　　　　　　　伍勺，共該壹合陸勺。
10.　　　　　　□④每畝科絲壹錢，該絲伍厘。
　　　　　　　　（中缺 2 行）
11.　　　　　　□□⑤成丁貳口：
12.　　　　　　　　　本身，年叁拾肆歲；
13.　　　　　　　　　弟諸栢，年貳拾歲。
　　　　　　　　　（後缺）

　　由該葉第 6 行"於正德元年病故"一語，結合明代大造黃冊時間可知，其應爲正德七年（1512）某縣賦役黃冊殘葉。

　　另，卷二十三第 1 葉背與上舉卷三十第 13 葉背字跡相同，可確定應爲同一黃冊殘葉，內容如下：

　　　　　　　　　（前缺）
1.　　　　　　□□⑥米每畝科正米伍升，每斗帶耗米
　　　　　　　柒合，共該貳
2.　　　　　　　　　　合壹勺。
3.　　　　　　　　　正米貳合，

---

① 據文義及明代黃冊書寫格式推斷，此處所缺文字應爲"絲"。
② 據文義及明代黃冊書寫格式推斷，此處所缺文字應爲"綿"。
③ 據文義及明代黃冊書寫格式推斷，此處所缺文字應爲"夏稅"。
④ 據文義及明代黃冊書寫格式推斷，此處所缺文字應爲"絲"。
⑤ 據文義及明代黃冊書寫格式推斷，此處所缺文字應爲"男子"。
⑥ 據文義及明代黃冊書寫格式推斷，此處所缺文字應爲"秋糧"。

第二章　公文紙本古籍紙背所見明代黃冊文獻概述　177

4.　　　　　　　　　　耗米壹勺。
5.　　　　　＿＿＿＿壹畝貳分柒厘。
6.　　　　　　　　　小麥每畝科正麥叁升，每斗帶耗麥
　　　　　　　　　　叁合伍
7.　　　　　　　　　　　　勺，共該叁升玖合肆勺。
8.　　　　　　　　　正麥叁升捌合壹勺，
9.　　　　　　　　　耗麥壹合叁勺。
10.　　　　　　　　　□①每畝科絲壹錢，該絲壹錢貳分
　　　　　　　　　　柒厘；
11.　　　　　＿＿＿＿＿絲壹錢，該絲叁分叁厘叁毫。
　　　　　　　　（中缺 1 行）
12.　　　　＿＿＿＿＿＿鄉貳拾捌都第柒里民。
　　　　　　　　（中缺 2 行）
13.　　　　　　　＿＿＿口，
14.　　　　　　　＿＿＿口。
　　　　　　　　（中缺 1 行）
15.　　　　　＿＿＿＿＿柒毫，桑貳株。
　　　　　　　　　（後缺）

　　據該葉文書第 12 行"鄉貳拾捌都第柒里民"一語，可確知該正德七年黃冊應爲某縣某鄉貳拾捌都第柒里黃冊殘葉。除上舉兩葉外，從筆跡、行距、內容來看，《樂府詩集》紙背可確定與其爲同一黃冊者，另有卷二十八第 6 葉背，其內容如下：

　　　　　　　　　（前缺）
1.　　　　　＿＿＿＿＿畝科絲壹錢，該絲壹錢貳分陸厘貳毫。
2.　　　　　　＿＿＿＿壹畝伍分玖厘叁毫，夏稅絲每畝科絲

---

①　據文義及明代黃冊書寫格式推斷，此處所缺文字應爲"絲"。

178　新發現古籍紙背明代黃冊文獻復原與研究

　　　　　　　肆分，
3.　　　　　　　　　　　　　該絲陸分參厘玖毫。
4.　　　　　＿＿＿＿絲壹錢，該絲陸分陸厘柒毫。
　　　　　　（中缺2行）①
5.　　　　□□②參口：
6.　　　　□③丁壹口：本身，年伍拾歲。
7.　　　　□④成丁貳口：
8.　　　　　　男金松，年壹拾伍歲；
9.　　　　　　男金榆，年壹拾肆歲。
10.　　　□□⑤大貳口：
11.　　　　　妻吳氏，年肆拾歲；
12.　　　　　男婦張氏，年貳拾歲。
　　　　　　（中缺1行）⑥
13.　　＿＿＿＿＿＿毫，桑貳株。
　　　　　　（中缺1行）⑦
14.　　　　□⑧小麥正耗參升玖合貳勺，
15.　　　　絲 壹錢玖分壹毫，
16.　　　　鈔 壹文肆分。
　　　　　　　（後缺）

由現存內容來看，該里田賦徵收主要含麥、絲、鈔等。

---

① 據文義及明代黃冊書寫格式推斷，此處所缺2行文字應爲"實在：／人口伍口"。
② 據文義及明代黃冊書寫格式推斷，此處所缺文字應爲"男子"。
③ 據文義及明代黃冊書寫格式推斷，此處所缺文字應爲"成"。
④ 據文義及明代黃冊書寫格式推斷，此處所缺文字應爲"不成"。
⑤ 據文義及明代黃冊書寫格式推斷，此處所缺文字應爲"婦女"。
⑥ 據文義及明代黃冊書寫格式推斷，此處所缺1行文字應爲"事產"。
⑦ 據文義及明代黃冊書寫格式推斷，此處所缺1行文字應爲"夏稅"。
⑧ 據文義及明代黃冊書寫格式推斷，此處所缺文字應爲"麥"。

（十三）嘉靖十一年（1532）賦役黃冊

《樂府詩集》卷一百第 8 葉背載：

（前缺）

1. ▭毫。
2. □①稅：
3. 　　　麥正耗柒升肆合玖勺。
4. □②糧米正耗壹斗柒升玖合捌勺。
5. □③豆正耗貳升肆合。

（中缺 1 行）

6. □□□④正耗伍升玖合玖勺，
7. □□□⑤正耗壹斗柒升玖合捌勺。
8. ▭□村民田壹畝伍分，嘉靖玖年貳月实買到本圖民戶單鑑壹戶下田。
9. □□□⑥每畝科正麥貳升，每斗加耗柒合，共正耗麥叁升貳合壹勺。
10. □□□□⑦畝科正米陸升，每斗加耗柒合，共正耗米玖升陸合叁勺。
11. ▭□埠民田壹畝叁分，嘉靖拾年捌月实買到本圖匠戶徐付貳戶下田。

---

① 據文義及紙背同一黃冊書寫格式推斷，此處所缺文字應爲"夏"。
② 據文義及紙背同一黃冊書寫格式推斷，此處所缺文字應爲"秋"。
③ 據文義及紙背同一黃冊書寫格式推斷，此處所缺文字應爲"黃"。
④ 據文義及紙背同一黃冊書寫格式推斷，此處所缺文字應爲"夏稅麥"。
⑤ 據文義及紙背同一黃冊書寫格式推斷，此處所缺文字應爲"秋糧米"。
⑥ 據文義及紙背同一黃冊書寫格式推斷，此處所缺文字應爲"夏稅麥"。
⑦ 據文義及紙背同一黃冊書寫格式推斷，此處所缺文字應爲"秋糧米每"。

12.　　　　□□□□①畝科正麥貳升，每斗加耗柒合，共正耗麥貳升柒合捌勺。
13.　　　　□□□□②畝科正米陸升，每斗加耗柒合，共正耗米捌升叁合肆勺。
　　　　　　　（中缺 1 行）
14.　　　　□□③麥正耗壹升伍合，
15.　　　　□□④豆正耗貳升肆合。
16.　　　　　　　　　前民地陸分，嘉靖貳年叁月实買到本圖民戶賀大壹戶下地。
17.　　　　□□□□⑤畝科正麥貳升，每斗加耗柒合，共正耗麥壹升貳合捌勺。
18.　　　　□□□□⑥畝科正豆叁升，每斗加耗柒合，共正耗豆壹升玖合貳勺。
　　　　　　　（後缺）

　　從現存內容來看，本葉應爲某戶賦役黃冊的"新收"事產部分，據第 8 行"嘉靖玖年貳月实買到"、第 11 行"嘉靖拾年捌月实買到"、第 16 行"嘉靖貳年叁月实買到"等語結合明代大造時間可知，該賦役黃冊應爲嘉靖十一年（1532）某地攢造。

　　據筆跡、行距、內容等判斷，《樂府詩集》紙背現存賦役黃冊中，可確定與該葉黃冊爲同一黃冊者，另有 4 葉，分別爲：卷七十八第 5、6 葉背，卷一百第 4、7 葉背，各葉內容如下：

　　卷七十八第 5 葉背：

---

① 據文義及紙背同一黃冊書寫格式推斷，此處所缺文字應爲"夏稅麥每"。
② 據文義及紙背同一黃冊書寫格式推斷，此處所缺文字應爲"秋糧米每"。
③ 據文義及紙背同一黃冊書寫格式推斷，此處所缺文字應爲"夏稅"。
④ 據文義及紙背同一黃冊書寫格式推斷，此處所缺文字應爲"秋糧"。
⑤ 據文義及紙背同一黃冊書寫格式推斷，此處所缺文字應爲"夏稅麥每"。
⑥ 據文義及紙背同一黃冊書寫格式推斷，此處所缺文字應爲"秋糧豆每"。

第二章　公文紙本古籍紙背所見明代黃冊文獻概述　181

（前缺）

1. 　　　　□□□□①|畝|科正米陸升，每斗加耗柒合，共該正耗麥②玖合壹勺。
2. 　　　　——————□村民田貳分伍厘，嘉靖陸年三月实賣與本圖民戶徐信四戶下收。
3. 　　　　□□□□③畝科正麥貳升，每斗帶耗柒合，共該正耗麥伍合叁勺。
4. 　　　　□□□□④畝科正米陸升，每斗加耗柒合，共該正耗米壹升陸合。
5. 　　　　男子不成丁壹口：本身，年柒拾伍歲。⑤
6. 　　　　婦女大壹口：王氏，年柒拾伍歲。
7. ——————————捌厘伍毫。
　　　　（中缺1行）⑥
8. 　　　　□⑦|正|耗壹石伍斗伍升陸合叁勺，
9. 　　　　□⑧|壹|錢捌分肆厘。
　　　　（中缺1行）⑨
10. 　　　□⑩|正|耗叁石柒斗陸升壹合捌勺，
11. 　　　□⑪|正|耗貳斗柒升捌合貳勺。

————————

① 據文義及紙背同一黃冊書寫格式推斷，此處所缺文字應爲"秋糧米每"。
② 據文義及紙背同一黃冊書寫格式推斷，此處"麥"應爲"米"之訛。
③ 據文義及紙背同一黃冊書寫格式推斷，此處所缺文字應爲"夏稅麥每"。
④ 據文義及紙背同一黃冊書寫格式推斷，此處所缺文字應爲"秋糧米每"。
⑤ 據文義及明代黃冊書寫格式推斷，第4、5行之間應脫2行文字："實在：／人口貳口"。
⑥ 據文義及紙背同一黃冊書寫格式推斷，此處所缺1行文字應爲"夏稅"。
⑦ 據文義及紙背同一黃冊書寫格式推斷，此處所缺文字應爲"麥"。
⑧ 據文義及紙背同一黃冊書寫格式推斷，此處所缺文字應爲"絲"。
⑨ 據文義及紙背同一黃冊書寫格式推斷，此處所缺1行文字應爲"秋糧"。
⑩ 據文義及紙背同一黃冊書寫格式推斷，此處所缺文字應爲"米"。
⑪ 據文義及紙背同一黃冊書寫格式推斷，此處所缺文字應爲"豆"。

12. _____□毫。

（中缺1行）①

13. □②正耗肆升玖合陆勺。

（中缺1行）③

14. □④正耗壹斗貳升玖合肆勺。

15. _____□毫。

16. □□⑤麥正耗叁升陸合捌勺，

17. □□□⑥正耗壹斗貳升玖合肆勺。

18. _____田肆厘陸毫。

（後缺）

卷七十八第6葉背：

（前缺）

1. _____叁錢玖分貳厘叁毫。

2. □□米正耗壹石貳斗叁升柒合玖勺，

3. □□豆正耗貳斗壹升捌合。

（中缺1行）

4. □□麥正耗貳升，

5. □□米正耗玖升陸合伍勺，

6. □□豆正耗貳合伍勺。

---

① 據文義及紙背同一黃冊書寫格式推斷，此處所缺1行文字應爲"夏稅"。
② 據文義及紙背同一黃冊書寫格式推斷，此處所缺文字應爲"麥"。
③ 據文義及紙背同一黃冊書寫格式推斷，此處所缺1行文字應爲"秋糧"。
④ 據文義及紙背同一黃冊書寫格式推斷，此處所缺文字應爲"米"。
⑤ 據文義及紙背同一黃冊書寫格式推斷，此處所缺文字應爲"夏稅"。
⑥ 據文義及紙背同一黃冊書寫格式推斷，此處所缺文字應爲"秋糧米"。

第二章　公文紙本古籍紙背所見明代黃冊文獻概述　183

7.　　　▭▭▭▭毫。
8.　　▭▭麥正耗壹升柒合伍勺，
9.　　▭▭米正耗玖升陸合伍勺。
　　　　　　　（中缺 1 行）
10.　　▭▭麥正耗貳合伍勺，
11.　　▭▭豆正耗貳合伍勺。
12.　　　▭▭▭▭伍厘伍毫。
13.　　▭▭麥正耗伍斗伍升叁合肆勺，
14.　　▭▭絲叁錢玖分貳厘，
15.　　▭▭米正耗壹石壹斗肆升叁合貳勺，
16.　　▭▭豆正耗貳斗捌合叁勺。
17.　　　▭▭▭▭分。
18.　　▭▭麥正耗叁斗陸升貳勺，
19.　　▭▭米正耗壹石壹斗肆升叁合貳勺。
　　　　　　　（後缺）

卷一百第 4 葉背：

　　　　　　　（前缺）
1.　　　▭▭▭▭▭▭
　　　　　　　（中缺 1 行）
2.　　　▭▭▭▭▭厘肆毫。
　　　　　　（中缺 1 行）①
3.　　　　　　▭▭②耗貳斗陸升伍合壹勺，

---

① 據文義及紙背同一黃冊書寫格式推斷，此處所缺 1 行文字應爲"夏稅"。
② 據文義及紙背同一黃冊書寫格式推斷，此處所缺文字應爲"麥正"。

4. ☐①肆 錢伍厘陸毫。

（中缺 1 行）②

5. ☐③正耗陸斗玖升陸合壹勺，

6. ☐④貳斗玖升壹合捌勺。

7. ＿＿＿＿貳毫。

8. ☐☐☐☐⑤耗貳斗陸升伍合壹勺，

9. ☐☐☐⑥正耗陸斗玖升壹合陸勺。

10. ＿＿＿＿壹民田壹畝玖分捌厘陸毫。

11. ☐☐☐⑦每畝科正麥貳升，每斗加耗柒合，共該正耗麥肆升貳合柒勺。

12. 　　　　　正麥叁升玖合柒勺，

13. 　　　　　耗麥叁合。

14. ☐☐☐☐⑧畝科正米陸升，每斗加耗柒合，共該正耗米壹斗貳升柒合肆勺。

15. 　　　　　正米壹斗壹升玖合壹勺，

16. 　　　　　耗米捌合叁勺。

17. ＿＿＿＿米山下民田肆畝壹分柒厘捌毫。

18. ☐☐☐⑨每畝科正麥貳升，每斗加耗柒合，共該正耗麥捌升玖合陸勺。

---

① 據文義及紙背同一黃冊書寫格式推斷，此處所缺文字應爲"絲"。
② 據文義及紙背同一黃冊書寫格式推斷，此處所缺 1 行文字應爲"秋糧"。
③ 據文義及紙背同一黃冊書寫格式推斷，此處所缺文字應爲"米"。
④ 據文義及紙背同一黃冊書寫格式推斷，此處所缺文字應爲"豆"。
⑤ 據文義及紙背同一黃冊書寫格式推斷，此處所缺文字應爲"夏稅麥正"。
⑥ 據文義及紙背同一黃冊書寫格式推斷，此處所缺文字應爲"秋糧米"。
⑦ 據文義及紙背同一黃冊書寫格式推斷，此處所缺文字應爲"夏稅麥"。
⑧ 據文義及紙背同一黃冊書寫格式推斷，此處所缺文字應爲"秋糧米每"。
⑨ 據文義及紙背同一黃冊書寫格式推斷，此處所缺文字應爲"夏稅麥"。

第二章　公文紙本古籍紙背所見明代黃冊文獻概述　185

19.　　　　　　　正麥捌升叁合伍勺，
　　　　　（後缺）

卷一百第 7 葉背：

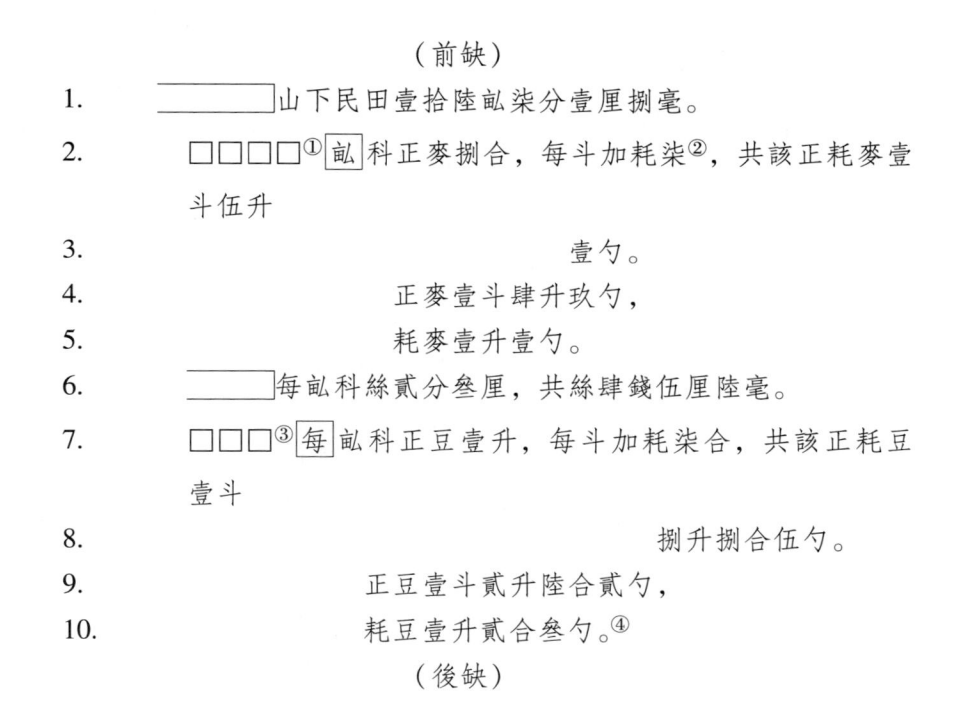

　　　　　　　　　（前缺）
1.　　_____山下民田壹拾陸畝柒分壹厘捌毫。
2.　　□□□□①畝科正麥捌合，每斗加耗柒②，共該正耗麥壹斗伍升
3.　　　　　　　　　　　壹勺。
4.　　　　　　　正麥壹斗肆升玖勺，
5.　　　　　　　耗麥壹升壹勺。
6.　　_____每畝科絲貳分叁厘，共絲肆錢伍厘陸毫。
7.　　□□□③每畝科正豆壹升，每斗加耗柒合，共該正耗豆壹斗
8.　　　　　　　　　　捌升捌合伍勺。
9.　　　　　　　正豆壹斗貳升陸合貳勺，
10.　　　　　　　耗豆壹升貳合叁勺。④
　　　　　（後缺）

　　據目前現存該黃冊殘葉來看，其徵收田賦類型主要包括夏稅麥、絲和秋糧米、豆。

（十四）嘉靖四十一年（1562）山西汾州南郭西廂關廂第拾壹圖賦役黃冊
《樂府詩集》目錄上第 21 葉背載：

---

① 據文義及紙背同一黃冊書寫格式推斷，此處所缺文字應爲"夏稅麥"每。
② 據文義及紙背同一黃冊書寫格式推斷，此處"柒"字後應脫一"合"字。
③ 據文義及紙背同一黃冊書寫格式推斷，此處所缺文字應爲"秋糧豆"。
④ 第 7—10 行上下數據有誤。

（前缺）

1. 　　　　　　　　　　任□妻阿□，年□
2. 　　　　　　　　　　任森妻阿王，年□
3. 　　　　　　　　　　任莊兒妻阿張，□
4. 　　　　　　　　　　任長孫妻阿李，□
5. 　　　事產：
6. 　　　　　　本圖汾臺民地貳拾陸畝捌分貳厘□

（中缺 2 行）

7. 　　　　　　汾臺平地貳拾陸畝叁分玖厘柒毫，每畝□

（中缺 2 行）

8. 　　　　　　尖角鹻地肆分叁厘，每畝科正叁升伍合，每斗□
9. 　　　房屋：
10. 　　　　　瓦房伍間，
11. 　　　　　瓦厦房貳厦。
12. 　　　　　民桑貳珠①，每珠歲徵絲壹錢，共該絲貳□②。
13. 　　　　　車輛：大車壹輛。
14. 　　　　　頭匹：牛大壹隻。

---

① 據文義推斷，"珠"應爲"株"之訛。
② 據文義推斷，此處所缺文字應爲"錢"。

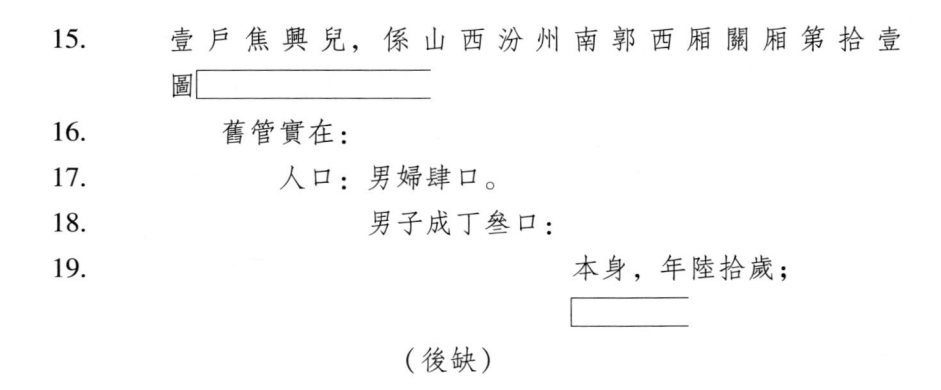

15.　　壹戶焦興兒，係山西汾州南郭西廂關廂第拾壹
　　　　圖▢▢▢▢▢▢▢▢▢
16.　　　　舊管實在：
17.　　　　　　人口：男婦肆口。
18.　　　　　　　　男子成丁叁口：
19.　　　　　　　　　　　本身，年陸拾歲；
　　　　　　　　　　　　▢▢▢▢
　　　　　　　　（後缺）

　　據該葉第 15 行"焦興兒，係山西汾州南郭西廂關廂第拾壹圖"等語可知，該黃冊應爲山西汾州南郭西廂關廂第拾壹圖賦役黃冊殘葉。

　　另，卷八十一第 6 葉背與上舉目錄上第 21 葉背字跡、行距相同，內容相關，可確定爲同一黃冊殘葉。其內容如下：

　　　　　　　　　　（前缺）
1.　　　　　▢▢▢▢▢年故；田保兒，於嘉靖叁拾叁年故；
2.　　　　　▢▢▢▢▢故。
　　　　　　（中缺 5 行）
3.　　　　　▢▢▢▢▢壹歲；田過軍妻阿李，年叁拾玖歲。
　　　　　　（中缺 1 行）①
4.　　　　　▢▢▢▢▢▢▢稅糧正耗捌斗壹合伍勺捌抄壹撮貳圭
　　　　伍粒。
5.　　　　　　　夏稅麥正耗伍斗肆升叁合貳勺玖抄貳撮
　　　　　　　伍圭，
6.　　　　　　　秋糧米正耗貳斗伍升捌合貳勺捌抄捌撮
　　　　　　　柒圭伍粒。
7.　　　　　▢▢▢▢▢每斗帶耗柒合，共該稅糧正耗柒斗肆升

---

①　據文義及紙背同一黃冊書寫格式推斷，此處所缺 1 行文字應爲"事產"。

伍合肆勺陸撮貳圭伍粒。

8.　　　　　　　夏稅麥正耗肆斗捌升柒合壹勺壹抄柒撮伍圭，

9.　　　　　　　秋糧米正耗貳斗伍升捌合貳勺捌抄捌撮柒圭伍粒。

10.　　▭▭▭▭▭柒合，共該夏稅麥正耗伍升伍合壹勺柒抄伍撮。

（中缺 1 行）

11.　　▭▭▭▭▭第拾壹圖本①匠戶，充嘉靖肆拾捌年甲首。

（後缺）

由該葉文書第 11 行"木匠戶，充嘉靖肆拾捌年甲首"，結合明代大造黃冊時間可知，該黃冊應爲嘉靖四十一年（1562）攢造。

根據上述 2 葉的筆跡、行距、內容推斷，《樂府詩集》紙背屬於嘉靖四十一年（1562）山西汾州南郭西廂關廂第拾壹圖賦役黃冊者，共 31 葉，分別爲：目錄上第 2—11、20—29、32、33 葉，卷三第 15、17 葉，卷八十一第 5、6、8—12 葉。

其中，卷八十一第 8、9 葉爲該黃冊冊首總述部分。卷八十一第 8 葉云：

（前缺）

1.　　民桑伍株，每株歲徵絲壹錢，共該絲▭▭②。
2.　　民棗貳根，每根歲徵粟米肆升，折▭▭▭▭▭
3.　　車輛：大車壹拾肆輛。
4.　　頭匹：
5.　　　　牛大貳拾玖隻，
6.　　　　驢大貳拾捌頭。

---

① 據文義推斷，"本"字應爲"木"字之訛。
② 據文義推斷，此處所缺文字應爲"伍錢"。

7.　　開除：
8.　　　　人口：正除死亡男婦貳百貳拾貳口。
9.　　　　　　男子壹百貳拾捌口：
10.　　　　　　　成丁壹百捌口，
11.　　　　　　　不成丁貳拾口。
12.　　　　　　婦女大玖拾肆口。
13.　　事產：
14.　　　　民地玖拾伍畝壹分肆厘貳毫，共該▢
　　　　　（中缺3行）
15.　　　　平地捌拾玖畝壹分玖厘貳毫，每畝▢
　　　　　（中缺2行）
16.　　　　坡地伍畝玖分伍厘，每畝科正伍升▢
　　　　　（後缺）

據黃冊書寫格式可知，該葉第1—6行應爲第拾壹圖的"新收"事產總述；第7—16行則應爲該圖"開除"人丁、事產總述。

卷八十一第9葉背載：

　　　　　　（前缺）
1.　　　　平地貳拾柒畝貳厘陸毫，每畝科正柒▢
　　　　　（中缺2行）
2.　　　　坡地壹畝貳厘，每畝科正伍升伍合，每▢
3.　　房屋：
4.　　　　瓦房玖間，
5.　　　　瓦厦房貳厦，
6.　　　　土房壹厦。
7.　　頭匹：

8.　　　　　　　牛大壹隻，
9.　　　　　　　驢大貳頭。
10.　　　油匠壹戶：
11.　　　　　人口男婦捌口：
12.　　　　　　　男子成丁叄口，
13.　　　　　　　婦女大伍口。
14.　　　　　事產：
15.　　　　　　　民地叄拾陸畝伍分肆厘貳毫，共該稅□□□□
　　　　　　　　（中缺 2 行）
16.　　　　　　　平地叄拾壹畝肆分肆厘貳毫，每畝科□□□□
　　　　　　　　　（後缺）

　　從文書內容來看，其應爲"實在"人丁、事產內容，且由第10—16行"油匠戶"內容可知，在賦役黃冊冊首總述部分，除了記載"實在"人丁、事產總數外，還需列出每一種人戶的人口、事產總數。此對於我們理解賦役黃冊總體要素構成，無疑具有較爲重要的史料價值。

　　由現存黃冊殘葉來看，該黃冊的一個突出特點即是，"田產"變動極少。據統計，目前32葉黃冊殘葉中，共存45戶人戶黃冊信息，其中14戶信息因殘損，開除、新收情況不明外，剩餘31戶信息中，有12戶舊管實在相同，即人丁、事產均未發生變動；16戶人戶僅有開除或新收人口，即僅人丁發生變化，事產未變動；祇有3戶人戶的事產，田產發生了變動。

　　另外，從現存黃冊內容來看，其中存有軍戶，軍戶除注明充軍、補役緣由之外，還存有戶下僅戶主1人，且戶主年歲超過100多歲的人戶信息，如目錄上第24葉背載：

　　　　　　　　　（前缺）
1.　　　　祖軍壹名李昭先，於洪武年間爲吏役事，問發□□□□

2.　　　　禦千戶所百戶范下軍帶操，於成化叁年死亡後☐
3.　　　舊管實在：
4.　　　　人口：男子不成丁壹口：本身，年壹百肆拾玖☐①
5.　　　　房屋：
6.　　　　　瓦房叁間，
7.　　　　　瓦厦房貳厦。
8.　　壹戶曹壯壯，係山西汾州南郭西厢關厢第拾壹圖☐
9.　　　祖軍壹名曹壯壯，先於洪武貳拾伍年爲抽取人丁☐
10.　　　舊管實在：
11.　　　　人口：男子不成丁壹口：本身，年壹百捌拾玖歲。
12.　　　　房屋：賃住。
13.　　壹戶田李鄭，係山西汾州南郭西厢關厢第拾壹圖☐
14.　　　舊管實在：
15.　　　　人口：男子不成丁②：本身，年壹百伍拾叁歲。
16.　　　　事產：
17.　　　　　民平地伍厘，每畝科正柒升伍合，每斗帶耗柒☐
18.　　　　房屋：瓦房壹間。
19.　　壹戶任收兒，係山西汾州南郭西厢關厢第拾壹圖☐
20.　　　舊管實在：
21.　　　　人口：男子不成丁壹口：本身年壹百叁拾歲。
　　　　　　　　（後缺）

---

① 據文義推斷，此處所缺文字應爲"歲"。
② 據同葉類似內容可知，"丁"字後應脫"壹口"二字。

其中出現李某年壹百肆拾玖歲、曹壯壯年壹百捌拾玖歲、田李鄭年壹百伍拾叁歲、任收兒年壹百叁拾歲，明顯不合常理。而此類人口極少、年歲偏大的人戶下，均事產較少，或無田地，或田地極少。張恆經過考證認爲，此類人戶應爲"絕戶"，因是絕戶，並無相關的土地和人口變動，故而將"舊管"和"實在"項合併到一起，其實質即在黃冊上保留戶頭。軍戶是爲方便勾補，民戶則是爲應付朝廷下派的賦役徵派。另外，絕戶雖是人口故絕，但其事產下還存有土地、車輛、頭匹和房屋等內容，其應是黃冊上保留絕戶重要原因之一。①

另外，該批黃冊在人戶登載信息中，還出現有不見於其他黃冊的"營生"項內容，如目錄上第 3 葉背載：

（前略）

14.　　壹戶田鎖住，係山西汾州南郭西廂關廂第 拾
15.　　祖軍壹名田剛，先於宣德叁年爲清理 軍
16.　　將男田又丁②紀錄在官後，又出幼之時替
17.　　舊管實在：
18.　　人口：男子不成丁壹口：本身年捌 拾
19.　　事產：
20.　　房屋：賃住。
21.　　營生：貨郎。

（後略）

目錄上第 2 葉背載：

---

① 張恆：《新見明代山西汾、應二州賦役黃冊考釋》，《文史》2020 年第 3 輯。
② 本戶"男田又丁"與同葉第 1 行"男田又丁"分屬兩戶，疑有一處有誤。

（前缺）
1. 　　　　　　婦女大壹口：母阿盧，於嘉靖叁▢
2. 　　新收：
3. 　　　　人口：正收男子不成丁壹口：李圖重，壹▢
4. 　　實在：
5. 　　　　人口：男婦叁口。
6. 　　　　　　男子貳口：
7. 　　　　　　　　成丁壹口：本身，年肆拾伍歲。
8. 　　　　　　　　不成丁壹口：李圖重，年壹拾▢
9. 　　　　　　婦女大壹口：本身妻阿武，年肆拾▢
10. 　　　　事產：
11. 　　　　　　本圖田村民平地壹拾畝叁分伍厘，每▢
12. 　　　　　　房屋：賃住。
13. 　　　　　　營生：賣菜。
　　　　　　　（後略）

關於人戶"營生"的內容，在元代戶籍冊中曾有登載，例如，上海圖書館藏宋刊元印公文紙本《增修互註禮部韻略》紙背元湖州路戶籍冊中"王萬六"戶：

　　一戶：王萬六，元係湖州路安吉縣浮玉鄉六管施村人氏，亡宋時為漆匠戶，至元十二年十二月內歸附。
　　　　計家：親屬肆口：
　　　　　　男子貳口：
　　　　　　　　成丁：壹口，本身，年伍拾柒歲；
　　　　　　　　不成丁：壹口，男王雙兒，年陸歲。
　　　　　　婦人貳口：
　　　　　　　　妻朱八娘，年肆拾玖歲；▢
　　　　事產
　　　　　　田土：壹拾畝玖分。

水田：壹畝叁分，陸地：肆分；
山：玖畝貳分。
房舍：瓦屋壹間。
營生：漆匠①。

但明初戶帖和小黃冊中已不見營生項內容，而在該黃冊中卻有所保留，對於研究明代黃冊的發展演變無疑具有較爲重要的史料價值。

（十五）嘉靖四十一年（1562）山西太原府代州崞縣王董都賦役黃冊（存疑）
《樂府詩集》目錄下第 46 葉背載：

（前缺）
1. ＿＿＿＿玖升伍合玖勺，
2. ＿＿＿＿伍合伍勺。
（中缺 2 行）
3. ＿＿＿＿＿＿＿＿王菫②都第陸圖民戶，充嘉靖肆拾陸年甲首。
（中缺）
4. ＿＿＿＿＿＿陸厘，共該正耗稅糧貳石叁斗捌升貳合。
5. ＿＿＿＿斗壹升肆合，
6. ＿＿＿＿石陸斗陸升陸合叁勺。③
7. ＿＿＿＿壹拾貳畝陸厘，共該正耗稅糧玖斗陸升捌合伍勺。
8. ＿＿＿＿玖升肆合，

---

① 轉引自王曉欣、鄭旭東：《元湖州路戶籍冊初探—宋刊元印本〈增修互註禮部韻略〉第一冊紙背公文紙資料整理與研究》，《文史》2015 年第 1 輯。
② "菫"應爲"董"字的異體字寫法。
③ 第 4—6 行，上下數據有誤。

9. ☐柒升捌合壹勺。①
10. ☐貳拾壹畆叁分，共該正耗稅糧壹石貳斗伍升叁合伍勺。
11. ☐斗柒升陸合壹勺，
12. ☐斗柒升柒合肆勺。
13. ☐肆畆貳分，共該正耗稅糧壹斗伍升捌合貳勺。

（後缺）

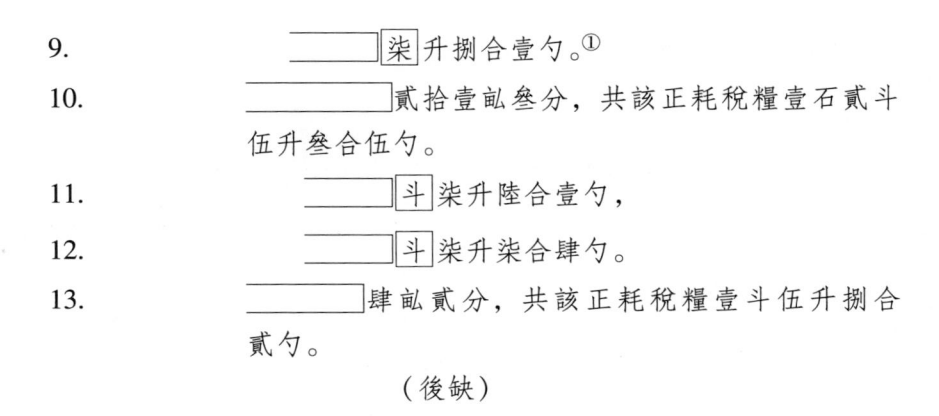

其中第 3 行"董"字寫作"菫"，應屬異體字寫法，據該行"王董都第陸圖民戶，充嘉靖肆拾陸年甲首"一語結合明代大造黃冊時間可知，該黃冊殘葉應爲嘉靖四十一年（1562）王董都第陸圖黃冊殘葉。

據此葉字跡、行距、書寫格式判斷，《樂府詩集》紙背屬於該黃冊殘葉者共計 51 葉，分別爲：目錄上第 57 葉，目錄下第 10—40、42—49 葉，卷八第 3—12 葉，卷十二第 14 葉。該批黃冊現存均爲黃冊下半部分，故其攢造都圖所屬縣未見明確記載。但可通過現存內容進行大體推斷。

例如，目錄下第 22 葉背載：

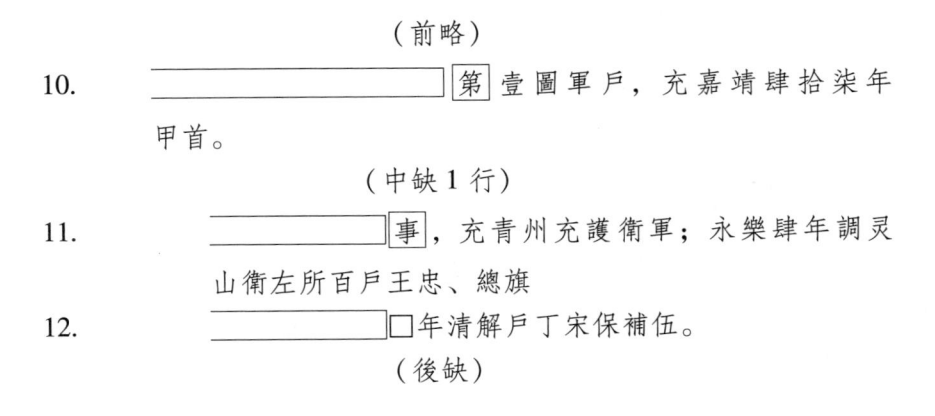

（前略）

10. ☐第壹圖軍戶，充嘉靖肆拾柒年甲首。

（中缺 1 行）

11. ☐事，充青州充護衛軍；永樂肆年調灵山衛左所百戶王忠、總旗
12. ☐□年清解戶丁宋保補伍。

（後缺）

---

① 第 7—9 行，上下數據有誤。

目錄下第 49 葉背載：

（前缺）

1. ☐☐☐☐☐|年|壹百貳拾歲。

2. ☐☐☐☐☐|都|第伍圖民籍，充嘉靖肆拾伍年甲首。

（中缺）

3. ☐☐☐☐|伍歲；男任羅小厮，年捌拾伍歲。

（中缺 1 行）

4. ☐☐☐☐☐|年|壹百伍歲。

（中缺 2 行）

5. ☐☐☐☐☐|都|第伍圖民戶，充當嘉靖肆拾伍年甲首。

（後缺）

卷八第 6 葉背載：

（前缺）

1. ☐☐☐☐☐|歲|；男王的勝，年玖拾伍歲。

（中缺 1 行）①

2. ☐☐☐☐☐|歲|。

（中缺 1 行）

3. ☐☐☐☐☐☐|第|肆圖馬站戶，充嘉靖肆拾肆年甲首。

（中缺）

4. ☐☐☐☐☐|該正耗稅糧貳石伍斗。

5. ☐☐☐☐☐|叁|合伍勺，

---

① 據文義及明代黃冊書寫格式推斷，此處所缺 1 行文字應爲"婦女大壹口"。

第二章　公文紙本古籍紙背所見明代黃冊文獻概述　197

6.　　　　　　　　　　□升捌合陸勺。①
7.　　　　　　　　　　糧叁斗陸升壹合肆勺。
　　　　　　　　　　　（後缺）

　　其中又出現有壹圖、肆圖、伍圖民戶，則該批黃冊殘葉應非一圖黃冊，或爲王董都整都黃冊殘葉。又，筆者檢索各類地方志，僅在（乾隆）《崞縣志續編》卷下《耆行》中見有"王董都"的記載，其文云："郄昌縠、郄昌志，王董都人，並爲博士弟子"、"郭益楨，王董都民，肫切樸誠，爲善若不及"。②
　　崞縣屬山西太原府代州，該黃冊現存內容多有與上舉嘉靖四十一年（1562）山西汾州南郭西廂關廂第拾壹圖賦役黃冊相似之處。例如，其中出現有多名年歲超百歲者，如目錄下第 12 葉背載：

　　　　　　　　　　　（前缺）
1.　　　　　　　　　勺。
2.　　　　　　　　分肆厘，共該正耗稅糧陸斗陸升伍合肆勺。
3.　　　　　　　　柒勺；
4.　　　　　　　　柒勺。
5.　　　　　　　　肆錢。
　　　　　　　　　　（中缺）
6.　　　　　　　　　弟張舍小厮，年壹百陸歲；
7.　　　　　　　　　弟張和小厮，年壹百歲；
8.　　　　　　　　　姪張也驢，年壹百叁歲。
　　　　　　　　　（中缺 2 行）
9.　　　　　　　□歲；弟妻阿冠，年壹百歲。

―――――――――

①　第 4—6 行上下數據有誤。
②　（乾隆）《崞縣志續編》卷下《耆行》，《清代孤本方志選》第二輯第 8 冊，綫裝書局 2001 年版，第 136、138 頁。

又如，上舉目錄下第 49 葉背黃冊殘葉中，所列人戶也是人口年歲過大，且事產較少，此均與上述汾州南郭廂黃冊特點相似。茲據此，暫將該黃冊殘葉定爲嘉靖四十一年（1562）山西太原府代州崞縣王董都賦役黃冊。

（十六）嘉靖四十一年（1562）賦役黃冊

《樂府詩集》卷四十三第 6 葉背載：

（前缺）

1. 　　　　　　　　　　正麥壹石貳斗肆升，
2. 　　　　　　　　　　耗麥壹斗捌升陸合。
3. 　　　絲每畝科壹厘捌絲，共柒分貳厘伍毫貳絲。
4. 　　　綿每畝科壹厘壹毫，共壹分壹厘捌毫捌絲。
5. 　　　秋糧黃豆每畝壹斗肆升壹合，每斗耗柒合，共該壹石肆斗玖升玖合貳勺。
6. 　　　　　　　　　　正豆壹石肆斗壹合，
7. 　　　　　　　　　　耗豆玖升捌合貳勺。
8. 　　　＿＿＿＿草房貳厦。
9. 　　　＿＿＿＿＿＿＿，充當嘉靖肆拾壹年甲首。

（中缺 3 行）

10. 　　　＿＿＿＿厘，秋糧赤米正耗貳石肆斗柒升陸合柒勺。
11. 　　　＿＿＿＿房貳厦。

第二章　公文紙本古籍紙背所見明代黃冊文獻概述　199

$\qquad$（中缺 1 行）①

12.　　　　□□：□□□□□②丁：本身，年叁拾叁歲。

$\qquad$（中缺 1 行）③

13.　　　　　　　　捌畝伍分柒厘，秋糧赤米正耗④每斗耗柒合，共貳石肆斗柒升陸合柒勺。

14.　　　　　　　　房貳厦。⑤

15.　　　　　　　　　　　　催本身下彼辦盐，充當嘉靖肆拾貳年甲首。

$\qquad$（後缺）

据第 9、15 行載："充當嘉靖肆拾壹年甲首""充當嘉靖肆拾貳年甲首"結合明代大造黃冊時間可知，該黃冊應爲嘉靖四十一年（1562）攢造。

据此葉字跡、行距、書寫格式判斷，《樂府詩集》紙背黃冊中屬於該黃冊殘葉者，共計 7 葉，分別爲：卷二十六第 2 葉、卷四十一第 10 葉、卷四十二第 1、10 葉、卷四十三第 6 葉、卷四十四第 6 葉、卷八十二第 13 葉。其内容分别如下：

卷二十六第 2 葉正（與《樂府詩集》内容位於同一面）：

$\qquad$（前缺）

1.　　　　　　　　　　秋糧

$\qquad$（中缺 2 行）

2.　　　　　　　一則貳斗玖升柒合田□

$\qquad$（中缺 2 行）

3.　　　　　　　一則壹斗肆合及科夏

---

① 據文義及紙背同一黃冊書寫格式推斷，此處所缺 1 行文字應爲"實在"。
② 據文義及紙背同一黃冊書寫格式推斷，此處所缺文字應爲"人口：男子成丁壹"。
③ 據文義及紙背同一黃冊書寫格式推斷，此處所缺 1 行文字應爲"事產"。
④ 據文義及紙背同一黃冊書寫格式推斷，此處"正耗"有誤，應爲"科正米數"。
⑤ 據文義及紙背同一黃冊書寫格式推斷，第 13、14 行之間應脱"正米數"和"耗米數"。

4. 　　　　　　　　　　夏稅小麥 每□
　　　　　　　　　（中缺 2 行）
5. 　　　　　　　　　　秋糧黃豆□
　　　　　　　　　（中缺 2 行）
6. 　　　　　　　　一則叁斗肆升壹合肆□
7. 　　　　　　　　　　赤米每畒科□
　　　　　　　　　（中缺 2 行）
8. 　　　　　　　　　　黃豆每畒□
　　　　　　　　　　（後缺）

卷四十一第 10 葉背：

　　　　　　　　　　　（前缺）
1. 　　　　　　　田壹斗壹升叁合科田貳□
2. 　　　　　　　　　　　　　　□
　　　　　　　　　（中缺 2 行）
3. 　　　　　　　　　　灶屋：草□
4. 　一戶奚邦王，民。
5. 　　舊管：
6. 　　　人口：計家男子壹口。
7. 　　　事產：
8. 　　　　官田貳分，秋糧赤米正耗□
9. 　　　　民屋：草 房□
10. 　　實在：
11. 　　　人口：男子不成丁壹丁：本身年陸□
12. 　　　事產：
13. 　　　　官一田壹斗科田貳分，秋 糧□
　　　　　　　　　（中缺 2 行）
14. 　　　　　　　　　民屋：草 房□

第二章　公文紙本古籍紙背所見明代黃冊文獻概述　201

15.　　一戶張岩，民。
16.　　　　舊管：
17.　　　　　　人口：計家男子貳口。
18.　　　　　　事產：
19.　　　　　　　　官田地伍畝柒分玖厘。
　　　　　　　　　　（後缺）

卷四十二第 1 葉背：

　　　　　　　　（前缺）
1.　　　　實在：
2.　　　　　　人口：男婦貳口：
3.　　　　　　　　男子成丁壹丁：☐
4.　　　　　　　　不成丁壹口婦女大壹口：☐
5.　　　　事產：
6.　　　　　　官田糧無。
7.　　　　　　　　民屋：房☐
　　　　　　　（中缺 1 行）
8.　　一戶朱阿善，民。
9.　　　　舊管：
10.　　　　　人口：計家男子壹口。
11.　　　　　事產：
12.　　　　　　　官田伍分壹厘，秋糧赤米☐
13.　　　　　　　民屋：草屋☐
14.　　　　實在：
15.　　　　　人口：男子不成丁壹丁：
16.　　　　　　　本身，年☐
17.　　　　事產：
18.　　　　　　官一田壹斗肆合科田伍☐

（後缺）

卷四十二第 10 葉正：

（前缺）

1. 　　　　夏稅：
2. 　　　　　　麥正耗玖合肆勺。
3. 　　　　秋糧：
4. 　　　　　　米正耗伍斗捌升柒合陸勺。
5. ☐☐☐☐地 山塘壹頃貳拾肆畝陸分貳厘。
6. 　　　　夏稅：
7. 　　　　　　麥正耗肆升貳合。
8. 　　　　秋糧：
9. 　　　　　　米正耗肆斗貳升貳合柒勺。
10. 田 柒畝肆分捌厘。
11. 　　　　夏稅：
12. 　　　　　　麥正耗叁升壹合捌勺。
13. 　　　　秋糧：
14. 　　　　　　米正耗貳斗柒升肆勺。
15. 地貳拾叁畝玖厘。
16. 　　　　夏稅：
17. 　　　　　　麥正耗肆合柒勺。
18. 　　　　秋糧：
19. 　　　　　　米正耗柒升陸勺。
20. 山玖拾貳畝。
21. 　　　　夏稅：
22. 　　　　　　麥正耗伍合叁勺。
23. 　　　　秋糧：
24. 　　　　　　米正耗柒升捌合捌勺。

25.　　　　塘 貳畝伍厘。
26.　　　　　夏稅：
27.　　　　　　　麥正耗貳勺。
28.　　　　　夏糧：
29.　　　　　　　米正耗貳合玖勺。
　　　　　　　　　　（後缺）

卷四十四第 6 葉背，該葉爲帶駁語補造黃冊：

　　　　　　　　　　（前缺）
1.　　　　　　　　　　事產：
2.　　　　　　　　　　　　官一田柒升貳合科田
　　　　　　　　　　　　伍￣￣￣￣￣
　　　　　　　　　　　　（中缺 2 行）
3.　　　　　　　　　　　　民屋草￣￣￣￣
4.　　　　　一戶金天祿，民。
5.　　　　　　　舊管：
6.　　　　　　　　人口：計家男子壹口。
7.　　　　　　　　事產：
8.　　　　　　　　　　官田壹拾畝，秋糧赤
　　　　　　　　　　　　米正￣￣￣￣
9.　　　　　　　　　　民屋草￣￣￣￣
10.　　　　　　　開除：
11.　一戶金天祿，原駁少赤米捌升，　事產：轉除官一田壹斗伍
　　　　　　　　　　　　升科￣￣￣￣
12.　今改正實在赤米柒斗。　　實在：
13.　　　　　　　　人口：男子成丁壹丁：本
　　　　　　　　　　　　身年貳￣￣￣￣
14.　　　　　　　　事產：

15.　　　　　　　　　　　　　官一田壹斗伍升科田
　　　　　　　　　　　　　　肆□□□□
　　　　　　　　　　　　　（中缺2行）
16.　　　　　　　　　　　　　　　民屋草□□□□
17.　　　　　　　　一戶趙寧，民。
18.　　　　　　　　　　舊管：
19.　　　　　　　　　　　人口：計家男子壹口。
20.　　　　　　　　　　　事產：
　　　　　　　　　　（後缺）

卷八十二第13葉背：

　　　　　　　　　　　（前缺）
1.　　民田肆拾伍畝肆分叁厘□□□
2.　　　　　　　夏稅：
3.　　　　　　　　　麥□□□□
4.　　　　　　　　　絲□□□□
5.　　　　　　　　　綿□□□□
6.　　　　　　　秋糧：
7.　　　　　　　　　□□□□
8.　　　　　　　　　□□□□
9.　　　一則伍升□□□□
10.　　　　　　　夏稅：
　　　　　　　　（後缺）

　　據現存內容來看，該黃冊所載徵收田賦包括夏稅麥、絲、綿，秋糧赤米、黃豆等。其在田土登載上與其他黃冊不同，均在田土前標註升合。另，該黃冊殘存人戶，多爲畸零人戶。

（十七）弘治三年（1490）後福建興化府莆田縣左廂第貳圖賦役黃冊

《樂府詩集》紙背卷六十七第 6 葉背載：

       （前缺）

1.   秋☐
2.   一本廂一則地壹畝☐
3.   夏☐
4.   秋☐

       （中缺 2 行）

5.   一谷清里一則地玖☐
6.   夏☐
7.   秋☐

       （中缺 2 行）

8.   山東廂一則山壹拾畝☐
9.   夏☐
10.   秋☐

       （中缺 2 行）

11.   民房屋：瓦房叄間。
12.   一戶林文華，係興化府莆田縣左廂第貳圖☐
13.   舊管：
14.   人丁：計家男婦肆口。

       （後缺）

其中第 12 行載 "林文華，係興化府莆田縣左廂第貳圖" 一語，可知其應爲明代福建興化府莆田縣左廂第貳圖攢造黃冊殘葉。

以該葉字跡、行距、書寫格式判斷，《樂府詩集》紙背屬於該黃冊者，共計 12 葉，分別爲：目錄下第 53 葉、卷六十七第 2—8 葉，卷八十第 4、5、8、9 葉。現舉兩葉如下：

卷六十七第 5 葉背載：

（前缺）

1. 　　一本圖内一則地叁 分 。
2. 　　　　　　　夏 ☐
3. 　　　　　　　秋 ☐
4. 　　一本廂第叁圖一 則 ☐
5. 　　　　　　　夏 ☐
6. 　　　　　　　秋 ☐
7. 　　一莆田里第拾圖一 ☐
8. 　　　　　　　夏 ☐
9. 　　　　　　　秋 ☐
10. 　一禮泉里第壹圖 地 ☐☐①。
11. 　　　　　　　夏 ☐
12. 　　　　　　　秋 ☐
13. 　　一則地貳 分 。
14. 　　　　　　　夏 ☐
15. 　　　　　　　秋 ☐
16. 　　一則地肆 分 。
17. 　　　　　　　夏 ☐
18. 　　　　　　　秋 ☐
19. 　一奉谷里第肆圖一 ☐

---

① 據文義及紙背同一黃冊書寫格式推斷，此處所缺文字應爲"陸分"。

20.　　　　　　　　夏☐☐☐☐☐
　　　　　　　　　　（後缺）

卷八十第 8 葉背載：

　　　　　　　　　　（前缺）
1.　　　　　　一東厢第肆 圖 ☐☐☐
　　　　　　　（中缺 2 行）
2.　　　　　　一南厢第壹圖☐☐☐
　　　　　　　（中缺 2 行）
3.　　　　　　一右厢第貳 ☐☐☐☐
　　　　　　　（中缺 2 行）
4.　　　　　　一岔泰里第 壹 ☐☐☐
　　　　　　　（中缺 2 行）
5.　　　　　　一南力里第貳☐☐☐
　　　　　　　（中缺 2 行）
6.　　　　　　一惟新里第壹☐☐☐
　　　　　　　（中缺 2 行）
7.　　　　　　一莆田里第拾☐☐☐
　　　　　　　（中缺 2 行）
8.　　　　　　一惟新里第 貳 ☐☐☐
　　　　　　　　　　（後缺）

　　該批黃冊殘缺較重，現存內容較少，且均屬黃冊的上半部分。其中出現有多個里名，如武盛里、東厢、常泰里、胡公里、安樂里、惟新里、文賦里、莆田里、禮泉里、奉谷里、谷清里、東厢、左厢、孝義里等等，田琳經過查對指出，文書中所見里名均屬福建興化府莆田縣[①]，結合卷六十七第 6

---

①　田琳：《〈樂府詩集〉紙背明代福建莆田縣賦役黃冊簡釋》，見本書第四章。

葉背内容，可確定其爲福建興化府莆田縣左廂第貳圖賦役黃冊殘葉。

又，《後湖志》卷五弘治三年（1490）十一月二十一日《南京吏科給事中邵誠等奏准爲黃冊事》中載：

> 本部合無通行各該司、府、州、縣，今後大造黃冊，查照太監何穆所奏，於鄉都圖里之上，務要書寫某府、州、縣、里、保、軍、民、竈、匠等籍外，其餘悉照舊式攢造，永爲定規。①

而該黃冊中，人戶籍貫列"興化府莆田縣左廂第貳圖"，府、縣信息具全，由此可知，其應爲弘治三年（1490）之後的賦役黃冊。

（十八）某年湖廣衡州府衡陽縣賦役黃冊

《樂府詩集》卷七十九第 11 葉背載：

```
                    （前缺）
1.                              大□□□
2.                              小□□□
3.              一收嫁娶本圖婦女大 口□□□
4.              一收長樂下里肆都撥補□□□
5.                         男子□□□
6.                              成□□□
7.                              不□□□
7.                         婦女 伍□□□
                   （中缺 2 行）
8.       事產：
9.          屯民田地塘壹拾柒頃玖拾伍 畝□□□
```

---

① 《後湖志》卷 5《事例二》，第 68 頁。

（中缺 7 行）

10.　　　　　　　正收民田壹拾伍畒伍 分□□□□
11.　　　　　　　　　　　　　夏 稅□□□□
12.　　　　　　　　　　　　　秋 糧□□□□

（後缺）

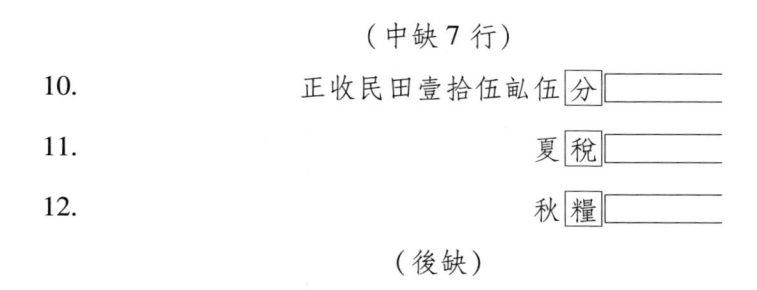

　　文中第 4 行載"收長樂下里肆都撥補"，據文意推斷應爲撥補本圖人口多少口，其中"長樂下里"未另加縣名，據此可知該黃冊攢造都圖應與"長樂下里"屬於同一縣。

　　以該葉爲判斷依據，據其字跡、行距、書寫格式等可見，《樂府詩集》紙背屬於該批黃冊殘葉者，共 31 葉，分別爲：卷六十八第 8、9 葉，卷六十九第 1、2、4—8 葉，卷七十第 1、7 葉，卷七十八第 9 葉，卷七十九第 1—15 葉，卷八十二第 1—3 葉，卷八十七第 2 葉。

　　筆者檢索地方志，見湖廣衡州府衡陽縣下轄長樂下里，（乾隆）《衡陽縣志》卷一《都里》載："明制編都有太平、政平等名目，各分里甲。康熙年間偏撫趙申喬仿衡山例，廢里編區，民甚便之。……四都，原長樂下里一都……五都，原長樂下里二都，……六都，原長樂下里三都，……七都，原長樂下里四都"[1]，由此可知，衡陽縣長樂下里原有四都。

　　另外，該批黃冊中卷七十第 1 葉背載：

（前缺）

1.　　　　　　　　　　　　大口貳拾口，
2.　　　　　　　　　　　　小口貳口。

（中缺 1 行）[2]

3.　　　□□□□□□□□ 分 捌厘，茶蠟樹伍拾玖株。

――――――――――
　① （乾隆）《衡陽縣志》卷 1《都里》，《中國地方志集成·湖南府縣志 36》，江蘇古籍出版社 2002年版，第 32 頁。
　② 據文義及紙背同一黃冊書寫格式推斷，此處所缺 1 行文字應爲"事產"。

4.　　　　　　　夏稅：
5.　　　　　　　　　米正耗叁石叁斗叁升叁勺；
6.　　　　　　　　　稅桑絲玖錢柒分伍厘；
7.　　　　　　　　　稅茶課米捌升壹合陸勺，折鈔貳百
　　　　　　　　　　肆文；
8.　　　　　　　　　稅白蠟伍錢，折鈔陸拾貳文伍分。
9.　　　　　　秋糧米正耗壹百伍石叁斗柒升玖合
　　　　　　　　　貳勺。
10.　　　　　　　　　　　　　　捌分玖厘。
11.　　　　　　　□□①米正耗叁石伍升叁勺，
12.　　　　　　　□□②米正耗壹百石捌斗捌升柒合肆勺。
13.　　　　　　　　　　　拾叁畆叁分玖厘。
14.　　　　　　　□□□③每畆科正米叁合陸勺，每斗帶耗米
　　　　　　　　柒合，共該叁石壹升柒
15.　　　　　　　　　　　　　　　　合陸勺。
16.　　　　　　　　　　　　正米貳石捌斗貳升貳勺，
17.　　　　　　　　　　　　耗米壹斗玖升柒合肆勺。
18.　　　　　　　□□□④每畆科正米壹斗貳升，每斗帶耗米
　　　　　　　　柒合，共該壹百石伍斗
19.　　　　　　　　　　　　　　　　捌升柒合叁勺。
20.　　　　　　　　　　　正米玖拾肆石陸合捌勺，
　　　　　　　　　（後缺）

　　由此可見，該圖徵收的賦稅類型包括：米、絲、茶課、白蠟等。（嘉

---

① 據文義及紙背同一黃冊書寫格式推斷，此處所缺文字應爲"夏稅"。
② 據文義及紙背同一黃冊書寫格式推斷，此處所缺文字應爲"秋糧"。
③ 據文義及紙背同一黃冊書寫格式推斷，此處所缺文字應爲"夏稅米"。
④ 據文義及紙背同一黃冊書寫格式推斷，此處所缺文字應爲"夏稅米"。

靖)《衡州府志》卷四《土產·物貨類》載："茶、蓆、白蠟、黃蠟、蜜、炭、煤……已上各州縣出。"① 又，(乾隆)《衡陽縣志》卷三《田賦》載："新加顏料、蠟、茶銀"五百七十餘兩②，則衡陽縣產茶和白蠟。據此暫將該黃冊定爲湖廣衡州府衡陽縣賦役黃冊，但可惜的是，因爲殘損嚴重，無法確定具體攢造時間。

現存該黃冊殘葉中，保存有多件冊首總述部分內容，如卷七十九第 6 葉背載：

（前缺）
1. 　　　　　　　地雜地貳分壹 厘□
2. 　　　　　　　　　　秋糧 米□
（中缺 2 行）
3. 　　　　　　　塘肆畝壹分陸 厘□
4. 　　　　　　　　　　　夏稅□
（中缺 2 行）
5. 　　　　　　　　　　　秋糧□
（中缺 2 行）
6. 　　　　民瓦房屋陸間。
7. 　　　軍上戶壹戶：
8. 　　　　　人口：肆拾玖口。
（後缺）

據第 7 行僅列 "軍上戶壹戶"，未列具體戶主姓名，可推斷其應爲總述部分。

又如，卷七十九第 4 葉背載：

---

① （嘉靖）《衡州府志》卷 4《土產·物貨類》，《天一閣藏明代方志選刊》，上海古籍書店 1963 年版，卷四第 6 頁。
② （乾隆）《衡陽縣志》卷 3《田賦》，《中國地方志集成·湖南府縣志 36》，第 87 頁。

（前缺）
1. 事產：
2. 　　　屯民田地塘壹百肆拾柒頃 貳☐
（中缺）
3. 　　　屯田壹頃肆拾伍畝☐
4. 　　　夏 稅☐
（中缺 3 行）
5. 　　　秋 糧☐
（中缺 3 行）
6. 　　　民田地塘壹百肆拾伍☐
（後缺）

卷七十九第 15 葉背載：

（前缺）
1. 事產：
2. 　　　屯民田地塘壹百叁拾壹頃 壹☐
（中缺 6 行）
3. 　　　屯田玖拾柒畝叁分貳☐
4. 　　　夏稅☐
5. 　　　秋糧☐
6. 　　　民田地塘壹百叁拾頃 壹☐
（後缺）

　　其中田地均爲一百三十多頃，其也應爲總述部分。另由上舉卷七十第 1 葉背第 7、8 行載"稅茶課米捌升壹合陸勺，折鈔貳百肆文；稅白蠟伍錢，折鈔陸拾貳文伍分"，可見茶課和白蠟最終均是折鈔徵收，其具體科則見於卷六十九第 2 葉背：

第二章　公文紙本古籍紙背所見明代黃冊文獻概述　213

　　　　　　　　　　（前缺）
1. 　　　　　　　正米壹石伍斗肆升叁合伍勺，
2. 　　　　　　　耗米壹斗捌合壹勺。
3. 　□□□□□①株。
4. 　　□□②課，每株科米壹合肆勺陸撮貳圭伍粒，共該叁斗伍升叁
5. 　　　　　　　合，每斗折鈔貳百伍拾文，該鈔
6. 　　　　　　　捌百捌拾叁文。
　　　　　　　（中缺1行）③
7. 　　□□④課，每株科白蠟伍錢，共該貳兩伍錢，每兩折鈔壹百貳拾伍
8. 　　　　　　　文，該鈔叁百壹拾貳文伍分。
9. 　_____畝陸分伍厘。
10. 　　□□⑤米正耗肆斗柒升貳合伍勺，
11. 　　□□⑥米正耗陸石肆斗玖升肆合肆勺。
12. 　_____壹拾捌畝玖分伍厘。
13. 　　□□⑦米每畝科正米叁合陸勺，每斗帶耗米柒合，共該肆斗伍
14. 　　　　　　　升捌合貳勺。
15. 　　　　　　　正米肆斗貳升捌合貳勺，
16. 　　　　　　　耗米叁升。

---

① 據文義及紙背同一黃冊書寫格式推斷，此處所缺文字應爲"茶貳伯伍拾壹"。
② 據文義及紙背同一黃冊書寫格式推斷，此處所缺文字應爲"稅茶"。
③ 據文義及紙背同一黃冊書寫格式推斷，此處所缺1行文字應爲"蠟伍株"。
④ 據文義及紙背同一黃冊書寫格式推斷，此處所缺文字應爲"白蠟"。
⑤ 據文義及紙背同一黃冊書寫格式推斷，此處所缺文字應爲"夏稅"。
⑥ 據文義及紙背同一黃冊書寫格式推斷，此處所缺文字應爲"秋糧"。
⑦ 據文義及紙背同一黃冊書寫格式推斷，此處所缺文字應爲"夏稅"。

17.　　　　　□□①每畝科正米伍升，每斗帶耗米柒合，共該
　　　　　　陸石叁斗陸升
18.　　　　　　　　　叁合捌勺。
19.　　　　　　　　正米伍石玖斗肆升柒合伍勺，
20.　　　　　耗米肆斗壹升陸合叁勺。
　　　　　　　（後缺）

現存該批黃冊中，也保存有一葉駁查補造黃冊，爲卷七十九第 14 葉背，其內容如下：

　　　　　　　　　（前缺）

1.　　　　　　　　　　　　　　　　米□
2.　　　　　　　　　　一塘貳分，係 賣□
3.　　　　　　　　　　　　　　夏稅：
4.　　　　　　　　　　　　　　　　絲□
5.　　　　　　　　　　　　　　　　綿□
6.　　　　　　　　　　　　　　秋糧：
　　　　　　　　　（中缺1行）
7.　　　　　　　　　　　　　　　　米□
8.　　　　　　　　　　　　實在：
9. 一戶郭迪，原駁少田地壹拾叁人口：計家男子成丁壹口。
10.　　畝伍分，米陸斗伍升壹合陸　　（中缺1行）
11.　勺。囬稱實在的該田地壹拾事產：
12.　　伍畝捌分肆厘，米柒斗叁　　民田塘貳畝貳分肆厘。
13.　升柒合玖勺。（管理後湖黃冊關防）夏稅：
14.　　　　　　　　　　　　　　　　小□
15.　　　　　　　　　　　　　　　　絲□

---

① 據文義及紙背同一黃冊書寫格式推斷，此處所缺文字應爲"秋糧"。

16.　　　　　　　　　　　　　　綿☐
17.　　　　　　　　　　　　秋糧：
18.　　　　　　　　　　　　　　米☐

（後缺）

據此，則該圖徵收的田賦還應包括絲綿。

（十九）某年直隸常州府武進縣賦役黃冊

《樂府詩集》卷二十第 7 葉背載：

（前缺）

1.　　　☐每斗帶耗米柒合，共該壹斗玖升貳合陸勺。
2.　　　☐出賣過割與懷德南鄉貳拾柒都第壹圖何傑爲業。
3.　　　☐麥伍合，每斗帶耗麥柒合，共該捌升叁勺；
4.　　　☐每斗帶耗米柒合，共該叁斗貳升壹合。
5.　　　☐月出賣過割與本圖胡文爲業。
6.　　　☐斗伍合，每斗帶耗麥柒合，共該伍升叁合伍勺；
7.　　　☐每斗帶耗米柒合，共該貳斗壹升肆合。
8.　　　☐年正月出賣過割與懷德南鄉貳拾柒都第壹圖何盛爲業。
9.　　　☐伍合，每斗帶耗麥柒合，共該肆升伍合伍勺；
10.　　　☐每斗帶耗米柒合，共該壹斗捌升壹合玖勺。
11.　　　☐賣過割與本圖劉麒爲業。
12.　　　☐合，每斗帶耗麥柒合，共該肆升捌合壹勺；
13.　　　☐每斗帶耗米柒合，共該壹斗玖升貳合陸勺。

（中缺 2 行）

14.　　　☐　　　弟阿關，年叁拾貳歲。

（中缺 1 行）

15. ☐☐☐☐ 弟婦曹氏，年叄拾叄歲。

（中缺 2 行）

16. ☐☐☐☐ 柒 斗貳升叄合。

（中缺 1 行）

17. ☐☐☐☐ 壹 石玖斗陸升捌勺。

（後缺）

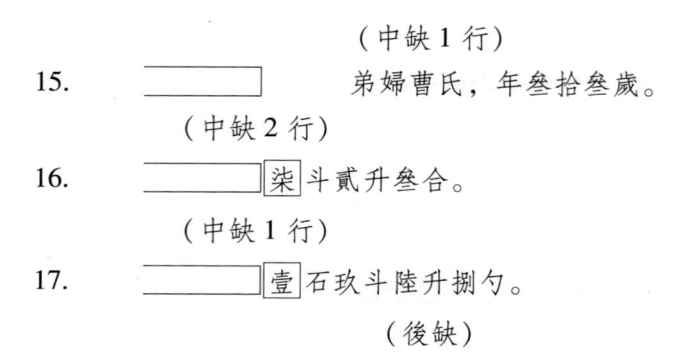

其中，第 2、8 行中均出現有"懷德南鄉貳拾七都第壹圖"的字樣。按，（萬曆）《武進縣志》卷二《鄉都》載："懷德南鄉，在縣西二里。……統都四……十八都……十九都……二十六都……二十七都。"[①] 據此，可知該葉黃冊應爲直隸常州府武進縣某鄉黃冊殘葉。

《樂府詩集》紙背可確定與之相同者，另有 6 葉，分別爲：

卷十九第 1 葉正面（黃冊與《樂府詩集》內容位於同一面），爲某戶開除田產部分：

（前缺）

1. ☐☐☐☐ 賣過割與本都第叄圖潘陸貳爲業。
2. ☐☐☐ 斗帶耗麥柒合，共該壹斗貳升肆勺；
3. ☐☐☐ 柒合，共該肆斗捌升壹合伍勺。
4. ☐☐☐ 賣過割與本都第叄圖吳何伴爲業。
5. ☐☐☐ 每 斗帶耗麥柒合，共該捌升叄勺；
6. ☐☐☐ 米柒合，共該叄斗貳升壹合。
7. ☐☐☐ 割與本都第叄圖薛員保爲業。
8. ☐☐☐ 斗帶耗麥柒合，共該伍升叄合伍勺；
9. ☐☐☐ 耗米柒合，共該貳斗壹升肆合。
10. ☐☐☐☐ 月 賣過割與本都第肆圖李隆保爲業。

---

① （萬曆）《武進縣志》卷2《鄉都》，明萬曆三十三年（1605）刻本，卷二第107—108頁。

第二章　公文紙本古籍紙背所見明代黃冊文獻概述　217

11.　　　　斗帶耗麥柒合，共該壹斗柒升陸合陸勺；
12.　　　　耗米柒合，共該柒斗陸合貳勺。
13.　　　　　月出賣過割與本都第肆圖顧虎孫爲業。
14.　　　帶耗麥柒合，共該陸升陸合玖勺；
15.　　　耗米柒合，共該貳斗陸升柒合伍勺。
16.　　　　賣過割與本都第肆圖沈阿雙爲業。
17.　　　帶耗麥柒合，共該伍升叁合伍勺；
18.　　　米柒合，共該貳斗壹升肆合。
19.　　　賣過割與本都第肆圖嚴阿狗爲業。
20.　　　　帶耗麥柒合，共該肆升壹勺；
21.　　　　米柒合，共該壹斗陸升伍勺。
22.　　　　　　　　　　　　　　　　　
（後缺）

卷二十第 5 葉背，爲某戶開除田產部分：

（前缺）

1.　　　　斗帶耗米柒合，共該壹斗柒合。
2.　　　　　月出賣過割與本都第壹圖丁旭爲業。
3.　　　　每斗帶耗麥柒合，共該貳升陸合柒勺；
4.　　　　斗帶耗米柒合，共該壹斗柒合。
5.　　　　年叁月出賣過割與本圖劉鎮爲業。
6.　　　　每斗帶耗米柒合，共該玖升伍合叁勺；
7.　　　　斗帶耗米柒合，共該叁斗捌升伍合貳勺。
8.　　　　出賣過割與本圖周福爲業。
9.　　　　每斗帶耗麥柒合，共該貳升陸合柒勺；
10.　　　帶耗米柒合，共該壹斗柒合。

11.　　　　　　月出賣過割與本圖蔣阿孫爲業。
12.　　　　合，每斗帶耗麥柒合，共該叁升肆合捌勺；
13.　　　　斗帶耗米柒合，共該壹斗叁升玖合壹勺。
14.　　　　出賣過割與本圖胡文爲業。
15.　　　　每斗帶耗麥柒合，共該貳升陸合柒勺；
16.　　　　帶耗米柒合，共該壹斗柒合。
17.　　　　出賣過割與本圖陈阿壽爲業。
18.　　　　每斗帶耗麥柒合，共該壹升捌合柒勺；
19.　　　　帶耗米柒合，共該柒升肆合玖勺。
20.　　　　　出賣過割與本圖姚阿雙爲業。
21.　　　　每斗帶耗麥柒合，共該壹升叁合肆勺；
22.　　　　帶耗米柒合，共該伍升叁合伍勺。

（後缺）

卷二十第 8 葉背，應爲某戶實在田產部分：

（前缺）

1.　　　　　　升，減額貳分，改科正麥壹斗貳升，每斗帶耗麥柒合，共該肆斗柒升肆合捌勺。
2.　　　　　　正麥肆斗肆升叁合捌勺，
3.　　　　　　耗麥叁升壹合。
4.　　　　　　升伍合，減額叁分，改科正米叁斗叁升貳合伍勺，每斗帶耗米柒合，共該壹石叁斗壹升伍合柒勺。
5.　　　　　　正米壹石貳斗貳升玖合陸勺，
6.　　　　　　耗米捌升陸合壹勺。

（中缺 1 行）

7.　　　　　伍升，減額貳分，改科正麥壹斗貳升，每斗帶耗麥柒合，共該叁斗壹升陸合伍勺。

第二章　公文紙本古籍紙背所見明代黃冊文獻概述　219

8.　　　　　　　正麥貳斗玖升伍合捌勺，
9.　　　　　　　耗麥貳升柒勺。
10.　☐☐☐☐升，減額貳分，改科正豆貳斗，每斗帶耗豆柒合，共該伍斗貳升柒合伍勺。
11.　　　　　　　正豆肆斗玖升叁合，
12.　　　　　　　耗豆叁升肆合伍勺。
（中缺 1 行）
13.　☐☐☐☐伍升，減額貳分，改科正麥壹斗貳升，每斗帶耗麥柒合，共該陸斗壹升貳合叁勺。
14.　　　　　　　正麥伍斗柒升貳合叁勺，
15.　　　　　　　耗麥肆升。
16.　☐☐☐☐☐升伍合，減額叁分，改科正米叁斗叁升貳合伍勺，每斗帶耗米柒合，共該壹石陸斗玖升陸合柒勺。
17.　　　　　　　正米壹石伍斗捌升伍合柒勺，
18.　　　　　　　耗米壹斗壹升壹合。
（後缺）

卷二十第 9 葉背，應爲某戶實在田產部分：

（前缺）
1.　☐☐☐☐☐額貳分，改科正米貳斗肆升，每斗帶耗米柒合，共該陸升捌合叁勺。
2.　　　　　　　正米陸升叁合捌勺，
3.　　　　　　　耗米肆合伍勺。
4.　☐☐☐☐毫。
5.　☐☐☐☐伍合，每斗帶耗麥柒合，共該壹斗貳升陸合肆勺。
6.　　　　　　　正麥壹斗壹升捌合壹勺，
7.　　　　　　　耗麥捌合叁勺。

8. ＿＿＿＿｜減｜額貳分，改科正米捌升，每斗帶耗米柒合，共該肆斗肆合叁勺。
9. 　　　　　正米叁斗柒升柒合玖勺，
10. 　　　　耗米貳升陸合肆勺。
　　　　　　（中缺 1 行）
11. ＿＿＿＿｜升｜肆合叁勺，
12. ＿＿＿＿｜伍｜升肆合壹勺。
　　　　　　（中缺 1 行）
13. ＿＿＿＿｜伍合，每斗帶耗麥柒合，共該柒石壹斗捌升柒合柒勺。
14. 　　　　　正麥陸石柒斗壹升柒合伍勺，
15. 　　　　　耗麥肆斗柒升貳勺。
16. ＿＿＿＿｜每｜斗帶耗米柒合，共該貳拾捌石柒斗伍升捌勺。
17. 　　　　　正米貳拾陸石捌斗陸升玖合玖勺，
18. 　　　　　耗米壹石捌斗捌升玖勺。
　　　　　　（後缺）

卷二十第 10 葉背，應爲某戶新收田產部分：

　　　　　　（前缺）
1. ＿＿＿｜□石壹斗壹升玖合玖勺。
2. ＿＿＿｜□壹戶下田。
3. ＿＿＿｜伍合，每斗帶耗麥柒合，共該壹升伍合貳勺；
4. ＿＿＿｜每斗帶耗米柒合，共該陸升捌勺。
　　　　　　（中缺 1 行）
5. ＿＿＿｜升｜貳合柒勺，
6. ＿＿＿｜壹勺。

第二章　公文紙本古籍紙背所見明代黃冊文獻概述　221

（中缺 1 行）

7. ☐升壹勺，
8. ☐貳勺。
9. ☐都第壹圖閔原保戶下田。
10. ☐合，每斗帶耗麥柒合，共該貳斗柒升貳合玖勺；
11. ☐每斗帶耗米柒合，共該壹石玖升壹合肆勺。
12. ☐圖陳剛戶下田。
13. ☐☐合，每斗帶耗麥柒合，共該壹斗陸升叁合貳勺；
14. ☐每斗帶耗米柒合，共該陸斗伍升貳合柒勺。
15. ☐本圖蔣川關戶下田。
16. ☐合，每斗帶耗麥柒合，共該陸升貳合壹勺；
17. ☐每斗帶耗米柒合，共該貳斗肆升捌合伍勺。
18. ☐買到本圖孫茂戶下田。
19. ☐合，每斗帶耗麥柒合，共該壹斗陸升玖合伍勺；

（後缺）

卷二十三第 11 葉背，應爲某戶新收田產部分：

（前缺）

1. ☐每斗帶耗麥柒合，共該捌石陸升柒合伍勺。
2. 　正麥柒石伍斗叁升玖合柒勺，
3. 　耗麥伍斗貳升柒合捌勺。
4. ☐帶耗米柒合，共該叁拾貳石貳斗柒升壹勺。
5. 　正米叁拾石壹斗伍升玖合，
6. 　耗米貳石壹斗壹升壹合壹勺。

（中缺 1 行）

7. ☐☐，每斗帶耗麥柒合，共該陸斗伍升捌合。
8. 　正麥陸斗壹升伍合，

9.　　　　　　耗麥肆升叄合。
10.　▭帶耗米柒合，共該貳石陸斗叄升貳合貳勺。
11.　　　　　　正米貳石肆斗陸升，
12.　　　　　　耗米壹斗柒升貳合貳勺。
13.　▭每斗帶耗米柒合，共該壹升陸合壹勺。
14.　　　　　　正米壹升伍合，
15.　　　　　　耗米壹合壹勺。
　　　　　　　　　（後缺）

該黃冊中的減額、改科內容爲其他黃冊所不見，比較特殊。

（二十）散葉賦役黃冊

除了上述十九種賦役黃冊之外，《樂府詩集》紙背另有 8 葉紙背黃冊，無法歸類。該 8 葉黃冊殘葉，從字跡、行距來看，應分屬 7 種不同的賦役黃冊，暫將其定爲散葉賦役黃冊。現列舉如下：

1、卷十一第 12 葉背：

　　　　　　　　　（前缺）
1.　　　　一本都本圖鉄店▭
2.　　　　　　夏稅每畝▭
　　　　　　　（中缺 2 行）
3.　　　　　　秋糧每畝▭
　　　　　　　（中缺 2 行）
4.　　　　民田地山陸拾貳畝伍分。
5.　　　　　　　　夏稅▭
　　　　　　　（中缺 1 行）
6.　　　　　　　　秋糧▭
　　　　　　　（中缺 1 行）

第二章 公文紙本古籍紙背所見明代黃冊文獻概述　223

7.　　　田伍拾叁畝伍分。
8.　　　　　　　　夏 税□
9.　　　　　　　秋糧米□
10.　　　　　一本都本圖前堽□
11.　　　　　　　夏税每畝□
　　　　　（中缺2行）
12.　　　　　　　秋糧每畝□
　　　　　　　（後缺）

　　此爲一戶事產信息，其中出現鐵店、前堽等名，但筆者未能查到相關信息。《樂府詩集》紙背未見其他與該葉字跡、行距相同者，其攢造時間及所屬地區待考。

2. 卷十七第8葉背：

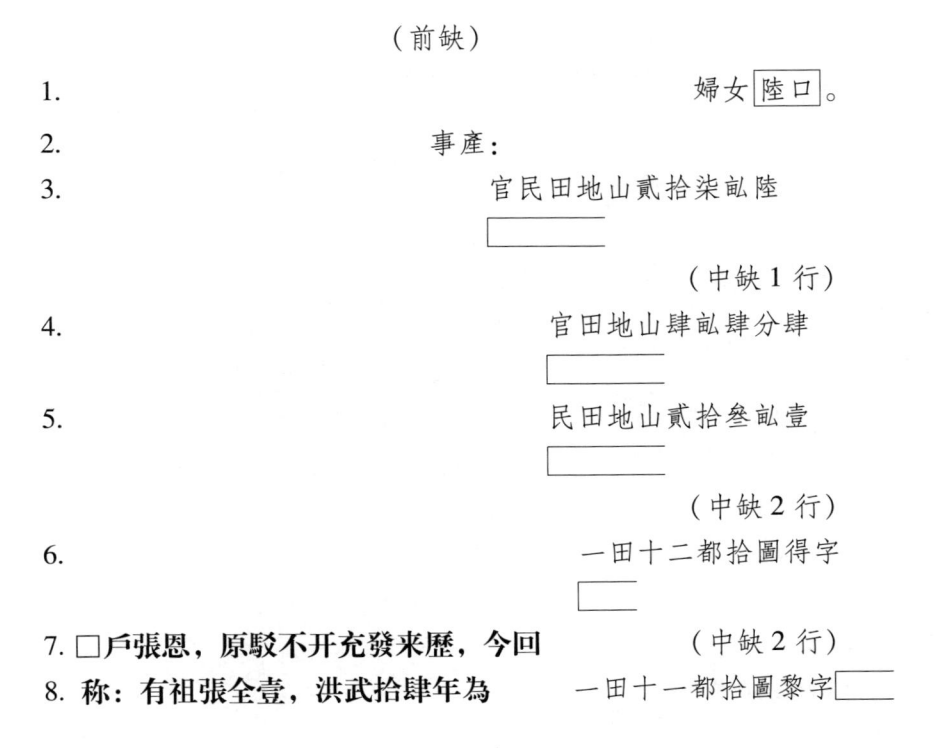

　　　　　　　　　（前缺）

1.　　　　　　　　　　　婦女 陸口。
2.　　　　　　　事產：
3.　　　　　　　　官民田地山貳拾柒畝陸
　　　　　　　　　　□
　　　　　　　　　　　　（中缺1行）
4.　　　　　　　　官田地山肆畝肆分肆
　　　　　　　　　　□
5.　　　　　　　　民田地山貳拾叁畝壹
　　　　　　　　　　□
　　　　　　　　　　　　（中缺2行）
6.　　　　　　　　一田十二都拾圖得字
　　　　　　　　　　□
7. □戶張恩，原駁不开充發来歷，今回　　（中缺2行）
8. 稱：有祖張全壹，洪武拾肆年為　　一田十一都拾圖黎字□

9. 指攣軍役事，充南京府軍後衛　　　　　（中缺2行）
10. 軍，勾男張安保補役，故；勾戶丁一田十二都拾圖得字□
11. 張爾補役。及駁多田地陸畝肆分　　　（中缺2行）
12. 叁厘柒毫，麥貳斗壹升陸合玖勺，一田十二都拾圖得字□
13. 絲肆錢伍分玖厘柒毫，米叁斗壹　　　（中缺2行）
14. 升壹合叁勺；今改正實在官民田　一田十二都拾圖得字□
15. 地山壹拾捌畝貳分陸厘陸毫，麥叁　　（中缺2行）
16. 斗伍升伍合柒勺，絲壹兩伍錢貳分 一田十二都拾圖得字□
17. 叁厘壹毫，米貳石陸斗玖升叁合　　　（中缺2行）
18. 叁勺。　　　　　　　　　　　一地本圖王字號科□
（後缺）

该葉黃冊爲一駁查補造黃冊殘葉，其中在田地前標註字號，爲《樂府詩集》紙背黃冊中所僅見。

3、卷二十五第3葉、第4葉：

此二葉字跡相同，應爲同一黃冊殘葉。其中卷二十五第3葉內容如下：

（前缺）

1.　　　│七百三十七│①
2.　　　│　　　　│畝捌分玖厘。
3.　　　　　夏稅：
4.　　　　　　小麥正耗伍斗陸升貳合，
5.　　　　　　絲肆分貳厘叁毫陸絲，
6.　　　　　　綿貳分貳厘伍毫捌絲。
7.　　　　　秋糧：
8.　　　　　　粳米正耗伍石叁斗叁升伍合，
9.　　　　　　赤米正耗壹石柒斗柒升叁合，

---

① 此應爲用紙編號。

第二章　公文紙本古籍紙背所見明代黃冊文獻概述　225

10.　　　　　　黃豆正耗柒斗伍升。
11.　　□壹畝伍分。
12.　　　夏稅：
13.　　　　　　小麥正耗伍斗伍升伍合，
14.　　　　　　絲肆分柒毫捌絲，
15.　　　　　　綿貳分壹厘柒毫肆絲。
16.　　　秋糧：
17.　　　　　　粳米正耗伍石叁斗叁升伍合，
18.　　　　　　赤米正耗壹石柒斗柒升叁合，
19.　　　　　　黃荳正耗柒斗叁升柒合。
20.　　□玖分玖厘。
21.　　　夏稅：
22.　　　　　　小麥正耗肆斗壹升，
23.　　　　　　□□□□□□
　　　　　　　　（後缺）

卷二十五第 4 葉內容如下：

　　　　　　　　（前缺）
1.　　　　　七百四十九 ①
2.　　　　　　正豆柒升捌合，
3.　　　　　　耗豆伍合。
　　（中缺 1 行）
4.　　　　 夏 稅：
5.　　　　　　小麥正耗貳升，
6.　　　　　　絲伍厘壹毫，
7.　　　　　　綿貳厘柒毫貳絲。

---

① 字體較粗，疑爲用紙編號。

8.　　　　□①糧：
9.　　　　　　粳米正耗肆斗伍合，
10.　　　　　　赤米正耗貳斗柒升伍合，
11.　　　　　　黃豆正耗柒合。
12.　　　_____合及科夏麥絲綿地壹畝貳分陸厘。
13.　　　　□②稅：
14.　　　　　　小麥每畝科壹升伍合，每斗耗柒合，共貳升。
15.　　　　　　　　正麥壹升玖合，
16.　　　　　　　　耗麥壹合。
17.　　　　　　絲每畝科肆厘伍絲，共伍厘壹毫。
18.　　　　　　綿每畝科貳厘壹毫陸絲，共貳厘柒毫貳絲。
19.　　　　秋糧：
20.　　　　　　粳米每畝科叁斗壹合，每斗耗柒合，共肆斗陸合。
21.　　　　　　正米叁斗柒升玖合，
22.　　　　　　耗米貳升柒合。
　　　　　　　（後缺）

此兩葉黃冊中，均帶有用紙編號，其徵收田賦爲夏稅麥、絲、綿，秋糧粳米、赤米、黃豆。

4. 卷二十八第2葉背：

　　　　　　　（前缺）
1.　　　　　　　綿叁兩肆錢捌分玖厘叁毫。
2.　　　　　秋糧：
3.　　　　　　　米正耗伍石柒斗貳升伍合。

---

① 據文義及紙背同一黃冊書寫格式推斷，此處所缺文字應爲"秋"。
② 據文義及紙背同一黃冊書寫格式推斷，此處所缺文字應爲"夏"。

4.　　　　　　　　　壹畝。
5.　　　　　　　　米 柒升叁合貳勺，共米柒升叁合
　　　貳勺。
　　　　　　（中缺1行）
6.　　　　　　夏稅：
7.　　　　　　　　麥正耗叁石貳斗伍升肆合，
8.　　　　　　　　絲伍兩貳錢貳分壹厘貳毫，
9.　　　　　　　　綿叁兩肆錢捌分玖厘叁毫。
10.　　　　　　秋糧：
11.　　　　　　　　米正耗伍石陸斗伍升壹合捌勺。
12.　　　　　　壹 分。
13.　　　　　　夏稅：
14.　　　　　　　　麥正耗貳石捌斗伍合伍勺，
15.　　　　　　秋糧：
16.　　　　　　　　米正耗伍石陸斗伍升壹合捌勺。
17.　　　　　　貳 拾柒畝叁分。
　　　　　　　（後缺）

從殘存內容來看，本葉應爲明賦役黃冊殘葉，載一戶"舊管"事產信息。

5. 卷二十八第3葉背：

　　　　　　（前缺）
1.　　　　　　綿貳兩貳厘叁毫。
2.　　　　　　秋糧：
3.　　　　　　　　米正耗捌斗捌升陸合。

(中缺1行)①

4.　　　　　　夏稅：
5.　　　　　　　　麥正耗肆斗肆升叁合。
6.　　　　　　秋糧：
7.　　　　　　　　米正耗捌斗捌升陸合。
8.　_____拾捌畒貳分②，買到本鄉肆圖嚴廣戶下田。

(中缺1行)③

9.　□□□④科正麥貳升，每斗帶耗柒合，共麥叁斗捌升玖合伍勺。

(中缺1行)⑤

10.　□□□⑥科正米肆升，每斗帶耗柒合，共米柒斗柒升玖合。
11.　_____畒⑦，買到本鄉伍圖陳興戶下田。

(中缺1行)⑧

12.　□□□⑨科正麥貳升，每斗帶耗柒合，共麥貳升壹合肆勺。

(中缺1行)⑩

13.　□□□⑪科正米肆升，每斗帶耗柒合，共米肆升貳合捌勺。

---

① 據上下數據推斷，此處所缺1行文字應爲"民田貳拾畒柒分"。
② 據上下數據推斷，此則田應爲"壹拾捌畒貳分"。
③ 據文義及明代黃冊書寫格式推斷，此處所缺1行文字應爲"夏稅"。
④ 據文義及明代黃冊書寫格式推斷，此處所缺文字應爲"麥每畒"。
⑤ 據文義及明代黃冊書寫格式推斷，此處所缺1行文字應爲"秋糧"。
⑥ 據文義及明代黃冊書寫格式推斷，此處所缺文字應爲"米每畒"。
⑦ 據上下數據推斷，此則田應爲"壹畒"。
⑧ 據文義及明代黃冊書寫格式推斷，此處所缺1行文字應爲"夏稅"。
⑨ 據文義及明代黃冊書寫格式推斷，此處所缺文字應爲"麥每畒"。
⑩ 據文義及明代黃冊書寫格式推斷，此處所缺1行文字應爲"秋糧"。
⑪ 據文義及明代黃冊書寫格式推斷，此處所缺文字應爲"米每畒"。

第二章　公文紙本古籍紙背所見明代黃冊文獻概述　229

14. ☐☐☐☐☐畝伍分①，買到白虎鄉叁圖寄莊戶呂清戶下田。

（中缺 1 行）②

15. 　　☐☐☐③|科|正麥貳升，每斗帶耗柒合，共麥叁升貳合壹勺。

（後缺）

其中出現有"白虎鄉叁圖"，但筆者未能查到相關信息。

6. 卷八十第 7 葉背：

（前缺）

1. 　　☐☐☐④正耗玖合陸勺，
2. 　　☐☐⑤|米|正耗壹斗柒升叁合伍勺。
3. 　　☐☐☐☐|角|公田壹分。
4. 　　☐☐☐⑥|每|畝科正麥貳升，每斗加耗叁合伍勺，共正耗麥貳合壹勺。
5. 　　　　　正麥貳合，
6. 　　　　　耗麥壹勺。
7. 　　☐☐☐☐⑦畝科正米伍斗，每斗加耗叁合伍勺，共正耗米伍升伍合捌勺。
8. 　　　　　正米伍升，
9. 　　　　　耗米伍合捌勺。
10. 　☐☐☐☐|角|公田貳厘玖毫。

---

① 據上下數據推斷，此則田應爲"壹畝伍分"。
② 據文義及明代黃冊書寫格式推斷，此處所缺 1 行文字應爲"夏稅"。
③ 據文義及明代黃冊書寫格式推斷，此處所缺文字應爲"麥每畝"。
④ 據文義及明代黃冊書寫格式推斷，此處所缺文字應爲"夏稅麥"。
⑤ 據文義及明代黃冊書寫格式推斷，此處所缺文字應爲"秋糧"。
⑥ 據文義及明代黃冊書寫格式推斷，此處所缺文字應爲"夏稅麥"。
⑦ 據文義及明代黃冊書寫格式推斷，此處所缺文字應爲"秋糧米每"。

11.　　　□□□①每畝科正麥貳升，每斗加耗叁合伍勺，共正
　　　　耗麥陸勺。
12.　　　　　　　　正麥伍勺，
13.　　　　　　　　耗麥壹勺。
14.　　　□□□②每畝科正米肆斗柒升，每斗加耗叁合伍勺，
15.　　　　　　　　共正耗米壹升肆合貳勺。
16.　　　　　　　　正米壹升叁合陸勺，
17.　　　　　　　　耗米陸勺。
18.　　　　　　　河村財賦田叁分叁厘肆毫。
19.　　　□□□③每畝科正麥貳升，每斗加耗叁合伍勺，
20.　　　　　　　　共正耗麥陸合玖勺。
　　　　　　　　（後缺）

其中出現有"角公田"、"財賦田"等，不見於其他黃冊。
7. 卷九十二第9葉背：

　　　　　　　　（前缺）
1.　　　□□□④每畝科正米伍升，每斗帶耗米柒合，共該壹
　　　石貳斗壹升柒合壹
2.　　　　　　　　　勺。
3.　　　　　　　正米壹石壹斗叁升柒合伍勺，
4.　　　　　　　耗米柒升玖合陸勺。
5.　　　　　　伍毫。
　　　　　　（中缺1行）⑤

――――――――――
① 據文義及明代黃冊書寫格式推斷，此處所缺文字應爲"夏稅麥"。
② 據文義及明代黃冊書寫格式推斷，此處所缺文字應爲"秋糧米"。
③ 據文義及明代黃冊書寫格式推斷，此處所缺文字應爲"夏稅麥"。
④ 據文義推斷，此處所缺文字應爲"秋糧米"。
⑤ 據文義推斷，此處所缺1行文字應爲"夏稅"。

6.　　　　　　　[絲]貳兩玖錢叁分捌厘肆毫，
7.　　　　　　　[鈔]壹百貳拾伍文。
8.　　　　　　　□□□①耗米貳石捌斗伍升捌合叁勺。
9.　　　　　　　　　　　[絲]田伍拾叁畝肆分貳厘伍毫。
10.　　　　　　□□□②每畝科絲伍分伍厘，共該貳兩玖錢叁分捌厘肆毫。
11.　　　　　　□□□③每畝科正米伍升，每斗帶耗米柒合，共該貳石捌斗伍升捌合叁
12.　　　　　　　　　　　勺。
13.　　　　　　　　　　正米貳石陸斗柒升壹合叁勺，
14.　　　　　　　　　　耗米壹斗捌升柒合。
15.　　　　　　　　　　畝伍分，夏稅鈔每畝科鈔伍拾文，共該壹百貳拾伍文。

　　　　　　　　　（後缺）

　　從殘存內容結合黃冊書寫格式來看，本葉應爲一戶"實在"事產信息。

　　（本文作者宋坤，爲首次刊發。）

---

① 據文義推斷，此處所缺文字應爲"秋糧正"。
② 據文義推斷，此處所缺文字應爲"夏稅絲"。
③ 據文義推斷，此處所缺文字應爲"秋糧米"。

三　上海圖書館藏其他公文紙本古籍紙背賦役黃冊

上海圖書館除《樂府詩集》之外，另有《梁昭明太子集》《趙元哲詩集》《崔豹古今註》《徐僕射集》《增修復古編》《張司業詩集》等書紙背也均爲明代賦役黃冊或黃冊相關文書，現分述如下。

（一）《梁昭明太子集》紙背 "永樂二十年（1422）某縣貳拾捌都第玖圖賦役黃冊" 及 "嘉靖時期山西大同府應州泰定坊賦役黃冊"

上海圖書館藏《梁昭明太子集》爲明張溥刻明公文紙印本，共一卷，二冊，計 80 葉，其中紙背帶文字者計 71 葉。原書長 25.6 厘米，寬 17.3 厘米，所加襯紙長於原書，長 29.3 厘米，寬與原書同。

綜合來看，該書紙背文獻爲明代賦役黃冊，且其中包含有三種賦役黃冊：一是明永樂二十年（1422）"某縣貳拾捌都第玖圖" 賦役黃冊；二是嘉靖年間山西大同府應州泰定坊賦役黃冊（因內容殘缺，無法準確推定黃冊攢造時間）；三是不明年代地域的賦役黃冊，僅 4 葉。

該書與《樂府詩集》相似，是用年代、地域均不同的賦役黃冊印刷，且目錄第 2 葉背黃冊殘葉中還存在 "駁查補造" 內容，由此可以推定該書紙背賦役黃冊與《樂府詩集》紙背黃冊一樣，屬於原藏南京後湖黃冊庫的進呈本黃冊原件。

1. 永樂二十年（1422）某縣貳拾捌都第玖圖賦役黃冊

《梁昭明太子集》卷全第 29 葉背載：

（前缺）
1.　　　　　　　　民瓦草房屋伍間：
2.　　　　　　　　　　瓦房屋叁間，
3.　　　　　　　　　　草房屋貳間。
4.　一戶張良，係貳拾捌都第玖圖民戶，充永樂貳拾貳年□□①。
（後缺）

---

① 據明代黃冊書寫格式推斷，此處所缺文字應爲 "里長" 或 "甲首"。

由第 4 行"張良，係貳拾捌都第玖圖民戶，充永樂貳拾貳年"一語結合明代大造黃冊時間可知，該葉應爲永樂二十年（1422）黃冊。《梁昭明太子集》紙背與之字跡、行距相同者，另有卷全第 4、5、7—12、14—17、24、30、32、36、39—46、48—59、61—72 葉等 48 葉，總計現存 49 葉。

該黃冊被用來印刷《梁昭明太子集》時，原黃冊的一紙被分爲了幾部分不明，但最少從中間橫向裁切了一次，故現存黃冊殘葉均分爲了上下兩部分，其中上半部分保存較多，計 44 葉。此 44 葉中，保存有戶頭部分者計 6 紙，除上引第 29 葉外，另 5 葉內容如下：

卷全第 10 葉背載：

（前缺）
1. 　　　　　　　　民田陸☐
（中缺）
2. 　　　　　　　民土房壹間。
3. 　一戶錢潮，原戶故父錢義爲戶，係貳拾捌☐
4. 　　舊管：
（後缺）

卷全第 46 葉背載：

（前缺）
1. 　　　　　　　民瓦草房屋叁間：
2. 　　　　　　　瓦房屋 壹 ☐①，
3. 　　　　　　　草房屋 貳 ☐②。
4. 　一戶徐希，係貳拾捌都第玖圖民戶，充永☐
5. 　　舊管：

---

① 據文義推斷，此處所缺文字應爲"間"。
② 據文義推斷，此處所缺文字應爲"間"。

6.　　　　　人丁：計家男婦伍口。
　　　　　　　　　（後缺）

卷全第 53 葉背載：

　　　　　　　　　（前缺）
1.　　　　　　民瓦房屋貳間。
2.　　　　　　頭匹：牛壹頭。
3.　　一戶張亮，原戶故兄張觀孫為戶，係貳☐
4.　　　舊管：
5.　　　　　人丁：計家男婦肆口。
　　　　　　　　（中缺 2 行）
6.　　　事產：
　　　　　　　　　（後缺）

卷全第 71 葉背載：

　　　　　　　　　（前缺）
1.　　　　　　　民瓦房屋貳間。
2.　　一戶童長，原戶故父照猫為戶，係貳拾捌都第玖 圖 ☐
3.　　　舊管：
4.　　　　　人丁：計家男子貳口。
　　　　　　　　　（後缺）

第 72 葉背載：

　　　　　　　　　（前缺）
1.　　　　　　　　　　　地：中地貳 畝

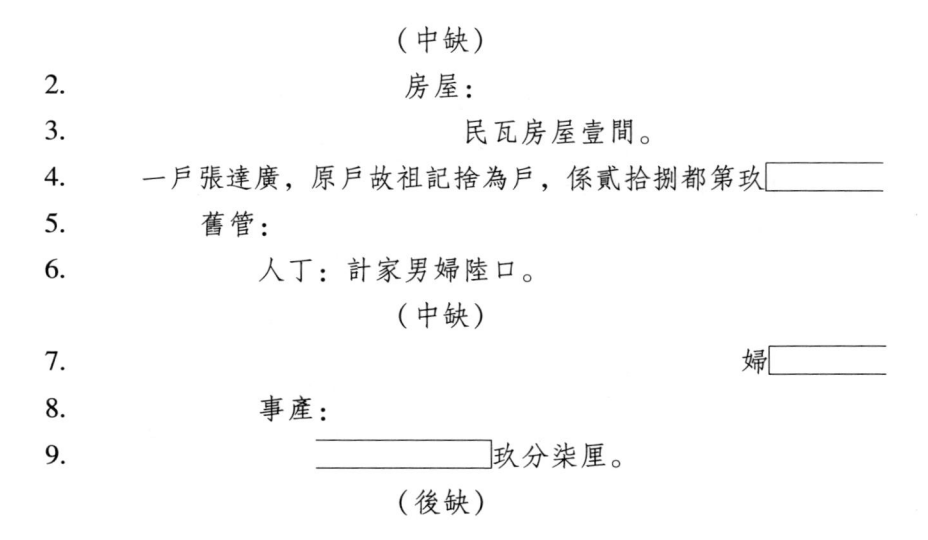

（中缺）
2. 　　　　　　房屋：
3. 　　　　　　　　民瓦房屋壹間。
4. 　一戶張達廣，原戶故祖記捨爲戶，係貳拾捌都第玖▭
5. 　　　　舊管：
6. 　　　　人丁：計家男婦陸口。
　　　　　　　　（中缺）
7. 　　　　　　　　　　　　　　　　　　婦▭
8. 　　　　事產：
9. 　　　　▭玖分柒厘。
　　　　　　　（後缺）

其中所存人戶都籍，均爲"貳拾捌都"，保存有圖籍者則均爲"第玖圖"，故可知該黄冊應爲某縣貳拾捌都第玖圖賦役黄冊殘葉，可惜殘損內容較多，具體縣籍不明。

在該黄冊保存有戶頭信息的 6 紙殘葉中，有 4 紙均是先記載現戶主姓名，再記已故原戶主姓名，屬其他黄冊文書較少見的格式。

該黄冊保存下半部分共計 5 葉，內容如下：

卷全第 12 葉背載：

（前缺）
1. 　　　夏稅：
2. 　　　　　麥正耗叁合貳勺陸抄。
3. 　　　秋糧：
4. 　　　　　米正耗叁升玖合叁勺玖抄。
5. 　▭分貳厘，於永樂拾伍年叁月賣過割與本圖 余 烏皮爲業。
6. 　　　夏稅：
7. 　　　　　麥每畝科正麥叁合肆勺陸抄伍撮叁圭，每斗帶耗麥柒合，共該貳合叁勺。

8. 秋糧：
9. 　　　　米每畝科正耗米肆升內，每斗帶耗米柒合，共該貳升肆合捌勺。
10. ☐叁厘。
11. 　　夏稅：
12. 　　　　麥正耗伍勺肆抄。
13. 　　秋糧：
14. 　　　　米正耗捌合壹勺壹抄。
15. ☐地玖分叁厘，於永樂拾柒年叁月賣過割與本圖童富一爲業。
16. 　　夏稅：
17. 　　　　麥每畝科正麥肆勺，每斗帶耗麥柒合，共該肆勺。
18. 　　秋糧：
19. 　　　　米每畝科正米陸合，每斗帶耗米柒合，共該伍合玖勺柒抄。
20. ☐地伍分，於永樂拾柒年柒月賣過割與本圖童宗湯爲業。
　　　　　　（後缺）

卷全第 14 葉背載：

　　　　（前缺）
1. ☐升玖合捌勺玖抄。
　　　　　（中缺 1 行）
2. ☐斗貳升貳合肆勺。
　　　　　（中缺 2 行）
3. ☐抄叁撮。

第二章　公文紙本古籍紙背所見明代黃冊文獻概述　237

（中缺 1 行）

4.　　　　　□肆抄。

（中缺 2 行）

5.　　　　　□合玖勺伍抄。

（中缺 1 行）

6.　　　　　□玖合叁勺貳抄。

（中缺 2 行）

7.　　　　　□抄壹撮。

（中缺 1 行）

8.　　　　　□勺柒抄。

（後缺）

卷全第 15 葉背載：

（前缺）

1.　　□□□□□①科正麥貳勺陸抄陸撮柒圭，每斗帶耗麥柒合，共該肆勺。

2.　　　　　□②麥叁勺柒抄，

3.　　　　　□③麥叁抄。

（中缺 1 行）

4.　　□□□□□□④正米肆合，每斗帶耗米柒合，共該伍合玖勺玖抄。

5.　　　　　□⑤米伍合陸勺，

6.　　　　　□⑥米叁勺玖抄。

---

① 據明代黃冊書寫格式推斷，此處所缺文字應爲"夏稅麥每畝"。
② 據明代黃冊書寫格式推斷，此處所缺文字應爲"正"。
③ 據明代黃冊書寫格式推斷，此處所缺文字應爲"耗"。
④ 據明代黃冊書寫格式推斷，此處所缺文字應爲"秋糧米每畝科"。
⑤ 據明代黃冊書寫格式推斷，此處所缺文字應爲"正"。
⑥ 據明代黃冊書寫格式推斷，此處所缺文字應爲"耗"。

（中缺2行）

7. □□□□□①科正麥壹勺叁抄叁撮叁圭，每斗帶耗麥柒合，共該捌勺陸抄。

8. 　　　　　□②麥捌勺，

9. 　　　　　□③麥陸抄。

（中缺1行）

10. □□□□□④科正米貳合，每斗帶耗米柒合，共該壹升貳合捌勺肆抄。

11. 　　　　　□⑤米壹升貳合，

12. 　　　　　□⑥米捌勺肆抄。

（後缺）

卷全第16葉背載：

（前缺）

1. □□□⑦科正麥叁合肆勺陸抄伍撮叁圭，每斗帶耗麥柒合，共該共該⑧陸合

2. 　　　　　　　肆勺玖抄。

（中缺1行）⑨

3. □□□⑩科正耗米肆升內，每斗帶耗米柒合，共該柒升。

4. ＿＿＿＿年正月賣過割與本圖張喧爲業。

---

① 據明代黃冊書寫格式推斷，此處所缺文字應爲"夏稅麥每畝"。
② 據明代黃冊書寫格式推斷，此處所缺文字應爲"正"。
③ 據明代黃冊書寫格式推斷，此處所缺文字應爲"耗"。
④ 據明代黃冊書寫格式推斷，此處所缺文字應爲"秋糧米每畝"。
⑤ 據明代黃冊書寫格式推斷，此處所缺文字應爲"正"。
⑥ 據明代黃冊書寫格式推斷，此處所缺文字應爲"耗"。
⑦ 據明代黃冊書寫格式推斷，此處所缺文字應爲"麥每畝"。
⑧ 據文義推斷，此處"共該"應爲衍文。
⑨ 據明代黃冊書寫格式推斷，此處所缺1行文字應爲"秋糧"。
⑩ 據明代黃冊書寫格式推斷，此處所缺文字應爲"米每畝"。

第二章　公文紙本古籍紙背所見明代黃冊文獻概述　239

　　　　　　　　　（中缺 1 行）
5.　　　　□柒勺壹抄。
　　　　　　　　　（中缺 2 行）
6.　　　　□拾捌年正月賣過割與本圖周袁海爲業。
　　　　　　　　　（中缺 1 行）
7.　　　　□勺捌抄。
　　　　　　　　　（後缺）

卷全第 17 葉背載：

　　　　　　　　　（前缺）
1.　　　　□□□□①丁壹口：
2.　　　　　　　男姜烏，係永樂拾柒年生。
3.　　　　□□□②壹口：
4.　　　　　　　妻張氏，係娶到本都第壹圖張能妹，彼戶原先漏報。
　　　　　　　　　（中缺 3 行）
5.　　　　□□□□③耗貳升叁合陸勺陸抄，
6.　　　　□□□□④耗貳斗伍升捌合捌勺肆抄。
　　　　　　　　　（中缺 1 行）
7.　　　　□□□□□⑤正麥叁合肆勺陸抄伍撮叁圭，每斗帶耗麥柒合，共該貳升貳合捌勺。
8.　　　　□□□□□⑥正耗米肆升內，每斗帶耗麥柒合，共該貳斗肆升陸合。

---

① 據明代黃冊書寫格式推斷，此處所缺文字應爲"男子不成"。
② 據明代黃冊書寫格式推斷，此處所缺文字應爲"婦女大"。
③ 據明代黃冊書寫格式推斷，此處所缺文字應爲"夏稅麥正"。
④ 據明代黃冊書寫格式推斷，此處所缺文字應爲"秋糧米正"。
⑤ 據明代黃冊書寫格式推斷，此處所缺文字應爲"夏稅麥每畝科"。
⑥ 據明代黃冊書寫格式推斷，此處所缺文字應爲"秋糧米每畝科"。

9. ▭▭▭▭▭▭▭▭▭□買到本都第捌圖俞猫戶下田。
(後缺)

由上引下半部分黃冊殘葉可見，該圖徵收田賦主要就是夏稅麥和秋糧米。
2. 嘉靖年間山西大同府應州泰定坊賦役黃冊
《梁昭明太子集》卷全第 6 葉背載：

(前缺)
1. 事產：
2. 　　　民地肆拾肆畞貳分。
(中缺 2 行)
3. 　　平地壹拾肆畞玖分，夏稅麥每畞▭
4. 　　　　　　正麥壹石壹斗 壹▭
5. 　　　　　　耗麥柒升捌合貳□
6. 　　鹹地貳拾玖畞叁分，秋糧米每畞▭
7. 　　　　　　正米壹石貳升 伍▭
8. 　　　　　　耗米柒升壹合柒▭
9. 　　房屋：土房壹間。
10. 壹戶高仁故，第①高爵，係山西大同府應州泰定坊民戶，充嘉靖▭
11. 　　舊管：
12. 　　　人丁：計家男婦貳拾口。
(中缺 2 行)
13. 　　事產：
14. 　　　　官民地肆拾玖畞肆分。
(後缺)

---

① "第"通"弟"，下同，不再另做說明。

據該葉黃冊第 10 行"高仁故，弟高爵，係山西大同府應州泰定坊民戶，充嘉靖"一語，可知該黃冊應爲嘉靖時期山西大同府應州泰定坊賦役黃冊殘葉，可惜殘損較重，無法確定爲嘉靖年間具體哪次的大造黃冊。

《梁昭明太子集》中與該葉字跡、行距相同者，另有題詞第 1、2 葉，目錄第 1—6 葉，卷全第 1—3、18—21、23、47 等 17 葉，共計 18 葉。

該黃冊同樣被裁切成了上下兩個部分，其中上半部分保存有戶頭部分者，計 10 葉，除上舉卷全第 6 葉背外，其餘戶主信息如下：

題詞第 1 葉背第 11 行：壹戶胡犢兒故，孫男胡六兒，係山西大同府應州泰定☐；

題詞第 2 葉背第 14 行：壹戶盧拜仁故，孫盧[奇]，係山西大同府應州泰定坊民戶。

目錄第 1 葉背第 19 行：壹戶曹順故，弟曹界兒，係山西大同府應州泰定坊民戶。

目錄第 2 葉背第 12 行：壹戶安鑑州故，孫安仁，係山西大同府應州泰定坊軍戶。

卷全第 3 葉背第 1 行：壹戶何旺故，孫何良，係山西大同府應州泰定坊民戶。

卷全第 19 葉背第 16 行：壹戶秦友故，孫秦世傑，係山西大同府應州泰定坊民戶，充嘉☐。

卷全第 20 葉背第 17 行：壹戶李景中故，孫李整，係山西大同府應州泰定坊民戶。

卷全第 21 葉背第 16 行：壹戶董義的故，孫男董名，係山西大同府應州泰定坊民戶，充☐。

卷全第 23 葉背第 18 行：壹戶董全故，孫男董良子，係山西大同府應州泰定坊民戶，充☐☐。

由現存黃冊殘葉來看，戶主項，均是先寫原戶主姓名，後寫承繼戶主姓名，且承繼者多爲孫，僅有兩葉爲弟。尤其是其中卷全第 3 葉背載：

（前缺）

1. 壹戶何旺 故，孫何良，係山西大同府應州泰定坊民戶。
2. 　　舊管：
3. 　　　　人丁：計家男婦叁口。
　　　　　　（中缺2行）
4. 　　事產：
5. 　　　　官民地壹拾陸畝伍分。
　　　　　　（中缺2行）
6. 　　　　官平地捌畝，夏稅正耗玖斗捌升捌合捌▢
7. 　　　　　　　平地捌畝捌分。
　　　　　　（中缺）
8. 　　　　房屋土房壹間。
9. 　　開收無。
10. 　　實在：
11. 　　　　人口：男婦叁口。
12. 　　　　　男子貳口：
13. 　　　　　　成丁壹口：何良，年捌拾捌歲；
14. 　　　　　不成丁壹口：▢▢▢▢口歲。
　　　　　　（後缺）

　　其中現戶主"何良"年捌拾捌歲（黃冊記載其仍爲成丁，有誤），且第9行云"開收無"，即在上輪大造黃冊之後的十年內，其戶下並無開除、新收人口和田產，則原戶主"何旺"肯定非是本輪大造黃冊之前剛剛去世。另，目錄第2葉背，存有駁查補造內容，其內容如下：

（前缺）

1. 　　事產：
2. 　　　　鹻地貳拾伍畝。
3. 　　　　　　夏稅麥正耗肆斗玖升肆

第二章　公文紙本古籍紙背所見明代黃冊文獻概述　243

```
                                    合□
4.                            正麥肆斗貳升
                                   □
5.                         耗 麥 叁 升 貳 合
                              叁①□
6.                      秋糧米正耗肆斗柒升壹
                                   □
7.                         正 米 肆 斗 肆 升 壹
                                   □
8.                         耗米叁升捌勺柒抄
                                 □
9.            房屋：土房壹間。
10.           車輛：小车壹輛。
11.           頭匹：牛大壹隻。
12.      壹戶安鑑州故，孙安仁，係山西大同府應州泰定坊
         軍戶。
13.         軍壹名安鑑州，洪武貳拾伍年爲抽丁事，充宣
            府左衛□□□□□
14.      舊管：
15.          人丁計家男婦肆口：
16.   □一□戶安鑑州，原駁充軍年分不
17.    同，今回稱有祖洪武貳拾貳
18.    年充軍。
19.           事產：
20.               民地陸拾玖畝。
                  （後缺）
```

---

① 據上下數據推斷，夏稅麥正耗總數與正麥、耗麥數之和不符，原文應有誤。

其中第 12 行云，該戶原戶主名"安鑑州"，且第 13 行云"安鑑州，洪武貳拾伍年爲抽丁事"充軍，但據駁語可知，黃冊此處原記載有誤，安鑑州實際充軍年份應爲洪武二十二年（1389）。由此兩葉文書可確定，該批黃冊中記載的原戶主名，應是最早立戶之時，登載入賦役黃冊的戶主名，之後一直保留下來，其後"孫某某"爲現戶主名，其並非是孫子之意，而應是後世孫之意。但兩葉現戶主爲原戶主之弟者，因文書殘損，原因不明。

此外，卷全第 47 葉背載：

（前缺）

1. 　　　事產：
2. 　　　　　民地伍拾柒畝。
（中缺 2 行）
3. 　　　房屋：土房土戶。
4. 　　　車：小車壹輛。
5. 　　　頭匹：牛大壹隻。
6. 　開收無。
7. 　實在：
8. 　　　人口：男婦叁口。
9. 　　　　　男子不成丁壹口：孫扈彥兒，年☐☐☐☐
10. 　　　　　婦女大貳口：孫婦張氏，年壹百壹拾肆☐☐☐☐
11. 　　　事產：
12. 　　　　　民地伍拾柒畝伍分。
13. 　　　　　平地貳拾畝柒分。
14. 　　　　　　夏稅麥正耗肆斗肆升☐☐☐☐
15. 　　　　　　　正麥肆斗壹|升|☐
16. 　　　　　　　耗麥貳升捌☐☐
17. 　　　　　　秋糧米正耗壹石貳斗|叁|☐
18. 　　　　　　　正米壹石壹|斗|☐

（後缺）

该叶第 9 行云"孙扈彦儿",参照同批其他黄册可知,其应为现户主,则第 10 行载"孙妇张氏"为户主之妻,年 114 岁,则户主年纪也应为百岁之上。且该叶第 6 行载该户过去十年内开、收俱无,结合古籍纸背其他赋役黄册推断,该户应为绝户。

现存黄册中,以卷全第 18 叶背保存田地信息较多,其内容如下:

（前缺）

1. 　　　房屋：土房壹间。
2. 　　　除收无。
3. 　　　实在：
4. 　　　　　人口：男妇肆口。
5. 　　　　　　　男子成丁贰口：
6. 　　　　　　　　　孙男马从堂,年柒拾捌 岁 ；
7. 　　　　　　　妇女大贰口：
8. 　　　　　　　　　本身妻常氏,年捌拾 岁 ；
9. 　　　事产：
10. 　　　　　民地壹拾伍亩捌分陆厘。

（中缺 2 行）

11. 　　　　　平地伍亩贰分,每亩科正柒升伍
12. 　　　　　夏税麦正耗共该叁斗贰 升
13. 　　　　　正麦叁斗,
14. 　　　　　耗麦贰升壹 合
15. 　　　　　秋粮米正耗共该玖升陆
16. 　　　　　正米玖升,
17. 　　　　　耗米陆合叁 勺
18. 　　　　　咸地壹拾亩柒分,每亩科正 叁
19. 　　　　　夏税麦正耗共该玖斗

（后缺）

由此可見，該地的土地主要分爲平地、鹹地兩種，徵收的田賦則主要爲夏稅麥和秋糧米。該批黃冊中還保存有一葉黃冊冊首總述部分殘葉，見於卷全第 2 葉背，內容如下：

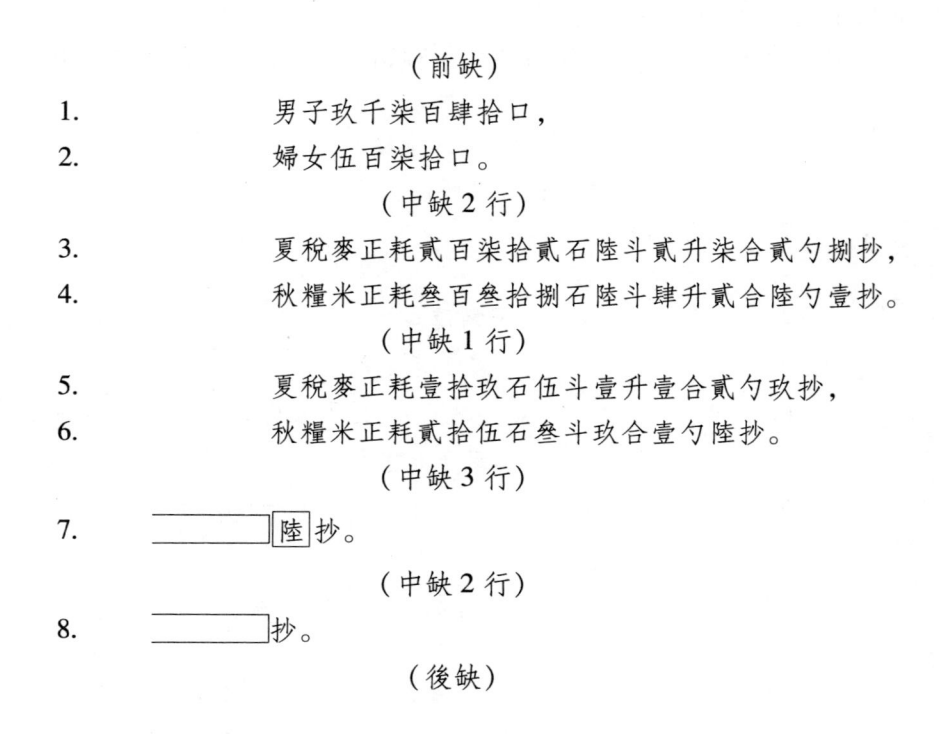

（前缺）
1. 　　　　男子玖千柒百肆拾口，
2. 　　　　婦女伍百柒拾口。
（中缺 2 行）
3. 　　　　夏稅麥正耗貳百柒拾貳石陸斗貳升柒合貳勺捌抄，
4. 　　　　秋糧米正耗叁百叁拾捌石陸斗肆升貳合陸勺壹抄。
（中缺 1 行）
5. 　　　　夏稅麥正耗壹拾玖石伍斗壹升壹合貳勺玖抄，
6. 　　　　秋糧米正耗貳拾伍石叁斗玖合壹勺陸抄。
（中缺 3 行）
7. 　　　　▭▭▭▭陸抄。
（中缺 2 行）
8. 　　　　▭▭▭▭抄。
（後缺）

其中載男子數量爲"玖千柒百肆拾口"，婦女數量卻僅"伍百柒拾口"，男女數量相差懸殊，因文書殘損，原因不明。

3. 年代地域不明賦役黃冊

《梁昭明太子集》紙背另有 4 葉黃冊，字跡與上述兩種黃冊均不同，分別爲：

卷全第 13 葉背載：

（前缺）
1. 　　　　▭▭▭。
2. 　　　　官民田地壹拾畞陸分柒▭▭▭

第二章　公文紙本古籍紙背所見明代黃冊文獻概述　247

3. 　　　　　　　夏稅麥壹☐
4. 　　　　　　　秋糧米壹☐
5. 　田陸畝玖分柒厘。
6. 　　　　　　　夏稅麥陸☐☐
7. 　　　　　　　秋糧米壹 石 ☐
8. 　一本都没官田叁畝捌分 貳 ☐
9. 　　　　　　　秋糧米壹 石 ☐
10. 一本圖改科官田叁畝壹☐☐
11. 　　　　　　　夏稅麥陸☐
12. 　　　　　　　秋糧米壹☐
13. 一本圖民地叁畝柒分。
14. 　　　　　　　夏稅麥柒☐
15. 　　　　　　　秋糧米叁☐
16. 新收：
17. 　　人口：正收男子貳口。
18. 實在：
19. 　　人口：計家男婦捌口。
　　　　　　　　（後缺）

卷全第 22 葉背載：

　　　　　　　　（前缺）
1. 　官民田地肆畝壹分伍厘伍毫。
2. 　　　　　　夏稅麥正耗伍升 壹 ☐
3. 　　　　　　秋糧米正耗叁斗 柒 ☐
4. 　一本都官地壹畝柒分伍厘伍毫。
5. 　　　　　　秋糧米正耗貳斗 肆 ☐
6. 　一本都民田貳畝肆分。

7.　　　　　　　　　　夏稅麥正耗伍升□□□□
8.　　　　　　　　　　秋糧米正耗壹斗□□□□
9.　　實在：
10.　　　　人口：計家男婦貳口。　男子 成 丁□□
11.　　　　　　　　　　　　　　　婦女大□□□
12.　　　事產：
13.　　　　　民地山肆畝貳分。
14.　　　　　　　　　　夏稅麥正耗陸升□□□□
15.　　　　　　　　　　絲柒分；　　綿□□□□
16.　　　　　　　　　　秋糧米正耗叄□□□□□
17.　　　　地：本都民地叄畝貳分。
18.　　　　　　　　　　夏稅麥每畝科□□□□
19.　　　　　　　　　　正麥陸升肆合□□□□
20.　　　　　　　　　　秋糧米每畝科□□□□
21.　　　　　　　　　　正米叄升貳合□□□□
22.　　　　山：本都民山壹畝。
23.　　　　　　　　　　夏稅麥每畝科□□□□
　　　　　　　　　　　　（後缺）

卷全第 34 葉背載：

　　　　　　　　　　　（前缺）
1.　　□□□□溝蕩玖拾玖畝柒分貳厘□□□□
2.　　　　　　　　　　夏稅麥正耗玖□□□□□
3.　　　　　　　　　　絲貳兩伍 錢 □□□
4.　　　　　　　　　　綿壹兩貳 錢 □□□
5.　　　　　　　　　　秋糧米正耗柒□□□□□
6.　　　　官田地叄拾貳畝壹分肆厘。

第二章　公文紙本古籍紙背所見明代黃冊文獻概述　249

7.　　　　　　　　夏稅麥正耗貳斗□
8.　　　　　　　　秋糧米正耗陸石□
9.　　　田叁拾畝陸分肆厘。
10.　　　　　　　夏稅麥正耗貳斗□
11.　　　　　　　秋糧米正耗陸石□
12.　　　地壹畝伍分。
13.　　　　　　　秋糧米正耗叁斗□
14.　　　民田地山溝蕩陸拾柒畝伍分捌厘□
15.　　　　　　　夏稅麥正耗陸斗□
16.　　　　　　　秋糧米正耗捌斗□
17.　　　　　　　絲貳兩伍錢伍□
18.　　　　　　　綿壹兩貳錢柒□
19.　　　田玖畝壹分。
20.　　　　　　　夏稅麥正耗壹斗□
21.　　　　　　　秋糧米正耗肆斗□
22.　　　地貳拾貳畝。
23.　　　　　　　夏稅麥正耗肆斗□
24.　　　　　　　秋糧米正耗貳斗□
　　　　　　　　（後缺）

卷全第 35 葉背載：

　　　　　　　　　（前缺）
1.　　　　　耗麥叁合肆勺。
2.　　　□□□□叁斗，減額貳分，改科正米貳斗肆升，每斗帶耗柒合，共該柒升伍合貳勺。
3.　　　　　正米柒升叁勺，
4.　　　　　耗米肆合玖勺。

（中缺1行）

5. ☐☐☐☐|麥|壹斗伍升，減額貳分，改科正麥壹斗貳升，每斗帶耗柒合，共該陸升肆合貳勺。

6. 　　　　正麥陸升，

7. 　　　　耗麥肆合貳勺。

9. ☐☐☐☐|米|叁斗伍升，減額貳分，改科正米貳斗捌升，每斗帶耗柒合，共該壹斗肆升玖合捌勺。

10. 　　　　正米壹斗肆升，

11. 　　　　耗米玖合捌勺。

（中缺1行）

12. ☐☐☐☐叁升伍合捌勺。

13. ☐☐☐☐|陸|升壹合柒勺。

（中缺1行）

14. ☐☐☐☐麥貳升伍合，每斗帶耗柒合，共該壹斗捌升柒合貳勺。

15. 　　　　正麥壹斗柒升肆合玖勺，

（後缺）

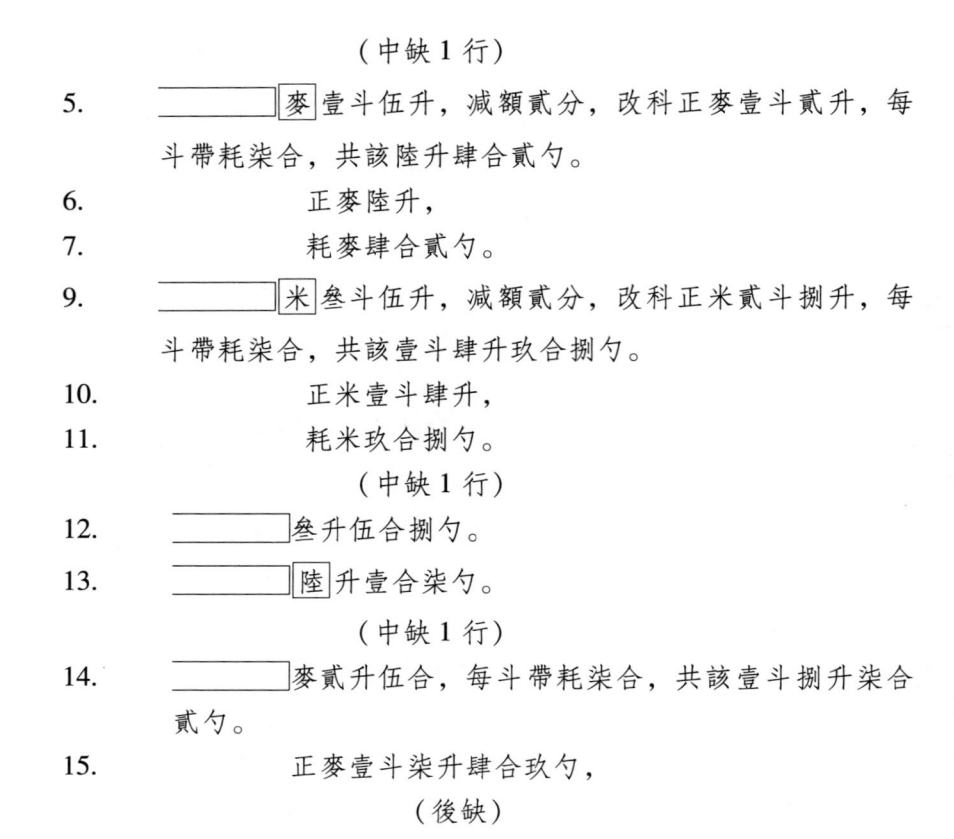

此四葉黃冊殘葉，殘損較重，未出現明確的時間、地域信息，故無法推斷其攢造年代和所屬區域。據現存內容來看，其田土類型主要有山、田、地等，徵收田賦主要有夏稅麥、絲、綿和秋糧米。且，其中存在減科田地，均是減額貳分，書寫特點與《樂府詩集》紙背"直隸常州府武進縣某鄉賦役黃冊"相似。

（二）《張司業詩集》紙背"永樂二十年（1422）某里賦役黃冊"

上海圖書館藏《張司業詩集》爲清初公文紙影宋抄本，共三卷，一冊，長14.348厘米，寬12.399厘米。該書雖爲清初抄本，但所用紙張爲明代賦役黃冊，全書總計84葉，其中紙背帶文字者共82葉。

該書卷中第6葉背載：

第二章　公文紙本古籍紙背所見明代黃冊文獻概述　251

（前缺）
1. 　　　　　　　　　　　　　　民 草☐☐☐☐☐
2. 　一戶胡得，係本里民戶，充永樂貳拾陸年 甲☐①。
3. 　　　舊管：
4. 　　　　　人丁：計家男婦伍 口 。
（後缺）

卷中第 7 葉背載：

（前缺）
1. 　　　　　　　　　　　　　　民 草☐☐☐☐☐
2. 　一戶李旺，係本里民戶，充永樂貳拾 柒☐☐☐②。
（後缺）

卷中第 9 葉背載：

（前缺）
1. 　　　　　　　　　　　　民 草 房☐☐☐☐☐
2. 　一戶王貴宗，係本里民戶，充永樂貳拾肆☐☐☐③。
3. 　　　舊管：
4. 　　　　　人丁：計家男子壹☐④。
5. 　　　　事產：
（後缺）

---

① 據文義及明代黃冊書寫格式推斷，此處所缺文字應爲"首"。
② 據文義及明代黃冊書寫格式推斷，此處所缺文字應爲"年甲首"或"年里長"。
③ 據文義及明代黃冊書寫格式推斷，此處所缺文字應爲"年甲首"或"年里長"。
④ 據文義及明代黃冊書寫格式推斷，此處所缺文字應爲"口"。

由上舉各葉出現的充永樂二十六、二十七、二十四年甲首或里長，結合明代大造黃冊時間可知，其應爲永樂二十年（1422）某里黃冊殘葉，但因文書殘損較重，無法確定具體地域。

該書紙背的賦役黃冊內容均位於正面書籍的地腳部分，所用也均爲黃冊上半文字較少的部分，下半文字較多部分應已被廢棄。其中，多者存 8 行，如卷中第 15 葉正載：

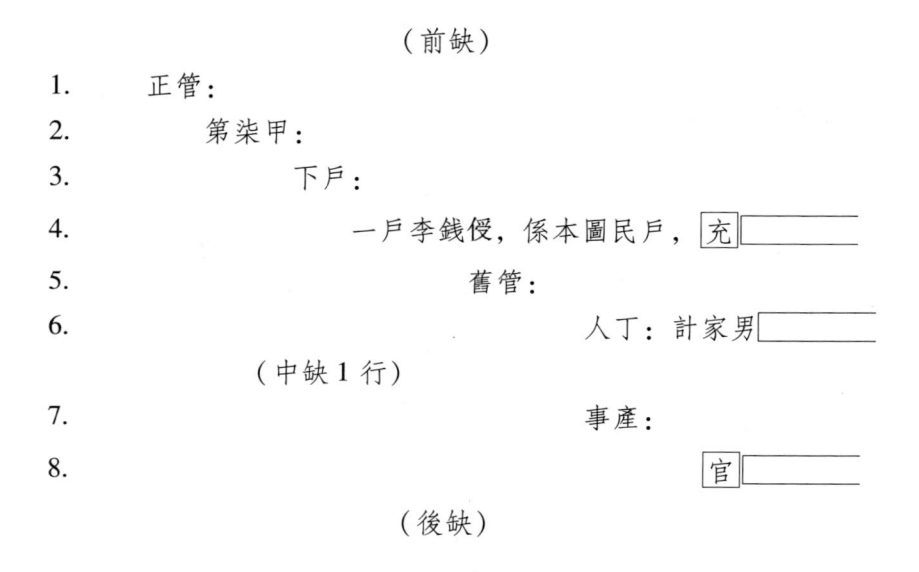

（前缺）

1. 　　正管：
2. 　　　　第柒甲：
3. 　　　　　　下戶：
4. 　　　　　　　　一戶李錢伢，係本圖民戶，充☐☐☐☐
5. 　　　　　　　　舊管：
6. 　　　　　　　　　　人丁：計家男☐☐☐☐

（中缺 1 行）

7. 　　　　　　　　　　事產：
8. 　　　　　　　　　　　　官☐☐☐

（後缺）

少者僅存 1 行 1 字，大部分存 3—4 行，每行文字也較少，現存信息有限。但其畢竟屬於明早期永樂賦役黃冊，雖殘損，仍具有一定的史料價值，故將其概述於此。

（三）《增修復古編》紙背 "天順六年（1462）壹都壹圖賦役黃冊"

上海圖書館藏《增修復古編》爲明公文紙影明初抄本，《中國古籍善本書目》著錄爲四卷，但實際爲上、下二卷，共二冊。其中卷上又分爲之一、之二、之三、之四；卷下分爲之一、之二、之三，共計 146 葉，長 31.454 厘米，寬 26.573 厘米。每葉背面均有文字，故公文紙數量也爲 146 葉。

該書紙背爲明代賦役黃冊，其中卷上之一第 6 葉背載：

第二章　公文紙本古籍紙背所見明代黃冊文獻概述　253

（前缺）
1.　　　　　　　　　　　米每畝科正米肆合，每
2.　　　　　　　　　　　正米壹升陸合
3.　　　　　　　　　　　耗米貳合壹勺
4.　　　　　民瓦房壹間。
5.　　　一戶郭□兒，係壹都第壹圖民戶，充天順拾壹年分甲首。
6.　　　　舊管：
7.　　　　　人丁：計家男婦貳口。
8.　　　　　　　　　　　男子壹口，
9.　　　　　　　　　　　婦女壹口。
10.　　　　事產：
11.　　　　　官民田地山塘壹拾肆畝叄分伍厘叄毫。
12.　　　　　　　　夏稅：
13.　　　　　　　　　　麥正耗肆升玖合；
14.　　　　　　　　秋糧：
15.　　　　　　　　　　米正耗壹碩叄斗貳
16.　　　　　官田肆畝捌分柒厘叄毫。
17.　　　　　　　　夏稅：
18.　　　　　　　　　　麥正耗貳升捌合
19.　　　　　　　　秋糧：
20.　　　　　　　　　　米正耗壹碩捌合□
（後缺）

本葉第 5 行載："一戶郭□兒，係壹都第壹圖民戶，充天順拾壹年分甲首。"另，卷上之二第 9 葉、卷上之三第 4 葉等紙背保留有戶頭部分的黃冊殘葉中，所載戶主也均爲壹都壹圖人戶，分別充天順十六年、十一年、九年、十二年分甲首，據此結合明代大造黃冊時間可知，該批黃冊應爲天順六年（1462）某縣壹都壹里賦役黃冊。

該批黃冊在被用來印刷《增修復古編》時，曾被裁切，被從中間橫向裁爲了上下兩部分。現存紙背黃冊，全部爲上半部分，未見一葉下半部分，也均未出現有明確的縣籍信息，故無法確定其所屬縣，但可通過現存內容大體推斷其所屬地區。

該批黃冊現存內容中，所見田地類型主要有田、地、山、塘，如上引卷上之一第 6 葉第 11 行載"官民田地山塘壹拾肆畝叁分伍厘叁毫"，又如卷上之一第 9 葉背載：

（前缺）

1. 　　　　　　　　麥每畝科正麥☐☐☐☐
2. 　　　　　秋糧：
3. 　　　　　　　　米每畝科正米☐☐☐
4. 　實在：
5. 　　　人口壹口。
6. 　　　　　　　男子壹口：
7. 　　　　　　　　成丁壹口：
8. 　　　　　　　　　本身，年☐☐☐☐
9. 　事產：
10. 　　　官民田地山塘壹拾貳畝捌分伍厘叁☐☐
11. 　　　　　　　夏稅：
12. 　　　　　　　　麥正耗陸升☐☐☐☐
13. 　　　　　　　秋糧：
14. 　　　　　　米正耗壹碩☐☐☐☐
15. 　　　　官田：本都民義田肆畝捌分柒☐☐

16.　　　　　　　　夏稅：
17.　　　　　　　　　麥每畝科正☐☐☐☐
　　　　　　（中缺 1 行）
18.　　　　　　　　　正麥貳升陸☐☐☐☐
　　　　　　（後缺）

其中，田又分爲"平田"、"水田"、"高田"，如卷上之四第 13 葉背載：

（前缺）
1.　　　　　秋糧：
2.　　　　　　米正耗伍斗 貳☐☐☐
3.　　　　　一本圖水田叄畝肆厘☐☐☐☐
4.　　　　　夏稅：
5.　　　　　　麥每畝科正 麥☐☐☐
6.　　　　　秋糧：
7.　　　　　　米每畝科正米☐☐☐
8.　　　　　一本圖平田貳畝柒分 貳☐☐☐
9.　　　　　夏稅：
10.　　　　　　麥每畝科正 麥☐☐☐
11.　　　　　秋糧：
12.　　　　　　米每畝科正 米☐☐☐
14.　　　　　一本圖平田貳畝捌分☐☐☐☐
15.　　　　　夏稅：
16.　　　　　　麥每畝科正☐☐☐☐
17.　　　　　秋糧：
18.　　　　　　米每畝科正米☐☐☐☐
19.　　　　　一本圖平田貳畝肆分☐☐☐☐
20.　　　　　夏稅：

21.　　　　　　　麥每畝科正☐☐☐☐

　　　　　　　　（後缺）

又如，卷下之一第 10 葉背載：

　　　　　　　　（前缺）

1.　　　　　　　米正耗肆碩 柒☐☐☐
2.　　田壹頃貳畝肆分叄厘捌毫。
3.　　　　　　　夏稅：
4.　　　　　　　麥正耗陸斗 壹☐☐☐
5.　　　　　　　秋糧：
6.　　　　　　　米正耗肆碩☐☐☐
7.　　一本圖內平田叄畝玖分捌厘☐☐
8.　　　　　　　夏稅：
9.　　　　　　　麥每畝科正麥☐☐☐
10.　　　　　　　秋糧：
11.　　　　　　米每畝科正米 玖☐☐
12.　　一本圖內高田壹畝叄分柒厘 伍☐①。
13.　　　　　　　夏稅：
14.　　　　　　　麥每畝科正 麥☐☐☐
15.　　　　　　　秋糧：
16.　　　　　　米每畝科正米☐☐
17.　　一本圖內高田貳畝陸厘，係買☐☐
18.　　　　　　　夏稅：
19.　　　　　　　麥每畝科正 麥☐☐☐
20.　　　　　　　秋糧：

---

① 據紙背其他文書推斷，此處所缺文字應爲"毫"。

21.　　　　　　　　米每畝科正 米□

　　　　　　　（後缺）

山則多爲"青山"，塘多爲"蓄水塘"，如卷下之一第 13 葉背載：

　　　　　　　（前缺）
1.　　　　　　　　麥每畝科正麥 貳□
2.　　　　　　　　正麥壹合 □
3.　　　　　　　　耗麥壹勺 □
4.　　　　秋糧：
5.　　　　　　　　米每畝科正米肆□
6.　　　　　　　　正米貳升 叁□
7.　　　　　　　　耗米壹合。
8.　　山：本都青山捌畝捌分捌厘伍毫。
9.　　　　夏稅：
10.　　　　　　　 麥每畝科正麥□
11.　　　　　　　 正麥壹合 貳□
12.　　　　　　　 耗麥壹勺□
13.　　　　秋糧：
14.　　　　　　　 米每畝科正米貳□
　　　　　　（中缺 1 行）
15.　　　　　　　 正米壹升 貳□
16.　　　　　　　 耗米壹合□
17.　　塘：本都蓄水塘肆厘。
18.　　　　夏稅：
19.　　　　　　　 麥每畝科正麥壹□
20.　　　　　　　 正麥壹□
　　　　　　　（後缺）

水田、蓄水塘等多見於上舉《樂府詩集》紙背的浙江金華府永康縣、台州府臨海縣、直隸應天府上元縣等賦役黃冊之中。另，該書紙背天順六年（1462）黃冊中，還見有"機戶"的記載，如卷上之三第4葉背載：

（前缺）

1.　　　　　　　　　　　　　　正米肆 合 ☐
2.　　　　　　　　　　　　　　耗米叁 勺 ☐
3.　　　　　　　　塘：貳都蓄水塘貳分伍厘。
4.　　　　　　　　夏稅：
5.　　　　　　　　　　麥每畝科正麥☐
6.　　　　　　　　　　　　　　正麥貳 抄 ☐
7.　　　　　　　　　　　　　　耗麥叁 撮 ☐
8.　　　　　　　　秋糧：
9.　　　　　　　　　　米每畝科正米貳☐
10.　　　　　　　　　　　　　正米肆勺☐
11.　　　　　　　　　　　　　耗米叁 抄 ☐
12.　　　　　　民瓦房壹間。
13.　　　一戶錢宗孫，係壹都第壹圖機戶，充當天順拾貳年分甲首。
14.　　　　舊管：
15.　　　　　人丁：計家男婦叁口。
16.　　　　　　　　　男子貳口，
17.　　　　　　　　　婦女壹口。
18.　　　　事產：
19.　　　　　　官民田地山塘貳拾陸畝叁分叁厘陸毫。
　　　　　　　（後缺）

據此，結合上述田地信息推斷，該批黄冊極可能應爲浙江地區賦役黄冊殘葉。

（四）《徐僕射集》紙背八種明代賦役黄冊

上海圖書館藏《徐僕射集》爲明張溥刻漢魏六朝百三名家集明公文紙印本，共一卷六册，六册頁碼聯排，其中題詞2葉、目錄8葉、正文152葉，共162葉。除正文第三册第76葉、第四册第78葉、第80葉、第82葉、第86葉、第87葉、第五册第127葉等7葉背面無文字外，其餘背面均有文字，故公文紙共155葉。

該書紙背文書包含有8種不同的明代賦役黄册，現分述如下：

1. 天順六年（1462）某縣壹都第壹圖賦役黄册

《徐僕射集》正文第13葉背載：

（前缺）

1. 　　　　　　　　　　　　一綿花地壹畝伍

（中缺2行）

2. 　　　　　　　　　　　　一豆地壹畝，秋糧

（中缺2行）

3. 　　　　　　　　　　桑貳拾株，夏税絲
4. 官民草房屋陸間：
5. 　　　　　　　官房肆間，每間月賃鈔
6. 　　　　　　　民房貳間。
7. 頭匹民牛伍隻：
8. 　　　　　　　水牛壹隻，
9. 　　　　　　　黄牛肆隻。
10. 　一户倪狗兒，係壹都第壹圖軍户，充天順捌年甲首。

11.　　　　舊管：
12.　　　　　　人丁：計家男婦貳拾捌口。
13.　　　　　　　　　男☐☐☐☐☐☐☐
14.　　　　　　　　　婦☐☐☐☐☐☐☐
　　　　　　（後缺）

　　據第 10 行"倪狗兒，係壹都第壹圖軍戶，充天順捌年甲首"一語結合明代大造黃冊時間可知，該葉黃冊應爲天順六年（1462）賦役黃冊殘葉。《徐僕射集》紙背與之筆跡、行距相同，內容相關者另有：目錄第 5—8 葉，正文第 1、2、6、7、9—12、67、94—98、147—152 葉等 24 葉，總計 25 葉。其中保存有戶頭部分者，共 9 戶，分別爲：

　　　　正文第 2 葉第 5 行"一戶趙纏住故，男良兒，係壹都第壹圖民戶，充天順☐☐☐☐"；
　　　　正文第 6 葉第 14 行"一戶陶繫住，係壹都第壹圖民戶，充天順拾伍年甲首"；
　　　　正文第 13 葉第 10 行"一戶倪狗兒，係壹都第壹圖軍戶，充天順捌年甲首"；
　　　　正文第 95 葉第 7 行"一戶孟祥，係壹都圖民戶，充天順拾伍年甲首"；
　　　　正文第 97 葉第 11 行"一戶朱分住，係壹都第壹圖民戶，充天順柒年甲首"；
　　　　正文第 149 葉第 11 行"一戶吳牯兒，係本圖吳勝兒戶內分析民戶"；
　　　　正文第 150 葉第 1 行"一戶包良兒，係本圖包玖兒戶內分析民戶"；
　　　　正文第 151 葉第 16 行"一戶☐☐兒，係本圖☐兜兒戶內分析民戶"；
　　　　正文第 152 葉第 8 行"一戶虞寧，係本圖虞保戶內分析民戶"。

　　現存民戶，有明確圖籍者，均爲"壹都第壹圖"，故該批黃冊應爲天順六年（1462）某縣壹都第壹圖賦役黃冊殘葉。其中正文第 147 葉、第 148 葉背爲該圖黃冊冊首總述部分，內容如下：

第二章　公文紙本古籍紙背所見明代黄冊文獻概述　261

正文第 147 葉背載：

（前缺）

1.　　　　正收伍百壹口：
2.　　　　　男子叁百陸拾壹口：
3.　　　　　　　成丁壹拾肆口①，
4.　　　　　　　不成丁叁百 肆 □□□②。
5.　　　　　婦女壹百肆拾口：
6.　　　　　　　大壹百貳□□□③，
7.　　　　　　　小壹拾壹口。
8.　　　　轉收伍百貳口：
9.　　　　　男子貳百貳拾陸口：
10.　　　　　　成丁壹百肆□□□④，
11.　　　　　　不成丁捌拾 肆 □⑤。
12.　　　　婦女大貳百柒拾陸□⑥。
13.　　事産：

（後缺）

正文第 148 葉背載：

（前缺）

1.　　　　　一則田□□□□□
　　　　　（中缺 1 行）
2.　　　　　一則田□□□□□

―――――――――

① 據文義推斷，此處所缺文字應爲"口"。
② 據上下文義推斷，此處所缺文字應爲"拾柒口"。
③ 據上下文義推斷，此處所缺文字應爲"拾玖口"。
④ 據上下文義推斷，此處所缺文字應爲"拾貳口"。
⑤ 據文義推斷，此處所缺文字應爲"口"。
⑥ 據文義推斷，此處所缺文字應爲"口"。

3.　　　　　　地壹拾柒頃陸☐☐☐
　　　　　　　　　（中缺）
4.　　　　　　麥地壹拾柒☐☐☐
5.　　　　　　一則地 壹 ☐☐☐
　　　　　　　（中缺1行）
6.　　　　　　一則地☐☐☐
7.　　　　　　綿花地壹拾☐☐☐
　　　　　　　（中缺1行）
8.　　　　　　豆地陸畝柒☐☐☐
9.　　　　　　塘壹畝，秋糧米 每 ☐☐
10.　　　　　　池貳畝貳分，秋糧☐☐☐
11.　　　　　　桑肆百柒株，夏☐☐☐
　　　　　　　　　（後缺）

由上述兩葉現存內容可見，其應爲該圖新收人丁、事產總數。其後，正文第149葉"吳牯兒"、第150葉"包良兒"、第151葉"☐☐☐"，第152葉"虞寧"，均爲該圖新析出民戶，屬於新收戶。由此可見，在賦役黃冊冊首部分，新收、開除兩項，除了需列出新收、開除的人丁、事產總數外，還需詳細列出每一戶的具體新收人丁、事產信息。但新收的人戶，因屬新立戶，故其下僅有新收項，即等於實在項，無舊管、開除項。例如正文第150葉背"包良兒"載：

　　　　　　　　　（前缺）
1.　　　一戶包良兒，係本圖包玖兒戶內分析民戶。
2.　　　　　　人口：轉收伍口。
　　　　　　　　　（中缺）
3.　　　　　　事產：
4.　　　　　　官民田地轉收伍拾肆畝陸分，桑伍 拾 ☐☐
　　　　　　　　　（中缺）

第二章　公文紙本古籍紙背所見明代黃冊文獻概述　263

5.　　　　　　　　官田地貳畞陸分，桑伍拾☐☐☐☐☐☐
　　（後缺）

　　該黃冊在印刷《徐僕射集》時，被從中間橫向裁切，分爲了上下兩個部分，現僅存上半部分，未見一件下半部分。據現存內容來看，該圖徵收賦稅的田土類型主要有稻田、麥地、豆地、棉花地、塘、池、桑等，徵收田賦包括夏稅麥、絲和秋糧米。該黃冊中還保留有一件佃種絕戶田土的黃冊，見於正文第 7 葉背，內容如下：

（前缺）
1.　　　　　　　　　麥地壹頃叁 拾☐☐☐☐☐
2.　　　　　　　　　綿花地壹畞 ☐☐☐☐☐
3.　　　　　　　　　桑貳拾株，夏稅 絲☐☐☐☐☐
4.　　　　　　　民草房屋伍間。
5.　　　　　　　頭匹：民黃牛肆隻。
6.　　新收：
7.　　　　人口：正收男子不成丁貳口：
8.　　　　　　　　　　　　　　　　　 姪☐☐☐☐☐
9.　　　　　　　　　　　　　　　　　 姪☐☐☐☐☐
10.　　　　事產：民田轉收本圖貳畞，佃到死絕萬醜☐☐☐
11.　　開除：
12.　　　　人口：正除肆口。
13.　　　　　　　男子成丁貳口：
14.　　　　　　　　　　　　　　　　　弟☐☐☐☐☐
15.　　　　　　　　　　　　　　　　　弟☐☐☐☐☐
16.　　　　　　　婦女大貳口：

17.　　　　　　　　　　　　　　　　　弟☐
18.　　　　　　　　　　　　　　　　　弟☐

（後缺）

此對於研究明代死絕戶的遺留財產處理具有一定的史料價值。另外，該黃冊中還保留有民戶賃鈔官房的信息，如上引正文第 13 葉背載：

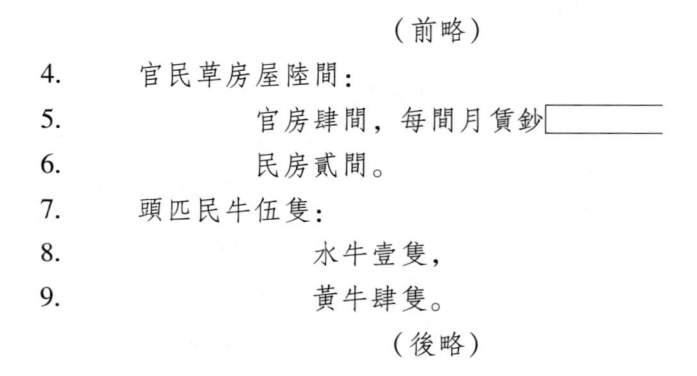

（前略）

4.　官民草房屋陸間：
5.　　　　官房肆間，每間月賃鈔☐
6.　　　　民房貳間。
7.　頭匹民牛伍隻：
8.　　　　水牛壹隻，
9.　　　　黃牛肆隻。

（後略）

由現存內容來看，該文書第 4—9 行應爲一戶的實在事產信息，其中第 5 行云"官房肆間，每間月賃鈔"，應是該戶租賃有官房，每月需交租鈔，此對於研究明代的官房租賃有一定的史料價值。

2. 天順六年（1462）直隸蘇州府長洲縣吳宮鄉貳拾壹都第壹圖賦役黃冊

《徐僕射集》正文第 106 葉背載：

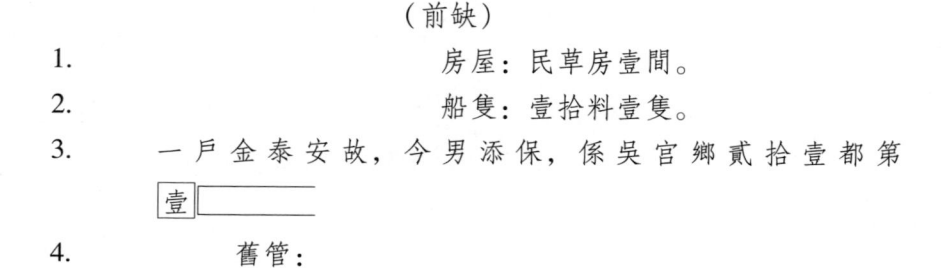

（前缺）

1.　　　　　　房屋：民草房壹間。
2.　　　　　　船隻：壹拾料壹隻。
3.　一戶金泰安故，今男添保，係吳宮鄉貳拾壹都第壹☐
4.　　舊管：

5.　　　　　人丁：計家男婦肆口。
　　　　　　　　（中缺 2 行）
6.　　　　事產：
7.　　　　　　　　官田壹拾陸畝伍分貳厘伍[毫]。
　　　　　　　　（中缺 2 行）
8.　　　　　　　　房屋：壹間壹厦。
9.　　　開除：
10.　　　　　人口：正除男子成丁壹口：父金泰安，於天順[　]
11.　　　　事產：轉除本圖田肆分伍厘陸毫，秋糧[　]
　　　　　　　　（後缺）

正文第 109 葉背載：

　　　　　　　　（前缺）
1.　　　　　　　　房屋：民草房壹間貳厦。
2.　　　一戶陸壽孫故，今男勝安，係吳官鄉貳拾壹都第壹圖民[籍　]
3.　　　舊管：
4.　　　　　人丁：計家男婦叄口。
5.　　　　　　　　　　　　　　　　男[　]
6.　　　　　　　　　　　　　　　　婦[　]
7.　　　　事產：
8.　　　　　　　　官田壹畝壹分伍毫。
　　　　　　　　（中缺 2 行）
9.　　　　　　　　房屋：壹間壹厦。
10.　　　新收：事產：轉收貳拾貳都貳拾捌圖抄沒科秋糧田壹畝[　]

266　新發現古籍紙背明代黃冊文獻復原與研究

　　　　　　　　　　（中缺 1 行）
　　11.　　　　開除：
　　12.　　　　人口：正除男子成丁壹口：父陸壽孫，於景泰
　　　　　　　陸年 故 。
　　13.　　　　事產：轉除官田貳拾貳都貳拾捌圖田壹畝壹分
　　　　　　　☐☐☐☐
　　　　　　　　　　（後缺）

正文第 124 葉背載：

　　　　　　　　　　（前缺）
　　1.　　　　　　　　　　　　　　　　　　　　科☐☐☐
　　　　　　　　　　（中缺）
　　2.　　　　　　　　　　　　　　　　　　　　☐☐☐☐
　　　　　　　　　　（中缺）
　　3.　　　　　　　　　房屋：民草房壹間貳厦。
　　4.　　一戶馬勝關故，今弟勝長，係吳宮鄉貳拾壹都第☐☐☐
　　5.　　　　舊管：
　　6.　　　　人丁：計家男婦肆口。
　　　　　　　　　　（後缺）

　　其中登載戶主籍貫均爲"吳宮鄉貳拾壹都第壹圖"，（隆慶）《長洲縣志》卷十二《鄉都》載："吳宮鄉寶座里，在縣東，管都二：二十都、二十一都"①，據此則上舉 3 葉黃冊殘葉應爲直隸蘇州府長洲縣吳宮鄉貳拾壹都第壹圖賦役黃冊。據上舉 3 葉黃冊字跡、行距、格式推斷，《徐僕射集》紙背屬於該批黃冊者計正文第 99—126、128 葉，共 29 葉。其中正文第 115 葉背載：

――――――――――――
　　①　（隆慶）《長洲縣志》卷 12《鄉都》，《天一閣藏明代方志選刊續編》第 23 冊，上海書店 1990 年版，第 337 頁。

第二章 公文紙本古籍紙背所見明代黃冊文獻概述　267

（前缺）
1. ＿＿＿＿＿＿＿＿＿＿民籍。
（中缺2行）
2. 　　　　　男子叁口，
3. 　　　　　婦女貳口。
（中缺2行）
4. 　　　　　　夏稅絲壹錢肆分肆厘肆毫，
5. 　　　　　　秋糧米正耗壹石伍斗叁升肆合叁勺，
6. 　　　　　　桑絲壹錢。
（中缺1行）
7. 　　　　　　夏稅絲壹錢肆分肆厘肆毫，
8. 　　　　　　秋糧米正耗壹石伍斗叁升肆合叁勺。
9. ＿＿＿＿＿錢。
（中缺）
10. ＿＿＿＿＿添，於景泰陸年病故。
（中缺1行）
11. ＿＿＿＿＿奴，於景泰肆年病故；母楊阿奴，於天順元年病故。
12. ＿＿＿＿＿＿＿□本都拾柒圖王阿鑽為婿。
（後缺）

　　第10—11行開除人口某添"景泰陸年病故"，某奴"景泰肆年病故"，母楊阿奴"天順元年病故"，上舉正文第109葉背第12行也云"父陸壽孫，於景泰陸年故"，據此結合明代大造黃冊時間可知，該長洲縣吳宮鄉貳拾壹都黃冊應為天順六年（1462）攢造。
　　由現存內容來看，該黃冊徵收賦稅田土類型主要有田、地、蕩、桑等，徵收賦稅則主要有夏稅小麥、絲、鈔和秋糧米。

另，該黃冊中還保存有兩葉冊首總述部分內容：

正文第 100 葉背載：

（前缺）
1. ▭叁拾間壹拾厦肆軒，
2. ▭壹百伍拾壹間貳百肆拾厦。
（中缺）
3. ▭厘壹毫，　　桑貳株。
4. 　　　　夏稅：
5. 　　　　麥小麥伍斗貳升捌合伍勺，
6. 　　　　絲叁拾貳兩叁厘叁毫，
7. 　　　　鈔柒百玖文貳厘捌毫。
8. 　　　　秋糧正耗米壹百伍拾捌石陸斗玖升柒合柒勺，
9. 　　　　桑絲陸分陸厘柒毫
10. ▭叁拾畝貳分壹厘壹毫。
11. 　　　　夏稅：
12. 　　　　麥小麥壹斗叁升伍合，
13. 　　　　絲壹拾伍兩貳錢捌分柒厘玖毫，
（後缺）

正文第 101 葉背載：

（前缺）
1. 　　　　絲壹拾陸兩柒錢壹分玖厘。
2. 　　　　秋糧正耗米貳拾壹石壹斗玖合陸勺。
3. ▭伍拾叁畝壹分玖厘。
4. 　　　　夏稅：
5. 　　　　麥小麥叁斗玖升陸合陸勺，
6. 　　　　絲壹拾陸兩柒錢捌厘。

7.　　　　　　　　秋糧米正耗米貳拾壹石伍升貳合
　　　　　　　　　玖勺。
8.　　　_____陸厘，秋糧米伍斗陸合柒勺。
9.　　　_____陸分陸厘柒毫。
　　　　　　　（中缺 4 行）
10.　　_____　　　婦女貳拾玖口，
11.　　_____　　　婦女壹百壹拾叁口。
12.　　_____叁厘捌毫，　　桑株肆拾伍株。
13.　　　　　　　　夏稅：
14.　　　　　　　　　麥小麥肆斗玖升柒合柒勺，
15.　　　　　　　　　絲叁拾柒兩捌錢叁分捌厘伍毫，
16.　　　　　　　　　鈔壹貫壹百叁拾伍文捌分柒厘
　　　　　　　　　肆毫。
　　　　　　　　（後缺）

　　從殘存內容來看，上舉二葉疑爲該圖總計新收、開除、實在等部分內容。

　　3. 弘治三年（1490）前直隸蘇州府嘉定縣服禮鄉貳拾壹都第伍圖賦役黃冊

　　《徐僕射集》正文第 131 葉背載：

　　　　　　　　（前缺）
1.　　　　　　　　房屋：民草房貳舍。
2.　　一戶封關鎖，係服禮鄉貳拾壹都第伍圖民_____
3.　　　　舊管：
4.　　　　　　人丁：計家男婦陸口。
　　　　　　　（中缺 2 行）
5.　　　　　　事產：
6.　　　　　　　官民田蕩貳拾畝壹厘_____
　　　　　　　（後缺）

正文第 132 葉背載：

（前缺）

1.　　　　　　　房屋：民草房半間 壹 口。
2.　一戶封回保，係服禮鄉貳拾壹都第伍圖民☐☐☐☐
3.　　　　舊管：
4.　　　　人丁：計家男婦肆口。
　　　　　　　　（後缺）

正文第 134 葉背載：

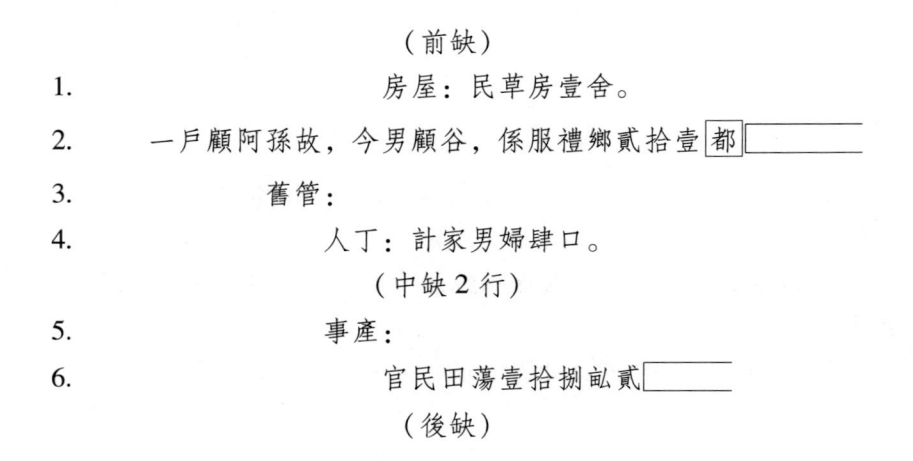

（前缺）

1.　　　　　　　房屋：民草房壹舍。
2.　一戶顧阿孫故，今男顧谷，係服禮鄉貳拾壹 都 ☐☐☐☐
3.　　　　舊管：
4.　　　　人丁：計家男婦肆口。
　　　　（中缺 2 行）
5.　　　　事產：
6.　　　　　官民田蕩壹拾捌畝貳☐☐☐
　　　　　　　　（後缺）

其中所載戶主籍貫均爲"服禮鄉貳拾壹都第伍圖"，（萬曆）《嘉定縣志》卷一《鄉都》載："服禮鄉，領都五：十五都，半區一扇，凡四里，領圩十有五……十六都，一區正副二扇，計二十二里，六十圩……十七都，正副二扇，計十六里，領一百一圩……十九都，一區正副二扇，計二十二里，九十七圩……二十一都，一區正副二扇，計十四里，一百十圩……"①，據

---

①　（萬曆）《嘉定縣志》卷1《鄉都》，《中國方志叢書·華中地方·第四二一號》，成文出版社有限公司1983年版，第113—117頁。

第二章　公文紙本古籍紙背所見明代黃冊文獻概述　271

此則上述 3 葉黃冊應爲直隸蘇州府嘉定縣服禮鄉貳拾壹都第伍圖賦役黃冊。

《徐僕射集》紙背與之筆跡、行距相同者，另有正文第 129 葉背和第 130 葉背，該黃冊目前可確定者計 5 葉。

正文第 129 葉背載：

（前缺）
1.　　　　　房屋：民草房壹間貳舍。
2.　　新收：
3.　　　人口：男子不成丁貳口。
　　　　（中缺 2 行）
4.　　　事產：轉收民本圖科秋糧帶科□
　　　　（中缺 2 行）
5.　　開除：
6.　　　人口：男婦伍口。
7.　　　　正除婦女大壹口：妹□
8.　　　　轉除男婦肆口：
　　　　（後缺）

正文第 130 葉背載：

（前缺）
1.　　　　　民□
　　　　（中缺）
2.　　　　　房屋：民草□
3.　　正收：事產：官本圖原科秋①□
4.　　轉收：
5.　　　人口男婦叁口。

① 據明代黃冊書寫格式可知，此行前應脫一行文字"新收"。

6.　　　　　　　　　　男子 貳
　　　　　　　　　　　（後缺）

　　該黃冊因殘損較重，具體攢造時間信息不明。按，《後湖志》卷五弘治三年（1490）四月條《欽差司禮監太監何穆等題准爲故違禁例以開弊端事》載："又因逐年曬晾，翻查遠年收只冊，首尾由語俱無，不知是何府、州、縣者……今後但遇大造黃冊，俱用厚紙爲背面，……仍於冊內鄉都圖里之上，俱要書寫禁［某］府、州、縣。倘後冊有損壞，易於查考。"① 卷五弘治三年（1490）十一月二十一日《南京吏科給事中邵誠等奏准爲黃冊事》則載："本部合無通行各該司、府、州、縣，今後大造黃冊，查照太監何穆所奏，於鄉都圖里之上，務要書寫某府、州、縣、里、保、軍、民、灶、匠等籍外，其餘悉照舊式攢造，永爲定規。"② 由此可知，自弘治三年（1490）後攢造黃冊時，人戶的都圖籍前均需注明其府州縣籍，該黃冊未載府州縣籍，可知應爲弘治三年之前黃冊。又，該黃冊書寫格式與上述天順六年（1462）直隸蘇州府長洲縣吳宮鄉黃冊相同，且兩者均屬蘇州府，在《徐僕射集》頁碼順序也相連，疑其同爲天順六年（1462）賦役黃冊，但因無實據，暫存疑。

　　4. 正德七年（1512）直隸松江府華亭縣華亭鄉叁拾柒保第肆圖河字圍賦役黃冊

《徐僕射集》正文第 25 葉背載：

　　　　　　　　　　（前缺）
1.　　　　　　　　　民草房屋貳厦。
2.　　一戶陸阿童，係直隸松江府華亭縣華亭
3.　　　　舊管：
4.　　　　　　人丁：計家男子壹口。
5.　　　　　　事產：

---

① （明）趙官等編：《後湖志》卷 5《事例二》，南京出版社 2011 年版，第 64 頁。
② 《後湖志》卷 5《事例二》，第 68 頁。

第二章　公文紙本古籍紙背所見明代黃冊文獻概述　273

6.　　　　　　官田地肆畆柒分陸厘伍毫。
7.　　　　　　　　　　　　　夏 稅□
　　　　　　　（中缺 2 行）
8.　　　　　　　　　　　　　秋 糧□
9.　　　　　　田叁畆陸分柒厘。
10.　　　　　　　　　　　　夏 稅□
　　　　　　　（中缺 2 行）
11.　　　　　　　　　　　　秋 糧□
12.　　　　　　地壹畆玖厘伍毫。
13.　　　　　　　　　　　　夏 稅□
　　　　　　　（後缺）

正文第 17 葉背載：

　　　　　　　（前缺）
1.　　　　　　　　　　耗米玖合柒勺。
2.　　_____華亭鄉叁拾柒保第肆圖河字圍民戶，充當正德捌
3.　　　　　　　　　　年甲首。
　　　　　　　（中缺）
4.　　　　□□□①耗肆升壹合玖勺，
5.　　　　□②□分玖厘肆絲，
6.　　　　□③□分壹毫柒絲。
　　　　　　（中缺 1 行）④

---

① 據文義及紙背同一黃冊書寫格式推斷，此處所缺文字應爲"小麥正"。
② 據文義及紙背同一黃冊書寫格式推斷，此處所缺文字應爲"絲"。
③ 據文義及紙背同一黃冊書寫格式推斷，此處所缺文字應爲"綿"。
④ 據文義及紙背同一黃冊書寫格式推斷，此處所缺 1 行文字應爲"秋糧"。

7.　　　　□□□①耗肆石貳斗陸合貳勺，
8.　　　　□□□②耗玖斗貳升伍合。
　　　　　　　（中缺 1 行）
9.　　　　　￣￣￣￣￣歲，係前冊漏報，今收入籍。
　　　　　　　（中缺 1 行）
10.　　　　￣￣￣￣￣年病故。
11.　　　　　　　一百四十③
　　　　　　　（後缺）

　　此兩葉黃冊筆跡、行距相同，內容相關，應爲同批黃冊。據第 25 葉第 2 行"阿童，係直隸松江府華亭縣華亭"和第 17 葉背第 2 行"華亭鄉叁拾柒保第肆圖河字圍民戶，充當正德捌年甲首"，結合明代大造黃冊時間可知，其應爲正德七年（1512）直隸松江府華亭縣華亭鄉叁拾柒保第肆圖河字圍賦役黃冊。

　　《徐僕射集》紙背與上述 2 葉字跡、行距相同者，另有題詞第 1、2 葉，目錄第 1—4 葉，正文第 3—5、8、14—16、18—24、26—36、39—42、88—93 葉，現存該圖黃冊共計 43 葉。

　　由現存黃冊內容來看，該圖徵收田賦主要包括夏稅麥、絲、綿，秋糧粳米、赤米、黃豆等。如正文第 39 葉背載：

　　　　　　　（前缺）
1.　　　　　夏稅小麥 每￣￣￣￣
　　　　　　　（中缺 1 行）
2.　　　　　　　秋糧：
3.　　　　　　　　　赤米□￣￣￣￣

---

① 據文義及紙背同一黃冊書寫格式推斷，此處所缺文字應爲"□米正"。
② 據文義及紙背同一黃冊書寫格式推斷，此處所缺文字應爲"黃荳正"。
③ 此應爲用紙編號。

第二章 公文紙本古籍紙背所見明代黃冊文獻概述

（中缺1行）
4. 　　　　　　　　黃豆□□□□□□
（中缺1行）
5. 　　　　　一則貳斗陸升肆□□□□□
6. 　　　　　　　　夏稅：
7. 　　　　　　　　小麥□□□□□□
（中缺1行）
8. 　　　　　　　　絲每□□□□□□
9. 　　　　　　　　綿每□□□□□□
10. 　　　　　　　秋糧粳米□□□□
（中缺1行）
11. 　　　　　一則貳斗陸升□□□□□
（中缺1行）
12. 　　　　一則壹斗捌升肆□□□□
（中缺1行）
13. 　　　　一則壹斗捌升肆□□□□
14. 　　　　　　　　夏稅：
（後缺）

又如，正文第22葉背載：

（前缺）
1. 　　　　□①壹分壹厘叁毫陸絲。
（中缺1行）②
2. 　　　　□③米正耗捌石陸斗叁升玖合肆勺，

---

① 據文義及紙背同一黃冊書寫格式推斷，此處所缺文字應爲"綿"。
② 據文義及紙背同一黃冊書寫格式推斷，此處所缺1行文字應爲"秋糧"。
③ 據文義及紙背同一黃冊書寫格式推斷，此處所缺文字應爲"粳"。

3.　　　　□①米 正耗壹石壹斗肆升陸合貳勺。
4.　　　　　　　　毫。
　　　　　　　　（中缺1行）②
5.　　　　□③貳分貳厘貳毫柒絲，
6.　　　　□④壹分壹厘叁毫陸絲。
　　　　　　　　（中缺1行）⑤
7.　　　　□□⑥正耗捌石肆斗捌升叁合陸勺，
8.　　　　□□⑦正耗壹石壹斗肆升陸合貳勺。
9.　　　　　　　肆合田柒分柒厘肆毫，秋糧赤米每斗帶耗柒合，共該貳斗
10.　　　　　　　　　壹升捌合陸勺。
11.　　　　　　　　正米貳斗肆合叁勺，
12.　　　　　　　　耗米壹升肆合叁勺。
13.　　　　　　　貳畝捌分捌厘，秋糧赤米每斗帶耗柒合，共該玖斗貳升柒合
14.　　　　　　　　　陸勺。
15.　　　　　　　　正米捌斗陸升陸合玖勺，
16.　　　　　　　　耗米陸升柒勺。
17.　　　　　　　玖勺肆抄田叁畝柒分貳厘，秋糧粳米每斗帶耗柒合，共該
18.　　　　　　　　壹石玖斗叁升 肆合捌勺。
　　　　　　　　（後缺）

---

① 據文義及紙背同一黃冊書寫格式推斷，此處所缺文字應爲 "赤"。
② 據文義及紙背同一黃冊書寫格式推斷，此處所缺1行文字應爲 "夏稅"。
③ 據文義及紙背同一黃冊書寫格式推斷，此處所缺文字應爲 "絲"。
④ 據文義及紙背同一黃冊書寫格式推斷，此處所缺文字應爲 "綿"。
⑤ 據文義及紙背同一黃冊書寫格式推斷，此處所缺1行文字應爲 "秋糧"。
⑥ 據文義及紙背同一黃冊書寫格式推斷，此處所缺文字應爲 "粳米"。
⑦ 據文義及紙背同一黃冊書寫格式推斷，此處所缺文字應爲 "赤米"。

第二章　公文紙本古籍紙背所見明代黃冊文獻概述　277

现存該圖黃冊中，也保存有新收分析人戶，但其表述方式與天順六年（1462）某縣壹都第壹圖賦役黃冊略有不同，如正文第 35 葉背載：

（前略）
20.　　一戶何阿生，原係本圖民戶何阿順戶內人口田糧。
21.　　　新收：
（後缺）

又如，正文第 36 葉背載：

（前缺）
1.　　　　　　　　　　　　　　　□
2.　　　　　　　　　　　　　　　□
3.　　　　　　　　　地貳分柒毫。
4.　　　　　　　　　　　　夏稅：
5.　　　　　　　　　　　　　　絲□
6.　　　　　　　　　　　　　　綿□
7.　　　　　　　　　　　　秋糧粳□
8.　　　　　民草房屋正收壹厦，係弘治□
9.　　　一戶陸經，原係本圖民戶陸宗祚戶內人口田糧。
10.　　　新收：
11.　　　　人口：男婦叁口。
12.　　　　　　　男子成丁貳口，
13.　　　　　　　婦女大壹口。
14.　　　　　正收婦女大壹口，
15.　　　　　轉收男子成丁貳口。
16.　　　　事產：轉收官民田地池柒拾肆畝柒分伍厘
　　　　　　玖□
17.　　　　　　　　　　　　　夏稅：

18.　　　　　　　　　　　　　　　　大 麥☐
19.　　　　　　　　　　　　　　　　小 麥☐
20.　　　　　　　　　　　　　　　　絲☐
21.　　　　　　　　　　　　　　　　綿☐
22.　　　　　　　　　　　　　　　秋糧粳米☐
　　　　　　　　　（後缺）

由此可以看出，賦役黃冊在時代和地區上的書寫差異。

5. 正德七年（1512）直隸松江府華亭縣華亭鄉在城東門內坊廂賦役黃冊

除了上述華亭縣華亭鄉叁拾柒保第肆圖黃冊之外，《徐僕射集》紙背還保存有一種華亭縣賦役黃冊。如正文第135葉背載：

　　　　　　　　　　（前缺）
1.　　　　　　　　　民瓦房屋貳間。
2.　　一戶莊阿狗，係松江府華亭縣在城東☐
3.　　　　舊管：
4.　　　　　　人丁：計家男子貳口。
5.　　　　　　事產：
6.　　　　　　　民草房屋壹間。
7.　　　　開除：人口：正除男丁成丁壹口：弟莊☐
8.　　　　實在：
9.　　　　　　人口：男子成丁壹口：本身，年 肆☐
10.　　　　　事產：民草房屋壹間。
11.　　一戶朱軫故，今男朱澄，係松江府華亭縣☐
12.　　　　舊管：
13.　　　　　　人丁：計家男婦肆口。
14.　　　　　　　男子貳口，
15.　　　　　　　婦女貳口。

第二章 公文紙本古籍紙背所見明代黃冊文獻概述　279

16.　　　　　事產：
17.　　　　　　　官田地伍分陸厘，秋糧粳米☐☐☐☐
18.　　　　　　　田伍分，秋糧粳米正耗☐☐☐☐
　　　　　　　　　（後缺）

又如，正文第 137 葉背載：

　　　　　　　　　（前缺）
1.　　　　　　　民瓦草房伍間貳厦：
2.　　　　　　　　瓦房屋肆間貳厦，
3.　　　　　　　　草房屋壹間。
4.　　　一戶朱進，係松江府華亭縣在城東門內坊☐☐☐☐
　　　　　　　　（中缺）①
5.　　　舊管：
6.　　　　　人丁：計家男婦陸口。
7.　　　　　　男子伍口，
8.　　　　　　婦女壹口。
　　　　　　　　　（後缺）

再如，正文第 145 葉背載：

　　　　　　　　　（前缺）
1.　　　　　　　　　　　一則叁斗☐☐
2.　　　　　　　　　　　　夏稅：
3.　　　　　　　　　　　　　　麥☐☐☐
　　　　　　　（中缺 2 行）
4.　　　　　　　　　　　　　　絲☐☐

────────
①　根據明代黃冊書寫格式推斷，疑"朱進"應爲軍戶，此處所缺爲其充軍來歷及僉補情況。

5.　　　　　　　　　　　　　　　　　　　綿☐
6.　　　　　　　　　　　　　　　　　秋糧☐
　　　　　　　　（中缺2行）
7.　　一戶朱吉，係松江府華亭縣在城東門內坊☐
8.　　　舊管：人丁：計家男子叁口。
9.　　　開除：人口：正除男子壹口：弟朱珮，於正☐
10.　　實在：人口：男子成丁貳口：
11.　　　　　　　　　　　　本身，年伍拾玖歲；
12.　　　　　　　　　　　弟朱善，即朱旗☐
13.　　一戶金得故，今男金完，係直隸松江府華亭縣在☐
14.　　　舊管：
15.　　　　人丁：計家男子貳口。
16.　　　　事產：官民田地柒分捌毫。
17.　　　　　　　　　　　　　　夏稅：
　　　　　　　　（後缺）

其中所載民戶戶籍均爲"直隸松江府華亭縣在城東門內坊"，由此可知，其應爲華亭縣在城東門內坊廂賦役黃冊。

與上述3葉黃冊字跡相同、內容相關者，《徐僕射集》紙背另有正文第133、136、138—144、146等葉，共13葉。

該廂黃冊書寫格式與上述華亭縣華亭鄉叁拾柒保第肆圖河字圍賦役黃冊基本相同，且第145葉背出現有開除人口"正除男子壹口，弟朱珮，於正"，第144葉背第11行開除人口項出現"弟薛稀於正德"等字，疑其同爲正德七年（1512）大造黃冊，暫定該年。

6. 正德七年（1512）或嘉靖元年（1522）直隸蘇州府吳縣蔡仙鄉貳拾玖都賦役黃冊

《徐僕射集》正文第57葉背載：

第二章　公文紙本古籍紙背所見明代黃冊文獻概述　281

　　　　　　　　　　（前缺）
1.　　　　　　　　　　　　夏稅☐☐☐☐
　　　　　　　　　（中缺2行）
2.　　　　　　　　　　　桑 絲☐☐☐☐
3.　　　　　　　　　地：科夏稅麥絲地 壹☐☐☐
4.　　　　　　　　　　　　　　麥☐☐☐☐
　　　　　　　　　　（中缺）
5.　　　　　　　　　山：科夏稅絲山壹分☐☐☐
6.　　　　　　　　桑叄株，每叄株科絲☐
7.　　　　　　　　民瓦房屋壹廈。
8.　　一戶賀浩，係直隸蘇州府吳縣蔡仙鄉貳 拾☐☐☐
9.　　　　舊管：
10.　　　　　　人丁：計家男婦伍口。
11.　　　　　　　　　　　　男子☐☐☐☐
12.　　　　　　　　　　　　婦女☐☐☐☐
　　　　　　　　　　（後缺）

正文第46葉背載：

　　　　　　　　　　（前缺）
1.　　　　　　　　民地山叁畒陸分貳厘
　　　　　　　　　　☐☐☐☐
　　　　　　　　　（中缺2行）
2.　　　　　　　　　　地：科夏稅麥絲地
　　　　　　　　　　　　☐☐☐☐
　　　　　　　　　　（中缺）
3.　　　　　　　　　　　　　絲☐☐☐☐
4.　　　　　　　　　　山：科夏稅絲山壹☐

　　　　　　　　　　　　　（中缺1行）

5.　　　　　　　　　　桑壹拾叄株，每叄株 科

6.　　　　　　　　　　民瓦房屋貳間壹厦。
7.　一戶葛美，係直隸蘇州府吳縣蔡仙鄉貳☐☐☐☐☐
8.　　舊管：
9.　　　　人丁：計家男婦肆口。
10.　　　　　　　　　　男子 壹 ☐①，
11.　　　　　　　　　　婦女 叄 ☐②。
12.　　　　事產：
　　　　　　　　　　（後缺）

　　據上引兩葉中"一戶賀浩，係直隸蘇州府吳縣蔡仙鄉貳拾"及"一戶葛美，係直隸蘇州府吳縣蔡仙鄉貳"等語可知，其應爲直隸蘇州府吳縣蔡仙鄉賦役黃冊。按，（正德）《姑蘇志》卷十八《鄉都》載："吳縣，鄉二十四，圖二十七，都三十七……蔡仙鄉白門里，在東洞庭，管都二：二十九、三十。"③（崇禎）《吳縣志》卷二《鄉都》載："蔡仙鄉白門里，東洞庭，在縣西南八十二里，管都三：第二十九都，上下二扇，領圖二十；第三十都，上下二扇，領圖八；第三十一都，缺。"④ 雖然兩書中所載"蔡仙鄉"管都數略有出入，應是正德至崇禎年間有所調整，但蔡仙鄉管第二十九都一直未變，故該黃冊應爲吳縣蔡仙鄉貳拾玖都賦役黃冊。

　　《徐僕射集》紙背與上引兩葉筆跡、行距、格式相同者另有：正文第

---

①　據文義及明代黃冊書寫格式推斷，此處所缺文字應爲"口"。
②　據文義及明代黃冊書寫格式推斷，此處所缺文字應爲"口"。
③　（正德）《姑蘇志》卷18《鄉都》，《天一閣藏明代方志選刊續編》第11冊，上海書店1990年版，第77、79頁。
④　（崇禎）《吳縣志》卷2《鄉都》，《天一閣藏明代方志選刊續編》第15冊，上海書店1990年版，第202頁。

第二章　公文紙本古籍紙背所見明代黃冊文獻概述　283

37、38、43—45、47—56 葉，共計 17 葉，均爲黃冊的上半部分。

其中，正文第 49 葉背載：

（前缺）

1. 　　　　　　　　　　　絲☐
2. 　　　　　　　本圖科夏稅☐
3. 　　　　　　　　　　　麥☐

（中缺 1 行）

4. 　　　　　　　　　　　絲☐
5. 　　　　　　　本圖山科夏☐

（中缺 3 行）

6. 　　　　　　　本圖科夏稅☐

（中缺 1 行）

7. 　　　　　桑叁株，每叁株科絲壹☐
8. 　　　　　轉除：民瓦房屋壹間，於正德☐
9. 　實在：
10. 　　　人口肆口。
11. 　　　　　　　　　　男子貳☐①

（中缺 2 行）

12. 　　　　　　　　　　婦女☐☐②

（後缺）

該葉第 8 行云："轉除民瓦房屋壹間於正德"，據此結合明代大造黃冊時間可知，該黃冊的攢造時間應爲正德七年（1512）或嘉靖元年（1522）兩個年份之一。

---

① 據文義推斷，此處所缺文字應爲"口"。
② 據文義推斷，此處所缺文字應爲"貳口"。

另，正文第 37、38 兩葉背爲該圖黃冊冊首總述部分內容。其中，正文第 37 葉背載：

（前缺）

1. 　　　　　　　　　地貳畝肆分柒□□□□□□
2. 　　　　　　　　　　　　　夏□□□

（中缺 3 行）

3. 　　開除本冊內人戶丁口、事產、田糧：所除□□□□□
4. 　　人口：男婦壹百叁拾伍口。
5. 　　　　男子壹百肆口：
6. 　　　　　　成丁玖拾伍口，
7. 　　　　　　不成丁捌口。
8. 　　　　婦女大叁拾壹口。
9. 　　正除男婦壹百貳拾捌口：
10. 　　　　男子玖拾玖①口：
11. 　　　　　　成丁玖拾口，
12. 　　　　　　不成丁捌口。
13. 　　　　婦女大叁拾口。
14. 　　轉除男婦柒口：
15. 　　　　男子成丁陸口，
16. 　　　　婦女大壹口。
17. 　　事產：轉除官民田地蕩玖頃陸拾

（後缺）

正文第 38 葉背載：

（前缺）

1. 　　　　田柒頃柒拾捌□□□□□□

---

① 據上下文義推斷，此"玖"應爲"捌"之訛。

第二章 公文紙本古籍紙背所見明代黃冊文獻概述

　　　　　　　　　　（中缺）
2.　　　　　地壹拾陸畝柒☐☐☐☐
　　　　　　　　　　（中缺）
3.　　　　　蕩壹拾陸 畝 ☐☐☐
4.　　　　　民田地壹頃伍拾 壹 ☐☐☐
　　　　　　　　　　（中缺）
5.　　　　　田壹頃肆拾捌☐☐☐☐
　　　　　　　　　　（後缺）

　　以上兩葉應爲冊首總述部分開除人口和田產總數。從現存內容來看，該都田土類型主要有田、地、山、蕩，徵收賦稅主要有夏稅麥、絲和秋糧米，另桑也徵絲。

7. 弘治三年（1490）前某縣貳拾都第貳圖賦役黃冊

《徐僕射集》正文第 59 葉背載：

　　　　　　　　　　（前缺）
1.　　　　事產：民房：瓦房壹間， 於 ☐☐☐☐
2.　　　　實在：
3.　　　　人口：男子成丁貳口。
　　　　　　　　　（中缺 2 行）
4.　　　　事產：民房屋：瓦房壹間。
5.　　一戶胡田祖，係貳拾都第貳圖民戶。
6.　　　　舊管：
7.　　　　人丁：計家男婦肆口。
　　　　　　　　　（中缺 2 行）
8.　　　　事產：
9.　　　　　　民地壹分。
　　　　　　　　　（中缺）
10.　　　　民房屋：瓦房壹間。
11.　　　實在：

12.　　　　　　　　人口肆口。
　　　　　　　　　　　（後缺）

正文第 60 葉背載：

　　　　　　　　　　　（前缺）
1.　　一戶胡□報，承故父胡南得戶，係貳拾都第貳 圖
2.　　　　舊管：
3.　　　　　　人丁：計家男婦叁口。
　　　　　　　　（中缺 2 行）
4.　　　　事產：
5.　　　　　　民地壹厘肆毫。
　　　　　　　　（中缺 4 行）
6.　　　　民房屋：草房壹間。
7.　　　　新收：
8.　　　　　　人口：正收男子不成丁貳口：
　　　　　　　　　（後缺）

　　據此兩葉中所存"胡田祖，係貳拾都第貳圖民戶"和"胡□報，承故父胡南得戶，係貳拾都第貳圖"可知，該黃冊應爲某縣貳拾都第貳圖賦役黃冊殘葉。《徐僕射集》紙背與上引兩葉筆跡、行距、格式相同者另有正文第 58、61、62、63、64、65、66 葉，共計 9 葉。
　　《後湖志》卷五弘治三年（1490）四月條《欽差司禮監太監何穆等題准爲故違禁例以開弊端事》載："又因逐年曬晾，翻查遠年收只冊，首尾由語俱無，不知是何府、州、縣者……今後但遇大造黃冊，俱用厚紙爲背面，粗牢綿索裝釘，不許用麵糊表背。仍於冊內鄉都圖里之上，俱要書寫禁［某］府、州、縣。倘後冊由損壞，易於查考。"① 由此可知，自弘治三年（1490）

---

① 《後湖志》卷 5《事例二》，第 64 頁。

後，攢造黃冊之時，人戶的都圖籍前均需注明人戶的府、州、縣籍，此也可由上述諸種黃冊印證。而該黃冊人戶的籍貫，均祇有"貳拾都第貳圖"，未注府州縣名，據此可知，該黃冊的攢造時間應在弘治三年（1490）之前。

該黃冊在被用來印刷《徐僕射集》時，被從中間橫向裁切，現存黃冊殘葉均爲上半部分。其中，正文第 61 葉保存該圖田土類型信息較多，內容如下：

(前缺)

1. 　　　　　　　　山玖厘 貳□
　　(中缺 2 行)
2. 　　　　　　　　塘壹分 玖□
　　(中缺 2 行)
3. 　　　　　民房屋：瓦房貳間。
4. 　新收：
5. 　　　人口貳口。
6. 　　　　正收：男子不成丁壹口：□□
7. 　　　　轉收：婦女大壹口：母 程□
8. 　開除：
9. 　　　人口：正除貳口。
10. 　　　　　　　男子成丁 壹□
11. 　　　　　　　婦女大 壹□
12. 　實在：
13. 　　　人口：男子成丁壹口：本身毛□□
14. 　　事產：
15. 　　　　民田地山塘肆畝陸分□□□
(後缺)

據現存內容來看，該圖的田土主要有田、地、山、塘等，徵收田賦種類，因殘損無法確定。

8. 弘治三年（1490）前某縣貳拾柒都第壹圖賦役黃冊

《徐僕射集》正文第 73 葉背載：

（前缺）
1. 　　　　　　　　　　　　民瓦房屋貳間。
2. 　一戶李常，承故父李魁爲戶，係貳拾柒都第壹☐
3. 　　　舊管：
4. 　　　　人丁：計家男婦貳口。
　　　（中缺 2 行）
5. 　　　事產：
6. 　　　　　民田地塘壹拾伍畝肆分☐
　　　（後缺）

正文第 74 葉背載：

（前缺）
1. 　一戶何保，承故祖何佛爲戶，係貳拾柒都第壹 圖 ☐
2. 　　　舊管：
3. 　　　人丁：計家男婦肆口。
　　　（中缺 2 行）
4. 　　　事產：
5. 　　　　民田地山塘肆拾陸畝壹☐
　　　（後缺）

據上引兩葉中"李常，承故父李魁爲戶，係貳拾柒都第壹"和"何保，承故祖何佛爲戶，係貳拾柒都第壹圖"等語可知，其應爲某縣貳拾柒都第壹圖賦役黃冊。另，所載人戶均祇有都圖籍，未標註府、州、縣籍，可知其應爲弘治三年（1490）之前賦役黃冊。

《徐僕射集》紙背與之筆跡、行距相同者，另有正文第 68—72、

75—81 等葉，總計 14 葉。其中，大都爲黄册上半部分，下半部分僅 2 葉，分别爲：

正文第 69 葉背載：

（前缺）
1.　　　　　秋糧米正耗壹石貳斗貳升捌合叁勺。
2.　　□□□□圖内上田壹畝玖厘叁毫，係買到鮑民壽户下田。
3.　　　□①税：
4.　　　　　麥每畝科正麥貳升，每斗帶耗麥柒合，共該貳升叁合肆勺；
5.　　　　　絲每畝科絲肆錢，該絲肆錢叁分柒厘貳毫。
6.　　　□②糧米每畝科正米柒升伍合壹勺，每斗帶耗米柒合，共該捌升柒合捌勺。
7.　　　□□□□内中田叁畝伍分叁厘玖毫，係買到方得蕃户下田。
8.　　　□③税：
9.　　　　　麥每畝科正麥貳升，每斗帶耗麥柒合，共該柒升伍合捌勺；
10.　　　　絲每畝科絲肆錢，該絲壹兩肆錢壹分伍厘陸毫。
11.　　□④糧米每畝科正米伍升柒合貳勺，每斗帶耗米柒合，共該貳斗壹升陸合陸勺。
12.　　□□□□壹畝，係買到仇添祐户下田。
13.　　□⑤税：
14.　　　　麥每畝科正麥貳升，每斗帶耗麥柒合，共該貳升壹合肆勺；

---

① 據文義及明代黄册書寫格式推斷，此處所缺文字應爲"夏"。
② 據文義及明代黄册書寫格式推斷，此處所缺文字應爲"秋"。
③ 據文義及明代黄册書寫格式推斷，此處所缺文字應爲"夏"。
④ 據文義及明代黄册書寫格式推斷，此處所缺文字應爲"秋"。
⑤ 據文義及明代黄册書寫格式推斷，此處所缺文字應爲"夏"。

15.　　　　　　絲每畝科絲肆錢，該絲肆錢。
16.　　　　　　□①糧米每畝科正米伍升柒合貳勺，每斗帶耗米柒合，共該陸升壹合貳勺。
17.　　　　　　_____]內中田叁畝伍分，係買到汪民旺戶下田。
18.　　　　　　□②稅：
19.　　　　　　麥每畝科正麥貳升，每斗帶耗麥柒合，共該柒升肆合玖勺；
20.　　　　　　絲每畝科絲肆錢，該絲壹兩肆錢。
　　　　　　　　　　（後缺）

正文第 79 葉背載：

　　　　　　　　　（前缺）
1.　　　　　　□③糧米每畝科正米伍升柒合貳勺，每斗帶耗米柒合，共該貳斗壹升肆合貳勺。
2.　　　　　　_____|壹|畝，係買到呂□住戶下田。
3.　　　　　　□④稅：
4.　　　　　　麥每畝科正麥貳升，每斗帶耗麥柒合，共該貳升壹合肆勺；
5.　　　　　　絲每畝科絲肆錢，該絲肆錢。
6.　　　　　　□⑤糧米每畝科正米伍升柒合貳勺，每斗帶耗米柒合，共該陸升壹合貳勺。
7.　　　　　　_____]壹畝，係買到吳添福戶下田。
8.　　　　　　□⑥稅：

---

① 據文義及明代黃冊書寫格式推斷，此處所缺文字應爲"夏"。
② 據文義及明代黃冊書寫格式推斷，此處所缺文字應爲"夏"。
③ 據文義及明代黃冊書寫格式推斷，此處所缺文字應爲"秋"。
④ 據文義及明代黃冊書寫格式推斷，此處所缺文字應爲"夏"。
⑤ 據文義及明代黃冊書寫格式推斷，此處所缺文字應爲"秋"。
⑥ 據文義及明代黃冊書寫格式推斷，此處所缺文字應爲"夏"。

第二章　公文紙本古籍紙背所見明代黃冊文獻概述　291

9.　　　　　麥每畝科正麥貳升，每斗帶耗麥柒合，共該貳升壹合肆勺；
10.　　　　　絲每畝科絲肆錢，該絲肆錢。
11.　　　　　□①糧米每畝科正米伍升柒合貳勺，每斗帶耗米柒合，共該陸升壹合貳勺。
12.　　　_____□畝伍分陸厘，係買到吕思明戶下田。
13.　　　　　□②稅：
14.　　　　　麥每畝科正麥貳升，每斗帶耗麥柒合，共該叁升叁合肆勺；
15.　　　　　絲每畝科絲肆錢，該絲陸錢貳分肆厘。
16.　　　　　□□③米每畝科正米伍升柒合貳勺，每斗帶耗米柒合，共該玖升伍合肆勺。
17.　　　_____分叁厘壹毫，係買到吕福緣戶下田。
18.　　　　　□④稅：
19.　　　　　麥每畝科正麥貳升，每斗帶耗麥柒合，共該壹升玖合玖勺；
20.　　　　　絲每畝科絲肆錢，該絲叁錢柒分貳厘肆毫。
21.　　　　　□□⑤米每畝科正米伍升柒合貳勺，每斗帶耗柒合，共該伍升柒合。

（後缺）

由此可見，該圖田土類型主要有田、地、山、塘，徵收田賦種類主要有夏稅麥、絲和秋糧米。

綜上所述，《徐僕射集》紙背明代賦役黃冊，分屬不同時期、不同地區攢造，故其應爲後湖黃冊庫藏進呈本黃冊原件。

---

① 據文義及明代黃冊書寫格式推斷，此處所缺文字應爲"秋"。
② 據文義及明代黃冊書寫格式推斷，此處所缺文字應爲"夏"。
③ 據文義及明代黃冊書寫格式推斷，此處所缺文字應爲"秋糧"。
④ 據文義及明代黃冊書寫格式推斷，此處所缺文字應爲"夏"。
⑤ 據文義及明代黃冊書寫格式推斷，此處所缺文字應爲"秋糧"。

（五）《崔豹古今注》紙背“嘉靖十一年（1532）浙江衢州府龍游縣賦役黄冊”（草冊）

上海圖書館藏《崔豹古今注》爲明嘉靖十二年（1533）陈釴刻公文纸印本，一冊三卷，頁碼聯排，共31葉，每葉背面均有文字，即公文紙也爲31葉。原書長25.6厘米，寬17.3厘米。

該書紙背内容也爲明代賦役黄冊，現存31葉黄冊殘葉中，保存有戶頭部分者，計6葉，其内容如下：

第6葉背載：

（前缺）

1. 本身，年伍歲[①]；
2. 婦女壹口：
3. 大口壹口：
4. 嫂趙氏，年伍拾陸歲。
5. 事產：
6. 民瓦房屋貳間。
7. □戶[②]：
8. 一戶毛六，係衢州府龍游縣叄拾柒都捌圖民，充當嘉靖拾玖年分甲首。
9. 舊管：
10. 人丁：計家男婦貳口。
11. 男子壹口：

（後缺）

① 原文如此，與其嫂年齡差距較大，疑應爲“伍拾歲”之訛。
② 據第22葉紙背内容可知，此處應爲民戶等級，所缺文字應爲“上、中、下”中一字。

第二章　公文紙本古籍紙背所見明代黃冊文獻概述　293

第 13 葉背載：

　　　　　　　　　　　　（前缺）

1.　　　　　　　　　　　　　　　　　　共該 壹
　　　　　　　　　　　　　　　　　　　升伍勺。
2.　　　　　　民瓦房屋叁間。
3.　一戶妙奶妳　　　　民①，充嘉靖拾叁年分甲首。
4.　　舊管：
5.　　　　人丁：計家男婦壹口。
6.　　　　　　男子壹②。
7.　　事產：
8.　　　　廢寺田壹畝肆分。
9.　　　　　　　　　　　　　　　　夏稅：
10.　　　　　　　　　　　　　　　　　絲玖③
　　　　　　　　　　　　（後缺）

第 22 葉背載：

　　　　　　　　　　　　（前缺）

1.　　下戶：
2.　　　一戶何金弟員，　　係衢州府龍游縣瀫水鄉肆都陸
　　圖民，充嘉靖拾玖年分甲首。
3.　　　　舊管：
4.　　　　人丁：計家男婦伍口。
5.　　　　　　　　　　　　　男子貳口，
6.　　　　　　　　　　　　　婦女叁口。

---

① 據明代黃冊書寫格式推斷，此處應脫"妙奶妳"戶籍貫信息。
② 據明代黃冊書寫格式推斷，此處應脫一"口"字。
③ 據文義及明代黃冊書寫格式推斷，此處應有脫文。

7.　　　　　　　事產：
8.　　　　　　　　　　　民田地壹拾陸分①。
9.　　　　　　　　　　　　　　　夏稅：
10.　　　　　　　　　　　　　　　　　絲玖錢陸分。
11.　　　　　　　　　　　　　　　秋糧：
12.　　　　　　　　　　　　　　　　　米正耗貳斗玖升玖合貳勺。
13.　　　　　　　　　　田貳畆捌分。
14.　　　　　　　　　　　　　　　夏稅：
15.　　　　　　　　　　　　　　　　　絲貳錢伍分。
16.　　　　　　　　　　　　　　　秋糧：
17.　　　　　　　　　　　　　　　　　米正耗捌升玖合捌勺。
18.　　　　　　　　　　地柒畆捌分。
19.　　　　　　　　　　　　　　　夏稅：
20.　　　　　　　　　　　　　　　　　絲陸錢捌分。
21.　　　　　　　　　　　　　　　秋糧：
22.　　　　　　　　　　　　　　　　　米正耗貳斗肆升貳合玖勺。

　　　　　　　　　　（後缺）

第 23 葉背載：

　　　　　　　　　　（前缺）

1.　　　一戶璩冬下男金，　　　民②，充嘉靖拾□③年分甲首。

---

① 原文如此，據文意推斷，"壹拾陸分" 疑應爲 "壹畆陸分"。
② 據明代黄冊書寫格式推斷，此處應缺民戶籍貫信息。
③ 此字位於中縫，被裱壓，無法釋讀。

第二章　公文紙本古籍紙背所見明代黃冊文獻概述　295

2.　　　舊管：
3.　　　　　計家男婦肆口。
4.　　　　　　　　　男子叁口，
5.　　　　　　　　　婦女壹口。
6.　　　事產：
7.　　　　　民田壹畝貳分。
8.　　　　　　　　　　　　夏稅：
9.　　　　　　　　　　　　絲壹錢壹分。

（後缺）

第 26 葉背載：

（前缺）

1.　　下戶：
2.　　　一戶朱渴，　　係衢州府龍游縣瀫水鄉肆都陸圖民，充嘉靖拾貳年分甲首。
3.　　　舊管：
4.　　　　　人丁：計家男婦肆口。
5.　　　　　　　　　男子壹①，
6.　　　　　　　　　婦女叁②。
7.　　　事產：
8.　　　　　民田肆分。
9.　　　　　　　　　　　　夏稅：
10.　　　　　　　　　　　絲肆分。
11.　　　　　　　　　　　　秋糧：
12.　　　　　　　　　　　米正耗壹升貳合捌勺。

---

① 據明代黃冊書寫格式推斷，"壹"字後應脫一"口"字。
② 據明代黃冊書寫格式推斷，"叁"字後應脫一"口"字。

13.　　　　　　　　民瓦房屋伍間。
14.　　　　　　　　頭匹：牛壹頭。
15.　　開除：
16.　　　　人口：
17.　　　　　正除貳口。

　　　　　　　　（後缺）

第 30 葉背載：

　　　　　　　　（前缺）

1.　　下戶：
2.　　　　一戶盧保，　　係龍游縣叄拾貳都叄圖民，充嘉靖拾肆年分甲首。
3.　　　　舊管：
4.　　　　　人丁：計家男婦伍口。
5.　　　　　　　　　　　　男子叄口，
6.　　　　　　　　　　　　婦女貳口。
7.　　　　事產：
8.　　　　　官民田地山肆畝陸分。
9.　　　　　　　　　　　　夏稅：
10.　　　　　　　　　　　絲柒分。
11.　　　　　　　　　　　秋糧：
　　　　　　　（後缺）

　　由上舉 6 葉紙背黃冊可見，現存人戶充甲首的年份有嘉靖拾玖年、嘉靖拾叄年、嘉靖拾貳年、嘉靖拾肆年，據此結合明代大造黃冊時間可知，其應爲嘉靖十一年（1532）大造黃冊之時形成。另，現存明確註有各人戶縣鄉圖籍者，其縣籍均爲衢州府龍游縣，圖籍則見有叄拾柒都捌圖、瀲水鄉肆都陸圖、叄拾貳都叄圖等 3 個不同圖，由此可知該批黃冊應爲龍游縣黃冊殘葉。

此外，上舉第 13 葉背 "妙奶妳" 戶和第 23 葉背 "璭冬下男金" 戶，應註明戶主縣鄉圖籍之處，均是留有空白，未進行書寫，且 "妙奶妳" 戶第 6 行 "男子壹" 脫漏一個口字，第 10 行 "絲玖" 後又脫漏一個 "分" 字，訛誤較多。另，該黃冊現存每葉上下較爲完整，未見與《樂府詩集》紙背後湖黃冊庫藏黃冊相似的從中間橫向裁切現象，如第 10 葉背載：

（前缺）

1.   姪鎮材，年玖歲。
2.   婦女叁口：
3.   大口叁口：
4.   嬸嚴氏，年捌拾歲；
5.   妻范氏，年陸拾歲；
6.   弟婦范氏，年貳拾壹歲。
7. 事產：
8. 官民田地山本都壹頃叁拾玖畝肆分。
9.   夏稅：
10.   絲壹拾壹兩叁錢肆分肆厘。
11.   秋糧：
12.   米正耗肆石貳斗捌升捌合貳勺。

（後缺）

據此可知，該黃冊用紙的尺寸遠遠小於後湖黃冊庫藏黃冊用紙尺寸。綜上，該黃冊應非黃冊正本，疑其爲龍游縣黃冊草冊。從現存內容來看，該地田土類型主要有田、地、山，徵收田賦則主要是夏稅絲和秋糧米。

（六）《趙元哲詩集》紙背 "萬曆十年（1582）山東兗州府東平州東阿縣賦役黃冊"（草冊）

上海圖書館藏《趙元哲詩集》爲明萬曆十年（1582）朱應轂刻公文紙

印本，四冊，共110葉，長27.2厘米、寬17.1厘米。

該書紙背文獻，從內容來看，應屬明代賦役黃冊。如，第二冊第2葉背載：

（前缺）

1. 　　　　實在：
2. 　　　　　　人口：男婦貳口。
3. 　　　　　　　　男子成丁壹口：
4. 　　　　　　　　　　　　本身，年拾玖歲。
5. 　　　　　　　　婦女大壹口：
6. 　　　　　　　　　　　　妻孫氏，年拾捌歲。
7. 　甲首：
8. 　　下戶：
9. 　　　　壹戶冠君仁，係山東兗州府東平州東阿縣西姚家▢▢▢
10. 　　　　舊管：
11. 　　　　　　人口：男婦貳口。
12. 　　　　　　　　男子壹口，
13. 　　　　　　　　婦女壹口。
14. 　　　　事產：
15. 　　　　　　房屋：
16. 　　　　　　　　民草房貳間。
17. 　　　　新收：
18. 　　　　　　人口：男婦貳口。
19. 　　　　　　　　男子成丁壹口：
20. 　　　　　　　　　　　　冠君仁，年拾柒歲。
21. 　　　　　　　　婦女大壹口：
22. 　　　　　　　　　　　　妻路氏，年拾陸歲。

（後缺）

第二章　公文紙本古籍紙背所見明代黃冊文獻概述　299

又如第一冊正文第 7 葉背載：

(前缺)

1. 　　　　　　　夏稅地肆拾畝貳分。
2. 　　　　　　　　麥每畝科正麥伍升，每斗帶☐
3. 　　　　　　　正麥貳石壹升，
4. 　　　　　　　耗麥壹斗肆升柒勺。
5. 　　　　　　　絲綿每畝科叁分，共該壹☐☐☐☐☐①。
6. 　　　　　　　絲陸錢叁厘，
7. 　　　　　　　綿陸錢叁厘。
8. 　　　　　　秋糧地玖拾叁畝捌分。
9. 　　　　　　　　米每畝科正米伍升，每斗帶耗☐
10. 　　　　　　　正米肆石陸斗玖升，
11. 　　　　　　　耗米叁斗貳升捌合叁勺。
12. 　　　　　　　　馬草每畝科捌厘柒毫，共該☐
13. 　　　　　　綿花地壹畝捌分柒厘陸毫。
14. 　　　　　　　　花絨每畝科肆兩，共該柒兩☐
15. 　　　　　房屋：
16. 　　　　　　民草房壹間。
17. 　畸零：
18. 　　第伍甲：
19. 　　　甲首：

---

① 據上下文義推斷，此處所缺文字應爲"兩貳錢陸厘"。

20.　　　　　下戶：
21.　　　　　　壹戶徐仲仁，係山東兖州府東平州東阿縣
　　　　　　　西☐☐☐☐
22.　　　　　　　　舊管：
　　　　　　　　　（後缺）

從現存內容看，《趙元哲詩集》在印刷之時，是將原黃冊文獻的一紙從中間橫向一分爲二，故現紙背黃冊分屬原黃冊的上下兩部分。其中，上半部分保存有27戶戶主姓名，其縣籍均爲"山東兖州府東平州東阿縣"，但目前所見下半部分中，戶主圖籍卻出現有多個都圖。例如，第一冊正文第6葉背載：

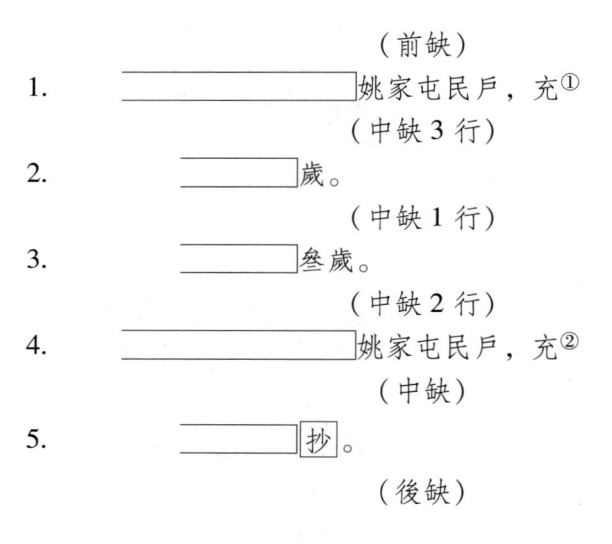

　　　　　　　　　（前缺）
1.　　　　☐☐☐☐☐☐姚家屯民戶，充①
　　　　　　　　（中缺3行）
2.　　　　☐☐☐☐歲。
　　　　　　　　（中缺1行）
3.　　　　☐☐☐☐叁歲。
　　　　　　　　（中缺2行）
4.　　　　☐☐☐☐☐☐姚家屯民戶，充②
　　　　　　　　（中缺）
5.　　　　☐☐☐☐抄。
　　　　　　　　（後缺）

又如，第一冊正文第15葉背載：

　　　　　　　　　（前缺）
1.　　　　☐☐☐☐☐☐耗麥柒合，共該叁石捌斗壹升捌合貳勺

---

① 據明代黃冊書寫格式推斷，"充"字後應爲某年分里長或甲首，此處脫。
② 據明代黃冊書寫格式推斷，"充"字後應爲某年分里長或甲首，此處脫。

玖抄伍撮。①

2. ▭合伍勺，
3. ▭勺玖抄伍撮。②
4. ▭两壹錢肆分壹厘壹毫。③
5. ▭絲，④

（中缺1行）⑤

6. ▭□叁毫。⑥
7. ▭耗米柒合，共該拾壹石柒升叁合伍抄伍撮伍圭。⑦
8. ▭合陸勺伍抄，
9. ▭勺伍撮伍圭。⑧
10. ▭□拾束陸分玖厘柒毫叁絲⑨
11. ▭肆絲陸忽。⑩
12. ▭斤伍錢伍分柒厘捌毫肆絲。⑪

（中缺）

13. ▭縣歸德鄉貳都第叁圖驢站戶。

（後缺）

據統計，下半部分黃冊中出現的人戶圖籍有：

---

① 據同書紙背其他黃冊書寫格式推斷，此行文字應爲"夏稅麥"數目。
② 據同書紙背其他黃冊書寫格式推斷，第2、3行文字分別爲"正麥"和"耗麥"數目。
③ 據同書紙背其他黃冊書寫格式推斷，此行文字應爲"絲綿"數目。
④ 據同書紙背其他黃冊書寫格式推斷，此行文字應爲"夏稅絲"數目。
⑤ 據同書紙背其他黃冊書寫格式推斷，此處所缺1行文字應爲"夏稅綿"數目。
⑥ 據同書紙背其他黃冊書寫格式推斷，此行文字應爲"秋糧地"數目。
⑦ 據同書紙背其他黃冊書寫格式推斷，此行文字應爲"秋糧米"數目。
⑧ 據同書紙背其他黃冊書寫格式推斷，第8、9行文字分別爲"正米"和"耗米"數目。
⑨ 據同書紙背其他黃冊書寫格式推斷，此行文字應爲"馬草"數目。
⑩ 據同書紙背其他黃冊書寫格式推斷，此行文字應爲"綿花地"數目。
⑪ 據同書紙背其他黃冊書寫格式推斷，此行文字應爲"花絨"數目。

尚德鄉壹都第壹圖車站戶、馬站戶（第二冊第 4 葉背、第四冊第 1 葉背）；

壹都第貳圖馬站戶（第一冊正文第 23 葉背）；

歸德鄉貳都第壹圖馬站戶（第三冊第 6 葉背、第四冊第 6 葉背）；

歸德鄉貳都第叁圖驢站戶、馬站戶（第一冊正文第 15、25 葉背，第四冊第 9、13 葉背）；

叁都第肆圖車站戶、軍戶（第三冊第 8 葉背、第四冊第 22 葉背）；

利仁鄉肆都第貳圖馬站戶（第三冊第 3 葉背）；

姚家屯民戶、軍戶（第一冊正文第 6、16 葉背）；

懷城屯馬站戶（第一冊正文第 30 葉背）；

□山屯驢夫戶（第二冊第 21 葉背、第三冊第 15 葉背）。

按，（萬曆）《兗州府志》卷十九《鄉社》載："東阿縣，鄉六、社一十七、屯七。利仁鄉，領社一：坊郭社；安仁鄉，領社三：黃穀社、穀城社、堂子社；尚德鄉，領社四：路疃社、小羅社、張秋社、浮興社；歸德鄉，領社四：黃陵社、曹馬社、郭村社、香山社；楊柳鄉，領社五：懷城社、凌山社、步村社、姚家社、石佛社；尚義鄉，領屯七：孟冊屯、丁泉屯、東姚家屯、懷城屯、凌山屯、東石佛屯、西姚家屯。"① 據此，黃冊下半部分所出現的各都圖、屯均同屬東阿縣，且其中"□山屯驢夫戶"應爲"凌山屯"。另，第三冊第 14 葉背第 16—18 行載："甲首/正戶/壹戶張喜孫，係山東兗州府東平州東阿縣楊"，應爲楊柳鄉。

綜上，該批黃冊非是一圖之黃冊，而應是東阿縣整縣賦役黃冊文獻。又，第一冊正文第 30 葉背載：

（前缺）

1. ▭▭▭▭▭▭▭▭▭▭▭懷城屯馬站戶，充萬曆拾肆年甲首。

---

① （萬曆）《兗州府志》卷 19《鄉社》，《天一閣藏明代方志選刊續編》第 54 冊，上海書店 1990 年版，第 307—309 頁。

第二章　公文紙本古籍紙背所見明代黃冊文獻概述　303

(中缺)
2. 　　　　　縣刁仁女。
(後缺)

第二冊第 4 葉背載：

(前缺)
1. 　　　　　縣尚德鄉壹都第壹圖車站戶，充萬曆拾玖年甲首。
(中缺)
2. 　　　　　□縣劉興女。
(中缺)
3. 　　　　　□歲。
(後缺)

由其中"充萬曆拾肆年甲首"、"充萬曆拾玖年甲首"等語結合明代大造黃冊時間可知，該黃冊應爲萬曆十年（1582）攢造。

現存該黃冊文獻中，有多處信息缺失，例如第一冊正文第 16 葉背載：

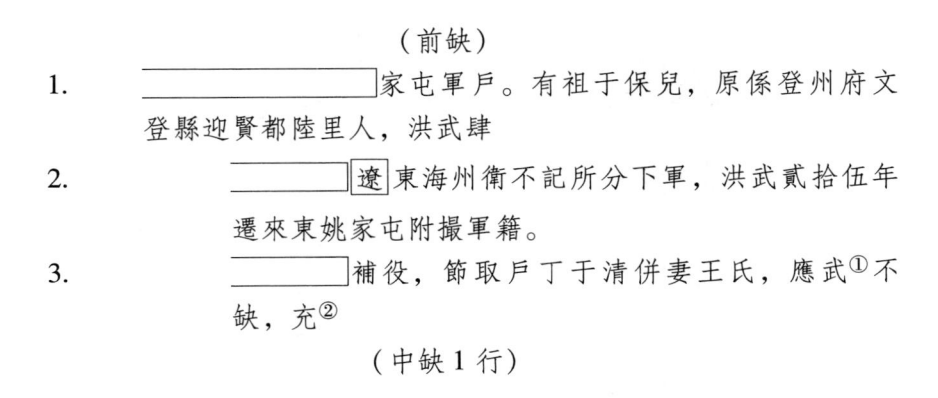

(前缺)
1. 　　　　　家屯軍戶。有祖于保兒，原係登州府文登縣迎賢都陸里人，洪武肆
2. 　　　　　遼東海州衛不記所分下軍，洪武貳拾伍年遷來東姚家屯附攝軍籍。
3. 　　　　　補役，節取戶丁于清併妻王氏，應武[①]不缺，充[②]
(中缺 1 行)

───────

① 據文義推斷，"武"應爲"伍"之訛。
② 據明代黃冊書寫格式推斷，"充"字後應脫輪役"里長"或"甲首"年分。

4. ＿＿＿＿＿＿＿＿屯驢夫戶，充①
（中缺）
5. ＿＿＿＿＿＿毫。
6. ＿＿＿＿＿柒抄，
7. ＿＿＿＿＿絲。
（中缺 1 行）
8. ＿＿＿＿＿伍勺壹抄叁撮。
（後缺）

其中第 3、4 行下部均留有空白，但未書寫充萬曆某年的里甲正役。第一冊正文第 23 葉背書寫同，內容如下：

（前略）
10. ＿＿＿＿＿＿＿＿＿＿壹都第貳圖馬站戶，充
（中缺）
11. ＿＿＿＿＿＿＿絲。②
12. ＿＿＿＿＿＿＿貳勺伍抄陸撮，③
13. ＿＿＿＿＿＿＿絲捌忽。④
（後缺）

另，第一冊正文第 25 葉背載：

（前缺）
1. 一百五十三号 ⑤

―――――――――――
① 據明代黃冊書寫格式推斷，"充"字後應脫輪役"里長"或"甲首"年分。
② 據同書紙背其他黃冊書寫格式推斷，此行文字應為"夏稅地"數目。
③ 據同書紙背其他黃冊書寫格式推斷，此行文字應為"夏稅麥"數目。
④ 據同書紙背其他黃冊書寫格式推斷，此行文字應為"絲綿"數目。
⑤ 此應為用紙編號。

第二章　公文紙本古籍紙背所見明代黄冊文獻概述　305

2.　　　　　　　　　　下承種。
　　　　　　　（中缺1行）①
3.　　　　　　　勺肆抄陸撮，②
4.　　　　　　　絲。③
　　　　　　　（中缺1行）④
5.　　　　　　　勺柒抄肆撮，⑤
6.　　　　　　　忽。⑥
7.　　　　　　毫貳絲。⑦
　　　　　　　（中缺2行）
8.　　　　　　　　　□鄉貳都第叁圖馬站戶，充萬曆拾　年甲首。
　　　　　　　（中缺）
9.　　　　　　　勺捌抄肆撮，
10.　　　　　　毫貳絲。
　　　　　　　（後缺）

　　其中第8行"萬曆拾"與"年甲首"之間空了一字，應爲需要後期填寫具體年份。據此可判斷，該批黄冊文獻應非正式的賦役黄冊，或應爲編訂正式黄冊之前形成的草冊。
　　關於該地徵收田賦的種類，該書第三冊第11葉背黄冊保存最爲完整，其内容如下：

---

①　據同書紙背其他黄冊書寫格式推斷，此處所缺1行文字應爲"夏稅地"數目。
②　據同書紙背其他黄冊書寫格式推斷，此行文字應爲"夏稅麥"數目。
③　據同書紙背其他黄冊書寫格式推斷，此行文字應爲"絲綿"數目。
④　據同書紙背其他黄冊書寫格式推斷，此處所缺1行文字應爲"秋糧地"數目。
⑤　據同書紙背其他黄冊書寫格式推斷，此行文字應爲"秋糧米"數目。
⑥　據同書紙背其他黄冊書寫格式推斷，此行文字應爲"馬草"數目。
⑦　據同書紙背其他黄冊書寫格式推斷，此行文字應爲"綿花地"數目。

（前缺）

1. 　　　　　　　　　姪婦馮氏，年☐
2. 　　　　　　　　　姪婦蘇氏，年☐
3. 　　　　　　　　　姪婦李氏，年☐
4. 　事產：
5. 　　　民地貳頃伍拾壹畝捌分捌☐
6. 　　　夏稅地柒拾伍畝伍分 陸☐
7. 　　　麥每畝科正麥伍升，每斗☐
8. 　　　　正麥叁石柒斗柒升☐
9. 　　　　耗麥貳斗陸升肆 合☐
10. 　　　絲綿每畝科叁分，共 該☐
11. 　　　　絲壹兩壹錢叁分 叁☐
12. 　　　　綿壹兩壹錢叁分 叁☐
13. 　　　秋糧地壹頃柒拾陸畝 叁☐
14. 　　　米每畝科正米伍升，每斗☐
15. 　　　　正米捌石捌斗壹升☐
16. 　　　　耗米陸斗壹升柒合☐
17. 　　　馬草每畝科捌厘柒 毫☐
18. 　　　綿花地叁畝伍分貳厘 陸☐
19. 　　　花絨每畝科肆兩，共 該☐
20. 　房屋：

（後缺）

　　由黃冊事產部分內容可見，該地的土地類型主要包括夏稅地、秋糧地和棉花地，夏稅地收麥、絲、綿，秋糧地收米和馬草，棉花地收花絨。

第二章　公文紙本古籍紙背所見明代黃冊文獻概述　307

　　該書紙背黃冊中，多見保存有用紙編號的黃冊殘葉，例如，第一冊正文第 14 葉背右側邊存"正廿八號"，同冊正文第 18 葉背右側邊存"□廿六六十"，均應爲用紙編號。另外，現存人戶信息中，還多見有人口達幾十人者，如第二冊第 19 葉背載：

（前缺）

1.　　　實在：
2.　　　　　人口：男婦肆拾壹口。
3.　　　　　　　男子貳拾陸口：
4.　　　　　　　　　本身，年肆拾歲；
5.　　　　　　　　　弟王友什，年叁拾歲；
6.　　　　　　　　　弟王本，年貳拾歲；
7.　　　　　　　　　弟王志朝，年叁拾歲；
8.　　　　　　　　　弟王士科，年叁拾歲；
9.　　　　　　　　　弟王張秋，年叁拾歲；
10.　　　　　　　　 弟王士選，年貳拾歲；
11.　　　　　　　　 弟王船頭，年叁拾歲；
12.　　　　　　　　 弟王宅子，年叁拾歲；
13.　　　　　　　　 弟王隆，年叁拾歲；
14.　　　　　　　　 弟王世肖，年貳拾歲；
15.　　　　　　　　 弟王愷，年叁拾歲；
16.　　　　　　　　 弟王念，年貳拾歲；
17.　　　　　　　　 弟王士尚，年叁拾歲；
18.　　　　　　　　 弟王一學，年拾玖歲；
19.　　　　　　　婦女拾伍口：

20.　　　　　　　　　妻賈氏，年肆拾歲；　　☐
21.　　　　　　　　　弟婦欒氏，年貳拾☐；　☐
　　　　　　　（後缺）

該戶人口 41 口，現存戶主弟弟即 14 人。又如，第一冊正文第 14 葉背載：

　　　　　　　　　　（前缺）
1.　　　　正廿八號①

2.　　　　　房屋：
3.　　　　　　　民草房壹間。
4.　　　　　頭匹：
5.　　　　　　　黃牛壹隻。
6.　　　新收：
7.　　　　　人口：男婦肆拾叁口。
8.　　　　　　男子貳拾捌口：
9.　　　　　　　　　孫王治魯，年貳拾☐
10.　　　　　　　　孫王治昶，年貳拾☐
11.　　　　　　　　孫王茂，年貳拾☐
12.　　　　　　　　孫王得濟，年貳拾☐
13.　　　　　　　　孫王治水，年貳拾☐
14.　　　　　　　　孫王治江，年貳拾☐
15.　　　　　　　　孫王治雍，年貳拾☐
16.　　　　　　　　孫王治彥，年貳拾☐
17.　　　　　　　　孫王治蜀，年貳拾☐

---

①　此應爲用紙編號。

第二章 公文紙本古籍紙背所見明代黃冊文獻概述　309

18.　　　　　　　孫王治陽，年貳拾
19.　　　　　　　孫王徵，年貳拾壹
20.　　　　　　　孫王守成，年貳拾
21.　　　　　　　孫王守仁，年貳拾壹
22.　　　　　　　孫王九恩，年拾玖歲
23.　　　婦女拾伍口：
　　　　　　　　（後缺）

其中僅新收人口就達到了 43 口，可見其實在人口應該更多。再如，第二冊第 25 葉背載：

　　　　　　　　（前缺）
1.　　　　　　　　　；　　　弟姜邦采；
2.　　　　　　　　　；　　　弟姜肇齋。
　　　　　（中缺 1 行）
3.　　　　　　　　到聊城縣楊完女；
4.　　　　　　　　陽穀縣王用女；
5.　　　　　　　　茌平縣馬昂女；
6.　　　　　　　　到聊城縣薄清女；
7.　　　　　　　　到聊城縣靳堂女；
8.　　　　　　　　到東平州馮朝女；
9.　　　　　　　　到陽穀縣王英女；
10.　　　　　　　到陽穀縣林大用女；
11.　　　　　　　到聊城縣陳曉女；
12.　　　　　　　到聊城縣郭相女；
13.　　　　　　　陽穀縣王用女；

14. ☐到聊城縣孟傑女；
15. ☐到聊城縣張仁女；
16. ☐到平陰縣劉可女；
17. ☐到聊城縣郭士登女；
18. ☐到平陰縣齊云女；
19. ☐到平陰縣翟加寶女；
20. ☐到平陰縣謝岳女；
21. ☐到茌平縣婁公浦女；
22. ☐到茌平縣曾起元女；

（後缺）

由現存内容來看，該葉黄册第 3—22 行應爲新收婦女情況，所記均爲過去十年該戶娶到的各位女子信息，僅現存内容，即記載了新娶女子 20 人，可見該戶人口之多，其極可能應爲"見有人丁不許析戶"① 的軍籍人戶。另外，由該葉黄册可見，當時該戶所娶女子，主要來自周邊各縣，此對於研究古代的通婚圈，無疑具有較爲重要的史料價值。

該黄册還有一個突出特點，即其中出現了不見於其他黄册的明確標註爲"死絶戶"信息，其登載形式與上文所述《樂府詩集》紙背"嘉靖四十一年（1562）山西汾州南郭西厢關厢第拾壹圖賦役黄册"所見"絶戶"不同。如第二册第 22 葉背載：

（前缺）
1. 事產俱無。
2. 甲首：
3. 下戶：

---

① 《後湖志》卷 9《事例六》，第 107 頁。

4.　　　　壹戶馬來兒，係山東兗州府東平州東▢▢▢▢▢▢
5.　　　　　　　事發烏撒衞軍，洪武貳拾▢▢▢▢▢▢
　　　　　（中缺 1 行）
6.　　　　舊管：
7.　　　　　　人口：
8.　　　　　　　　遠年絶乞。
9.　　　　新收。
10.　　　開除。
11.　　　實在俱無。
12.　甲首：
13.　　下戶：
14.　　　壹戶趙絞群，係山東兗州府東平州
　　　　　東▢▢▢▢▢
15.　　　　舊管：
16.　　　　　人口：
17.　　　　　　遠年死絶。
18.　　帶管：
19.　　　第肆甲：
20.　　　里長：
21.　　　下戶：
　　　　　（後缺）

　　該葉黄冊中的"馬來兒"和"趙絞群"戶，爲"遠年絶乞"和"遠年死絶"戶，但仍將其列入甲首戶。另外，黄冊中還見有"死絶存名領戶"的情况，如第二冊第 11 葉背載：

　　　　　（前缺）
1.　　　　房屋：
2.　　　　　民草房壹間。

3.　　　　　　　　頭匹：
4.　　　　　　　　　黃牛壹隻。
5.　　　甲首：
6.　　　　下戶：
7.　　　　　壹戶車具兒，係山東兗州府東平州東阿☐☐☐☐
8.　　　　舊管：
9.　　　　　人口：男婦肆口，死絕存名領戶。
10.　　　　事產：
11.　　　　　　民地貳畝叁分柒厘陸毫，歸☐☐☐☐
12.　　　　　　夏稅地柒分壹厘貳毫捌☐☐☐☐
13.　　　　　　麥正耗共該叁升捌合☐☐☐☐
14.　　　　　　絲綿共該貳分壹厘☐☐☐☐
15.　　　　　　秋糧地壹畝陸分陸厘叁☐☐☐☐
16.　　　　　　米正耗共該捌升捌合 玖 ☐
17.　　　　　　馬草貳分陸毫柒絲 壹 ☐
18.　　　　　　綿花地叁厘叁毫貳絲陸☐☐☐☐
19.　　　　　　花絨壹錢叁厘伍絲 伍 ☐
20.　　　　房屋：
　　　　　　　（後缺）

　　該黃冊殘葉中"車具兒"，爲"死絕存名領戶"，其與上舉"馬來兒"和"趙絞群"等死絕戶，最大的不同在於"馬來兒"和"趙絞群"戶事產俱無，而該戶還保存有一定的事產。《明英宗實錄》卷二百九十"天順二年（1458）夏四月戊寅"條載：

　　戶部奏：近副都御史林聰言：山東濟南、東昌、青州三府陽信等三十二州縣逃亡死絕六萬四百一十九戶，拋荒官民地三萬九千五十一頃六十三畝，負欠稅糧二十一萬二千五百餘石、馬草二十六萬五千八百餘束，覆視具實，宜加矜恤。上命稅糧、草束悉與除豁，逃亡戶令有司盡心招撫存恤，無令失所。①

由此可見，死絕民戶的稅糧需要地方政府上呈戶部，由戶部覆核爲實之後，才能奏請豁免。在獲得豁免之前，應仍需在黃冊中進行記錄。如嘉靖元年（1522）六月，易瓚等題准"爲乞懲奸弊以清版圖事"中即曾提到："凡軍籍，丁盡戶絕者不許開除，見有人丁者不許析戶。"② 隆慶四年（1570）三月，南京戶科等衙門管理黃冊給事中等官張渙等謹奏"爲敷陳愚見以慎重圖版事"中再次重申："至於軍匠丁盡戶絕者不許開除，見有人丁者不許析戶。務使狡猾積慣之徒，不得行私作弊其間。"③ 即不僅軍戶，包括匠戶，丁盡戶絕者均不許開除，仍需登載入黃冊。該黃冊編訂之後的第二年，萬曆十一年（1583）十月，南京戶科等衙門管理黃冊給事中等官余懋學，在"爲條議大查事宜以禆冊務事"中也提及："臣等竊見，各處解到黃冊開報人戶中，有事產、收除俱無，而實在人丁項下又開本身故絕者，此絕戶也……除軍、匠二籍仍棄原戶以補稽考外，其餘係民戶者，查果故絕，即便備開明白，登註駁冊，解報本湖"，並進一步指出"緣各該有司恐失舊額，故凡絕戶，祇於實徵冊內開除，而黃冊則仍存戶籍。此名有而實亡者，委宜查豁。"④

由此可知，明代黃冊中登載絕戶信息，軍、匠戶是爲了方便簽補戶下人丁繼續服役，而民戶則是爲了保存舊額，上述"馬來兒"和"趙絞群"等遠年死絕戶，應屬此種情況。

（本文作者宋坤，爲首次刊發。）

---

① 《明英宗實錄》卷290"天順二年（1458）夏四月戊寅"條，臺北"中央"研究院歷史語言研究所校印本，1962年，第6200頁。
② 《後湖志》卷9《事例六》，第107頁。
③ 《後湖志》卷10《事例七》，第152頁。
④ 《後湖志》卷10《事例七》，第176—177頁。

四　其他圖書館藏公文紙本古籍紙背明代賦役黃冊

除上海圖書館外，筆者在查找公文紙本古籍過程中，還在其他圖書館或網絡上見有紙背爲明代賦役黃冊的公文紙本古籍，另外部分學者發表的論文當中也有提及，現將相關信息概述如下：

(一)《沈侍中集》紙背"永樂二十年（1422）直隷松江府上海縣長人鄉拾捌保貳拾柒圖賦役黃冊"

中國科學院圖書館（現名中國科學院國家科學圖書館）藏《沈侍中集》爲明張溥刻漢魏六朝百三名家集公文紙印本。該書現爲金鑲玉裝幀，其中書頁長23.8厘米，寬18厘米；內襯紙長28.6厘米，寬18厘米。內封題：鳴晦七哥哂收，表弟瀹。

全書一卷二冊，頁碼聯排，共計46葉，其中僅第二冊最末一葉背面無文字殘留，但從紙張顏色來看，與其他頁碼紙張相同。

該書紙背爲明代賦役黃冊，在印刷之時，曾將原黃冊從中間橫向裁切，故現紙背內容分屬原黃冊的上下部分。現存絕大部分爲原黃冊的下半部分，僅正文第35—40葉等6葉爲上半部分，其中3葉保存有戶頭內容。如正文第35葉背載：

（前缺）
1. 　　一戶王阿保，係長人鄉拾捌保第貳拾柒▢▢▢▢
2. 　　　　舊管：
3. 　　　　　人丁：計家男婦叁口。
　　　　　（中缺2行）
4. 　　　　事產：
5. 　　　　　官田柒畝肆分柒厘。
　　　　　（中缺）
6. 　　　　民草房貳間。
7. 　　　新收：人口：轉收男子成丁壹口：男王得▢▢▢▢
8. 　　　實在：

9.　　　　　人口肆口：
　　　　　　　　　　　（後缺）

正文第 36 葉背載：

　　　　　　　　　　　（前缺）
1.　　　　　　房屋：民草房壹間。
2.　　一戶康阿轉，係長人鄉拾捌保第貳拾柒圖☐☐☐☐
3.　　　　舊管：
4.　　　　　人丁：計家男婦貳口。
　　　　　　　　（中缺 2 行）
5.　　　　事產：
6.　　　　　官田貳拾叁畝玖分柒厘☐☐☐☐
　　　　　　　　　（中缺）
7.　　　　　房屋壹間。
8.　　　　實在：
　　　　　　　　　　　（後缺）

正文第 37 葉背載：

　　　　　　　　　　　（前缺）
1.　　　　　　房屋：民草房貳間。
2.　　一戶宋阿演，係長人鄉拾捌保第貳 拾 ☐☐☐☐
3.　　　　舊管：
4.　　　　　人丁：計家男婦貳口。
　　　　　　　　（中缺 2 行）
5.　　　　事產：
6.　　　　　官田壹拾柒畝壹分伍☐☐☐☐
　　　　　　　　　（後缺）

由上引 3 葉黃冊中民戶的籍貫可知，該書紙背應爲長人鄉拾捌保第貳拾柒圖賦役黃冊。（弘治）《上海縣志》卷二《鄉保》載："長人鄉，縣南九十里，六保十二村，管里三：十六保，三區；十七保，三區；十八保，二區；十九保，七區；二十保，三區；二十一保，二區。"①（正德）《松江府志》卷九《鄉保》載："上海縣，鄉五，保二十六，區五十四，圖六百一十四。長人鄉，一作長仁，縣南九十里，十六至二十一保附焉，管區二十，圖二百八十六。舊里三：長人、將軍、高陽。"② 據此可知，該書紙背黃冊應爲直隸松江府上海縣長人鄉拾捌保第貳拾柒圖賦役黃冊。

正文第 21 葉背載：

（前缺）

1. 　　　　　　　耗麥叁抄玖撮。
2. 　□□③：
3. 　　　米每畝科正米貳合，每斗帶耗米柒合，共該捌合玖勺肆抄伍撮。
4. 　　　　　　　正米捌合叁勺陸抄，
5. 　　　　　　　耗米伍勺捌抄伍撮。
6. ＿＿＿＿＿樂貳拾貳年甲首。

（中缺 4 行左右）

7. ＿＿＿＿＿毫。
8. 　　　　夏稅：
9. 　　　　　麥正耗叁升叁合壹抄玖撮。
10. 　　　　秋糧：
11. 　　　　　米正耗叁斗柒合捌勺陸抄叁撮。

（中缺 1 行）

---

① （弘治）《上海縣志》卷 2《鄉保》，《天一閣藏明代方志選刊續編》第 7 冊，上海書店 1990 年版，第 69 頁。
② （正德）《松江府志》卷 9《鄉保》，《天一閣藏明代方志選刊續編》第 5 冊，上海書店 1990 年版，第 477 頁。
③ 據文義及明代黃冊書寫格式推斷，此處所缺文字應爲 "秋糧"。

第二章　公文紙本古籍紙背所見明代黃冊文獻概述　317

12.　　　　　夏稅：
13.　　　　　　　麥正耗壹合柒勺貳抄伍撮。
14.　　　　　秋糧：
15.　　　　　　　米正耗叁升貳合陸抄壹撮。
　　　　　　　（後缺）

正文第 20 葉背載：

　　　　　　　　（前缺）
1.　　　　□①子貳口：
2.　　　　　成丁貳口：
3.　　　　　　　父訓，於永樂拾玖年故；
4.　　　　　　　兄立，於永樂拾壹年故。
　　　　　　　（中缺 2 行）
5.　　　　　夏稅：
6.　　　　　　　麥正耗伍升貳合捌撮。
7.　　　　　秋糧：
8.　　　　　　　米正耗叁斗陸升肆合肆勺陸抄貳撮。
9.　　　＿＿＿＿田貳分伍厘，於永樂拾伍年伍月賣過割與本圖倪得昇爲業。
10.　　　　夏稅：
11.　　　　　　麥每畝科正麥伍合肆勺捌抄叁撮伍圭，每斗帶耗麥柒合，共該壹合肆勺
12.　　　　　　　　　　　　　陸抄陸撮。
13.　　　　　秋糧：
14.　　　　　　米每畝科正米肆升貳勺叁抄伍撮，每斗帶耗米柒合，共該壹升柒勺

----

①　據文義及明代黃冊書寫格式推斷，此處所缺文字應爲"男"。

15.　　　　　　　　　　　　　　　　　　陸抄叁撮。
16.　　▭▭▭▭平田叁畝壹分伍厘捌毫，於永樂拾陸年叁月賣過割與本圖倪道英爲業。
17.　　　　夏稅：
18.　　　　　　麥每畝科正麥伍合肆勺捌抄叁撮伍圭，每斗帶耗麥柒合，共該壹升捌合
　　　　　　　　　（後缺）

　　據第 21 葉背第 6 行"樂貳拾貳年甲首"，第 20 葉背"父訓，於永樂拾玖年故""兄立，於永樂拾壹年故""於永樂拾伍年伍月賣過割與本圖倪得昇爲業""於永樂拾陸年叁月賣過割與本圖倪道英爲業"等語結合明代大造黃冊時間可知，該黃冊應爲永樂二十年（1422）攢造。
　　正文第 9 葉背載：

　　　　　　　　　　　（前缺）
1.　　　▭男子壹口：
2.　　　　　不成丁壹口：
3.　　　　　　　弟讚，係永樂拾柒年生。
　　　　　　　　（中缺 2 行）
4.　　　▭男子壹口：
5.　　　　　成丁壹口：
6.　　　　　　　父▭成，於永樂拾捌年故。
7.　　　▭婦女壹口：
8.　　　　　大口壹口：
9.　　　　　　　祖母▭仲氏，於永樂拾肆年故。
　　　　　　　　（中缺 1 行）
10.　　　　男子貳口：
11.　　　　　不成丁貳口：

12.　　　　　　　　　　本身，年壹拾陸歲，☐双腳☐爲疾。
13.　　　　　　　　　　弟讚，年肆歲。
　　　　　　　　　　　（後缺）

　　由第 12 行"本身，年壹拾陸歲，双腳爲疾"一語可見，戶主身體有殘疾者，還需在黃冊中注明。
　　由現存內容來看，該圖田土類型主要有水田、平田、高田、地、山、塘等，徵收田賦則僅見夏稅麥和秋糧米。
　　該《沈侍中集》與上海圖書館藏《徐僕射集》同爲明張溥刻漢魏六朝百三名家集公文紙印本，且紙背文獻均爲明代賦役黃冊，疑其原爲同一批刻本。《徐僕射集》紙背黃冊經考證爲進呈戶部黃冊原本，則該《沈侍中集》紙背黃冊極有可能也爲進呈戶部的黃冊原本。

（二）《桯史》紙背"成化十八年（1482）浙江嘉興府嘉興縣賦役供單"

　　北京大學圖書館藏公文紙印本《桯史》爲宋刻元明遞修本，共十五卷，六冊。孔繁敏先生曾撰《明代賦役供單與黃冊殘件輯考》一文對其進行過專門介紹。據孔先生言："此書用白棉紙，有抄配，通書長 29.5 厘米、寬 18.2 厘米。半葉九行，行十七字，板心下有刊工姓名，共裝訂成六冊。紙背文字用毛筆手寫，或楷或草，因紙張剪裁，冊籍內容已殘缺。"[①] 另外，孔先生指出背面內容應爲成化十八年（1482）明嘉興縣賦役供單，並抄錄了其中的目錄第 2 葉、目錄第 3 葉、目錄第 9 葉（僅抄錄 A 面背，B 面背略）、卷三第 3 葉、卷五第 14 葉、卷七第 13 葉、卷七第 16 葉、卷十四第 4 葉、卷十四第 5 葉（應爲第 8 葉）、卷十五第 7 葉（夏稅、秋糧數略）、卷十五第 15 葉等 11 葉紙背內容。
　　筆者曾親自前往北大查閱抄錄該書紙背內容。通過查閱，該書六冊共計 255 葉，其中除第四冊卷九第 6 葉、第五冊卷十二第 10 葉、第五冊卷十二第

---

① 孔繁敏：《明代賦役供單與黃冊殘件輯考（上）》，《文獻》1992 年第 4 期。

16 葉、第六冊卷十四第 7 葉、第六冊卷十五第 13 葉等 5 葉爲後配紙張，背面無公文之外，其餘 250 葉背面均有文字。

孔先生曾對該書紙背內容進行了詳細考證，筆者基本贊同孔先生的結論。在此僅補充三點：

一是，孔先生言"明建國初期頒行的戶帖，婦女老幼皆登錄，有的同時註明大小口，而黃冊所登婦女一般限於大口，未見登錄小口。"① 但實際上黃冊中同樣登錄婦女的大小口，上舉各書紙背明賦役黃冊中基本均見有婦女小口的登錄，而本書紙背的賦役供單中，也有小口登錄，但僅見一件，存於第五冊卷十一第 6 葉背：

（前缺）
1.　　　　　　夏稅絲每畝科絲壹分，該絲壹分玖厘。
2.　　　　　　秋糧米每畝科正米伍升，每斗帶耗柒合，共米壹斗貳合叁勺。
3.　　▱▱▱▱地玖畝叁厘。
4.　　　　　　麥貳斗捌升肆合②，
5.　　　　　　絲肆錢伍分壹厘伍毫，
6.　　　　　　綿肆錢伍分壹厘伍毫。
7.　　▱▱▱▱地柒畝七分，於成化十一年回贖到本圖王福運爲業。
8.　　　　　　夏稅：
9.　　　　　　麥每畝科正麥叁升，每斗帶耗叁合伍勺，共麥貳斗叁升玖合壹勺。
10.　　　　　　絲每畝科絲伍分，該絲叁錢捌分伍厘。

---

① 孔繁敏：《明代賦役供單與黃冊殘件輯考（上）》，《文獻》1992 年第 4 期。
② 原文如此，據前後數據推斷，此處脫"肆勺"兩字。

11.　　　　　　　　　　綿每畝科綿伍分，該綿叄錢捌
　　　　　　　　　　　　分伍厘。
12.　　　　☐☐☐☐地壹畝叄分叄厘，囬贖到本圖錢滿奴爲業。
13.　　　　　　　　夏稅：
14.　　　　　　　　麥每畝科正麥叄升，每斗帶耗
　　　　　　　　　　叄合伍勺，共麥肆升伍合叄勺。
15.　　　　　　　　絲每畝科絲伍分，該絲陸分陸
　　　　　　　　　　厘伍毫。
16.　　　　　　　　綿每畝科綿伍分，該綿陸分陸
　　　　　　　　　　厘伍毫。
　　　　　　　　（中缺 1 行）
17.　　　☐☐☐☐小壹口：年壹拾貳歲。
　　　　　　　　（中缺 1 行）
18.　　　☐☐☐☐十三都一則田陸畝。
19.　　　　　　　夏稅絲每畝科絲壹分，該絲陸分。
20.　　　　　　　秋糧每畝科正米伍升，每斗帶耗柒
　　　　　　　　　合，共米叄斗貳升壹合。
21.　　　　　　　　　　　　　　正米叄斗，
　　　　　　　　（後缺）

　　該葉第 17 行云"小壹口：年壹拾貳歲"，"小"字前文字雖缺，但根據黃冊登錄格式和"壹拾貳歲"，仍可確定其應爲婦女小口，黃冊中男子均登載爲成丁、不成丁，婦女則登載爲大小口。

　　二是，孔先生所舉目錄第 9 葉背和卷七第 16 葉背，供單結尾部分存有供狀人、里長、書手、算手、老人等署名簽押。除了上述人員之外，部分供單中還見有糧長的署名簽押，如第五冊卷十一第 11 葉背載：

（前缺）

1. 　　　　事產：
2. 　　　　　　官民本都一則田貳畝，秋糧米正耗肆斗肆升伍合壹勺。
3. 　　　　　　房屋壹間貳舍。
4. 　　　實在：
5. 　　　　　人丁：計家男子壹口。
6. 　　　　　　　　　　本身，年陸拾歲。
7. 　　　　　　官①民本都一則田貳畝，秋糧米正耗肆斗肆升伍合壹勺。
8. 　　　　　　房屋：民草房壹間貳舍。
9. ▭日　供　狀　人　高　▭
10. 　　　　　　書　手　□▭
11. 　　　　　　算　手　顧　▭
12. 　　　　　　里　長　陸　▭
13. 　　　　　　糧　長　沈　▭．
14. 　　　　　　老　人　吳　▭

又如，卷十二第11葉背載：

（前缺）

1. 　　　　　耗米柒升玖合陸勺。
2. 　▭厘。
3. 　　　麥每畝科正麥叁升，每斗帶耗叁合伍勺，共陸合捌勺。　正麥陸合陸勺，耗麥貳勺。
4. 　　　絲每畝科絲伍分，共壹分壹厘。
5. 　　　綿壹分壹厘。

---

① 原文如此，據文義推斷，"官"字前應脫"事產"兩字。

6. _____日　供　狀　人曹　阿狗
7. 　　　　　　　糧　長錢　辟
8. 　　　　　　　里　長黃　琛
9. 　　　　　　　老　人張　江
10. 　　　　　　書　手徐　信
11. 　　　　　　算　手吳　□

綜合來看，賦役供單後的署名簽押，除供狀人外，里長、書手、算手等爲必須項，糧長和老人則不一定必須署名簽押。

另外，卷十一第 5 葉背載：

（前缺）

1. _____長從實開報，管得不致隱瞞糧額、漏報人口，如虛甘罪，所供是實。

（中缺 3 行）

2. 　□□①：計家男子壹口。
3. 　□②產：民田肆畝。
4. 　　　　夏稅絲貳分肆厘，
5. 　　　　秋糧米③正耗米貳斗壹升肆合。
6. 房屋：壹間貳舍。

（中缺 1 行）

7. 　　轉收：官民田陸畝叁分肆厘叁毫。
8. 　　　　夏稅絲玖分肆厘叁毫，
9. 　　　　秋糧米正耗米壹石叁斗貳升柒合陸勺。
10. 　　　　官田叁畝貳分肆厘陸毫。
11. 　　　　夏稅絲柒分伍厘貳毫，

---

① 據文義及明代黃冊書寫格式推斷，此處所缺文字應爲"人口"。
② 據文義及明代黃冊書寫格式推斷，此處所缺文字應爲"事"。
③ 據文義推斷，"米"應爲衍文。

12.　　　　　　秋糧米壹石壹斗捌升壹合玖勺。
13.　　　　　　　　一則肆斗肆升壹合田壹畝貳分肆厘陸毫，糧伍斗捌升捌合，佃買
14.　　　　　　　　　　　　　　　　到本圖馮添戶下田。
15.　　　　　　　　一則叁斗壹合壹錢叁厘絲田柒分叁厘，佃到本圖
　　　　　（後缺）

　　由文書第 1 行 "從實開報，管得不致隱瞞糧額、漏報人口，如虛甘罪，所供是實" 等語可知，賦役供單中，還應有保證如實申報的甘結性話語。
　　三是，該批賦役供單中，還保存有兩戶軍戶信息。如第四冊卷九第 13 葉背，內容如下：

　　　　　　　　　　　　（前缺）
1.　　　　　　不成丁貳口：
2.　　　　　　　　姪男顧永，年陸歲，於成化拾貳年生；
3.　　　　　　　　姪男顧行，年叁歲，於成化拾陸年生。
4.　　□①產：轉收民一則伍升捌厘絲田壹畝伍分柒厘伍毫，係買本里□□進戶下田。
5.　　　　　　　　夏稅絲壹分貳厘陸毫，
6.　　　　　　　　秋糧正耗米捌升肆合叁勺。
7.　　____正除男子成丁貳口：
8.　　　　　　　　堂弟顧阿巧，□解□廣□衛當軍去訖；
9.　　　　　　　　堂弟顧慶員，隨正當軍去訖。
10.　　____男婦壹拾貳口：
11.　　　　　男子壹拾壹口：
12.　　　　　　成丁捌口：

---

① 據文義及明代黃冊書寫格式推斷，此處所缺文字應爲 "事"。

13.　　　　　　　本身，年陸拾歲；叔顧□，年陸拾捌歲；
14.　　　　　　　弟顧琛⬚二，年⬚伍拾捌歲；弟顧⬚顏三，年伍拾伍歲；
15.　　　　　　　弟顧承喜，年壹拾玖歲；義弟費阿員，肆拾陸歲；
16.　　　　　　　男顧勤，年貳拾捌歲；姪男顧□，年貳拾陸歲。
17.　　　　　　　不成丁叁口：
18.　　　　　　　父顧官童，年捌拾歲；姪男顧永，年陸歲；
19.　　　　　　　姪男顧行，年叁歲。
20.　　　　　□①產：
21.　　　　　　　官民本都田地叁拾伍畒柒分陸厘叁毫。
22.　　　　　　　　麥壹斗叁升伍合，
23.　　　　　　　　絲叁錢伍厘柒毫，
24.　　　　　　　　綿壹錢玖分壹厘。
25.　　　　　　　━━━

（後缺）

其中第 8、9 行載 "堂弟顧阿巧，□解□廣□衛當軍去訖；堂弟顧慶員，隨正當軍去訖"，由此可見，軍籍人戶下的人丁當兵去後，要在黃冊中登載爲開除人員。

（三）《重刊併音連聲韻學集成》《直音篇》紙背嘉靖三十一年（1552）和隆慶六年（1572）直隸揚州府賦役黃冊

杜立暉曾於《光明日報》2017 年 8 月 21 日《史學理論版》發表了《哈

---

① 據文義及明代黃冊書寫格式推斷，此處所缺文字應爲 "事"。

佛藏黃冊重要價值》一文，主要介紹了哈佛大學燕京圖書館藏公文紙本《重刊併音連聲韻學集成》《直音篇》紙背的直隸揚州府賦役黃冊相關情況。

關於哈佛藏公文紙本《重刊併音連聲韻學集成》《直音篇》，沈津先生曾最先撰文介紹，指出其爲明萬曆六年（1578）揚州知府虞德燁維陽資政左室刻印，有康有爲題記，二書所用公文紙有"嘉靖四十三年"、"隆慶四年"以及揚州等字樣。①

杜立暉文中則進一步指出，《重刊併音連聲韻學集成》和《直音篇》共二十卷二十冊，除第一冊第一卷外，其他十九冊（除極少數後補紙張外）多數爲公文紙本文獻，數量多達2000餘頁，絕大部分爲明代揚州府的賦役黃冊。其中《重刊併音連聲韻學集成》紙背文獻涉及如皋縣和泰興縣，《直音篇》紙背文獻涉及江都縣，攢造時間則主要爲嘉靖三十一年（1552）和隆慶六年（1572）。

後經與杜立暉溝通得知，該批黃冊主要涉及揚州府泰州如皋縣縣市西廂第壹里（或圖）、泰興縣順得鄉貳拾壹都第拾伍里（或圖）、江都縣青草沙第肆圖等地，人戶性質則包括軍、民、匠、灶等戶。

筆者曾得見其中部分文書圖版，並進行了整理，但因未見紙背文書全貌，具體各縣文書數量及攢造時間不明。現迻錄3葉文書如下：

《重刊併音連聲韻學集成》第二冊卷二第5葉背載：

（前缺）

1. 　　　　　　　　　　　　正豆貳斗柒升伍合伍勺，
2. 　　　　　　　　　　　　耗豆壹升玖合叄勺。
3. 　　　　房屋：民草房叄間。
4. 　　　　頭匹：民黃牛壹隻。
5. ▢▢，係直隸揚州府泰興縣順得鄉貳拾壹都第拾伍里民籍，充萬曆玖年甲首。
6. 　　　▢▢②

---

① 沈津：《書林物語》，上海辭書出版社2011年版，第56頁。
② 據黃冊書寫格式判斷，此處所缺文字應爲"舊管"。

第二章　公文紙本古籍紙背所見明代黃冊文獻概述　327

7.　　　　□①丁：計家男婦貳口。
8.　　　　　　　男子壹口，
9.　　　　　　　婦女壹口。
10.　　　□②產：
11.　　　　　官民田地捌畝貳分貳厘。
12.　　　　　　　夏稅：小麥正耗肆斗壹升叁合肆勺。
13.　　　　　　　秋糧：
14.　　　　　　　　米正耗陸斗叁升柒合貳勺，
15.　　　　　　　　黃豆正耗壹斗柒升陸合陸勺。
16.　　　　　官田壹畝柒分叁厘。
17.　　　　　　　夏稅：小麥正耗貳斗肆合捌勺。
18.　　　　　　　秋糧：米正耗肆斗陸升陸合。
19.　　　　　民田地陸畝伍分。
20.　　　　　　　夏稅：小麥正耗貳斗捌合陸勺。
　　　　　　　（後缺）

據該葉第 5 行可知，其應爲隆慶六年（1572）直隸揚州府泰興縣順得鄉貳拾壹都第拾伍里賦役黃冊殘葉。

《重刊併音連聲韻學集成》第二冊卷二第 36 葉背載：

（前缺）
1.　_____隸揚州府泰州如皋縣縣市西廂第壹里軍戶。有祖吳遵與，本廂另
2.　　　　　　　　籍。吳進合軍於吳元年，
　　　　　　　　　尅取蘇州，收集
3.　　　　　　　　充軍。洪武叁年起，調虎
　　　　　　　　　賁左衛右所

---

① 據黃冊書寫格式判斷，此處所缺文字應爲"人"。
② 據黃冊書寫格式判斷，此處所缺文字應爲"事"。

4.　　　　　　　　　　　　百戶賈通下軍，正德貳年解吳洋補

5.　　　　　　　　　　　　役，逃回。嘉靖元年仍解原逃吳洋補役，

6.　　　　　　　　　　　　充萬曆貳年甲首。

　　　　　　　　（中缺 1 行）

7.　　　□①丁：計家男婦壹拾玖口。

8.　　　　　　男子壹拾口，

9.　　　　　　婦女玖口。

10.　　　事產：

11.　　　　　官民田地貳頃叁拾貳畝叁分壹厘壹毫。

12.　　　　　　　夏稅：小麥正耗伍石玖升叁合陸勺。

13.　　　　　　　秋糧：

14.　　　　　　　　　米正耗壹拾石壹斗叁升貳合捌勺，

15.　　　　　　　　　黃豆正耗□石伍斗貳升壹勺。

16.　　　　　官田地捌拾貳畝捌分壹厘柒毫。

17.　　　　　　　夏稅：小麥正耗叁石肆升柒合伍勺。

18.　　　　　　　秋糧：

　　　　　　　　　（後缺）

據該葉第 1 行可知，其應爲隆慶六年（1572）直隸揚州府泰州如皋縣縣市西廂第壹里賦役黃冊。

《重刊併音連聲韻學集成》第五冊卷五第 95 葉背載：

（前缺）

1.　　　　　　　　　　　　□右衛當軍不缺，嘉靖拾

2.　　　　　　　　　　　　壹年□家駁回，查得本衛 正

---

① 據黃冊書寫格式判斷，此處所缺文字應爲"人"。

3.　　　　　　　　　　　無清勾，無從添造外，今
　　　　　　　　　　　　冊合
4.　　　　　　　　　　　再申明，充嘉靖叁拾叁年
5.　　　　　　　　　　　分甲首。
　　　　　　　　（中缺 1 行）
6.　　人丁：計家男子貳口。
7.　　事產：
8.　　　　官田地壹拾壹畝伍分壹厘肆毫。
9.　　　　　　　　夏稅：小麥正耗壹石柒斗肆升陸合
　　　　　　　　　　伍勺。
10.　　　　　　　　秋糧：
11.　　　　　　　　　　米正耗壹石捌斗貳升伍合
　　　　　　　　　　陸勺，
12.　　　　　　　　　　黃豆正耗貳斗捌升玖合。
13.　　　　田壹拾畝壹厘肆毫。
14.　　　　　　　　夏稅：小麥正耗壹石肆斗捌升玖合
　　　　　　　　　　柒勺。
15.　　　　　　　　秋糧：米正耗壹石捌斗貳升伍合陸勺。
16.　　　　地壹畝伍分。
　　　　　　　　　　（後缺）

據該葉第 4、5 行載"充嘉靖叁拾叁年分甲首"結合明代大造黃冊時間可知，其應爲嘉靖三十一年（1552）直隸揚州府某縣黃冊。

按，《重刊併音連聲韻學集成》《直音篇》爲明萬曆六年（1578）揚州知府虞德燁維陽資政左室刻印，紙背黃冊又均爲揚州府不同時間、不同縣的賦役黃冊，故該批黃冊應爲當初揚州府保存的黃冊底本。

（四）《漢隸字源》紙背正德、嘉靖時期直隸廬州府六安州永和鄉肆都第肆圖賦役黃冊

2005 年中國嘉德國際拍賣公司春季拍賣會上，曾拍賣過一套明末毛氏

汲古閣刻公文紙印本《漢隸字源》，據拍賣網站介紹，該書存4冊，用正德、嘉靖年間公文紙刊印，紙質綿白。

網站上曾公佈有一張該書照片。

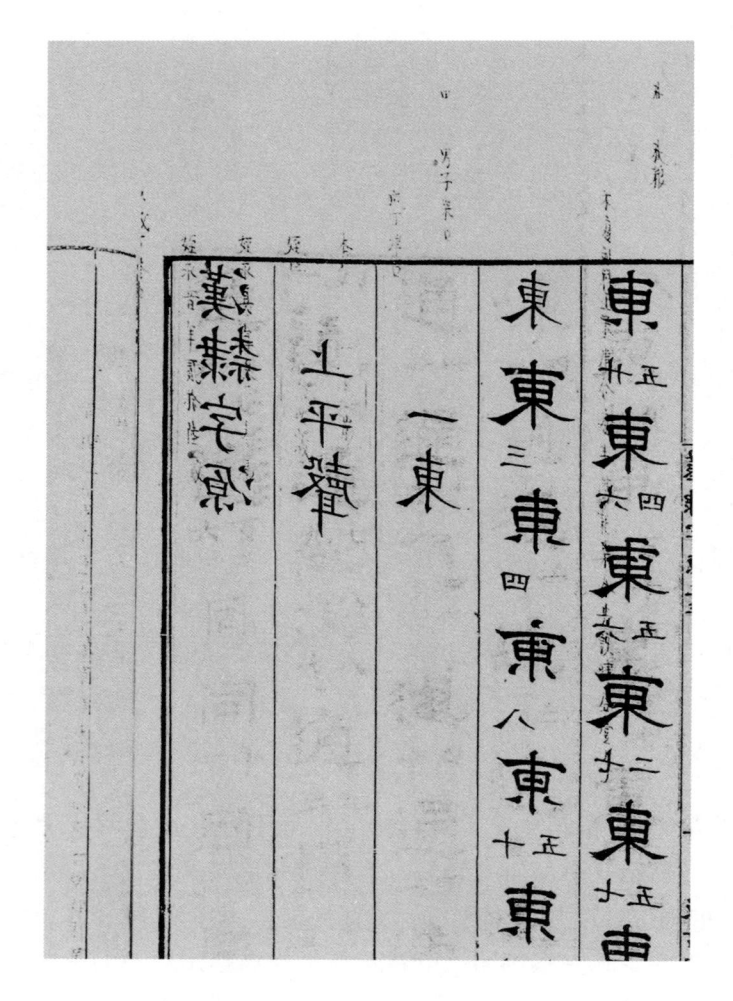

第1葉背文字如下：

（前缺）

1.　　　秋糧：

2. 　　　　米每畝科正米肆合，每斗帶耗柒合，共該肆合壹勺。
　　　　　　（中缺1行）
3. 　　男子柒口：
4. 　　　　成丁肆口：
5. 　　　　　　本身，年伍拾叄歲；
6. 　　　　　　姪宗兒，年肆拾玖歲；
7. 　　　　　　姪永眞，年叄拾叄歲；
8. 　　　　　　姪永音，年貳拾陸歲。
9. 　　　　不成丁叄口：
　　　　　　　（後缺）

另一葉可見如下文字：

　　　　　　（前缺）
1. 　第四甲計壹拾壹戶。
2. 　　　一戶黃關住，孫男黃昭，係直隸廬州府六安州永和鄉肆都第肆圖軍戶，☐☐☐☐
3. 　　　　於甲辰年投充贛州衛軍，故；洪武貳拾肆年調六安衛，☐☐☐☐
4. 　　　　永樂十九年五月官黃信☐，後洪熙元年調大寧中衛☐☐☐☐☐☐
　　　　　　（後缺）

　　由該葉第2行"黃關住，孫男黃昭，係直隸廬州府六安州永和鄉肆都第肆圖軍戶"可知，該黃冊應爲直隸廬州府六安州永和鄉肆都第肆圖賦役黃冊，拍賣網站介紹"用正德、嘉靖年間公文紙刊印"，則其攢造年代當在這一時期。

　　該書與上海圖書館藏公文紙本《樂府詩集》同爲明末毛氏汲古閣刻本，則該書紙背黃冊也極可能是後湖黃冊庫所藏進呈戶部原冊原本。

　　綜上所述，目前所見公文紙本古籍紙背明代黃冊文獻包含：洪武三年

(1370）處州府 1 府 4 縣 15 個左右都的小黄册，及不同時期、不同地域的賦役黄册 39 種。這還遠非是古籍紙背明代黄册的全部，因爲尚有大量古籍紙背文書尚未公佈。筆者相信，隨着古籍紙背文獻整理研究的持續推進，將會有更多的明代黄册文獻被發現，必將進一步推動明代黄册研究，甚至是整個明史研究的進一步深入和發展。

（本文作者宋坤，爲首次刊發。）

第 三 章

新發現公文紙本古籍紙背洪武三年處州府小黃冊復原與研究

一 古籍紙背洪武三年（1370）小黃冊歸屬地考釋

關於"小黃冊圖之法"，《永樂大典》引《吳興續志》載：

> 黃冊里長甲首，洪武三年爲始。編置小黃冊，每百家畫爲一圖，內推丁力田糧近上者十名爲里長，餘十名爲甲首，每歲輪流。里長一名，管甲首十名；甲首一名，管人戶九名，催辦稅糧，以十年一周。①

小黃冊原件的首次發現及確定，始於日本學者竺沙雅章先生。其在《漢籍紙背文書の研究》一文中提及，日本靜嘉堂文庫藏公文紙印本《漢書》紙背公文計兩類：一是溫州衛千戶所卷宗刷尾；一是洪武三年（1370）處州府攢造小黃冊。②

除靜嘉堂藏《漢書》紙背處州府小黃冊之外，目前所見公文紙本古籍紙背文獻中，上海圖書館藏《後漢書》《魏書》及四川圖書館藏《魏書》紙

---

① （明）解縉等主編：《永樂大典》卷2277《湖州府三·田賦》，中華書局1986年影印本，第886頁。

② ［日］竺沙雅章：《漢籍紙背文書の研究》，《東京大學文學部研究紀要：第十四》，1973年，第37—52頁。

背也均爲洪武三年（1370）小黃冊，且同屬浙江處州府。但因印刷之時，小黃冊曾被裁切，存在一定程度的殘損，且原有順序被打亂，導致小黃冊具體所屬縣籍不明。本文即擬對其進行簡要考證，以明確新發現小黃冊所屬具體縣籍。

（一）上海圖書館藏《後漢書》紙背小黃冊歸屬地考證

上圖藏《後漢書》爲宋紹興江南東路轉運司刻宋元明遞修公文紙印本，全書九十卷，其中三十七卷紙背帶有文字，共 363 葉，包含 500 餘戶的人丁、田產信息。

綜合來看，《後漢書》紙背小黃冊至少包含有處州府下轄青田、遂昌二縣和麗水或縉雲中一縣的小黃冊，現分述如下：

1. 青田縣四都小黃冊

《後漢書》卷四第 13 葉背載：

1. 處州府青田縣四都承奉
2. 本縣旨揮該：奉
3. 處州府旨揮爲稅糧黃冊事，仰將本都有田人戶，每壹百家分爲十甲，內選田糧丁力近上之家壹拾名，定爲里長，每一年挨次一名承當，十年週□□□①。
4. 其餘人戶，初年亦以頭名承充甲首，下年一體挨次輪當。保內但有編排不盡畸零戶數貳拾、叁拾、肆拾戶，務要不出本保，一體設立甲首，鄰近里□□□②
5. 帶管；如及伍拾戶者，另立里長一名，排編成甲，置立小黃冊一本，開［寫］各戶田糧數目，令當該里長收受，相沿交割，催辦錢

---

① 日本靜嘉堂文庫藏《漢書》紙背同爲洪武三年（1370）處州府小黃冊（竺沙雅章：《漢籍紙背文書の研究》，《東京大學文學部研究紀要：第十四》，1973 年，第 37—52 頁。）其中傳六九上第 41 葉背爲"青田縣坊郭"小黃冊冊首呈文，與本葉內容基本相同。據其內容可知，本葉此處所缺文字應爲"而復始"。

② 據日本靜嘉堂文庫藏《漢書》傳六九上第 41 葉背可知，此處所缺文字應爲"長通行"。

糧。奉此，今將攢造到□□①
6. 田糧黃冊，編排里長、甲首資次，備細數目，開具於後：
7. 　　本都
8. 　　　　一各各起科則例：
9. 　　　　　　没官田每畝照依民田則例起科：夏稅正麥陸勺，秋糧正米照依舊額起科不等；
10. ────────────────

　　　　　　　　　（後缺）

　　由該葉小黃冊第1—3行"處州府青田縣四都承奉""本縣旨揮該：奉""處州府旨揮爲稅糧黃冊事"及第5行"置立小黃冊一本，開寫各戶田糧數目，令當該里長收受"等語可知，其應爲處州府青田縣四都小黃冊。
　　經筆者反覆核對，發現《後漢書》紙背可確定爲青田縣四都小黃冊者共計39葉，分別爲：卷四第13—29葉（其中第21葉爲錯簡，應位於第27葉之後）；卷六第15、17、18、25葉；卷七第16葉；卷九第8—11、13、15葉；卷十上第3、4、17、22—26、30、31、37葉。該都黃冊現存4里，計53戶人戶信息。

2. 遂昌縣建德鄉十五都小黃冊
《後漢書》卷四第12葉背載：

　　　　　　　　　（前缺）
　　1. 右潤之編類前項里長、甲首等役，並是依式攢造，中間但有挪趲作弊、不盡不實、增減虛冒，當甘罪犯無詞，執結□□②。
　　2. 　　洪武　　年　　月　　日建德鄉十五都里長翁　　潤之

　　從内容來看，該葉文書應爲"建德鄉十五都"小黃冊的結語部分。關

────────
① 據日本靜嘉堂文庫藏《漢書》傳六九上第41葉背可知，此處所缺文字應爲"人丁"。
② 據文義及明代公文書寫格式推斷，此處所缺文字應爲"是實"。

於建德鄉，明成化本《處州府志》卷十一《遂昌縣志·縣治》載："鄉：建德鄉管里三、都八，資忠鄉管里三、都五，桃源鄉管里三、都五，保義鄉管里三、都六。"① 同書卷十三《龍泉縣志·縣治》載："建德鄉管里六、都五，劍池鄉管里六、都五，延慶鄉管里六、都六，西寧鄉管里七、都七。"② 據此可知，明成化年間建德鄉在處州府的遂昌、龍泉二縣皆有建置。

另，康熙本《遂昌縣志》卷三《經制·鄉都》載："建德鄉一都、二都、十三都、十四都、十五都、十六都、十七都、十八都。"③ 光緒本《龍泉縣志》卷二《建置·都圖》載："龍泉鄉，又名建德鄉，在縣東北，都五，為十九至二十三都。"④ 其中所載遂昌、龍泉二縣所轄鄉都數與成化本《處州府志》一致，但龍泉縣的"建德鄉"已改稱"龍泉鄉"。由康熙本《遂昌縣志》及光緒本《龍泉縣志》可見，遂昌縣建德鄉轄十五都，而龍泉縣建德鄉未轄十五都。又，1996 年版《遂昌縣志》載："明洪武十四年（1381），詔編賦役黃冊，定遂昌為 4 鄉 24 都 41 圖 73 里 11 坊。建德鄉轄一、二、十三、十四、十五、十六、十七、十八都，資忠鄉轄三、四、五、六、七都，桃源鄉轄八、九、十、十一、十二都，保義鄉轄十九、二十、二十一、二十二、二十三、二十四都。"⑤ 由此可知，洪武時期的遂昌縣建德鄉即轄十五都，故《後漢書》卷四第 12 葉背建德鄉十五都小黃冊，應為遂昌縣攢造。

此外，《後漢書》卷四第 3 葉背與上舉卷四第 12 背字跡相同，應為同一小黃冊殘葉，其內容如下：

（前缺）

1. 　　　　　　　　　　　正麥壹斗叁升貳合捌
　　　　　　　　　　　　勺柒抄，

---

① （成化）《處州府志》卷 11《遂昌縣志·縣治》，成化二十二年（1486）刻本，第 12 頁。
② （成化）《處州府志》卷 13《龍泉縣志·縣治》，第 9 頁。
③ （康熙）《遂昌縣志》卷 3《經制·鄉都》，《中國地方志集成·浙江府縣志輯 68》，江蘇古籍出版社、上海書店、巴蜀書社 2011 年版，第 106 頁。
④ （光緒）《龍泉縣志》卷 2《建置·都圖》，《中國方志叢書·華中地方·第二一七號》，成文出版社有限公司 1975 年版，第 169—172 頁。
⑤ 遂昌縣志編纂委員會編：《遂昌縣志》，浙江人民出版社 1996 年版，第 61 頁。

2.　　　　　　　　　　　　耗麥玖合叁勺玖圭。
3.　　　　　　　　秋糧：
4.　　　　　　　　　　　　正米壹碩壹斗柒合貳
　　　　　　　　　　　　　勺伍抄，
5.　　　　　　　　　　　　耗米柒升柒合伍勺柒
　　　　　　　　　　　　　撮伍圭。
6.　　一戶延福觀，係本都道觀，充當本縣弓兵。
7.　　　　　　人丁壹口：
8.　　　　　　　　　　男子壹口：
9.　　　　　　　　　　　　成丁壹口。
10.　　　　　田產民田叁拾伍畝肆分捌毫叁絲叁忽。
11.　　　　　　　　夏稅：
12.　　　　　　　　　　　　正麥捌升肆合玖勺柒
　　　　　　　　　　　　　抄玖撮玖圭玖粟
　　　　　　　　　　　　　貳粒，
13.　　　　　　　　　　　　耗麥捌合玖勺肆抄捌
　　　　　　　　　　　　　撮伍圭玖粟玖粒肆微
　　　　　　　　　　　　　肆塵。
14.　　　　　　　　秋糧：
　　　　　　　　　（後缺）

其中第 6 行所載 "延福觀"，同見於成化本《處州府志》卷十一《遂昌縣志·寺院》①，可知延福觀當爲遂昌縣境內道觀，亦可證其應爲遂昌縣攢造小黃冊。

通過比對紙背小黃冊字跡、格式、內容，目前《後漢書》紙背可確定爲遂昌縣建德鄉十五都小黃冊者共計 71 葉，分別爲卷二第 1—30 葉、卷三第 1—29 葉（其中第 9 葉爲錯簡，應位於第 29 葉之後）、卷四第 1—12 葉。共含 2 個里，其中卷二第 1—5 葉爲一里，現存編排不盡人戶 8 戶；其他 66

---

① （成化）《處州府志》卷 11《遂昌縣志·寺院》，第 24 頁。

葉爲一里，存93戶，含里甲正戶80戶，帶管外役2戶，編排不盡11戶。

3. 麗水或縉雲縣小黃冊

《後漢書》卷七十五第13葉背存一小黃冊"里長甲首輪流圖"，內容如下：

	洪武十年	洪武九年	洪武八年	洪武七年	洪武六年	洪武五年	洪武四年	第二甲
（後缺）	潘超五	劉登	徐均保	吳伯浩	王德成	吳澤之	普化寺	里長
	何澤五	吳伯瑜	周侶五	劉德賢	韋公輔	葉名五	吳壽三	甲首
	周遂	王俊六	葉貴四	柳太之	劉通十四	吳衢二	王深七	甲首
	吳惟九	韋登十	柳德榮	胡白三	葉筆三	吳立二	吳惟六	甲首
	葉均保	周侶九	劉福八	王志五	劉斌十	吳一中	葉迩九	甲首
	吳壽四	劉口七	何閏八	吳仲十四	葉瑞五	高瑞五	葉仲	甲首
	葉侶八	劉侶七	劉通十二	韋斌十三	吳俊十五	夏桂七	何仕一	甲首
	周侶二	周鎮七	季俊一	柳仲堅	王賢六	韋志三十	湯僧祖	甲首
	余通六二	梅盛六	趙賓四	何澤四	徐立三	葉思六	張貴十	甲首
	夏顯六	吳日進	葉德遠	王和二	王和三	金俊十	黃俊五	甲首

該里長甲首輪流圖第1行右數第1列，出現有洪武四年（1371）里長"普化寺"這一佛寺名稱。據成化本《處州府志》載，明代處州府各縣境內寺觀，僅縉雲、雲和、景寧三縣建有"普化寺"。其中，縉雲縣境內普化寺位於縣東南七十里，石晉天福四年（939）建①；雲和縣境內普化寺在縣西二里，唐清泰二年（936）建②；景寧縣普化寺位於縣南一百六十里，唐天祐元年（904）建③。需要注意的是，明成化本《處州府志》所載處州府轄縣之數與明初有別，其載："……改總管府爲處州府，隸浙江等處承宣布政使司，領縣七，麗水、青田、縉雲、松陽、遂昌、龍泉、慶元。景泰三年（1452），又分麗水、青田兩轄諸鄉增置雲和、宣平、景寧三縣。"④據此，雲和、景寧二縣爲景泰三年（1452）剛剛建縣。其中，雲和縣爲麗水縣析

---

① （成化）《處州府志》卷7《縉雲縣志·寺觀》，第23頁。
② （成化）《處州府志》卷16《雲和縣志·寺觀》，第14頁。
③ （成化）《處州府志》卷18《景寧縣志·寺觀》，第16頁。
④ （成化）《處州府志》卷1《本府志》，第2—3頁。

出所置，《處州府志》卷十六《雲和縣志·建置沿革》載：

按，雲和縣原麗水縣所轄二十二都雲和鄉也。其地窮僻，依山阻水，城狐社鼠間亦有之。庸是巡撫重臣大司馬原貞孫公疏以闢邑宏化建請，乃淂登是鄉爲縣，仍隸處州府，實景泰三年也。①

景寧縣則爲青田縣析出所置，《處州府志》卷十八《景寧縣志·建置沿革》載：

按，景寧縣故爲青田之柔遠鄉沐鶴溪也，景泰三年大司馬孫公原貞巡撫閩浙，以青田地廣民遠，奏析仙上等三里爲景寧縣，編戶五十六里，仍隸處州府。志在作邑以安民，故名曰景寧。②

而《後漢書》紙背小黃冊攢造時間爲明洪武三年（1370），因此，紙背文書中所載"普化寺"絕非雲和、景寧縣所屬，而應屬洪武時期的麗水、青田或縉雲三縣所轄。

通過比對，《後漢書》紙背文書可確定與卷七十五第13葉背爲同一里黃冊殘葉者，另有卷七十五第20、24葉，共3葉，存4戶人戶信息。

《後漢書》紙背小黃冊數量較大，但遺憾的是，由於刊印之時，小黃冊被裁切不全，導致目前小黃冊殘損較重，祇能根據其中出現的部分信息，對少量小黃冊的縣籍進行推斷。通過上述分析可見，上圖所藏《後漢書》紙背小黃冊至少應分屬處州府三縣，即目前所能確定無疑的青田、遂昌二縣，和麗水或縉雲中的一縣。

（二）上圖、川圖藏《魏書》紙背小黃冊歸屬地考證

紙背爲明洪武三年（1370）小黃冊的公文紙印本《魏書》現存三個殘本，分藏上海圖書館和四川圖書館兩地，但其原應爲使用同一批小黃冊印刷

---

① （成化）《處州府志》卷16《雲和縣志·建置沿革》，第1頁。
② （成化）《處州府志》卷18《景寧縣志·建置沿革》，第1頁。

的同一刻本，紙背內容可以拼合。三個殘本《魏書》現存卷四十五、四十六、四十七、六十一至六十五、八十一、八十二、八十三上、八十三下、八十六至八十八，共計 15 卷。通過分析可見，其攢造縣至少包含龍泉、麗水、縉雲三縣。

1. 龍泉縣小黃冊

上圖藏《魏書》卷六十四第 8 葉背載：

（前略）

9.　　一戶張弘一，本管民戶，合充白雁鋪兵。
10.　　　　人丁柒口：
11.　　　　　　男子陸口：
12.　　　　　　　　成丁叁口，

（後缺）

卷六十四第 9 葉背載：

（前略）

9.　　一戶連廣二，本管①，合充朱均鋪司。
10.　　　　人丁叁口：
11.　　　　　　男子壹口：
12.　　　　　　　　成丁壹口。

（後缺）

其中出現有"張弘一充白雁鋪兵"、"連廣二充朱均鋪司"等信息，另卷六十四第 11 葉背載"一戶項恕四，本管住民，合充大石鋪司"，第 14 葉背載"一戶何普祖二，本管住民，合充武溪鋪兵"，第 16 葉背載"一戶何景恂，本管住民，合充楊梅鋪司"等，共計出現有白雁鋪、朱均鋪、大石鋪、武溪鋪、楊梅鋪等 5 個不同鋪舍名。

---

① 據文義及紙背相似文書可知，"管"字後應脫"民戶"或"住民"二字。

第三章　新發現公文紙本古籍紙背洪武三年處州府小黃冊復原與研究

　　按，明成化本《處州府志》卷十三《龍泉縣志·縣治·鋪舍》載："總鋪在縣前百步許，臨江鋪縣北一十里，白雁鋪縣北二十里，楊梅鋪縣北三十里，獨山鋪縣北四十里，朱均鋪縣北五十里，蛤湖鋪縣北六十里，大石鋪縣北七十里，武溪鋪縣北八十里，井水鋪縣南一十里，豫章鋪縣南二十里，獨田鋪縣南三十里，青坑鋪縣南四十里，藤灘鋪縣南五十里，查田鋪縣南六十里，大梅鋪縣南七十里。"①《魏書》紙背所載鋪名不僅均位列其中，且在名稱的文字書寫上也完全一致，據此可斷定上舉《魏書》各葉背小黃冊應爲處州府龍泉縣攢造。

　　通過對比圖版及紙背小黃冊字跡、行距、格式、內容，可確定《魏書》卷六十一至卷六十五等132葉紙背小黃冊應爲同一都小黃冊，屬處州府龍泉縣攢造。據統計，該都小黃冊現存3里計170戶人戶信息。

　　除了卷六十一至卷六十五紙背龍泉縣某都小黃冊之外，《魏書》紙背另存有可能屬龍泉縣二都的小黃冊。

　　《魏書》卷四十五第28葉背載：

（前缺）

1.　　一戶葉彥璋，係浦城縣登俊里住民，洪武肆年里長。
2.　　　　　田貳頃叁拾玖畝陸分玖厘伍毫捌絲叁忽。
3.　　　　　　夏稅正耗麥玖斗貳升叁合叁勺捌撮叁圭：
4.　　　　　　　　正麥捌斗陸升貳合玖勺伍撮，
5.　　　　　　　　耗麥陸升肆勺叁撮叁圭。
6.　　　　　　秋糧正耗米柒碩陸斗玖升肆合貳勺叁抄陸撮貳圭：
7.　　　　　　　　正米柒碩壹斗玖升捌勺柒抄伍撮，
8.　　　　　　　　耗米伍斗叁合叁勺陸抄壹撮貳圭。

---

①　《處州府志》卷13《龍泉縣志·縣治·鋪舍》，第10頁。

9.　　　一戶萬象寺，係麗水縣住本都安如山 收，充洪武伍年里長。
10.　　　　　　　僧人壹口：
11.　　　　　　　　　成丁壹口，
　　　　　　　　（後缺）

　　其中第1—8行所載"葉彦璋"戶信息，據其書寫格式可知，應爲寄莊戶，即該小黃冊並非浦城縣攢造，而是浦城縣籍民葉彦璋在該小黃冊攢造縣都的寄莊田土信息登載。
　　本葉第9行載"萬象庄，係麗水縣住本都安如山收，充洪武伍年里長"。據（成化）《處州府志》卷三《麗水縣志·寺觀》載："萬象崇福寺，本宋何參政萬象樓，元元貞元年（1295）僧行美悉買其地，改爲萬象庵，大德十年（1306）改今名。"①（雍正）《處州府志》載："麗水縣崇福寺。萬象山巔，宋何參政建萬象樓，元元貞元年（1295）僧行美改爲萬象庵，大德十年（1306）改今名。……寺有萬象莊田五頃，坐龍泉縣二都黃南地方"。②
　　據此，卷四十五第28葉背小黃冊應屬龍泉縣攢造。雖然因後部殘缺，導致已無法確知該小黃冊中的萬象莊在龍泉縣境內的田土數量，但清代的鄉都大都承襲自明代，故該葉黃冊極可能爲龍泉縣二都小黃冊。
　　經過比對，可確定《魏書》紙背屬於該都的小黃冊計28葉，分別爲：卷四十五第1—10、12、16、21、23—30葉，卷四十六第1—7葉等，共1里存42戶，含里長甲5戶，第1—7甲34戶，不明甲3戶。
　　2. 麗水縣小黃冊
　　《魏書》卷四十七第7葉背殘存一"里長甲首輪流圖"，內容如下：

---

① （成化）《處州府志》卷3《麗水縣志·寺觀》，第21頁。
② （雍正）《處州府志》卷2《寺觀》，《中國方志叢書·華中地方·第六〇四號》，臺北：成文出版社有限公司，1983年，第266頁。

洪武十二年	洪武十一年	洪武十年	洪武九年	洪武八年
陳貴伯禮	柳英三	吳達四	徐□二	梅慶桂
柳英四	柳榮七	金仍十	柳性之	柳欽八
金□孫	尤福八	柳禄二	葉榮八	張安三
梅□舉	谷賢七	尤福五	湯廣二	方祥六
金福七	葉叔保	戴福十	梅宣七	葉敬四
柳彥安	王良八	周立祐八	李堅七	梅良卿
吳桂四	郭和	葉再八	夏智	梅鑽三
吳昌	梅保三	梅班	廖青九	柳和二
柳潮四	柳文十	金千七	劉賢五	李勝九
柳□□	葉□□	潘□□	梅十□	宋□□

帶管外役人户

水站夫 垂休寺	弓兵 王伯通
鋪兵 柳十二	鋪兵 楊成□
驛夫 項昌□	驛夫 梅提□
驛夫 項昌六	驛夫 梅斌六
驛夫 楊達五	驛夫 梅桂五
驛夫 柳智四	驛夫 葉進八
驛夫 梅文貴	驛夫 王義甫
	驛夫 葉景祥
	驛夫 金勝四
	驛夫 徐正□

　　該輪流圖中"帶管外役人戶"中載有"垂休寺"充"水站夫"，同卷第15葉背載：

（前略）

12.　　一戶山巖寺，係本都戶，充鋪兵。
13.　　　　尼姑叁口：

（後缺）

又，卷四十七第 17 葉背載：

（前略）

3.　　一戶萬壽觀，係本都戶，充水站夫。
4.　　　　道士貳口：
5.　　　　　　成丁貳口。
6.　　　　田產：民田壹頃伍拾壹畝貳分柒厘伍毫。
7.　　　　　　夏稅：
8.　　　　　　　　正麥叁斗陸升叁合陸抄，
9.　　　　　　　　耗麥貳升伍合肆勺壹抄肆撮貳圭。
10.　　　　　秋糧：
11.　　　　　　　　正米叁碩貳升伍合伍勺，
12.　　　　　　　　耗米貳斗壹升壹合柒勺捌抄伍撮。

（後缺）

同卷中出現"垂休寺"、"山巖寺"、"萬壽觀"等三處寺觀。按，明成化本《處州府志·雲和縣志》載："垂休寺在縣東一里，唐大中二年（848）建；普化寺在縣西二里，唐清泰二年（935）建；山巖寺在縣北一里，宋大觀四年（1110）建……萬壽觀在縣西半里，宋咸淳六年（1270）建……"。[①]

又，上文曾言，雲和縣爲景泰三年（1452）由麗水縣析出所置，故《魏書》紙背小黃冊卷四十七各葉應爲明洪武時期麗水縣攢造小黃冊。

經過比對，《魏書》紙背可確定爲麗水縣小黃冊者現存 2 里，一里爲卷四十七第 8—26 葉、卷四十五 11、13—15、18 葉，共存 41 戶人戶信息，含

---

① （成化）《處州府志》卷 16《雲和縣志·寺觀》，第 24—25 頁。

里甲正戶 25 戶，帶管外役 16 戶；一里爲卷四十七第 4、7、6 等三葉，存一都田糧總數及都下第 1 里"里長甲首輪流圖"和該里丁口、田糧數目。

3. 縉雲縣小黄册

《魏書》紙背卷八十八第 15 葉背載：

（前略）

9. 帶管
10. 　　外役：
11. 　　　　一戶鷲峰寺，係本都戶。
12. 　　　　　人丁壹拾口：
13. 　　　　　　　　僧人壹拾口。

（後缺）

其中出現有"鷲峰寺"，查成化本《處州府志》所屬縣內寺觀，未見有"鷲峰寺"一名，但卷七《縉雲縣·寺觀》載："靈峰寺，在縣南七里，宋建隆元年建。"①靈鷲峰一詞爲佛教常見語，靈峰與鷲峰意同，疑小黄册中"鷲峰寺"即《處州府志》所載"靈峰寺"。清《兩浙輶軒續錄》補遺卷五吳汝燮《偕王蕚香（韡）、曹笑拈（桂墀）靈峰寺小憩》下註云："舊名鷲峰寺"②。吳汝燮、曹桂墀均爲浙江海寧人，則其所云靈峰寺應在海寧境內，則海寧境內的鷲峰寺曾改名爲靈峰寺，則縉雲縣的鷲峰寺應也存在改名的可能，據此則上述小黄册疑爲縉雲縣攢造。

據比對，《魏書》紙背卷八十一、八十二、八十三上、八十三下、八十六至八十八等應爲同縣小黄册，但因無法確證，暫存疑。

明洪武三年（1370）處州府小黄册原件的發現，對於研究整個明代黄册制度與前代戶籍、賦役制度的承襲演變有着重要的史料價值，彌補了國内明初相關史料記載的不足。經過上述考證，目前可確定《後漢書》《魏書》

---

① （成化）《處州府志》卷 7《縉雲縣·寺觀》，第 23 頁。
② （清）潘衍桐編，夏勇、熊湘整理：《兩浙輶軒續錄補遺》卷 5《吳汝燮》，浙江古籍出版社 2014 年版，第 4568 頁。

紙背小黃冊至少包含有處州府青田縣、遂昌縣、龍泉縣、麗水縣等四縣，另有疑似縉雲縣一縣。明確了這批明洪武三年（1370）小黃冊的具體歸屬，爲綴合復原這批小黃冊的歷史原貌奠定了基礎，也爲進一步深入研究分析這批小黃冊，奠定了堅實基礎。

（本文作者耿洪利、宋坤，爲首次刊發。）

二 《後漢書》紙背處州府某縣某都第肆里
小黃冊復原与研究

　　上海圖書館藏公文紙本《後漢書》紙背爲明洪武三年（1370）處州府小黃冊。該書在印刷之時，爲適應版式，將原小黃冊進行了裁切，造成了小黃冊部分內容的缺失及一定程度上的錯簡，對於學者理解使用，造成了極大不便。但幸運的是，原小黃冊中部分"里長甲首輪流圖"得以幸存，爲這批小黃冊殘葉的復原提供了重要線索。基於此，本文即主要擬依據《後漢書》卷三十下第 23 葉背殘存的"第四甲一各年里甲輪流圖"，通過綜合對比原書圖版、小黃冊書寫筆跡、墨色、行距以及內容等，對該里小黃冊進行綴合復原。

　　需要說明的一點是，洪武十四年（1381）推行的賦役黃冊中，將一個里甲組織稱爲"一里"，但現存小黃冊中未見有"里"的稱謂，卻有兩個不同等級"甲"的稱謂：一種是代表一個里甲組織的"甲"，另一種是由 10 戶人戶組成的"甲"，後者稱爲"甲下第幾甲"。如《魏書》卷 46 第 3 葉背載"甲下第貳甲甲首徐隆貳等壹拾名"、卷 65 第 21 葉背載"甲下第柒甲沈鎮四等一十戶"。由此可見，小黃冊中代表一個里甲組織的"甲"，實際上是總甲，相當於賦役黃冊中的"里"，《後漢書》卷三十下第 23 葉背"第肆甲一各年里甲輪流圖"中的"第肆甲"即是代表一個里甲組織的總甲。爲避免引起歧義，本文借用學界通行稱謂，將小黃冊中代表一個里甲組織的"甲"，暫稱爲"里"，故文中將此"第肆甲"暫稱爲"第肆里"。

　　該里小黃冊雖因殘缺而無法判定其所屬具體縣都，但保存 77 戶人戶信息，相對較爲完整，尤其是 77 戶均爲里甲正戶。因此，對該里小黃冊的復原，能夠較大程度展現一里小黃冊里甲輪役的原貌，爲進一步深入研究的展開，提供一定的史料基礎。

（一）處州府某縣某都第肆里小黃冊復原

　　上圖藏《後漢書》紙背小黃冊中，共殘存 8 個"里甲輪流圖"，分別是卷二第 6 葉背、卷四第 18 葉背、卷三十下第 23 葉背、卷五十一第 6 葉背、卷六十二第 3 葉背、卷六十三第 10 葉背、卷六十九第 2 葉背和卷七十五第 13 葉背，這些殘存的"里長甲首輪流圖"爲小黃冊冊籍的綴合復原提供了重要依據。通過整個《後漢書》紙背小黃冊的梳理可見，與殘存"里甲輪流圖"相對應的小黃冊人戶信息中，除卷二第 6 葉背殘存的"里長甲首輪流圖"所存人戶信息較多外，卷三十下第 23 葉背殘存的"里甲輪流圖"相對留存人戶信息同樣很多，且其"圖"右側明確註明該里爲"第肆甲"。通過對比發現，該里小黃冊散存於《後漢書》卷三十下第 23、24、26—34 葉背（其中第 29 葉應位於第 30 葉之後），卷三十一第 1—27 葉背（其中第 10 葉應位於第 9 葉之前、第 16 葉位於第 14 葉之後、第 18 葉位於第 15 葉之後、第 23 葉應位於第 11 葉之後、第 27 葉應位於第 24 葉之後），卷三十二第 1—17 葉背（其中第 9 葉應位於第 6 葉之後、第 14 葉應位於第 10 葉之前、第 15 葉位於第 13 葉之後）中。今據殘存的"里長甲首輪流圖"並結合原書圖版書寫筆跡、墨色和格式特點等，將綴合復原後的第四里小黃冊按原格式迻錄如下：

第肆甲一各年里甲輪流圖

洪武十年	洪武九年	洪武捌年	洪武七年	洪武六年	洪武五年	洪武四年	
陳績四	何伯堅	何和二奉先庄	徐貴貳	何伯祥	何伯高	張希賢	里长
祝銘五	葉成二	張貴一	徐崇三	徐福二	何高二	張成三	甲首
徐立二	李華三	李華二	張全七	瞿亮一	何勝三	何士通	甲首
徐殷二	何盛一	□□三	葉憲一	季信五	徐三	張登貳	甲首
沈敬一	季益六	陳彬三	洪鎮五	何椿一	熙心堂	吳傑五	甲首
張昇貳	張福肆	何昇二	何頃貳	何銘七	何仁肆	張芳達	甲首
張仁六	吳敬一	徐賢十	王顯一	何福一	何廣一祥	張福貳	甲首
葉立二	陳宗五	張鎮九	徐富二	徐□貳	張德二	徐付六	甲首
張清五	凍瑞一	季信一	練仁一	季俊五	何錄六	何祥七	甲首
季良三	張朝三	何琜三	張登一	季貴八	何福四	何仁五	甲首

·················（以上卷三十下第 23 葉）·················
（中缺帶管外役人戶和編排不盡人戶"圖"，本里人戶、人丁總數）
1.　　　　　　　　　　不成丁柒拾伍口。
2.　　　　　　　　婦女壹百肆拾貳口。
3.　　　田肆頃陸拾肆畝柒分叁厘壹毫壹絲壹忽。
4.　　　　　夏稅正耗麥柒斗貳升壹勺肆抄肆撮貳圭柒粟肆粒：
5.　　　　　　　正麥陸斗柒升叁合叁抄貳撮叁粟貳粒，
6.　　　　　　　耗麥肆升柒合壹勺壹抄貳撮貳圭肆粟貳粒。
7.　　　秋糧正耗米壹拾肆石玖斗壹升柒合捌勺伍抄捌撮玖圭伍粟貳粒：
8.　　　　　　　正米壹拾叁石玖斗肆升壹合玖勺叁抄叁撮陸圭，
9.　　　　　　　耗米玖斗柒升伍合玖勺叁抄伍撮叁圭伍粟貳粒。
　　　　　　　　　　（中缺）
·················（以上卷三十下第 24 葉）·················
10.　　　里長張希賢壹拾戶。
11.　　　　一戶張希賢，係本都民戶，洪武肆年里長。
12.　　　　　人丁伍口：
13.　　　　　　　男子叁口：
14.　　　　　　　　　成丁貳口，
15.　　　　　　　　　不成丁壹口。
16.　　　　　　　婦女貳口。
17.　　　　田伍拾壹畝肆分伍厘捌毫叁絲叁忽。
18.　　　　　夏稅正耗麥壹斗玖升捌合貳勺壹抄柒撮貳圭：
19.　　　　　　　正麥壹斗捌升伍合貳勺伍抄，

20.   耗麥壹升貳合玖勺陸抄貳撮
         伍圭。
21.   秋糧正耗米壹碩陸斗伍升壹合捌勺壹
        抄貳圭伍粟：

（中缺正、耗米之數和伍年里長何伯高戶信息）

············（以上卷三十下第 26 葉）············

22. 一戶何伯祥，係本都民戶，洪武陸年里長①。
23.   人丁肆口②：
24.   男子貳口③：
25.   成丁壹口，
26.   不成丁壹口。
27.   婦女貳口。
28.   田叁拾柒畝壹厘壹忽。
29.   夏稅正耗麥壹斗肆升貳合伍勺陸抄貳撮伍圭
   陸粟：
30.   正麥壹斗④叁合貳勺叁抄陸撮肆粟，
31.   耗麥玖合叁勺貳抄陸撮伍圭貳粟
     叁粒。
32.   秋糧正耗米壹碩壹斗捌升捌合貳抄壹撮叁圭
   貳粟：
33.   正米壹石壹斗壹升叁勺叁圭，
34.   耗米柒升柒合柒勺貳抄壹撮貳粟。
35. 一戶徐貴二継中，係本都民戶，洪武柒年里長。
36.   人丁陸口：

············（以上卷三十下第 27 葉）············

---

① 該行據小黃冊登載格式和卷三十下第 23 葉背"一各年里甲輪流圖"推補。
② 該行據小黃冊登載格式和下文男女口數補。
③ 該行據小黃冊登載格式和下文成丁、不成丁之數補。
④ 據上下數據推算，"斗"字後應脫"叁升"二字。

第三章　新發現公文紙本古籍紙背洪武三年處州府小黃冊復原與研究　351

37.　　　　　　　男子叁口：
38.　　　　　　　　　　成丁貳口，
39.　　　　　　　　　　不成丁壹口。
40.　　　　　　　婦女叁口。
41.　　　　　　田貳拾陸畝柒分捌毫叁絲叁忽。
42.　　　　　　夏稅正耗麥壹斗貳合捌勺捌抄伍圭：
43.　　　　　　　　　正麥玖升陸合壹勺伍抄，
44.　　　　　　　　　耗麥陸合柒勺叁抄伍撮①。
45.　　　　　　秋糧正耗米捌斗伍升柒合叁勺叁抄柒撮
　　　　　　　　　伍圭：
46.　　　　　　　　　正米捌斗壹合貳勺伍抄，
47.　　　　　　　　　耗米伍升陸合捌抄柒撮伍圭。
48.　　一戶何和二收何郡容醮田，係本都民戶，洪武捌年里長。
（中缺人丁、田產稅糧信息和洪武玖年何伯堅里長戶人丁信息）
⋯⋯⋯⋯⋯⋯⋯⋯⋯⋯（以上卷三十下第28葉）⋯⋯⋯⋯⋯⋯⋯⋯⋯⋯
49.　　　　　　田壹拾陸畝陸分叁厘叁毫叁絲叁忽。
50.　　　　　　夏稅正耗麥陸升肆合柒抄壹撮②：
51.　　　　　　　　　正麥伍升玖合捌勺捌抄，
52.　　　　　　　　　耗麥肆合壹勺玖抄壹撮陸圭。
53.　　　　　　秋糧正耗米伍斗叁升叁合玖勺叁抄：
54.　　　　　　　　　正米肆斗玖升玖合，
55.　　　　　　　　　耗米叁升肆合玖勺叁抄。
56.　　一戶陳續肆，係本都民戶，洪武拾年里長。
57.　　　　　　人丁玖口：
58.　　　　　　　男子陸口：
59.　　　　　　　　　成丁陸口，
60.　　　　　　　　　不成丁無。

————————
① 據上下文義推知，此處"撮"應爲"圭"。
② 據上下文義推知，"撮"字後脫"陸圭"二字。

...............（以上卷三十下第 30 葉）...............

61. 　　　　　　婦女叁口。
62. 　　　　　田壹拾叁畆玖分肆厘壹毫陸絲陸忽。
63. 　　　　　夏稅正耗麥伍升叁合柒勺貳撮貳圭柒粟肆粒：
64. 　　　　　　　正麥伍升叁合柒勺貳撮貳圭玖粟捌粒，
65. 　　　　　　　耗麥叁合伍勺壹抄叁撮貳圭玖粟捌粒。①
66. 　　　　　秋糧正耗米肆斗肆升柒合伍勺貳抄柒撮貳圭捌粟陸粒：
67. 　　　　　　　正米肆斗壹升捌合貳勺肆抄玖撮捌圭，
68. 　　　　　　　耗米貳升玖合貳勺柒抄柒撮肆圭捌粟陸粒。
69. 一戶季兒俊，係本都民戶，洪武拾壹年里長。
70. 　　人丁肆口：
71. 　　　　男子貳口：
72. 　　　　　　成丁壹口，
73. 　　　　　　不成丁壹口②。
74. 　　　　婦女貳口③。

（中缺田產、稅糧信息和洪武拾貳年某里長戶人丁、田產信息）

...............（以上卷三十下第 29 葉）...............

75. 　　　　　　　耗麥貳合玖勺玖抄貳撮伍圭。
76. 　　　　　秋糧正耗米叁斗捌升壹合壹勺捌抄柒撮伍圭：

---

① 第 3—5 行上下數據不符。
② 該行據小黃冊登載格式和上文男子口數、成丁之數補。
③ 該行據小黃冊登載格式和上文人丁總數、男子口數補。

77.	正米叁斗伍升陸合貳勺伍抄，
78.	耗米貳升肆合玖勺叁抄柒撮伍圭。
79.	一戶張星一，係本都民戶，洪武拾叁年里長。
80.	人丁伍口：
81.	男子叁口：
82.	成丁貳口，
83.	不成丁壹口。
84.	婦女貳口。
85.	田壹拾畝壹分陸厘貳毫伍絲。
86.	夏稅正耗麥叁升玖合壹勺肆抄伍撮玖圭伍粟：

··················（以上卷三十下第 31 葉）··················

87.	正麥叁升陸合伍勺捌抄伍撮，
88.	耗麥貳合伍勺陸抄玖圭。①
89.	秋糧正耗米叁斗貳升陸合貳勺壹抄陸撮貳圭伍粟：
90.	正米叁斗肆合捌勺柒抄伍撮，
91.	耗米貳升壹合叁勺肆抄壹撮貳圭伍粟。
92.	甲下第壹甲甲首張成三等壹拾戶。
93.	一戶張成三男生郎，係本都民戶，洪武肆年甲首。
94.	人丁捌口：
95.	男子伍口：
96.	成丁肆口，
97.	不成丁壹口。
98.	婦女叁口。

（中缺田產、稅糧信息和洪武伍年何高二甲首戶信息）

··················（以上卷三十下第 32 葉）··················

---

① 上下數據有差。

99.　　　　　　　　　　　耗米壹升貳合柒勺伍撮。
100.　　一戶徐福二，係本都民戶，洪武陸年甲首。
101.　　　　人丁叄口：
102.　　　　　　男子貳口：
103.　　　　　　　　成丁貳口。
104.　　　　　　婦女壹口。
105.　　　　田叄畝玖分。
106.　　　　　　夏稅正耗麥壹升伍合貳抄貳圭捌粟①：
107.　　　　　　　　正麥壹升肆合肆抄，
108.　　　　　　　　耗麥玖勺柒抄貳撮捌圭。
109.　　　　　　秋糧正耗米壹斗貳升伍合壹勺玖抄：
110.　　　　　　　　正米壹斗壹升柒合②，

················（以上卷三十下第 33 葉）················

111.　　　　　　　　耗米捌合壹勺玖抄。
112.　　一戶徐崇三，係本都民戶，洪武柒年甲首。
113.　　　　人丁捌口：
114.　　　　　　男子伍口：
115.　　　　　　　　成丁叄口，
116.　　　　　　　　不成丁貳口。
117.　　　　　　婦女叄口。
118.　　　　田貳畝捌分伍厘捌毫叄絲叄忽。
119.　　　　　　夏稅正耗麥壹升壹合壹抄叄圭：
120.　　　　　　　　正麥壹升貳勺玖抄，
121.　　　　　　　　耗麥柒勺貳抄叄圭。
122.　　　　　　秋糧正耗米玖升壹合柒勺伍抄貳撮伍圭：
（中缺正米、耗米之數和洪武捌年張貴一甲首戶信息）

················（以上卷三十下第 34 葉）················

---

① 據上下數據推斷，此處"貳圭捌粟"應爲"貳撮捌圭"之訛。
② 該行文字被裁切，茲據殘存右側字痕釋錄。

第三章　新發現公文紙本古籍紙背洪武三年處州府小黃冊復原與研究　　355

123.　　　一戶葉成二，係本都民戶，洪武玖年甲首①。
124.　　　　　人丁叁口②：
125.　　　　　　　男子貳口③：
126.　　　　　　　　　成丁壹口，
127.　　　　　　　　　不成丁壹口。
128.　　　　　　　婦女壹口。
129.　　　　　田壹畝肆分叁厘叁毫叁絲叁忽。
130.　　　　　　夏稅正耗麥伍合伍勺貳抄壹撮貳圭：
131.　　　　　　　　正麥伍合壹勺陸抄，
132.　　　　　　　　耗麥叁勺陸抄壹撮貳圭。
133.　　　　　　秋糧正耗米肆升陸合壹抄：
134.　　　　　　　　正米肆升叁合，
135.　　　　　　　　耗米叁合壹抄。
136.　　　一戶祝銘伍收醮田，係本都民戶，洪武拾年甲首。
137.　　　　　人丁貳口：
················（以上卷三十一第 1 葉）················
138.　　　　　　　男子壹口：
139.　　　　　　　　　成丁壹口。
140.　　　　　　　婦女壹口。
141.　　　　　田壹畝壹分陸厘陸毫陸絲柒忽。
142.　　　　　　夏稅正耗麥肆合肆勺玖抄肆撮：
143.　　　　　　　　正麥肆合貳勺，
144.　　　　　　　　耗麥貳勺玖抄肆撮。
145.　　　　　　秋糧正耗米叁升柒合肆勺伍抄：
146.　　　　　　　　正米叁升伍合，
147.　　　　　　　　耗米貳合肆勺伍抄。

---

①　該行據小黃冊登載格式和卷三十下第 23 葉背"一各年里甲輪流圖"補。
②　該行據小黃冊登載格式和下文男子口數、婦女之數補。
③　該行據小黃冊登載格式和下文成丁、不成丁之數補。

148.　　　一戶楊理，係本都民戶，洪武拾壹年甲首。
149.　　　　　人丁壹口：
150.　　　　　　　男子壹口①：
151.　　　　　　　　　成丁壹口②。
（中缺田產稅糧信息和洪武拾貳年某甲首戶人丁、田產信息）
·················（以上卷三十一第 2 葉）·················
152.　　　　　　　夏稅正耗麥壹合陸勺陸抄玖撮貳圭③：
153.　　　　　　　　　正麥壹合伍勺陸抄，
154.　　　　　　　　　耗麥壹勺玖撮貳圭。
155.　　　　　　　秋糧正耗米壹升叁合玖勺壹抄：
156.　　　　　　　　　正米壹升叁合，
157.　　　　　　　　　耗米玖勺壹抄。
158.　　　一戶張原一，係本都民戶，洪武十三年甲首。
159.　　　　　人丁叁口：
160.　　　　　　　男子叁口：
161.　　　　　　　　　成丁壹口，
162.　　　　　　　　　不成丁貳口。
163.　　　　　田貳分柒厘柒毫捌絲叁忽。
164.　　　　　　　夏稅正耗麥壹合柒抄貳圭壹粟肆粒：
165.　　　　　　　　　正麥壹合貳圭④，
·················（以上卷三十一第 3 葉）·················
166.　　　　　　　　　耗麥柒抄壹粟肆粒。
167.　　　　　　　秋糧正耗米伍合玖勺壹抄捌撮肆圭伍粟：
168.　　　　　　　　　正米捌合叁勺叁抄伍撮，
169.　　　　　　　　　耗米伍勺捌抄叁撮肆圭伍粟。

---

① 該行據小黃冊登載格式和上下文意補。
② 該行據小黃冊登載格式和上下文意補。
③ 該行據小黃冊登載格式和下文正、耗麥之數補。
④ 該行據小黃冊登載格式和綴合後的上下文數據補。

170. 甲下第貳甲甲首何仕通，係本都民戶，洪武肆年甲首壹拾戶。
171. 　　一戶何仕通，係本都民戶，洪武肆年甲首。
172. 　　　　人丁貳口：
173. 　　　　　　男子壹口：
174. 　　　　　　　　成丁壹口。
175. 　　　　　　婦女壹口。
176. 　　　　田玖畝玖分。
（中缺夏稅、秋糧信息和洪武伍年何勝三甲首戶信息）
·················（以上卷三十一第 4 葉）·················
177. 　　　　　　　　耗米壹升壹合捌勺壹抄貳撮伍圭。
178. 　　一戶瞿亮一，係本都民戶，洪武陸年甲首。
179. 　　　　人丁肆口：
180. 　　　　　　男子貳口：
181. 　　　　　　　　成丁貳口。
182. 　　　　　　婦女貳口。
183. 　　　　田叁畝捌分叁厘肆毫貳絲陸忽。
184. 　　　　夏稅正耗麥壹升肆合柒勺陸抄玖撮伍圭玖粟伍粒：
185. 　　　　　　正麥壹升叁合捌勺叁撮叁圭陸粟，
186. 　　　　　　耗麥玖勺陸抄陸撮貳圭叁粟伍粒。
187. 　　　　秋糧正耗米壹斗貳升叁合柒抄玖撮玖圭陸粟：
（中缺正米、耗米之數）
·················（以上卷三十一第 5 葉）·················
188. 　　一戶張全柒男張驢，係本都民戶，洪武柒年甲首。
189. 　　　　人丁叁口：

190.　　　　　男子壹口：
191.　　　　　　　　成丁壹口，
192.　　　　　　　　不成丁無。
193.　　　　　婦女貳口。
194.　　　　田貳畝柒分玖厘伍毫捌絲叁忽。
195.　　　　夏稅正耗麥壹升柒勺陸抄玖撮伍圭伍粟：
196.　　　　　　　　正麥壹升陸抄伍撮，
197.　　　　　　　　耗麥柒勺肆撮伍圭伍粟。
198.　　　　秋糧正耗米捌升玖合柒勺肆抄陸撮貳圭伍粟：
199.　　　　　　　　正米捌升叁合捌勺柒撮伍粟，
200.　　　　　　　　耗米伍合玖勺叁抄玖撮貳圭①。
·············（以上卷三十一第6葉）·············
（中缺洪武捌年李華二甲首戶信息）
201.　一戶李華三，係本都民戶，洪武玖年甲首②。
202.　　　人丁貳口③：
203.　　　　　男子壹口：
204.　　　　　　　　成丁壹口。
205.　　　　　婦女壹口。
206.　　　　田壹畝叁分捌厘叁毫叁絲叁忽。
207.　　　　夏稅正耗麥伍合叁勺貳抄捌撮陸圭：
208.　　　　　　　　正麥肆合玖勺捌抄，
209.　　　　　　　　耗麥叁勺肆抄捌撮陸圭。
210.　　　　秋糧正耗米肆升肆合肆勺伍撮：
211.　　　　　　　　正米肆升肆合伍勺，

---

① 該行據小黃冊登載格式和上文秋糧米數、正米之數補。
② 該行據小黃冊登載格式和卷三十下第23葉背紙背"一各年里甲輪流圖"補。
③ 該行據小黃冊登載格式和下文男子口數、婦女之數補。

第三章　新發現公文紙本古籍紙背洪武三年處州府小黃冊復原與研究　　359

212.　　　　　　　　　　耗米貳合玖勺伍撮。
213.　　一戶徐立貳，係本都民戶，洪武拾年甲首①。
214.　　　　人丁貳口：
‥‥‥‥‥‥‥‥‥（以上卷三十一第 7 葉）‥‥‥‥‥‥‥‥‥‥
215.　　　　　　男子壹口②：
216.　　　　　　　　成丁壹口。
217.　　　　　　　　婦女壹口。
218.　　　　　　田玖分貳厘伍毫。
219.　　　　　　夏稅正耗麥叁合伍勺陸抄叁撮貳圭：
220.　　　　　　　　正麥叁合叁勺叁抄，
221.　　　　　　　　耗麥貳勺叁抄叁撮貳圭。
222.　　　　　　秋糧正耗米貳升玖合陸勺玖抄貳撮伍圭：
223.　　　　　　　　正米貳升柒合柒勺伍抄，
224.　　　　　　　　耗米壹合玖勺肆抄貳撮。
225.　　一戶徐達斌三，係本都民戶，洪武拾壹年甲首。
226.　　　　人丁叁口：
（中缺田產稅糧信息和洪武拾貳年某甲首戶人丁、田產信息）
‥‥‥‥‥‥‥‥‥（以上卷三十一第 8 葉）‥‥‥‥‥‥‥‥‥‥
227.　　　　　　夏稅正耗麥壹合陸勺伍撮③：
228.　　　　　　　　正麥壹合伍勺，
229.　　　　　　　　耗麥壹勺伍撮。
230.　　　　　　秋糧正耗米壹升叁合叁勺柒抄伍撮：
231.　　　　　　　　正米壹升貳合伍勺，
232.　　　　　　　　耗米捌勺柒抄伍撮。
233.　　一戶張進捌，係本都民戶，洪武拾叁年甲首。

---

①　該行尾部殘損，修補裱糊，據卷三十下第 23 葉背紙背"一各年里甲輪流圖"可知"徐立貳"應爲洪武拾年甲首。
②　該行據小黃冊登載格式和下文成丁之數補。
③　該行據小黃冊登載格式和下文正麥、耗麥之數補。

234.　　　　　人丁貳口：
235.　　　　　　　男子壹口：
236.　　　　　　　　　成丁壹口。
237.　　　　　　　婦女壹口。
238.　　　　　田貳分伍厘捌毫叄絲叄忽。
239.　　　　　夏稅正耗捌合貳勺玖抄貳撮伍圭：
（中缺正麥信息）
……………………（以上卷三十一第 10 葉）……………………
240.　　　　　　　　　耗麥伍勺肆勺①。
241.　　　　　秋糧正耗米玖合玖抄伍撮壹圭：
242.　　　　　　　　正米柒合柒勺伍抄，
243.　　　　　　　　耗米陸抄伍撮壹圭。
244. 甲下第　甲首張登貳等壹拾戶。
245.　　　一戶張登二，係本都民戶，洪武肆年甲首。
246.　　　　　人丁捌口：
247.　　　　　　　男子伍口：
248.　　　　　　　　　成丁肆口，
249.　　　　　　　　　不成丁壹口。
250.　　　　　　　婦女叄口。
（中缺田產稅糧信息和洪武伍年甲首徐三戶人丁、田產和夏稅信息）
……………………（以上卷三十一第 9 葉）……………………
251.　　　　　秋糧正耗米壹斗陸升玖合捌勺陸抄貳撮伍圭②：
252.　　　　　　　　正米壹斗伍升捌合柒勺伍抄，
253.　　　　　　　　耗米壹升壹合壹勺壹抄貳撮伍圭。

---

① 原文如此，此處有誤。
② 該行據小黃冊登載格式和下文正米、耗米之數補。

254.　　　一戶季信伍，係本都民戶，洪武陸年甲首。
255.　　　　　人丁肆口：
256.　　　　　　　男子叁口：
257.　　　　　　　　　成丁叁口。
258.　　　　　　　婦女壹口。
259.　　　　　田叁畝柒分壹厘陸毫陸絲柒忽。
260.　　　　　夏稅正耗麥壹升肆合叁勺壹抄陸撮陸圭：
261.　　　　　　　正麥壹升叁合叁勺捌抄，
262.　　　　　　　耗麥玖勺叁抄陸撮陸圭。
263.　　　　　秋糧正耗米壹斗壹升玖合叁勺伍撮：
……………………（以上卷三十一第 11 葉）………………
264.　　　　　　　正米壹斗壹升壹合伍勺，
265.　　　　　　　耗米柒合捌勺伍撮。
266.　　　一戶葉憲①，係本都民戶，洪武柒年甲首。
267.　　　　　人丁貳口：
268.　　　　　　　男子壹口：
269.　　　　　　　　　成丁壹口，
270.　　　　　　　　　不成丁無。
271.　　　　　　　婦女壹口。
272.　　　　　田貳畝陸分貳厘柒毫柒忽。
273.　　　　　夏稅正耗米②壹升壹勺壹抄玖撮肆圭柒粟：
274.　　　　　　　正麥玖合肆勺伍抄柒撮肆圭伍粟，
275.　　　　　　　耗麥陸勺陸抄叁撮貳圭叁粒。③
（中缺秋糧米信息和洪武捌年甲首□□三戶信息）
……………………（以上卷三十一第 23 葉）………………

---

① 原文如此，據卷三十下第 23 葉背 "里長甲首輪流圖" 可知，此處脫一 "一" 字。
② 據文義推斷，"米" 應爲 "麥" 字之訛。
③ 此處上下數據有誤。

276. 　　一戶何盛一，係本都民戶，洪武玖年甲首。①
277. 　　　　人口叁口②：
278. 　　　　　　男子貳口③：
279. 　　　　　　　　成丁壹口，
280. 　　　　　　　　不成丁壹口。
281. 　　　　　　婦女壹口。
282. 　　　　田壹畒叁分叁厘叁毫叁絲叁忽。
283. 　　　　　　夏稅正耗麥伍合壹勺伍抄陸撮：
284. 　　　　　　　　正麥肆合捌勺，
285. 　　　　　　　　耗麥叁勺叁抄陸撮。
286. 　　　　　　秋糧正耗米肆升貳合捌勺：
287. 　　　　　　　　正米肆升，
288. 　　　　　　　　耗米貳合捌勺。
289. 　　一戶徐因二，係本都民戶，洪武拾年甲首。
290. 　　　　人丁叁口：
　　　　…………………（以上卷三十一第12葉）…………………
291. 　　　　　　男子貳口：
292. 　　　　　　　　成丁壹口，
293. 　　　　　　　　不成丁壹口。
294. 　　　　　　婦女壹口。
295. 　　　　田捌分柒厘伍毫。
296. 　　　　　　夏稅正耗麥叁合叁勺柒抄伍撮：
297. 　　　　　　　　正麥叁合壹勺伍抄，
298. 　　　　　　　　耗麥貳勺貳抄伍撮。
299. 　　　　　　秋糧正耗米貳升捌合捌抄柒撮伍圭：
300. 　　　　　　　　正米貳升陸合貳勺伍抄，

---

① 該行據小黃冊登載格式和卷三十下第23葉背"里長甲首輪流圖"補。
② 該行據小黃冊登載格式和下文男子口數、婦女之數補。
③ 該行據小黃冊登載格式和下文成丁數、不成丁之數補。

第三章　新發現公文紙本古籍紙背洪武三年處州府小黃冊復原與研究　363

301.　　　　　　　　　　耗米壹合捌勺叁抄柒撮伍圭。
（中缺洪武拾壹年至拾叁年甲首戶信息和洪武肆年吳傑伍、伍年熙心堂甲首戶信息）

………………（以上卷三十一第 13 葉）………………

302.　一戶何椿一，係本都民戶，洪武陸年甲首。①
303.　　　人丁肆口：
304.　　　　　男子肆口：
305.　　　　　　　成丁肆口。
306.　　　田叁畝伍分捌厘叁毫叁絲叁忽。
307.　　　　夏稅正耗麥壹升叁合捌勺叁撮：
308.　　　　　　正麥壹升貳合玖勺，
309.　　　　　　耗麥玖勺叁勺②。
310.　　　　秋糧正耗米壹斗壹升伍合：
311.　　　　　　正米壹斗柒合伍勺，
312.　　　　　　耗米柒合伍勺貳抄伍撮。
313.　　一戶洪鎮伍，係本都民戶，洪武柒年甲首③。

………………（以上卷三十一第 14 葉）………………

314.　人丁伍口④：
315.　　　　　男子貳口：
316.　　　　　　　成丁貳口。
317.　　　　　婦女叁口。
318.　　　田貳畝肆分伍厘。
319.　　　　夏稅正耗麥玖合肆勺叁抄柒撮肆圭：
320.　　　　　　正麥捌合捌勺貳抄，

---

① 該行據小黃冊登載格式和卷三十下第 23 葉背"一各年里甲輪流圖"補。
② 據上下文意推知，此處"勺"字應爲"撮"。
③ 該行尾部原書破損，據卷三十下第 23 葉背"一各年里甲輪流圖"可知，"洪鎮伍"應爲"洪武柒年甲首"。
④ 該行據小黃冊登載格式和下文男子口數、婦女口數補。

321. 　　　　　　　　　耗麥陸勺壹抄柒撮肆圭。
322. 　　　　　　秋糧正耗米柒升捌合陸勺肆抄伍撮：
323. 　　　　　　　　　正米柒升叁合伍勺，
324. 　　　　　　　　　耗米伍合壹勺肆抄伍撮。
325. 　一戶陳禮壹，係本都民戶，洪武 捌 年甲首①。
326. 　　　 人丁柒口 :②

（中缺田產稅糧信息和洪武玖年甲首季益陸戶人丁、田產信息）
…………………（以上卷三十一第 16 葉）…………………

327. 　　　　　　夏稅正耗麥伍合柒撮陸圭：
328. 　　　　　　　　　正麥肆合陸勺捌抄，
329. 　　　　　　　　　耗麥叁勺貳抄柒撮陸圭。
330. 　　　　　　秋糧正耗米肆升壹合柒勺叁抄：
331. 　　　　　　　　　正米叁升玖合，
332. 　　　　　　　　　耗米貳合柒勺叁抄。
333. 　一戶沈敬壹，係本都民戶，洪武拾年甲首。
334. 　　　　人丁肆口：
335. 　　　　　　男子叁口：
336. 　　　　　　　　成丁貳口，
337. 　　　　　　　　不成丁壹口。
338. 　　　　　　婦女壹口。

…………………（以上卷三十一第 15 葉）…………………

339. 　　　　田捌分肆厘壹毫陸絲陸忽。
340. 　　　　　　夏稅正耗麥叁合貳勺肆抄貳撮壹圭：
341. 　　　　　　　　　正麥叁合叁抄，
342. 　　　　　　　　　耗麥貳勺壹抄貳撮壹圭。
343. 　　　　　　秋糧正耗米貳升柒合伍抄柒撮伍圭：

---

① 原文此處文字被刮刪，"捌"字不清，但從殘存字痕推斷，疑爲"捌"。但與卷三十下第 23 葉背"里長甲首輪流圖"中人名不符。

② 該行文字被裁切，殘存右側字跡，茲據殘存字跡釋錄。

344.　　　　　　　　　正米叁升伍合貳勺伍抄,
345.　　　　　　　　　耗米壹合柒勺陸抄柒撮伍圭。
346.　　一戶董陰壹,係本都民戶,洪武拾壹年甲首。
347.　　　　人丁肆口:
348.　　　　　　男子叁口:
349.　　　　　　　　成丁壹口,
350.　　　　　　　　不成丁貳①口。
351.　　　　　　男女壹口②。
(中缺田產稅糧信息和洪武拾貳年某甲首戶信息)
‥‥‥‥‥‥‥‥‥‥‥(以上卷三十一第 18 葉)‥‥‥‥‥‥‥‥‥‥‥
352.　　　　　　秋糧正耗米壹升貳合叁勺伍撮③:
353.　　　　　　　　　正米壹升壹合伍勺,
354.　　　　　　　　　耗米捌勺伍撮。
355.　　一戶何付壹,係本都民戶,洪武拾叁年甲首。
356.　　　　人丁伍口:
357.　　　　　　男子貳口:
358.　　　　　　　　成丁貳口。
359.　　　　　　男女叁口。
360.　　　　田貳分伍厘。
361.　　　　　　夏稅正耗麥玖勺陸抄叁撮:
362.　　　　　　　　正麥玖勺,
363.　　　　　　　　耗麥陸抄叁撮。
364.　　　　　　秋糧正耗米捌合貳抄伍撮:
(中缺正米、耗米之數和洪武肆年甲首張芳達、伍年甲首何仁肆信息)
‥‥‥‥‥‥‥‥‥‥‥(以上卷三十一第 17 葉)‥‥‥‥‥‥‥‥‥‥‥

---

① 該行文字被裁切,殘存字跡,依稀可辨。
② 該行據小黃冊登載格式和上文人丁總數、男子口數補。
③ 該行據小黃冊登載格式和下文正米、耗米之數補。

365.　　　一戶何銘柒，係本都民戶，洪武陸年甲首①。
366.　　　　　　人丁陸口：
367.　　　　　　　　男子肆口：
368.　　　　　　　　　　成丁貳口，
369.　　　　　　　　　　不成丁貳口。
370.　　　　　　　　婦女貳口。
371.　　　　　　田叁畝肆分捌厘柒毫伍絲。
372.　　　　　　　　夏稅②壹升叁合肆勺貳抄貳撮壹圭捌粟柒粒：
373.　　　　　　　　　　正麥壹升貳合伍勺肆抄肆撮壹圭，
374.　　　　　　　　　　耗麥捌勺玖抄捌撮捌粟柒粒。
375.　　　　　　　　秋糧正耗米壹斗壹升壹合玖勺肆抄捌撮柒圭伍粟：
376.　　　　　　　　　　正米壹斗肆合陸勺貳抄伍撮，
377.　　　　　　　　　　耗米柒合叁勺貳抄叁撮。
　　　　　　　　　　（以上卷三十一第19葉）
378.　　　一戶銘和尚收東山堂田，係本都僧，洪武柒年甲首。
379.　　　　　　僧丁壹口。
380.　　　　　　田貳畝叁分陸厘陸毫陸絲柒忽。
381.　　　　　　　　夏稅正耗麥玖合柒勺壹抄陸撮肆圭：
382.　　　　　　　　　　正麥捌合伍勺貳抄，
383.　　　　　　　　　　耗麥伍勺玖抄陸撮肆圭。
384.　　　　　　　　秋糧正耗米柒升伍合玖勺柒抄：
385.　　　　　　　　　　正米柒升壹合，
386.　　　　　　　　　　耗米肆合玖勺柒抄。

---

① 該行據小黃冊登載格式和卷三十下第23葉背"一各年里甲輪流圖"補。
② 據同書紙背其他小黃冊相似格式推斷，"稅"字後應脫"正耗麥"三字。

第三章　新發現公文紙本古籍紙背洪武三年處州府小黃冊復原與研究　367

387.　　　一戶何鼎貳，係本都民戶，洪武捌年甲首。
388.　　　　　人丁叁口：
389.　　　　　　　男子貳口：
390.　　　　　　　　　成丁厶口①，
391.　　　　　　　　　不成丁厶口②。
392.　　　　　　　婦女壹口③。
（中缺田產稅糧信息和洪武玖年甲首張福四戶信息、拾年甲首張昇貳戶人丁、田產信息）
························（以上卷三十一第20葉）························
393.　　　　　秋糧正耗米陸升陸合叁勺肆抄捌撮柒圭伍粟：
394.　　　　　　　正米貳升肆合陸勺貳抄伍撮，
395.　　　　　　　耗米壹合柒勺貳抄叁撮柒圭伍粟。
396.　　　一戶何登伍，係本都民戶，洪武拾壹年甲首。
397.　　　　　人丁叁口：
398.　　　　　　　男子貳口：
399.　　　　　　　　　成丁壹口，
400.　　　　　　　　　不成丁壹口。
401.　　　　　婦女壹口。
402.　　　　　田伍分伍厘捌毫叁絲叁忽。
403.　　　　　夏稅正耗麥貳合壹勺伍抄柒圭：
404.　　　　　　　正麥貳合壹勺，
405.　　　　　　　耗麥伍抄柒圭④。

---

① 該行據小黃冊登載格式和上下文意補。
② 該行據小黃冊登載格式和上下文意補。
③ 該行據小黃冊登載格式和上文人丁總數、男子口數補。
④ 該行據上文夏稅麥和正麥之數補。

（中缺秋糧米之數和洪武拾貳年甲首戶信息）

···················（以上卷三十一第21葉）···················

406. 一戶厶厶，係本都民戶，洪武拾叁年甲首①。

407. 　　　人丁貳口②：

408. 　　　　　男子壹口③：

409. 　　　　　　　成丁壹口。

410. 　　　　　婦女壹口。

411. 　　　田貳分壹厘陸毫柒絲柒忽。

412. 　　　　　夏稅正耗麥捌勺叁抄肆撮陸圭：

413. 　　　　　　　正麥柒勺捌抄，

414. 　　　　　　　耗麥伍抄肆撮陸圭。

415. 　　　　　秋糧正耗米陸合玖勺伍抄伍撮：

416. 　　　　　　　正米陸合伍勺，

417. 　　　　　　　耗米肆勺伍抄伍撮。

418. 甲下第　甲首張福貳澤壹，係本都民戶，洪武肆年甲首等壹拾戶。

419. 　　一戶張澤壹，係本都民戶，洪武肆年甲首。

420. 　　　人丁陸口：

（中缺田產稅糧信息和洪武伍年何廣一祥甲首戶信息、陸年何福一甲首戶人丁信息）

···················（以上卷三十一第22葉）···················

421. 　　　田叁畝叁分肆厘壹毫陸絲柒忽。

422. 　　　　　夏稅正耗麥壹升貳合柒勺柒抄壹撮壹圭肆粟：

423. 　　　　　　　正麥壹升貳合貳抄玖撮壹圭，

424. 　　　　　　　耗麥柒勺肆抄貳撮肆粟。

---

① 該行據小黃冊登載格式和上下文意補。
② 該行據小黃冊登載格式和下文男子口數和婦女口數補。
③ 該行據小黃冊登載格式和下文成丁之數補。

425. 　　　　　　秋糧正耗米壹斗柒合貳抄陸勺柒撮：
426. 　　　　　　　　　正米壹斗貳勺伍抄，
427. 　　　　　　　　　耗米柒合壹抄柒撮伍圭。
428. 　　一戶王顯壹，係本都民戶，洪武柒年甲首。
429. 　　　　人丁肆口：
430. 　　　　　　男子叁口：
431. 　　　　　　　　成丁壹口，
432. 　　　　　　　　不成丁貳口①。
············（以上卷三十一第24葉）············
433. 　　　　　　婦女壹口。
434. 　　　　田貳畝貳分玖厘壹毫陸絲柒忽。
435. 　　　　　　夏稅正耗麥捌合捌勺貳抄柒撮伍圭：
436. 　　　　　　　　　正麥捌合貳勺伍抄，
437. 　　　　　　　　　耗麥伍勺柒抄柒撮伍圭。
438. 　　　　　　秋糧正耗米柒升叁合伍勺陸抄貳撮伍圭：
439. 　　　　　　　　　正米陸升捌合柒勺伍抄，
440. 　　　　　　　　　耗米肆合捌勺柒勺伍抄。
441. 　　一戶徐賢拾，係本都民戶，洪武捌年甲首。
442. 　　　　人丁貳口：
443. 　　　　　　男子壹口：
444. 　　　　　　　　成丁壹口②。
445. 　　　　　　婦女壹口③。
（中缺田產稅糧信息和洪武玖年吳敬一甲首戶人丁、田產信息）
············（以上卷三十一第27葉）············
446. 　　　　　　秋糧正耗米叁升玖合伍抄伍撮：
447. 　　　　　　　　　正米叁升玖合伍勺，

---

① 該行文字被裁切，殘存右側字痕，據上下文義及殘存字痕釋錄。
② 該行文字被裁切，殘存右側字跡，茲據殘存字痕釋錄。
③ 該行據小黃冊登載格式和上文人丁總數、男子口數補。

448.　　　　　　　　　　耗米貳合伍勺伍抄伍撮。
449.　　一戶張仁陸，係本都民戶，洪武拾年甲首。
450.　　　　人丁貳口：
451.　　　　　　男子貳口：
452.　　　　　　　　成丁壹口，
453.　　　　　　　　不成丁壹口。
454.　　　　田捌分正。
455.　　　　　　夏稅正耗麥叁合玖①抄壹撮陸圭：
456.　　　　　　　　正麥貳合捌勺捌抄，
457.　　　　　　　　耗麥貳勺壹撮陸圭。
‥‥‥‥‥‥‥‥‥‥（以上卷三十一第25葉）‥‥‥‥‥‥‥‥‥‥
458.　　　　　　秋糧正耗米貳升伍合陸勺捌抄：
459.　　　　　　　　正米貳升肆合，
460.　　　　　　　　耗米壹合陸勺捌抄。
461.　　一戶李益肆，係本都民戶，洪武拾壹年甲首。
462.　　　　人丁叁口：
463.　　　　　　男子貳口：
464.　　　　　　　　成丁壹口，
465.　　　　　　　　不成丁壹口。
466.　　　　婦女壹口。
467.　　　　田伍分叁厘叁毫叁絲叁忽。
468.　　　　　　夏稅正耗麥貳合伍抄肆撮肆圭：
469.　　　　　　　　正麥壹合玖勺貳抄，
470.　　　　　　　　耗麥壹勺叁抄肆撮肆圭②。
（中缺秋糧米數）
‥‥‥‥‥‥‥‥‥‥（以上卷三十一第26葉）‥‥‥‥‥‥‥‥‥‥
471.　　一戶厶厶，係本都民戶，洪武拾貳年甲首③。

---

① 據上下數據推斷，"玖"應爲"捌"之訛。
② 該行據小黃冊登載格式和上文夏稅麥、正麥之數補。
③ 該行據小黃冊登載格式和上下文意補，時間據綴合後的冊籍分析疑爲"洪武拾貳年"。

472.　　　　　人丁肆口①：
473.　　　　　　　男子叁口：
474.　　　　　　　　　成丁壹口，
475.　　　　　　　　　不成丁貳口。
476.　　　　　　　婦女壹口。
477.　　　　　田貳分正。
478.　　　　　　　夏稅正耗麥柒勺柒抄肆撮：
479.　　　　　　　　　正麥柒勺貳抄，
480.　　　　　　　　　耗麥伍勺肆圭。②
481.　　　　　　　秋糧正耗米陸合肆勺貳抄：
482.　　　　　　　　　正米陸合，
483.　　　　　　　　　耗米肆勺貳抄。
‥‥‥‥‥‥‥‥‥‥（以上卷三十二第1葉）‥‥‥‥‥‥‥‥‥‥
（中缺洪武拾叁年厶甲首戶信息）
484.　甲下第柒甲甲首徐富陸等一十戶③。
485.　　　一戶徐富陸男生兒，係本都民戶，洪武肆年甲首④。
486.　　　　　人丁肆口：
487.　　　　　　　男子叁口：
488.　　　　　　　　　成丁貳口，
489.　　　　　　　　　不成丁壹口。
490.　　　　　　　婦女壹口：
491.　　　　　田陸畝肆分玖厘伍毫。
492.　　　　　　　夏稅正耗麥貳升伍合壹勺捌撮柒圭肆粟：
493.　　　　　　　　　正麥貳升叁合叁勺捌抄貳撮，
494.　　　　　　　　　耗麥壹合陸勺叁抄陸撮柒圭

---

① 該行據小黃冊登載格式和下文男子口數、婦女口數補。
② 據上下文義推斷，此行文字應爲"耗變伍抄肆撮"。
③ 該行據同書卷三十下第32葉背、卷三十一第4葉背、卷三十二第9葉背等類似內容補。
④ 該行文字尾部破損，殘存字跡可辨。另，據同書卷三十下第23葉背"里長甲首輪流圖"可知"徐富陸"應爲洪武肆年甲首，其中"付"與"富"音同字不同。

495. 　　　　　　　肆粟。
　　　　　　　秋糧正耗米貳斗捌合肆勺捌抄玖撮伍圭：
496. 　　　　　　　正米壹斗玖升肆合捌勺伍抄，
497. 　　　　　　　耗米壹升叄合陸勺叄抄玖撮
　　　　　　　伍圭①。

（中缺洪武伍年張德二甲首戶信息）
············（以上卷三十二第 2 葉）············

498. 　一戶徐賢貳，係本都民戶，洪武陸年甲首②。
499. 　　　人丁厶口③：
500. 　　　　　男子厶口④：
501. 　　　　　　成丁厶口⑤，
502. 　　　　　　不成丁壹口。
503. 　　　　　婦女肆口。
504. 　　　田叄畞貳分壹厘陸毫柒絲柒忽。
505. 　　　　　夏稅正耗麥壹升貳合叄勺陸抄陸圭：
506. 　　　　　　正麥壹升壹合伍勺捌抄，
507. 　　　　　　耗麥捌勺壹抄陸圭。
508. 　　　　　秋糧正耗米壹斗叄合貳勺伍抄伍撮：
509. 　　　　　　正米玖升陸合伍勺，
510. 　　　　　　耗米陸合柒勺伍抄伍撮。
511. 　一戶徐福貳，係本都民戶，洪武柒年甲首。
512. 　　　人丁伍口：
············（以上卷三十二第 3 葉）············

----

① 該行據小黃冊登載格式和上文秋糧米數、正米之數補。
② 該行據小黃冊登載格式和卷三十下第 23 葉背 "一各年里甲輪流圖" 補。
③ 該行據小黃冊登載格式和上下文意補。
④ 該行據小黃冊登載格式和上下文意補。
⑤ 該行據小黃冊登載格式和上下文意補。

第三章　新發現公文紙本古籍紙背洪武三年處州府小黃冊復原與研究　373

513.　　　　　　　男子叁口①：
514.　　　　　　　　　成丁貳口，
515.　　　　　　　　　不成丁壹口。
516.　　　　　　　婦女貳口。
517.　　　　　田貳畝貳分陸厘陸毫陸絲柒忽。
518.　　　　　夏稅正耗麥捌合柒勺叁抄壹撮貳圭：
519.　　　　　　　正麥捌合壹勺陸抄，
520.　　　　　　　耗麥伍勺柒抄壹撮貳圭。
521.　　　　　秋糧正耗米柒升貳合柒勺陸抄：
522.　　　　　　　正米陸升捌合，
523.　　　　　　　耗米肆合柒勺陸抄。
524.　　一戶張鎮玖，係本都民戶，洪武捌年甲首。
525.　　　　人丁柒口：
（中缺田產稅糧信息和洪武玖年陳宗伍甲首戶人丁、田產信息）
··················（以上卷三十二第 4 葉）··················
526.　　　　　夏稅正耗麥肆合叁勺叁抄叁撮伍圭②：
527.　　　　　　　正麥肆合伍抄，
528.　　　　　　　耗麥貳勺捌抄叁撮伍圭。
529.　　　　　秋糧正耗米叁升陸合壹勺壹抄貳撮伍圭：
530.　　　　　　　正米叁升叁合柒勺伍抄，
531.　　　　　　　耗米貳合叁勺陸抄貳撮伍圭。
532.　　一戶葉立二，係本都民戶，洪武拾③甲首。
533.　　　　人丁捌口：
534.　　　　　　男子肆口：
535.　　　　　　　　成丁叁口，
536.　　　　　　　　不成丁壹口。

---

① 該行據小黃冊登載格式和下文男子、婦女口數補。
② 該行文字被裁切，僅存左側殘痕，茲據殘存字痕釋錄。
③ 據文義及卷三十下第 23 葉背"各年里甲輪流圖"推斷，"拾"字後應脫一"年"字。

537.　　　　　　　　婦女肆口。
　　………………（以上卷三十二第5葉）…………………
538.　　　　　　田柒分伍厘。
539.　　　　　　　　夏稅正耗麥貳合捌勺捌抄玖撮：
540.　　　　　　　　　　正麥貳合柒勺，
541.　　　　　　　　　　耗麥壹勺捌抄玖撮。
542.　　　　　　　　秋糧正耗米貳升肆合柒抄伍撮：
543.　　　　　　　　　　正米貳升貳合伍勺，
544.　　　　　　　　　　耗米壹合伍勺柒抄伍撮。
545.　　一戶徐桂壹，係本都民戶，洪武拾壹年甲首。
546.　　　人丁陸口：
547.　　　　　　男子伍口：
548.　　　　　　　　成丁叁口，
549.　　　　　　　　不成丁貳口。
550.　　　　　　婦女壹口①。
（中缺田產稅糧信息和洪武拾貳年、拾叁年二甲首戶信息）
　　…………………（以上卷三十二第6葉）…………………
551.　　　　　　　　　　耗麥肆抄肆撮壹圭。
552.　　　　　　　　秋糧正耗米伍合陸勺壹抄柒撮伍圭：
553.　　　　　　　　　　正米伍合貳勺伍抄，
554.　　　　　　　　　　耗米叁勺伍抄柒撮伍圭。
555.　甲下第捌甲甲首何祥柒等壹拾戶。
556.　　一戶何祥柒，係本都民戶，洪武肆年甲首②。
557.　　　人丁伍口：
558.　　　　　　男子叁口：
559.　　　　　　　　成丁貳口，

---

① 該行據小黃冊登載格式和上文人口總數、男子口數補。
② 本行原圖版無，現根據卷三十下第23葉背"一各年里甲輪流圖"補。

第三章　新發現公文紙本古籍紙背洪武三年處州府小黃冊復原與研究　375

560.　　　　　　　　不成丁壹口。
561.　　　　　　婦女貳口。
562.　　　　　田陸畝叁分捌厘叁毫叁絲叁忽。
563.　　　　　　夏稅正耗貳升肆合伍勺捌抄捌撮陸圭：
（中缺正麥、耗麥數、秋糧米數和洪武伍年何錄陸甲首戶信息）
·····················（以上卷三十二第9葉）·····················
564.　　一戶季俊伍，係本都民戶，洪武陸年甲首。
565.　　　　人丁叁口：
566.　　　　　　男子貳口：
567.　　　　　　　　成丁壹口，
568.　　　　　　　　不成丁壹口。
569.　　　　　　婦女壹口。
570.　　　　　田叁畝柒厘陸毫陸絲柒忽。
571.　　　　　　夏稅正耗麥壹升壹合捌勺伍抄壹撮叁圭
　　　　　　貳粟：
572.　　　　　　　　正麥壹升壹合柒抄陸撮，
573.　　　　　　　　耗麥柒勺柒抄伍撮叁圭貳粟。
574.　　　　　　秋糧正耗米玖升捌合柒勺陸抄壹撮：
575.　　　　　　　　正米玖升貳合叁勺，
·····················（以上卷三十二第7葉）·····················
576.　　　　　　　　耗米陸合肆勺陸抄壹撮①。
577.　　一戶練仁一，係本都民戶，洪武柒年甲首。
578.　　　　人丁伍口：
579.　　　　　　男子叁口：
580.　　　　　　　　成丁貳口，
581.　　　　　　　　不成丁壹口。
582.　　　　　　婦女貳口。

---

① 該行文字被裁切，殘存字跡，依稀可見。

583.　　　　　　田貳畝壹分壹厘陸毫陸絲柒忽。
584.　　　　　　　　夏稅正耗麥捌合壹勺伍抄叁撮肆圭：
585.　　　　　　　　　　正麥柒合陸勺貳抄，
586.　　　　　　　　　　耗麥伍勺叁抄叁撮肆圭。
587.　　　　　　　　秋糧正耗米陸升柒合玖勺肆抄伍撮：
588.　　　　　　　　　　正米陸升叁合伍勺，
589.　　　　　　　　　　耗米肆合肆勺肆抄伍撮。
（中缺洪武捌年甲首季信一戶信息、玖年甲首凍瑞一戶人丁、田產信息）
·················（以上卷三十二第 8 葉）·················
590.　　　　　　　　夏稅正耗麥肆合壹勺柒抄叁撮：
591.　　　　　　　　　　正麥叁合玖勺，
592.　　　　　　　　　　耗①貳勺柒抄叁撮。
593.　　　　　　　　秋糧正耗米叁升肆合柒勺柒抄伍撮：
594.　　　　　　　　　　正米叁升貳合伍勺，
595.　　　　　　　　　　耗米貳合貳勺柒抄伍撮。
596.　　一戶張清伍，本都民戶，洪武拾年甲首。
597.　　　　人丁壹口：
598.　　　　　　男子壹口：
599.　　　　　　　　成丁壹口。
600.　　　　田柒分伍厘。
601.　　　　　　夏稅②貳合捌勺捌抄玖撮：
·················（以上卷三十二第 14 葉）·················
602.　　　　　　　　　　正麥貳合柒勺，
603.　　　　　　　　　　耗麥壹勺捌抄玖撮。
604.　　　　　　　　秋糧正耗米貳升肆合柒抄伍撮：

---

① 據文義推斷，"耗"字後應脫一"麥"字。
② 據紙背其他小黃冊書寫格式推斷，"稅"字後應脫"正耗麥"三字。

605.　　　　　　　　　　正米壹①升貳合伍勺，
606.　　　　　　　　　　耗米壹合伍勺柒撮②伍撮。
607.　　一戶季惠二，係本都民戶，洪武拾壹年甲首。
608.　　　　人丁陸口：
609.　　　　　　男子肆口：
610.　　　　　　　　成丁貳口，
611.　　　　　　　　不成丁貳口。
612.　　　　　　婦女貳口。
613.　　　　田伍畝③正。
（中缺夏稅、秋糧數和洪武拾貳年甲首戶信息）
……………………（以上卷三十二第10葉）………………
614.　　　　　　　　　　耗米柒勺。
615.　　一戶何壽二，係本都民戶，洪武拾叁年甲首。
616.　　　　人丁叁口：
617.　　　　　　男子貳口：
618.　　　　　　　　成丁壹口，
619.　　　　　　　　不成丁壹口。
620.　　　　　　婦女壹口。
621.　　　　田玖厘伍毫捌絲叁忽。
622.　　　　夏稅正耗麥叁勺陸抄玖撮壹④伍粟：
623.　　　　　　正麥叁勺肆抄伍撮，
624.　　　　　　耗麥貳抄肆撮壹圭伍粟。
625.　　　　秋糧正耗米叁合柒抄陸撮貳圭伍粟：
……………………（以上卷三十二第11葉）………………
626.　　　　　　正米貳合捌勺柒抄伍撮，
627.　　　　　　耗米貳勺壹撮貳圭伍粟。

---

① 據上下數據推算，此處"壹"應爲"貳"之訛。
② 據上下數據推算，此處"撮"應爲"抄"之訛。
③ 據該里小黃冊里長、甲首人戶各自田產數目排序推斷，此處"畝"疑爲"分"之訛。
④ 據上下文意推知，此處脫一"圭"字。

628. 甲下第玖甲甲首何仁五等一十戶。
629. 　　一戶何仁五，係本都民戶，洪武肆年甲首。
630. 　　　　人丁叁口：
631. 　　　　　　男子貳口：
632. 　　　　　　　　成丁壹口，
633. 　　　　　　　　不成丁壹口。
634. 　　　　　　婦女壹口。
635. 　　　　田陸畞壹分柒厘玖毫壹絲陸忽。
636. 　　　　　　夏稅正耗麥貳升叁合捌勺貳撮壹圭貳粟玖粒：
637. 　　　　　　　　正麥貳升貳合貳勺肆抄肆撮玖圭捌粟，
638. 　　　　　　　　耗麥壹合伍勺柒撮壹圭肆粟玖粒①。

（中缺秋糧米和洪武伍年何福肆甲首戶信息）
·············（以上卷三十二第12葉）·············

639. 　　一戶季貴捌，係本都民戶，洪武陸年甲首②。
640. 　　　　人丁肆口：
641. 　　　　　　男子貳口：
642. 　　　　　　　　成丁壹口，
643. 　　　　　　　　不成丁壹口。
644. 　　　　　　婦女貳口。
645. 　　　　田貳畞玖分肆厘柒毫玖絲貳忽。
646. 　　　　　　夏稅正耗麥壹升壹合叁勺陸抄叁圭捌粟捌粒：
647. 　　　　　　　　正麥壹升陸合③壹抄柒撮伍圭壹

---

① 該行據小黃冊登載格式和上文夏稅麥、正麥之數補。
② 該行據小黃冊登載格式和卷三十下第23葉背"一各年里甲輪流圖"補。
③ 原文如此，上下數據不符，據上下文推算，此處應爲"勺"。

648. 粟貳粒，
　　　　　耗麥柒勺肆抄貳撮捌圭柒粟陸粒。
649. 　　秋糧正耗米玖升肆合陸勺貳抄捌撮貳圭叁粟：
650. 　　　　　正米捌升捌合肆勺叁抄柒撮陸圭，
651. 　　　　　耗米陸合壹勺玖抄陸圭叁粟。
················（以上卷三十二第 13 葉）················
652. 一戶張登一男澤捌，係本都民戶①。
653. 　　人丁肆口：
654. 　　　　男子貳口：
655. 　　　　　成丁貳口。
656. 　　　　婦女貳口。
657. 　　田貳畝玖毫壹絲柒忽。
658. 　　　　夏稅正耗麥柒合柒勺叁抄玖撮叁圭壹粟：
659. 　　　　　正麥柒合貳勺叁抄叁撮，
660. 　　　　　耗麥伍合陸抄叁圭壹粟。
661. 　　　　秋糧正耗米陸升肆合肆勺玖抄肆撮貳圭伍粟：
662. 　　　　　正米陸升貳勺柒抄伍撮，
663. 　　　　　耗米肆合貳勺壹抄玖撮貳圭伍粟。
（中缺洪武捌年何弥三甲首信息、玖年張朝三甲首戶人丁、田產信息）
················（以上卷三十二第 15 葉）················

---

① 據卷三十下第 23 葉背 "各年里甲輪流圖" 及紙背其他小黃冊書寫格式可知，此處應脫 "洪武柒年甲首" 等字。

664. 　　　　　　　　夏稅正耗麥肆合肆抄肆撮陸圭①：
665. 　　　　　　　　　　正麥叁合柒勺捌抄，
666. 　　　　　　　　　　耗麥貳勺陸抄肆撮陸圭。
667. 　　　　　　　　秋糧正耗米叁升叁合柒勺伍撮：
668. 　　　　　　　　　　正米叁升壹合伍勺，
669. 　　　　　　　　　　耗米貳合貳勺伍撮。
670. 　　一戶季良三，係本都民戶，洪武拾年甲首。
671. 　　　　人丁伍口：
672. 　　　　　　男子肆口：
673. 　　　　　　　　成丁貳口，
674. 　　　　　　　　不成丁貳口。
675. 　　　　　　婦女壹口。
676. 　　　　田陸分捌厘叁毫叁絲叁忽。
（中缺田產稅糧信息和洪武拾壹年、拾貳年二甲首戶信息）
·········（以上卷三十二第16葉）·········
677. 　　　　　　　　秋糧正耗米壹升柒勺②：
678. 　　　　　　　　　　正米壹升，
679. 　　　　　　　　　　耗米柒勺。
680. 　　一戶季敬貳，係本都民戶，洪武拾叁年甲首。
681. 　　　　人丁叁口：
682. 　　　　　　男子貳口：
683. 　　　　　　　　成丁貳口，
684. 　　　　　　　　不成丁無。
685. 　　　　　　婦女壹口。
686. 　　　　田壹分柒厘伍毫。
687. 　　　　　　　　夏稅正耗麥陸勺柒抄肆撮壹圭：
688. 　　　　　　　　　　正麥陸勺叁抄，

---

① 該行據小黃冊登載格式和下文正麥、耗麥之數補。
② 該行文字被裁切，殘存左側字跡，茲據殘存字痕及上下數據釋錄。

689.　　　　　　　　　　　　耗麥肆抄肆撮壹圭①。
　　　　　　　　　　　　　（後缺）
……………………（以上爲卷三十二第 17 葉）………………

　　上述綴合復原後小黃冊均爲編充里甲的人戶。其中，完整保留戶名、人丁和田產稅糧各項信息者，共有 34 戶，有 2 戶因殘缺不知戶名；有 11 戶存戶名、人丁和田產信息，缺部分稅糧之數；3 戶存戶名、人丁和田產信息，缺稅糧信息；11 戶存戶名、人丁，缺田產稅糧信息；1 戶僅存戶名，缺人丁、田產、稅糧信息；有 2 戶存田產稅糧，缺戶名、人丁信息；15 戶僅存稅糧信息，缺戶名、人丁、田產信息。另，綴合中部分戶名信息殘缺，據卷三十下第 23 葉背 "里長甲首輪流圖" 和綴合後的冊籍分析補齊。故，綜合以上分析，綴合後的冊籍共計殘存處州府某縣某都第肆里小黃冊 100 個里甲戶中的 77 戶信息。在人口數量上，共載有人丁 241 口，其中男子 135 口，婦女 82 口，男子成丁 92 口，不成丁 42 口。

（二）第肆里小黃冊人戶田土統計

　　由上述復原後的第肆里小黃冊可見，《後漢書》卷三十下第 24 葉背爲該里戶口、人丁和田產、稅糧總數殘存。由該葉殘存內容可知，該里人戶共有田產 464.73111 畝。明代土地大致分爲官田和民田兩大類，史載："明土田之制，凡二等：曰官田，曰民田。初，官田皆宋、元時入官田地，厥後有還官田、没官田、斷入官田、學田、皇莊、牧馬草場、城壖苜蓿地、牲地、園陵墳地、公占隙地，諸王、公主、勳戚、大臣、內監、寺觀賜乞莊田，百官職田，邊臣養廉田，軍、民、商屯田，通謂之官田。其餘爲民田。"② 目前所見上圖藏古籍紙背小黃冊中，官田、没官田和學田等均有明確註明，如《後漢書》卷四第 16 葉背載 "學田陸拾柒畝壹分"、卷六十二第 2 葉背載 "官田壹拾壹畝伍毫……没官田壹頃肆拾伍畝陸分叁厘玖毫"、卷七十四上第 9 葉背載 "府學田壹拾畝貳分叁厘貳毫肆絲叁忽"、卷七十八第 2 葉背載

---

① 該行據小黃冊登載格式和上文夏稅麥、正麥之數補。
② （清）張廷玉等：《明史》卷 77《食貨志一》，北京：中華書局，1974 年，第 1881 頁。

"没官田壹畝貳分壹厘……職田玖分"等。民田則既存在明確標明者，如《後漢書》卷二第 1 葉背載"田產民田叁分叁厘叁毫叁絲叁忽"、卷四第 17 葉背載"民田壹百貳拾貳頃柒拾貳畝玖分柒厘貳毫肆絲貳忽"、卷四第 28 葉背載"民田壹畝貳分陸毫……民地貳分捌厘陸毫肆絲捌忽"等；也有不註明其田土性質，但實際應爲民田者，如《後漢書》卷二十九第 14 葉背載"田貳畝捌分"、卷六十四第 2 葉背載"田壹拾叁畝陸分柒厘伍毫"、《魏書》卷四十五第 2 葉背載"田壹畝肆分"等。同時，《後漢書》卷三十下第 24 葉背所載該里田糧總數部分中，田產項下的夏稅和秋糧二項登載並無"官"或"民"等表明其性質的文字出現，據此推測，該里的田產應均爲民田。

該里總數之下，將全里 100 戶分爲 10 甲，各甲按照"里長甲首輪流圖"橫向編排，含 1 個里長甲和 9 個甲首甲，各甲詳載甲内人戶田產信息。現依據卷三十下第 23 葉背殘存"里長甲首輪流圖"，將各甲田土信息統計如下：

里長甲，卷三十下第 26—31 葉背（第 30 葉錯簡，位於第 28 葉後），共殘存 10 里長戶中 9 戶信息，其中 6 戶留存有田土信息，各自具體田土之數如下：張希賢戶下田 51.45833 畝，何伯祥戶下田 37.01001 畝，徐貴二継中戶下田 26.70833 畝，何伯堅戶下田 16.63333 畝，陳續四戶下田 13.94166 畝，張星一戶下田 10.1625 畝，以上共載 6 個里長戶田 155.91416 畝。

第一個甲首甲，卷三十下第 32—34 和卷三十一第 1—3 葉背，共殘存 8 個甲首戶信息，其中 3 戶人丁、田糧信息完整，5 戶留存有田產信息，各自具體田產之數如下：徐福二戶田 3.9 畝，徐崇三戶田 2.85833 畝，葉成二戶田 1.43333 畝，祝銘五戶田 1.16667 畝，張原一戶田 0.27783 畝，共載田 9.63616 畝。

第二個甲首甲，卷三十一第 4—8 和第 10 葉背，存有一甲 8 戶信息，其中 3 戶信息相對完整，殘存 6 個甲首戶田產信息，各自具體田產之數如下：何仕通戶田 9.9 畝，瞿亮一戶田 3.83426 畝，張全七男張馿戶田 2.79583 畝，李華三戶田 1.38333 畝，徐立貳戶田 0.925 畝，張進八戶田 0.25833 畝，共載田產 19.09675 畝。

第三個甲首甲，卷三十一第 9、11、23、12—23 葉，共保存一甲 6 戶信息，其中 2 戶完整信息，殘存 4 戶田產信息，分別是：季信五戶田 3.71667

畝，葉憲戶田 2.62707 畝，何盛一戶田 1.33333 畝，徐因二戶田 0.875 畝，共載田產 8.55207 畝。

第四個甲首甲，卷三十一第 14、16、15、18、17 葉，保存一甲 8 戶，4 戶相對完整，計存 4 戶甲首戶田產信息，各自具體田產之數如下：何楊一戶田 3.58333 畝，洪鎮伍戶田 2.45 畝，沈敬壹戶田 0.84166 畝，何付壹戶田 0.25 畝，共載田 7.12499 畝。

第五個甲首甲，卷三十一第 19—22 葉，留存一甲 6 戶信息，其中 2 戶相對完整，計存有 4 個甲首戶田土之數，分別如下：何銘七戶田 3.4875 畝，銘和尚戶田 2.36667 畝，何登伍戶田 0.55833 畝，戶名不明者田 0.21677 畝，共載田產 6.62927 畝。

第六個甲首甲，卷三十一第 24—27（第 27 葉錯簡，應位於 24 葉後）、卷三十二第 1 葉，殘存一甲中 8 戶信息，其中信息完整者 2 戶，存有 5 個甲首戶田產之數，如下：何福一戶田 3.34167 畝，王顯壹戶田 2.29167 畝，張仁陸戶田 0.8 畝，李益肆戶田 0.53333 畝，戶名不明者田 0.2 畝，以上共計田產 7.16667 畝。

第七個甲首甲，卷三十二第 2—6 葉，共殘存一甲 8 戶信息，其中相對完整者 3 戶，留存有 4 個甲首戶田產之數，各自如下：徐富陸男生兒戶田產 6.495 畝，徐賢貳戶田產 3.21677 畝，徐福貳戶田 2.26667 畝，葉立二戶田 0.75 畝，共計 12.72844 畝。

第八個甲首甲，卷三十二第 9、7、8、14、10、11 葉，保存有一甲中 8 戶信息，其中 4 戶完整，殘存 6 個甲首戶田產信息，各自具體之數如下：何祥七戶田 6.38333 畝，季俊五戶田 3.07667 畝，練仁一戶田 2.11667 畝，張清五戶田 0.75 畝，季惠二戶田 0.5 畝，何壽二戶田 0.09583 畝，共載田產 12.9225 畝。

第九個甲首甲，卷三十二第 12、13、15—17 葉，保存一甲 7 戶信息，其中相對完整 2 戶，共殘存 5 個甲首戶田產信息，各自之數如下：何仁五戶田 6.17916 畝，季貴八戶田 2.94792 畝，張登一男澤八戶田 2.00917 畝，季良三戶田 0.68333 畝，季敬貳戶田 0.175 畝，共計田 11.99458 畝。

經過以上梳理可見，該里小黃冊現存共計 49 戶田產信息，總計民田 251.76559 畝，平均每戶擁有的田產大約為 5.138 畝。

（三）第肆里人戶總數考證與里甲正戶土地占有及所屬階層分析

據復原後的第肆里小黃冊內容可知，該里共有田產 464.73111 畝，人戶總數因殘損不明。但據卷三十下第 24 葉背所載內容和其它里小黃冊冊首所載人戶信息可推測一二。根據小黃冊登載順序可知，每里小黃冊冊首的登載首先是"里長甲首輪流圖"、"帶管外役人戶圖"和"編排不盡人戶圖"，其後則是依次開列本里人戶總數、本都民戶、帶管外役人戶、編排不盡人戶和寄莊戶。除寄莊戶外，以上人戶登載均詳載各自的丁口總數，及男子成丁、不成丁之數和婦女口數。卷三十下第 24 葉背殘存的第肆里小黃冊冊首總述部分中，田產總數之上爲某類人戶下的男子不成丁之數和婦女口數，由此可知該里並無寄莊戶。按小黃冊冊首的書寫順序，則這些人口之數的登載應爲編排不盡人戶或外役人戶項下的丁口細目，但結合其它紙背殘存的一都或一里小黃冊人戶丁口之數分析，這種推斷並不成立。該葉殘存內容顯示某類人戶的男子不成丁爲 75 口，婦女 142 口，而《後漢書》卷二第 7 葉背載遂昌縣建德鄉十五都某里小黃冊冊首總述部分爲：

（前缺）
1. 　　　　　　　婦女貳百拾叁口。
2. 　　弓兵二戶，人丁拾陸口：
3. 　　　　　男子拾口：
4. 　　　　　　　成丁柒口，
5. 　　　　　　　不成丁叁口。
6. 　　　　　婦女陸口。
7. 　　編排不盡人戶拾柒戶，人丁陸拾伍口：
8. 　　　　　男子肆拾壹口：
9. 　　　　　　　成丁叁拾肆口，
10. 　　　　　　不成丁柒口。
11. 　　　　　婦女貳拾肆口。
12. 　　寄莊人戶：

（後缺）

第三章　新發現公文紙本古籍紙背洪武三年處州府小黃冊復原與研究　385

　　該葉殘存內容爲一里小黃冊冊首的人戶、丁口總述部分，其中首行應爲該里編排里甲人戶的婦女口數，第 2—6 行爲弓兵戶數及其項下丁口細目，第 7—11 行爲編排不盡人戶總數及其丁口細目。從所載各自項下的人口數量上看，均遠低於卷三十下第 24 葉背殘存的不成丁和婦女口數。同時，《後漢書》卷四第 14 葉與第 15 葉背爲青田縣四都小黃冊冊首總述部分，且二葉可以綴合，綴合後內容爲：

　　　　　　　　　　　　　（前缺）
1.　　　　　　外役壹百壹拾伍戶，計人丁男女肆百壹拾捌口：
2.　　　　　　　　　男子貳百捌拾柒口：
3.　　　　　　　　　　　成丁壹百捌拾貳口，
4.　　　　　　　　　　　不成丁壹百伍口。
5.　　　　　　　　　婦女壹百叁拾壹口。
6.　　　　　　編排不盡人戶叁拾戶，計人丁男女陸拾玖口：
7.　　　　　　　　　男子肆拾肆口：
8.　　　　　　　　　　　成丁叁拾叁口，
9.　　　　　　　　　　　不成丁壹拾壹口。
………………………………（以上卷四第 14 葉）………………………………
10.　　　　　　　　　婦女貳拾伍口。
11.　　　　寄莊：
12.　　　　　　外役鋪兵陸戶，
13.　　　　　　編排不盡人戶貳拾戶。
14.　　田產官民田土壹百貳拾肆頃壹拾柒畝肆分 陸 厘柒毫陸絲陸忽。
15.　　　　　　　　　夏稅：
16.　　　　　　　　　　官：
17.　　　　　　　　　　　正麥伍升肆合陸勺肆抄伍撮，

18.　　　　　　　　　　　　　　耗麥叁合捌勺貳抄
　　　　　　　　　　　　　　　　伍撮壹圭伍粟。
19.　　　　　　　　　　民：
　　　　　　　（後缺）

　　由綴合後的內容可知，青田縣四都外役人戶共115戶，人口共計418口，其中男子287口，男子成丁182口、不成丁105口，婦女131口；編排不盡人戶30戶，人口共69口，其中男子44口，男子成丁33口、不成丁11口，婦女25口。從所載各自項下的不成丁和婦女之數上看，卷三十下第24葉背殘存的不成丁和婦女口數與一都的外役人戶項下男子不成丁和婦女口數接近，顯然其並非為一里小黃冊的帶管外役人戶或編排不盡人戶項下人口數據。

　　又，《後漢書》卷六十二第4葉背載一里小黃冊冊首人戶丁口、田糧總述部分：

　　　　　　　　　　　　（前缺）
1.　　　　　　民玖拾陸戶，計男女貳百柒拾肆口。
2.　　　　　　　　男子壹百捌拾肆口：
3.　　　　　　　　　　成丁捌拾捌口，
4.　　　　　　　　　　不成丁玖拾陸口。
5.　　　　　　　　婦女玖拾口。
6.　　　　寄莊：
7.　　　　　　民肆戶。
8.　　　　田產：
9.　　　　　　　　田肆頃伍拾伍畝柒分壹厘貳毫。
10.　　　　　　　夏稅：
11.　　　　　　　　官：
12.　　　　　　　　　正麥陸合陸合叁撮，
13.　　　　　　　　　耗麥肆勺陸抄貳撮貳圭壹粟。
14.　　　　　　　　民：
　　　　　　　（後缺）

由該葉背殘存內容可知，該里編排里甲的民戶 100 戶中含寄莊戶 4 戶，其下登載的人口細目中，男子不成丁 96 口，婦女 90 口，卷三十下第 24 葉背殘存的不成丁和婦女兩項人口數量與之較為接近。

綜合上述分析可知，卷三十下第 24 葉背所載內容更接近一個里的民戶即編排里甲人戶項下的人口細目。由此推斷，第肆里小黃冊中的人戶類型較為單一，並無外役人戶、編排不盡人戶和寄莊戶，僅有里甲正戶一種，由此可知該里的人戶總數應為 100 戶。該里田產總數為 464.73111 畝，則平均每戶的土地佔有量為 4.6473111 畝，保留小數點後三位取近似值為 4.647 畝。

上文言及，由於第肆里小黃冊冊籍殘缺，其具體攢造地域尚無法確定，僅能判斷為處州府下轄的某縣某都第肆里。同時，由於明初相關史料匱乏，已知傳世文獻中，明成化二十二年（1486）本《處州府志》是目前現存最早的處州府方志，其對人口的記載最早為景泰三年（1452），最晚為成化十八年（1482），其載"景泰三年，本府：戶通一十四萬九千五百八，口通三十四萬八千四百九十四……成化十八年，戶通一十二萬二千九百四十，口通二十八萬一千二百一十八。"① 另，所載土地為"官民撥賜田地山塘蕩二萬二千三百四十三頃四十八畝五分三毫"②。但土地的記載並未註明時間，應與人口登載的最晚時間相符，或為方志纂修前後，即在成化十八年（1482）至成化二十二年（1486）間。為便於分析人戶的土地佔有情況，這裏暫且將其定為成化十八年（1482）。若以此推算，則人戶為 122940 戶，土地為 2234348.503 畝，平均每戶擁有田產約 18.174 畝。

這批處州府小黃冊攢造時間為洪武三年（1370），比成化本《處州府志》要早 116 年，期間戶口、田產數額難免會有變動，但至少能夠提供一個基本的資料作為參考。成化本《處州府志》中所載的數據表明，其戶均的土地佔有數額遠高於第肆里的戶均土地佔有數額。需要注意的是，戶均之數僅是一個較為模糊的平均數，而復原後的第肆里小黃冊證明，人戶的土地佔有存在著嚴重不均的事實，多者幾十畝，少者尚不足 1 畝，甚至有不足 1 分者。同時，復原後的小黃冊冊籍中，有 15 戶殘存部分稅糧信息，田產數額不

---

① （成化）《處州府志》卷 1《本府志·戶口》，明成化二十二年（1486）刻本，第 23—24 頁。
② （成化）《處州府志》卷 1《本府志·貢賦》，第 25 頁。

明。但通過留存完整的田產、稅糧數，可推算出大體的稅額，進而根據稅糧信息，推斷出田地數目。如卷三十下第 33 葉背載徐福二戶田 3.9 畝，夏稅正麥 1.404 升，秋糧正米 11.7 升；卷三十二第 2 葉背載徐富陸男生兒戶田 6.495 畝，夏稅正麥 2.3382 升，秋糧正米 19.485 升，可知每畝夏稅正麥和秋糧正米之科則分別爲 0.36 升、3 升，其它留存的戶下田產與稅糧之比雖部分存在一定差異，但算得科則之數的近似值與上述所得基本相同，並無太大出入。

由此推算，卷三十下第 31 葉背殘存洪武十二年（1379）某里長戶納秋糧正米 35.625 升，其戶下田產數應爲 11.875 畝；卷三十一第 3 葉背存洪武十二年（1379）某甲首戶納夏稅正麥 0.156 升、秋糧正米 1.3 升，其戶下田數約爲 0.43333 畝；卷三十一第 10 葉背殘存洪武十二年（1379）某甲首戶納夏稅正麥 0.15 升、秋糧正米 1.25 升，其戶下應有田產約 0.41667 畝；卷三十一第 11 葉背殘存洪武五年（1372）甲首徐三戶納秋糧正米 15.875 升，其戶下田產之數約爲 5.29167 畝；卷三十一第 15 葉背載洪武九年（1376）甲首季益六戶納夏稅正麥 0.468 升，正米 3.9 升，其應有田產 1.3 畝；卷三十一第 17 葉背殘存洪武十二年（1379）某甲首戶納秋糧正米 1.15 升，該戶應有田約 0.38333 畝；卷三十一第 21 葉背載洪武十年（1377）張昇貳戶納秋糧正米 2.4625 升，其應有田約 0.82083 畝；卷三十一第 25 葉背殘存洪武九年（1376）甲首吳敬一戶納秋糧正米 3.95 升，該戶應有田約 1.31667 畝；卷三十二第 5 葉背存洪武九年（1376）甲首陳宗五戶納夏稅正麥 0.405 升、秋糧正米 3.375 升，該戶應有田 1.125 畝；卷三十二第 9 葉背載洪武十三年（1380）某甲首戶納秋糧正米 0.525 升，該戶應有田 0.175 畝；卷三十二第 14 葉背載洪武九年（1376）甲首凍瑞一戶納夏稅正麥 0.39 升、秋糧正米 3.25 升，該戶應有田約 1.08333 畝；卷三十二第 16 葉背載洪武九年（1376）甲首張朝三戶納夏稅正麥 0.378 升、秋糧正米 3.15 升，該戶應有田 1.05 畝；卷三十二第 17 葉背存洪武十二年（1379）某甲首戶納秋糧正米 1 升，則該戶應有田產約 0.33333 畝。

以上共計算得 13 戶田產之數，另有 2 戶因留存的稅糧信息較少無法計算其戶下田產之數。結合卷三十下第 23 葉紙背所存"第肆甲里長甲首輪流圖"，將所知正戶各自田產信息併入"圖"中，如下：

第三章　新發現公文紙本古籍紙背洪武三年處州府小黃冊復原與研究　389

洪武十三年	洪武十二年	洪武十一年	洪武十年	洪武九年	洪武八年	洪武七年	洪武六年	洪武五年	洪武四年	
張星一 10.1625	么么 11.875	李兒俊	陳鑽四 13.94166	何伯堅 16.63333	何和二 李先莊	徐貴貳 26.70833	何伯祥 37.01001	何伯高	張希賢 51.45833	里长
張原一 0.27783	么么 0.43333	楊理	祝銘五 1.16667	葉成二 1.43333	張貴一	徐崇三 2.85833	徐福二 3.9	何萬二	張成三	甲首
張進八 0.25833	么么 0.41667	徐達斌三	徐立二 0.925	李華三 1.38333	李華二	張全七 2.79583	瞿亮二 3.83426	何勝三	何士通 9.9	甲首
			徐殷二 0.875	何盛一 1.33333	口口口	葉憲二 2.62707	李信五 3.71667	徐三 5.29167	張登貳	甲首
何付壹 0.25	么么 0.38333	董陰壹	沈敬一 0.84166	李益六 1.3	陳彬三	洪鎮五 2.45	何椿一 3.58333	熙心堂	吳傑五	甲首
么么 0.21677		何登伍 0.55833	張辭貳 0.82083	張福四	何弉二	何頊貳 2.36667	何銘七 3.4875	何仁四	張芳達	甲首
么么 0.2		李益肆 0.53333	張仁六 0.8	吳敬一 1.31667	徐賢十	王顯一 2.29167	何福一 3.34167	何廣一祥	張福貳	甲首
么么 0.175		徐桂壹	葉立二 0.75	陳宗五 1.125	張鎮九	徐富二 2.26667	徐群貳 3.21677	張德二	徐付六 6.495	甲首
何壽二 0.09583		李惠二 0.5	張清五 0.75	陳瑞一 1.08333	李信二	陳仁一 2.11667	李俊五 3.07667	何祿六	何祥七 6.38333	甲首
李敬貳 0.175	么么 0.33333		李良三 0.68333	張朝三 1.05	何玖三	張登一 2.00917	李貴八 2.94792	何福四	何仁五 6.17916	甲首

註：洪武十一年（1378）至十三年（1380）間的里長，甲首原卷三十下第23葉背殘存的"里甲輪流圖"中殘缺，甲首名可據綴合後的冊籍內容補充。（田土單位："畝"。）

經完善後的信息整理併入"輪流圖",共計得該里 100 戶里甲正戶中 62 戶田土信息,其田土之數總計 277.36975 畝,平均每戶擁有的田土之數約 4.474畝。另,整體看該里甲正役"輪流圖"中的人戶田產信息,可以發現,其總體上每行中人戶田產均呈現出由右到左依次遞減之趨勢。據此推斷,第一行里長戶中,"何伯高"戶的田產應是介於"張希賢"和"何伯祥"戶之間,即大於 37.01001 畝,小於 51.45833 畝。循此,"何和二奉先庄"戶田產應大於 16.63333 畝,小於 26.70833 畝;"季兒俊"戶田產應是大於 11.875 畝,小於 13.94166 畝;"何高二"戶田產大於 3.9 畝,小於"張成三"戶田產;"張貴一"戶田產大於 1.43333 畝,小於 2.85833 畝;"楊理"戶田產應大於 0.43333 畝,小於 1.16667 畝;"何勝三"戶田產應大於 3.83426 畝,小於 9.9 畝;"李華二"戶田產應大於 1.38333 畝,小於 2.79583 畝,據此其下各甲首戶田產均可大致推出其數據範圍,具體情況如下。

洪武三年(1370)處州府某縣某都第肆里正戶土地佔有情況表

田產數(畝)	戶數	土地類型
0—1	35	民田
1—3	29	民田
3—5	14	民田
5—10	12	民田
10—20	6	民田
20—30	1	民田
30—50	2	民田
50—100	1	民田

據上表可知,第肆里正役里甲 100 戶中有 90 戶田產不足 10 畝,其中又有大量人戶田產低於 3 畝;佔比較高的 35 戶卻是土地佔有最少,尚不足 1畝;剩餘的 20 戶中,田產超過 50 畝的僅有 1 戶,30—50 畝之間人戶有 2戶,20—30 畝有 1 戶,10—20 畝者相對較多,但也僅有 6 戶。

前文言及,由於文書殘缺,無法確定該里的具體歸屬,僅能判斷其爲處州府轄縣攢造。從地理位置上看,處州府在明代符合江南地區一說,欒成顯先生曾利用所發現的黃冊文書結合傳世文獻記載和學界研究成果,對明清江南地區的人戶階層按照土地佔有量進行過劃分："佔有 5—10 畝的業戶可視爲自耕農兼佃農；佔有 5 畝以下的業戶則爲佃農兼自耕農。""如果是人口不多的業戶，佔有 10—20 畝土地者當屬自耕農；佔有 20—30 畝土地者即是較富裕的自耕農；而佔有 30 畝以上土地的人戶中則有出租土地者。"① 據此並結合復原後的小黃冊中各自戶下丁口之數可知，尚不足 10 畝的 80 戶中，有 12 戶應屬於自耕農兼佃農身份，78 戶應爲佃農兼自耕農。但其中有大量人戶田產低於 3 畝，且更多人戶土地甚至不足 1 畝，應屬於佃農和貧農；剩餘的 10 戶中，田產在 10—20 畝之間的 6 戶爲自耕農，較爲富裕的自耕農 1 戶；對外出租土地者僅有 3 戶，而這 3 戶中洪武五年（1372）里長"何伯高"戶因文書殘缺人丁和田產數據均無法確定具體數額，餘下 2 戶的具體身份則可結合其戶下丁口之數，基本確定其具體的階層屬性。爲便於分析，現將其各自戶下丁口情況統計如下表：

戶名	輪年職役	人口	男子	婦女	田產（畝）
張希賢	里長	5	3（成丁2，不成丁1）	2	51.45833
何伯祥	里長	4	2（成丁1，不成丁1）	2	37.01001

由表中數據可知，這 2 戶里長的人口並不多，其戶下平均每口的土地之數分別爲約 10.29 畝和 9.25 畝，基本爲 10 畝左右。同時，各自戶下的人口中，男子之數分別佔到了一半，而其中作爲主要勞動力的成丁之數分別是 2 口和 1 口，則平均成丁男子的土地佔有數額分別爲約 25.73 畝和 37.01 畝。學界有關明代江南地區的農業研究普遍認爲，"一夫十畝"是明代江南地區的基本特點，即成年男子的勞動能力在 10 畝左右。② 對此，李伯重先生在《"人耕十畝"與明清江南農民的經營規模——明清江南農業經濟發展特點

---

① 欒成顯：《明代黃冊研究》，中國社會科學出版社 1998 年版，第 202—203 頁。
② 相關論著如，王有業《論明初自耕農的大量存在及對社會發展的影響》，《遼寧大學學報（哲學社會科學版）》1981 年第 6 期；林金樹：《關於明初蘇鬆自耕農的數量問題》，《明史研究論叢》，1991 年，第 156—181 頁；吕景琳：《明代自耕農簡論》，《江海學刊》1993 年第 6 期；欒成顯：《明代黃冊研究》，中國社會科學出版社 1998 年版；周玉兵：《明清江南小農的家庭生產與經濟生活研究》，南京師範大學碩士學位論文，2007 年；王毓銓主編：《中國經濟通史》（明上），經濟日報出版社 2007 年版；南炳文、湯綱著：《明史（上）》，上海人民出版社 2014 年版。

探討之五》一文中，通過對明清江南耕地與農業勞動力數量的宏觀分析和對近代江南農戶耕田數量的考察，指出明清江南的確存在"人耕十畝"之說，但在時空分佈上很不均衡，到了清代才普通存在。[①] 由此推斷，以上2個里長戶應均屬地主之類，戶下有大量的土地對外出租。

綜合來看，《後漢書》紙背明洪武三年（1370）處州府某縣某都第肆里小黃冊顯示，該里100戶里甲正戶中，有90餘戶的田產不足10畝，有78戶田產不足5畝，29戶不足3畝，甚至有35戶田產不足1畝。各戶身份繁雜衆多，既有戶下田土較多，除自耕外租於他人佃種的地主和富農，也有基本可以滿足自需的自耕農兼佃農，而更多的則是佃農兼自耕農以及土地尚不足1畝的佃農。其中，以佃農的數量最多，戶下土地數額極少，主要依靠租佃土地耕作，來滿足自身所需。

通過對處州府某縣某都第肆里小黃冊中人戶田產進行計量學統計發現，該里100戶平均每戶所佔有的田產規模與目前學界通認的自耕農土地佔有最低額度並不相符，僅在4.6畝左右。同時，縱觀整個一里人戶之田土，全部100戶里甲正戶中有90戶田土不足10畝，占全里總人戶的90%。在已知田土之數的62戶中有55戶不足10畝，約佔比88.7%，所佔有的田土總計爲277.36975畝，約占總數的59.68%，平均每戶佔有的田土大約爲4.474畝，與全里100戶的人均土地佔有額度4.647畝基本一致。如此看來，明初江南地區人戶所擁有的田土未必較多，其自耕農所擁有的田土最低標準也未必如目前學界所認同的10畝。限於目前所見明初小黃冊原件地域的局限性，且以上所言爲位於浙江南部地區的處州府某縣某都第肆里小黃冊，所得資料未必能夠直接反映明初江南地區小農經濟下自耕農土地佔有規模，但至少說明在浙南處州府地區自耕農的土地佔有規模要低於目前學界所認同的10畝左右，尤其是在超過一半以上的人戶土地佔有不足5畝。由此推斷，明初江南地區的農村經濟結構中，應存在着嚴重的地域差異，而自耕農本身所擁有的土地額度或低於目前學界的通行觀點。

（本文作者耿洪利，爲首次刊發。）

[①] 李伯重：《"人耕十畝"與明清江南農民的經營規模——明清江南農業經濟發展特點探討之五》，《中國農史》1996年第1期。

三 古籍紙背洪武三年（1370）小黃冊書式復原及相關問題探析

據史籍記載，明代賦役黃冊的正式施行是洪武十四年（1381），[①] 而上世紀 60 年代殘本《永樂大典》影印出版後，日本學者率先發現了其中關於洪武三年（1370）湖州府曾實行"小黃冊圖之法"的相關資料[②]，中日學界由此展開了明代黃冊起源及洪武十四年（1381）之前江南里甲制度的探討，並取得了較爲豐碩的成果。[③] 但目前學界已有研究基本圍繞《永樂大典》卷二二七七引《吳興續志·役法》中唯一一段資料展開，而此資料本身既簡略，又頗多抵牾之處，造成了學界觀點並不統一，產生諸多爭論。1973 年日本學者竺沙雅章先生曾發表《漢籍紙背文書の研究》一文，提到日本靜嘉堂文庫所藏公文紙印本《漢書》殘本紙背內容爲洪武三年（1370）處州

[①] 明代黃冊研究，中國學者梁方仲、韋慶遠和日本學者清水泰次有着開創和奠基之功。梁方仲先生《明代的黃冊》（《史地社會論文摘要月刊》1936 年第 1 卷第 1、2 期）和《明代黃冊考》（《嶺南學報》1950 年第 10 卷第 2 期）兩文，對黃冊制度的編造內容與格式、管理官員早期歷史與由來、黃冊與魚鱗圖冊的關係及黃冊庫的管理等問題進行了全面論述。日本學者清水泰次先生《明代の戶口冊（黃冊）の研究》（《社會經濟史學》五卷一號，1935 年）一文中關于黃冊與魚鱗圖冊關係及黃冊登載田土統計的論述極爲精辟。二位先生關於黃冊的分析和研究，奠定了後來學者研究明代黃冊的基礎。1961 年，韋慶遠先生出版《明代黃冊制度》（中華書局 1961 年版）一書，是學界全面論述明代黃冊制度的第一本專著，該書突出特點是史料豐富、史論結合，附錄和附圖尤有價值。目前學界代表該領域最高研究水準的論著當屬欒成顯先生《明代黃冊研究》（中國社會科學出版社 1998 年版）一書，該書利用搜集到的 12 種黃冊遺存文書及 3 種相關遺存文書，對明代黃冊起源、攢造過程、冊籍種類、里甲編排、甲首數量等問題進行了細緻考證，並對黃冊制度的本質及其衰亡原因進行了論證。該書所提供的十幾種黃冊遺存文書資料，爲之後學者研究奠定了良好基礎。

[②] 1962 年 3 月，小山正明在日本東洋文庫"實政錄研究會"上口頭發表了《關於里甲制度設置的年代》一文，首次公佈了《永樂大典》中保存的"小黃冊圖之法"材料。

[③] 相關研究主要有：藤井宏《明初に於ける均工夫と稅糧との関係》（《東洋學報》44—4，1962 年）；小山正明《關於里甲制度設置的年代》（實政錄研究會，1962 年 3 月）；鶴見尚弘《明代の畸零戶について》（《東洋學報》47—3，1964 年）；山根幸夫《明代徭役制度の展開》（東京女子大學學會，1966 年）；唐文基《明代賦役制度史》（中國社會科學出版社 1991 年版）；欒成顯《明代黃冊制度起源考》（《中國社會經濟史研究》1997 年第 4 期）、《明代黃冊研究》（中國社會科學出版社 1998 年）；夏維中、羅侖《關於洪武三年湖州府小黃冊圖之法的幾點考辨》（趙毅、林鳳萍主編《第七屆明史國際學術討論會論文集》，東北師範大學出版社 1999 年版）；夏維中《洪武初期江南農村基層組織的演進》（《江蘇社會科學》2005 年第 6 期）等。據已有研究，目前可確定曾實行小黃冊的地區包括湖州府、嘉興府、徽州府、蘇州府、處州府等地。

府小黃冊原件，並對其進行了相關考釋。① 可惜的是，由於研究領域的不同，竺沙先生的發現並未引起明史學界的關注，之後相關研究未見有對此珍貴史料的引用。

除竺沙先生提到的靜嘉堂藏《漢書》之外，上海圖書館藏公文紙本《後漢書》《魏書》及四川圖書館藏公文紙本《魏書》也均是以明洪武三年（1370）處州府小黃冊印刷，且紙背內容數量更多，更爲完整，甚至可以據其復原出相對完整的一"里"黃冊。而根據復原出的完整一里黃冊，則可對明洪武三年（1370）小黃冊進行書式復原，進而對其所反映的明代黃冊登載形式起源及演變、里甲輪役方式、明代地方組織"圖"的起源等學界爭論較多的問題進行分析探討。本文即主要以公文紙本古籍紙背所見小黃冊爲中心，對相關問題做一探討分析。

（一）明洪武三年（1370）小黃冊書式復原

按，《後漢書》卷四第 13 葉背載：

1. 處州府青田縣四都承奉
2. 本縣旨揮該：奉
3. 處州府旨揮爲稅糧黃冊事，仰將本都有田人戶，每壹百家分爲十甲，内選田糧丁力近上之家壹拾名，定爲里長，每一年挨次一名承當，十年週□□□②。
4. 其餘人戶，初年亦以頭名承充甲首，下年一體挨次輪當。保内但有編排不盡畸零戶數貳拾、叁拾、肆拾戶，務要不出本保，一體設立甲首，鄰近里□□□③
5. 帶管；如及伍拾戶者，另立里長一名，排編成甲，置立小黃冊

---

① ［日］竺沙雅章：《漢籍紙背文書の研究》，《東京大學文學部研究紀要：第十四》，1973 年，第 37—52 頁。

② 日本靜嘉堂文庫藏《漢書》紙背同爲洪武三年處州府小黃冊（竺沙雅章：《漢籍紙背文書の研究》，《東京大學文學部研究紀要：第十四》，第 37—52 頁。）其中傳六九上第 41 葉背爲"青田縣坊郭"小黃冊冊首呈文，與本葉内容基本相同。據其内容可知，本葉此處所缺文字應爲"而復始"。

③ 據日本靜嘉堂文庫藏《漢書》傳六九上第 41 葉背可知，此處所缺文字應爲"長通行"。

一本，開［寫］各戶田糧數目，令當該里長收受，相沿交割，催辦錢糧。奉此，今將攢造到□□①

6. 田糧黃冊，編排里長、甲首資次，備細數目，開具於後：
7. 　　本都
8. 　　　一各各起科則例：
9. 　　　　没官田每畝照依民田則例起科：夏稅正麥陸勺，秋糧正米照依舊額起科不等；
10. ⬚

（後缺）

從文書殘存內容來看，該葉應爲小黃冊冊首公文內容，基本交代清楚了小黃冊攢造原則。而日本靜嘉堂文庫藏《漢書》傳六九上第 38 葉背載："洪武三年十二月日十六都里長⬚"，《後漢書》卷四第 12 葉背載：

（前缺）

1. 右潤之編類前項里長、甲首等役，並是依式攢造，中間但有挪趲作弊、不盡不實、增減虛冒，當甘罪犯無詞，執結□□②。
2. 洪武　　年　　月　　日建德鄉十五都里長翁潤之

此均爲小黃冊結語部分。目前筆者所見古籍紙背小黃冊，里長、甲首輪役，均始於洪武四年（1371），結束於洪武十三年（1380）。所以，小黃冊的編置時間應爲洪武三年（1370），真正依此輪役及徵稅則以洪武四年（1371）爲始，十年一週，止於洪武十三年（1380）。洪武十四年（1381）始，全國推行賦役黃冊，小黃冊的編訂實際僅洪武三年（1371）一次。

由上引卷四第 13 葉背載："處州府青田縣四都承奉/本縣旨揮該：奉處州府旨揮爲稅糧黃冊事。仰將本都有田人戶，每壹百家分爲十甲"，由此可

---

① 據日本靜嘉堂文庫藏《漢書》傳六九上第 41 葉背可知，此處所缺文字應爲"人丁"。
② 據文義及明代公文書寫格式推斷，此處所缺文字應爲"是實"。

知小黃冊可能是以"都"爲單位攢造。雖然已發現的幾種公文紙本古籍紙背小黃冊內容均有殘缺，且存在較爲嚴重的錯簡問題，但根據綴合復原後的小黃冊，並結合全部紙背小黃冊綜合分析歸納，我們還是可以將一"都"小黃冊的整體文式大體復原如下：

 某府某縣某都承奉
 本縣旨揮該：奉
  某府旨揮爲稅糧黃冊事，云云。奉此，今將攢造到人丁田糧黃冊，編排里長、甲首資次，備細數目，開具於後：
   本都：
    一各各起科則例：
     官田、職田、學田、民田各各科則。
    一本都：
     人丁：
      本都民戶數，計人丁男女口數。
       男子口數：
        成丁口數。
        不成丁口數。
      婦女口數。
      民戶數，計人丁男女口數。
       （依上格式開列男子、成丁、不成丁、婦女人口數。）
      帶管外役戶數，計人丁男女口數。
       （依上格式開列男子、成丁、不成丁、婦女人口數。）
      編排不盡人戶數，計人丁男女口數。
       （依上格式開列男子、成丁、不成丁、婦女人口數。）

第三章　新發現公文紙本古籍紙背洪武三年處州府小黃冊復原與研究　397

寄莊人戶數。①

田產官民田土數目。

夏稅（此僅記載官田夏稅數目，非全部田土稅糧數目）：

正麥數目，

耗麥數目。

秋糧（此僅記載官田秋糧數目，非全部田土稅糧數目）：

正米數目，

耗米數目。

學田數目。

（依上格式開列夏稅、秋糧數。）

民田數目。

（依上格式開列夏稅、秋糧數。）

一第一甲②

各年里長甲首輪流圖

洪武十三年	洪武十二年	洪武十一年	洪武十年	洪武九年	洪武八年	洪武七年	洪武六年	洪武五年	洪武四年	
里10	里9	里8	里7	里6	里5	里4	里3	里2	里1	里長
甲10	甲9	甲8	甲7	甲6	甲5	甲4	甲3	甲2	甲1	甲首
……	……	……	……	……	……	……	……	……	……	甲首
……	……	……	……	……	……	……	……	……	……	甲首
……	……	……	……	……	……	……	……	……	……	甲首
……	……	……	……	……	……	……	……	……	……	甲首
……	……	……	……	……	……	……	……	……	……	甲首
……	……	……	……	……	……	……	……	……	……	甲首

① 小黃冊中所見"寄莊戶"均僅載戶數，不載具體人丁數。

② 此處所云"第一甲"即相當於賦役黃冊中的"里"，但小黃冊中未見有"第几里"的記載，均是以"第几甲"稱。

续表

洪武十三年	洪武十二年	洪武十一年	洪武十年	洪武九年	洪武八年	洪武七年	洪武六年	洪武五年	洪武四年	
甲 80	甲 79	甲 78	甲 77	甲 76	甲 75	甲 74	甲 73	甲 72	甲 71	甲首
甲 90	甲 89	甲 88	甲 87	甲 86	甲 85	甲 84	甲 83	甲 82	甲 81	甲首

帶管外役人戶

…… ……	禁子 某	驛夫 某
…… ……	水站夫 某	弓兵 某
…… ……	…… ……	…… ……

編排不盡人戶

洪武十三年	洪武十二年	…… …… ……	洪武五年	洪武四年	
某	某	…… …… ……	某	某	甲首
……	……	……	……	……	……

人丁：

　　本都總計民戶數，計人丁男女口數。

　　　　（依次開列男子、成丁、不成丁、婦女人口數。）

　　民戶壹百戶，計人丁男女口數。

　　　　（依次開列男子、成丁、不成丁、婦女人口數。）

　　帶管外役戶數，計人丁男女口數。

　　　　（依次開列男子、成丁、不成丁、婦女人口數。）

　　編排不盡人戶數，計人丁男女口數。

　　　　　　（依次開列男子、成丁、不成丁、婦女人口數。）
　　　　寄莊人戶數。
田產官民田土數目。
　　　　夏稅（此僅記載官田夏稅數目，非全部田土稅糧數目）：
　　　　　　（依上格式開列正麥、耗麥數目。）
　　　　秋糧（此僅記載官田秋糧數目，非全部田土稅糧數目）：
　　　　　　（依上格式開列正米、耗米數目。）
　　　學田數目。
　　　　　　（依上格式開列夏稅、秋糧數。）
　　　民田數目：
　　　　　　（依上格式開列夏稅、秋糧數。）
里長某等一十戶①。
　　一戶某（1），本都民戶，洪武肆年里長。
　　　　人丁口數。
　　　　　　（依次開列男子、成丁、不成丁、婦女人口數。）
　　　　田產數目
　　　　　　（依上格式開列夏稅、秋糧數）
　　一戶某（2），本都民戶，洪武伍年里長。
　　　　　　（依上格式開列人口、田產、稅糧細目數。）
　　　　……
　　一戶某（10），某縣寄莊民戶，洪武拾叁年里長②。
　　　　田產數目。
　　　　　　（依上格式開列夏稅、秋糧數。）
甲下第一甲
　　甲首某（1）等一十戶。
　　　　一戶某（1），本都民戶，洪武肆年甲首。

---

① 小黃冊中的里甲人戶排序，共有"順甲法"和"穿甲法"兩類，詳見後文。本書式復原採用了其中的"穿甲法"排序。
② 小黃冊中所見"寄莊戶"具體民戶登載，均只登載田地數目和稅糧數目，不載人口情況。

　　　　　（依上開列人口、田產、稅糧細目。）
　……
　　一戶某（10），本都民戶，洪武拾叁年甲首。
　　　　　（依上開列人口、田產、稅糧細目。）
甲下第二甲（某11—某20等一十戶）
　……
甲下第九甲（某81—某90等一十戶）
　……
帶管外役人戶：
　　一戶某，本都民戶，充（弓兵、鋪兵、禁子、水站夫等等）。
　　　　　（依上開列人丁、田產、稅糧細目。）
　……
編排不盡人戶：
　　一戶某，本都民戶①。
　　　　　（依上開列人丁、田產、稅糧細目。）
　……
一第二甲
　　各年里長甲首輪流圖
　……
　　右某編類前項里長、甲首等役，並是依式攢造，中間但有那趨作弊、不盡不實、增加需冒，當甘罪犯無詞，執結是實。
　　　　洪武三　　年　　　月　　　日某都里長　　某。

通過此復原書式可見，小黃冊構成要素大體包含以下幾項：
　一，引述上級部門關於稅糧黃冊編訂的公文；二，各類田土稅糧科則；三，一都當中總計戶口、人丁、田土、稅糧數目；四，都下各里"里長甲首輪流圖"、"帶管外役人戶圖"及"編排不盡人戶圖"；五，一里人戶戶口、人丁、田土、稅糧數目總體概況；六，依照上述三圖依次登載各戶人丁、田

---

① 編排不盡人戶，如足十戶，則也依次排定各年甲首。

地、稅糧數目。①

（二）小黃冊所見明代賦役黃冊登載形式起源

關於洪武十四年（1381）開始推行全國的賦役黃冊起源問題，是明史學界研究的一個重點問題。欒成顯先生通過對《吳興續志》所載湖州府小黃冊圖之法進行分析後指出：小黃冊圖之法"與洪武十四年（1381）在全國推行的黃冊制度相比，在每圖所編人戶數，所置里長、甲首數，以及里甲的職責等方面，均有差異或不同。但從將應役人戶編排在里甲組織之中，十年一週，輪流應役等方面來看，小黃冊之法無疑已具備了黃冊制度的基本框架"。② 從上文復原書式可見，欒先生這一評價十分中肯。但在談到賦役黃冊具體人戶登載形式起源時，由於傳世典籍未載，以往學者衹能將其與戶帖進行對比分析。小黃冊原件的發現，則無疑爲我們進一步了解賦役黃冊具體人戶登載形式的起源及戶帖、小黃冊、賦役黃冊三者關係，提供了難得的文書資料。

1. 戶帖登載形式來源

明代戶帖，洪武三年（1370）十一月頒行全國，其實行時間與小黃冊大體相同。陳學文先生經過詳細考證指出，目前存世"有 12 件明洪武戶帖，大部分分佈於江南的徽州與嘉興等地，北方僅 1 件。"③ 事實上，除陳先生提到的 12 件戶帖外，中國社會科學院歷史研究所還藏有一件"洪武四年徽州府祁門縣十四都住民汪寄佛戶帖"，另外方駿先生又在此 13 件之外，找到了 6 件戶帖。④ 爲說明方便，現轉錄中國社科院所藏"汪寄佛"戶帖如下：

> 戶部洪武三年十一月二十六日欽奉
> 聖旨：說與戶部官知道，如今天下太平了也，止是戶口不明白俚，

---

① 關於具體復原過程，限於篇幅，本文不再一一論述，已另撰《公文紙本古籍紙背所見"小黃冊"書式復原》一文待刊。另，復原書式中，（）中文字均爲筆者根據小黃冊具體内容歸納總結所加，非黃冊原文，特此說明。
② 欒成顯：《明代黃冊制度起源考》，《中國社會經濟史研究》1997 年第 4 期。
③ 陳學文：《明初戶帖制度的建立和戶帖格式》，《中國經濟史研究》2005 年第 4 期。
④ 方駿：《明代戶帖研究》，復旦大學，碩士學位論文，2011 年，第 14 頁。

教中書省置天下戶口的勘合文簿、戶帖。你每戶部家出榜，去教那有司官，將他所管的應有百姓，都教入官附名字，寫着他家人口多少。寫得真着，與那百姓一個戶帖，上用半印勘合，都取勘來了。……，欽此。除欽遵外，今給半印勘合戶帖，付本戶收執者。

　　　　　一戶汪寄佛，徽州府祁門縣十四都住民，應當民差，計家伍口：

　　　　　　　男子叁口：

　　　　　　　　　成丁貳口：

　　　　　　　　　　　本身，年叁拾陸歲；

　　　　　　　　　　　兄滿，年肆拾歲。

　　　　　　　　　不成丁壹口：

　　　　　　　　　　　男祖壽，年四歲。

　　　　　　　婦女貳口：

　　　　　　　　　　妻阿李，年叁拾叁歲；

　　　　　　　　　　嫂阿王，年叁拾叁歲。

　　　　　　　事產：

　　　　　　　　　田地無

　　　　　　　　　房屋瓦屋叁間，孳畜無。

　　　　　右戶帖付汪寄佛收執。准此。

　　洪武四年　　　月　　　日

　　部[①]

《明史》卷二八一《陳灌傳》載：陳灌於洪武初任寧國知府，任內"創戶帖以便稽民。帝取爲式，頒行天下。"[②] 據此，學者大都認爲明初戶帖是由陳灌所創，嗣後朱元璋頒令推行全國。但實際上，此戶帖格式應是直接源自元代戶籍登錄方式。

目前存世元代戶籍有兩種：一是黑水城出土元亦集乃路戶籍殘件，一是

[①] 轉引欒成顯《明代黃冊起源考》，《中國社會經濟史研究》1997 年第 4 期。
[②] （清）張廷玉等：《明史》卷 281《陳灌傳》，中華書局 1974 年版，第 7187 頁。

第三章　新發現公文紙本古籍紙背洪武三年處州府小黃冊復原與研究　403

上海圖書館藏宋刊元印公文紙本《增修互註禮部韻略》紙背元湖州路戶籍冊。其中，後者數量更多、內容更完整，南開大學王曉欣先生已進行了細緻整理與研究。現節錄一戶內容如下：

1. 一戶：王萬六，元係湖州路安吉縣浮玉鄉六管施村人氏，亡宋時爲漆匠戶，至元十二年十二月內歸附。
2. 　計家：親屬肆口。
3. 　　男子貳口：
4. 　　　成丁：壹口，本身，年伍拾柒歲；
5. 　　　不成丁：壹口，男王雙兒，年陸歲。
6. 　　婦人貳口：
7. 　　　妻朱八娘，年肆拾玖歲；▭▭▭▭
8. 　事產：
9. 　　田土：壹拾畝玖分。
10. 　　　水田：壹畝叁分，陸地：肆分，
11. 　　　山：玖畝貳分。
12. 　房舍：瓦屋壹間
13. 　營生：漆匠。①

《明太祖實錄》載：洪武三年（1370）十一月"其命戶部籍天下戶口，每戶給以戶帖。於是戶部制戶籍、戶帖，各書其戶之鄉貫、丁口、名歲。合籍與帖，以字號編爲勘合，識以部印。籍藏於部，帖給之民。"② 據此，洪武三年頒行的戶帖制度，共含兩部分內容：戶籍冊和戶帖，兩者均記載民戶鄉貫、丁口、名歲，以字號勘合對應，驗證真偽。戶籍冊藏於戶部，戶帖發給單個民戶收執。上文所引汪寄佛戶帖即爲單戶收執戶帖，所以其中有戶部引聖旨內容存在。目前雖未見有洪武戶籍冊存世，但從常理推斷，其也應是

---

① 王曉欣、鄭旭東：《元湖州路戶籍冊初探——宋刊元印本〈增修互註禮部韻略〉第一冊紙背公文紙資料整理與研究》，《文史》2015年第1輯，第108頁。
② 《明太祖實錄》卷58 "洪武三年（1370）十一月辛亥"條，臺北"中央"研究院歷史語言研究所校印本1962年版，第1143頁。

按戶編排，應與元湖州路戶籍冊區別不大，但多了字號勘合內容。除了戶帖開首的戶部引聖旨內容外，明代戶帖與元湖州路戶籍冊最大的不同，即是元戶籍冊多出了"營生"項。王曉欣先生即曾指出："除'營生'類，其它格式、內容，（元湖州路戶籍冊）都與明初頒行的'戶帖'十分相似。明代戶籍登錄格式明顯是承襲元代而來的。這批材料對唐宋至明初戶帖發展沿革的研究可能具有重要意義。"①

2、小黃冊登載形式來源

小黃冊中具體民戶的登載形式，可見上文復原書式，但爲了更加直觀，現舉《魏書》卷四十六第 3、4 葉背所載"徐隆貳"戶爲例：

（前略）
1. 　　甲下第貳甲甲首徐隆貳等壹拾名。
2. 　　　一戶徐隆貳，係本都民戶，洪武肆年甲首。
3. 　　　人丁陸口：
4. 　　　　　男子肆口：②
5. 　　　　　　　　成丁貳口，
6. 　　　　　　　　不成丁貳口。
7. 　　　　　　　婦女貳口。
8. 　　　田壹拾畝肆分陸厘貳毫伍絲。
9. 　　　　　夏稅正耗麥肆升叁勺壹撮伍圭：
10. 　　　　　　　正麥叁升柒合陸勺陸抄伍撮，
11. 　　　　　　　耗麥貳合陸勺叁抄陸撮伍圭。
12. 　　　　秋糧正耗米叁斗叁升肆合捌勺肆抄陸撮叁圭：
13. 　　　　　　　正米叁斗壹升叁合捌勺柒抄伍撮，

---

① 王曉欣、鄭旭東：《元湖州路戶籍冊初探——宋刊元印本〈增修互註禮部韻略〉第一冊紙背公文紙資料整理與研究》，《文史》2015 年第 1 輯，第 192 頁。

② 第 3、4 行原文被裁切，此爲跟據上下文義和小黃冊中其他人戶登錄格式推補。

14.　　　　　　　　　　　耗米貳升壹合玖勺柒抄壹撮
　　　　　　　　　　　　　參圭。
　　　　　　（後略）

　　由復原書式可見，小黃冊所載民戶，含里甲、帶管外役、編排不盡和寄莊四種類型，其中以普通里甲戶的登載形式最爲典型，帶管外役戶和編排不盡戶與其基本相同，"寄莊戶"則僅登錄田產信息，無人丁信息。

　　由"徐隆貳"戶登載內容可見，小黃冊登載方式明顯吸收了元代戶籍登錄形式的部分內容，如首行列戶主姓名、鄉貫，登載主要事項同爲人丁和事產兩大類等。[①] 但二者的不同更爲明顯：首先，在人丁項，小黃冊僅載人丁數目，不載具體人名和年歲；其次，事產項中，小黃冊僅登載田地數目，不載除田地外的其他事產，且比元代戶籍多了稅糧內容。

　　小黃冊在田地數目下，開列夏稅、秋糧的登載方式，正是黃冊作爲賦稅冊籍的核心體現，此種登載方式也應與元代賦稅冊籍相關。元代賦稅冊籍的原件，目前學界尚未發現，但筆者在國家圖書館藏公文紙本《魏書》[②] 紙背發現一元代稅糧冊書式。該《魏書》紙背爲元浙江行省下屬各路呈江南浙西道肅政廉訪司公文，其中卷69第24—27葉背載一元代稅糧冊殘書式，現節錄第24葉背內容如下：

1.　一戶其人，係本縣某鄉都保住坐，是何戶計，里若干。
2.　　　　田若干，地若干，山若干，蕩若干。
3.　　　　　　　　　　　　夏稅：
4.　　　　　　　　　　　　　　綿若干，絲若干，

―――――――
　① 明洪武三年（1370）青田縣小黃冊的編成時間據《漢書》傳六九上第38葉載爲"洪武三年十二月"，則其開始攢造時間應更早一些，而"戶帖"開始僅在寧國一地實行，洪武三年（1370）十一月始頒行全國，故"小黃冊"登載格式直接借鑒"戶帖"的可能性較小，其應與"戶帖"一樣，是借鑒自元代戶籍登錄格式。

　② 該《魏書》與上圖、川圖藏紙背爲"小黃冊"的《魏書》非同一公文紙印本。國圖藏《魏書》存114卷，紙背內容均爲元浙江行省各路呈江南浙西道肅政廉訪司公文，時間上以"至正及至正以後的文書爲多"（參見杜立暉《〈魏書〉紙背元代文獻具有雙重史料價值》，《中國社會科學報》2015年6月10日）。

　　　　　　　　　　　　　　　　鈔若干。
5.　　　　　　　　　　　秋糧若干。
6.　　　　　　　官田土若干：
7.　　　　　　　　　田若干，地若干，山若干，蕩若干。
8.　　　　　　　　　夏稅：
9.　　　　　　　　　　　絲若干，綿若干，
　　　　　　　　　　　　　鈔若干。
10.　　　　　　　　　秋糧：
　　　　　　　　（後缺）

　　雖因稅收種類不同，造成此元代"稅糧冊"書式和小黃冊對夏稅、秋糧的具體登載內容有所差別，但在田地數目下開列夏稅、秋糧的登載格式，兩者則別無二致，所以小黃冊中的"田產"事項登載方式應是承襲自元代"稅糧冊"。

　　3、賦役黃冊的登載形式

　　賦役黃冊中具體人戶登載形式，現舉安徽博物館藏《萬曆四十年（1612）大造二十七都五圖黃冊底籍》所載朱繼伯戶爲例：

甲首第六戶：
　　一戶朱繼伯，承故父大義。
　　　　舊管人丁：計家男婦貳口：男子壹口，婦女壹口。
　　　　事產：民地山塘陸分柒厘伍毫肆絲。
　　　　　　　　　夏麥壹升貳合柒勺，秋米貳升肆合捌勺。
　　　　　　　（地、山、塘具體數目及徵收麥、米數目略）
　　　　民房屋：瓦房貳間，
　　　　民頭匹：水牛壹頭。
　　　　新收人口：正收男子貳口：
　　　　　　　　　成丁壹口：本身，萬曆叁拾年生，前冊

漏報，今收入。

不成丁壹口：男有生，萬曆叁拾柒年生。

開除人口：男子成丁壹口：父大義，[萬曆]叁拾陸年故。

事產：轉除民地山叁厘夏麥伍勺，秋米玖勺。

（地、山具體數目、轉除時間及徵收麥、米數目略）

實在人口叁口：男子貳口：

成丁壹口：本身，年貳拾；

不成丁壹口：男有生，年肆。

婦女大壹口：母孫氏，年叁拾柒。

事產：民地山塘陸分肆厘伍毫陸絲。

麥壹升貳合貳勺，米貳合貳勺。

（地、山、塘具體數目及徵收麥、米數目略）

民房屋：瓦房貳間；

民頭匹：水牛壹頭。①

由此可見，賦役黃冊採用了舊管、新收、開除、實在之四柱式登載，來反映各戶人口、事產的動態變化。而小黃冊編訂中僅有實在項，無舊管、新收、開除項。這應是因小黃冊為首次編訂，無需開列其他各項所致。

欒成顯先生曾將上引賦役黃冊底籍與戶帖進行對比，指出"黃冊與戶帖的人丁登載事項，二者幾乎完全一致"，並認為這是"由於黃冊制度還兼有戶籍制度之屬性所決定的"。② 由上件黃冊底籍可見，除人丁項之外，事產項中除"田產"之外的其他家產，如房屋、頭匹等，其登載方式也與戶帖相同，應同樣是繼承自戶帖；而賦役黃冊中"田產"項的登載方式，卻是完全繼承自小黃冊。

綜上，關於明賦役黃冊登載形式的來源，及戶帖、小黃冊、賦役黃冊三

---

① 轉引欒成顯《明代黃冊制度起源考》，《中國社會經濟史研究》1997年第4期。
② 欒成顯：《明代黃冊制度起源考》，《中國社會經濟史研究》1997年第4期。

者關係可總結如下：明賦役黃冊的登載形式是"戶帖"和"小黃冊"兩者的綜合，其吸收了"戶帖"中的"人丁"全項和"事產"中除"田產"外的其他家產項，又繼承了"小黃冊"中的"戶主姓名項"及"田產項"，以"舊管"、"新收"、"開除"、"實在"四柱式依次登載。

明初"戶帖"登載方式直接源自元代戶籍，小黃冊則是在借鑒元代"稅糧冊"的基礎上，又吸收了部分元代戶籍登載內容。

綜上，元明之際戶口賦稅管理制度發展演變的大體脈絡是，由元代人口管理、賦稅徵收分別編制冊籍，逐步演變成明代賦役黃冊的統一冊籍，而在這一過程中，洪武三年小黃冊起到了承上啟下的關鍵作用。

（三）賦役黃冊對小黃冊里甲人戶編排的繼承和發展

上文曾言，小黃冊是以"都"爲基本單位攢造，一都一冊，都下分里，這與賦役黃冊每里一冊的攢造方式有所不同，但以"都"爲基本地域單位編制里甲的方式，兩者卻應是一脈相承的。如《後漢書》卷四第 13 葉背載："仰將本都有田人戶，每壹百家分爲十甲"，而萬曆《大明會典》載，洪武二十四年（1391）第二次編制黃冊時，"凡編排里長，務不出本都"。① 此處的規定應是再次明確或強調，而非是首次規定。夏維中先生曾指出："經過南宋以來的長期探索，……朝廷以'都'爲基本地域單位，以土地佔有爲關鍵依據，以徭役編排爲主要內容，對人戶進行登記和控制，從而初步實現了基層組織兼具土地控制（經界）和人戶控制（編戶）雙重功能的目標。也就是說，'都'業已成爲江南地區基層組織的編制單位。"② 既然從南宋以來，"都"即已成爲江南地區基層組織的編制單位，洪武三年小黃冊也極可能是以"都"爲單位編排里甲，所以目前雖未見有關於洪武十四年（1381）第一次編制里甲時，對里甲編排的地域性及具體操作方式的明確規定，但從情理推斷，其也有極大可能是以"都"爲基本單位編排。

小黃冊中，每里登載具體人戶信息前，均有三個圖："各年里長甲首輪流圖"、"帶管外役人戶圖"和"編排不盡人戶圖"，此三圖體現了小黃冊編

---

① （萬曆）《大明會典》卷 20《戶口二·黃冊》，中華書局 1989 年版，第 132 頁。
② 夏維中：《洪武中後期江南里甲制度的調整》，《江海學刊》2006 年第 1 期。

排里甲時對人戶劃分的基本特點，即一里當中主要包括三類人戶：里甲戶、帶管外役戶和編排不盡人戶。而洪武十四年後編制賦役黃冊時，對此三類人戶均有所繼承的同時，又有所發展和完善。

首先，由小黃冊冊首所引公文及"里長甲首輪流圖"可知，小黃冊中里甲戶爲一里百戶，含十戶里長戶和九十戶甲首戶。賦役黃冊中，一里里甲戶增爲一百一十戶，里長戶數不變，甲首戶變爲百戶。除了戶數變化之外，"里長"戶的僉充標準也發生了一定變化。《後漢書》卷四第13葉背載："內選田糧丁力近上之家壹拾名，定爲里長。"據此，小黃冊中里長戶的基本僉充標準有二："田糧"和"人丁"，且"田糧"位於"人丁"之前，"田"重於"丁"。從現存小黃冊里長戶登載看，基本也是遵循以"田糧"多寡僉充的原則，"人丁"多寡的影響則極不明顯。如《後漢書》卷二第10葉背"里長葉則正"戶："人丁叁口，田產官民田土壹頃貳拾叁畝叁分貳厘"；《魏書》卷四十五第15葉背"里長梅請"戶："人丁肆口，田產民田伍拾壹畝肆分叁厘柒毫伍絲"等，其人丁數並不特別突出。按，《後漢書》卷四第20—22葉背記載了青田縣四都下一里總人戶爲123戶，人丁300口，平均每戶2.4口人左右，且由於資料的缺失，在此123戶人戶中我們不知有多少寄莊戶的存在，而小黃冊中寄莊戶祇載戶數，不載人丁數，所以實際上，每戶平均人口還應稍高於2.4口，故上引幾戶里長戶的人丁並非"近上"之戶，但其田產數量卻基本高於一般甲首戶。由此可以肯定，小黃冊中里長僉充應是以"田糧近上"爲主要標準。但到洪武十四年編制賦役黃冊時，卻是"一里之中，推丁糧多者十人爲之長，……凡十年一週，先後則各以丁糧多寡爲次。"① 此時里長僉充原則，已將"丁"置於"糧"前，正與小黃冊相反。《明會典》中相似內容則曰"各以丁數多寡爲次"②，將"丁糧"改爲"丁數"，"糧"之項目已然不見。此雖不排除《明會典》原文書寫刊刻有誤的可能，但從"丁"、"糧"兩者排序上可見，賦役黃冊編制中，里長人選的僉充，"丁口"影響有所加深。又，《海鹽縣圖經》中云："國初

---

① 《明太祖實錄》卷135"洪武十四年（1381）正月"條，第2143頁。
② （萬曆）《大明會典》卷20《戶口二·黃冊》，第132頁。

編審黃冊，以人戶爲主，凡一百一十戶爲一里。里長之就役，以丁數多寡爲次。"① 此處所云"國初編審黃冊"，據"一百一十戶爲一里"一語，應指賦役黃冊，非小黃冊，由此亦可見，洪武十四年賦役黃冊編制中，里長的僉充主要是以人丁多寡爲參考標準，而非"田糧近上"了。

其次，在小黃冊確定的里甲編排中，各里下均還存在帶管外役人戶，這些外役人戶單獨編爲一圖。與里甲戶不同的是，外役人戶不設立里長、甲首，僅在圖中每戶戶主姓名前標明其所服夫役類型，所見夫役包括：禁子、弓兵、鋪兵、水站夫、遞運夫、驛夫等。此類外役人戶所服夫役，均屬明代雜役，應是因其本身已有差役，不需另外承擔里長、甲首催收稅糧的差役，故而外役人戶不設里長、甲首。

關於明初雜役，唐文基先生《明初的雜役和均工夫》一文②已有較爲深入的研究，尤其是文中關於明初雜役類型及選差標準均有詳細論述，在此不再贅言。小黃冊中外役人戶登載形式與里長、甲首戶基本相同，僅每戶首行服役類型與一般里長、甲首有所不同。現舉一例如下：

如卷四第2—3葉背載：

（前略）

5. 　　帶管
6. 　　　　外役人戶：
7. 　　　　　　一戶吳賢，係本都民戶，充當本縣弓兵。
8. 　　　　　　人丁壹拾伍口：
9. 　　　　　　　　　男子玖口：
10. 　　　　　　　　　　成丁陸口，
11. 　　　　　　　　　　不成丁叁口。
12. 　　　　　　　　　婦女陸口。
13. 　　　　　　田產伍拾伍畝叁分陸厘貳毫伍絲。
14. 　　　　　　　　　夏稅：

―――――――――
① （明）胡震亨：《海鹽縣圖經》卷5《食貨上》，浙江古籍出版社2009年版，第126頁。
② 唐文基：《明初的雜役和均工夫》，《中國社會經濟史研究》1985年第3期。

15.　　　　　　　　　　　　正麥壹斗叁升貳
　　　　　　　　　　　　　　合捌勺柒抄，
16.　　　　　　　　　　　　耗麥玖合叁勺
　　　　　　　　　　　　　　玖圭。
17.　　　　　　　　秋糧：
18.　　　　　　　　　　　　正米壹碩壹斗柒
　　　　　　　　　　　　　　合貳勺伍抄，
19.　　　　　　　　　　　　耗米柒升柒合伍
　　　　　　　　　　　　　　勺柒撮伍圭。

（後略）

　　小黃冊中，之所以有"帶管外役戶"的存在，是因小黃冊的編制原則是將所有"有田人戶"一併編入冊籍，這些"外役人戶"即附入里長下帶管，但並不承擔甲首差役。而洪武十四年推行賦役黃冊制度之後，此種狀況發生了改變，這些原屬"外役人戶"的民戶也開始承擔甲首差役了。如上海圖書館藏《趙元哲詩集》紙背爲明萬曆十年（1582）山東兗州府東平州東阿縣攢造黃冊，第一冊第 30 葉背載："▭▭▭▭城屯馬站戶，充萬曆拾肆年甲首"；第二冊第 4 葉背載 "▭▭▭▭縣尚德鄉壹都第一圖車站戶，充萬曆拾玖年甲首"；第 2 冊第 21 葉背載 "▭▭▭▭驢夫戶，充萬曆拾陸年甲首"。但由於文書殘缺，賦役黃冊中此類"雜役人戶"是否還屬於"帶管戶"則不明。

　　最後，小黃冊中"編排不盡人戶"，在《吳興續志》中被稱爲"不盡畸零戶"，但其相關記載卻存在訛誤之處。《吳興續志》中云："歸安縣，……不盡之數，九戶以下附正圖，十戶以上自爲一圖，甲首隨其戶之多寡而置。……長興縣，……不盡畸零，九戶以下附正圖，十戶以上者亦爲一圖，設里長一名，甲首隨戶多寡設焉。"[①] 據此，不盡畸零戶十戶以上即可設立里長一名，但《後漢書》卷四第 13 葉背載："保內但有編排不盡畸零戶數貳拾、叁拾、肆拾戶，務要不出本保，一體設立甲首，鄰近里

---

① 《永樂大典》卷 2277《湖州府三·田賦》，第 886—892 頁。

長，通行帶管；如及伍拾戶者，另立里長一名，排編成甲。"此相似內容還見於靜嘉堂藏《漢書》傳六九上第 41 葉背："保內但有編排不盡畸零戶家，或有叁拾、肆拾戶，務要不出本保，一體設立甲首，鄰近里長，通行帶管。"此兩處所云："務要不出本保"的"保"應指"都保"，一是因小黃冊可能是以"都"爲單位編纂，都下設里；二是《漢書》傳六六下第 33 葉背"里長甲首輪流圖"中，出現有一、三、四、五、六、七、九等七個保的民戶姓名，故知其"不出本保"應爲"都保"。據此，"編排不盡人戶"超過五十戶者，才會單獨編爲一里，而非十戶即可爲一里。但《吳興續志》中所言："九戶以下附正圖，十戶以上者亦爲一圖"應無誤。如《後漢書》卷四第 18 葉背爲青田縣第四都下第一里"里長甲首輪流圖"，其後第 19 葉內容如下：

編排不盡人戶

洪武十年	洪武九年	洪武八年	洪武七年	洪武六年	洪武五年	洪武四年	
林學十二	林壽十八	陳德十二	珠延四	林福十二	林保三	林茂八	甲首

該葉內容左側殘缺，第 22 葉背載該里："編排不盡人戶壹拾戶，計人丁男女貳拾肆口"，據此，該里所含"編排不盡人戶"應爲 10 戶，第 19 葉背應缺洪武十一年至十三年的三戶甲首姓名。此應即《吳興續志》所言"十戶以上者亦爲一圖"。但其並未設立"里長"，由此可知"編排不盡人戶"設立里長的最低標準應是 50 戶，而非 10 戶。

據現存小黃冊內容，一都當中的畸零戶並非全部單獨編爲一圖，而是基本按照十戶一甲的標準，先將畸零戶編爲甲，然後再將各甲分別編入不同里當中，由各自鄰近里長帶管。如，《後漢書》卷四第 14 葉背載，青田縣第四都總計"編排不盡人戶叁拾戶，計人丁男女陸拾玖口"，而其下第一里中"編排不盡人戶"爲拾戶，由此可知，第四都中的叁拾戶"編排不盡人戶"應被分爲了三個甲，編入了三個不同里當中。此攢造原則基本被賦役黃冊所繼承，洪武二十四年（1391）"奏准攢造黃冊格式"載："且如一都有六百戶，將五百五十戶編爲五里，剩下五十戶，分派本都附各里長名下帶管當差，不許將別都人戶補輳"①，其中"分派本都附各里長名下帶管當差"即應指此。

另外，小黃冊中"不盡畸零"民戶與正圖里甲民戶並無太大區別，但賦役黃冊中，則對"畸零戶"進行了特殊規定。《明史·食貨志一》載：洪武十四年（1381）編制黃冊，"里編爲冊，冊首總爲一圖。鰥寡孤獨不任役者，附十甲後爲畸零"。②洪武二十四年（1391）"奏准攢造黃冊格式"對此則有了更爲具體的規定："且如一都有六百戶，將五百五十戶編爲五里，剩下五十戶，分派本都，附各里長名下帶管當差，……其畸零人戶，許將年老、殘疾並幼小十歲以下，及寡婦、外郡寄莊人戶編排"。③日本學者鶴見尚弘先生曾據洪武二十四年（1391）的規定，認爲這一原則的實行，里甲人戶中就出現了介於里長戶、甲首戶與畸零戶之間的"帶管戶"，即正管戶之外由里長帶管的人戶，性質類似《吳興續志》中的畸零戶，而《吳興續志》的畸零戶則專指老殘、寡婦等不能負擔徭役的人戶。④但實際上，賦役黃冊編訂中，對鶴見尚弘先生所謂的"帶管戶"和"畸零戶"處理方式不盡相同，如《明太祖實錄》洪武二十三年（1390）提到："凡一百一十戶攢成一本，有餘則附其後，曰畸零戶"⑤，嘉靖《惠州府志》、萬曆《上元縣志》、乾隆《吳江縣志》等也均把一甲超過十戶的稱爲畸零。此處的"畸零戶"與鶴見尚弘先生所云之"帶管戶"性質相同。同時，《明太祖實錄》當中還云："其排年里甲，仍依原定次第應役，如有貧乏，則於百戶內選丁糧多者補充。事故絕者，於畸零戶內選湊。"⑥如果賦役黃冊中的"畸零戶"專指無應役能力的人戶，那麼就無法被遞補爲甲首戶。或許，洪武二十四年的規定，是指在編排里甲之時，要將"鰥寡孤獨"、"外郡寄莊"等人戶優先編入附於正圖之下帶管的"畸零戶"，而並非是指又出現了一種不同於"里甲戶"和"畸零戶"的帶管戶。

---

① （明）趙官等編：《後湖志》卷4《事例一》，南京出版社2011年版，第54頁。
② 《明史》卷77《食貨志一》，第1878頁。
③ （萬曆）《大明會典》卷20《戶口二·黃冊》，第132頁；《後湖志》卷4《事例一》，第54頁。
④ ［日］鶴見尚弘著，姜鎮慶等譯：《中國明清社會經濟史研究》，學苑出版社1989年版，第1—25頁。
⑤ 《明太祖實錄》卷203"洪武二十三年（1390）八月丙寅"條，第3044頁。
⑥ 《明太祖實錄》卷203"洪武二十三年（1390）八月丙寅"條，第3044頁。

綜上，小黃冊的基本編制原則是在一都之内，百戶爲一里，將外役人戶及不盡畸零戶分入各里下帶管，並各製圖以便於僉充人戶服役。這種里甲人戶編排方式使得明代徵收稅糧和僉充夫役更爲嚴密化和組織化，洪武十四年之後賦役黃冊完全繼承了這一點。可以說，洪武三年在南方部分地區試行小黃冊之法時創建的里甲組織，已基本具備了洪武十四年後賦役黃冊里甲制度的完整框架。洪武十四年後通過賦役黃冊建立的里甲制度實際上祇是對洪武三年小黃冊里甲組織的繼承和完善，並非創建。小黃冊的試行，已經構建完成了明代黃冊里甲制度的基本框架和編制原則，實質上具備了明代里甲制度的核心内涵。據此，我們可明確指出，明代里甲制度的確立起點應即洪武三年試行的小黃冊之法。

（四）小黃冊所見明代里甲輪役方式

由小黃冊復原書式可見，每里人戶前均有一"里長甲首輪流圖"，該圖完整應爲 10x10 的朱絲欄表格，橫向爲"洪武四年"—"洪武十三年"十年輪役時間，縱向首行爲"里長"，下九行均爲"甲首"，表中每格填一戶戶主姓名，總計一百戶，此即《吳興續志》所云"編置小黃冊，每百家畫爲一圖"[①] 的"圖"。

該圖無疑是明初在賦役編派方面的一個重要創新，通過編制圖表，將十年中每一戶的輪役次序都進行了清楚、明確的標示，將賦役管理發展到了一個新高度。尤其是通過該圖結合小黃冊中的具體人戶登載，我們可以對傳世史籍中語焉不詳的明代里甲内部結構及輪役方式有一個更爲清楚地認知。

關於明代里甲輪役方式，由於史籍記載過簡，《明實錄》、《後湖志》、萬曆《大明會典》《明史》各書所載又有所不同，且對於同一材料，學者理解也不盡相同，因此造成了學界長期爭論。

按，《明太祖實錄》載："命天下郡縣編賦役黃冊。其法，以一百一十戶爲里，一里之中，推丁糧多者十人爲之長，餘百戶爲十甲，甲凡十人。歲

[①] 《永樂大典》卷 2277《湖州府三·田賦》，第 886 頁。

役里長一人，甲首十人，管攝一里之事。"①《明史》載："洪武十四年，詔天下編賦役黃冊。以一百十戶爲一里，推丁糧多者十戶爲長，餘百戶爲十甲，甲凡十人。歲役里長一人，甲首一人，董一里一甲之事。"②《後湖志》卷四《事例一》及萬曆《明會典》引洪武"諸司職掌"則云："詔天下府、州、縣編賦役黃冊。以一百一十戶爲里，推丁多者十人爲長。餘百戶爲十甲，甲凡十人。歲役里長一人，管攝一里之事。"③ 梁方仲、衛微、山根幸夫、松本善海、奧崎裕司、川勝守、李曉路、欒成顯、唐文基、小山正明、劉志偉、李新峰等學者均曾先後發表論著，對相關記載進行解讀，提出了自己的觀點。④ 李新峰先生曾對學界已有研究進行了詳細評述，指出對應着《明實錄》與《明史》，學界關於明初里甲制度的運作方式大體存在四種理解：梁氏（梁方仲）認爲每甲由常設一甲首和普通人戶組成，即每里十個甲首戶；以欒氏（欒成顯）爲代表的大多數則認爲每甲由十戶甲首組成；李氏（李曉路）認爲每甲設固定甲首輪應里長；以奧崎氏（奧崎司）爲代表的少數則認爲每年由各甲出一戶應役。李新峰先生指出這四種理解方式，均存在難以圓滿解釋關鍵史料的問題，明代中後期的里甲正役輪役方式應是按甲輪差，但明初的制度條文與相關史料則說明，里甲制度最初奉行各甲出一戶輪役的方式或設計理念。而各甲按丁糧次序依次出一戶輪役的方式，是明朝在國家控制力強大的背景下參考南宋舊法、追求公平與效率的產物。到洪武後期第二次修造黃冊時，各甲出一戶輪役的方式，開始迅速讓位於按甲

---

① 《明太祖實錄》卷135"洪武十四年（1381）正月"條，第2143頁。
② 《明史》卷77《食貨一》，第1878頁。
③ （明）趙官等編：《後湖志》卷4《事例一》，第53頁；（萬曆）《大明會典》卷20《戶口二·黃冊》，第132頁。
④ 相關研究成果：梁方仲《明代糧長制度》（上海人民出版社1957年版）、《論明代里甲法和均徭法的關係》（收入《梁方仲經濟史論文集》，中華書局1989年版）；衛微《明代的里甲制度》（《歷史教學》1963年第4期）；山根幸夫《明代徭役制度的展開》（東京女子大學學會1966年版）；松本善海《中國村落制度史の的研究》（岩波書店1977年版）；奧崎裕司《中國鄉紳地主の研究》（汲古書院1978年版）；川勝守《中國封建國家の支配構造——明清賦役制度史の研究》（東京大學出版會1980年版）；李曉路《明代里甲制研究》（《華東師範大學學報（哲學社會科學版）》1983年第2期）；欒成顯《明代黃冊研究》（中國社會科學出版社1998年版）；唐文基《明代賦役制度史》（中國社會科學出版社1991年版）；小山正明《明清社會經濟史研究》（東京大學出版會1992年版）；劉志偉《在國家與社會之間——明清廣東里甲賦役制度研究》（中山大學出版社1997年版）；李新峰《論明初里甲的輪役方式》（《明代研究》2010年第14期）。

輪差的方式。①

洪武三年小黃冊原件，尤其是"里長甲首輪流圖"的發現，爲我們解決此爭論，提供了寶貴契機。

首先，據"里長甲首輪流圖"，小黃冊確立的里甲制度，一里是由十戶里長戶和九十戶甲首戶組成，且各甲甲首由甲內民戶輪流充任，並不存在固定甲首戶和一般民戶。由此可以推斷，洪武十四年之後推行全國的里甲制度，一里當是由十戶里長戶和一百戶甲首戶組成，且一甲也應爲十甲首。而要明瞭里甲輪役方式，我們需首先明確里甲的編排、攢造方式。

史籍記載，明代黃冊里甲的編排、攢造存在"順甲法"和"穿甲法"兩種方式。正德時曾任南京戶科給事中的孫懋奏疏云：

> 臣嘗署掌戶科，管理後湖黃冊。查得北方省分開造里甲，每甲自相聯屬。如一甲里長趙甲，其本甲甲首相連十名，俱係於趙甲之後，他甲皆然。遇有查理，止於一十戶內檢尋，其弊難隱。南方省分開造里甲，各甲互相依附。如一甲里長錢乙，其本甲至十甲甲首，各揭一名，雜係於錢乙之後，謂之穿甲。遇有查理，須於百戶之內遍閱，其奸易匿。……其穿甲之法，查非舊制及見行事，宜通照北方黃冊開造，庶國無異政，家無殊俗。②

相似記載還見於嘉靖七年（1528）後湖官員趙永淳上言：

> 各處解到賦役黃冊，中間多不依式順甲編造，俱紊亂穿甲攢造。假如里長趙甲下甲首錢乙等十名，即該順次編附於里長趙甲之下，方可易於檢閱查對。今各處攢造黃冊，任憑里書人等玩法作弊，故將十里［甲］里［甲］首紊造於十里長之下，難以查對，深為未便。③

---

① 李新峰：《論明初里甲的輪役方式》，《明代研究》2010 年第 14 期。
② （明）孫懋：《毅菴奏議》卷下《厘夙弊以正版籍疏》，北京大學圖書館藏明萬曆刻本，第 32 頁。
③ 《後湖志》卷 10《事例》，第 114 頁。

第三章 新發現公文紙本古籍紙背洪武三年處州府小黃冊復原與研究 417

但據現存小黃冊原件，里甲攢造的"順甲法"和"穿甲法"並非是正德之後才開始出現，也並非是南方省分和北方省分二者固有的攢造差異，此二種攢造方式在小黃冊中即已出現，且存在同一都中，兩種攢造方式並存的現象。

結合"里長甲首輪流圖"來看，所謂"順甲法"即是依"里長甲首輪流圖"縱向按列排序，將其分爲1—10甲，一里長九甲首爲一甲；而"穿甲法"則是依"里長甲首輪流圖"橫向按行排序，十戶里長戶爲一里長甲，其下九十戶甲首戶則爲9個甲首甲。現結合小黃冊內容，分析如下：

首先，"順甲法"排甲方式。《後漢書》卷二第6葉背之"里長甲首輪流圖"，左側殘缺，所缺爲"洪武十二年至十四年"三年輪役里長甲首姓名，殘存內容如下：

各年里長甲首輪流圖

洪武十一年	洪武十年	洪武九年	洪武八年	洪武七年	洪武六年	洪武五年	洪武四年	
王壯全	葉玄青	葉德先	翁子安	吳宗德	翁子奇	翁景明	葉則正	里長
翁應星	周子良	葉 福	葉子青	葉德里	尹 廉	葉德均	翁必仕	甲首
徐 崇	徐僧保	呂 龍	翁仁壽	呂濟川	王明之	吳可貴	王安周	甲首
吳綸脩	馮 亨	王 維	翁良桂	吳 恭	葉習之	王伯玉	葉友之	甲首
吳羊盛	徐 明	吳可顯	王仁逸	□ 端	翁嵌光	□景先	□狀祥	甲首
葉嗣二	劉文輕	劉德遂	金應時	普照堂	葉易之	翁文普	葉 成	甲首
葉壽遂	高喬中元會	葉進三	善會堂	徐僧行	葉伯樂	翁方四	葉伯志	甲首
楊德進	吳和尚	吳得惠	董 蓬	鄭 劉	吳青遠	吳保興	吳 □	甲首
翁德友	王仲安	楊 興	葉成弟	楊君顯	葉明弟	葉德五	何僧壽	甲首
王 仁	鄭師得	吳羊弟	周白弟	李 卒	翁師曾	翁仁守	翁師普	甲首

同卷第7、8、9葉背爲該里全部人戶戶丁、事產總述，第10葉背載：

（前缺）

1.　　第一甲：
2.　　　　里長葉則正等一十戶。
3.　　　　　一戶葉則正，係本都民戶，洪武肆年里長。
4.　　　　　　　人丁叁口：
5.　　　　　　　　　男子貳口：
6.　　　　　　　　　　成丁壹口，
7.　　　　　　　　　　不成丁壹口。
8.　　　　　　　　　婦女壹口。
9.　　　　　　　　田產官民田土壹頃貳拾叁畝叁分貳厘。

（後略）

第 11—16 葉背分載 "翁必仕"、"王安周"、"葉成"、"葉伯志"、"何僧壽"、"翁師普" 等戶信息，其中雖有殘損，但其排序與 "輪流圖" 中第一列洪武四年輪役人員縱向順序完全相同。同卷第 17—20 葉，分載 "吳可貴"、"王伯玉"、"翁方四" 等戶信息，與圖中右數第二列洪武五年輪役人員順序相同。特別是第 23 葉背內容如下：

（前缺）

1.　　一戶葉習之，係本都民戶，洪武陸年甲首。
2.　　　　人丁叁口：
3.　　　　　　男子貳口：
4.　　　　　　　　成丁貳口。
5.　　　　　婦女壹口。
6.　　　　田產民田捌畝柒分壹厘陸毫陸絲柒忽。
7.　　　　　　夏稅：
8.　　　　　　　正麥貳升玖勺壹抄捌粒；
9.　　　　　　　耗麥壹合肆勺叁抄肆撮肆圭伍微陸塵。

10.　　　　　　　秋糧：
11.　　　　　　　　　　　　正米壹斗柒升肆合叁勺叁
　　　　　　　　　　　　　抄叁撮肆圭；
12.　　　　　　　　　　　　耗米壹升貳合貳勺叁撮叁
　　　　　　　　　　　　　圭叁粟捌粒。
13.　　　一戶翁嵌光，係本都民戶，洪武陸年甲首。
14.　　　　　　人丁陸口：
　　　　　　　　　　（後缺）

與圖中右數第三列洪武六年輪役人員"葉習之"、"翁嵌光"二者縱向排序相同，同樣現象還見於卷二第 27 葉背載"葉德里"、"呂濟川"二戶，第 29 葉背"普照堂"、"徐僧行"二戶，均與圖中洪武七年輪役人員縱向排序相同。

此種依"里長甲首輪流圖"縱向排甲的方式，將全里百戶人戶分為十甲，一甲十戶中含一個里長戶，九個甲首戶，甲首戶係於里長戶之後，正與史籍所載"順甲法"相同。

其次，"穿甲法"排甲方式。《後漢書》卷三十第 23 葉背"各年里甲輪流圖"，左側殘損，僅存洪武四年至十年內容，缺洪武十一年至十三年輪役人員，殘存內容如下：

第肆甲一各年里甲輪流圖

洪武十年	洪武九年	洪武捌年	洪武七年	洪武六年	洪武五年	洪武肆年	
陳續四	何伯堅	何和二奉先庄	徐貴貳	何伯祥	何伯高	張希賢	里長
祝銘五	葉成二	張貴一	徐崇三	徐福二	何高二	張成三	甲首
徐立二	李華三	李華二	張全七	瞿亮一	何勝三	何士通	甲首
徐殷二	何盛一	□□三	葉憲一	季信五	徐三	張登貳	甲首①
沈敬一	季益六	陳彬三	洪鎮五	何椿一	熙心堂	吳傑五	甲首
張昇貳	張福肆	何昇二	何頊貳	何銘七	何仁肆	張芳達	甲首
張仁六	吳敬一	徐賢十	王顯一	何福一	何廣一祥	張福貳	甲首
葉立二	陳宗五	張鎮九	徐富二	徐賢貳	張德二	徐付六	甲首
張清五	凍瑞一	季信一	練仁一	季俊五	何錄六	何祥七	甲首
季良三	張朝三	何琛三	張登一	季貴八	何福四	何仁五	甲首

① 該行表格文字被裱糊。

同卷第 24 葉背爲該里總述內容，僅存田地、稅糧數目。第 25 葉背爲混入的其他里中人戶，第 26 葉背載："里長張希賢壹拾戶／一戶張希賢，係本都民戶，洪武四年里長"，第 27 葉背載洪武七年里長"徐貴二"戶，第 28 葉背載洪武八年里長"何和二"① 戶，第 29 葉爲混入文獻，第 30 葉背載洪武十年里長"陳續四"戶，第 31 葉背爲洪武十□年里長"張星一"戶。雖此幾葉文獻，因印刷《後漢書》導致殘缺和錯簡現象，但還是可以看出，其排序與"里甲輪流圖"橫向排序相同。

之後，第 32 葉背載"甲下第壹甲甲首張成三等壹拾戶"，其中"張成三"爲洪武四年甲首，第 33 葉背爲洪武六年甲首"徐福二"戶，第 34 葉背爲洪武七年甲首"徐崇三"戶，卷三十一第 1 葉背爲洪武十年甲首"祝銘五"戶，第 2 葉背爲洪武十一年甲首"楊理"戶，第 3 葉背爲洪武十三年甲首"張原一"戶。同卷第 4 葉背爲"甲下第二甲甲首何仕通等壹拾戶"，"何仕通"充洪武四年甲首，同卷第 5—8 葉依次載洪武六年甲首"瞿亮一"、洪武七年甲首"張全七"、洪武十年甲首"徐立二"、洪武十三年甲首"徐遠斌三"；第 9 葉則開始登載第三甲張登二等一十戶信息。

由上述內容可見，此"第四甲"② 中"甲"的攢造，是依"里長甲首輪流圖"橫向排序，將十戶里長戶編爲一個里長甲，之後橫向十戶甲首戶爲一甲，從上至下排列，但里長甲不計入甲首甲的排序，故甲首甲的排序爲 1—9。由此推斷，洪武十四年攢造賦役黃冊，甲首戶由小黃冊時的一里九十戶增加爲一里一百戶，依此排序的賦役黃冊中，甲首甲應爲 1—10 甲。

此種排序方式下，同一年應役的一戶里長戶及所領九戶甲首戶，分別來自里長甲和 1—9 甲，即孫懋所云"如一甲里長錢乙，其本甲至十甲甲首，各揭一名，雜係於錢乙之後"，故可以肯定，依"里長甲首輪流圖"橫向編甲的方式即史籍所載"穿甲法"。

在明確了小黃冊中"順甲法"和"穿甲法"兩種里甲編排攢造方式之

---

① "里甲輪流圖"中寫作"何合二"，應爲一人。
② 按，小黃冊中"里長甲首輪流圖"前有編序的，均爲第幾甲，此"甲"與大家熟知的"里甲"的"甲"不同，其應同於洪武十四年賦役黃冊中的"里"，但小黃冊中未見有第幾里的出現。上舉《後漢書》卷三十第 32 葉"甲下第一甲"，卷三十一第 4 葉"甲下第二甲"中"甲下"的"甲"，也相當於"里"。

後，再結合"里長甲首輪流圖"來看，明代的里甲輪役方式可一目了然。其中"順甲法"明顯是按"甲"輪役，十年一週；而"穿甲法"則是每年由"里長甲"中一戶出任"里長"，九個"甲首甲"中各出一戶出任"甲首"，應役方式即是松本善海先生認爲的："第一年由第一里長、第一甲第一甲首、第二甲第一甲首……應役，第二年由第二里長、第一甲第二甲首、第二甲第二甲首……應役。"①

上舉《明太祖實錄》載："歲役里長一人，甲首十人，管攝一里之事"，可有兩種理解：一是將歲役"里長一人，甲首十人"看做是同一甲，即"順甲法"的排甲；二是將"甲首十人"理解爲是來自不同的十甲，即"穿甲法"中每甲各出一戶。而《明史》所云："歲役里長一人，甲首一人，董一里一甲之事"則祇能是"穿甲法"。兩者所載並無根本矛盾之處，祇是對應不同的里甲編排方式。

結合小黄冊和傳世史籍，因里甲編排、攢造方式不同所造成的兩種里甲輪役方式，在明初實行小黄冊之法時即已出現，且爲之後的賦役黄冊所繼承，並長期存在。由孫懋、趙永淳二人上疏可見，至嘉靖時期，賦役黄冊編造中仍存在"順甲法"和"穿甲法"兩種攢造方式，據此可以推知，嘉靖之前里甲輪役也應是兩種方式並存。但"穿甲法"存在檢索不便的弊端，因爲按照"順甲法"攢造黄冊，如要查找某年輪役的里長甲首具體信息，祇需檢索當年應役的"甲"中十一戶即可；而按"穿甲法"攢造，如要檢索某年應役里長、甲首，其姓名可以根據"里長甲首輪流圖"檢得，但具體信息則需翻遍全里十甲內容方可，因而被官員詬病。嘉靖十一年（1532），明朝開始統一賦役黄冊的里甲攢造方式：

> 況今嘉靖十一年又值大造之期，……本部移諮都察院，轉行各該巡按御史，備行江西等十三布政司及南北直隸府州，每遇大造之年，嚴督各該掌印管冊官員，用心督理……依式順甲攢造……如有故違禁例，仍前故用粉飾紙張及紊亂穿甲攢造作弊者，聽本湖管冊科道等官查驗得

---

① 松本善海：《中國村落制度史の的研究》，第182頁。

出，先將解差人役參送法司問罪，冊籍駁回，另行易紙，依限造解。①

嘉靖十一年（1532）始，攢造黃冊嚴禁"穿甲法"編排里甲，祇能按"順甲法"依式攢造，由此里甲輪役方式必然祇剩與"順甲法"相符的"按甲輪差"方式，此也與明後期各種文獻載里甲應役"按甲輪差"相符。正是由於明後期，賦役黃冊的里甲攢造，僅剩"順甲法"，但清修《明史》所載卻是明後期已消失的"穿甲法"輪役，兩者之間的矛盾，造成了學界長期爭論。

由上可知，明代里甲輪役方式的演變，並非單純的像李新峰先生所言，是由明前期的"各甲出一戶輪役"轉變爲中後期的"按甲輪差"，而是明前期一直存在與"穿甲法"對應的"各甲出一戶輪役"和與"順甲法"相應的"按甲輪差"兩種輪役方式，至嘉靖十一年禁止"穿甲法"攢造黃冊之後，才僅剩與"順甲法"相應的"按甲輪差"一種方式。

（五）小黃冊與明代鄉村基層組織"圖"的來源

"都圖"作爲明代通行於南方地區不同於前代的鄉村組織單位，對明清乃至民國時期的江南鄉村基層組織均產生了重要影響。其中"都"發端於宋熙寧三年（1070）保甲法的實行，之後在南宋實行推排法時被廣泛設立，這一觀點基本得到了學界的認可。但關於"圖"的設置時間，學界則有南宋說、元代說等兩種觀點，但此兩說均存在一定問題。小黃冊原件的發現，則在一定程度上爲我們揭示了作爲鄉村組織"圖"的來源。

清趙翼《陔余叢考》據《宋史·袁燮傳》中的相關記載，認爲"鄉都圖之制起於南宋也"。② 日本學者和田清也據此認爲南宋時期爲了統一賦稅與勞役，政府從事土地丈量而畫圖造帳，這種圖冊慢慢代替保的名稱成爲鄉村組織單位，所以南宋末年南方的鄉村組織已經被都、圖所取代了。③ 張哲

---

① 《後湖志》卷10《事例》，第115頁。
② 趙翼著，欒保群、呂宗力點校：《陔余叢考》卷27《鄉都圖》，河北人民出版社1990年版，第470頁。
③ 參見和田清《中國地方自治發達史》，汲古書院1975年版，第65—66頁。

郎、趙秀玲等學者，均支持這一論斷。① 但陳宏進經過分析指出，《宋史·袁燮傳》載："燮命每保畫一圖，田疇、山水、道路悉載之，而以居民分布其間，凡名數、治業悉書之。合保為都，合都為鄉，合鄉為縣，徵發、爭訟、追胥，披圖可立決。"② 其所畫之圖，"僅為袁燮在浙西救饑過程中便於瞭解和管理各保而繪製的較為詳細的地圖，亦即紙上之圖，並非制度化的鄉村組織單位。"③ 其實，除了袁燮所畫地圖為包含地形、人戶、治業等內容的詳圖之外，從文中"合保為都，合都為鄉，合鄉為縣"一語也可看出，此時的鄉村最基層建置仍為"保"，並未形成"圖"。

學者論證"圖"的設置始於元代，依據史料主要有二：一是嘉靖《蕭山縣志》載："改鄉為都，改里為圖，自元始。明興，因元之制，今之都里稍異於昔"、"元世祖至元十六年，改紹興府為紹興路，（蕭山）縣隸之，領都凡二十四、圖凡一百五十七。"④ 二是楊維楨《送經理官成教授還京序》載：洪武元年（1368）濟寧路教授成彥明被派往松江府經理田畝，"分履淞之三十八都，二百一十五圖"。⑤ 前者，《蕭山縣志》初修於嘉靖二十二年（1543），續修於嘉靖三十六年（1557），是目前所見元"改里為圖"的最早記錄，但嘉靖四十年（1561）修《浙江通志》載元世祖至元十三年（1276）改紹興府為路，並未提及元代"改里為圖"之事。此後的一些方志，諸如萬曆《紹興府志》《會稽縣志》、民國《新昌縣志》等載"元改里為圖"，則均是沿襲《蕭山縣志》的說法，未見一處元代史料有此記載。《送經理官成教授還京序》中"二百一十五圖"的記載僅見於《四部叢刊》本《東維子文集》，《四庫全書》本《東維子集》則記為"分履淞之三十八都，二百一十五圍"。⑥ 侯鵬曾指出："宋元以來蘇松地區的圍田都是被登記於保之

---

① 張哲郎：《鄉遂遺規——村社的結構》，《吾土與吾民》，臺北：聯經出版事業公司1993年版，第207頁；趙秀玲：《中國鄉里制度》，社會科學文獻出版社1998年版，第37頁。
② （元）脫脫等：《宋史》卷400《袁燮傳》，中華書局1977年版，第12146頁。
③ 陳宏進：《宋元時期"都""圖"探析》，《唐山師範學院學報》2016年第1期。
④ （嘉靖）《蕭山縣志》卷1《地理志·沿革》，《天一閣藏明代方志選刊續編》第29冊，上海書店1990年版，第25、30頁。
⑤ 楊維楨：《東維子文集》卷1《送經理官成教授還京序》，《四部叢刊》初編本，商務印書館1919年版，卷1第4葉b面。
⑥ 楊維楨：《東維子集》卷1《送經理官成教授還京序》，景印文淵閣《四庫全書》第1221冊，臺灣商務印書館1986年版，第384頁。

下，並未見'圖'的設置……華亭縣的經理土畝是以宋元以來形成的堡（保）、社等組織進行的。因此，四庫本的記載應更符合事實。"① 可以說，學界關於"圖"始設於元代的論述，均缺乏過硬資料支撐。

"圖"在明代作爲一級鄉村組織，與黃冊里甲制度密切相關。欒成顯曾指出，明代江南許多地方都圖與都保並存，其中"都圖"以人戶劃分爲主，屬黃冊里甲系統；"都保"則是以地域劃分爲主，屬魚鱗圖冊系統。② 明代黃冊里甲系統，起源於洪武三年小黃冊之法的試行。小黃冊之法中，不僅初步建立了里甲制度的基本框架，還同時出現了"圖"。《吳興續志》中載："（洪武三年）編置小黃冊，每百家畫爲一圖。"③ 之前學界並不清楚此處所云"畫爲一圖"的具體含義，大都將其理解等同爲編爲一里。而小黃冊中，明確可見每里人戶前均有一百戶人員構成的"里長甲首輪流圖"，此"圖"應即《吳興續志》中"每百家畫爲一圖"的"圖"。

此圖爲賦役黃冊所繼承，如《明太祖實錄》卷135載"洪武十四年黃冊"之法云："每里編爲一冊，冊之首總爲一圖"，④ 嘉靖《香山縣志》載："里甲之制，洪武十四年始詔天下編賦役黃冊，以一百一十戶爲一里，同一格眼，謂之一圖"，⑤ 其中所云之"圖"均應指"里長甲首輪流圖"。一直到清代黃冊編訂，仍有此圖存在，王梅莊《清代黃冊中之戶籍制度》一文提到順治十四年至十八年（1657—1661）"山西大同府蔚州編審黃冊"中："每里之前並附印就圖表，註入里長及甲首姓名，嗣後各朝概無此式。"⑥ 文中所云圖表，竺沙雅章也曾引錄，⑦ 形制與小黃冊中"里長甲首輪流圖"基

---

① 侯鵬：《明清浙江賦役里甲制度研究》，華東師範大學博士學位論文，2011年，第59頁。
② 欒成顯：《明代里甲編制原則與圖保劃分》，《史學集刊》1997年第4期。
③ 《永樂大典》卷2277《湖州府三·田賦》，第886頁。
④ 《明太祖實錄》卷135"洪武十四年（1381）正月"條，第2143—2144頁。
⑤ （嘉靖）《香山縣志》卷2《徭役》，《日本藏中國罕見地方志叢刊》第13冊，書目文獻出版社1991年版，第314頁。欒成顯在《論明代甲首戶》一文中認爲："在每次大造時都要按里甲編制的要求預先編定排好，明載黃冊之上。這是明代黃冊上各戶之前首先登載的一個項目，稱爲'編次格眼'。"（《中國史研究》1999年第1期）但由小黃冊結合史籍記載來看，賦役黃冊中所云"編次格眼"，並不僅僅是指登載應役次序，還需將其繪爲一個圖表，即"里長甲首役圖"，因其是10×10的方格，故稱"編次格眼"。
⑥ 王梅莊：《清代黃冊中之戶籍制度》，《文獻論叢》（論述二），國立北平故宫博物院，1936年，第119頁。
⑦ 竺沙雅章：《漢籍紙背文書の研究》，第49頁。

本相同。

　　上文曾言，洪武三年小黃冊是以都爲單位攢造，一都中"每百戶畫爲一圖"，故一都小黃冊中會包含有多個"里長甲首輪流圖"。洪武十四年後賦役黃冊是以"里"爲單位攢造，一里一冊，故有"冊之首總爲一圖"的記載，即一冊一個"里長甲首輪流圖"。（萬曆）《嘉定縣志》載："圖即里也，不曰里而曰圖者，以每里冊籍首列一圖，故名曰圖。"① 其中，所載"每里冊籍"即賦役黃冊，"首列一圖"應即"里長甲首輪流圖"，明確指出了明代將鄉村人戶組織"里"稱爲"圖"是源自賦役黃冊中的"里長甲首輪流圖"。又，（康熙）《永康縣志》言："每里各爲一圖，圖即周禮版圖之謂，今之格眼紙，仿佛其意爲之。限其地則曰里，按其籍則曰圖，以故圖之數，如其里之數。"② 其中所謂"格眼紙"，也是指"里長甲首輪流圖"。"限其地則曰里，按其籍則曰圖"指出了"里"、"圖"二者作爲地方組織單位在使用上的區別。但由目前傳世賦役黃冊所見，在黃冊中"里""圖"二者的使用並沒有嚴格區分，往往存在混用現象。另，洪武二十四年（1391）第二次編制黃冊時，專門規定"凡編排里長，務不出本都"，③ 則賦役黃冊里甲的編制，也是以"都"爲單位，一都下含多個里，一里黃冊又"冊首總爲一圖"，故都下含有多個"圖"，"都圖"共同組成了鄉村基層組織單位。

　　從上述分析可見，明代黃冊中的"圖"最初應是表示繪製"里長甲首輪流圖"而言，是"繪圖"之意。而以繪製"輪流圖"來標明里長甲首應役次序的方式，使得里甲差役的僉充更爲直觀化和嚴密化，同時也更便於管理人戶，"圖"即慢慢成爲了一種人戶組織單位，此應即明代地方基層組織"圖"的來源演變。

　　此外，小黃冊編訂之時，"圖"還僅是作爲標明一里中里長、甲首輪役次序的圖表存在，尚未成爲一級地方鄉村組織單位。如，《後漢書》卷四第

---

　　① （萬曆）《嘉定縣志》卷1《鄉都》，《中國方志叢書·華中地方·第四二一號》，臺北成文出版社有限公司1983年版，第122—123頁。
　　② （康熙）《永康縣志》卷1《鄉區》，《中國地方志叢書·華中地方·第五二八號》臺北成文出版社有限公司1983年版，第85—86頁。
　　③ （萬曆）《大明會典》卷20《戶口二·黃冊》，第132頁。

13葉背載小黃冊編制原則稱："仰將本都有田人戶，每壹百家分爲十甲……保内但有編排不盡畸零戶數貳拾、叁拾、肆拾戶，務要不出本保，一體設立甲首，鄰近里長，通行帶管。"其中，里甲正戶的編排是以都爲單位，而不盡畸零戶則是以"保"爲單位劃分，證明此時地方鄉村組織仍是延續自宋元的"都保"制。① 小黃冊中民戶所屬籍貫標註方式也均爲"本都人戶"或"厶縣寄莊人戶"，未見如後來賦役黃冊中常見的"厶都厶圖人戶"，也表明此時"圖"尚未成爲都下的組織單位。"圖"作爲鄉村組織單位，應是在洪武十四年（1381）全國推行賦役黃冊里甲制度之後，但其與小黃冊中的"里長甲首輪流圖"存在密切淵源關係則無疑義。可以說，洪武三年（1370）小黃冊之法，確定了以都爲單位，"百家畫爲一圖"的里甲編制方式，所創建的"里長甲首輪流圖"爲後來的賦役黃冊所繼承，逐漸發展成爲"都"下人戶組織單位。明代江南地區"以縣統鄉，以鄉統都，以都統圖，如身使臂、臂使指，勢連屬而民用一矣"② 的鄉村治理模式形成的最初源頭，可以說即是洪武三年（1370）小黃冊之法的推行。

綜上所述，洪武十四年（1381）開始推行的賦役黃冊制度，其基本攢造原則是繼承了小黃冊的編訂方式，具體民戶登載形式則是融合了戶帖和小黃冊二者而來。戶帖基本延續了元代戶籍登載方式，小黃冊則是在元代稅糧冊基礎上加入了丁口數量内容。此外，據史籍記載，洪武三年至十四年間，明政府大體上是依據戶籍、戶帖管理人口，以小黃冊圖徵收稅糧，以均工夫圖僉派夫役，而洪武十四年賦役黃冊的編訂，則將戶籍管理、稅糧徵收、徭役僉充三者合一，形成一統一冊籍，這應即是明初戶籍、賦役制度的大體演變路線。

洪武三年（1370）試行的小黃冊之法，作爲黃冊里甲制度的確立起點，對明朝的鄉村基層管理、賦役徵派產生了重要影響。其冊籍文獻的發現，可彌補傳世史籍記載缺失的空白，使我們得以從源頭重新審視明代黃冊里甲制度的形成、發展變化，進而對明代鄉村基層組織結構和管理模式及元明制度

---

① 關於小黃冊中的不盡畸零戶和都保問題，筆者擬另撰文闡述，不再在此展開。
② （嘉靖）《浦江志略》卷1《鄉井》，《天一閣藏明代地方志選刊》第19冊，上海古籍書店1963年版，第4葉a。

演變產生一系列新的認知。當然，上述對小黃冊原件文獻價值意義的歸納難免挂一漏萬，但本文對相關資料的分析至少可以豐富有關明代都圖、黃冊、里甲制度的探討，進而喚起人們對明代賦役制度和鄉村治理的不懈追問和思考。

（本文作者宋坤。本文部分內容曾以《明洪武三年處州府小黃冊的發現及意義》爲名，刊發於《歷史研究》2020年第3期，收入本書有較大改動。）

四　古籍紙背洪武三年(1370)小黃冊所見明初里甲編排原則考略

賦役黃冊作爲明代徵收賦稅和編排徭役的一項重要制度，素爲學界所重，與之相關的明代里甲制也歷來是學界研究熱點。目前學界在談到賦役黃冊里甲組織結構時，對於里下所含各甲，基本認爲是由10戶甲首戶組成一甲，每年一戶應役，爲"見役甲首"，其餘9戶爲"排年甲首"。但對於里甲的排序原則，則因限於史料，未見有清晰論述。

按，明洪武十四年（1381）正式在全國推行賦役黃冊之法，《明太祖實錄》載："命天下郡縣編賦役黃冊。其法，以一百一十戶爲里，一里之中，推丁糧多者十人爲之長，餘百戶爲十甲，甲凡十人。歲役里長一人，甲首十人，管攝一里之事。城中曰坊，近城曰廂，鄉都曰里。凡十年一周，先後則各以丁糧多寡爲次，每里編爲一冊。"①　"其排年里甲，仍依原定次第應役。如有貧乏，則於百戶內選丁糧多者補充；事故絕者，於畸零戶內選湊。"②《明史》對此記載略有不同，其載："洪武十四年，詔天下編賦役黃冊。以一百十戶爲一里，推丁糧多者十戶爲長，餘百戶爲十甲，甲凡十人。歲役里長一人，甲首一人，董一里一甲之事。先後以丁糧多寡爲此序，凡十年一週，曰排年。"③ 同時，《明史》又載："役以應差，里甲除當復者，論丁糧多少編次先後，曰鼠尾冊，按而徵之。"④ 正德《後湖志》與萬曆《明會典》所引洪武《諸司職掌》則載："詔天下府、州、縣編賦役黃冊。以一百一十戶爲里，推丁多者十人爲長。餘百戶爲十甲，甲凡十人。歲役里長一人，管攝一里之事。城中曰坊，近城曰廂，鄉都曰里。凡十年一週，先後則各以丁糧多寡爲次，每里編爲一冊。"⑤ 對於上述記載，國內外學者分別從不同角

---

①　《明太祖實錄》卷135"洪武十四年（1381）正月"條，臺北"中央"研究院歷史語言研究所校印本，1962年，第2143頁。
②　《明太祖實錄》卷203"洪武二十三年（1390）八月丙寅"條，第3044頁。
③　（清）張廷玉等：《明史》卷77《食貨一·戶口》，中華書局1974年版，第1878頁。
④　《明史》卷78《食貨二·賦役》，第1905頁。
⑤　（明）趙官等編：《後湖志》卷4《事例一》，南京出版社2011年版，第53頁；（萬曆）《大明會典》卷20《戶口二·黃冊》，中華書局1989年版，第132頁。

度進行了解讀，提出各自不同的見解。① 李新峰先生曾對學界已有研究進行詳細分析和總結，指出由於史料僅以"丁糧多寡爲次"的模糊記載，造成學界對人戶里甲的應役次序編排一直無法給予明確的界定，對奥崎裕司的按甲輪差"以丁糧多寡爲次"的觀點表示了贊同，指出"以丁糧多寡爲次"，祇有按照每年各甲出一戶應役的方式，里甲負擔的任務才會在内部有效地分擔實施，洪武十四年規定的"以丁糧多寡爲次"才有實際意義。② 在此之後，學界雖有其他學者亦有論著涉及，但仍無法擺脱"以丁糧多寡爲次"的模糊理解，對其解釋也多是僅僅止步於字面，但究竟"丁"、"糧"二者孰前孰後，亦或二者兼顧尚無定論。③

古籍紙背明洪武三年（1370）小黄册原件的發現，特别是其中保存的"里長甲首輪流圖"，爲解決這一問題提供了最爲直接的原始資料。總的來看，明初小黄册的里長應役編排是以"田糧"多寡爲序，具體到一里之内，明初小黄册中甲首的編排次序上，則因爲"穿甲法"和"順甲法"的不同而存在一定差異。基於此，本文即擬在對這批古籍紙背文獻中所存明初小黄册原件綴合復原的基礎上，着重分析其"穿甲法"和"順甲法"兩種人戶輪役方式下的里甲編排原則，以期更爲準確的把握明初里甲制在里甲編排上的原則標準。

---

① 相關成果如：梁方仲《一條鞭法》和《論明代里甲法和均徭法的關係》（《梁方仲文集》，中山大學出版社2004年版，第1—49頁和第223—249頁）；衛微《明代的里甲制度》（《歷史教學》1963年第4期）；山根幸夫《明代徭役制度の展開》（東京女子大學學會1966年版）；[日] 松本善海《中國村落制度史的研究》（岩波書店1977年版）；奥崎裕司《中國鄉紳地主的研究》（汲古書院1978年版）；[日] 川勝守《中國封建國家の支配構造——明清賦役制度史の研究》（東京大學出版會1980年版）；李曉路《明代里甲制研究》（《華東師範大學學報（哲學社會科學版）》1983年第2期）；欒成顯《明代黄册研究》（中國社會科學出版社1988年版）；唐文基《明代賦役制度史》（中國社會科學出版社1991年版）；小山正明《明清社會經濟史研究》（東京大學出版會1992年版）；劉志偉《在國家與社會之間——明清廣東里甲賦役制度研究》（中山大學出版社1997年版）；李新峰《明初每里甲首的數量與輪役方式》（"第十三屆明史國際學術研討會"論文集2009年，第394—410頁）、《論明初里甲的輪役方式》（《明代研究》2010年第14期）。
② 李新峰：《論明初里甲的輪役方式》，《明代研究》2010年第14期。
③ 如施由明《論明代的里甲制與農村社會控制——以江西爲例》（《農業考古》2010年第1期）；侯鵬《明清浙江賦役里甲制度研究》（華東師範大學博士學位論文，2011年）；馬渭源《明代的鄉村基層組織——里甲制度》，（《明基奠立》，東南大學出版社2015年版，第77頁）；張希文《明代里甲制與里甲役若干問題研究》（遼寧師範大學碩士學位論文，2018年）等。

（一）"順甲法"下的人戶里甲編排分析

所謂"順甲法"即依照小黃冊中"里長甲首輪流圖"縱向按列排序，將全里100戶分10甲，每甲10戶，含1里長戶和9甲首戶，同一年應役的甲首戶列於里長戶之後，每年由一甲應役。在上圖藏《後漢書》和《魏書》兩種古籍紙背所存小黃冊中，人戶里甲輪役方式爲"順甲法"且留存人戶信息較多者大致有3個"里"，現舉其中一里爲例。

通過綴合復原可見，《後漢書》卷二第6—30葉、卷三第1—29（其中第9葉爲錯簡，應位於第29葉之後）、卷四第1—12葉等紙背爲一"里"小黃冊，據現存內容可知，應爲明洪武三年（1370）浙江處州府遂昌縣建德鄉十五都攢造。其中，卷二第6葉背殘存一"里長甲首輪流圖"，內容如下：

各年里長甲首輪流圖

	洪武十一年	洪武十年	洪武九年	洪武八年	洪武七年	洪武六年	洪武五年	洪武四年	
（後缺）	王壯全	葉玄青	葉德先	翁子安	吳宗德	翁子奇	翁景明	葉則正	里長
	翁應星	周子良	葉 福	葉子青	葉德里	尹 廉	葉德均	翁必仕	甲首
	徐 崇	徐僧保	呂 龍	翁仁壽	呂濟川	王明之	吳可貴	王安周	甲首
	吳德脩	馮 亨	王 維	翁良桂	吳 恭	葉習之	王伯玉	葉友之	甲首
	吳羊盛	徐 明	吳可顯	王仁逸	□①端	翁嵌光	□②景先	□③狀祥	甲首
	葉嗣二	劉文輕	劉德遂	金應時	普照堂	葉易之	翁文普	葉 成	甲首
	葉壽逵	高喬中元會	葉進三	善會堂	徐僧行	葉伯奕	翁方四	葉伯志	甲首
	楊德進	吳和尚	吳得惠	董 蓬	鄭 劉	吳青遠	吳保興	吳 □	甲首
	翁德友	王仲安	楊 興	葉成弟	楊君顯	葉明弟	葉德五	何僧壽	甲首
	王 仁	鄭師得	吳羊弟	周白弟	李 卒	翁師曾	翁仁守	翁師普	甲首

---

① 此字位於版心，被裱糊。
② 此字位於版心，被裱糊。
③ 此字位於版心，被裱糊。

第三章　新發現公文紙本古籍紙背洪武三年處州府小黄冊復原與研究　431

　　通過復原後的小黄冊書式可見，完整的"里甲輪流圖"應爲 10x10 的表格，横向爲"洪武四年"—"洪武十三年"十年輪役時間，縱向第 1 行爲"里長"，其下 9 行爲"甲首"。表中每格填一戶戶主姓名，總計一百戶。據此，上舉"里長甲首輪流圖"應缺左側洪武十二年至十三年兩年的輪役里長、甲首人戶姓名。另，根據對小黄冊的書式復原，該"圖"之下應開列該里全部人戶、事產總計，而後則是詳細開列各戶人口、事產細目，以上在其後相鄰的各葉背文書中均可得到驗證。如，同卷第 7、8、9 葉背所載均爲該里人戶、事產總計，且通過對比原書圖版、字跡墨色、書寫格式等特點分析，3 葉文書能夠綴合，綴合後的內容簡錄如下：

　　　　　　　　　　　（前略）
1.　　　　　　　　　　婦女貳百拾叁口。
2.　　　　弓兵貳戶，人丁拾陸口：
　　　　　　　（以下爲人口細目，從略）
7.　　　　編排不盡人戶拾柒戶，人丁陸拾伍口：
　　　　　　　（以下爲人口細目，從略）
12.　　　寄莊人戶：
…………………（以上卷二第 7 葉）…………………
13.　　　　民戶叁戶。
14.　　　田產官民田土。
15.　　　　　　　　　田壹拾壹頃叁拾陸畝叁分伍毫伍絲貳忽；
16.　　　　　　　　　地貳畝伍分陸厘貳毫伍絲。
　　（以下爲"官""民"田之夏稅、秋糧細目，從略）
…………………（以上卷二第 8 葉）…………………
28.　　　民田土：
29.　　　　　　民田壹拾壹頃貳拾壹畝貳分陸厘伍絲貳忽。
　　　　　（以下爲夏稅、秋糧細目，從略）
30.　　　　　　民地貳畝伍分陸厘貳毫伍絲。

（以下爲夏税細目，從略）
．．．．．．．．．．．．．．．．．．．．．．（以上爲卷二第 9 葉）．．．．．．．．．．．．．．．．．．．．．．

　　上述綴合後的内容上下連貫，語意相通，且符合小黄册編排次序，基本保留了該里外役弓兵人户、編排不盡人户、寄莊人户的人户、丁口數目以及該里田土的完整信息。

　　同書卷二第 10 葉背載 "第一甲" 洪武四年里長 "葉則正" 户信息，第 11 葉背載洪武四年甲首 "翁必仕" 户，第 12 葉背載洪武四年甲首 "王安周" 户，第 13—16 葉背分載洪武四年甲首 "葉成"、"葉伯志"、"何僧壽" 和 "翁師普" 四户信息，結合卷二第 6 葉背 "里長甲首輪流圖" 可知，上述 7 葉背所載人户恰與縱向第一列順序相符，僅缺 "葉友之"、"□狀祥" 和 "吴□" 三户信息；同卷第 17—20 葉背載洪武五年甲首 "吴可貴"、"王伯玉"、"翁方四" 和 "吴保興" 四户信息，與縱向第二列順序相符；第 21—26 葉背分載洪武六年里長 "翁子奇" 和甲首 "尹廉"、"葉習之"、"翁嵌光"、"葉易之"、"吴青遠"、"葉明弟"、"翁師曾" 八户信息，與縱向第三列順序相符。另，第 27—30 葉分載縱向第四列六户信息，卷三各葉背分載第五列至第八列人户信息，以及殘缺的第九和第十列人户信息。可見，該 "里" 下各甲是按 "里長甲首輪流圖" 縱向逐列排序，將全里 100 户分 10 個甲，即洪武四年列爲第一甲，洪武五年列爲第二甲……洪武十三年列爲第十甲。基於此，下文將依次對這 10 個甲的人户里甲編排的依據逐一分析解讀。

　　首先第一甲，即洪武四年應役甲。該甲人户信息保存於卷二第 10—16 葉背中，爲便於分析，現將綴合後文書内容迻録如下：

1. 　　第一甲：
2. 　　　　里長葉則正等一十户。
3. 　　　　　一户葉則正，係本都民户，洪武肆年里長。
4. 　　　　　　　人丁叄口：
　　　　　　　　　（以下爲人口細目，從略）
9. 　　　　　田産官民田土壹頃貳拾叄畝叄分貳厘。

（以下爲"官"、"民"項下夏稅、秋糧細目，從略）
（中缺民項下正、耗麥和秋糧項下官、民正、耗米之數，及官田數、官田項下夏稅麥數）

·················（以上卷二第 10 葉）·················

25.　　　　　一戶翁必仕，係本都民戶，洪武肆年甲首。
26.　　　　　　　人丁陸口：
　　　　　　　（以下爲人口細目，從略）

·················（以上卷二第 11 葉）·················

30.　　　　　　　田產民田貳拾叁畝肆分伍厘。
　　　　　　　（以下爲夏稅、秋糧細目，從略）
37.　　　　　一戶王安周，係本都民戶，洪武肆年甲首。
38.　　　　　　　人丁壹拾壹口：
　　　　　　　（以下爲人口細目，從略）
（中缺田產稅糧信息和洪武肆年甲首葉友之戶信息）

·················（以上卷二第 12 葉）·················

43.　　　　　一戶□狀祥，係本都民戶，洪武肆年甲首。①
44.　　　　　　　人丁壹拾貳口②：
　　　　　　　（以下爲人口細目，從略）
49.　　　　　　　田產柒畝捌分伍厘。
　　　　　　　（以下爲夏稅、秋糧細目，從略）
56.　　　　　一戶葉成，係本都民戶，洪武肆年甲首。
57.　　　　　　　人丁肆口：

·················（以上卷二第 13 葉）·················

　　　　　　　（以下爲人口細目，從略）
62.　　　　　　　田產民田肆畝伍分肆厘壹毫陸絲柒忽。
　　　　　　　（以下爲夏稅、秋糧細目，從略）
69.　　　　　一戶葉伯志，係本都民戶，洪武肆年甲首。

---

① 該行所缺內容據卷二第 6 葉背"里長甲首輪流圖"補。
② 該行內容據下文男子和婦女口數補。

70.　　　　　　　　　人丁陸口：
71.　　　　　　　　　　　男子叄口：
（中缺男子成丁、不成丁數、婦女女口數和田產稅糧信息，以及洪武肆年甲首吳□戶信息）
················（以二卷二第 14 葉）················
72.　　　　　　　　　　　　　　　耗米叄合壹勺叄抄叄撮叄
　　　　　　　　　　　　　　　圭叄粟捌粒。
73.　　　　一戶何僧壽，係本都民戶，洪武肆年甲首。
74.　　　　　　　　　人丁伍口：
　　　　　　　　（以下爲人口細目，從略）
79.　　　　　　　　　田產民田壹畝陸分捌厘叄毫叄絲叄忽。
　　　　　　　　（以下爲夏稅、秋糧細目，從略）
················（以上卷二第 15 葉）················
86.　　　　一戶翁師普，係本都民戶，洪武肆年甲首。
87.　　　　　　　　　人丁貳口：
　　　　　　　　（以下爲人口細目，從略）
91.　　　　　　　　　田產民田壹畝肆厘伍毫捌絲叄忽。
　　　　　　　　（以下爲夏稅、秋糧細目，從略）
················（以上卷二第 16 葉）················

　　從綴合後的內容來看，基本保留了洪武四年應役甲 10 戶中的 8 戶人丁、田產稅糧信息，包括 1 里長戶和 7 甲首戶。在人丁數上，該甲里長戶"葉則正"人丁 3 口，其下各甲首戶人丁之數依次爲"翁必仕"戶 6 口、"王安周"戶 11 口、"□狀祥"戶 12 口、"葉成"戶 4 口、"葉伯志"戶 6 口、"何僧壽"戶 5 口、"翁師普"戶 2 口，里長戶的人丁之數並不比各甲首戶人丁數多，反而甲首戶中有多戶的人丁數要高於里長戶，可見該甲的人戶應役次序並不是按人丁多少進行編排。在田產數上，里長戶"葉則正"官民

第三章　新發現公文紙本古籍紙背洪武三年處州府小黃冊復原與研究　　435

田土總計 123.32 畝①，其下各甲首戶田產之數依次爲民田 23.45 畝、7.85 畝、4.54167 畝、1.68333 畝、1.04583 畝，其中"王安周"和"葉伯志"2 甲首戶由於田產信息被裁切而無法知曉。但從現存各里長、甲首戶各自戶下田產信息來看，里長戶明顯高於各甲首戶，且各甲首戶的田產依次遞減。因此，該甲的里長、甲首應役次序應是遵循田產多寡進行先後的編排。

洪武五年（1372）應役甲，該甲人戶信息存於卷二第 17—20 葉背中，現將所存内容迻錄如下：

（前缺洪武伍年里長翁景明戶信息和甲首葉德均戶人丁田產信息）
　　　　　（以上爲夏稅、秋糧細目，從略）
7.　　　　　一戶吳可貴，係本都民戶，洪武伍年甲首。
8.　　　　　　　　人丁伍口：
　　　　　　　　　（以下爲人口細目，從略）
13.　　　　　　　田產拾叁畝陸分。
　　　　　　　　　（以下爲夏稅、秋糧細目，從略）
……………………（以上卷二第 17 葉）……………………
20.　　　　　一戶王伯玉，係本都民戶，洪武伍年甲首。
21.　　　　　　　　人丁捌口：
　　　　　　　　　（以下爲人口細目，從略）
25.　　　　　　　田產民田玖畝貳分。
26.　　　　　　　夏稅：
27.　　　　　　　　　　正麥貳升貳合捌抄；
（中缺洪武伍年甲首□景先戶信息及甲首翁文普戶人丁信息）
……………………（以上卷二第 18 葉）……………………
28.　　　　　　　田產伍畝肆分叁厘叁毫叁絲叁忽②
　　　　　　　　　（以下爲夏稅、秋糧細目，從略）

----

①　明代田畝制度 100 畝爲 1 頃。詳見聞人軍：《中國古代里畝制度概述》，《杭州大學學報（哲學社會科學版）》1989 年第 3 期。

②　該行文字被裁切，殘存字跡。

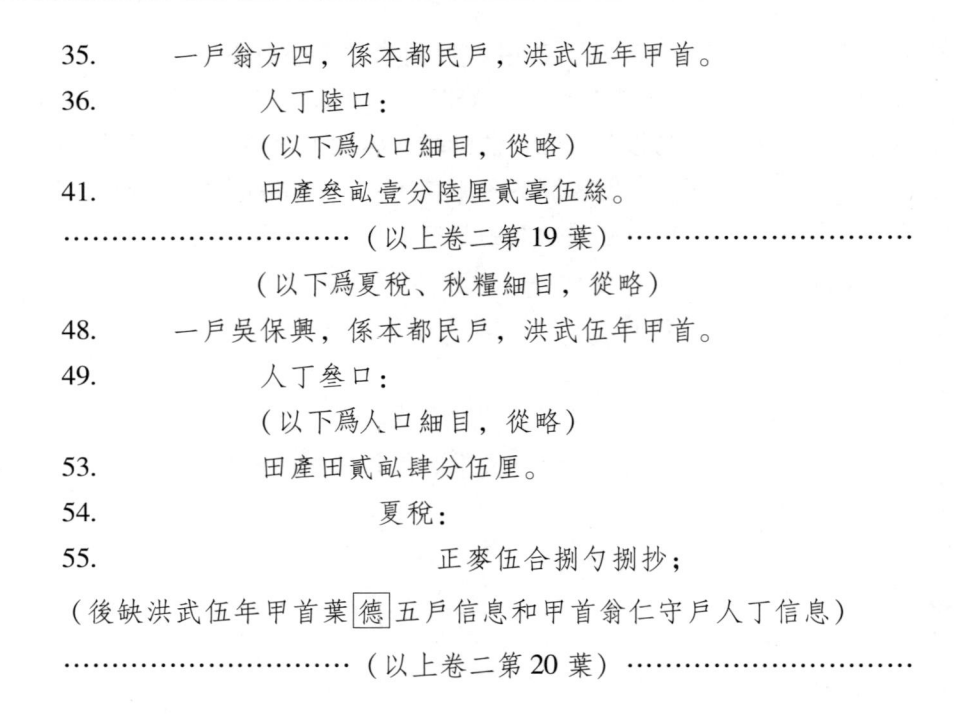

35.　　　一戶翁方四，係本都民戶，洪武伍年甲首。
36.　　　　　人丁陸口：
　　　　　　　（以下爲人口細目，從略）
41.　　　　　田產叁畝壹分陸厘貳毫伍絲。
……………………（以上卷二第 19 葉）……………………
　　　　　　（以下爲夏稅、秋糧細目，從略）
48.　　　一戶吳保興，係本都民戶，洪武伍年甲首。
49.　　　　　人丁叁口：
　　　　　　　（以下爲人口細目，從略）
53.　　　　　田產田貳畝肆分伍厘。
54.　　　　　　　夏稅：
55.　　　　　　　　正麥伍合捌勺捌抄；
（後缺洪武伍年甲首葉德五戶信息和甲首翁仁守戶人丁信息）
……………………（以上卷二第 20 葉）……………………

　　由於該甲人戶信息殘缺嚴重，綴合後僅保留了 4 戶甲首戶人丁、田產信息。另，第 21 葉背殘存甲首"翁仁守"戶田產稅糧信息，該戶"田產民田壹畝伍厘捌毫叁絲叁忽"。由現存內容可見，除"翁仁守"戶人丁信息殘缺不知外，餘下 4 個甲首戶人丁之數依次爲 5 口、8 口、6 口、3 口，前後人丁排序沒有明顯規律，也並未出現依次遞增或遞減的趨勢。在田產數上，現存 5 個甲首戶戶下田產依次爲 13.6 畝、9.2 畝、5.43333 畝、3.1625 畝、2.45 畝、1.05833 畝，明顯依次遞減。因此，該甲的里長、甲首應役次序也應是據田產多寡進行先後的編排。

　　洪武六年（1373）應役甲，該甲人戶信息存於卷二第 21—26 葉背，現存信息綴合後如下：

　　　　　　　　　　（前略）
8.　第叁甲：
9.　　　　里長翁子奇，係本都民戶，洪武陸年里長。

10.　　　　　　　　人丁捌口：
　　　　　　　　　　（以下爲人口細目，從略）
………………………（以上卷二第 21 葉）………………
15.　　　　　　　　田產民田伍拾壹畝壹分壹毫伍絲。
　　　　　　　　　　（以下爲夏稅、秋糧細目，從略）
23.　　　　一戶尹廉，係本都民戶，洪武陸年甲首。
24.　　　　　　　　人丁壹拾壹口：
　　　　　　　　　　（以下爲人口細目，從略）
　　（中缺田產稅糧數和洪武陸年甲首王明之戶信息）
………………………（以上卷二第 22 葉）………………
29.　　　　一戶葉習之，係本都民戶，洪武陸年甲首①。
30.　　　　　　　　人丁叁口：
　　　　　　　　　　（以下爲人口細目，從略）
34.　　　　　　　　田產民田捌畝柒分壹厘陸毫陸絲柒忽。
　　　　　　　　　　（以下爲夏稅、秋糧細目，從略）
41.　　　　一戶翁嵌光，係本都民戶，洪武陸年甲首。
42.　　　　　　　　人丁陸口：
………………………（以上卷二第 23 葉）………………
　　　　　　　　　　（以下爲人口細目，從略）
47.　　　　　　　　田產民田陸畝柒分。
　　　　　　　　　　（以下爲夏稅、秋糧細目，從略）
54.　　　　一戶葉易之，係本都民戶，洪武陸年甲首。
55.　　　　　　　　人丁叁口：
56.　　　　　　　　男子貳口：
（中缺婦女女口數、田產稅糧數，洪武六年葉伯樂甲首戶）
………………………（以上卷二第 24 葉）………………
57.　　　　一戶吳青遠，係本都民戶，洪武陸年甲首。②

---

① 該行文字被裁切，殘存字跡，據卷二第 6 葉背 "里長甲首輪流圖" 釋讀。
② 該行所缺內容據卷二第 6 葉背 "里長甲首輪流圖" 補。

58.　　　　　　　人丁貳口①：
　　　　　　　　（以下爲人口細目，從略）
62.　　　　　　田產民田貳畝叁分貳厘伍毫。
　　　　　　　　（以下爲夏稅、秋糧細目，從略）
69.　　　　　一戶葉明弟，係本都民戶，洪武陸年甲首。
70.　　　　　　人丁陸口：
　　　　　　　　（以下爲人口細目，從略）
………………（以上卷二第 25 葉）………………
74.　　　　　　田產民田壹畝陸分叁厘叁毫叁絲叁忽。
　　　　　　　　（以下爲夏稅、秋糧細目，從略）
81.　　　　　一戶翁師曾，係本都民戶，洪武陸年甲首。
82.　　　　　　人丁叁口：
　　　　　　　　（以下爲人口細目，從略）
87.　　　　　　田產民田玖分捌毫叁絲叁忽。
　　　　　　　　（後缺）
………………（以上卷二第 26 葉）………………

　　由綴合後的内容來看，除甲首"尹廉"、"葉易之" 2 戶由於裁切無法知曉其田產稅糧信息外，基本保留了第叁甲 10 戶中的 6 戶人丁、田產稅糧信息，包括 1 里長戶和 5 甲首戶。在人丁數上，該甲里長戶和其下各甲首戶人丁依次爲 8 口、11 口、3 口、6 口、3 口、2 口、6 口、3 口，前後人丁之數並未出現依次遞增或遞減的趨勢；在田產數上，里長、甲首戶依次爲民田 51.1015 畝，8.71667 畝、6.7 畝、2.325 畝、1.63333 畝、0.9833 畝，明顯呈依次遞減。因此，該甲的里長、甲首應役次序亦是據田產多寡編排。

　　據綴合後的該里小黃冊可見，其後洪武七年（1374）至洪武十三年（1380）應役甲，各甲内人戶里甲應役編排次序均遵循田產多寡之原則。限於篇幅，此處不再一一迻錄各甲内容逐一分析。該"里"小黃冊原本應是一完整冊籍，既然各甲内人戶的里甲編排是依據田產多寡，那麼各甲之間的

———————————
①　該行所缺内容據下文男子成丁之數和婦女口數補。

人戶編排次序又是否同樣如此呢？亦或是李新峰先生所言"祇能是甲內各戶排序"？爲便於分析，結合卷二第 6 葉背所存"里長甲首輪流圖"，將各葉背所載人戶田產信息併入"圖"中，如下：

洪武十一年	洪武十年	洪武九年	洪武八年	洪武七年	洪武六年	洪武五年	洪武四年	
王壯全	葉玄青	葉德先 32.52917	翁子安 40.00767	吳宗德	翁子奇 51.1015	翁景明	葉則正 123.32 官：15.045 民 108.275	里長
翁應星	周子良	葉福 17.20417	葉子青	葉德里 19.19583	尹廉	葉德均	翁必仕 23.45	甲首
徐崇	徐僧保 11.4	呂龍	翁仁壽 11.65	呂濟川 12.3625	王明之	吳可貴 13.6	王安周	甲首
吳綸修 7.6125	馮亨 7.63333	王維	翁良桂 8.51667	吳恭	葉習之 8.71667	王伯玉 9.2	葉友之	甲首
吳羊盛 5	徐明	吳可顯 6.31667	王仁逸 6.5125	□端	翁嵌光 6.7	□景先	□狀祥 7.8	甲首
葉嗣二	劉文輕	劉德遂 4.00417	金應時	普照堂 4.13333	葉易之	翁文普 5.43333	葉成 4.54167	甲首
葉壽逵	高喬中元會田 2.53333 地 1.54164	葉進三	善會堂田 3.95417 地 1.0282	徐僧行 3.1375	葉伯樂	翁方四 3.1625	葉伯志	甲首
楊德進 1.8875	吳和尚 1.8635	吳得惠 1.875	董蓬 2.05	鄭劉	吳青遠 2.325	吳保興 2.45	吳□	甲首
翁德友 1.18667	王仲安	楊興 1.25717	葉成弟	楊君顯	葉明弟 1.63333	葉德五	何僧壽 1.88333	甲首
王仁	鄭師得 0.6783	吳羊弟 0.71567	周白弟	李卒 0.89583	翁師曾 0.90833	翁仁守 1.05833	翁師普 1.04583	甲首

註：單位畝。表中部分注明"官"、"民"，即"官田"、"民田"；"田"、"地"，即"民田"、"民地"。洪武四年至六年前三甲前文已有具體文書迻錄分析，不再說明，餘下洪武七年應役甲存於卷二第 27—30 葉和卷三第 1 葉背、洪武八年應役甲存於卷三第 2—6 葉背、洪武九年應役甲存於卷三第 7—8 葉和第 10—13 葉背、洪武十年應役甲存於卷三第 14—18 葉背、洪武十一年應役甲於卷三第 19 葉—22 葉背。

由表中各里長、甲首戶下的田產數可知：第 1 行已知的 4 個里長戶田產自右至左明顯依次遞減，其下第 2 行至第 5 行中的各甲首戶田產同樣呈現出依次遞減的趨勢。第 6 行中的 4 戶田產中第 2 戶"翁文普"戶較第 1 戶"葉成"多，且多於其他 2 戶，但總體上看仍呈依次遞減；第 7 行中就總數而言，"善會堂"和"高喬中元會"2 戶較之"徐僧行"和"翁方四"戶多，但在"民田"之數上，僅有"善會堂"戶相比突出，餘下3戶總體呈依次遞減；第8行6戶田產中，"楊德進"戶多於"吳和尚"和"吳得惠"戶，而少於"董蓬"、"吳青遠"和"吳保興"戶，整體上各戶田產依次遞減；第9行殘存的4戶田產信息明顯呈依次遞減；第10行各戶田產數與第6行情況相似，即除第2戶"翁仁守"田產多於第1戶"翁師普"外，餘下各戶呈依次遞減之趨勢。故，總體而言，各行內的人戶田產基本也是按照各戶田產多寡依次編排。

　　綜上，在按甲輪差的"順甲法"輪役方式下，明初小黃冊中人戶的里甲應役次序是據田產多寡依次僉充，即將一"里"100戶分爲10甲，依"里長甲首輪流"縱向按列排序，按照"圖"中時間洪武四年——洪武十三年各列項下，依次爲第一甲、第二甲、第三甲……第十甲，每甲內里長——甲首戶之間依據各自田產多寡依次遞減僉充，且這種僉充標準不僅僅局限於各甲內人戶，各甲之間同樣如此，並非如李新峰先生所言"甲內各戶排序"。據此，明初的人戶里甲的編排雖與人丁並無關係，唯田產多寡而論，且這種里甲僉充的標準並不局限於各甲之內，全"里"100戶的里長—甲首編排無論是甲內還是各甲之間，均按田產多寡呈依次遞減之趨勢。

　　（二）"穿甲法"下的人戶里甲編排分析

　　所謂"穿甲法"，是依"里長甲首輪流圖"橫向按行排序，即洪武四年（1371）—洪武十三年（1380）應役的10個里長戶爲一里長甲，其下90個甲首戶依次分爲9個甲首甲。上圖藏《後漢書》《魏書》紙背所存小黃冊中，人戶里甲輪役方式爲"穿甲法"且留存人戶信息較多者大致有4個"里"，現同樣舉一里爲例。

　　《魏書》卷六十二至卷六十四中散存一處州府龍泉縣某都某"里"小黃冊。其中，卷六十四第6葉背殘存該里小黃冊"里長甲首輪流圖"，內容如下：

洪武九年	洪武八年	洪武七年	洪武六年	洪武五年	洪武四年	
項□□□	項戶川	張鎮貳	項杞	項伯玖	劉貴觀	里長
項□七	金雙四	項安九	梅全大	□□道	項建十	甲首

续表

洪武九年	洪武八年	洪武七年	洪武六年	洪武五年	洪武四年	
季饒壹	劉斌壹	季福九	吳良九	劉景叔	項德遠	甲首
劉朝壹	季隆三	王真□	劉宣三	季顯貳	吳信貳	甲首
夏玨兒	夏因貳	季□貳	季良伍	劉悅三	潘清貳	甲首
周貴伍	陳均選	張進十	沈□伍	黃寶壹	范勝捌	甲首
金賢三	金福三	葉志光	夏契	□□捌	張深舉貳	甲首
項進捌	季伏肆	黃鐵	范宋永	沈和遠	項□三	甲首
張勝三	金真肆	項貴肆	夏澤肆	劉方六	季懷三	甲首
季敬七	季達捌	季遠肆	季端伍	楊先	季廉捌	甲首

　　據復原後的小黃冊書式可知，該"圖"左側殘缺洪武十年至十三年四年的輪役里長、甲首人戶姓名，但可據該里現存人戶信息，略補充一二。如卷六十四第3葉背載"一戶季希聲，係本管民戶，洪武拾年里長"，第2葉背載"一戶項正乙官醮項武甫收，係本管民戶，洪武拾壹年里長"，可補充該"圖"首行所缺兩年的里長姓名。

　　另，該里小黃冊現存人戶信息錯簡嚴重，如洪武四年里長"劉貴觀"戶信息載於卷六十四第4葉背、八年里長"項戶川"載於卷六十二第19葉背、四年甲首"項建十"載於卷六十三第15葉背、七年甲首"項安九"載於卷六十三第12葉、八年甲首"金雙四"載於卷六十三第13葉背等。雖因印製《魏書》導致該"里"小黃冊冊籍出現殘缺和錯簡現象，但據現存內容仍可看出，該里小黃冊中，具體里甲的編排次序應與卷六十四第6葉背殘存的"里甲輪流圖"橫向排序相同。如，卷六十二第3葉背載"甲下第九甲甲首季廉八等壹拾戶／一戶季廉八，係本管民戶，洪武四年甲首"，恰與"圖"中第10行首戶相符，僅人戶姓名"捌"字音同字不同，應爲書寫習慣所致；卷六十二第6葉背載"一戶金真四，係本管民戶，洪武捌年甲首"，第7葉背載"一戶項貴四，係本管民戶，洪武柒年甲首"，第8葉背載"一戶季懷三，係本管民戶，洪武肆年甲首"，分別與"圖"中第9行第1戶和第4、第5戶相符；卷六十二第11葉背載"一戶季伏四，係本管民戶，洪武捌年甲首"，第12葉背載"一戶黃鐵，係本管民戶，洪武柒年甲首"，與

"圖"中第8行第4戶和第5戶一致；卷六十二第17葉背載"一戶金福三，係本管民戶，洪武捌年甲首"，第18葉背載"一戶葉志光，係本管民戶，洪武柒年甲首"，與"圖"中第7行第4和第5戶姓名相符；卷六十三第9葉背載"甲下第貳甲甲首項德遠等壹拾戶／一戶項德遠，係本管民戶，洪武肆年甲首"，第7葉背載"一戶劉景叔，係本管民戶，洪武伍年甲首"，與"圖"中第1、2戶姓名排序相同。由此可推斷，該"里"小黃冊的里甲編排次序應是按照"里甲輪流圖"中橫向排列，首行的10個里長戶爲一單獨的里長甲，餘下90戶爲9個甲首甲。

綜上所述，結合卷六十四第6葉背"里長甲首輪流圖"，可對上述現存該"里"小黃冊殘葉進行綴合復原，繼而爲下一步分析其人戶里甲編排標準奠定基礎。限於篇幅，僅以綴合後的"圖"中第一至第三行爲例逐一分析。

首先，"里甲輪流圖"中第一行，即該里中的"里長甲"。該甲人戶信息殘存於《魏書》卷64第1—4葉背和卷62第19葉背中，綴合後內容如下：

（前缺）

1.　　一戶劉貴觀，係本管民戶，洪武肆年里長。
2.　　　　人丁拾壹口：
　　　　　　（以下爲人口細目，從略）
7.　　　　田壹頃玖拾貳畝玖分柒厘。
　　　　　　（以下爲夏稅細目，從略）
11.　　　　　　秋糧正耗米陸碩壹斗叁升壹勺叁抄柒撮。
（中缺正米、耗米數和洪武五年項 伯玖 、六年項杞2里長戶信息）
………………（以上卷六十四第4葉）………………
12.　　一戶張鎮貳，係本管民戶，洪武柒年里長①。
　　　　　（中缺人丁總數和男子細目）
17.　　　　婦女女貳口。
18.　　　　田叁拾貳畝陸分肆厘捌絲叁忽。

---

① 該行據卷六十四第6葉背"里長甲首輪沆圖"補。

（以下爲夏稅、秋糧細目，從略）

25. 一戶項戶川兄弟，係本管民戶，洪武捌年里長。
26. 　　人丁陸口：
　　　　　　（以下爲人口細目，從略）
（中缺田產稅糧數和洪武九年里長項□□□人丁、田產信息）
·················（以上卷六十二第 19 葉）·················
31. 　　　　　　　　　耗麥陸合壹勺捌撮叁圭柒粟。
　　　　　　（以下爲秋糧細目，從略）
35. 一戶季希聲，係本管民戶，洪武拾年里長。
36. 　　人丁肆口：
　　　　　　（以下爲人口細目，從略）
41. 　　田壹拾伍畝肆分壹厘壹毫。
　　　　　　（以下爲夏稅、秋糧細目，從略）
·················（以上卷六十四第 3 葉）·················
48. 一戶項正乙官醮項武甫收，係本管民戶，洪武拾壹年里長。
49. 　　人丁壹口：
　　　　　　（以下爲人口細目，從略）
52. 　　田壹拾叁畝壹分捌厘叁毫叁絲叁忽。
　　　　　　（以下爲夏稅細目，從略）
　　　　　　　（後缺秋糧數）
·················（以上卷六十四第 2 葉）·················
56. 一戶某某，係本管民戶，洪武拾貳年里長[①]。
57. 　　人丁捌口：
　　　　　　（以下爲人口細目，從略）
62. 　　田壹拾壹畝陸分捌厘壹毫貳絲伍忽。
　　　　　　（以下爲夏稅、秋糧細目，從略）
·················（以上卷六十四第 1 葉）·················

[①] 該行據卷六十四第 6 葉背"里長甲首輪流圖"補。

由上述綴合後内容來看，除洪武五年、六年和九年、十三年里長戶信息被裁切外，基本保留了6個里長戶信息。在人丁數上，這些里長戶人丁依次爲11口、6口、4口、1口、8口，其中洪武七年里長"張鎮貳"戶人丁總數未知，前4戶人丁數雖出現了依次遞減的趨勢，但洪武十二年里長戶人丁爲8口，並不符合人丁多寡依次排序。在田產數上，除洪武八年里長"項戶川"戶僅存人丁信息外，餘下5個里長戶田產依次爲190.97畝、32.64083畝、15.411畝、13.18333畝、11.68125畝，明顯依次遞減。因此，這些里長戶的僉充應是據田產多寡進行編排。

其次，"里甲輪流圖"中第二行，即該里第1個"甲首甲"。該甲人戶信息均存於卷六十三第12—15葉背中，綴合後内容如下：

（前缺）

1.　　甲下第壹甲甲首項建十等壹拾戶。①
2.　　　　一戶項建十官，係本管民戶，洪武肆年甲首。
3.　　　　　　人丁伍口：
　　　　　　（以下爲人口細目，從略）
7.　　　　　　田玖畝玖分壹厘貳毫伍絲。
　　　　　　（以下爲夏稅、秋糧細目，從略）
·························（以上卷六十三第15葉）·························
　　　　（中缺洪武伍年甲首□□道戶信息和洪武陸年甲首梅全大戶人丁信息）

14.　　　　　　田叁畝伍分柒厘伍毫捌絲叁忽②。
　　　　　　（以下爲夏稅、秋糧細目，從略）
21.　　　　　　一戶項安九，係本管民戶，洪武柒年甲首
22.　　　　　　人丁叁口：
　　　　　　（以下爲人口細目，從略）

---

① 按，同書同卷第9葉背載"項德遠"爲第二甲甲首，卷六十二第3葉背載"季廉八"爲第九甲甲首，而"項德遠"和"季廉八"在同書卷六十四第6葉背殘存的"里長甲首輪流圖"中，分别是橫向第三行和第十行第一個甲首戶，據此可知第二行第一個甲首戶"項建十"應爲第一甲甲首。
② 由"穿甲法"的輪役特點可知，該行内容應爲洪武六年甲首（1373）梅全大戶下田產信息。

……………………………（以上卷六十三第 12 葉）………………………
26. 田貳畝貳分柒厘伍毫。
　　　　（以下爲夏稅、秋糧細目，從略）
33. 一戶金雙四，係本管民戶，洪武捌年甲首。
34. 人丁肆口：
　　　　（以下爲人口細目、從略）
（中缺田產稅糧數和洪武玖年甲首項□七戶人丁田產信息）
……………………………（以上卷六十三第 13 葉）………………………
39. 耗麥貳勺捌抄柒撮柒圭。
　　　　（以下爲秋糧細目，從略）
43. 一戶劉鎮伍，係青田縣民戶，洪武拾年甲首。
44. 田柒分肆厘壹毫陸絲柒忽。
　　　　（以下爲夏稅、秋糧細目，從略）
……………………………（以上卷六十三第 14 葉）………………………

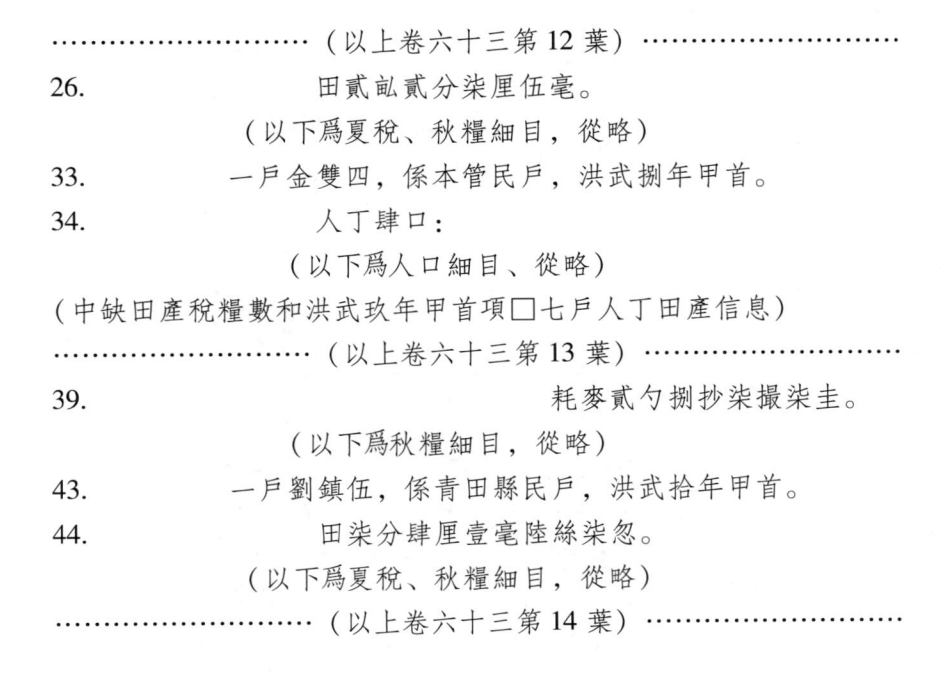

　　據現存內容可知，該甲 10 戶僅保留了 4 戶信息，且洪武八年甲首"金雙四"戶由於裁切僅存人丁信息；洪武十年甲首"劉鎮伍"因其爲"青田縣民戶"非本管民戶，屬於寄莊戶，故未載人丁，僅載田產、稅糧信息。但殘存的 4 戶甲首戶信息仍在一定程度上反映了人戶應役次序的編排依據。在人丁數上，留存的甲首戶人丁依次爲 5 口、3 口、4 口，前後人丁之數並未出現依次遞增或遞減的趨勢；在田產數上，殘存的甲首戶田產依次爲 9.9125 畝、3.57583 畝、2.275 畝、0.74167 畝，除由於裁切而無法知曉田產信息的"金雙四"戶外，現殘存的田產之數呈依次遞減的規律。因此，該甲人戶的里甲編排應是按田產多寡進行。

　　最後，"里甲輪流圖"中第三行，即該里第 2 個"甲首甲"。該甲人戶信息存於卷六十三第 5—11 葉背，綴合後內容如下：

（前略）
4. 甲下第貳甲甲首項德遠等壹拾戶。
5. 一戶項德遠，係本管民戶，洪武肆年甲首。

6.　　　　　　　人丁伍口：
　　　　　　　　（以下爲人口細目，從略）
11.　　　　　　田玖畝貳分肆毫壹絲柒忽。
　　　　　　　　（以下爲夏稅、秋糧細目，從略）
················（以上卷六十三第9葉）················
18.　　　　一戶劉景叔，係本管民戶，洪武伍年甲首。
19.　　　　　　　人丁肆口：
　　　　　　　　（以下爲人口細目，從略）
24.　　　　　　　田伍畝壹分伍厘柒毫柒忽。
25.　　　　　　　　　　　夏稅正耗麥壹升玖合捌勺陸抄伍撮參粟。
　　（中缺正、耗麥和秋糧米數，洪武陸年甲首吳良九戶信息）
················（以上爲卷六十三第7葉）················
26.　　　　一戶季福九，係本管民戶，洪武柒年甲首①。
　　　　　　　（中缺人丁總數和男子細目）
31.　　　　　　　婦女貳口。
32.　　　　　　　田貳畝壹分柒厘捌絲參忽。
　　　　　　　　（以下爲夏稅、秋糧細目，從略）
39.　　　　一戶劉斌壹，係青田縣民戶，洪武捌年甲首。
40.　　　　　　　田壹畝陸分捌毫參絲參忽。
　　　　　　　　（以下爲夏稅、秋糧細目，從略）
················（以上卷六十三第8葉）················
47.　　　　一戶季饒壹，係本管民戶，洪武玖年甲首。
48.　　　　　　　人丁肆口：
　　　　　　　　（以下爲人口細目，從略）
53.　　　　　　　田壹畝伍厘。
54.　　　　　　　　　　　夏稅正耗麥肆合肆抄肆撮陸圭。
　　　　　　（中缺正、耗麥數和秋糧米數）
················（以上卷六十三第6葉）················

---

①　該行據卷六十四第6葉背"里長甲首輪流圖"補。

第三章　新發現公文紙本古籍紙背洪武三年處州府小黃冊復原與研究　447

55.　　　　一戶某某，係本管民戶，洪武拾年甲首①。
56.　　　　　　人丁貳口：
　　　　　　　（以下爲人口細目，從略）
60.　　　　　　田伍分。
　　　　　　　（以下爲夏稅、秋糧細目，從略）
67.　　　　一戶②
…………………（以上卷六十三第 10 葉）…………………
　　　　　　（中缺人丁總數和男子口數，成丁之數）
71.　　　　　　　　　　　不成丁壹口。
72.　　　　　　田肆分玖厘壹毫陸絲柒忽。
　　　　　　　（以下爲夏稅、秋糧細目，從略）
79.　　　　一戶季韶壹，係本管民戶，洪武拾貳年甲首。
80.　　　　　　人丁伍口：
　　　　　　　（以下爲人口細目，從略）
…………………（以上卷六十三第 11 葉）…………………
85.　　　　　　田叁分貳厘玖毫壹絲柒忽。
　　　　　　　（以下爲夏稅、秋糧細目、從略）
92.　　　　一戶張勝四，係本管民戶，洪武拾叁年甲首。
93.　　　　　　人丁叁口：
　　　　　　　（後缺）
…………………（以上卷六十三第 5 葉）…………………

　　由綴合後可見，該甲首甲中 10 戶留存信息相對完整，除洪武七年甲首"季福九"戶和洪武十一年甲首某戶人丁數不知，洪武十三年甲首"張勝四"戶田產、稅糧信息不知及洪武九年甲首"吳良九"戶信息不知外，基本保留了 6 個甲首戶完整信息。另，洪武八年甲首"劉斌壹"爲"青田縣

---

① 該行據上下文義補。
② 該行文字被裁切，殘存字跡，據綴合後的文意知應爲洪武拾壹年厶甲首戶。

民戶"非本管民戶，屬寄莊戶，未載人丁，僅載田產、稅糧信息。在人丁數上，留存的甲首戶人丁依次爲5口、4口、4口、2口、5口、3口，前後人丁之數未呈依次遞增或遞減的趨勢；在田產數上，現存甲首戶田產依次爲9.20417畒、5.15707畒、2.17083畒、1.60833畒、1.05畒、0.5畒、0.49167畒、0.32917畒，明顯呈依次遞減之勢。因此，該甲人戶的應役次序是以田產多寡爲標準，依次僉充。

此外，該里第三甲首甲至第九甲首甲，各甲內甲首戶的編排次序也均是遵循田產多寡之原則，限於篇幅，不再一一贅述。爲更加直觀，現將該里現存人戶田產信息，一併填入卷六十四第6葉背殘存"里長甲首輪流圖"中，內容如下：

洪武九年	洪武八年	洪武七年	洪武六年	洪武五年	洪武四年	
項□□ 24.23958	項戶川	張鎮貳 32.64083	項杞	項伯玖	劉貴觀 190.97	里長
項□七 1.1417	金雙四	項安九 2.275	梅全大 3.57583	□□道	項建十 9.9125	甲首
季饒壹 1.05	劉斌壹 1.60833	季福九 2.17083	吳良九	劉景叔 5.15707	項德遠 9.20417	甲首
劉朝壹	季隆三	王真□	劉宣三	季顯貳 4.98335	吳信貳 8.81457	甲首
夏玨兒 0.9625	夏因貳 1.47083	季□貳	季良伍 2.89167	劉悅三 4.75833	潘清貳	甲首
周貴伍 0.89667	陳均選	張進十	沈□伍	黃寶壹	范勝捌 7.38335	甲首
金賢三 0.84667	金福三	葉志光 1.86667	夏契 2.73333	□□捌	張深舉貳 6.8	甲首
項進捌	季伏肆 1.26667	黃鐵 1.819	范宋永 2.65	沈和遠	項□三 6.32918	甲首
張勝三 0.80417	金真肆	項貴肆 1.8	夏澤肆 2.51444	劉方六	季懷三 5.90833	甲首
季敬七	季達捌	季遠肆 1.71875	季端伍	楊先	季廉捌 5.61	甲首

注：單位畒。表中各戶所有田產均爲民田。第一行里長甲和第二、第三行的甲首甲前文已有具體文書迻錄分析，不再說明。餘下第四行中2甲首戶田數載於卷六十三第3、4葉背，第五行中4甲首戶田數載於卷六十二第28—30葉背，第六行中2甲首戶田數載於卷六十二第24葉、25葉背，第七行中4甲首戶田數載於卷六十二第17、18葉和第20、23葉背，第八行4甲首戶田數載於卷六十二第11、12和第14葉背，第九行4甲首戶田數載於卷5葉至第8葉背，第十行2甲首戶田數載於卷六十二第2葉和卷六十一第15葉背。

由上表可知：第一列洪武四年應役里長、甲首戶田產中，除甲首"潘清貳"戶下田產由於殘缺不知外，餘下9戶田產之數明顯呈現出依次遞減的趨勢。同時，洪武五年至九年應役的里長、甲首戶下田產，無論是僅存3個甲首戶田產信息的洪武五年和洪武八年應役里甲，還是留存7個里長、甲首戶的洪武七年和洪武九年應役里甲，以及留存5個甲首戶田產信息的洪武六年應役里甲，各自均呈依次遞減之趨勢。因此，可以斷定，在"穿甲法"的輪役方式下，無論是"里甲輪流圖"中橫向里長甲和甲首甲的編排，還是縱向各里長—甲首列中的人戶編排，其各自的里甲排序原則均是按照戶下田產多寡，依次僉充。這與上文所言"順甲法"輪役方式下的里甲編排一樣，並不僅限於李新峰先生所言"甲內各戶排序"。

綜上所述，"穿甲法"下的人戶里甲應役次序，是依"里長甲首輪流圖"橫向按行排序，其"圖"中第一行，即洪武四年——洪武十三年應役10里長戶爲一個里長甲，餘下9行中90甲首戶分爲9個甲首甲，即第二行爲第一甲、第三行爲第二甲、第四行爲第三甲……第十行爲第九甲，每甲內每年各出一戶應役。其應役排序原則基本是按各自田產多寡依次僉充，呈遞減之勢。這種人戶的里甲編排並不僅限於甲內，縱向各列里長—甲首的編排同樣如此。

史載，明代賦役徵派的基本原則是"視田徵租，量丁定役"[1]，若按此原則，明代的徭役徵派則應是以人丁爲准。然事實上，明初徭役徵派雖以人丁爲准，其後改爲丁、糧兼顧，即"國朝役制，首先論丁，見於洪武四年，詔令者可考也。厥後兼論丁、糧"[2]。又，《明史·賦役志》載：

> 賦役之法，……太祖爲吳王，賦稅十取一，役法計田出夫。……即位之初，定賦役法，一以黃冊爲准。冊有丁有田，丁有役，田有租。租曰夏稅、曰秋糧，凡二等。……丁曰成丁、曰未成丁，成丁而役，六十而免。又有職役優免者。役曰里甲、曰均徭、曰雜泛，凡三等。以戶計曰甲役，以丁計曰徭役，上命非時曰雜役，皆有力役、有雇役。府州縣

---

[1] （明）徐學聚：《國朝典匯》卷90《戶部四·賦役》，《四庫全書存目叢書·史部》第265冊，齊魯書社1996年影印本，第566頁。

[2] （明）徐師曾：《湖上集》卷7《均役論》，《續修四庫全書》第1351冊，上海古籍出版社2002年版，第142頁。

驗冊丁口多寡，事產厚薄，以均適其力。①

由此可知，明太祖稱帝之前爲吳王時的役法是"計田出夫"，即依據田產徵派。稱帝之後，賦役之法則以黃冊爲准，而黃冊主要登載丁、田，②田即爲賦，分夏稅、秋糧；丁則爲役，且成丁方應役。役又分里甲、均徭、雜泛三種，其"以戶計曰甲役"則表明里甲之役是以戶爲單位僉充，而非以丁爲基準。因此，明代里甲的僉充未必是完全依照人丁多少爲原則，明初小黃冊中的人戶里甲應役次序恰是最直接的證據。通過對明洪武三年（1370）處州府小黃冊中人戶里甲應役次序的分析可見，無論是"按甲輪差"的"順甲法"輪役方式，還是"各甲出一戶輪役"的"穿甲法"輪役方式，里内人戶的里甲應役次序均是以田產多寡依次遞減輪充，且這種應役次序的編排並不僅限於各甲内，全"里"各甲之間亦是如此。

明初里甲的應役次序唯田產多寡爲原則，不以人丁而計，也符合明初小黃冊的編排原則，即重田產而非人丁。小黃冊作爲明初徵收賦稅的主要依據，其必然是重田產而非人丁，"以田糧定居"成爲國家的編戶，便須向朝廷繳納賦稅和承擔徭役，正如明太祖所言："民有田則有租，有身則有役，歷代相承，皆循其舊。"③ 正是由於這一點，小黃冊中的人戶里甲應役次序方以田產多寡爲原則，將"里長甲首輪流圖"中全"里"10里長戶、90甲首戶或列或行編排，即"順甲法"或"穿甲法"輪役方式，每一列或一行即爲一甲，無論是甲内人戶還是各甲之間，人戶的應役編排均按各自田產多寡依次遞減排序。這其中另有一層因素，即小黃冊中的里長、甲首除排年應役之外，更重要的是擔負着"催辦錢糧"的重要職能，其後的賦役黃冊也基本承襲了這一點。

（本文作者耿洪利，爲首次刊發。）

---

① 《明史》卷78《食貨二·賦役》，第1893頁。
② 对此，欒成顯先生認爲，明代在管理人戶上实行黃冊制度，其既是一种戶籍制度也是一种賦役制度，並且作爲國家徵稅派役的凭據，黃冊登載的最主要内容即为人丁和事產。詳見欒成顯：《明代黃冊研究》，中國社會科學出版社1988年版，第107頁。
③ 《明太祖實錄》卷165"洪武十七年（1384）九月己末"條，第2545頁。

五 古籍紙背洪武三年（1370）小黃冊 所見帶管戶和畸零戶探析

關於明代畸零戶，最早進行專文研究的是日本學者鶴見尚弘先生《明代の畸零戶について》①一文，該文指出自耕農兼佃農和佃戶亦包含在畸零戶當中，與學界通常認爲的"鰥寡孤獨不任役者"不同。國內學者較早對明代帶管戶問題進行分析的是欒成顯先生《明代黃冊研究》一書，其在探討明代黃冊攢造和里甲編制時指出，黃冊里甲編制中的帶管戶是正管戶之外的、但仍須納糧當差的剩餘戶，附於各甲首戶之後，其丁糧多者以後多有被編充甲首者。② 目前，學界對明代帶管戶和畸零戶問題的專文研究較少，僅是在述及明代人口和基層里甲編制時有所談及，其分析多是基於對傳世史料的解讀，且在時間上對明初的帶管戶和畸零戶問題鮮有涉及。③ 關於明初小黃冊中的帶管戶和畸零戶問題，限於小黃冊原件的缺失，學界尚未見相關專文進行探討。

而公文紙本古籍紙背明洪武三年（1370）處州府小黃冊的發現，則爲我們研究明初人口管理、賦稅徵收和徭役徵派提供了諸多寶貴的第一手資料，尤其是對於諸如帶管戶、畸零戶、寄莊戶等特殊人戶的登載，對把握整個明代的人口管控和賦役制度有着重要價值。本文即擬以上海圖書館藏公文紙本古籍紙背洪武三年小黃冊爲中心，結合傳世史籍，對其所登載的帶管戶和畸零戶進行簡要分析考證，以期對相關研究有所推進。

---

① ［日］鶴見尚弘：《明代の畸零戶について》，《東洋學報》47（3），1964年，第35—64頁。
② 欒成顯：《明代黃冊研究》，中國社會科學出版社1998年版，第186—187頁。
③ 相關論著如：高樹基《中國人口史·明時期》（復旦大學出版社2005年版）第三章《洪武時期的戶籍管理》，對明代帶管戶和畸零戶的論述基本是援引了欒成顯先生的觀點；阿風《明代徽州宗族墓產的管理與擬制黃冊戶名的設立——以〈歙西溪南吳氏先塋志〉》（《"紀念張海鵬先生誕辰八十周年暨徽學學術討論會"文集》，安徽師範大學出版社2013年版，第166—172頁）一文指出，擬制黃冊戶名與實體戶名一樣，只是不充當里甲正役，作爲"帶管戶"而編入里甲體系；高壽仙《明代農業經濟與農村社會》（黃山書社2006年版）和萬明主編《晚明社會變遷問題與研究》（商務印書館2005年版），根據史籍關於明洪武二十四年（1391）攢造黃冊格式的記載，將農村里甲編制中110戶里甲正戶以外的人戶，區分爲負擔差役的"帶管戶"和不負擔差役的"畸零戶"。其它學者亦在其論著中有所涉及，不再一一贅述。

（一）古籍紙背小黃冊所見帶管外役人户分析

據復原後的小黃冊書式可見，洪武三年小黃冊以"都"爲單位攢造。在冊首總述部分，將本都人户大致分爲里甲正户、帶管外役人户、編排不盡人户和寄莊户四大類。其中，寄莊户在具體人户信息登載部分，會根據不同情況，分別編入里甲正役、帶管外役和編排不盡人户當中，因此小黃冊中的人户依據承擔差役的不同，實際主要分爲里甲人户、帶管外役人户和編排不盡人户三大類。目前所知小黃冊中的帶管外役户，均爲僉充雜役人户，將其與賦役黃冊中所見雜役人户對比可見，明代在雜役徵派上發生了一定程度的變遷。

1、小黃冊中所見帶管外役人户

由古籍紙背洪武三年小黃冊可見，小黃冊中的帶管人户分爲兩類，分別是外役人户和編排不盡人户，其中編排不盡人户便是畸零户，即史籍所載的"不盡畸零"，其不過是小黃冊中帶管户的一種。如，《後漢書》卷二第7葉背載遂昌縣建德鄉十五都某里人户情況：

（前缺）

1. 　　　　　　婦女貳百拾叁口。
2. 弓兵二户，人丁拾陸口：
3. 　　　　　　男子拾口：
4. 　　　　　　成丁柒口，
5. 　　　　　　不成丁叁口。
6. 　　　　　　婦女陸口。
7. 編排不尽人户拾柒户，人丁陸拾伍口：
8. 　　　　　　男子肆拾壹口：
9. 　　　　　　成丁叁拾肆口，
10. 　　　　　　不成丁柒口。
11. 　　　　　　婦女貳拾肆口。
12. 寄莊人户：

（後缺）

該葉爲一里小黃冊冊首總述部分，所載爲一里弓兵人户和編排不盡人戶、寄莊人戶總額，其中弓兵2戶，編排不盡人戶即畸零戶17戶。據綴合後的小黃冊可見，該葉背所載弓兵2戶爲帶管外役人戶，此2戶具體人戶信息，見於卷四第2、3葉背，內容如下：

（前略）

5. 帶管：
6.   外役人戶：
7.   一戶吳賢，係本都民戶，充當本縣弓兵。
      （以下爲人丁細目，從略）
13.   田產伍拾伍畝叁分陸厘貳毫伍絲。
14.   夏稅：
┄┄┄┄┄┄┄┄┄┄（以上卷四第2葉）┄┄┄┄┄┄┄┄┄┄
15.   正麥壹斗叁升貳合捌勺柒抄；
16.   耗麥玖合叁勺玖圭。
17.   秋糧：
18.   正米壹碩壹斗柒合貳勺伍抄；
19.   耗米柒升柒合伍勺柒撮伍圭。
20.   一戶延福觀，係本都道觀，充當本縣弓兵。
      （以下爲人丁細目，從略）
24.   田產民田叁拾伍畝肆分捌毫叁絲叁忽。
      （以下爲夏稅麥細目，從略）
┄┄┄┄┄┄┄┄┄┄（以上卷四第3葉）┄┄┄┄┄┄┄┄┄┄

  從登載格式來看，上述2葉所載帶管外役人戶，一者爲普通民戶，一者爲道觀[1]，二者戶下田產分別是55.3625畝和35.40833畝。弓兵在明代爲地方徭役一種，洪武元年（1368）令："凡府州縣，額設祗候、禁子、弓兵，於該納稅糧三石之下、二石之上人戶內差點。"[2] 然而，上述2戶弓兵中，田產較多的"吳賢"戶，其歲納稅糧總計13.269284斗，不足二石。

---

  [1] 延福觀爲遂昌縣境內道觀，詳見（成化）《處州府志》卷11《遂昌縣志·寺院》，成化二十二年（1486）刻本，第24頁。
  [2] （萬曆）《大明會典》卷157《兵部四十·皂隸》，中華書局1989年版，第808頁。

另，該葉小黃冊載"延福觀"承擔弓兵徭役，除此之外，小黃冊中還見有寺觀充里甲正役者，如《魏書》卷六十一第 1 葉背載"一戶常樂寺僧，照鑒堂，本管住，洪武肆年里長"，第 3 葉背載"一戶興善寺昂本軒，本都民戶，係洪武捌年里長"。洪武十四年（1381）編訂賦役黃冊之時，規定："僧道給度牒，有田者編冊如民科，無田者亦爲畸零。"[①] 此時僧道與普通民戶一樣納入黃冊冊籍，其中有田者排定里甲應役，無田者則歸入"畸零"戶內。洪武二十七年（1394）又定："欽賜（寺院）田地，稅糧全免。常住田地雖有稅糧，仍免雜派，僧人不許充當差役。"[②] 據此則洪武二十七年之後，寺院僅有常住田的僧人不再承擔差役。

除弓兵之外，古籍紙背洪武三年小黃冊中還載有禁子、鋪兵、水站夫、遞運夫、驛夫、渡子等外役人戶，如《後漢書》卷四第 18 葉背載：

		帶管外役人戶	洪武十三年	洪武十二年	洪武十一年	洪武十年	洪武九年
遞運夫 陳實保	弓兵 徐子和		蔣宗仁	陳如圭	林奕達	林文達	孫均礼
鋪兵 徐仲詳	水站夫 李置壽		夏承德	林開十三	葉德伏	王達名	徐賢善
鋪兵 单景升	水站夫 徐伯雨		林登三	陳文方	林壽十九	吳賢十五	珠賢二
遞運夫 林申二	弓兵 徐伯齊		鄭再一	陳堅三	夏茂十	金朋一	富惠三四
	鋪兵 周登□[③]		孫谷良	葉景銘	李壽四	周福三	珠仲四
	鋪兵 夏仲遠		彭再三	虞再銘	葉申戒	林名達	朱德四
	禁子 蔣仲保		鄒德盛	林富四	金秀一	徐達三	林志一
	弓兵 陳伯起		陳興二	金進二十	季龍六	葉貴三	葉曾八
	遞運夫 葉濤舉		林敬六	夏福七	芦桂二	珠茂十	林茂三
	弓兵 蔣德遠		張保一	珠保三	夏達四	周興二	季仲一

---

① （清）張廷玉等：《明史》卷 90《食貨志一·戶口》，中華書局 1974 年版，第 1878 頁。
② （明）葛寅亮：《金陵梵刹志》卷 2《欽錄集》，天津人民出版社 2007 年版，第 67 頁。
③ 此字被裱糊。

据整理复原后的小黄册信息可知，该叶背为处州府青田县四都某里小黄册残叶，为该里小黄册册首二图：一是残缺的"里长甲首轮流图"，二是该里"带管外役人户图"。由"带管外役人户图"可知，该里带管外役人户共有14户，其中弓兵4户、水站夫2户、铺兵4户、禁子1户、递运夫3户。这些佥充杂役的带管外役人户，具体人户信息仅残存水站夫"李置寿"、水站夫"徐伯雨"和弓兵"徐伯齐"等3户，见于《后汉书》卷六第17、18叶背，内容如下：

（前缺）

1. 　　　　　　　　不成丁贰口。
2. 　　　　　　婦女壹口。
3. 　　田产民田柒拾伍亩陆分玖厘陆毫。
4. 　　　　　　夏税：
5. 　　　　　　　正麦肆升伍合肆勺壹抄柒撮
　　　　　　　　　陆圭，
6. 　　　　　　　耗麦叁合壹勺柒抄玖撮贰圭
　　　　　　　　　叁粟贰粒。
7. 　　　　　　秋粮：
8. 　　　　　　　正米叁斗柒升捌合肆勺
　　　　　　　　　捌抄，
9. 　　　　　　　耗米贰升陆合肆勺玖抄叁撮
　　　　　　　　　陆圭。
10. 　一户徐伯雨，係本都民户，充水站夫。
11. 　　　人丁叁口：
12. 　　　　　男子贰口：
13. 　　　　　　　成丁壹口，
14. 　　　　　　　不成丁壹口。
15. 　　　　　婦女壹口：

··················以上卷六第17叶背··················

16.　　　　　　　　　田產民田伍拾肆畞柒分貳厘貳毫。
17.　　　　　　　　夏稅：
18.　　　　　　　　　　正麥叁升貳合捌勺叁抄叁撮
　　　　　　　　　　　　貳圭，
19.　　　　　　　　　　耗麥貳合貳勺玖抄捌撮叁圭
　　　　　　　　　　　　貳粟肆粒。
20.　　　　　　　　秋糧：
21.　　　　　　　　　　正米貳斗柒升叁合陸勺
　　　　　　　　　　　　壹抄，
22.　　　　　　　　　　耗米壹升玖合壹勺伍抄貳撮
　　　　　　　　　　　　柒圭。
23.　　一戶徐伯齊，係本都民戶，充弓兵。
24.　　　　人丁肆口：
25.　　　　　　男子叁口：
26.　　　　　　　　成丁壹口，
27.　　　　　　　　不成丁貳口。
28.　　　　　　婦女壹口。
29.　　　　田產民田：
30.　　　　　　民田肆拾叁畞陸分叁毫。
············以上卷六第18葉背············
（後缺）

　　由該小黃冊登載順序結合卷四第18葉背"帶管外役人戶圖"可知，上述2葉背第1—9行應爲水站夫"李置壽"戶信息、第10—22行爲水站夫"徐伯雨"戶信息、第23—30行爲弓兵"徐伯齊"戶信息。此3戶戶下田產土地類別相同，均爲民田。其中，"李置壽"戶民田75.696畞，"徐伯雨"戶民田54.722畞，"徐伯齊"戶民田43.603畞，與上引《後漢書》卷四第2、3葉背所載帶管外役2戶弓兵戶之田產排序相同，均呈遞減之勢。據此推測，小黃冊中的外役人戶登載順序，應是按照"圖"中所載，據每戶的田產多寡依次開列編排。

除以上所見雜役之外，另有人戶僉充其它雜役，如《後漢書》卷七十三第 16 葉背載：

（前略）
5. 　帶管：
6. 　　外役人戶：
7. 　　　一戶西溪義塾，係本都四保，充渡子。
8. 　　　田產：
9. 　　　　民田玖拾玖畝陸分貳厘伍毫。
（從略）

該葉背所載爲帶管外役人戶，其所充雜役爲"渡子"。同時，該葉所載人戶較爲特殊，其身份爲"義塾"，非普通民戶，所在地爲本都四保，且登載僅見田產未有人丁，類似於明代的寄莊人戶。所謂"義塾"，是指義學舊時免費教育的學校，多由官員、地主在家鄉開辦，招聘名士教育本族及鄉里子弟，經費主要來源於地租。不少義學置有田產。[①] 義塾的田產往往由地方士紳提供，利用租穀或租金作爲塾師薪金和維持費用，免費招收附近貧寒子弟入學。[②] 由此可見，"義塾"不存在人口的登載實屬正常。

以上外役人戶均爲本都人戶、寺觀或義塾，除此之外，洪武三年小黃冊中，還見有寄莊戶被編入本地帶管外役戶者，如《後漢書》卷四十第 22 葉背載：

（前略）
6. 　帶管外役人戶。
7. 　　一戶葉子仁，係松陽縣民戶，充弓兵。
8. 　　田產民田貳拾玖畝玖分叁厘壹毫貳絲
　　　　伍忽。
（後略）

---

① 鄭天挺，譚其驤主編：《中國歷史大辭典》（壹），上海辭書出版社 2010 年版，第 197 頁。
② 蔣純焦：《中國私塾史》，山西教育出版社 2017 年版，第 45 頁。

該葉背所載帶管外役人戶"葉子仁"爲松陽縣民戶，所充差役爲雜役弓兵。其籍貫明載縣籍，且戶下登載僅見田產不載人丁，符合小黃冊中寄莊戶的登載格式。小黃冊中外縣寄莊人戶不僅承擔雜役，還見有承擔里甲正役者，如《後漢書》卷四十八第7葉背載"一戶葉七觀，係松陽縣寄莊民戶，洪武拾壹年甲首"、《魏書》卷四十五第28葉背載"一戶葉彥璋，係浦城縣登俊里住民，洪武肆年里長"。寄莊人戶被編入當地的小黃冊中，承擔里甲正役和雜役，是因小黃冊的編制原則是將所有"有田人戶"一併編入冊籍，即明初小黃冊的攢造是重田產而非人丁。衹是這種差役的徵派在明初並不重疊，即外役人戶本身已被選充雜役，故而不再承擔里甲正役。

2. 賦役黃冊所見外役人戶

　　由上述分析可見，洪武三年小黃冊中，外役人戶均是帶管於鄰近里長之下，本身僅擔負一種雜役，與里甲正役並不重疊。但這種情況在洪武十四年（1381）正式推行賦役黃冊制度之後有所改變，外役人戶在原本承擔雜役的情況下，還見有同時被編入正管戶中，承擔里甲正役者。例如，上海圖書館藏公文紙本古籍《趙元哲詩集》紙背爲明萬曆十年（1582）山東兗州府東平州東阿縣賦役黃冊，其中第一冊第25葉背載"▢▢▢▢▢▢▢▢□鄉貳都第叁圖馬站戶，充萬曆拾年甲首"、第30葉背載："▢▢▢▢▢▢▢▢懷城屯馬站戶，充萬曆拾肆年甲首"，第二冊第4葉背載"▢▢▢▢▢▢▢▢縣尚德鄉壹都第壹圖車站戶，充萬曆拾玖年甲首"、第16葉背載"▢▢▢▢▢▢▢▢屯驢夫戶，充萬曆拾貳年甲首"、第21葉背載"▢▢▢▢▢▢▢▢山屯驢夫戶，充萬曆拾陸年甲首"，第三冊第6葉背載"▢▢▢▢▢▢▢德鄉貳都第壹圖馬站戶，充萬曆拾捌年甲首"、第15葉背載"▢▢▢▢▢▢▢山屯驢夫戶，充萬曆拾年甲首"。上圖藏《樂府詩集》紙背較爲復雜，包含多個地區不同時間的賦役黃冊，其第四冊卷八第6葉背載"▢▢▢▢▢第肆圖馬站戶，充嘉靖肆拾肆年甲首"①、卷九第1葉背載"▢▢▢▢▢▢寧海鄉貳拾伍都第壹里民泥瓦匠戶，充正德壹拾陸年甲首"② 等。

---

① 經考證，該葉背疑爲嘉靖四十一年（1562）山西太原府代州崞縣王董都賦役黃冊殘葉。
② 經考證，該葉背爲正德七年（1512）直隸揚州府泰州寧海鄉貳拾伍都第壹里賦役黃冊殘葉。

由現存內容來看，同時承擔雜役和里甲正役的人戶，大都爲"馬站戶"、"車站戶"、"驢夫戶"等驛傳之役，該類差役在萬曆時期的僉充已由明初的永充改爲了輪充。① 明代雜役人戶同時承擔里甲正役的情況僅見之於上述紙背文獻中，且雜役的類型也大都集中於驛傳之役，現存紙背賦役黃冊中，未見其它類型雜役人戶同時兼負里甲正役者。明代雜役人戶同時又被編入正管戶承擔甲首正役，或是由於明代驛傳役僉充方式的轉變所致，與甲首役的擔負一樣由人戶輪充。

綜上所述，明初小黃冊以都爲基本攢造單位，每都包含若干個里，每都的人戶中主要包括所有里的里甲人戶、帶管外役戶、編排不盡人戶三類。在具體的人戶編排中，一都帶管外役人戶和編排不盡人戶被分攤入都下各里帶管，附於里甲正管戶之後，這一點在每里小黃冊冊首的各"圖"中得以體現。因此，某種意義上小黃冊中的外役人戶和編排不盡人戶均可稱爲帶管戶。其中，帶管外役人戶單獨編排，並在冊首獨立成爲一"圖"。與里甲人戶不同的是，外役人戶並不輪充里長、甲首，僅承擔各自夫役，所見夫役包括禁子、弓兵、鋪兵、水站夫、遞運夫、驛夫等。此類外役人戶所服夫役，均屬明代雜役，應是因其本身已有差役，不需另外承擔里長、甲首催辦稅糧的差役，故而外役人戶不設里長、甲首。洪武十四年（1381）正式推行賦役黃冊之後，隨着人戶僉充雜役方式的演變，雜役人戶開始同時承擔里甲正役。另，從目前所見古籍紙背小黃冊來看，明初的帶管外役人戶既有本地人戶，又有外縣寄莊人戶，還有更爲特殊的寺院僉充雜役。古籍紙背洪武三年（1370）小黃冊中關於帶管外役人戶的登載，不僅豐富了明初人戶僉充雜役的具體實例，其不同人戶類型和不同的編派雜役方式，更爲我們進一步深入把握整個明代雜役僉充標準的演變提供了寶貴資料。

（二）古籍紙背明初小黃冊所見畸零戶分析

如前所述，根據明初小黃冊的編排原則，其所載帶管戶實際包括了外役人戶和編排不盡人戶兩類。其中，所謂外役人戶是指在小黃冊中被僉派雜役

---

① 關於明代驛傳役僉充由永充向輪充的轉變，李長弓先生已有專文進行探討，詳見：李長弓《試論明代驛傳役由永充向輪充的轉化》，《中國社會經濟史研究》1987年第2期。

的人戶，在冊首單獨編爲一個圖，而編排不盡人戶也稱之爲編排不盡畸零戶，也就是賦役黄册中所謂的"畸零戶"。但小黄册中的畸零戶與後來全國所推行的賦役黄册中的畸零戶有所不同，根據明初小黄册的編排原則，編排不盡人戶足20、30、40戶時，需同樣排年甲首輪役，由鄰近的里長帶管；滿50戶，則需要另設里長，編年里甲。

但《永樂大典》引《吳興續志》所載洪武三年（1370）湖州府小黄册圖之法云：

（歸安縣）黄册里甲洪武三年始定，每一百戶爲一圖，每圖以田多者一戶爲里長，管甲首一十名。不盡之數，九戶以下附正圖；十戶以上自爲一圖，甲首隨其戶之多寡而置，編定十年一週。

……

（長興縣）黄册里長，洪武三年定擬，每百家爲一圖，里長一名，甲首一十名。不盡畸零，九戶以下附正圖；十戶以上者，亦爲一圖，設里長一名，甲首隨戶多寡設焉。共計四百三十四圖。逐年輪當，催辦稅糧。①

該則史料表明，在歸安、長興二縣洪武三年（1370）小黄册的編排中，不盡畸零戶，九戶以下附正圖，十戶以上者自爲一圖，且長興縣的人戶編排更是將畸零戶中10戶以上者，設里長一名。明初小黄册中的畸零人戶究竟如何編排，以及這些人戶是否承擔差役等問題則需要原始且最直接的文獻資料進行佐證。

《後漢書》卷四第13葉背載：

1. 處州府青田縣四都承奉
2. 本縣旨揮該：奉
3. 處州府旨揮爲稅糧黄册事，仰將本都有田人戶，每壹百家分爲十

---

① （明）解縉等主編：《永樂大典》卷2277《湖州府三·役法》，中華書局1986年影印本，第886、887、889、890頁。

甲，內選田糧丁力近上之家壹拾名，定爲里長，每一年挨次一名承當，十年週□□□①。

　　4. 其餘人戶，初年亦以頭名承充甲首，下年一體挨次輪當。保內但有編排不盡畸零戶數貳拾、參拾、肆拾戶，務要不出本保，一體設立甲首，鄰近里□□□②

　　5. 帶管；如及伍拾戶者，另立里長一名，排編成甲，置立小黃冊一本，開［寫］各戶田糧數目，令當該里長收受，相沿交割，催辦錢糧。奉此，今將攢造到□□③

　　6.　　　田糧黃冊，編排里長、甲首資次，備細數目，開具於後：
　　7.　　　　本都
　　8.　　　　　一各各起科則例：
　　9.　　　　　　没官田每畝照依民田則例起科：夏稅正麥陸勺，秋糧正米照依舊額起科不等；
　　10.　　　　　────────────
　　　　　　　　（後缺）

　　據此可知，明初小黃冊的編排是以"都"爲基本攢造單位，"都"內凡有田人戶，每100家爲10甲，內選田糧丁力近上之家10名爲里長，即100戶爲一里；文中又言"保內但有編排不盡畸零戶數"，"保"應爲"都"下之"保"，如同書卷七十三第1葉背載"一戶徐桂一，係本都九保民戶，洪武十二年甲首"，其應是承襲於北宋時期的保甲制，④ 保內編排不盡畸零戶足20、30、40戶時，不出本保，設立甲首，由鄰近的里長帶管，滿足50戶時，另設里長一名，排編成甲。

　　據上述明初小黃冊的編排原則可知，其所載編排不盡人戶即爲"畸零

---

　　① 日本靜嘉堂文庫藏《漢書》紙背同爲洪武三年處州府小黃冊（竺沙雅章：《漢籍紙背文書の研究》，《東京大學文學部研究紀要：第十四》，1973年，第37—52頁。）其中傳六九上第41葉背爲"青田縣坊郭"小黃冊冊首呈文，與本葉內容基本相同。據其內容可知，本葉此處所缺文字應爲"而復始"。
　　② 據日本靜嘉堂文庫藏《漢書》傳六九上第41葉背可知，此處所缺文字應爲"長通行"。
　　③ 據日本靜嘉堂文庫藏《漢書》傳六九上第41葉背可知，此處所缺文字應爲"人丁"。
　　④ 關於明初的都保制，王裕明先生已有專文進行探討，詳見王裕明：《明代洪武年間的都保制—兼論明初鄉村基層行政組織》，《江蘇社會科學》2009年第5期。

户",但在具体的编排上与上引《永乐大典》所载内容相异,其最大的疑点便是里长的设置一说,即畸零户10户以上是否设里长。对此,《后汉书》卷四第19叶背载"编排不尽人户"甲首轮流"图"提供了佐证,内容如下:

（前缺）

编排不尽人户

洪武十年	洪武九年	洪武八年	洪武七年	洪武六年	洪武五年	洪武四年	
林学十二	林寿十八	陈德十二	珠延四	林福十二	林保三	林茂八	甲首

　　由于当时印制书籍的需要,原本完整的"甲首轮流图"被裁切不全,该"图"原貌应是甲首轮役排年到洪武十三年（1380）,即尚缺洪武十一年（1378）至十三年（1380）间3户编排不尽人户信息。由此可知,完整的编排不尽人户应是10户,即当编排不尽人户满足10户时,就需要排年甲首轮役。该"图"与上文中的同书卷四第18叶背所载之内容,共同组成了青田县四都一里小黄册中的正管户、带管外役人户和编排不尽人户三图。同时,《后汉书》卷四第20叶和第22叶背所载之内容,恰好印证了上述三个"图"的内容,且此2叶能够进行缀合,缀合后的内容如下:

1.　　　　　　　　妇女玖拾柒口。
2.　　本都:
3.　　　　民壹百户,计人丁男女贰百叁拾贰口:
　　　　　（以下为男子、妇女细目,从略）
8.　　　　外役弓兵等户壹拾叁户,计人丁男女肆拾肆口:
9.　　　　　　　　男子叁拾壹口:
…………………（以上卷四第20叶）…………………
10.　　　　　　　　成丁壹拾柒口,
11.　　　　　　　　不成丁壹拾肆口。
12.　　　　　　　　妇女壹拾叁口。

13.　本都：
14.　　　　編排不盡人戶壹拾戶，計人丁男女貳拾肆口：
　　　　　（以下爲男子、婦女細目，從略）
19.　寄莊：

　　　　　（後缺）

　　綴合後的文書顯示，青田縣四都該里小黃冊的編排中，人戶類型包括了排年里甲的正管戶100戶，外役人戶13戶，編排不盡10戶，另有寄莊人戶若干由於被裁切無法得知。這其中需要注意的是，文書中人戶籍貫的統計分爲"本都"與"寄莊"兩大類，且外役人戶的登載與上文中的同卷第18葉背載"帶管外役人戶"甲首輪流"圖"中的14戶相差1戶，可能所缺寄莊戶戶數爲一戶屬於外役人戶。青田縣四都的整體人戶情況殘存於《後漢書》卷四第14、15二葉背中，二者同樣能進行綴合，綴合後的內容如下：

　　　　　（前缺）
1.　　　　外役壹百壹拾伍戶，計人丁男女肆百壹拾捌口：
　　　　　（以下爲男子、婦女細目，從略）
6.　　　　編排不盡人戶叁拾戶，計人丁男女陸拾玖口：
7.　　　　　　　　男子肆拾肆口：
8.　　　　　　　　　成丁叁拾叁口，
9.　　　　　　　　　不成丁壹拾壹口。
‥‥‥‥‥‥‥‥‥‥‥（以上卷四第14葉）‥‥‥‥‥‥‥‥‥‥
10.　　　　　　　　婦女貳拾伍口。
11.　寄莊：
12.　　　外役鋪兵陸戶，
13.　　　編排不盡人戶貳拾戶。
14.　田產官民田土壹百貳拾肆頃壹拾柒畝肆分陸 厘 柒毫陸絲陸忽。

　　　　　（後略）

由上述綴合後的內容可知，青田縣四都外役人戶總共 115 戶，編排不盡人戶即畸零戶 30 戶，以上二者均爲帶管戶。另，該都還有寄莊人戶，其中外役鋪兵 6 戶、編排不盡 20 戶，該都正管戶總數由於殘缺不知。綜合來看，青田縣四都的帶管戶中，畸零戶有 30 戶，若加上寄莊人戶中的編排不盡人戶，總計爲 50 戶。外縣寄莊人戶充外役人戶見之於《後漢書》卷四十第 22 葉背，前文已有論述，此處不再贅述。寄莊人戶編入編排不盡的情況見之於《後漢書》卷二第 1 葉背，其載："一戶朱四男，係麗水縣民戶／田產民田貳分柒厘伍毫"，從其登載格式僅見田產不見人丁，且籍貫爲麗水縣民戶、未充任何里甲正役和其它雜役，可知其應爲編排不盡畸零戶。

　　由以上分析可知，卷四第 19 葉和第 22 葉背所載青田縣四都一里人戶中，其編排不盡人戶即畸零應爲 10 戶無疑。如此看來，《永樂大典》中"九戶以下附正圖，十戶以上者亦爲一圖"所載爲實。但以上二葉內容中並未有"里長"出現，故史籍所載的"十戶以上者亦爲一圖，設里長一名"實爲誤言。又，日本靜嘉堂文庫藏《漢書》傳六九上第 41 葉背載"保內但有編排不盡畸零戶家，或有三十、四十戶，務要不出本保，一體設立甲首，鄰近里長，通行帶管。"① 據此推測，畸零戶是否設立里長的標準應是滿足 50 戶，而非 10 戶。同時，青田縣四都帶管畸零 30 人戶，並非全部編排在一起，而是按照 10 戶一甲的編排方式，分別編入不同的里中，由鄰近的里長帶管。② 然而，現存古籍紙背文獻小黃冊中，畸零人戶 10 戶以上編爲一"圖"排年甲首並非絕對，亦有編排不盡的畸零戶中超過 10 戶卻並未排年甲首者，如《後漢書》卷二第 7 葉背載遂昌縣建德鄉十五都某里編排不盡人戶爲 17 戶，同書卷四第 4 葉至第 11 葉背中，留存有其中 8 戶信息，且每相鄰兩葉可以綴合，綴合後內容如下：

　　第 4 与第 5 葉綴合：

---

① 竺沙雅章：《漢籍紙背文書の研究》，《東京大學文學部研究紀要》第 14 冊，1973 年，第 44 頁。
② 對此，宋坤《明洪武三年處州府小黃冊的發現及意義》一文中亦有相關論述，詳見宋坤：《明洪武三年處州府小黃冊的發現及意義》，《歷史研究》2020 年第 3 期。

（前缺）

1. 　　　　　　　　　婦女貳口。
2. 　　　　　　田產伍分肆毫壹絲柒忽。
3. 　　　　　　夏稅：
　　　　　　（以下爲夏稅、秋糧細目，從略）
9. 　一戶徐志德，係本都民戶。
10. 　　　　人丁肆口：
　　　　　　（以下爲男子、婦女細目，從略）
14. 　　　　田產肆分叁厘柒毫伍絲。
................（以上卷四第 4 葉）................
　　　　　　（以下爲夏稅、秋糧細目，從略）
21. 　一戶魏辛戒，係本都民戶。
22. 　　　　人丁壹口：

23. 　　　　　　男子壹口：
24. 　　　　　　　　成丁壹口。
25. 　　　　田產叁分柒厘捌絲叁忽。
　　　　　　（從略）

第 6 与第 7 葉綴合：

　　　　　　（前缺厶戶人丁信息）

1. 　　　　田產貳分伍厘。
　　　　　　（以下爲夏稅、秋糧細目，從略）
8. 　一戶翁俞，係本都民戶。
9. 　　　　人丁肆口：
　　　　　　（以下爲男子、婦女細目，從略）
14. 　　　　田產壹分捌厘柒毫伍絲。
................（以上卷四第 6 葉）................

21. 一戶大中社，係本都社稷。
22. 　　人丁壹口：
23. 　　　　男子壹口：
24. 　　　　　　成丁壹口。
25. 　　田產捌厘叁毫叁絲叁忽。
　　　　　　（以下爲夏稅、秋糧細目，從略）
　　　　　　　（從略）

卷四第 8 与第 9 葉綴合：

　　　　　　　（前缺）
1. 　　　　　　不成丁壹口。
2. 　　　　婦女貳口。
3. 　　田產伍分叁厘叁毫叁絲叁忽。
　　　　（以下爲夏稅、秋糧細目，從略）
10. 一戶王遂龙，係本都民戶。
11. 　　人丁陸口：
12. 　　　　男子叁口：
13. 　　　　　　成丁貳口，
················（以上卷四第 8 葉）················
14. 　　　　　　不成丁壹口。
15. 　　　　婦女叁口。
16. 　　田產肆分捌厘叁毫叁絲叁忽。
　　　　（以下爲夏稅、秋糧細目，從略）
23. 一戶葉蘭五，係本都民戶。
　　　　　　　（從略）

卷四第 10 与第 11 葉綴合：

第三章　新發現公文紙本古籍紙背洪武三年處州府小黃冊復原與研究　467

（前缺）

1.　　　　　人丁玖口：
　　　　　　　（以下爲男子、婦女細目，從略）
7.　　　　　田產民田貳分伍厘捌毫叁絲叁忽。
　　　　　　　（以下爲夏稅、秋糧細目，從略）
12.　　一戶楊回弟，係本都民戶。
13.　　　　　人丁肆口：
···（以上卷四第 10 葉）···
　　　　　　　（以下爲男子、婦女細目，從略）
17.　　　　　田產民田壹分捌厘柒毫伍絲。
　　　　　　　（以下爲夏稅、秋糧細目，從略）
24.　　一戶鄭進顯，係本都民戶。
25.　　　　　人丁貳口：
　　　　　　　　　　（從略）

　　以上殘存的 8 戶畸零戶均未承擔任何差役，明顯區別於《永樂大典》所載 10 戶以上爲一圖設甲首，也與上文中的《後漢書》卷四第 9 葉背內容相悖。《後漢書》卷四第 13 葉背載小黃冊的攢造格式中，編排不盡畸零戶數最低 20 戶設甲首，由鄰近里長帶管；日本靜嘉堂文庫藏《漢書》傳六九上第 41 葉背載編排不盡畸零戶家，最低 30 戶設甲首，鄰近里長帶管；而遂昌縣建德鄉十五都殘存的一里人戶中，畸零戶爲 17 戶，尚不足 20 戶，且這些人戶並未出現排年甲首的情況。那麼，這就有一個畸零戶編爲一圖排年甲首的最低標準問題，其究竟是史籍所載的 10 戶，還是上圖藏《後漢書》紙背所載的 20 戶，亦或是日本靜嘉堂文庫藏《漢書》紙背所載的 30 戶。

　　又，《後漢書》卷七十三第 17 至 19 葉，卷七十四上第 1 至 3 葉和第 9 葉，這 7 葉背載有處州府某縣某都一里小黃冊中畸零人戶，其中卷七十三第 18 葉與第 19 葉和卷七十四上第 1 葉與第 2 葉分別能夠綴合，其餘無法綴合。爲便於分析，現將其各自內容逐錄如下：

卷七十三第 17 葉背：

(前缺)
1. 　一戶項英一，係本都五保民戶。
2. 　　人丁柒口：
　　　　(以下爲男子、婦女細目，從略)
7. 　　田土：
8. 　　　地計捌分肆毫壹絲柒忽。
　　　　(以下爲夏稅麥細目，從略)
12. 一戶徐顏果，係本都五保民戶。
13. 　　人丁壹口：
14. 　　　男子壹口：
　　　　(後缺)

卷七十三第 18 葉与第 19 葉背綴合：

(前缺)
1. 　　　成丁叁口，
2. 　　　不成丁壹口。
3. 　　　婦女叁口。
4. 　　田土：
5. 　　　民地伍分叁厘叁毫叁絲叁忽。
　　　　(以下爲夏稅麥細目，從略)
9. 　一戶葉丁憎，係本都四保民戶。
10. 　　人丁伍口：
　　　　(以下爲男子、婦女細目，從略)
·················(以上卷七十三第 18 葉)·················
16. 　　田土：
17. 　　　民地肆分玖厘壹毫陸絲柒忽。
　　　　(以下爲夏稅麥細目，從略)

第三章　新發現公文紙本古籍紙背洪武三年處州府小黃冊復原與研究　469

21.　　一戶葉仁壽，係本都四保民戶。
22.　　　　人丁陸口：
　　　　　　　（以下爲男子、婦女細目，從略）
27.　　　　田土：
28.　　　　　　民地叁分貳厘伍毫。
　　　　　　　　　（後缺）

卷七十四上第 1 葉与第 2 葉背綴合：

　　　　　　　　（前缺）
1.　　　　　　　　　　　　耗麥叁勺伍抄。
2.　　　　　縣學田捌分肆毫壹絲柒忽。
　　　　　　（以下爲夏稅、秋糧細目，從略）
9.　　一戶王智二，係本都四保民戶。
10.　　　　人丁陸口：
　　　　　　　（以下爲男子、婦女細目，從略）
…………………（以上為卷七十四上第 1 葉）…………………
15.　　　　田土：
16.　　　　　　民地壹拾畝壹分伍厘。
　　　　　　（以下爲夏稅麥細目，從略）
20.　　　　　　官田壹畝貳分叁厘叁毫叁絲叁忽。
　　　　　　（以下爲夏稅、秋糧細目，從略）
27.　　一戶周四秀，係本都伍保民戶。
28.　　　　人丁拾叁口：
　　　　　　　　（後缺）

卷七十四上第 3 葉背：

　　　　　　　　（前缺）
1.　　　　　　　　　　秋租：

2.　　　　　　　　　　正米壹碩叁升伍合；
3.　　　　　　　　　　耗米叁升陸合貳勺貳抄伍撮。
4.　　一戶毛仲安，係本都一保民戶。
5.　　　　人丁肆口：
　　　　（以下爲男子、婦女細目，從略）
10.　　　　官田壹分柒厘伍毫。
11.　　　　　　　夏稅：
12.　　　　　　　　　　正麥肆勺貳抄；
13.　　　　　　　　　　耗麥貳抄玖撮肆圭。
　　　　　　　　　（後缺）

卷七十四上第9葉背：

　　　　　　　　　（前缺）
1.　　　　　　　　　正米□碩壹斗捌貳勺伍抄①；
2.　　　　　　　　　耗米叁升捌合柒勺伍抄。
3.　　一戶楊忘一安僧，係本都十保民戶。
4.　　　　人丁叁口：
　　　　（以下爲男子、婦女細目，從略）
8.　　　　府學田壹拾畝貳分叁厘貳毫肆絲叁忽。
　　　　　　　　　（從略）

　　以上7葉共計殘存有9戶編排不盡人戶即畸零戶信息，其中卷七十三第18葉開頭據上下文意補得，具體人戶姓名不知。同時，根據現存內容分析，尤其是卷七十四上第3葉和第9葉背殘存的開頭，可知在二葉殘存的"毛仲安"和"楊忍一安僧"各自之前，應爲不同人戶之信息。由此推測，這些殘存的編排不盡人戶即畸零戶所在的里，其畸零戶的總數應至少在10戶以

---

①　該行文字被裁切、裱糊，殘存字跡，部分文字無法釋讀。

上，但從殘存的這些人戶來看，均未承擔任何差役，即未單獨編爲一"圖"，設立排年甲首。因此，上述畸零戶所在里的編排，同樣與史籍所載和《後漢書》卷四第19葉背所載編排不盡人戶"甲首輪流圖"不符，也就進一步印證了明初小黃冊中，畸零戶設立甲首，鄰近里長帶管的最低標準並非爲固定的10戶。

綜合上述分析可知，明初小黃冊中的畸零戶與正管戶並無實質區別，僅在戶下田產上多數較少，大都不足1畝。但在小黃冊里甲正管戶中，同樣存在戶下田產較少者，如《後漢書》卷十上第3葉背載"一戶王成九，係本都民戶，洪武拾壹年甲首"，其戶下田產爲"田產民田伍分捌厘玖毫"；《魏書》卷四十五第8葉背載"一戶沈明三，係本都民戶，洪武拾壹甲首"，戶下田產爲"田肆分肆毫壹絲柒忽"。即，明初小黃冊中的畸零戶，更多是由於編排不盡才會被編入畸零戶中。這一點與明洪武十四年（1381）正式推行的賦役黃冊有着明顯不同，賦役黃冊中的畸零戶是作爲特殊的一類人戶存在，史載"鰥寡孤獨不任役者，附十甲後爲畸零。僧道給度牒，有田者編冊如民科，無田者亦爲畸零。"[①] 其在洪武二十四年（1491）"奏准攢造黃冊格式"中有着更爲詳細的規定：

> 且如一都有六百戶，將五百五十戶編爲五里，剩下五十戶，分派本都，附各里長名下帶管當差。不許將別都人戶補輳。其畸零人戶，許將年老、殘疾並幼小十歲以下，及寡婦、外郡寄莊人戶編排。若十歲以上者，編入正管。且如編在先次十歲者，今已該二十歲。其十歲已上者，各將年分遠近編排，候長一體充當甲首。[②]

由此可知，賦役黃冊中的畸零戶也並非僅指"鰥寡孤獨不任役者"，其所包含的人戶類型就有年老、殘疾、十歲以下幼小、寡婦、外郡寄莊五類，均可編入畸零。同時，十歲以上者則需編入正管，排年甲首。日本學者鶴見

[①] 《明史》卷77《食貨志一》，第1878頁。
[②] （萬曆）《大明會典》卷20《戶口二·黃冊》，第132頁；（明）趙官等編：《後湖志》卷4《事例一》，南京出版社2011年版，第54頁。

尚弘先生認爲，該史料所載人戶包括里長戶、甲首戶、畸零戶和各里帶管當差的戶，即帶管戶，並指出里長名下帶管的戶，不是里甲正役的直接對象，是挑選丁糧多者一百一十戶編成一個里甲之後剩下的戶，其和由年老殘疾、幼小十歲以下、寡婦和外郡寄莊人戶所組成的畸零戶有別，是有丁糧而充雜役的戶。① 然而，現存明代賦役黃冊中，對"帶管戶"和"畸零戶"的登載並非如此。如上海圖書館藏《樂府詩集》第十五冊卷九十一第 3 葉背爲"永樂二十年（1422）浙江金華府永康縣義豐鄉壹都陸里賦役黃冊"殘葉，內容如下：

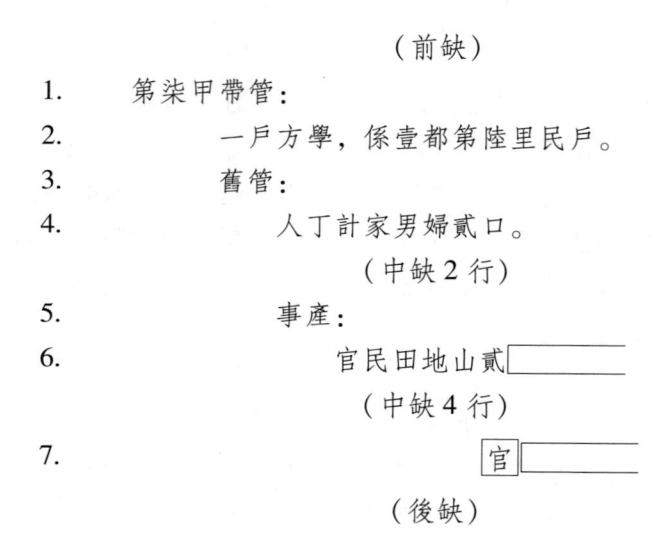

(前缺)

1. 　　第柒甲帶管：
2. 　　　　一戶方學，係壹都第陸里民戶。
3. 　　　　舊管：
4. 　　　　　人丁計家男婦貳口。
　　　　(中缺 2 行)
5. 　　　　事產：
6. 　　　　　官民田地山貳☐☐☐☐
　　　　(中缺 4 行)
7. 　　　　　　　　官☐☐☐☐

(後缺)

從殘存內容來看，該葉背所載爲第七甲帶管戶，該戶既有丁口亦有田產，所載人戶未充里甲正役和其它雜役，應爲畸零人戶，這與史籍所載的"帶管戶"和"畸零戶"均不相同。同書第七冊卷二十九第 2 葉背爲"正德七年（1512）福建汀州府永定縣溪南里第五圖賦役黃冊"殘葉，其中載"帶管玖戶/新寄莊戶貳戶/新增童壹戶/原帶管人戶陸戶"，據明代賦役黃冊書寫格式推斷，其應爲一里小黃冊冊首總述部分"新收"人戶中的帶管戶

---

① ［日］鶴見尚弘著、姜鎮慶等譯：《中國明清社會經濟研究》，學苑出版社 1989 年版，第 1—25 頁。

情況，而其中的"新寄莊戶"、"童壹戶"與史籍所載的"其畸零人戶，許將年老、殘疾並幼小十歲以下，及寡婦、外郡寄莊人戶編排"相符，但又與第十五冊卷九十一第3葉背所載相悖。

又，《明太祖實錄》載：

（洪武二十三年八月丙寅）戶部奏重造黃冊，以冊式一本並合行事宜條例頒行所司。不許聚集圍局科擾，止將定式頒與各戶，將丁產依式開寫，付該管甲首造成文冊，凡一十一戶，以付坊、廂、里長。坊、廂、里長以十甲所造冊凡一百一十戶，攢成一本，有餘則附其後曰畸零戶……其排年里甲，仍依原定次第應役。如有貧乏，則於百戶內選丁糧多者補充；事故絕者，以畸零戶內選湊。①

就該則史料所載來看，其所言"畸零戶"與鶴見尚弘先生所說"帶管戶"相同，但並未言及僉充雜役，而由"其排年里甲，仍依原定次第應役，如有貧乏，則於百戶內選丁糧多者補充；事故絕者，於畸零戶內選湊。"可知，賦役黃冊中的"畸零戶"絕非爲"鰥寡孤獨不任役者"，否則無法補充里甲正戶，這一點在上圖藏《趙元哲詩集》紙背"萬曆十年（1582）山東兗州府東平州東阿縣賦役黃冊"中有所體現，如第1冊第7葉背載："畸零/第五甲/甲首/下戶/壹戶徐仲仁，係山東兗州府東平州東阿縣西＿＿＿＿"；也有本圖"畸零戶"被補充到其它圖中，如《樂府詩集》第十五冊卷九十一第5葉背"永樂二十年（1422）浙江金華府永康縣義豐鄉壹都陸里賦役黃冊"殘葉載："第陸甲帶管/一戶吳子高，原係壹都第柒圖民戶，今撥補本都第陸圖＿＿＿＿"，由於文書的殘缺性，尚且不知其是否僉充差役，但至少說明賦役黃冊中的"畸零戶"一定程度上對於補充人戶、差役，平衡一里人戶差役，乃至不同圖②的人戶稅役負擔有着重要作用。且，在中國歷

---

① 《明太祖實錄》卷203"洪武二十三年（1390）八月丙寅"條，臺北"中央"研究院歷史語言研究所校印本，1962年，第3043—3044頁。
② 這裏的"圖"應與明初小黃冊中的"里長甲首輪流圖"中"圖"含義一致，即此時的"圖"應爲明初小黃冊中的"里"，亦即《明史》、《大明會典》和《後湖志》所載賦役黃冊攢造的基本單位"里"。參見王昊：《明代鄉、都、圖、里及其關係考辨》一文，《史學集刊》1991年第2期。

史博物館藏《明徽州府休寧縣由山東鄉十八都十圖第十甲黃冊》中，所載"畸零帶管"戶與"正管"戶並無太大區別，不僅擁有土地、承擔賦稅，在戶等和身份上也與"正管戶"均相同，祇是不承擔差役。因此，這些"畸零帶管"戶應是在編制里甲時附於"正管"戶後的多餘人戶。① 從這一點來說，其與明初小黃冊中的編排不盡畸零人戶性質相同。

"畸零戶"補充里甲正戶的作用，在上圖藏《萬曆歸戶冊》裱紙文書中得到確切印證。該書封皮均用廢棄文書托裱，其中一則文書經過辨識爲明代黃冊殘葉，爲便於分析，現將其殘存內容迻錄如下：

(前缺)

1.　　第六甲
2.　　　帶管：
3.　　　　中戶：
4.　　　　　一戶程一德，承故外祖胡貴壽，係直隸徽州府績溪縣新榮鄉十都二圖民，充當
5.　　　　　　　　　　　　　　　萬曆十六年分甲首。
6.　　　　　舊管：
7.　　　　　　人丁計家男婦六口：
8.　　　　　　　　男子叁口，
9.　　　　　　　　婦女叁口。
10.　　　　新收：
11.　　　　　人口：正收男子成丁一口，本身年一十五歲。

(後缺)

由現存內容可知，該葉爲直隸徽州府績溪縣新榮鄉十都二圖第六甲"程一德"戶賦役黃冊殘葉，主要爲該戶"舊管"和"新收"人口信息，且

---

① 詳見趙金敏：《明代黃冊的發現與考略》，《中國歷史博物館館刊》1996年第1期。

"舊管"下並無登載事產信息，則該戶在此次大造黃冊之前無任何田土、房屋等資產；"新收"人口僅1口，即戶主"程一德"本人，由於後文殘缺，尚無法得知該戶在本次大造黃冊之時是否有事產項內容的增加。另，第4行載"程一德"戶"充當萬曆十六年分甲首"，明代黃冊十年一造，排定之後十年間的里長、甲首輪役次序，據此可知該葉應爲萬曆十年（1582）績溪縣賦役黃冊殘葉。同時，由第2、3行所載"帶管"、"中戶"，可知"程一德"並非績溪縣新榮鄉十都二圖第六甲正管戶，而是帶管戶。且，在上一次即隆慶六年（1572）大造黃冊之時，其充當甲首正役者應爲"程一德""外祖胡貴壽"，而"程一德"時年本身不過5歲，應屬"幼小十歲以下"，也就不會承擔任何差役，應是作爲畸零人戶附於里甲正戶之後帶管。然而，在萬曆十年（1582）大造黃冊時，作爲第六甲帶管戶的"程一德"開始排年里甲，承擔甲首正役。又，結合第4行中"承故外祖胡貴壽"一語可知，在本次大造黃冊時，績溪縣新榮鄉十都二圖第六甲萬曆十六年（1588）排年甲首應役之戶原本應爲"胡貴壽"戶，但因"胡貴壽"已故，而此時的"程一德"年滿15歲，已然成丁，故而由其接替排年甲首。可見，原本作爲本圖畸零人戶的"程一德"，對於補充本圖里甲正管戶有着作用，是對史籍所載"事故絕者，以畸零戶內選湊"的最好印證。

另，《樂府詩集》第八冊卷三十六第9葉背爲"正德七年（1512）直隸揚州府泰州寧海鄉貳拾伍都第壹里賦役黃冊"殘葉，載："▭▭▭▭壹百柒拾陸戶／正管壹百壹拾戶／帶管畸零陸拾陸戶"，可知該里共有人戶176戶，其中正管戶即編排里甲者110戶，帶管畸零66戶。結合《明會典》和《後湖志》中洪武二十四年（1491）"奏准攢造黃冊格式"之規定，這66戶應並非均爲"畸零戶"，所謂"帶管畸零"應包含有兩個層次，即"帶管戶"和"畸零戶"。其中，"帶管戶"即鶴見尚弘先生所言有丁糧而充雜役的戶；"畸零戶"即正管戶之外的"餘戶"，亦即小黃冊中的"編排不盡"人戶，其包括了史籍所載的"年老殘疾、幼小十歲以下、寡婦和外郡寄莊人戶"。由於文書的殘缺性，尚且不知這66戶中充雜役的"帶管戶"和編排不盡的"畸零戶"各爲多少，但可以肯定的是，在"畸零戶"中也必然存在着僉充甲首之人戶，其應與小黃冊中的足10戶者另立一圖，排年甲首相同。關於這一點，在中國歷史博物館藏《明徽州府休寧縣由山東鄉十八都十圖第五甲黃冊》中可以得到驗證，其所載的"畸零"戶中存在着"帶管甲首"的登載。①

綜合來看，明初小黃冊中畸零戶排年甲首，自爲一"圖"主要有三種情況：一是《永樂大典》中所載湖州府"小黃冊圖"之法中10戶以上者，單獨編爲一"圖"排年甲首，且在上圖藏《後漢書》紙背洪武三年處州府小黃冊原件中得到了印證；二是《後漢書》背洪武三年小黃冊所載，編排不盡畸零戶數20戶以上者，設甲首，鄰近里長帶管，及50戶設立里長，排年里甲；三是日本靜嘉堂文庫藏《漢書》背小黃冊中所載足30戶者，設立甲首，鄰近里長帶管。但後面兩種情況，在目前所見的上圖藏《後漢書》和《魏書》紙背所存明洪武三年（1380）處州府小黃冊中，均未得到印證。相反，出現了編排不盡畸零戶超過10戶，不足20戶，而這些人戶均未排年甲首，編爲一"圖"。如此看來，明初小黃冊中編排不盡畸零戶單獨編爲一"圖"，排年甲首，或是有着一個基本的硬性條件，即必須爲10的整數倍。也就是說，小黃冊中的畸零戶若要編爲一"圖"排年甲首，就必須是10戶、20戶、30戶、40戶，50戶時則要另立里長一名；若出現低於10戶，或爲大於10戶又不足20戶者，均附於冊籍之後，不再編爲一"圖"排年甲首。洪武十四年（1381）後正式推行賦役黃冊，其"正管"戶之外的"畸零"戶與明初小黃冊中的"畸零"戶編排有同又有別，既包括了與"正管"戶無異的普通民戶，也有史籍中所載的"鰥寡孤獨"、"外郡寄莊"。

總之，明初小黃冊以"都"爲基本攢造單位，每一"都"下包含若干個里，每"都"的人戶中主要包括所有里的正管戶100*N（N≥2）、帶管戶、寄莊人戶三類，其中帶管戶分外役人戶和編排不盡畸零戶兩類，這些帶管戶和寄莊人戶被分攤入其下各個里中。這一點爲後來的賦役黃冊所繼承，即"如一都有六百戶，將五百五十戶編爲五里，剩下五十戶，分派本都附各里長名下帶管當差"②。畸零戶作爲一"都"中編排不盡人戶被分派到都下各里，其身份與普通民戶無異，亦擁有人丁和田產，而畸零戶是否排年甲首

---

① 參見趙金敏《明代黃冊的發現與考略》，《中國歷史博物館館刊》1996年第1期。
② 《後湖志》卷4《事例一》，第54頁。

主要依據其人戶數額,即是否爲 10、20、30、40 戶整數,達到 50 戶時就需要另立里長一名,排年里甲。洪武十四年(1381)後,正式推行賦役黃册,基本承襲了明初小黃册的人戶登載形式,即仍舊主要分"正管"戶和"帶管"戶,不同的是小黃册中的"寄莊"人戶單獨開列,而洪武十四年(1381)後的賦役黃册則統一將其劃到"帶管"戶下的"畸零"戶中開列。但"外役"和"畸零"人戶仍舊開列於"帶管"戶之下,這一點與明初小黃册無異。另,賦役黃册中的"外役"人戶與明初小黃册中所載一致,均爲僉充雜役人戶;而"畸零"戶則與明初小黃册中所載略有不同,其不僅包括與"正管"戶無異的普通民戶,也有史籍所載的"鰥寡孤獨"、"外郡寄莊"。

(本文作者耿洪利,爲首次刊發。)

六　古籍紙背洪武三年（1370）小黃冊所見寄莊戶淺析

　　關於明代寄莊戶，最早進行專文研究的是日本學者川勝守先生《關於明代的寄莊戶》① 一文，該文對明代的寄莊戶進行了系統分析和探討，指出明代寄莊戶是士紳階層大地主所有制的一種形態。國內學者較早對明代寄莊戶問題進行分析是欒成顯先生的《明代黃冊研究》②，該書在探討明代黃冊中登載的人戶類型時對寄莊戶有所涉及，但着墨不多。目前，學界關於明代寄莊戶問題的專文研究較少，且研究時段多集中於明中葉以後，鮮有涉及明初。③ 此外，有關明代寄莊戶在寄籍地是否承擔里甲正役和雜泛差役，學界尚有爭議，對其性質以及和明代戶籍管理、徭役徵派之間的關聯缺乏清晰的認識。新發現的古籍紙背明洪武三年（1370）處州府小黃冊原件中，存有大量寄莊戶的登載，提供了研究明初寄莊戶的珍貴一手資料。因此，以這批新發現的明初小黃冊爲中心，結合傳世史籍相關記載，對寄莊戶進行細緻分析，必然能夠推動明代寄莊戶及人戶管理等相關問題研究的深入。

（一）小黃冊中寄莊戶的登載格式

　　關於明代寄莊戶，嘉靖《安溪縣志》載："寄，寓也，得業之民，原非土著，以其寓居於田莊者而定居，戶不報丁，空名守米。他縣少有，惟安溪爲多。蓋本處田業，多市與外縣富人，而四方貴宦，亦嗜購山田，故此地寄

---

　　① ［日］川勝守：《明代の寄莊戶について》，《東洋史研究》第33卷3號，同朋舍1974年版，第48—71頁。
　　② 欒成顯：《明代黃冊研究》，中國社會科學出版社1998年版。
　　③ 代表性論著主要有：韓大城《明代的寄莊》（王毓銓主編：《明史研究》第1輯，黃山書社1991年版，第24—34頁）一文對明代寄莊問題進行了詳實的分析，指出賦役繁重是造成寄莊不斷增加的原因之一，寄莊的增多導致賦役混亂不均，但由於差役制度的混亂和土地的日益商品化，無法徹底消除寄莊，只能通過攤丁入畝使寄莊比較合理的承擔糧差；龔汝富、李光曼《明清寄產納稅及其契約規制》（《南昌大学学报（哲社版）》1998年第1期）一文着眼於明清時期隔縣別邑的寄產寄稅現象，通過對寄產與詭寄的區別和聯繫、寄產納稅制的要求以及寄產代納稅合同的分析，指出當時政府對寄產問題有着嚴格規制，而民間則主要通過寄產代納稅的契約規制來約束和規範這一行爲；周雪香《新縣設置與田糧紛爭——以明代中後期福建汀州府屬縣的"界糧"之爭爲中心》（《中國经济史研究》2016年第2期）一文重點探討了明中後期由於寄莊戶的存在導致地方在土地丈量和田糧徵收上出現紛爭的問題，指出分設新縣時，疆域和田糧的劃分，雖然會考慮自然地理環境和國家的相關制度，但起主導作用的是政治控制。

莊爲盛。"① 該則史料表明，明代寄莊戶有三個特徵：非本籍土著、在本籍置有田產、不報丁口。然而，其在黃冊中的具體登載格式尚且無從得知，以往的研究也僅是着眼於傳統史料，並未直接運用諸如黃冊、戶帖之類的文書分析。公文紙本古籍紙背明初小黃冊的發現及其對寄莊戶的詳細記載，爲解決這一問題提供了新的原始材料，通過對文書的解讀和分析，可明確明初寄莊戶的登載格式及其特點。

明洪武三年（1370）在部分地區推行的"小黃冊圖之法"，是明朝編造賦役黃冊的試行版，其攢造格式爲洪武十四年（1381）以後賦役黃冊的編造提供了基本樣式。因此，明初小黃冊的登載內容及格式有着十分重要的意義，而部分特殊人戶更值得予以格外關注。通過對這批上海圖書館藏古籍紙背新發現的明洪武三年小黃冊的整體分析可知，明初小黃冊的攢造過程首先是各都、里總計本里丁口、田產和賦稅之數，這其中自然包括了對外役人戶、編排不盡人戶和寄莊戶的登載。如《後漢書》卷4第14葉和第15葉背載青田縣小黃冊冊首各類人戶、丁口及田糧信息，綴合後內容如下：

（前缺）
1. 　　　　外役壹百壹拾伍戶，計人丁男女肆百壹拾捌口：
2. 　　　　　　　　男子貳百捌拾柒口：
3. 　　　　　　　　　　成丁壹百捌拾貳口，
4. 　　　　　　　　　　不成丁壹百伍口。
5. 　　　　　　　　婦女壹百叄拾壹口。
6. 　　　　編排不盡人戶叄拾戶，計人丁男女陸拾玖口：
7. 　　　　　　　　男子肆拾肆口：
8. 　　　　　　　　　　成丁叄拾叄口，
9. 　　　　　　　　　　不成丁壹拾壹口。
.............（以上卷四第14葉）.............
10. 　　　　　　　　婦女貳拾伍口。
11. 　　寄莊：

① （嘉靖）《安溪縣志》卷1《寄莊》，國際華文出版社2002年版，第39—40頁。

12.　　　　　　外役鋪兵陸戶，
13.　　　　　　編排不盡人戶貳拾戶。
14.　田產官民田土壹百貳拾肆頃壹拾柒畝肆分陸厘柒毫陸絲陸忽。
15.　　　　　　　　夏稅：
16.　　　　　　　　　官：
17.　　　　　　　　　　　正麥伍升肆合陸勺肆抄伍撮，
18.　　　　　　　　　　　耗麥叁合捌勺貳抄伍撮壹圭伍粟。
19.　　　　　　　　　民：
　　　　　　　　（後缺）

　　上述 2 葉綴合後的內容，上下語義連貫且第 14 葉第 7 行男子口數和第 15 葉首行即綴合後的第 10 行婦女口數之和，恰好與第 14 葉的第 6 行的編排不盡人戶人丁總數相符，可確定二者綴合無誤。以上綴合後的內容完整保留了青田縣四都的外役人戶、編排不盡人戶和寄莊人戶信息，殘存田糧總數。由登載格式和內容可知，外役人戶和編排不盡人戶在各自人丁總數之下分別詳載男女口數，且男子項下具列成丁、不成丁之數。寄莊戶被分別編入外役和編排不盡人戶中，其中外役鋪兵 6 戶，編排不盡 20 戶，二者均不載人丁信息，該都的寄莊戶共有 26 戶。

　　同書卷六十二第 4 葉背載：

　　　　　　　　（前缺）
1.　　　　　民玖拾陸戶，計男女貳百柒拾肆口。
2.　　　　　　　男子壹百捌拾肆口：
3.　　　　　　　　　成丁捌拾捌口，
4.　　　　　　　　　不成丁玖拾陸口。
5.　　　　　　　婦女玖拾口。
6.　　　　寄莊：

第三章　新發現公文紙本古籍紙背洪武三年處州府小黃冊復原與研究　481

7.　　　　　　民肆戶。
8.　　田產：
9.　　　　　　　　田肆頃伍拾伍畝柒分壹厘貳毫。
10.　　　　　　　　　　夏稅：
11.　　　　　　　　　　　　官：
12.　　　　　　　　　　　　　　正麥陸合陸合叄撮，
13.　　　　　　　　　　　　　　耗麥肆勺陸抄貳撮貳圭壹粟。
14.　　　　　　　　　　　　民：
（後缺）

　　該葉背爲處州府某縣某都一里小黃冊冊首人丁、田糧總數信息。其中，民戶 96 戶，寄莊戶 4 戶，民戶項下開列男女口數和男子成丁、不成丁之數，寄莊戶則未見丁口信息。同樣的記載還見之於《魏書》紙背小黃冊中，如卷四十五第 26 葉背第 5 行載"寄莊外縣民戶肆戶"、卷六十四第 5 葉背第 4 行載"寄莊民戶壹拾戶"。

　　顯然，在基層里甲攢造小黃冊之初，首先要對各類人戶丁口、官民田產及所納稅糧等項之數進行統計登載，這其中就包括了對寄莊戶的登載。不同的是，對於本都籍人戶除在其下開列人丁總數外，又詳列其各自男、女丁口數，且男子項下開列其成丁與不成丁之數，唯寄莊戶不見人丁信息。同時，在這些寄莊戶的登載中還註明了其應承擔的差役，即文書中的"鋪兵"。在《後漢書》卷 4 第 15 葉的紙背文書中，寄莊戶下的戶數較多，因此又將這些寄莊戶納入編排不盡人戶之列。稍顯不同的是，在《魏書》卷四十五第 26 葉背第 5 行登載的寄莊戶中明確說明其爲外縣民戶，在語義上更易理解其寄莊戶的含義。由此可見，洪武三年（1370）小黃冊登載各類人戶丁口、田產稅糧等項總數時，對寄莊戶的登載在格式上主要有兩個特點：一是對本地現有的寄莊戶戶數有着系統總計，但不在其戶數下開列具體人丁信息；二是在這些寄莊戶的登載中，明確註明寄莊戶的戶籍身份，且寄莊戶還可納入編排不盡人戶之中。

　　具體到某一寄莊戶的登載格式上，與其它人戶亦有不同。小黃冊中對於本地戶籍人戶的登載，無論是正管戶還是帶管外役或編排不盡戶，其在登載事項內容上基本相同。

如《後漢書》卷二第 10 葉背載：

（前缺）
1. 第壹甲：
2. 　　里長葉則正等一十戶。
3. 　　　　一戶葉則正，係本都民戶，洪武肆年里長。
4. 　　　　　　人丁叁口：
5. 　　　　　　　　　男子貳口：
6. 　　　　　　　　　　　　成丁壹口，
7. 　　　　　　　　　　　　不成丁壹口。
8. 　　　　　　　　　婦女壹口。
9. 　　　　　　田產官民田土壹頃貳拾叁畝叁分貳厘。
10. 　　　　　　　　　夏稅：
11. 　　　　　　　　　　　官：
12. 　　　　　　　　　　　　　正麥叁升陸合壹勺捌撮，
13. 　　　　　　　　　　　　　耗麥貳合伍勺貳抄柒撮伍圭陸粟。
14. 　　　　　　　　　　　民：
（後缺）

該葉背爲第壹甲里長"葉則正"黃冊，其現存信息相對完整，殘缺部分田糧信息。從現存內容來看，在登載格式上首先是開列戶主姓名、籍貫、身份（"民戶"）、所承擔差役①和時間，而在籍貫中直接明確其爲本地正管戶，即"本都民戶"；其下則依次開列該戶的丁口和事產，其丁口男子項下

---

① 據現存文書內容並對比其它賦役黃冊來看，正管戶主要承擔的職役為里長和甲首，而里長、甲首在編造小黃冊以及後來的賦役黃冊中稱之為正役（關於里長、甲首職役之稱，詳見欒成顯《明代黃冊研究》，第 306—327 頁）。

詳列成丁與不成丁之數，但不列具體姓名、年齡；婦女項則秪載口數，未見有大、小口之分，同樣不列具體姓名、年齡。類似的記載廣泛存在於《後漢書》和《魏書》紙背小黃冊，稍有區別的是《魏書》紙背小黃冊中部分人戶籍貫的登載爲"本管民戶"，如卷六十一第 1 葉背載：

（前缺）

3. 　一戶季銓五，係本管民戶，洪武伍年甲首。
4. 　　人丁伍口：
5. 　　　　男子貳口：
6. 　　　　　　成丁貳口。
7. 　　　　婦女叁口。
8. 　　田肆畝柒分肆絲壹忽。
9. 　　　　夏稅正耗麥壹升捌合壹勺伍撮玖圭捌粟。
10. 　　　　　　正麥壹升陸合玖勺貳抄壹撮肆圭肆粟，
11. 　　　　　　耗麥

（後缺）

帶管外役人戶和編排不盡人戶與正管戶在登載格式上基本相同，如《後漢書》卷四第 2 葉和第 4 葉背，其各自內容如下：

卷四第 2 葉背載：

（前略）

5. 　帶管
6. 　　外役人戶：
7. 　　　　一戶吳賢，係本都民戶，充當本縣弓兵。
8. 　　　　人丁壹拾伍口：
9. 　　　　　　男子玖口：
10. 　　　　　　　　成丁陸口，
11. 　　　　　　　　不成丁叁口。

12.　　　　　　　　　　婦女陸口。
13.　　　　　　　田產伍拾伍畝叄分陸厘貳毫伍絲。
14.　　　　　　　　　　夏稅：
　　　　　　　　　　　（後缺）

卷四第 4 葉背載：

　　　　　　　　　　　（前略）
9.　　一戶徐志德，係本都民戶。
10.　　　　　人丁肆口：
11.　　　　　　　　男子貳口：
12.　　　　　　　　　　成丁貳口。
13.　　　　　　　　婦女貳口。
14.　　　　　田產肆分叄厘柒毫伍絲。
　　　　　　　　　　　（後缺）

　　從上述 2 葉現存內容來看，第 2 葉背爲帶管外役戶，第 4 葉背爲編排不盡戶。在登載事項內容上，與前文所述的正管戶並無差別，同樣是首先是開列戶主姓名、籍貫、身份，且在籍貫中同樣註明其爲本地人戶，即"本都民戶"；而後則是丁口和事產，丁口下的男子與婦女的登載格式也一致。稍有不同的是在所承擔的差役上，從小黃冊內容來看，外役人戶承擔的爲雜役，即"弓兵"，並不承擔正役里長、甲首；編排不盡戶由於文書殘缺不全，無法得知全部的人戶信息，但結合其他殘存文書來看，編排不盡足 10 戶需設甲首，足 50 戶設里長，另編造小黃冊。① 綜合來看，小黃冊中對於本地正管戶均在登載中直言其爲"本都民戶"或"本管民戶"，其下則詳列人丁田產信息，祇是婦女項下無大小口之分列。
　　寄莊人戶在登載格式上與上述本地正管戶有所不同，《後漢書》卷四十八第 7 葉背載：

---

①　參見宋坤、張恆《明洪武三年處州府小黃冊的發現及意義》，《歷史研究》2020 年第 3 期。

（前略）

2.　　一戶葉七觀，係松陽縣寄莊民戶，洪武拾壹年甲首。
3.　　　　　田捌分柒厘伍毫。
4.　　　　　　　　夏稅正耗麥貳合貳勺肆抄柒撮。
5.　　　　　　　　　　正麥貳合壹勺，
6.　　　　　　　　　　耗麥壹勺肆抄柒撮。
7.　　　　　　　　秋糧正耗米壹升捌合柒勺貳抄伍撮。
8.　　　　　　　　　　正米壹升柒合伍勺，
9.　　　　　　　　　　耗米壹合貳勺貳抄伍撮。

（後略）

　　該葉文書較爲完整的保留了松陽縣寄莊戶"葉七觀"戶的信息。從現存內容來看，首行開列戶主姓名、籍貫、身份和所承擔的職役，籍貫中直接言明其爲"松陽縣寄莊民戶"，這與《魏書》卷四十五第26葉背第5行中寄莊戶的登載相同，而其具體的登載格式與前文述及的正管戶、帶管外役戶和編排不盡戶基本一致。需要注意的是，該葉文書中的寄莊戶下並無人口項的登載，僅見有田產數，這與前引《後漢書》卷62第4葉背文書登載格式一致。即，當地在攢造小黃冊冊首中對各類人戶信息總數分別統計，而本地人戶項下無論是正管戶還是帶管外役戶或編排不盡戶，除總計其戶數外，又詳列其男女口數，唯寄莊戶項僅載其戶數總數，不載戶下具體丁口數。

　　同時，松陽縣寄莊戶"葉七觀"也承擔了當地的職役——甲首。與該葉文書首行即明確其爲寄莊戶相比，在目前所見明初小黃冊其他文書中，更多的則是通過籍貫不同來表明，並不直接言明其爲寄莊戶。如，《後漢書》卷2第1葉背文書載：

（前略）

8.　　一戶朱四男，係麗水縣民戶。
9.　　　　　田產民田貳分柒厘伍毫。
10.　　　　　　夏稅：

11.　　　　　　　　　　正麥陸勺陸抄，
12.　　　　　　　　　　耗麥肆抄陸撮貳圭。
13.　　　　　　　秋糧：
14.　　　　　　　　　　正米伍合伍勺，
　　　　　　　　（後缺）

　　整體上看，該葉"朱四男"在登載格式與前引"徐志德"戶基本相同，均不承擔任何差役，其應同爲編排不盡人戶。在具體內容上，該葉所載人戶"朱四男"，其籍貫爲麗水縣民戶，並未言明其爲寄莊戶，下一行直接登載田產不見有人丁信息，這與上文中的寄莊戶"葉七觀"一致，同時也符合嘉靖本《安溪縣志》中對寄莊戶的記載，即"戶不報丁，空名守米"。因此，從登載格式來看，"朱四男"戶應爲寄莊戶無疑。另，與前述寄莊戶"葉七觀"不同的是，本葉文書中的寄莊戶"朱四男"並未承擔任何差役，這應是因該戶爲編排不盡人戶所致。《後漢書》卷四第 13 葉背載"保內但有編排不盡畸零戶數貳拾、叁拾、肆拾戶，務要不出本保，一體設立甲首，鄰近里長，通行帶管"，據此可知，當編排不盡的畸零戶不足以排定里甲之時，便不需要排定差役。該葉中所載人戶"朱四男"和前文卷四第 4 葉背所載"徐志德"應是這種情況。

　　又，在不直接言明其爲寄莊戶的文書中，也有與《後漢書》卷四十八第 7 葉中登載事項基本相同者，如《魏書》卷六十一第 30 葉背載：

　　　　　　　　　　（前略）
3.　　一戶項安二，係青田縣民戶，洪武拾叁年甲首。
4.　　　　田貳分。
5.　　　　　　夏稅正耗麥柒勺柒抄肆圭：
6.　　　　　　　　　　正麥柒勺貳抄，
7.　　　　　　　　　　耗麥伍抄肆圭。
8.　　　　　　秋糧正耗米陸合肆勺貳抄：
9.　　　　　　　　　　正米陸合，

10.　　　　　　　　　耗米肆勺貳抄。
　　　　　　　（後略）

　　該葉文書与上文提及的"朱四男"相同，並未直言其爲寄莊戶，而是在籍貫中予以說明，即"青田縣民戶"。整體來看，除首行未直接言明其爲寄莊戶外，其餘內容在登載事項上與《後漢書》卷四十八第 7 葉背"葉七觀"一致，青田縣民戶"項安二"同樣承擔甲首正役。
　　除甲首正役外，明初的寄莊戶是否承擔里長役？對此，《魏書》紙背小黃冊內容爲我們提供了重要線索，其卷四十五第 28 葉背載：

　　　　　　　　　（前缺）
1.　一戶葉彥璋，係浦城縣登俊里住民，洪武肆年里長。
2.　　　　田貳頃叁拾玖畝陸分玖厘伍毫捌絲叁忽。
3.　　　　夏稅正耗麥玖斗貳升叁合叁勺捌撮叁圭：
4.　　　　　　　正麥捌斗陸升貳合玖勺伍撮，
5.　　　　　　　耗麥陸升肆勺叁撮叁圭。
6.　　　　秋糧正耗米柒碩陸斗玖升肆合貳勺叁抄陸撮貳圭：
7.　　　　　　　正米柒碩壹斗玖升捌勺柒抄伍撮，
8.　　　　　　　耗米伍斗叁合叁勺陸抄壹撮貳圭。
　　　　　　　（後略）

同書卷八十三下第 2 葉背載：

　　　　　　　　　（前略）
2.　一戶周百十五，係金華縣民戶，洪武拾年里長。
3.　　　　田產民田壹拾捌畝壹分。
4.　　　　　　　夏稅：

5.　　　　　　　　　　　正麥肆升叁合肆勺肆抄,
6.　　　　　　　　　　　耗麥叁合肆抄捌圭。
7.　　　　　　　　秋糧：
8.　　　　　　　　　　　正米叁斗陸升貳合,
9.　　　　　　　　　　　耗米貳升伍合叁勺肆抄。
　　　　　　　　（後略）

　　在登載事項上，上述兩葉文書中的人戶並未直言其爲寄莊戶，僅是予以在籍貫中説明，即"浦城縣登俊里住民"、"金華縣民戶"，且均衹載田產不載人丁信息。不同的是，這兩葉文書中的寄莊戶"葉彥璋"和"周百十五"所承擔的差役均是里長正役。由此可見，明初小黄冊中的寄莊戶同樣需要承擔正役里長。需要注意的是，在"葉彥璋"的籍貫登載中不僅記載了其原籍在縣，且詳細到了里，即"浦城縣登俊里"。據考證，《魏書》卷四十五第 28 葉背爲處州府龍泉縣小黄冊，而據明成化本《處州府志》載，龍泉縣疆域"西到建寧府浦城縣一百六十里"，① 可見明時的龍泉縣和浦城縣在地理位置上相鄰。因此，浦城縣民戶到龍泉縣購置田產寄莊便可理解。

　　以上所言均爲洪武三年小黄冊中的寄莊戶，洪武十四年（1381）後賦役黄冊中的寄莊戶在登載格式上又是怎樣的？欒成顯先生《明代黄冊研究》一書所載萬曆二十年（1592）嚴州府遂安縣十都上一圖五甲黄冊殘件中載有一寄莊戶信息，爲便於對比，現將其内容轉引如下：

1. 外府寄莊戶：
2. 莊戶一戶汪一銀即汪銀，係衢州府開化縣六都民籍。
3. 　舊管：
4. 　　人丁無。
5. 　事產：
6. 　　　田地山一十一畝六分五厘一毫，原民田地山今照一則均

---

① （成化）《處州府志》卷 13《龍泉縣志·疆域》，成化二十二年（1486）刻本，第 20 頁。

　　　　攤派征。
　　　　　　　（中略）
7.　新收：
8.　　人口：正收男子不成丁一口：本身，年五十六歲。
9.　　事產：
10.　　　轉收田地山四十三畝一厘九毫。
　　　　　　　（中略）
11.　開除：
12.　　事產：
13.　　　地一推一則地七分四厘二毫。
　　　　　　　（中略）
14.　實在：
15.　　人口：男子不成丁一口：本身，年五十六歲。
16.　　事產：
　　　　田地山五十三畝九分二厘八毫。①
　　　　　　　（後略）

　　該戶在首行便表明其爲寄莊戶，即文書中的"外府寄莊戶"，這與前文所述《後漢書》卷四十八第7葉背所載寄莊戶"葉七觀"的登載形式相同。不同的是，該戶又在其下一行的籍貫中予以說明，即"衢州府開化縣六都民籍"，這與前文所言《後漢書》卷二第1葉背所存寄莊戶"朱四男"相同。由此可知，明後期賦役黃冊中對寄莊戶的登載，是同時吸取了明初小黃冊中寄莊戶登載的兩種不同方式來表明其身份性質。另外，該葉文書中的"汪一銀"在"四柱法"的登載格式下，其"舊管"項下"人丁無"，僅載"事產"。由此推測，該戶在最初編造黃冊之時，可能並未登載人丁信息，這點或許是承襲了明初小黃冊中對寄莊戶的登載形式，而該戶在萬曆二十年（1592）大造黃冊時，其下"新收"和"實在"項下，便明確登載了該戶人丁情況，即爲本身一口。據此推斷，明代對寄莊人戶的登載，不載人丁僅載

―――――――――
①　轉引自欒成顯《明代黃冊研究》，第61—62頁。

田產的做法可能一直延續到明中期，最晚萬曆年間才有所改變，即對寄莊人戶的登載與本地人戶一致，詳載人丁和事產等項。

通過上述對上圖藏《後漢書》和《魏書》紙背明洪武三年（1370）處州府小黃冊中寄莊戶登載格式分析可知，小黃冊對寄莊戶的登載有兩個顯著特點：首先，在表明其爲寄莊戶身份上存在着兩種不同的登載方式，一是直言其爲"某縣寄莊戶"，二是通過在籍貫中的"某縣民戶"來說明其爲寄莊戶。其次，在對寄莊戶的具體信息登載中，不載丁口，唯載田產，這是與明後期賦役黃冊中對寄莊戶登載的最大區别，其與明嘉靖本《安溪縣志》中所言"戶不報丁，空名守米"相符。同時，通過對比萬曆二十年（1592）嚴州府遂安縣十都上一圖五甲黃冊殘件中對寄莊戶的登載得知，明代賦役黃冊中對寄莊人戶僅載田產，不載人丁的格式特點，或許一直保持到明中期，直到萬曆年間在大造黃冊之時，才將寄莊人戶與本地人戶一視同仁，詳載人丁、事產等項。

（二）小黃冊中所見寄莊戶承擔的差役

明代徵發徭役的標準起初是以人丁爲主，其後則兼有丁、糧，史載：

> 國朝役制，首先論丁，見於洪武四年詔令者可考也。厥後兼論丁、糧，然未聞專論糧也。邇來有司不原祖制，凡遇僉役，專視田之多寡以爲差殊，不知田不足憑者有六：富民以餘田竄仕籍，是謂詭寄……①

因此，明代的富戶在本府縣以外購置田產，其目的之一應是規避糧差徭役。關於明代寄莊戶是否在寄籍地承擔差役，目前學界尚無定論，這主要是由於現有傳世史料中對明代寄莊戶在賦役方面的記載多有抵牾之處。如《明會典》和《後湖志》中載賦役黃冊的編訂云：

> 其畸零人戶，許將年老、殘疾並幼小十歲以下，及寡婦女、外郡寄

---

① （明）徐師曾：《湖上集》卷7《均役論》，《續修四庫全書》第1351冊，上海古籍出版社2002年版，第142頁。

莊人戶編排。若十歲以上者，編入正管。且如編在先次十歲者，今已該二十歲。其十歲以上者，各將年分遠近編排，候長一體充當甲首。[①]

文中明確規定將"寄莊人戶"編入"畸零戶"，而"畸零戶"在不被編排里甲的情況下，即不承擔里甲正役，也不需要承擔其它雜役。然而，明廷對寄莊戶的政策並非獨此一種。洪武二十四年（1391），針對寄莊戶如何徵派徭役，專文規定："令寄莊人戶，除里甲原籍排定應役，其雜泛差役皆隨田糧應當。"[②] 可見寄莊戶的里甲正役是由原籍排定，在寄籍地則需承擔其它雜泛差役，即里甲正役和雜役的徵調並不在同一地執行，正役在原籍排定，而其它雜役則根據其田產所在之地而定。這就表明寄莊戶的正役（里長、甲首）和雜役是分開的，隨之而來的問題便是寄莊戶是否要兩地同時服不同的徭役，且兩地同服是否存有衝突？韓大成先生認爲上述兩則史料的不同規定，使得地方官在執行時可以自行選擇，既可以執行前者，又可以執行後者，從而爲寄莊戶逃避差役留下了合法依據。韓先生的這種觀點是否成立？在正式推行賦役黃冊之法前，明廷針對寄莊戶又採取了怎樣的政策？上圖藏《後漢書》《魏書》紙背明洪武三年（1370）處州府小黃冊的發現爲我們提供了重要線索。

明初寄莊戶是否承擔徭役，前文在分析小黃冊中寄莊戶的登載格式時已證明，其在被編爲里甲正戶時，需承擔正役里長、甲首，如《後漢書》卷四十八第21葉背首行"一戶蔡賜，係松陽縣寄莊民戶，洪武柒年甲首"、卷五十七第21葉背第6行"一戶李深二，係麗水縣住民，洪武七年甲首"、卷七十四第22葉背第6行"一戶張廣齊，係龍泉縣民戶，洪武六年甲首"等，《魏書》卷六十一第18葉背第9行"一戶劉明八男劉立，青田縣民戶，洪武拾貳年甲首"、卷六十二紙背第1葉"一戶葉斌四，青田縣民戶，洪武拾壹年甲首"、卷六十三第8葉背第9行"一戶劉斌壹，係青田縣民戶，洪武捌年甲首"等。爲便於分析，再列舉2葉背小黃冊如下：

---

① （萬曆）《大明會典》卷20《戶部七·戶口二·黃冊》，中華書局1989年版，第132頁；（明）趙官等編：《後湖志》卷4《事例一》，南京出版社2011年版，第54頁。
② （萬曆）《大明會典》卷20《戶部七·戶口二·賦役》，第133頁。

《後漢書》卷七十第 22 葉背：

（前略）

1.　　　　　　　　　耗麥肆勺貳抄。
2.　　　　　　秋糧：
3.　　　　　　　　　正米伍升，
4.　　　　　　　　　耗米叁合伍勺。
5.　一戶周三秀，係永嘉縣民戶，洪武玖年甲首。
6.　　　田產：
7.　　　　　民田陸畝叁分伍厘玖毫。
8.　　　　　　夏稅：
9.　　　　　　　　　正麥叁合捌勺壹抄伍撮肆圭，
10.　　　　　　　　耗麥貳勺陸抄柒撮柒粟捌粒。
11.　　　　　　秋糧：
12.　　　　　　　　　正米叁升壹合柒勺玖抄伍撮，
13.　　　　　　　　　耗米貳合貳勺貳抄伍撮陸圭伍粟。
14.　一戶程紹卿，係永嘉縣民戶，洪武玖年甲首。

（後缺）

該葉殘存 3 戶信息，其中第 5—13 行爲永嘉縣周三秀戶；第 14 行爲永嘉縣程紹卿戶。根據前文對明初小黃冊中寄莊戶登載格式的分析可知，該葉中的周三秀和程紹卿均爲寄莊戶。

《魏書》卷四十五第 28 葉背爲龍泉縣二都小黃冊殘葉，內容如下：

（前缺）

1.　一戶葉彥璋，係浦城縣登俊里住民，洪武肆年里長。
2.　　　田貳頃叁拾玖畝陸分玖厘伍毫捌絲叁忽。
3.　　　　　　夏稅正耗麥玖斗貳升叁合叁勺捌撮叁圭：
4.　　　　　　　　　正麥捌斗陸升貳合玖勺伍撮，

5.　　　　　　　　　耗麥陸升肆勺叁撮叁圭。
6.　　　　　　　　　秋糧正耗米柒碩陸斗玖升肆合貳勺叁抄陸撮貳圭：
7.　　　　　　　　　　　正米柒碩壹斗玖升捌勺柒抄伍撮，
8.　　　　　　　　　　　耗米伍斗叁合叁勺陸抄壹撮貳圭。
9.　　一戶萬象寺，係麗水縣住本都安如山 收 ，充洪武伍年里長。
10.　　　　　　僧人壹口：
11.　　　　　　　　成丁壹口，
　　　　　　　　　（後缺）

　　該葉殘存 2 戶信息，其中前 8 行爲浦城縣登俊里住民"葉彥璋"戶，其登載格式與明初寄莊戶的登載特點相符，應爲寄莊戶；後 3 行爲麗水縣"萬象寺"信息，單就其登載的所屬地域即麗水縣而言應屬寄莊戶，但戶下卻有人丁登載出現，明顯不符合明初寄莊戶"戶不報丁，空名守米"的特點。據前文對小黃冊歸屬地考證得知，萬象寺位於麗水縣境內，在龍泉縣二都擁有萬象莊田 5 頃，結合該葉對萬象寺籍貫的登載爲"住本都安如山收"，可確定其僧人在洪武三年（1370）攢造小黃冊時住在龍泉縣二都，即當時寺內僧人應爲住於龍泉縣，故而其登載格式上與當地民戶相同。

　　通過上述所列文書內容分析可知，明初寄莊戶在寄籍地同樣需要排定里甲應役，這與《明會典》和《後湖志》中所載攢造黃冊、編排里甲之規定相符，驗證了明代寄莊戶應承擔的里甲正役，其徵派標準應是時人所在之地是否置有田產。然而，這就與洪武二十四年（1391）的"里甲原籍排定應役"相反，寄莊戶在寄籍地也須挑定里甲。

　　除正役之外，明初的寄莊戶在寄籍地是否又同時承擔其它雜泛差役？古籍紙背處州府小黃冊同樣給了我們一個明確的答案。前文所舉《後漢書》卷四第 15 葉的紙背第 2、3 行載"寄莊：外役鋪兵陸戶"。"鋪兵"爲明代雜役一種，明太祖在設置急遞鋪時定："凡十里設一鋪，每鋪設鋪司一人；鋪兵，要路十人，僻路或五人，或四人，於附近民有丁力、田糧一石五斗之上，二石之下者充。"①

結合文書內容可知，明初的寄莊戶在寄籍之地無疑是承擔雜泛差役的。除鋪兵外，小黃冊中所載明初寄莊戶還承擔其它雜役，如《後漢書》卷四十第 22 葉背載：

（前略）

6. 　　帶管外役人戶。
7. 　　　一戶葉子仁，係松陽縣民戶，充弓兵。
8. 　　　　田產民田貳拾玖畝玖分叁厘壹毫貳絲伍忽。
9. 　　夏稅：
10. 　　　　正麥柒升壹合捌勺叁抄伍撮，
11. 　　　　耗麥伍合貳抄捌撮肆圭伍粟。
12. 　　秋糧：
13. 　　　　正米伍斗玖升捌合陸勺貳抄伍撮，
14. 　　　　耗米肆升壹合玖勺叁撮柒圭伍粟。

（後缺）

該葉背所載帶管外役人戶葉子仁爲松陽縣人，結合前文對寄莊戶的登載格式分析可知，該戶應爲寄莊戶無疑。其所充"弓兵"與上文述及"鋪兵"一樣，同爲明代雜役。對此，明太祖洪武元年（1368）令："凡府州縣額設

---

① 《明太祖實錄》卷 29 "洪武元年（1368）春正月庚子"條，臺北"中央"研究院歷史語言研究所校印本，1962 年，第 501—502 頁。

祇候、禁子、弓兵，於該納稅糧三石之下、二石之上人戶內差點。"① 由此可見，明初寄莊戶在寄籍地所承擔的雜役應不止一種，僅殘存的文書內容中就見有兩種。《魏書》紙背小黃冊並未見有類似記載，這可能與不同寄莊戶所擁有的田產和納糧數額有關。

綜上所述，明初寄莊戶在賦役徵派上與史籍所載有着明顯不同。寄莊戶在寄籍之地不僅繳納稅糧，同時承擔着里甲正役和雜泛差役，這與目前學界對明代寄莊戶在賦役上的認識有別。明廷對於寄莊戶更多是強調其納糧，明後期的黃冊編審中，以寄莊名義規避賦役的現象極為普遍。里甲支應之役屬里長正役的範疇，應於在寄莊戶原籍排定，至嘉靖年間，以原籍里甲次序為斷的原則已被打破。② 但通過對明初小黃冊中寄莊戶的記載分析可知，寄莊戶在明初編造小黃冊時就與當地民戶一樣排定里甲。由於這批小黃冊為明初處州府所屬，其反映的寄莊戶在寄籍地排定里甲正役在，未必能折射整個明初全國各地對寄莊戶里甲正役的排定原則，但至少說明在明初所推行的小黃冊中，寄莊戶排定里甲應役，並不僅限於原籍。這些寄莊人戶在原籍是否依然編排應役，限於史料筆者不敢妄斷。

由此可見，明代寄莊戶從一開始就不存在免役的特權。同時，明代寄莊戶雖有被編入"畸零戶"內，但並不意味着其不承擔任何差役。"畸零戶"在明朝有兩種理解方式：一是無法負擔國家徭役的人戶，這主要是來自國家政策；二是 110 戶外的餘戶，這主要是反映村落的實際情況。③ 新發現的明初小黃冊表明，無論是本地民戶還是寄莊人戶，其不承擔里甲正役和其它雜役祇存在一種情況，即其被編入編排不盡人戶，且戶數少於 10 戶或不構成 10 的整數倍時。當編排不盡人戶達到 10 戶，或為 20、30、40 戶時，則"務要不出本保，一體設立甲首，鄰近里長，通行帶管"，"如及五十戶者，另立里長一名，排編成甲"④。即，祇有編排不盡人戶較少或不足以整除 10 時，其才不承擔任何差役，當達到一定戶數後，仍需編排里甲應役。

---

① （萬曆）《大明會典》卷 157《兵部四十・皂隸》，第 808 頁。
② 詳見侯鵬：《"正疆界"與"遵版籍"——對萬曆丈量背景下嘉興爭田的再考察》，《中國社會經濟史研究》2012 年第 4 期。
③ 詳見鶴見尚弘著，姜鎮慶譯：《中國明清社會經濟研究》，學苑出版社 1989 年版，第 1—25 頁。
④ 節引上圖藏《後漢書》卷 4 第 13 葉背。

明代寄莊戶的賦役徵收確實存在諸多弊端，尤其是明中後期權貴和富賈大戶通過寄莊來規避差役的詭寄現象十分普遍。爲了解決這種問題，孫懋在明武宗正德十五年（1520）時曾向朝廷建議：

> 三曰革詭寄。臣惟册籍之弊莫甚於詭寄，詭寄者皆奸民豪戶買通里書，或混立戶籍於畸零之内，或偽除舊地於仕宦之家，以脱重役、以免雜差。夫奸豪苟免，則善良偏累，故有田以頃計而累歲不當一差，糧僅升合而終年役於官府者，比比然也。非以朝廷優恤之恩，反爲奸豪欺罔之資耶？如蒙乞敕戶部申明禁例，以後攢造黄册，務審老幼單丁官民田不及五畝者，方許編入畸零，如田及五畝以上，仍收正管；寄莊人戶一體當差；絕戶、女戶一切革除。若内外仕宦之家，亦必量其官職崇卑，定爲優免則例。①

孫懋認爲，詭寄產生的方式主要有兩種：一是"立戶籍於畸零之内"，二是"偽除舊地於仕宦之家"。結合下文"寄莊人戶一體當差，絕戶、女戶一切革除。若内外仕宦之家，亦必量其官職崇卑，定爲優免則例"。可知，"寄莊人戶一體當差，絕戶、女戶一切革除"之舉措當爲解決"立戶籍於畸零之内"的詭寄方式，而對於"内外仕宦之家"則根據其官職的尊卑大小來定優免，即"量其官職崇卑，定爲優免則例"。結合上圖藏《後漢書》《魏書》紙背小黄册中寄莊戶記載來看，明代對寄莊戶的政策根據其戶主身份的不同區別對待，權貴即"内外仕宦之家"在不同程度上享有免除賦役的特權，其它寄莊戶則需"一體當差納糧"。而寄莊戶編入"畸零戶"的政策也並非一成不變，嘉靖年間便開始嚴禁置有田產的寄莊流民編入"畸零"。

（嘉靖）九年題准：今後大造之年，各該州縣，如有流民在彼寄住年久，置有田產家業，不願還鄉者，查照流民事例，行文原籍，查勘明

---

① （明）孫懋：《孫毅菴奏議》卷下《計開》，《景印文淵閣四庫全書》史部第 429 冊，臺灣商務印書館 1986 年版，第 333 頁。

白，許令收造該州縣冊內，填入格眼，照例當差納糧，不許捏爲畸零等項名色，及破調容隱作爲貼戶，查出依律治罪。其不願入籍者，就令還鄉，仍行該州縣安輯得所，免其雜泛差役三年。①

由"不許捏爲畸零等項名色"可知，"畸零戶"在明代應爲一種身份類型，無需服役，正如高壽仙所說，可視爲"免役戶"。② 也正是由於編入"畸零"後的寄莊戶在差役上享有優免權，一些富民爲成爲寄莊戶而不擇手段，明中期以後的"詭寄"現象十分猖獗，官員紛紛上書反映：

> 田糧飛灑、詭寄等弊日積月甚，清查爲難。丈地均糧之說，奉有明禁，固不敢議，然亦當爲之處。蓋田糧所以多弊者，由實征、黃冊之不同，巧立女戶、子戶、寄莊，名色不一。清源之論……女戶要見實在有無男丁。③

對於明中後期的這種"詭寄"學界已有相關論著，這裏不再贅述。但這並不能說明整個明代的黃冊編造存在着這種問題，至少從發現的明初小黃冊中對寄莊戶的編排登載可知，其所在寄籍之地仍要排定里甲正役和雜泛差役。

綜上所述，明初寄莊戶在小黃冊中的登載與明嘉靖本《安溪縣志》中的"戶不報丁，空名守米"一致，即僅載田產，不載人丁；而在表明其爲寄莊戶的具體登載中，又大致分爲直接言明其爲"某縣寄莊戶"和"某縣民戶"兩種方式。另，明代徵派賦役的基本原則是"視田征租，量丁定役"④，若按此原則，明代寄莊戶便無需承擔差役。然而事實上，明初徭役徵派雖以人丁爲徵收標準，但後來改爲丁、糧兼顧，即前文述及的"國朝役

---

① （萬曆）《大明會典》卷20《戶部七·戶口二·黃冊》，第131頁。
② 高壽仙：《關於明朝的籍貫與戶籍問題》，《北京聯合大學學報（人文社會科學版）》2013年第1期。
③ （明）吳遵：《初仕錄·清田賦》，《官箴書集成》第2册，黃山書社1997年版，第46頁。
④ （明）徐學聚：《國朝典匯》卷90《戶部四·賦役》，《四庫全書存目叢書》史部第265册，齊魯社1996年版，第566頁。

制，首先論丁，見於洪武四年，詔令者可考也。厥後兼論丁、糧"。① 因此，明代的寄莊戶雖原非本籍，但若按糧派役，其也需要承擔一定的徭役，即小黃冊中所載的里甲正役。實際上，明代的里甲正役除功臣之家，其他人戶均不得免，欒成顯、高壽仙等對此早有論述。② 不同的是，明初小黃冊中對寄莊戶所服差役的記載不僅是里甲正役，還載有鋪兵、弓兵類雜泛差役。因此，明代寄莊戶在其寄籍地應是須承擔里甲正役和雜泛差役的，祗是後來隨着編造黃冊之時地方官員特別是基層里老被富戶所收買，利用各種名色來規避差役，導致明中期以寄莊戶之名的"詭寄"現象日漸凸顯。

明洪武三年（1370）小黃冊，是明初朝廷在部分特定地區實行的一種賦役制度，洪武十四年（1380）在全國正式推行賦役黃冊制度之後，便不再實行。古籍紙背小黃冊原件，在一定程度上展現出明廷對於寄莊戶的里甲編排和徭役徵派，揭示了在賦役黃冊制度正式推行之前，部分實行小黃冊制度的地區在人戶編排上側重於田產而非人丁，即"以田糧立戶"的標準。之後的賦役黃冊制度，既是一種戶籍制度，也是一種賦役制度，更是國家徵稅派役的憑據，其登載的最主要內容爲人丁和事產。③ 寄莊戶在寄籍地既然置有田產，便成爲有田糧的國家編戶，其向朝廷繳納賦稅和承擔徭役也就理所當然，正如明太祖所說："民有田則有租，有身則有役，歷代相承，皆循其舊。"④ 由於現存古籍紙背小黃冊並不完整，目前所見寄莊戶所承擔的差役僅弓兵和鋪兵兩類，尚無法判斷明初寄莊戶是否承擔了寄籍地全部的差役類型。而目前所發現的明代賦役黃冊中又鮮有對寄莊戶的登載，無法得知明代賦役黃冊中對寄莊戶的編排是否承擔其寄籍地的里甲正役和雜泛差役。但新發現的明洪武三年（1370）處州府小黃冊至少說明，作爲國家的編戶，

---

① （明）徐師曾：《湖上集》卷7《均役論》，《續修四庫全書》集部第1351冊，上海古籍出版社2002年版，第142頁。

② 欒成顯先生認爲，明代里甲正役除了功臣之外，即使在京官員也不得優免，遑論其他人戶。（詳見欒成顯：《明代黃冊研究》，第340頁。）李雪慧、高壽仙亦認爲明代里甲正役除功臣之家外，一律不得優免。（詳見李雪慧、高壽仙：《明代徭役優免類型概說》，《故宮學刊》2013年第2期。）關於免功臣里甲正役的規定，《大明會典》載："各処功臣之家，戶有田土，除合納糧草夫役，其餘糧長、里長、水馬驛夫盡免。"（參見（萬曆）《大明會典》卷20《戶部七·戶口二·賦役》，第134頁）。

③ 欒成顯：《明代黃冊研究》，第107頁。

④ 《明太祖實錄》卷165"洪武十七年（1384）九月己未"條，第2545頁。

寄莊戶在寄籍地不僅需要繳納賦稅，同時還須承擔里甲正役和其它雜泛差役。至於寄莊戶本身在原籍是否依舊排定應役，限於目前未見相關記載，筆者不敢妄斷。

（本文作者耿洪利，曾以《明初小黃冊中寄莊戶初探》爲名刊於《中國經濟史研究》2020 年第 3 期，收入本書有改動。）

第 四 章
新發現上海圖書館藏古籍紙背明代賦役黃冊復原與研究

一 《樂府詩集》紙背明代揚州府泰州寧海鄉賦役黃冊戶頭散葉綴合復原

　　明代賦役黃冊作爲一項以人口和事產爲核心內容的冊籍，對明代官府管控戶籍和徵派賦役意義重大。明代黃冊的報送解貯通常是一式四份，一份上交戶部，其餘布政司、府、縣各存一份。上送戶部的黃冊保存在南京後湖的專門檔案庫房"後湖黃冊庫"中。據史籍記載，有明一代全國性的攢造黃冊共有 27 次，後湖所藏黃冊數量曾高達 179 萬本以上，也有學者推斷在 200 萬本以上。但這一海量文獻卻在明清之際的動盪中喪失殆盡。

　　筆者有幸見到上海圖書館（下文簡稱"上圖"）藏明末毛氏汲古閣刻公文紙印本《樂府詩集》，該書共一百卷，十六冊，長 25.7 厘米、寬 16.5 厘米，紙張極薄，無襯紙，共計 1336 葉，其中紙背帶文字者計 1318 葉。通過對紙背內容及所存印章的分析，可以確定《樂府詩集》刊印所用紙張，均是極爲稀見的明代後湖黃冊庫所藏明賦役黃冊進呈本原件。但可惜的是，由於印製《樂府詩集》的需要，原本完整的黃冊冊籍全部被拆解，又加以裁切，且不同時期、地域的黃冊，被散亂排列使用，錯簡不一，致使對文書的研讀和理解都存在極大困難，亟需復原。

　　經過筆者統計，上圖藏《樂府詩集》紙背現存明代黃冊中，以"明正德七年（1512）揚州府泰州寧海鄉貳拾伍都第壹里賦役黃冊"散葉數量最多，共計 251 葉，且内容相對完整，最具備復原的可能性。今選取其中一組帶戶頭黃冊散葉加以綴合、復原，以便爲學者利用提供方便。

（一）帶戶頭黃冊散葉迻録説明

上圖藏公文紙古籍《樂府詩集》紙背所存"明正德七年（1512）揚州府泰州寧海鄉賦役黃冊"，散見於該書各卷，爲整理與研究便利，將這批文書的編號定爲 ST·YFSJ［MS：Y1］、ST·YFSJ［MX：Y1］、ST·YFSJ［J1：Y1］三種格式。"ST"表示"上圖"，"YFSJ"表示"《樂府詩集》"，"MS"表示"目録上"，"MX"表示"目録下"，"J"與"Y"表示文書在原書正面的卷號與葉號。

目前統計出的 251 葉"明正德七年（1512）直隸揚州府泰州寧海鄉貳拾伍都第壹里賦役黃冊"散葉，帶有戶主戶頭信息者計 42 葉。經過筆者仔細比對，發現其中有 8 葉可兩兩上下綴合，形成 4 件較爲完整的黃冊散葉，其餘 34 葉文書暫時未能綴合。現將能夠綴合的 8 葉帶戶頭黃冊内容迻録、説明如下：

1. ST·YFSJ［MX：Y2］：

（前缺）

1. 　　　　　　　　　地
（中缺）
2. 　　　　　民草房貳間，
3. 　　　　　民水牛壹隻。
4. 一戶張移安，係直隸揚州府泰

（後缺）

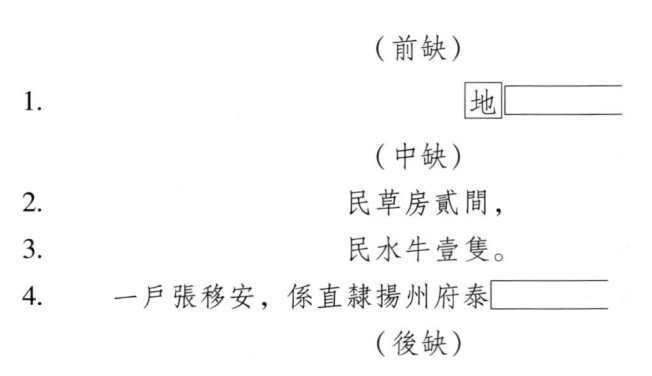

本葉爲《樂府詩集》目録下第 2 葉背，現存文字 4 行，與正面古籍文字成平行狀。字體爲楷書，墨色清晰，各行之間距離相當。其中，第 1 行僅殘存"地"字。。

2. ST・YFSJ［MX：Y8］：

（前缺）

1. 　　第捌甲：
2. 　　　　一戶許江故，侄喜兒即許連，係直隸☐☐☐☐
（中缺 1 行）
3. 　　　　舊管：
4. 　　　　　　人丁：計家男婦☐☐①
5. 　　　　　　　　男子伍口，
6. 　　　　　　　　婦女貳口。
7. 　　　　　　事產：
8. 　　　　　　　　官民田地貳拾☐☐☐☐
（中缺 4 行）
9. 　　　　　　　　　官田地 壹 ☐☐☐
（中缺 4 行）
10. 　　　　　　　　　　田 壹 ☐☐
11. 　　　　　　　　　　　官 ☐☐

（後缺）

本葉爲《樂府詩集》目錄下第 8 葉背，存於該紙的下部，現存文字 11 行，與正面古籍文字成平行狀。其中，第 9、10、11 行末分別殘存"壹"、"壹"、"官"三字。

3. ST・YFSJ［J1：Y2］：

（前缺）

1. 　　☐☐☐☐☐☐☐☐☐ 府 泰州寧海鄉貳拾伍都第壹圖民籍，充正德拾

---

① 據文義及紙背同一黃冊書寫格式推斷，此處所缺文字應爲"染口"。

第四章　新發現上海圖書館藏古籍紙背明代賦役黃冊復原與研究　503

2.　　　　　　　　　　　　伍年里長。

（中缺）

3.　　　□□□□□□□□①伍分。
4.　　　　　　　　　　夏稅：小麥正耗捌升伍合陸
　　　　　　　　　　　勺。
5.　　　　　　　　　　秋糧：
6.　　　　　　　　　　　米正耗貳石柒斗陸升陸
　　　　　　　　　　　合，
7.　　　　　　　　　　　黃豆正耗壹斗柒合。
8.　　　□□□□□②捌畝。
9.　　　　　　　　　　夏稅：小麥正耗伍升玖合玖
　　　　　　　　　　　勺。
10.　　　　　　　　　　秋糧：
11.　　　　　　　　　　　米正耗貳石貳斗肆升柒
　　　　　　　　　　　合，
12.　　　　　　　　　　　黃豆正耗陸升肆合貳勺。
13.　　　□□□③柒畝伍分，秋糧米正耗貳石貳斗肆
　　　　　升柒合。
14.　　　□□④田壹畝，秋糧米正耗壹斗貳升捌合
　　　　　肆勺。
15.　　　□□□⑤拾陸畝伍分，　秋糧米正耗
　　　　　□□□□□□□□。⑥

（後缺）

---

① 據文義及紙背同一黃冊書寫格式推斷，此處所缺文字應爲"官民本都田地拾捌畝"。
② 據文義及紙背同一黃冊書寫格式推斷，此處所缺文字應爲"官田地壹拾"。
③ 據文義及紙背同一黃冊書寫格式推斷，此處所缺文字應爲"田壹拾"。
④ 據文義及紙背同一黃冊書寫格式推斷，此處所缺文字應爲"一則"。
⑤ 據文義及紙背同一黃冊書寫格式推斷，此處所缺文字應爲"一則田"。
⑥ 據上下文義推斷，此處所缺文字應爲"貳石壹斗壹升捌合陸勺"。

504　新發現古籍紙背明代黃冊文獻復原與研究

　　本葉爲《樂府詩集》第三册卷一第 2 葉背，存於該紙的上部，現存文字 15 行，與正面古籍文字成平行狀。其中，第 1 行"府"字、第 13 行"柒"字均缺上半部分；第 15 行左側被裁去半邊，今據同書其他内容補録。

4. ST・YFSJ［J1：Y8］：

　　　　　　　　　　　　（前缺）
1.　　　　　　　　　　　　　　　　耗米柒合，共該貳斗伍
2.　　　　　　　　　　　　　　　　升陸合捌勺。
3.　　　　　　　　　　　　　　　　正米貳斗肆升，
4.　　　　　　　　　　　　　　　　耗米壹升陸合捌勺。
5.　　　　　　　　　_____]陸地叁畝叁分。
6.　　　　　　　　　　　　　　　　夏税小麥每畝科正麥叁升，每斗帶
7.　　　　　　　　　　　　　　　　耗麥柒合，共該壹升伍合
8.　　　　　　　　　　　　　　　　玖勺。
9.　　　　　　　　　　　　　　　　正麥玖升玖合，
10.　　　　　　　　　　　　　　　 耗麥陸合玖勺。
11.　　　　　　　　　　　　　　　 秋糧黄豆每畝科正豆伍升，每斗帶
12.　　　　　　　　　　　　　　　 耗豆柒合，共該壹斗柒
13.　　　　　　　　　　　　　　　 升陸合陸勺。
14.　　　　　　　　　　　　　　　 正豆壹斗陸升伍合，
15.　　　　　　　　　　　　　　　 耗豆壹升壹合陸勺。
　　　　　　　　　　　　（中缺 2 行）
16.　_____]海鄉貳拾伍都第壹里軍户，充正德拾肆
17.　　　　　　　　　　　　　　　 年甲首。有祖張安叁、

第四章　新發現上海圖書館藏古籍紙背明代賦役黃冊復原與研究　505

```
                            有叔
18.                  祖張玄子即張旺，洪武叄
19.               年 張□□□□□
```

（後缺）

　　本葉爲《樂府詩集》卷一第 8 葉背，存於該紙的上部，現存文字較多，有 19 行，與正面古籍文字成平行狀。其中，末行字跡殘損嚴重，僅存"年張"兩字的小半邊；但從其它字跡的殘留部分可以推知，該行至少有六個字。

　　5. ST・YFSJ［J12：Y5］：

```
                （前缺）
1.                            田一□
                （中缺）
2.                            地一□
                （中缺）
3.                     民草房貳間，
4.                     民水牛壹隻。
5.           一戶賈瓚，係直隸揚州府泰州寧 海□
6.                     舊管：
                （後缺）
```

　　本葉爲《樂府詩集》卷十二第 5 葉背，存於該紙的下部，逆書，現存文字 6 行，與正面古籍文字成平行狀。

　　6. ST・YFSJ［J12：Y12］：

```
                （前缺）
1.                    米正耗壹斗肆升玖
                     合捌勺，
```

2.　　　　　　　　　　　　　　　　　　黃豆正耗捌升貳勺。

3.　　　　□□□①蕩田貳畝捌分，秋糧米每畝科正米伍升，每斗帶耗米

4.　　　　　　　　　　　　　　　　　　柒合，共該壹斗肆升玖合捌

5.　　　　　　　　　　　　　　　　　　勺。

6.　　　　　　　　　　　　　　　　　　正米壹斗肆升，

7.　　　　　　　　　　　　　　　　　　耗米玖合捌勺。

8.　　　　□□□②陸地壹畝伍分。

9.　　　　　　　　　　　　　　　　　　夏稅小麥每畝科正麥叁升，每斗帶耗麥

10.　　　　　　　　　　　　　　　　　柒合，共該肆升捌合叁勺。

11.　　　　　　　　　　　　　　　　　正麥肆升伍合，

12.　　　　　　　　　　　　　　　　　耗麥叁合貳勺。

13.　　　　　　　　　　　　　　　　　秋糧黃豆每畝科正豆伍升，每斗帶耗豆柒

14.　　　　　　　　　　　　　　　　　合，共該捌升貳

---

① 據文義及紙背同一黃冊書寫格式推斷，此處所缺文字應爲"田一則"。
② 據文義及紙背同一黃冊書寫格式推斷，此處所缺文字應爲"地一則"。

第四章　新發現上海圖書館藏古籍紙背明代賦役黃冊復原與研究　507

15.　　　　　　　　　　　　　　　　　　　勺。
　　　　　　　　　　　　　　　　　　　正豆柒升
　　　　　　　　　　　　　　　　　　　伍合，
16.　　　　　　　　　　　　　　　　　　耗豆伍合
　　　　　　　　　　　　　　　　　　　貳勺。
17.　　　　□□①，夏科生絲壹兩伍錢。
　　　　　　　　　（中缺 1 行）
18.　_____鄉貳拾伍都第壹里民戶。
　　　　　　　　　（後缺）

　　本葉爲《樂府詩集》卷十二第 12 葉背，存於該紙的上部，現存文字 18 行，與正面古籍文字成平行狀。
　　7. ST・YFSJ［J14：Y4］：

　　　　　　　　　　　　（前缺）
1.　　　　　　　　　　　　　　米正耗伍斗柒升 貳合伍勺 ，
2.　　　　　　　　　　　　　　黃豆正耗伍合肆勺。
3.　　　　□□□② 田 壹拾畝柒分，秋糧米每畝科正米伍
　　　升，每斗帶
4.　　　　　　　　　　　　　　耗米柒合，共該伍斗
　　　　　　　　　　　　　　　柒升貳
5.　　　　　　　　　　　　　　合伍勺。
6.　　　　　　　　　　　　　　正米伍斗叁升伍合，
7.　　　　　　　　　　　　　　耗米叁升柒合伍勺。
8.　　　　□□□③地壹分。

---

①　據文義及紙背同一黃冊書寫格式推斷，此處所缺文字應爲"桑壹株"。
②　據文義及紙背同一黃冊書寫格式推斷，此處所缺文字應爲"田一則蕩"。
③　據文義及紙背同一黃冊書寫格式推斷，此處所缺文字應爲"地一則陸"。

9.　　　　　　　　　　夏稅小麥每畒科正麥叁升，每斗帶耗麥
10.　　　　　　　　　　　　　　　柒合，共該叁合貳勺。
11.　　　　　　　　　　　　　　正麥叁合，
12.　　　　　　　　　　　　　　耗麥貳勺。
13.　　　　　　　　　　秋糧黃豆每畒科正豆伍升，每斗帶耗豆
14.　　　　　　　　　　　　　　　柒合，共該伍合肆勺。
15.　　　　　　　　　　　　　　正豆伍合，
16.　　　　　　　　　　　　　　耗豆肆勺。
　　　　　　　　　　　　（中缺 2 行）
17.　_____貳拾伍都第壹里民戶，充正德拾柒年甲首。

　　　　　　　　　　　（後缺）

　　本葉爲《樂府詩集》第五冊卷十四第 4 葉背，存於該紙的上部，現存文字 17 行，與正面古籍文字成平行狀。其中，前 16 行爲一戶土地和稅糧的黃冊殘存內容，後 1 行爲一民戶的籍貫及輪充正德十七年（1522）甲首黃冊殘存內容。

　　8. ST・YFSJ［J19：Y11］：

　　　　　　　　　　　（前缺）
1.　　　　　　　　　　田一則_____
　　　　　　　　　　　（中缺）
2.　　　　　　　　　　地一則_____
　　　　　　　　　　　（中缺）

3.　　　　　　　　　　　桑 壹□□□□
4.　　　　　　　　　民草房貳間，
5.　　　　　　　　　民水牛壹隻。
6.　　一戶翁轉兒，係直隸揚州府泰州寧□□□□
7.　　　　舊管：
　　　　　　　　　　（後缺）

　　本葉爲《樂府詩集》第六冊卷十九第 11 葉背，存於該紙的下部，現存文字 7 行，與正面古籍文字成平行狀。

（二）帶戶頭黃冊散葉綴合復原
　　上文所列 8 葉文書，可兩兩綴合成 4 件新的文書。今將綴合後的 4 件新文書分別列舉如下。爲表述清楚，原爲上半部分文字用仿宋體加粗標示，下半部分文字用楷體標示，據其他內容推補文字加框並用宋體標示。

　　第 1 件：
　　　　　　　　　　（前缺）
1.　　　　　　　　　　　　　　　耗米柒合，共
　　　　　　　　　　　　　　　　該貳斗伍
2.　　　　　　　　　　　　　　　升陸合捌勺。
3.　　　　　　　　　　　　　　　正米貳斗肆升，
4.　　　　　　　　　　　　　　　耗米壹升陸合捌
　　　　　　　　　　　　　　　　勺。
5.　　　　　　　　　地 一則 陸地叁畝叁分。
6.　　　　　　　　　　　　　　　夏稅小麥每畝科正參叁
　　　　　　　　　　　　　　　　升，每斗帶

7.　　　　　　　　　　　　　　耗麥柒合，共
　　　　　　　　　　　　　　　該壹升伍合
8.　　　　　　　　　　　　　　玖勺。
9.　　　　　　　　　　　　　　正麥玖升玖合，
10.　　　　　　　　　　　　　 耗麥陸合玖勺。
11.　　　　　　　　　　　　　 秋糧黃豆每畝科正豆伍
　　　　　　　　　　　　　　　升，每斗帶
12.　　　　　　　　　　　　　 耗豆柒合，共該壹
　　　　　　　　　　　　　　　斗柒
13.　　　　　　　　　　　　　 升陸合陸勺。
14.　　　　　　　　　　　　　 正豆壹斗陸升
　　　　　　　　　　　　　　　伍合，
15.　　　　　　　　　　　　　 耗豆壹升壹合
　　　　　　　　　　　　　　　陸勺。
16.　　　　　　　**民草房貳間，**
17.　　　　　　　**民水牛壹隻。**
18.　　**一戶張移安，係直隸揚**|州府|**泰州寧海鄉貳拾伍都第壹里軍戶，充正德拾肆**
17.　　　　　　　　　　　　　 年甲首。有祖
　　　　　　　　　　　　　　　張安叅，有叔
18.　　　　　　　　　　　　　 祖張玄子，即
　　　　　　　　　　　　　　　張|旺|，洪武叄
19.　　　　　　　　　　　　　 |年張□□□□|
　　　　　　　　　　　　　　　|□|

　　　　　　　　　　（後缺）

　　此件文書由編號爲 ST・YFSJ［MX：Y2］和 ST・YFSJ［J1：Y8］兩葉文書上下綴合而成。第 5 行原僅殘存"地"字，後據同書第一冊目錄下第 64 葉背所載"地一則□□捌分"補入"一則"兩字。

第 2 件：

（前缺）

1. 　　第捌甲：
2. 　　　　一戶許江故侄喜兒即許連，係直隸 揚州府 泰州寧海鄉貳拾伍都第壹圖民籍，充正德拾
3. 　　　　　　　　　　　　　　　　伍年里長。
4. 　　　　　　舊管：
5. 　　　　　　　　人丁：計家男婦 柒口 。
6. 　　　　　　　　　　男子伍口，
7. 　　　　　　　　　　婦女貳口。
8. 　　　　　　事產：
9. 　　　　　　　　官民田地貳拾□ 畝 伍分，
10. 　　　　　　　　　　夏稅：小麥正耗捌升伍合陸勺。
11. 　　　　　　　　　　秋糧：
12. 　　　　　　　　　　　米正耗貳石柒斗陸升陸合，
13. 　　　　　　　　　　　黃豆正耗壹斗柒合。
14. 　　　　　　　　官田地壹 拾 捌畝。
15. 　　　　　　　　　　夏稅：小麥正耗伍升玖合玖勺。
16. 　　　　　　　　　　秋糧：
17. 　　　　　　　　　　　米正耗貳石貳斗肆升柒合，
18. 　　　　　　　　　　　黃豆正耗陸升肆合貳勺。

19. 田壹 拾 柒畝伍分，秋糧米正耗
貳石貳斗肆升柒合。

20. 官 一則 田壹畝，秋糧米正耗壹
斗貳升捌合肆勺。

21. 一則田壹 拾陸畝伍分， 秋糧米正耗
　　　　　　　　　　　　　　　　　　　　　
（後缺）

此件文書由編號爲 ST·YFSJ［MX：Y8］和 ST·YFSJ［J1：Y2］兩葉文書上下綴合而成。第 1 行"揚州府"，據上文綴合後文書所載"一戶張移安，係直隸揚州府泰 州寧 海鄉貳拾伍都第壹里軍戶"內容補錄而成；第 5 行"柒口"兩字原缺，據第 6 行"男子伍口"和第 7 行"婦女貳口"合計得出；第 9 行因該葉文書民田地數目缺失，故不知具體數字，但"伍分"前可補一個"畝"字；第 14 行"壹"和"捌"之間原缺一個字，據推測補入"拾"字；第 19 行"壹"和"柒"之間原缺一個字，亦據推測補入"拾"字；第 20 行，據該黃冊其他殘葉書寫格式推斷，"田"字前應缺"一則"二字；第 21 行"拾陸畝伍分"幾字殘缺左半邊，據文義推斷，其前面可補入"民田壹"三字，"秋糧米正耗"據同葉第 20 行"秋糧米正耗貳石貳斗肆升柒合"等內容補入。

第 3 件：

（前缺）

1. 　　　　　　　　　　　　米正耗伍斗柒升貳
合伍勺，
2. 　　　　　　　　　　　　黃豆正耗伍合肆
勺。
3. 田一 則蕩田 壹拾畝柒分，秋糧
米每畝科正米伍升，每斗帶
4. 　　　　　　　　　　　　　　耗米柒合，共該

第四章　新發現上海圖書館藏古籍紙背明代賦役黃冊復原與研究　513

5.　　　　　　　　　　　　伍斗柒升貳
合伍勺。
6.　　　　　　　　　　　正米伍斗叁升伍
合，
7.　　　　　　　　　　　耗米叁升柒合伍勺。
8.　　　　　　　地一 則陸 地壹分。
9.　　　　　　　　　　　夏稅小麥每畝科正麥
叁升，每斗帶耗麥
10.　　　　　　　　　　　　柒合，共該叁合
貳勺。
11.　　　　　　　　　　　正麥叁合，
12.　　　　　　　　　　　耗麥貳勺。
13.　　　　　　　　　　　秋糧黃豆每畝科正豆
伍升，每斗帶耗豆
14.　　　　　　　　　　　　柒合，共該伍合
肆勺。
15.　　　　　　　　　　　正豆伍合，
16.　　　　　　　　　　　耗豆肆勺。
17.　　　　　民草房貳間。
18.　　　　　民水牛壹隻。
19.　一戶賈瓉，係直隸揚州府泰州寧 海鄉 貳拾伍都第壹里民戶，
充正德拾柒年甲首。
20.　　　舊管：
（後缺）

　　此件文書由編號爲 ST・YFSJ［J12：Y5］和 ST・YFSJ［J14：Y4］兩葉
文書上下綴合而成。第 3 行據同書第五冊卷十四第 7 葉背所載"民田一則蕩
田"等內容補入"則蕩田"三字；第 8 行據同書第五冊卷十五第 8 葉背
"　　　一則陸地伍畝"等內容補入"則陸"兩字；末一行據同書第三冊

卷一第 2 葉背 "▢▢▢▢▢府泰州寧海鄉貳拾伍都第壹圖民籍，充正德拾伍年里長"等内容補入"海鄉"兩字。

第 4 件：

（前缺）

1. 　　　　　　　　　　　米正耗壹斗肆升玖合捌勺，
2. 　　　　　　　　　　　黄豆正耗捌升貳勺。
3. 田一 則蕩 田貳畝捌分，秋糧米每畝科正米伍升，每斗帶耗米
4. 　　　　　　　　　　　柒合，共該壹斗肆升玖合捌勺。
5.
6. 　　　　　　　　　　　正米壹斗肆升，
7. 　　　　　　　　　　　耗米玖合捌勺。
8. 地一 則陸 地壹畝伍分。
9. 　　　　　　　　　　　夏稅小麥每畝科正麥叁升，每斗帶耗麥
10. 　　　　　　　　　　　柒合，共該肆升捌合叁勺。
11. 　　　　　　　　　　　正麥肆升伍合，
12. 　　　　　　　　　　　耗麥叁合貳勺。
13. 　　　　　　　　　　　秋糧黄豆每畝科正豆伍升，每斗帶耗豆柒
14. 　　　　　　　　　　　合，共該捌升貳勺。
15. 　　　　　　　　　　　正豆柒升伍合，
16. 　　　　　　　　　　　耗豆伍合貳勺。

第四章　新發現上海圖書館藏古籍紙背明代賦役黃冊復原與研究　515

17.　　　　　　　　桑 壹株 ，夏科生絲壹兩伍錢。
18.　　　　　　　　民草房貳間。
19.　　　　　　　　民水牛壹隻。
20.　　一戶翁轉兒，係直隸揚州府泰州寧 海 鄉貳拾伍都第壹里民戶。
21.　　　　舊管：

(後缺)

　　此件文書由編號爲 ST·YFSJ［J19：Y11］和 ST·YFSJ［J12：Y12］兩葉文書上下綴合而成。第 3 行原存"則"字和"蕩"字的上半部分，另據同書第五冊卷十四第 7 葉背所載"民田一則蕩田"等内容可以確定此處殘存兩字爲"則蕩"；第 8 行原存兩字疑爲"則"字與"陸"字，另據同書第五冊卷十五第 8 葉背"▢▢▢▢一則陸地伍畝"等内容可確定此處的確殘存"則陸"兩字；第 17 行原存"壹"字上半部分，另據綴合後的第 1 件文書所載"桑 壹株 ，每株夏科生絲壹兩伍錢"等内容補入"株"字；第 20 行據同書第三冊卷一第 2 葉背"▢▢▢▢ 府 泰州寧海鄉貳拾伍都第壹圖民籍，充正德拾伍年里長"等内容補入"海"字。

　　這 4 件文書的綴合理由爲：其一，上下兩半黃冊殘葉所存文字筆跡、墨色、行距等一致；其二，上半葉文書字跡與下半葉文書内容可以銜接；其三，兩葉文書内容相關，均爲正德七年（1512）直隸揚州府寧海鄉貳拾伍都第壹里賦役黃冊散葉。需要說明的是，這組文書經綴合、復原後，上、下兩部分較爲完整，但左右仍有部分内容被裁切，有待進一步綴合、復原。

　　《樂府詩集》紙背黃冊，印書之時均遭裁切，導致嚴重錯簡問題，極不利於學者使用。本文對該書紙背"明正德七年（1512）直隸揚州府泰州寧海鄉貳拾伍都第壹里賦役黃冊"中的 8 件帶戶頭黃冊殘葉進行了綴合復原，復原出 4 件相對完整的黃冊散葉，數量雖然不多，但可提供一個綴合復原的例證和範本，爲下一步更深入的復原及研究工作打下基礎。

（本文作者張春蘭，爲首次刊發。）

附錄：綴合後文書圖版

第 1 件 ST・YFSJ［MX：Y2］和 ST・YFSJ［J1：Y8］綴合：

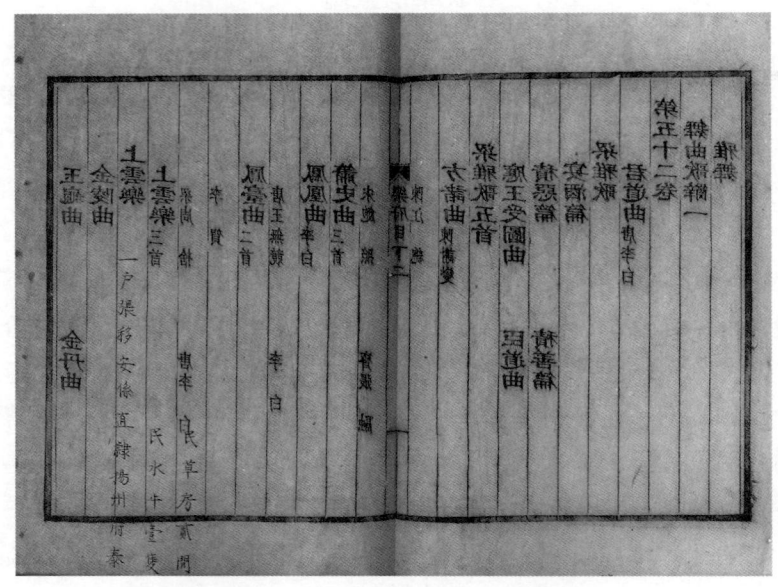

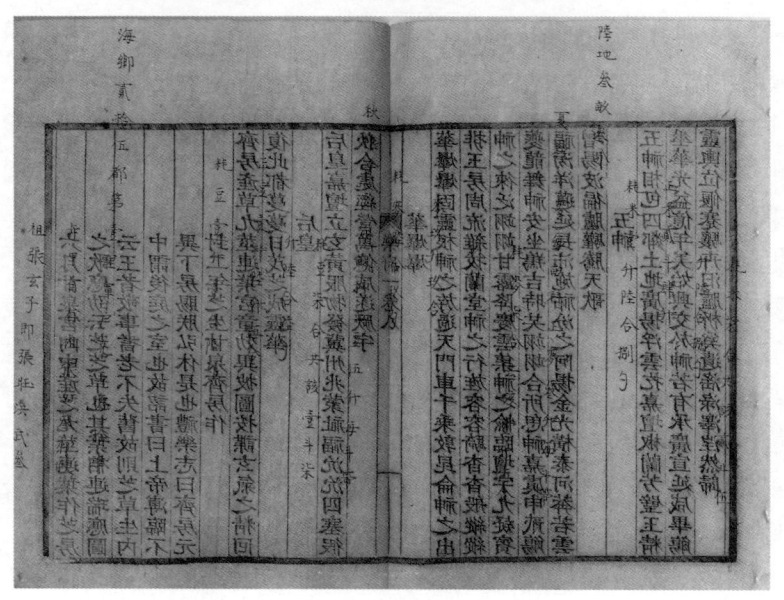

第四章　新發現上海圖書館藏古籍紙背明代賦役黃冊復原與研究　517

第 2 件 ST・YFSJ［MX：Y8］和 ST・YFSJ［J1：Y2］綴合：

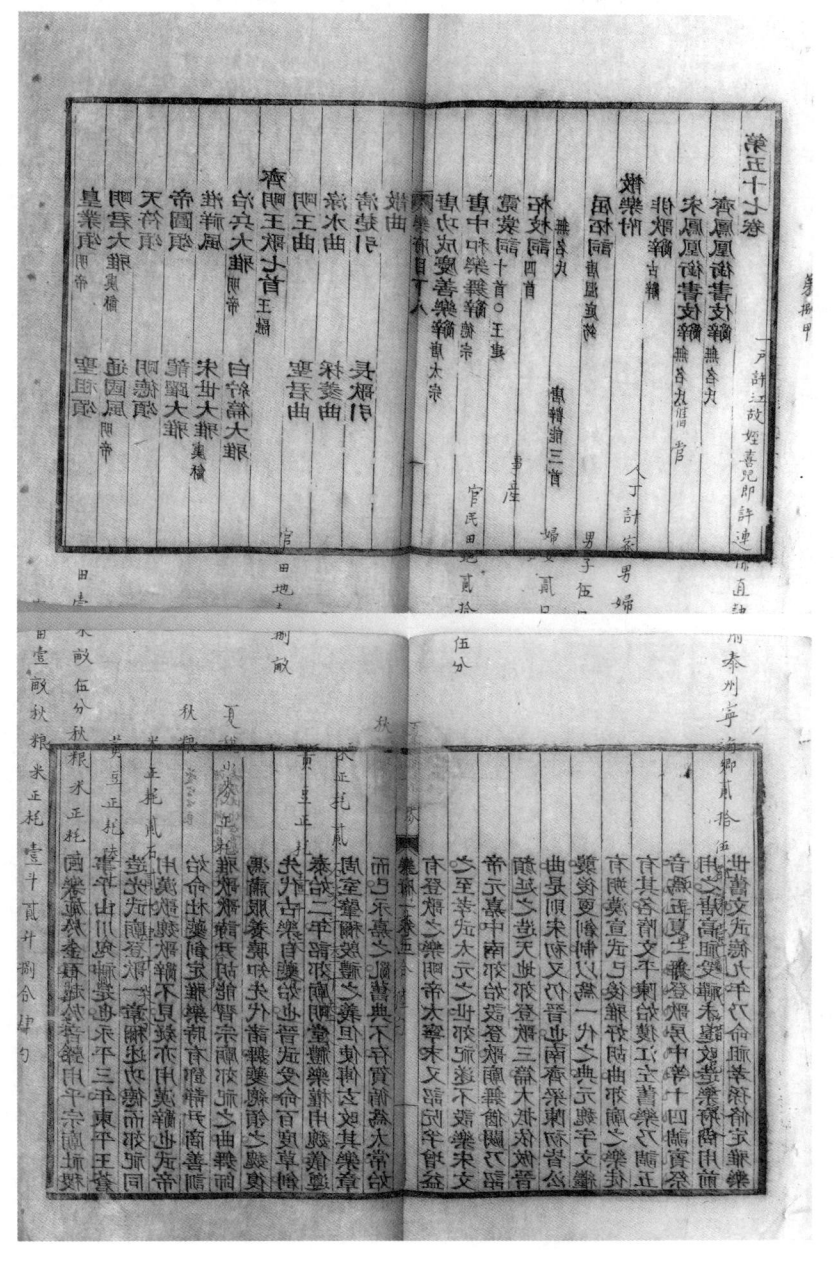

第 3 件 ST・YFSJ［J12：Y5］和 ST・YFSJ［J14：Y4］綴合：

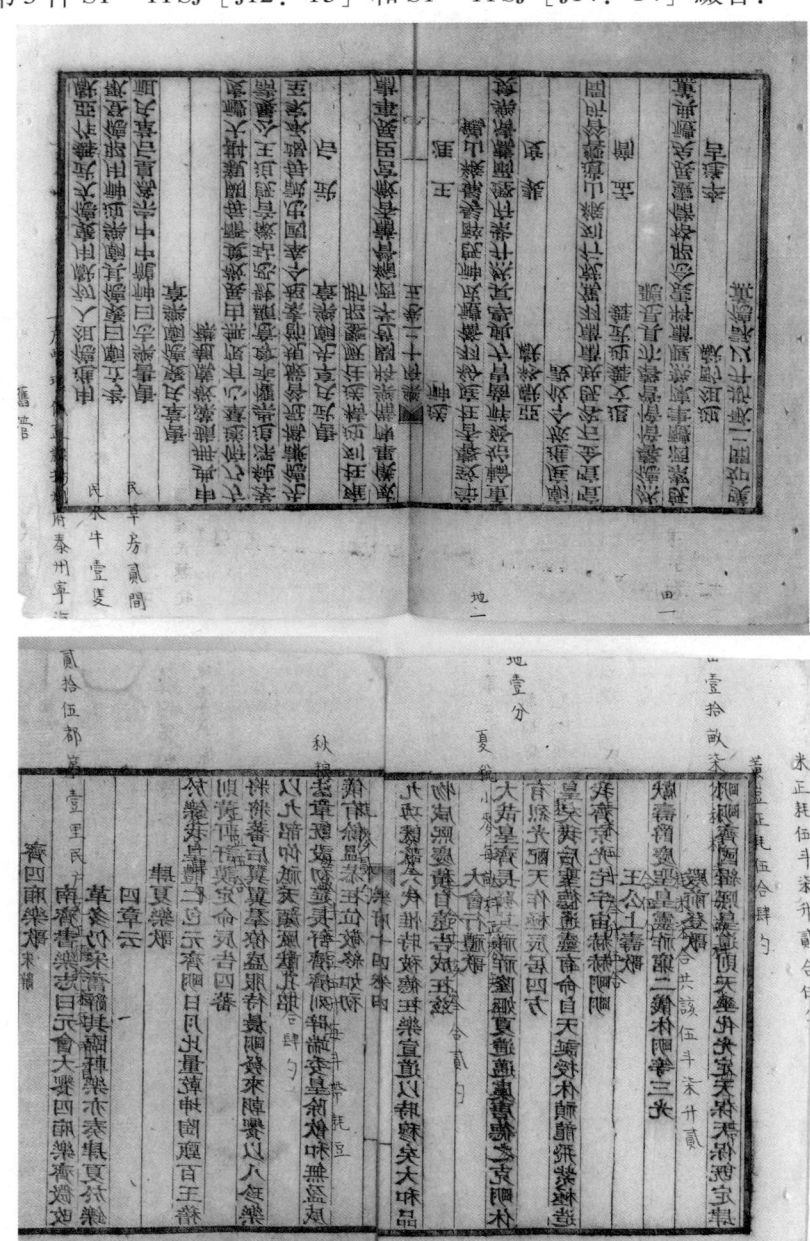

第 4 件 ST・YFSJ［J19：Y11］和 ST・YFSJ［J12：Y12］綴合：

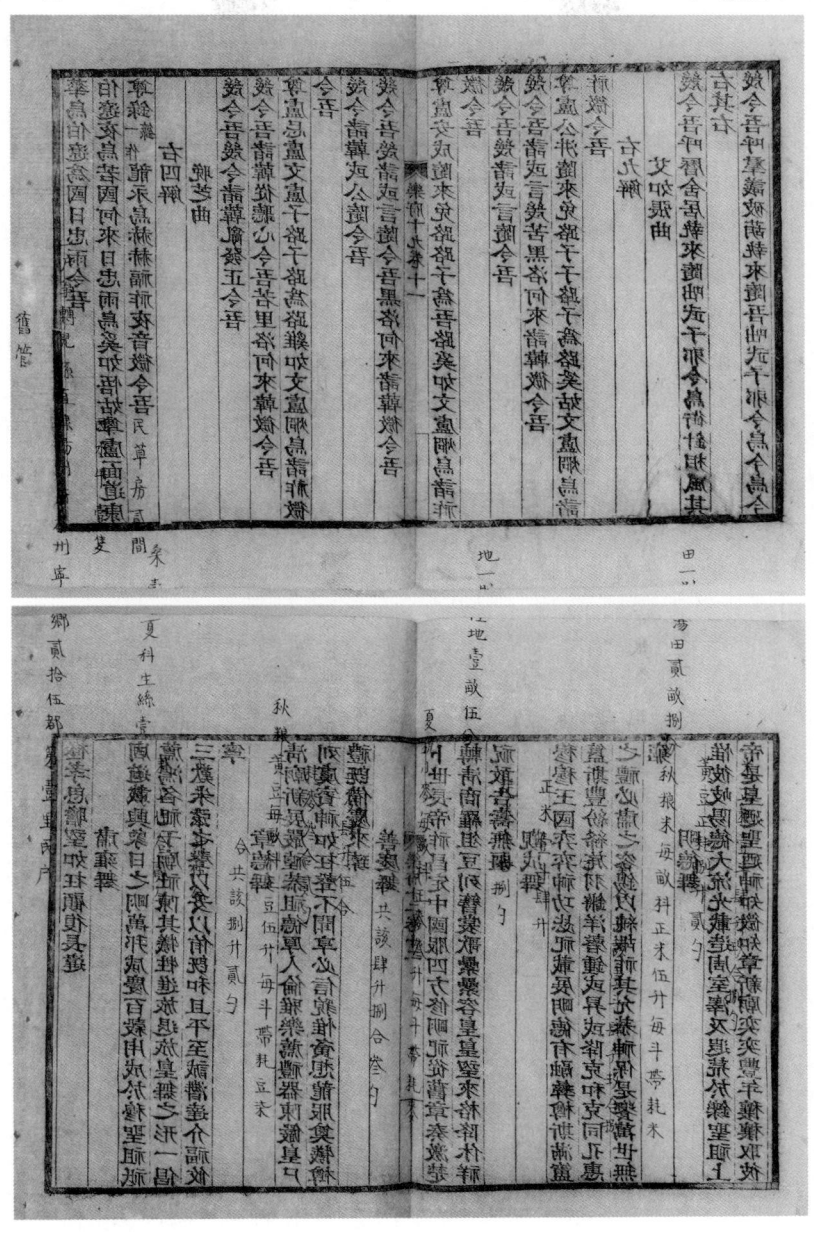

二　《樂府詩集》紙背明代福建莆田縣賦役黃冊簡釋

上海圖書館藏《樂府詩集》紙背有一批福建興化府莆田縣賦役黃冊，從書寫和內容上都有其自身特點，目前未有專文探討。筆者即擬對此黃冊進行簡要考釋和價值分析，以期得到學界對這批黃冊資料的重視。

（一）古籍紙背莆田縣黃冊基本介紹

筆者在對《樂府詩集》紙背文獻進行整理和校對時，發現了其中一小批爲福建興化府莆田縣黃冊，由於數量較少之前未被注意。迄今爲止，學界尚未見有該地區黃冊原本內容的公佈，《樂府詩集》紙背所發現的莆田縣黃冊既豐富了目前學界所掌握黃冊中涉及的地域，同時也爲黃冊制度的個案研究提供了第一手原始資料。

《樂府詩集》卷六十七第 6 葉背中在一戶黃冊的戶籍登記中明確提到興化府莆田縣，茲迻錄如下：

（前缺）

1. 　　　　　　　　　　　　秋☐
2. 　　　　　　一本厢一則地壹☐
3. 　　　　　　　　　　　　夏☐
4. 　　　　　　　　　　　　秋☐

（中缺 3 行）

5. 　　　　　　一谷清里一則地玖☐
6. 　　　　　　　　　　　　夏☐
7. 　　　　　　　　　　　　秋☐

（中缺 3 行）

8. 　　　　　　山東厢一則山壹拾畝☐
9. 　　　　　　　　　　　　夏☐

第四章　新發現上海圖書館藏古籍紙背明代賦役黃冊復原與研究　521

10.　　　　　　　　　　　　　　　　　　　秋

（中缺 3 行）

11.　　　　民房屋：瓦房三間。
12.　　　一戶林文華，係興化府莆田縣左廂第貳圖
13.　　　　舊管：
14.　　　　　　人丁計家男婦肆口。

（後缺）

　　該黃冊殘葉第 12 行載 "一戶林文華，係興化府莆田縣左廂第貳圖
　　　　　"。按，《大明一統志》載："本朝置福建等處承宣布政使司，領福州、泉州、興化、建寧、延平、汀州、邵武、漳州八府。"① 《明史·地理志》中載："興化府，元興化路，屬福建道宣慰司。洪武元年爲府，領縣二。北距布政司二百八十里。"② 可以確定該葉文書爲福建興化府莆田縣左廂第貳圖賦役黃冊殘葉，第 2 行的 "本廂" 指代的爲左廂，而文書中出現的 "谷清里"、"東廂" 僅是記載田地山塘具體位置的地名。

　　從圖版中可看出該葉的書寫字體方正，爲正楷體，字號較大，墨色濃勻，非常容易辨別。筆者從《樂府詩集》紙背又甄別出 11 葉文書，分別是第 2 冊目錄下第 53 葉，第 12 冊卷六十七第 2、3、4、5、7、8 葉，第 14 冊卷八十第 4、5、8、9 葉。從紙張、書寫字跡、書寫力度、筆墨着色度以及字句間隔排布上，均與此黃冊殘葉相似，因而筆者推斷這 11 葉文書應與第 12 冊卷六十七第 6 葉爲同一地區黃冊。爲方便進一步研究，現將這 11 葉黃冊殘葉逐錄如下：

　　第 2 冊目錄下第 53 葉背：

---

① （明）李賢等撰：《大明一統志》卷 74《福建布政司》，三秦出版社 1990 年版，第 1145 頁。
② （清）張廷玉等撰：《明史》卷 45《地理六》，中華書局 1974 年版，第 1123 頁。

（前缺）

1. 一□□里一則□

（中缺）

2. 一文賦里一則□

（中缺）

3. 一惟新里田貳□

（中缺）

4. 一則田□

（中缺）

5. 一則田□

（後缺）

第 12 冊卷六十七第 2 葉背：

（前缺）

1. 秋□
2. 一武盛里第壹圖□
3. 夏□
4. 秋□
5. 一則地叄分□
6. 夏□
7. 秋□
8. 一則地壹分□
9. 夏□
10. 秋□
11. 山東厢第捌圖一則山□
12. 夏□
13. 秋□

14.　　開除：
15.　　　　事產：
16.　　　　　　民田地轉除貳拾畝肆分。
　　　　　　　　　（中缺 3 行）
17.　　　　　　田本圖壹則田貳畝肆分。
18.　　　　　　　　　　　夏☐☐☐☐☐
19.　　　　　　　　　　　秋☐☐☐☐☐
　　　　　　　　（後缺）

第 12 冊卷六十七第 3 葉背：

　　　　　　　　　（前缺）
1.　　　　一常泰里一則山壹拾☐☐☐
2.　　　　　　　　　　夏稅☐☐☐
3.　　　　　　　　　　秋糧☐☐☐
　　　　　　　（中缺 3 行）
4.　　　　一胡公里一則山貳畝☐☐☐
5.　　　　　　　　　　夏稅☐☐☐
6.　　　　　　　　　　秋糧☐☐☐
　　　　　　　（中缺 2 行）
7.　　　　一安樂里一則山壹畝☐☐☐
8.　　　　　　　　　　夏稅☐☐☐
9.　　　　　　　　　　秋☐☐☐☐
　　　　　　　（中缺 3 行）
10.　　　一惟新里一則山壹☐☐☐☐
11.　　　　　　　　　　夏☐☐☐☐
12.　　　　　　　　　　秋☐☐☐☐
　　　　　　　（後缺）

第 12 冊卷六十七第 4 葉背：

（前缺）

1. 　　　　　一文賦里一則田貳 拾□
2. 　　　　　　　　　　　　夏□
3. 　　　　　　　　　　　　秋□

（中缺 3 行）

4. 　　地貳畝叄分。
5. 　　　　　　　　　　　　夏□
6. 　　　　　　　　　　　　秋□
7. 　　一本廂地玖分。
8. 　　　　　　　　　　　　夏□
9. 　　　　　　　　　　　　秋□
10. 　　　　　　　一則地柒 分□
11. 　　　　　　　　　　　　夏□
12. 　　　　　　　　　　　　秋□

（中缺 3 行）

13. 　　　　　　　　一則地貳□
14. 　　　　　　　　　　　　夏□
15. 　　　　　　　　　　　　秋□

（後缺）

第 12 冊卷六十七第 5 葉背：

（前缺）

1. 　　　　一本圖內一則地叄□□
2. 　　　　　　　　　　　　夏□

3. 秋□
4. 一本厢第叁圖一則□
5. 夏□
6. 秋□
7. 一莆田里第拾圖一
8. 夏□
9. 秋□
10. 一禮泉里第壹圖□
11. 夏□
12. 秋□
13. 一則地貳分□
14. 夏□
15. 秋□
16. 一則地肆□
17. 夏□
18. 秋□
19. 一奉穀里第肆圖一
20. 夏□

（後缺）

第 12 冊卷六十七第 7 葉背：

（前缺）
1. 　　事產：
2. 　　　官民田地山壹拾貳畝壹分。
（中缺 2 行）
3. 　　　官山貳分。
4. 　　　　　　　耗□
5. 　　　民田地壹拾壹畝玖分。

6.　　　　　　　　　　　　夏☐

　　　　　　　（中缺2行）

7.　　　　　　　　　　　　秋☐

8.　　　　　　田伍分。

9.　　　　　　　　　　　　夏☐

　　　　　　　（中缺1行）

10.　　　　　　地壹拾壹畝肆分。

　　　　　　　（中缺3行）

11.　　　　民房屋：瓦房壹間。

12.　　　新收：

13.　　　　　事產：官民田山轉收叁畝壹分。

　　　　　　　（後缺）

第12冊卷六十七第8葉背：

　　　　　　　（前缺）

1.　　　　　民田地山壹拾畝玖分。

2.　　　　　　　　　　　　夏☐

3.　　　　　　　　　　　　秋☐

4.　　　　田常泰里一則田伍分。

5.　　　　　　　　　　　　夏☐

6.　　　　　　　　　　　　秋☐

　　　　　　　（中缺2行）

7.　　　　　地壹拾畝貳分。

8.　　　　　　　　　　　　夏☐

9.　　　　　　　　　　　　秋☐

10.　　　　一孝義里地捌畝☐

11.　　　　　　　　　　　　夏☐

第四章　新發現上海圖書館藏古籍紙背明代賦役黃冊復原與研究　527

12.　　　　　　　　　　　秋☐
13.　　　　　　　　一則地叁畝☐
14.　　　　　　　　　　　夏☐
15.　　　　　　　　　　　秋☐

　　　　　　　　（中缺2行）

16.　　　　　　　　一則地伍☐
17.　　　　　　　　　　　夏☐

　　　　　　　　　（後缺）

第14冊卷八十第4葉背：

　　　　　　　　　（前缺）
1.　　　　　　　一興福里第☐
　　　　　　　（中缺2行）
2.　　　　　　　一興福里第拾☐
　　　　　　　（中缺2行）
3.　　　　　　　一合蒲里第拾☐
　　　　　　　（中缺2行）
4.　　　　　　地興福里第玖圖☐
5.　　　　　　　　　　　夏☐
6.　　　　　　　　　　　秋☐
5.　　開除：
6.　　　事產：民地轉除興福里第捌圖一☐
7.　　　　　　　　　　　夏☐
8.　　　　　　　　　　　秋☐
9.　　實在：

10.　　　人口柒口：

　　　　　　　　　　（後缺）

第 14 冊卷八十第 5 葉背：

　　　　　　　　　　（前缺）
1.　　事產：民田地轉收壹拾肆畝貳分☐
　　　　　　　　（中缺 2 行）
2.　　　　　　田壹拾貳畝柒分。
3.　　　　　　　　　　夏☐
4.　　　　　　　　　　秋☐
5.　　　　　　一興福里第 陸☐
6.　　　　　　　　　　夏☐
7.　　　　　　　　　　秋☐
8.　　　　　　　一則田 捌☐
9.　　　　　　　　　　夏☐
10.　　　　　　　　　　秋☐
11.　　　　　　　一則田 壹☐
12.　　　　　　　　　　夏☐
13.　　　　　　　　　　秋☐
14.　　　　　　一興福里第 捌☐
　　　　　　　　　　（後缺）

第 14 冊卷八十第 8 葉背：

　　　　　　　　　　（前缺）
1.　　　　　　一東廂第肆 圖☐

第四章　新發現上海圖書館藏古籍紙背明代賦役黃冊復原與研究　529

　　　　　　　　　　（中缺 2 行）
　　2.　　　　　一南廂第壹圖☐☐☐☐
　　　　　　　　　　（中缺 2 行）
　　3.　　　　　一右廂第貳☐☐☐☐
　　　　　　　　　　（中缺 2 行）
　　4.　　　　　一常泰里第 壹 ☐☐☐
　　　　　　　　　　（中缺 2 行）
　　5.　　　　　一南力里第貳☐☐☐
　　　　　　　　　　（中缺 2 行）
　　6.　　　　　一 惟 新里第壹☐☐☐
　　　　　　　　　　（中缺 2 行）
　　7.　　　　　一莆田里第拾☐☐☐
　　　　　　　　　　（中缺 2 行）
　　8.　　　　　一惟新里第 貳 ☐☐☐
　　　　　　　　　　（後缺）

第 14 冊卷八十第 9 葉背：

　　　　　　　　　　（前缺）
　　1.　　　　　　　一尊賢里没 官 ☐☐☐
　　　　　　　　　　（中缺 3 行）
　　2.　　　　　　　一南力里官莊☐☐☐☐
　　　　　　　　　　（中缺 4 行）
　　3.　　　　　　　一惟新里官 莊 ☐☐☐☐
　　　　　　　　　　（中缺 4 行）
　　4.　　　　地肆畝捌分。
　　5.　　　　　　　一東廂没官☐☐☐☐
　　　　　　　　　　（後缺）

以上 11 葉文書現有保存的內容多爲四柱記帳法下各民戶人口和事產項下田地山塘數及夏稅、秋糧數等信息，同時文書中保留的大量地名信息爲下一步判定文書所屬區域提供了極大的便利。

（二）古籍紙背莆田縣黃冊所涉區域及時代判定

在文書里出現的衆多地名中，大部分地名爲某某里某圖，指明該戶田地所在地理位置。據筆者統計在前引 11 葉文書中出現的地名，第 2 冊中包含的 1 葉文書出現文賦里、惟新里，第 12 冊包含的 6 葉文書出現武盛里、東厢、常泰里、胡公里、安樂里、惟新里、文賦里、莆田里、禮泉里、奉穀里、常泰里、孝義里，第 14 冊包含的 4 葉文書中出現興福里、合蒲里、東厢、南厢、左厢、常泰里、南力里、惟新里、莆田里、尊賢里。《閩書》中記載了明代莆田縣所轄地域的變化："正統十三年（1448），省興化縣西南鄉地入焉，領七區、四厢、三十一里、二百九十四圖。景泰中，省二里、八十九圖。正統十三年罷興化縣，增廣業一里，領四厢、三十里，圖二百有五，後省。今爲百七十四。"① 乾隆《莆田縣志》卷一《輿地》中同樣有相應記載，且其轄制里圖歷史源流記載較爲詳細：

> 莆田縣宋立六鄉，分領三十四里。崇業鄉附郭，領里六，曰：清平、延陵、常泰、孝義、保豐、延興；武化鄉在縣東北，領里三，曰尊賢、興教、仁德；永嘉鄉在縣西，領里六，曰：維新、新興、靈川、文斌、嘉禾、豐成；崇福鄉在縣東南，領里六，曰：奉穀、合浦、新安、武勝、興福、崇福；感德鄉在縣東南，領里八，曰：莆田、景德、連江、南匿、胡公、國清、安樂、醴泉；唐安鄉在縣東北，領里五，曰：望江、永豐、待賢、延壽、待賓……明改六鄉爲七區，廢錄事司，以四厢並屬縣，每厢里各以一百一十戶爲圖。洪武二十四年定縣領七區、四厢、三十一里、二百九十四圖；景泰間省二里八十九圖；正統十三年罷興化縣增廣業一里，領四厢、三十里、二百五圖；嘉靖四十二年省三十

---

① （明）何喬遠編撰：《閩書》卷 23《方域志》，福建人民出版社 1994 年版，第 545 頁。

一圖，止一百七十四圖。①

由上可以看出《閩書》和乾隆《莆田縣志》中對明代莆田縣所統里圖增減變化記載一致，明代莆田領七區、四厢也一直延續到清代。但關於莆田領七區四厢的時間點二者記載不一，《閩書》中記載爲正統十三年（1448），縣志中爲洪武二十四年（1391），筆者查閱了其它年代縣志，均爲洪武二十四年（1391）。同時《閩書》中記載還前後相互抵牾，前載正統十三年領七區四厢、三十一里、二百九十四圖，後"正統十三年罷興化縣，增廣業一里，領四厢、三十里、圖二百有五"則無法解釋，應是《閩書》中記載有誤。筆者根據二書中記載，將各區所轄里圖情況匯總如下：

　　一區領厢四里一：東厢、左厢、右厢、南厢，常泰里；
　　二區領里六：尊賢里、仁德里、延興里、延壽里、望江里、待賓里；
　　三區領里五：孝義里、興教里、永豐里、待賢里、連江里；
　　四區領里七：南力里、胡公里、莆田里、景德里、新興里、文賦里、廣業里；
　　五區領里五：維新里、國清里、安樂里、靈川里、醴泉里；
　　六區領里三：興福里、武盛里、奉谷里；
　　七區領里三：崇福里、合浦里、新安里；

通過將文書中出現的地名與方志進行對照，可知前面迻錄 11 葉文書中出現的所有里名均能在上面找到對應，雖然有些出現了同音不同字的情況，像"惟新"和"維新"，但總體上並不會影響其所屬區域的判定。雖然在黃冊殘葉中出現了諸多里名，且分屬於不同區，這主要是由於民戶擁有的田地分散所導致，不能以此爲該戶所在里圖。至此，我們可以判定這 11 葉文書與第 12 冊卷 67 第 6 葉文書爲同一批黃冊，由卷 67 第 6 葉文書中林文華戶的登記情況我們可以再具體判定該葉文書爲莆田縣左厢第貳圖黃冊。卷 67 第 4

---

① （乾隆）《莆田縣志》卷 1《輿地》，光緒五年（1879）補刻本，卷一第 7—8 頁。

葉背、第 5 葉背同樣出現了"本厢"一詞，經過書寫筆跡和墨色的比對，可以確定這 11 葉文書是同一書手書寫，因而這批文書有極大可能均是福建興化府莆田縣左厢第貳圖黄冊殘葉。當然就目前所掌握的信息也不能完全排除有其他里其他圖黄冊的可能，但判定均為福建興化府莆田縣賦役黄冊殘葉應是没有任何問題。

由於文書中没有出現具體時間，因而很難明確其具體攢造年代，這裏袛能依據史籍中出現的一些綫索進行大體推斷。這批文書從用紙上看紙張白皙，書寫字體方正爲正楷體、字號較大，墨色濃匀，與其他紙背文書差異明顯。明代對於文書的書寫字體有比較詳細的規範，因文書性質的不同，書寫字體也不盡相同。明洪武年間規定奏本要依《洪武正韻》的字體書寫，題本要用真楷書寫，黄冊不許用紙浮貼，用細書字樣。《明會典》記載有黄冊諸多法例"凡黄冊字樣，皆細書，大小行款高低，照坐去式樣。面上鄉都保分等項，照式刊印，不許用紙浮貼。其各州縣，每里造冊二本，進呈冊用黄紙面，布政司府州縣冊用青紙面"。[1] 弘治年間，文書書寫要求又出現變動，規定題本的書寫一律楷書，黄冊字體均照題本字樣真楷書寫。

　　弘治三年奏准：各處大造黄冊，俱責成分巡、分守、知府正官……其黄冊字，俱照題本字樣，真楷書寫。事完，選委司府官員率領各屬經該官吏，定限年終到部，送後湖查考。中間查有洗改字樣、過違限期，先將差來人問罪。若事干軍伍稅糧重情，一體查究，照例處治。其黄冊俱用厚紙背面，如法裝釘。仍於冊內鄉都圖里之上，書寫某府、州、縣、里、保、軍、民、匠、灶等籍，易於查究。[2]

爲了更直觀看出黄冊字體書寫的變化，筆者選取《樂府詩集》紙背第 15 冊卷 90 第 4 葉永樂二十年（1422）浙江金華府永康縣義豐鄉壹都陸里賦役黄冊殘葉與第 12 冊卷 67 第 6 葉（也就是前面迻錄的）林文華户黄冊殘葉進行對照，圖版見下：

---

[1]（萬曆）《大明會典》卷 20《户口二·黄冊》，中華書局 1989 年版，第 132 頁。
[2]（萬曆）《大明會典》卷 20《户口二·黄冊》，第 133 頁。

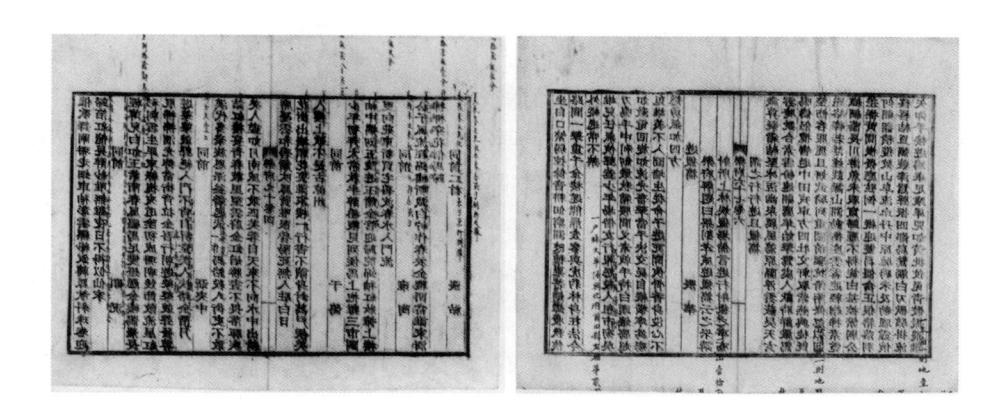

根據文書的書寫字樣，結合《明會典》中對黃冊書寫的規定以及黃冊大造年份，可以大致判斷這批文書的攢造年代屬於明朝中後期，大約在明孝宗弘治五年（1505）及以後。

　　此外，《樂府詩集》紙背其他黃冊也能爲我們判定莆田縣賦役黃冊的年代提供一些啓示和線索。經查考比對，《樂府詩集》紙背黃冊大體包含19種，具體來看，除三種時代不能確定外，攢造時間爲正德七年（1512）的黃冊最多，總共有8種。其中就包含有正德七年（1512）福建汀州府永定縣溪南里第五圖賦役黃冊，總計25葉。我們知道明代黃冊是逐級編冊造報，首先，"坊、廂、里長各將甲首所造文冊攢造一處，送赴本縣"；州縣匯總各里文冊，編次格眼，類總填圖完備，製成本州縣總冊，一式二份，一份留存本州縣，一份上報於府；府也要單造分冊，記錄各州縣總數，與州縣冊一齊送到布政司，這樣"縣報於州，州類總報之於府，府類總報之於布政司，布政司呈達戶部"，最終"送後湖東西二庫庋藏之"。[①] 既然已確定《樂府詩集》紙背全部出自後湖黃冊庫，爲各府州縣的進呈本，且確定攢造時間爲正德七年（1512）的黃冊中有5種均來自南直隸地區，分屬蘇州府、揚州府、寧國府、應天府，那麼是否也存在一種可能，同爲福建地區的興化府莆田縣賦役黃冊與汀州府永定縣的賦役黃冊爲同一時間的進呈本？當然筆者這裏祗是提出一種可能性，如果要確定還需要更多的資料證據支撑。

---

① 關於具體內容，《大明會典》卷20《戶口二·黃冊》中有詳細記載，具體參見第132—133頁。

（三）古籍紙背莆田縣黃冊價值簡析

黃冊是研究明代社會經濟的重要史料，與明代的戶口管理、稅糧徵收、徭役僉充等密切相關，因而歷來爲明代研究者所重視。本次新發現的 12 葉福建興化府莆田縣賦役黃冊，其價值可主要歸納爲以下幾個方面：

首先，爲學界提供了一批新的黃冊文獻檔案資料，豐富了對現有學界已公佈的黃冊所屬區域的掌握。欒成顯先生《明代黃冊研究》一書搜集了大量黃冊原始資料，所列明代黃冊遺存文書共計 12 種，日本學者岩井茂樹先生在《〈嘉靖四十一年浙江嚴州府遂安縣十八都下一圖賦役黃冊殘本〉考》一文中認爲其中僅有 4 種爲黃冊原本，其餘或是供單、或是抄底、底籍，或是據原本謄寫的。① 據筆者所見，目前學界已公佈的黃冊原本僅有十幾種，在地域上，主要集中在安徽、江西、浙江各府縣，尤以徽州府爲多。《樂府詩集》紙背所發現的福建興化府莆田縣賦役黃冊，雖然保存數量較少，但也能從中得以窺見福建地區攢造黃冊中顯示出的地域特點，有利於對不同區域黃冊制度進行比較。

其次，有利於深化對明代基層組織的研究，尤其是對鄉里之"里"與里圖之"里"的再認識。在明代傳統史料尤其是地方志的記載中，對鄉里基層組織的稱謂頗爲混亂復雜。自洪武十四年（1381）正式推行黃冊制度後，里甲制成爲明代鄉里組織的基本形式。《明史·食貨一》載：

> 洪武十四年，詔天下編賦役黃冊，以一百十戶爲一里，推丁糧多者十戶爲長，餘百戶爲十甲，甲凡十人。歲役里長一人，甲首一人，董一里一甲之事。先後以丁糧多寡爲序，凡十年一週，曰排年。在城曰坊，近城曰廂，鄉都曰里。里編爲冊，冊首總爲一圖。鰥寡孤獨不任役者，附十甲後爲畸零。僧道給度牒，有田者編冊如民科，無田者亦爲畸零。每十年有司更定其冊，以丁糧增減而升降之。②

---

① ［日］岩井茂樹：《〈嘉靖四十一年浙江嚴州府遂安縣十八都下一圖賦役黃冊殘本〉考》，載馬進夫主編《中國明清地方檔案研究》（研究成果報告書），2000 年，第 37—56 頁。
② 《明史》卷 77《食貨一》，第 1878 頁。

在黃冊編制中所推行的以一百一十戶爲一里,在冊首總爲一圖,使得"圖"作爲地方建置在明清兩代的地方志中得以普遍運用和出現,這也引起了一些學者對"都圖"、"都保"的設置及關係等問題的諸多探討。欒成顯先生認爲明代黃冊里甲建立的都圖(圖即里)與都保有别,里甲制屬於黃冊系統,以人戶爲編制原則;而都保制源於宋代,係於經界地域的魚鱗圖冊系統之下。關於"里"很多人認爲明代的"里"與"圖"是等同的,顧炎武《日知錄》中援引了一些縣志來說明"圖"的問題,其中載:"《蕭山縣志》曰'改鄉爲都,改里爲圖,自元始'。《嘉定縣志》曰'圖即里也,每里冊籍首列一圖,故名曰圖'"。[1] 可見若將其放置於里甲人戶編制系統中看待,"圖""里"等同是没有問題的。本批黃冊中出現的某某里,很明顯屬於當時人們熟悉的地域名稱,其含義結合《莆田縣志》中某某里所轄若干圖的記載可知並非源自於里甲制,而是來源於唐宋的鄉里制。唐宋以來,鄉或里慢慢地已不再是管理數百或近百人戶的基層管理組織,而成爲專指某一特定區劃的地理名稱。[2] 從《莆田縣志》中可以看出,莆田縣宋代立六鄉分領三十四里,明改六鄉爲七區,轄四厢三十一里,對比宋代,各里名稱變化不大。在黃冊中我們常將"里"與"圖"等同,但有一種情况不能忽視,在明代東南有相當一部分區域的基層組織承襲唐宋以來的鄉里制,某某里已成爲專屬地域名稱出現在黃冊中,此時的"里"與"圖"則構成了實際意義上的統屬關係。

最後,這批黃冊顯示出了鮮明的地域特點。我們知道賦役黃冊的書寫採用四柱記帳法來反映人口和事産的動態變化。在登載格式上,針對於具體某戶的信息,首先會登載該戶戶主姓名、鄉貫、戶籍類型及出任里長或甲首的排年時間,之後分列人丁和事産兩大項。事産項下,最主要的是田土數量的登載,一般來說會比較詳細分載官、民各類下田地山塘具體數目,之下登載夏稅、秋糧數目,諸如房屋、牛驢等牲畜同樣計入事産項下。而本文涉及莆田縣的這 12 葉文書從登載事項來看,應是記載各戶情况的黃冊殘葉,比較有代表性的是卷 67 第 5 葉背,現存文字 20 行,中間文字不缺。從現有文字

---

[1] (清)顧炎武著,黃汝成集釋:《日知錄集釋》卷 22《鄉里》,上海古籍出版社 2014 年版,第 494 頁。

[2] 具體可參見包偉民《中國近古時期"里"制的演變》,《中國社會科學》2005 年第 1 期。

上看，文書保存的是某一戶所擁有田地的位置、大小以及夏稅、秋糧額數。從中可以看出，該戶田地所在地理位置是高度分散的，零散分佈在本廂第叁圖、莆田里第拾圖、禮泉里第壹圖、奉穀里第肆圖，分屬於一區、四區、五區及六區。卷六十七第 3 葉背所載歸該戶所有的山在常泰里、胡公里、安樂里、惟新里，分屬於一區、四區、五區。其他葉文書所記各戶田地分佈情況同樣與之類似，雖有些黃冊殘葉中間有缺行現象，但並不影響是一戶黃冊殘葉的判斷。從這 12 葉黃冊殘葉可以看出在福建莆田地區各戶田土分佈零散應該是一個比較普遍的現象。本批莆田縣賦役黃冊中何以會出現諸如某一戶的田土分散在不同圖、不同里乃至不同區的情形，並且在文書中並不是個案反而是一種常態？筆者認爲需要綜合兩個方面來考慮：一，在洪武年間推行黃冊之法時，主要是以人戶爲中心的原則來編排里甲，並不會考慮田土因素。福建莆田縣境內地勢西北高，東南低，自西北向東南傾斜，呈階梯狀下降，地形以山地、丘陵爲主。《閩書》中載："正統十三年（1448），興化縣人虹縣知縣何誠、貢士蕭敏，以其地僻民稀，奏省之，於是領縣二：曰莆田，曰仙遊"①，這雖是對興化府屬縣裁革變化的記述，但也可看出莆田地僻民稀是客觀事實。因而筆者認爲考慮莆田縣本身地形地貌特點，各民戶田地普遍比較分散的情況可能在明洪武年間初編黃冊時就已存在。二，明中後期"田不過都"之制早已被打破，土地流轉速度加快，買賣頻繁應該也是造成各戶田地較爲分散的一個原因。

  通過以上考證和分析，我們確定了 12 葉明代福建興化府莆田縣的賦役黃冊殘葉。這批莆田縣賦役黃冊雖然數量較少，但作爲還未公佈的新資料，增加了對現有黃冊所屬區域的掌握。同時文書中所反映出的區——里——圖的基層組織單位，深化了我們對"里"、"圖"關係的再認識。此外，文書中所反映出的各戶田地廣而分散特點有助於與其他地區進行比較研究。本文僅是筆者對這批莆田縣賦役黃冊進行的簡單分析和介紹，希望以此拙文拋磚引玉，引起學者對明代東南地區黃冊研究的重視。

  （本文作者田琳，爲首次刊發。）

---

① 《閩書》卷 23《方域志》，第 544—545 頁。

三 《樂府詩集》紙背明代福建永定縣賦役黃冊考釋

上海圖書館藏《樂府詩集》第七冊紙背保存有 25 葉福建汀州府永定縣的賦役黃冊殘葉，分別散存於卷二十八、二十九和三十的書葉之背，爲論述方便，將其編號如下：

卷二十八第 11—14 葉等 4 葉，分別編號爲 ST・YFSJ［J28：Y11—14］；卷二十九存第 1—12 葉，分別編號爲：ST・YFSJ［J29：Y1—12］；卷三十存第 1—9 葉，分別編號爲 ST・YFSJ［J30：Y1—9］。其中，ST 爲上圖首字母，YFSJ 爲《樂府詩集》首字母，J 爲"卷"首字母，Y 爲"葉"首字母。

（一）永定縣溪南里第伍圖賦役黃冊攢造主體歸屬

關於該批賦役黃冊的歸屬，現存 25 葉黃冊殘葉中有 9 葉文書涉及，分別是：

ST・YFSJ［J28：Y12］第 3 行載："一戶張森，係汀州府永定縣溪南里第☐☐☐☐"；

ST・YFSJ［J29：Y6］第 4 行載："一戶江萬春，係汀州府永定縣溪南☐☐☐☐"；

ST・YFSJ［J29：Y7］第 5 行載："一戶劉貴原名劉浩，係汀州府永☐☐☐☐"；

ST・YFSJ［J29：Y8］第 4 行載："一戶巫永旺原名巫肆孜，係永定縣溪南里☐☐☐☐"；

ST・YFSJ［J29：Y12］第 10 行載："一戶蕭璘，係汀州府永定縣☐☐☐☐"；

ST・YFSJ［J30：Y1］第 3 行載："一戶鄧瑜，係汀州府永定縣溪南☐☐☐☐"；

ST・YFSJ［J30：Y3］第 1 行載："一戶鄭子昌，係汀州府永定縣溪☐☐☐☐"；

ST·YFSJ［J30：Y4］第 8 行載："一戶黎貴，係汀州府永定縣☐☐☐☐☐"；

ST·YFSJ［J30：Y5］第 3 行載："一戶范福隆，係汀州府永定縣☐☐☐☐☐"

以上文書均爲殘葉，每行文字下部均殘，反映歸屬信息最多的是 ST·YFSJ［J28：Y12］的"一戶張森，係汀州府永定縣溪南里第"，其次是ST·YFSJ［J29：Y8］"一戶巫永旺原名巫肆孜，係永定縣溪南里"、ST·YFSJ［J29：Y6］"一戶江萬春，係汀州府永定縣溪南"、ST·YFSJ［J30：Y1］"一戶鄧瑜，係汀州府永定縣溪南"和 ST·YFSJ［J30：Y3］"一戶鄭子昌，係汀州府永定縣溪"；最少的是 ST·YFSJ［J29：Y7］"一戶劉貴原名劉浩，係汀州府永"、ST·YFSJ［J29：Y12］"一戶蕭璘，係汀州府永定縣"、ST·YFSJ［J30：Y4］"一戶黎貴，係汀州府永定縣"和 ST·YFSJ［J30：Y5］"一戶范福隆，係汀州府永定縣"。

由上可見，該批黃冊殘葉中反映歸屬信息最少的祇涉及到"汀州府永定縣"府縣兩級單位，較多的涉及到"汀州府永定縣溪南里"府縣里三級單位，最多的則涉及到了四級單位，即"汀州府永定縣溪南里第"府縣里圖四級單位。這裏的"第"下缺文至少應有兩字，即"第某圖"。在明代里甲制中，攢造賦役黃冊本來以里爲基本單位，故賦役黃冊要求"每里編爲一冊，冊首總爲一圖"，因此里、圖往往互稱，這在明代的賦役黃冊中很常見。但是，永定縣的里、圖卻各有獨特的內涵，彼此不能互稱。嘉靖《汀州府志》卷一《地理·建置沿革》：

> 永定縣，在府城東南，本上杭之溪南里地，距縣遠絕。國朝正統、天順以來，草寇屢發。成化十四年，賊首鐘三等哨聚劫掠。賊平，巡撫僉都御史高明會議三司，奏析上杭勝運、溪南、金豐、太平、豐田五里地，凡一十九圖，置縣以鎮之。①

---

① （嘉靖）《汀州府志》卷 1《地理·建置沿革》，《天一閣藏明代方志選刊續編》第 40 冊，上海書店 1990 年版，第 65 頁。

嘉靖《汀州府志》卷三《地理志·里圖》稱永定縣："溪南里，統圖五，在縣治左右。"① 康熙《永定縣志》卷二《封域志·里圖》則載：

> 洪武年間，丈量田土，改鄉、團爲里。成化十五年，析上杭縣五里一十九圖編戶隸永定縣。
> 溪南里　舊爲興化鄉，原編戶六圖，今析出第三圖溪以北者，屬上杭縣，見存五圖。
> 金豐里　舊爲金豐鄉，原編戶十圖，後省六，見存四圖。
> 豐田里　舊爲安豐鄉，原編戶十圖，後省六，見存四圖。
> 太平里　舊爲太平鄉，原編戶九圖，後省五，見存四圖。
> 勝運里　舊爲勝運鄉，原編戶十一圖，今析出第五圖、六圖隸永定縣，其餘九圖仍屬上杭縣。②

民國本《永定縣志》卷二《疆域志》稱："舊志云：'明以一百一十戶爲里，推十戶爲里長，餘百戶爲甲，總爲一圖。永定析杭之五里一十九圖置縣。'所云十九圖者，即十九里也。又統稱'五里'者，猶'五鄉'、'五都'云爾。"③

如上所見，永定縣在成化十四年（1478）從上杭縣分置時，由勝運、溪南、金豐、太平、豐田五里共十九圖構成，其中溪南里統五圖，金豐里、豐田里、太平里各統四圖，勝運里統二圖。這裏的里、圖關係是里統圖，里、圖是兩個層級單位，誠如民國本《永定縣志》所言"統稱'五里'者，猶'五鄉'、'五都'云爾"，認爲永定縣初設時的"五里"相當於其他地方的"五鄉"或"五都"。至於民國本《永定縣志》"所云十九圖者，即十九里也"，則是將十九圖直接換稱爲普通意義的"里"，而且這種直接換稱並非始自民國時期，明代撰著成書的《後湖志》卷二《事蹟二·進冊衙門》

---

① （嘉靖）《汀州府志》卷3《地理志·里圖》，第248頁。
② （康熙）《永定縣志》卷2《封域志·里圖》，廈門大學出版社2012年版，第33—34頁。
③ （民國）《永定縣志》卷2《疆域志》，廈門大學出版社2015年版，第47—48頁。

即稱汀州府永定縣轄"十九里"可證。①

由此可見，紙背文書所見的汀州府永定縣賦役黃冊應是該縣"溪南里"之下某圖的賦役黃冊。

不過，根據《樂府詩集》第五冊卷十七第 10 葉背編號 ST·YFSJ〔J17：Y10〕發現的一葉賦役黃冊殘葉，我們可以進一步推定這批溪南里某圖的賦役黃冊應該屬於溪南里的第伍圖。該葉文書如下：

（前缺）

1. 　　　　　□②税鈔每畝科鈔肆文，該鈔貳拾伍文。
2. 　　　　　□③糧米每畝科正米伍升，每斗帶耗米柒合，共
3. 　　　　　　　　米叄斗叄升柒合。
4. 　　　　　正米叄斗壹升伍合，
5. 　　　　　耗米貳升貳合。

（中缺 1 行）

6. 　　　　　□□④鈔每畝科鈔捌拾文，該鈔陸拾肆文。

（中缺 1 行）

7. 　　　　　　　　　　南里第伍圖民籍，充正德拾叄年甲首。

（中缺 2 行）

8. 　　　　　　　　　□，
9. 　　　　　　　　　□，

---

① （明）趙官等編：《後湖志》卷 2《事蹟二·進冊衙門》，南京出版社 2011 年版，第 37 頁。
② 據明代黃冊書寫格式推斷，此處所缺應爲"夏"。
③ 據明代黃冊書寫格式推斷，此處所缺應爲"秋"。
④ 據明代黃冊書寫格式推斷，此處所缺應爲"夏稅"。

第四章　新發現上海圖書館藏古籍紙背明代賦役黃冊復原與研究　541

　　　　　　　　　　（中缺 2 行）
10.　　　　　　　　□①稅鈔肆拾柒文，
11.　　　　　　　　□②糧米正耗陸斗叁升壹合。
　　　　　　　　　　（中缺）
12.　　　　　　　　□□□□③口：
13.　　　　　　　　□□④壹口：本身，係原先漏報。
14.　　　　　　　　□□□⑤貳口：
　　　　　　　　　　（後缺）

　　根據圖版和錄文可見，第五冊此葉文書與第七冊的 25 葉永定縣賦役黃冊筆跡一致，應該屬於永定縣賦役黃冊，但同時也不無疑問。第七冊的 25 葉都集中於卷二十八、卷二十九和卷三十，爲什麽第五冊此葉文書孤零零一葉與揚州府泰州寧海鄉貳拾伍都第壹里賦役黃冊混放在一起？爲什麽第七冊的 25 葉文書都是賦役黃冊原冊面的上半葉，而第五冊此葉文書則是賦役黃冊原冊面的下半葉？而且也再未發現第二個下半葉。儘管有此疑問，第五冊此葉文書與第七冊 25 葉永定縣賦役黃冊筆跡一致並無疑問。再從 ST・YFSJ［J17：Y10］文書 7 行看，"里第伍圖民籍，充正德拾叁年甲首"之上一字殘筆無疑是"南"字的下半部筆劃，這與上半葉文書的内容"汀州府永定縣溪南里"也正好銜接，這就是我們推測第七冊所收永定縣溪南里 25 葉賦役黃冊應該就是該里第伍圖黃冊的依據所在。

（二）永定縣溪南里第伍圖賦役黃冊攢造時間

　　永定縣溪南里第伍圖賦役黃冊的攢造時間，如果按編號 ST・YFSJ［J17：Y10］文書第 7 行"□里第伍圖民籍，充正德拾叁年甲首"一語，

---

①　據明代黃冊書寫格式推斷，此處所缺應爲"夏"。
②　據明代黃冊書寫格式推斷，此處所缺應爲"秋"。
③　據文義及黃冊書寫格式推斷，此處所缺文字應爲"正收男婦叁"。
④　據文義及黃冊書寫格式推斷，此處所缺文字應爲"成丁"。
⑤　據文義及黃冊書寫格式推斷，此處所缺文字應爲"婦女大"。

該戶主充任正德十三年（1518）甲首推算，則永定縣溪南里第伍圖賦役黃冊應是正德七年（1512）大造之年攢造。但是考慮到 ST・YFSJ［J17：Y10］號文書具有一定的不確定性，因此不妨就其攢造時代背景的考察稍加延伸。

永定縣始置的時間，一般說是成化十四年（1478），《明史》卷四十五《地理志六》福建汀州府永定縣條即持此說："成化十四年以上杭縣溪南里之田心地置，析勝運等四里益之。"① 但據上引嘉靖《汀州府志》卷一《地理・建置沿革》，成化十四年（1478）祇是"賊首鐘三等，哨聚劫掠"② 的時間，鐘三被平定之後，巡撫高明才與三司會議並上奏析置永定縣，而這都需要時間。可以想像，在一年之內，鐘三之亂及其平定，巡撫高明與福建三司往復商議，還需上奏到距離福建幾千里之遙的北京並獲得批准，這絕非短時間內所能完成。所以，康熙《永定縣志》卷二《封域志・里圖》稱"成化十五年，析上杭縣五里一十九圖編戶隸永定縣"③ 應該更接近於事實。此外，康熙《永定縣志》卷二《封域志・沿革》之下並有按語稱："州縣之沿革，或有以縣升者，或有以州降者，或有以土曠人稀，割四周之地而立之者。永邑析自上杭，概以成化庚子爲開治之始，歷百六十三年。"④ "成化庚子"即成化十六年（1480），"開治之始"，應指永定縣官衙開門運行之始，是則成化十四年應是巡撫高明上奏建議置縣之年，十五年應是明廷批准置縣確定政區之年，十六年應是永定縣衙開始運作之年。

永定縣成化十五年（1489）因析自上杭縣而確定五里十九圖的政區範圍，也意味着永定縣最初住民的戶籍也應來自上杭縣住民賦役黃冊的劃轉，但永定縣獨立攢造賦役黃冊應始於三年後成化八年（1482）的黃冊大造之年，儘管我們現在看不到永定縣首次大造之年的賦役黃冊，也不瞭解首次大造之年攢造黃冊的情況。

從永定縣始置到 ST・YFSJ［J17：Y10］所見正德七年（1512）永定縣賦役黃冊的攢造，其間賦役黃冊的大造之年分別有成化八年（1472）、成化

---

① （清）張廷玉等：《明史》卷45《地理志六》，中華書局1974年版，第1127頁。
② （嘉靖）《汀州府志》卷1《地理・建置沿革》，第65頁。
③ （康熙）《永定縣志》卷2《封域志・里圖》，第33頁。
④ （康熙）《永定縣志》卷2《封域志・沿革》，第21頁。

十八年（1482）、弘治五年（1492）、弘治十五年（1502）四個年份。在這個四個年份中，明代有關黄册的書寫内容和裝幀形式曾經有過一些明顯的變動。

《後湖志》卷五"弘治三年（1490）四月條"《欽差司禮監太監何穆等題准爲故違禁例以開弊端事》載有條陳黄册制度建設和黄册庫周圍環境整治的六事，今摘録其中的第二事内容如下：

> 一件，册殼不許糊背，及置青柴水薄。舊時，各處造到黄册，俱用麵糊，表皆綾殼。具庫内册架，仍用竹片鋪墊，易於引惹蟲蛀，以致册籍壞爛。又因逐年曬晾，翻查遠年收只册，首尾由語俱無，不知是何府、州、縣者。黄册先於正統年間，户部奏差委官一十餘，呈將見在黄册有無數目，清查一次，見有底簿有照。今經年久，但遇各處行查籍册，不知有無。見在祇得徧於搬揭，愈加搬損。乞敕該部通行各處，今後但遇大造黄册，俱用厚紙爲背面，粗牢綿索裝釘，不許用麵糊表背。仍於册内鄉都圖里之上，俱要書寫禁［某］府、州、縣。倘後册由損壞，易於查考。其册架，用木板鋪墊，不致蟲蛀。仍行南京户部，將浙江等布政司並南、北直隸，見收在庫黄册，每處委員外，即或主事各一員，取撥辦事官吏、監生，逐一清查，置立文簿，附寫有無見在數目。其首尾册由損壞不知府、州、縣者，即將册内縫印辨出。本部撥給應支官錢，買辦紙劄，增添册面，附寫明白。清查完日，通行造册奏繳。仍將文簿送該部印記，交與管册給事中、主事收掌。但遇各處行查籍册，先將簿内查看見在，方全揭查。如此庶使黄册不致損壞，人工亦不煩費。[①]

從何穆題本内容看，各地此前進呈的黄册册本均是麵糊裱褙，綾殼裝幀，由於年代久遠和經常搬動晾曬，造成了册籍壞爛和首尾由語俱失，以至"不知是何府、州、縣者"。他爲此提出三條建議：一是"今後但遇大造黄册，俱用厚紙爲背面，粗牢綿索裝釘，不許用麵糊表背"，應是用線裝的形式將封皮與内册連爲一體，防止封皮脱落；二是在册内書寫内容上於"鄉都

---

① 《後湖志》卷5《事例二》，第64頁。

圖里之上"加寫"某府、州、縣",以免首尾說明語一旦損失而導致無法辨別冊本的屬地;三是對現存黃冊進行清理和登記造冊,補寫缺失首尾由語的黃冊。這說明弘治三年(1490)以前黃冊的裝幀特點麵糊裱褙,冊內人戶內容的書寫直接就是鄉都圖里,而不涉及府州縣的行政隸屬。這一點在我們所見到的弘治五年(1492)以前的賦役黃冊中多能得到印證。例如《樂府詩集》紙背所見永樂二十年(1422)賦役黃冊所載人戶信息,一律不見府州縣的隸屬關係,全是"一戶某某某,原係某都第某圖"的寫法。再如成化八年(1472)山東某縣賦役黃冊,也全是"一戶某某某,係某鄉第壹都某圖",同樣不見府州縣的隸屬關係,可證何穆所言庫存黃冊由於"首尾由語俱無,不知是何府、州、縣者"的情況絕非虛語。

何穆的建議,後來得到了採納,這在弘治三年(1490)十一月《南京吏科給事中邵誠等奏准爲黃冊事》中得到體現。《後湖志》卷五"弘治三年條"在十一月二十一日戶部覆題中節錄有邵誠奏本的內容:

  一件,備開鄉貫。洪武、永樂等年各處黃冊,有於各戶項下開寫鄉都圖保者,有祇寫本都本圖者。即今殼面多有蟲蛀泡爛,格眼不存,雖知某府某縣,不知何鄉何圖,一遇揭查,無從辨認。照得弘治五年例該大造黃冊,合無通行天下司、府、州、縣,今後造冊,各戶項下備寫某府某州某縣某鄉某圖軍民等籍。其軍籍,就於戶下開寫,先前祖父於某年間爲某事發充某衛所軍。如有一衛二衛,各照衛分明白填寫,庶得軍民戶籍明白,不致埋沒隱瞞。

  前件,查得近該司禮監太監何穆題稱,舊時各處造到黃冊,俱用麵糊表背紙殼,其庫內冊架,俱用竹片鋪墊,易於引惹蟲蛀,以致籍冊壞爛。又因逐年曬晾翻查遠年黃冊,首尾由語俱無,不知何府、縣者甚多。今後但遇大造黃冊,俱用厚紙爲背面,粗牢綿索裝釘,不許用麵糊表背。仍於冊內鄉都圖里之上,俱要書寫某府、州、縣、里、保。倘後冊由損壞,易於查考。其冊架俱用木板鋪墊,不致蟲蛀。已經題准通行去後,今給事中等官邵誠等所言正與相合。但於軍戶項下,要寫先前祖父某年爲某事充某衛所軍,如有一衛兩衛,各照衛分明白填寫。揭查之際,似爲便益;攢造之時,不無煩瑣。況黃冊十年一大造,軍冊三年一

第四章 新發現上海圖書館藏古籍紙背明代賦役黃冊復原與研究

清造，俱有定式。若是百年版圖，一日變更，則不惟新舊圖樣不相照應，亦恐里書乘機作弊，軍民版籍由是而益紊亂矣。所言窒礙，難以施行。本部合無通行各該司、府、州、縣，今後大造黃冊，查照太監何穆所奏，於鄉都圖里之上，務要書寫某府、州、縣、里、保、軍、民、灶、匠等籍外，其餘悉照舊式攢造，永爲定規。①

戶部覆題得到了弘治皇帝的批准，書寫內容"備開鄉貫"的措施在隨後弘治五年（1492）進行的大造黃冊中也付諸實施，弘治六年（1493）《南京戶部廣西司主事鄧琛奏擬爲曬晾事》有如下一段話可證：

> 一件，備開都圖及被駁冊□後黃冊。臣查得先該欽差司禮監太監何穆具題，後湖遠年黃冊，因逐年曬晾翻查，首尾由語俱無，不知是何府、州、縣者甚多，今後但遇大造黃冊，仍於冊內鄉都圖里之上，俱要書填某府、州、縣，倘後冊由損壞，易為查考等因。續該南京吏科署管黃冊給事中邵誠與臣會奏，一同前事，俱蒙准擬。見今天下解到弘治五年黃冊，俱照新例，鄉都圖里之上開寫府、州、縣。間有一二如直隸太平等府、當塗等縣黃冊，不開府、州、縣，已行駁回改造。②

從鄧琛奏語可見，弘治三年（1490）擬定的"備開鄉貫"新規在弘治五年（1492）的大造黃冊中得到了切實貫徹，全國絕大多數地區都在都圖里之上增加了行政隸屬關係的府、州、縣內容，祇有少數地區如直隸太平府當塗縣等未在黃冊上開寫府、州、縣等內容，因此被查冊部門駁回改造。總之可以肯定，"備開鄉貫"的新規在弘治五年的大造黃冊中得到了實施，弘治五年是明代賦役黃冊攢造過程中戶頭部分加寫鄉貫內容的關鍵時間節點。

明白了弘治五年（1492）這一關鍵時間節點，對於我們確認汀州府永定縣溪南里第伍圖黃冊的攢造年代無疑具有強化作用。根據這一認識，從成化十五年（1479）永定縣始置到 ST・YFSJ［J17：Y10］號文書所見正德七

---

① 《後湖志》卷5《事例二》，第68頁。
② 《後湖志》卷6《事例三》，第74頁。

年（1512）期間的四個大造年份中，成化八年（1472）和成化十八年（1482）兩個年份因屬於弘治五年之前顯然不可能是永定縣溪南里第伍圖黃冊的攢造年代，而弘治五年（1492）和弘治十五年（1502）兩個年份則至少具有一定的可能性。弘治五年"備開鄉貫"新規實施的歷史背景無疑有助於強化永定縣溪南里第伍圖賦役黃冊攢造於正德七年（1512）大造之年的認識。

（三）永定縣溪南里第伍圖賦役黃冊的特點

永定縣溪南里第伍圖賦役黃冊總共祇有 26 葉，這在《樂府詩集》19 種賦役黃冊中屬於較少的一種。儘管它殘存內容較少，卻有着兩個鮮明的特點。

第一個特點是帶有戶頭內容的冊葉所占比例較大。如前所列，在第七冊卷二十八至卷三十現存 25 葉黃冊殘葉中就有 9 葉文書帶有戶頭內容，再加上第五冊的 1 葉文書總數即達 10 葉，有戶頭的紙葉占總紙葉的比重是 38% 多，這與本章談到的興化府莆田縣 12 葉黃冊祇有 1 葉文書帶有戶頭內容不啻天壤之別。

實際上，溪南里第伍圖黃冊戶頭內容的比例還不止於 38%，如果再加上如下編號 ST・YFSJ［J29：Y3］葉文書兩個戶頭的信息，則溪南里第伍圖戶頭信息的比例更高：

（前缺）

1. 　　　　　地壹拾 陸 畝柒分，
2. 　　　　　塘伍拾捌畝伍分。
3. 　　　　　正除：民草房屋貳間。
4. 　　正除：全戶死絕人戶一戶。
5. 　　一戶余廣真，於先年陸續逃稅死☐☐☐☐
6. 　　人口伍口：
7. 　　　　　　　　男子☐☐☐☐

（中缺 2 行）

8.　　　　　　　　　　婦女☐

9.　　　　　正除：民草房屋貳間。

10.　　　轉除：析居人戶貳戶。

11.　　　　　轉除：人口肆口。

12.　　　　　　　　　　男子☐

13.　　　　　　　　　　婦女☐

14.　　　一戶余福斌，原名繼叔余福廣，原係☐

（中缺 1 行）

15.　　　　　轉除：人口貳口：

16.　　　　　　　　　　男子☐

（後缺）

　　從錄文可見，ST・YFSJ［J29：Y3］一葉有兩個戶頭信息，但這兩個戶頭信息的書寫和排列方式與其他 10 戶不同。根據後面附錄的黃冊錄文可見，黃冊每戶的構成通常是五部分：第一部分是人戶戶頭信息，包括戶主的姓名、本貫、戶籍類別和充任甲首的時間等（如是軍戶，內容更複雜）；第二部分至第五部分分別是舊管、新收、開除和實在部分的信息。後四部分信息內容又分別包括人丁、事產以及更多的細項。每戶內容的排列方式，通常是戶頭信息獨佔一行（如是軍戶，信息所占不止一行），接着第二行是"舊管"等字詞占一行，再往下是人丁、事產各占若干行。其他新收、開除和實在部分的內容以此類推。

　　但是上引 ST・YFSJ［J29：Y3］錄文的兩戶信息卻與一般所見的黃冊不同，例如 5 行的"一戶余廣真，於先年陸續逃稅死"和 14 行的"一戶余福斌，原名繼叔余福廣，原係"的內容和書寫方式與通常的黃冊無異，可是這兩個戶頭之下的次行並無"舊管"字樣，也無舊管內容。"一戶余廣真"次行以下似是在總括死亡人口以及開除事產的內容，"一戶余福斌"次行以下則是在總括轉除人口的內容，總之沒有出現通常黃冊應有的"舊管"字樣。我們懷疑此葉文書在溪南里第伍圖賦役黃冊中的位置應是開頭部分或結尾部分的內容，屬於全冊總括語的內容。

儘管 ST・YFSJ［J29：Y3］兩戶內容的性質與一般黃冊人戶有異，但兩個戶頭包括在溪南里第伍圖賦役黃冊人戶的構成在內並無疑問。這樣，10個戶頭信息再加上 ST・YFSJ［J29：Y3］兩個戶頭信息，永定縣溪南里第伍圖賦役黃冊內戶頭信息占比高達 42% 以上也就不足爲奇了。

第二個特點是保存了一定量的總計內容。在目前所知溪南里第伍圖黃冊 26 葉文書中，當然多數是該圖各個人戶的信息，但其中也有五葉屬於該圖人丁總計和事產總計的內容。五葉內容如下：

ST・YFSJ［J29：Y2］：

（前缺）

1. 　　　　　內木匠戶壹戶，
2. 　　　　　內隸伎戶壹戶。
3. 　　帶管玖戶：
4. 　　　　　新寄莊戶貳戶，
5. 　　　　　新增童壹戶，
6. 　　　　　原帶管人戶陸│戶│。
7. 　　　　人口柒百肆拾│　　　│
8. 　　　　　　男子│　　　│
9. 　　　　　　成│　　　│
10. 　　　　　　不│　　　│
11. 　　　　　婦女│貳│　　　│
12. 　　　　　　大│　　　│
13. 　　　　　　小│　　　│
14. 　事產：
15. 　　　官民田地塘山伍拾玖│頃│　　│
16. 　　　　　　夏│　　　│
17. 　　　　　　秋│　　　│
18. 　　　　　　租│　　　│
19. 　　　官田地塘捌拾肆│　　　│

第四章　新發現上海圖書館藏古籍紙背明代賦役黃冊復原與研究

20.　　　　　　　　　　夏☐☐☐☐☐
21.　　　　　　　　　　秋☐☐☐☐☐
　　　　　　　　　　（後缺）

ST・YFSJ［J29：Y1］：

　　　　　　　　　（前缺）

1.　　　　　　一學田壹畝☐☐☐☐
　　　　　　　　　（中缺）
2.　　　　　　一拘回公田陸☐☐☐☐
　　　　　　　　　（中缺）
3.　　　　　　一職田柒畝☐☐☐☐
　　　　　　　　　（中缺）
4.　　　　　沒官田伍拾畝☐☐☐☐☐
　　　　　　　　　（後缺）

ST・YFSJ［J28：Y11］：

　　　　　　　　　（前缺）

1.　　　　　　　　　　　☐☐☐☐☐
2.　　　　　民田地塘貳拾玖頃貳☐☐☐☐
　　　　　　　　　（中缺）
3.　　　　　田貳拾伍頃叄拾玖☐☐☐☐
　　　　　　　　　（中缺）
4.　　　　　地伍拾陸畝伍分☐☐☐☐☐
　　　　　　　　　（中缺）
5.　　　　　　一苧麻地伍☐☐☐☐
　　　　　　　　　（中缺）
6.　　　　　　一地伍拾壹☐☐☐☐☐

7. □‾‾‾
(後缺)

ST・YFSJ［J28：Y14］：

(前缺)
1. 民田地塘伍頃玖拾玖畆 陸‾‾‾
(中缺)
2. 田伍頃壹拾玖畆柒分‾‾‾
(中缺)
3. 地壹拾畆叁分。
(中缺)
4. 苧麻地伍分。
(後缺)

ST・YFSJ［J29：Y3］：

(前缺)
1. 地壹拾 陸 畆柒分,
2. 塘伍拾捌畆伍分。
3. 正除：民草房屋貳間。
4. 正除：全戶死絶人戶一戶。
5. 一戶余廣真,於先年陸續逃稔死‾‾‾
6. 人口伍口：
7. 男子‾‾‾
(中缺2行)
8. 婦女‾‾‾
9. 正除：民草房屋貳間。
10. 轉除：析居人戶貳戶。

第四章　新發現上海圖書館藏古籍紙背明代賦役黃冊復原與研究　551

11.　　　　　　轉除：人口肆口。
12.　　　　　　　　　　　男子☐☐☐☐☐☐
13.　　　　　　　　　　　婦女☐☐☐☐☐☐
14.　　　　一戶余福斌，原名繼叔余福廣，原係☐☐☐
　　　　　　　　　（中缺1行）
15.　　　　　　轉除：人口貳口：
16.　　　　　　　　　　　男子☐☐☐☐☐☐
　　　　　　　　　　（後缺）

　　以上第五葉ST·YFSJ［J29：Y3］應屬於黃冊總計內容的理由已見於上文，此處不贅。第一葉至第四葉的內容屬於一里（圖）黃冊的總計部分（例如ST·YFSJ［J29：Y2］1行稱"內木匠戶壹戶"，2行"內隸伎戶壹戶"，3行"帶管玖戶"，7行"人口柒百肆拾"，這與明代一里110戶的規模是相符合的，可證確是一里的總計部分內容），也比較容易理解，同樣無需贅言。我們這裏想強調的是，以上前四葉總計部分的順序是按照現存文字內容的內在邏輯排序的。

　　首先看第二葉亦即ST·YFSJ［J29：Y1］與第一葉亦即ST·YFSJ［J29：Y2］排序的邏輯關係。第一葉前13行文字內容屬於一里（圖）的戶口統計，後8行內容屬於一里（圖）的事產統計，而第二葉是與第一葉的內容銜接的。第一葉19行的事產項目是"官田地塘捌拾肆"，第二葉顯示的事產子項目則是"學田壹畝"、"拘回公田陸"、"職田柒畝"和"沒官田伍拾畝"，這裏的學田、拘回公田、職田和沒官田無疑都屬於官田，且四種事產子項目的田產總數沒有超出"官田地塘"84畝的總數，可證兩葉文書的前後順序問題不大。

　　其次看第三葉亦即ST·YFSJ［J28：Y11］與第二葉排序的邏輯關係。第三葉2行顯示的事產項目是"民田地塘貳拾玖頃貳"，3行以下則是"民田地塘"的兩級子項目及其數量，可見第三葉全部是事產民田項目及其數量的內容，而將第三葉民田部分內容排列於第二葉官田部分內容之後完全符合賦役黃冊事產登記順序先官田後民田的排序原則。

　　再次看第四葉亦即ST·YFSJ［J28：Y14］與第三葉排序的邏輯關係。

第四葉與第三葉内容有相似之處，都是民田的統計内容，所不同的是二者數量不等，第四葉"民田地塘伍頃玖拾玖畞陸"，第三葉是"民田地塘貳拾玖頃貳"，二者在黄册總計部分中的位置究竟孰前孰後，我們並不知道，這裏不妨暫且按兩葉文書民田數量先多後少的原則予以排序。

至於第五葉亦即 ST·YFSJ［J28：Y14］排在總計部分的最後位置，原因是我們既未找到文獻根據，也缺乏足以進行分析的文書材料，祇好姑且如此，留待以後再考。

在溪南里第伍圖黄册 26 葉文書中就有 5 葉文書屬於總計内容，這一比例在《樂府詩集》紙背文書中是相當高的。就筆者所見《樂府詩集》紙背所存 19 種明代賦役黄册中，保存有總計内容者僅如下幾種：成化八年（1472）山東東昌府茌平縣叁鄉第壹圖賦役黄册，存 233 葉，總計部分存 2 葉；成化八年（1472）浙江嘉興府桐鄉縣永新鄉貳拾捌都第叁圖賦役黄册，存 176 葉，總計部分存 2 葉；正德七年（1512）直隸揚州府泰州寧海鄉貳拾伍都第壹里賦役黄册，存 251 葉，總計部分存 4 葉；嘉靖四十一年（1562）山西汾州南郭西廂關廂第拾壹圖賦役黄册，存 32 葉，總計部分存 2 葉；某年湖廣衡州府衡陽縣賦役黄册，存 31 葉，可確定爲總計部分者 3 葉。

另，上圖藏《梁昭明太子集》紙背存 2 種明代賦役黄册，其中"嘉靖年間山西大同府應州泰定坊賦役黄册"，存 18 葉，總計部分存 1 葉。《徐僕射集》紙背存 8 種明代賦役黄册，其中"天順六年（1462）某縣壹都第壹圖賦役黄册"，存 25 葉，總計部分存 2 葉；"天順六年（1462）直隸蘇州府長洲縣吳宫鄉貳拾壹都第壹圖賦役黄册"，存 29 葉，總計部分存 2 葉；"正德七年（1512）或嘉靖元年（1522）直隸蘇州府吳縣蔡僊鄉貳拾玖都賦役黄册"存 17 葉，總計部分存 2 葉。

由此可見，永定縣溪南里第伍圖黄册保存的總計内容，不論是絕對數量，還是所佔比例，均屬最高一種，其對於我們了解賦役黄册的内容構成具有重要的實物資料價值，很值得珍視。

（本文作者孫繼民，爲首次刊發。）

第四章　新發現上海圖書館藏古籍紙背明代賦役黄冊復原與研究　553

附錄：《福建汀州府永定縣溪南里第伍圖賦役黄冊》錄文：

1. ST・YFSJ ［J17：Y10］

（前缺）

1.　　　　　　　　□①税鈔每畝科鈔肆文，該鈔貳拾伍文。

2.　　　　　　　　□②糧米每畝科正米伍升，每斗帶耗米柒合，共

3.　　　　　　　　　　米叁斗叁升柒合。

4.　　　　　　　　正米叁斗壹升伍合，

5.　　　　　　　　耗米貳升貳合。

（中缺1行）

6.　　　　　　　　□□③鈔每畝科鈔捌拾文，該鈔陸拾肆文。

（中缺1行）

7.　_____南里第伍圖民籍，充正德拾叁年甲首。

（中缺2行）

8.　　　_____口，

9.　　　_____口，

（中缺2行）

10.　　　　　　　　□④税鈔肆拾柒文，

11.　　　　　　　　□⑤糧米正耗陸斗叁升壹合。

（中缺）

---

① 據明代黄册書寫格式推斷，此處所缺應爲"夏"。
② 據明代黄册書寫格式推斷，此處所缺應爲"秋"。
③ 據明代黄册書寫格式推斷，此處所缺應爲"夏税"。
④ 據明代黄册書寫格式推斷，此處所缺應爲"夏"。
⑤ 據明代黄册書寫格式推斷，此處所缺應爲"秋"。

12.　　　　　　□□□□□①口：
13.　　　　　　　　□□②壹口：本身，係原先漏報。
14.　　　　　　　　□□□③貳口：

　　　　　　　　　（後缺）

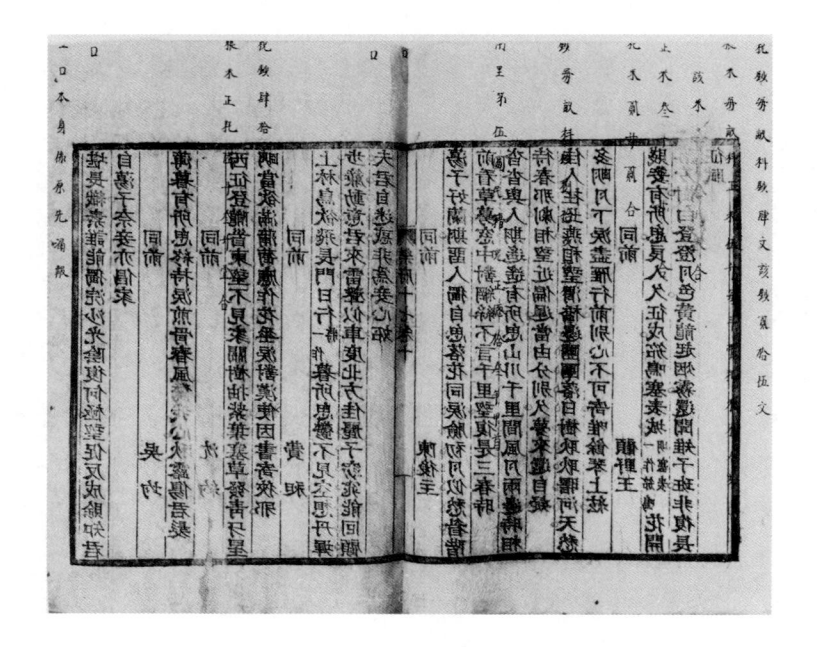

2. ST・YFSJ［J28：Y11］

　　　　　　　　　（前缺）

1.　　　　　　　　　　　　□□□□□□
2.　　　　民田地塘貳拾玖頃貳□□□□□□
　　　　　　　　　（中缺）
3.　　　　　　田貳拾伍頃叁拾玖□□□□□□

---

① 據文義及黃冊書寫格式推斷，此處所缺文字應爲"正收男婦叁"。
② 據文義及黃冊書寫格式推斷，此處所缺文字應爲"成丁"。
③ 據文義及黃冊書寫格式推斷，此處所缺文字應爲"婦女大"。

第四章　新發現上海圖書館藏古籍紙背明代賦役黃冊復原與研究　555

（中缺）
4.　　　　　　　地伍拾陸畝伍分☐☐☐☐☐
（中缺）
5.　　　　　　　　一苧麻地伍☐☐☐☐☐
（中缺）
6.　　　　　　　　一地伍拾壹☐☐☐☐☐
7.　　　　　　　　　　　　☐☐☐☐
（後缺）

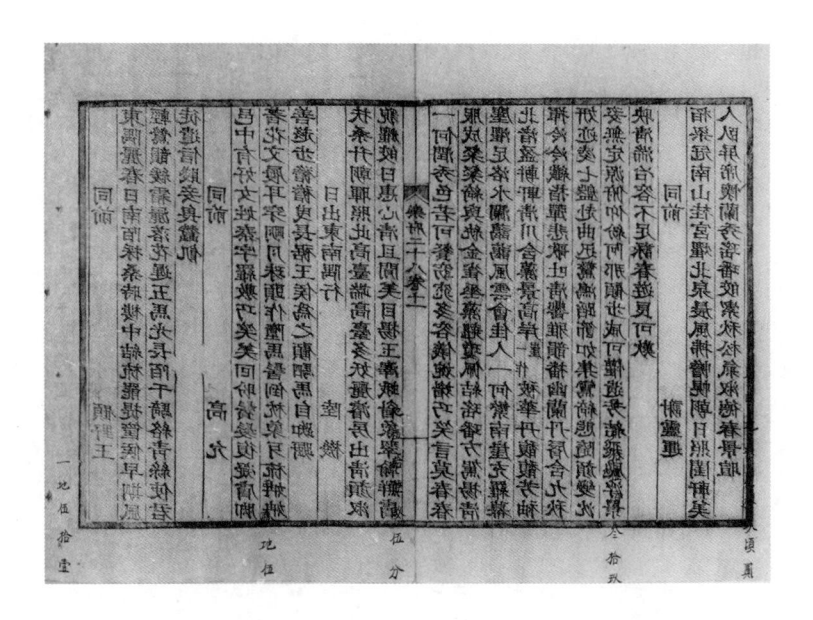

3. ST・YFSJ［J28：Y12］：

（前缺）
1.　　　　　　　　塘肆畝玖分。
（中缺 1 行）
2.　　　　　　　民草房屋貳間。

3. 　　一戶張森，係汀州府永定縣溪南里 第☐☐☐☐

4. 　　　舊管：
5. 　　　　　人丁：計家男婦陸口。
　　　　　　　　（中缺2行）
6. 　　　　事產：
7. 　　　　　　民田塘叁拾貳畝陸分。
　　　　　　　　（中缺3行）
8. 　　　　　　　田貳拾陸畝壹分。
　　　　　　　　（中缺2行）
9. 　　　　　　　塘陸畝伍分。
　　　　　　　　（中缺1行）
10. 　　　　　民草房屋貳間。
11. 　　　新收：
　　　　　　　　（後缺）

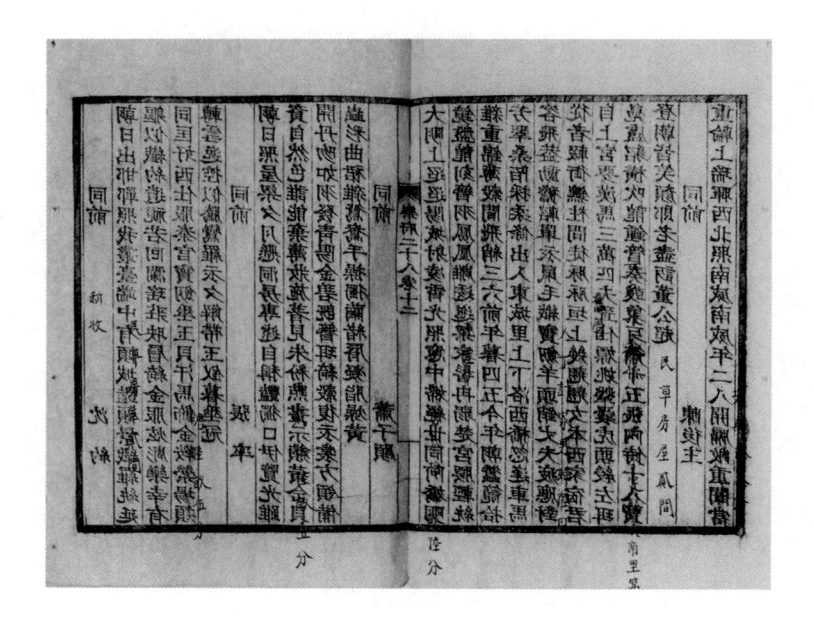

4. ST·YFSJ ［J28：Y13］：

　　　　　　　　　（前缺）

1.　　新收：
2.　　　　人口：正收玖口。
3.　　　　　　　　　　男☐
　　　　　　　　　（中缺 5 行）
4.　　　　　　　　　　婦☐
　　　　　　　　　（中缺 4 行）
5.　　事產：
6.　　　　轉收民田壹拾陸畝伍分。
　　　　　　　　　（後缺）

5. ST·YFSJ ［J28：Y14］，該葉黃冊內容與《樂府詩集》位於同一面：

　　　　　　　　　（前缺）

1.　　　　民田地塘伍頃玖拾玖畝 陸 ☐①。
　　　　　　　　　（中缺 3 行）
2.　　　　田伍頃壹拾玖畝柒分。
　　　　　　　　　（中缺 5 行）
3.　　　　地壹拾畝叁分。
　　　　　　　　　（中缺 3 行）
4.　　　　苧麻地伍分。
　　　　　　　　　（後缺）

---

① 據文義及紙背同一黃冊書寫格式推斷，此處所缺文字應爲"分"。

558　新發現古籍紙背明代黃冊文獻復原與研究

初月正如鈎懸光入綺樓中有可憐妾如恨亦如羞深
情出艷語密意滿橫眸楚腰寧且細孫眷本未愁青玉
勿當取雙銀釵可肯一作　西會待東方驕遙居最上頭
　　　　　　　　　　　　　　　　　　　　　李白
昏昏隱霧團團乘陣雲正值秦樓女含嬌酬使君
同前　　　　　　　　　　　　　　　　　周蕭撝
目出東方隩似從地底來歷天又入海六龍所舍安往
哉其始與終古不息一作其行終人非元氣安能與之
久俳佪草不謝榮不怨落於秋天誰揮鞭策
驅四運萬物興歌背自然義和汝奚汩沒於荒淫
之波瘖陽何德駐景揮戈逆道違天矯誣寶多吾將囊
括大塊浩然與溟涬同科　　　　　　　　　李白
同前
白日下崑崙發光如舒絲照爍蕓心不見遊辛悲折
折黃河曲日從中央轉賜谷耳曾聞若木眼不見不可
見奈何鑠石胡為銷人羿彎弓屬矢那不中足令久不
得奔詎教晨光夕昏

汲古閣　版十四

樂府詩集卷第二十八　終

東吳毛晉訂正

6. ST・YFSJ［J29：Y1］：

　　　　　　　　（前缺）
1.　　　　一學田壹畝□□□□□
　　　　　　　　（中缺）
2.　　　　一拘回公田陸□□□□□
　　　　　　　　（中缺）
3.　　　　一職田柒畝□□□□□
　　　　　　　　（中缺）
4.　　　　没官田伍拾畝□□□□□
　　　　　　　　（後缺）

第四章　新發現上海圖書館藏古籍紙背明代賦役黃冊復原與研究　559

7. ST・YFSJ ［J29：Y2］：

（前缺）

1. 　　　　內木匠戶壹戶，
2. 　　　　內隸伎戶壹戶。
3. 　　帶管玖戶：
4. 　　　　新寄莊戶貳戶，
5. 　　　　新僧童壹戶，
6. 　　　　原帶管人戶陸|戶|。
7. 　　　　　人口柒百肆拾|　|
8. 　　　　　　男子|　|
9. 　　　　　　成|　|
10. 　　　　　　不|　|
11. 　　　　　婦女|貳|
12. 　　　　　　大|　|
13. 　　　　　　小|　|
14. 　事產：
15. 　　　官民田地塘山伍拾玖|頃|
16. 　　　　　夏|　|
17. 　　　　　秋|　|
18. 　　　　　租|　|
19. 　　　官田地塘捌拾肆|　|
20. 　　　　　夏|　|
21. 　　　　　秋|　|

（後缺）

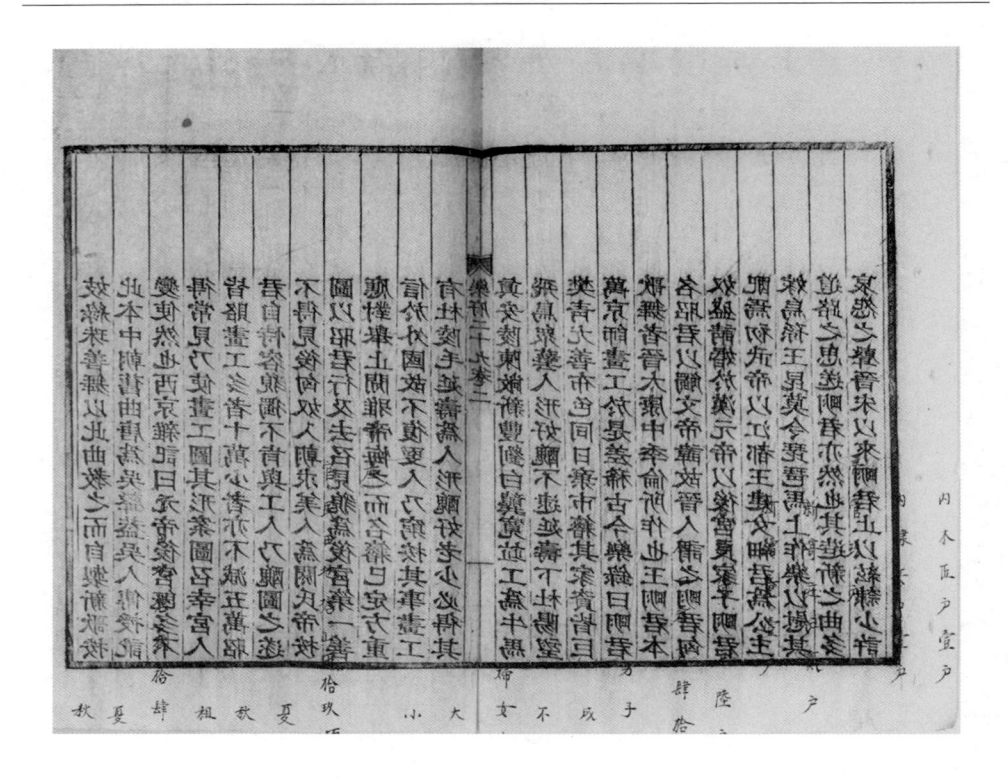

8. ST・YFSJ ［J29：Y3］：

（前缺）

1. 　　　　　　　地壹拾 陸 畝柒分，
2. 　　　　　　　塘伍拾捌畝伍分。
3. 　　　　　　正除：民草房屋貳間。
4. 　　正除：全戶死絕人戶一戶。
5. 　一戶余廣真，於先年陸續逃稅死▢▢▢▢
6. 　　　人口伍口：
7. 　　　　　　　　　男子▢▢▢▢
（中缺2行）
8. 　　　　　　　　　婦女▢▢▢▢

9.　　　　　　　正除：民草房屋貳間。
10.　　轉除：析居人戶貳戶。
11.　　　　轉除：人口肆口。
12.　　　　　　　　　　男子☐
13.　　　　　　　　　　婦女☐
14.　　一戶余福斌，原名繼叔余福廣，原 係 ☐
　　　　　　（中缺 1 行）
15.　　　　轉除：人口貳口：
16.　　　　　　　　　　男子☐
　　　　　　（後缺）

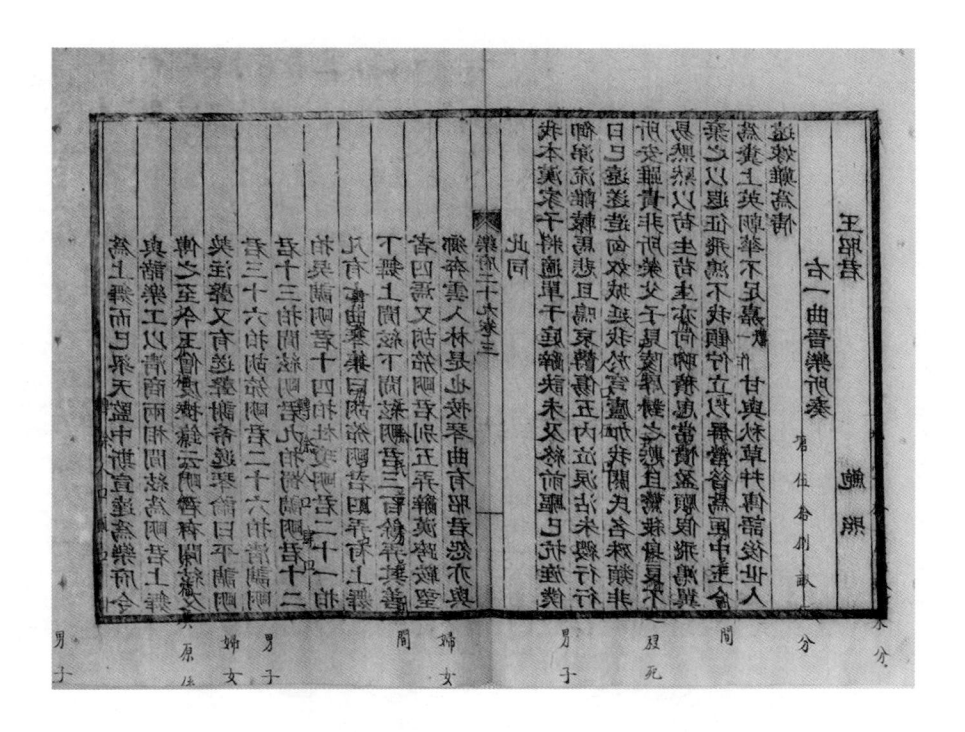

9. ST・YFSJ［J29：Y4］：

（前缺）

1. 　　實在：
2. 　　　　人口柒口。
3. 　　　　　　　　男☐
　　　（中缺6行）
4. 　　　　　　　　婦女☐
5. 　　　　事產：
6. 　　　　　本里民田地塘貳拾☐
　　　（中缺3行）
7. 　　　　　　　田貳拾叁畝。

（後缺）

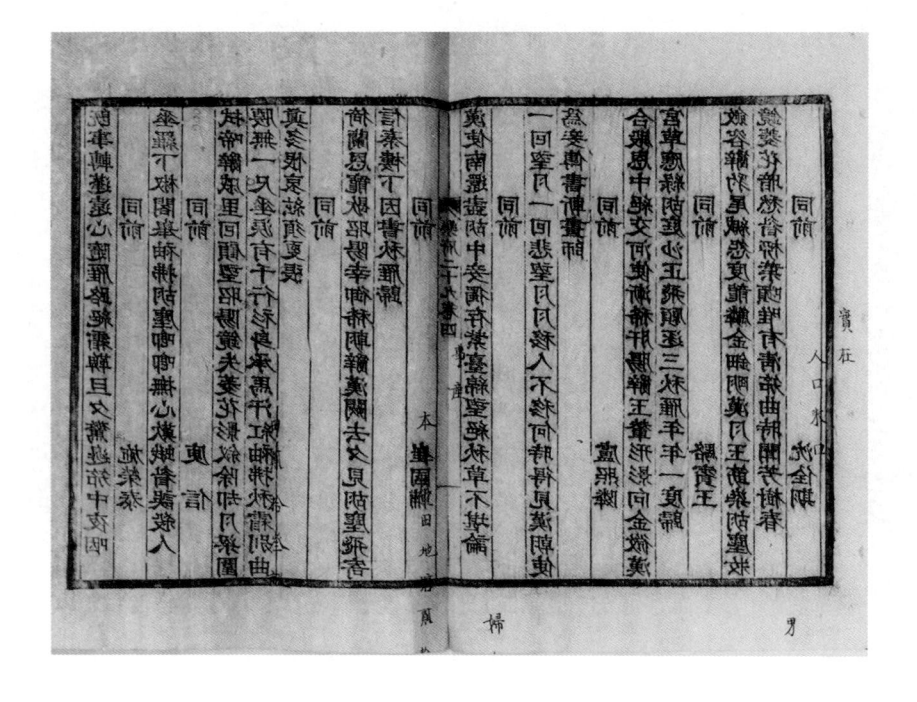

第四章　新發現上海圖書館藏古籍紙背明代賦役黃冊復原與研究　563

10. ST・YFSJ ［J29：Y5］：

（前缺）

1.　　　　　　　　　　婦 女 ☐

（中缺 2 行）

2.　事產：
3.　　　轉收：民田壹頃叁拾畝☐☐。

（中缺 3 行）

4.　　　　　一田壹畝伍分，係 買 ☐

（中缺 2 行）

5.　　　　　一田肆分，係買到 ☐

（中缺 2 行）

6.　　　　　一田叁畝捌分，係 ☐

（中缺 2 行）

7.　　　　　一田叁拾肆畝肆 ☐

（中缺 2 行）

8.　　　　　一田陸拾貳畝捌 ☐

（後缺）

11. ST・YFSJ ［J29：Y6］：

（前缺）

1.　　　　　　　　　　　婦 ☐
2.　　　　　民草房屋叁間。
3.　　　　　頭匹：民水牛壹頭。
4.　一戶江萬春，係汀州府永定縣溪 南 ☐
5.　　舊管：故叔江福寧戶。

6.　　　　人丁：計家男婦柒口。
　　　　　　　　（中缺2行）
7.　　　　　事產：
8.　　　　　　　民草房屋叁間。
9.　　　新收：
10.　　　　　人口：正收肆口。
11.　　　　　　　　　　　　　男☐

　　　　　　　　（後缺）

12. ST・YFSJ［J29：Y7］：

　　　　　　　　（前缺）
1.　　　　　　　　　　　　婦女☐
　　　　　　　　（中缺2行）
2.　　　　　事產：
3.　　　　　　　民草房屋叁間。
4.　　　　　　　佃　種　營　生。
5.　　一戶劉貴，原名劉浩，係汀州府永☐
6.　　　舊管：故父劉甫戶。
7.　　　　　人丁：計家男婦肆口。
　　　　　　　　（中缺2行）
8.　　　新收：
9.　　　　　人口：正收貳口。
10.　　　　　　　　　　　　男子☐
11.　　　　　　　　　　　　婦女☐
12.　　　開除：
13.　　　　　人口：正除叁口。
14.　　　　　　　　　　　　男子☐
15.　　　　　　　　　　　　　成☐

第四章　新發現上海圖書館藏古籍紙背明代賦役黃冊復原與研究　565

16.　　　　　　　　　　　　不☐
　　　　　　　（後缺）

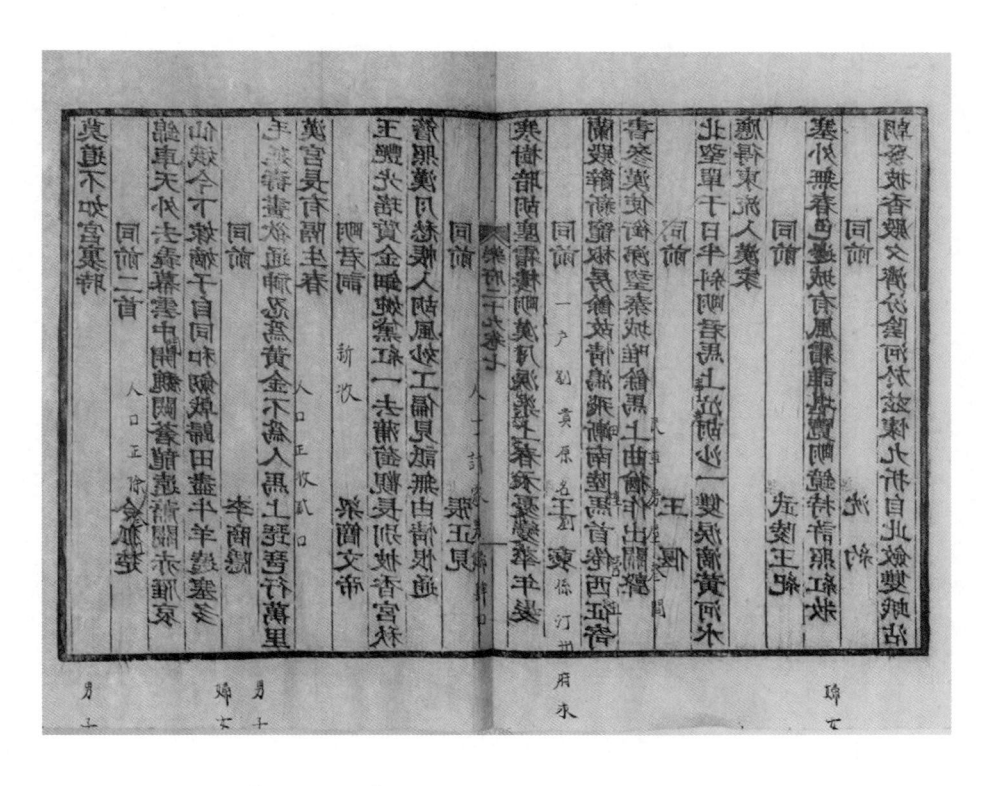

13. ST・YFSJ［J29：Y8］：

　　　　　　　　　　（前缺）
1.　　　　　　　　地壹分。
　　　　　　（中缺 1 行）
2.　　　　　　　　塘壹分。
　　　　　　（中缺 1 行）
3.　　　　　　　民草房屋貳間。
4.　　一戶巫永旺，原名巫肆孜，係永定縣溪南里☐

5.　　　　舊管：兄巫隆孫戶。
6.　　　　人丁：計家男婦伍口。
7.　　　　　　　　　　　　　　　男□□□，
8.　　　　　　　　　　　　　　　婦□□□。
9.　　事產：
10.　　　　民草房屋參間。
11.　　　　頭匹：民水牛壹頭。
12.　　新收：
13.　　　　人口：正收婦女大壹口：妻鄧□□□□
14.　　開除：
15.　　　　人口：正除婦女大壹口：兄嫂□□□□
16.　　實在：
17.　　　　人口伍口。
18.　　　　　　　　　　　　　　男□□□□

（後缺）

14. ST・YFSJ［J29：Y9］：

（前缺）

1.　　　人口：正收柒口。
2.　　　　　　　　男□□□□
　　　（中缺6行）
3.　　　　　　　　婦 女 □□
4.　　事產：
5.　　　　官民田地塘伍頃壹□□□□
　　　（中缺3行）
6.　　　　正收：買過上杭縣民人民
　　　（中缺3行）

7.　　　　　　　　　田玖拾柒畆陸分。
　　　　　　　　　　（後缺）

15. ST·YFSJ ［J29：Y10］：

　　　　　　　　　　（前缺）
1.　　開除：
2.　　　　人口：正除貳口。
3.　　　　　　　　　　　　男｜子｜　　　｜
4.　　　　　　　　　　　　婦女｜　　　｜
5.　　事產：
6.　　　　轉除民田柒畆伍分。
　　　　　　　　　（中缺4行）
7.　　　　　　一田壹畆玖分，賣與｜　　　｜
　　　　　　　　　（中缺2行）
8.　　　　　　一田伍畆陸分，賣與｜　　　｜
　　　　　　　　　（中缺2行）
9.　　實在：
10.　　　人口玖口。
11.　　　　　　　　　　　　男子｜　　　｜
12.　　　　　　　　　　　　成｜　　　｜
　　　　　　　　　（中缺2行）
13.　　　　　　　　　　　　　不｜　　　｜
　　　　　　　　　（後缺）

16. ST·YFSJ ［J29：Y11］：

　　　　　　　　　　（前缺）
1.　　實在：

2.　　　人口玖口。
3.　　　　　　　男☐
　　　　　　（中缺）
4.　　　　　　　婦☐
　　　　　　（中缺）
5.　　事產：
6.　　　　民田貳分。
　　　　　　（後缺）

17. ST・YFSJ［J29：Y12］：

　　　　　　（前缺）
1.　　　人口：正除貳口：
2.　　　　　　　男☐
3.　　　　　　　婦☐
4.　　實在：
5.　　　　人口叁口。
6.　　　　　　　男☐
7.　　　　　　　婦☐
　　　　　（中缺2行）
8.　　事產：
9.　　　　民草房屋叁間。
10.　一戶蕭璘，係汀州府永定縣☐
11.　　舊管：
12.　　　人丁：計家男婦叁口。
13.　　　　　　　男☐
14.　　　　　　　婦☐
15.　　事產：
16.　　　　民草房屋叁間。
17.　　新收無。

第四章　新發現上海圖書館藏古籍紙背明代賦役黃冊復原與研究

18.　　　　　開除無。
　　　　　　　　　　（後缺）

18. ST・YFSJ［J30；Y1］：

　　　　　　　　　　（前缺）
1.　　　　　　　　太平里塘伍分。
　　　　　　　　　（中缺 1 行）
2.　　　　　　民草房屋叁間。
3.　　　一戶鄧瑜，係汀州府永定縣溪 南 ☐
4.　　　　　舊管：
5.　　　　　　　人丁：計家男婦肆口。
　　　　　　　　　（中缺 2 行）
6.　　　　　事產：
7.　　　　　　　本里民田捌畝叁分。
　　　　　　　　　（中缺 2 行）
8.　　　　　　民草房屋叁間。
9.　　　　　　頭匹：民黃牛壹頭。
10.　　　　新收：
11.　　　　　　人口：正收男子不成丁壹☐
12.　　　　開除：
13.　　　　　　人口：正除男子不成丁壹☐
14.　　　　事產：
15.　　　　　轉除：本里民田壹畝壹☐①。
　　　　　　　　　（中缺 1 行）
16.　　　　　　　　　　　　☐
　　　　　　　　　　（後缺）

---

① 據文義及紙背同一黃冊書寫格式推斷，此處所缺文字應爲"分"。

19. ST・YFSJ［J30：Y2］：

（前缺）
1. 苧蔴地伍分。
（中缺2行）
2. 地太平里地陸畝肆□①。
（中缺1行）
3. 塘陸畝壹分。
（中缺1行）
4. 民草房屋叁間。
5. 新收：
6. 人口：正收伍口：
7. 男☐
（中缺3行）
8. 婦☐
（中缺2行）
9. 事產：
10. 轉收本里民田伍畝叁分。
（後缺）

20. ST・YFSJ［J30：Y3］：

（前缺）
1. 一戶鄭子昌，係汀州府永定縣 溪☐
2. 舊管：故叔鄭永成戶。
3. 人丁：計家男婦伍口。
（中缺2行）

---

① 據文義及紙背同一黃冊書寫格式推斷，此處所缺文字應爲"分"。

第四章　新發現上海圖書館藏古籍紙背明代賦役黃冊復原與研究　571

4.　　　　事產：
5.　　　　　　民田柒畝叁分。
　　　　　　　　（中缺 2 行）
6.　　　　　　頭匹：民水牛壹頭。
7.　　　新收：
8.　　　　　　人口：正收叁口。
9.　　　　　　　　　　　　男☐
　　　　　　　　（中缺 2 行）
10.　　　　　　　　　　　婦☐
11.　　　開除：
12.　　　　　　人口：正除叁口。
13.　　　　　　　　　　　　男☐
14.　　　　　　　　　　　　☐☐
　　　　　　　　（後缺）

21. ST・YFSJ［J30；Y4］：

　　　　　　　　（前缺）
1.　　　　　　　　　　　　婦☐
2.　　　　事產：
3.　　　　　　民田塘柒畝柒分。
　　　　　　　　（中缺 3 行）
4.　　　　　　　　田叁畝柒分。
　　　　　　　　（中缺 5 行）
5.　　　　　　　　塘貳畝。
　　　　　　　　（中缺 1 行）
6.　　　　事產：
7.　　　　　　民草房屋貳間。
8.　　一戶黎貴，係汀州府永定縣☐☐☐☐
9.　　　舊管：

10.　　　　　人丁：計家男婦伍口。
　　　　　　　　　（後缺）

22. ST・YFSJ［J30：Y5］：

　　　　　　　　　（前缺）
1.　　　　　　塘壹畝。
　　　　　　　（中缺 1 行）
2.　　　　　　民草房屋貳間。
3.　　一戶范福隆，係汀州府永定縣☐☐☐☐
4.　　　舊管：
5.　　　　　人丁：計家男婦伍口。
6.　　　　　　　　男子☐☐，
7.　　　　　　　　婦女☐☐。
8.　　　　　事產：
9.　　　　　　民田參分。
　　　　　　　（中缺 3 行）
10.　　　　　民草房屋參間。
11.　　　新收：
12.　　　　　人口：正收男子成丁壹口：☐☐☐☐
13.　　　開除：
14.　　　　　人口：正除男子不成丁壹☐①。
　　　　　　　（中缺 1 行）
15.　　　　事產：
　　　　　　　（後缺）

---

① 據文義及紙背同一黃冊書寫格式推斷，此處所缺文字應爲"口"。

23. ST・YFSJ［J30：Y6］：

（前缺）
1. 　　轉除：本里民田地塘貳☐☐☐☐☐☐☐
（中缺 4 行）
2. 　　☐田☐貳頃壹拾捌畝肆☐①。
（中缺 4 行）
3. 　　　　一田伍畝陸分，於正☐☐☐☐☐
（中缺 2 行）
4. 　　　　一田玖畝陸分，於☐先☐☐☐☐
（中缺 2 行）
5. 　　　　一田貳畝貳分，於☐先☐☐☐☐
（中缺 2 行）
6. 　　　　一田壹畝，於先年☐☐☐☐☐
（中缺 2 行）
7. 　　　　一田壹畝叁分，於☐☐☐☐☐
（後缺）

24. ST・YFSJ［J30：Y7］：

（前缺）
1. 　　　　一田陸分，係買☐☐☐☐
（中缺 4 行）
2. 　　　　一田陸分，係買☐☐☐☐
（中缺 5 行）
3. 　　　　一田貳畝捌分，係☐☐☐☐

---

① 據文義及紙背同一黃冊書寫格式推斷，此處所缺文字應爲"分"。

（中缺 4 行）
4.　　　　　　一田參分，係買到☐
（中缺 5 行）
5.　　　　　　地柒畝柒分。
（中缺 2 行）
6.　　　　　　一地玖分，係買☐
（中缺 2 行）
7.　　　　　　一地壹畝，係買到☐
（後缺）

25. ST・YFSJ ［J30：Y8］：

（前缺）
1.　　　　　　一田壹畝玖分，係☐
（中缺 3 行）
2.　　　　　　一田肆畝貳分，☐
（中缺 3 行）
3.　　　　　　一田壹畝玖分，係☐
（中缺 3 行）
4.　　　　　　一田貳分，係買☐
（中缺 3 行）
5.　　　　　　一田陸畝玖分，係☐
（中缺 3 行）
6.　　　　　　一田貳拾肆畝☐
（後缺）

26. ST・YFSJ ［J30：Y9］：

（前缺）

1. 　　　　　一田壹拾貳畝□☐
　　　　（中缺 2 行）
2. 　　　　　一田柒畝伍分，係☐
　　　　（中缺 2 行）
3. 　　　　　一田伍畝肆分，係☐
　　　　（中缺 3 行）
4. 　　　　　一田壹畝玖分，係☐
　　　　（中缺 2 行）
5. 　　　　　一田伍畝陸分，係☐
　　　　（中缺 2 行）
6. 　　　　　一田叄畝捌分，係☐
　　　　（中缺 2 行）
7. 　　　　　一田叄畝壹分，係☐
　　　　（中缺 2 行）
8. 　　　　　一田玖畝，係買到☐
　　　　（後缺）

（本文作者孫繼民，爲首次刊發。）

四　上海圖書館藏古籍紙背明代山西汾、應二州賦役黃冊考釋

明代賦役黃冊作爲國家管控人口和徵收賦税的重要依據，歷來多爲明史研究者所重視。以韋慶遠先生爲代表的學者，利用《後湖志》[①]《明會典》[②]《明實錄》[③] 和其它地方志等傳統史料研究明代黃冊制度，形成了較早研究黃冊制度的《明代黃冊制度》[④] 等著作。隨着新史料，尤其是以徽州文書爲代表的黄冊實物史料的發現，促使明代黃冊制度等相關問題的研究邁入了一個新階段。以欒成顯先生爲代表的學者，利用新發現的黃冊實物資料，結合傳統史料，對賦役黃冊制度本身及其所涉及的明代賦役制度、土地制度和人口統計等問題，進行了細緻的分析，形成了以《明代黃冊研究》[⑤] 爲代表的研究成果。經過以上兩個階段的研究，明代賦役黃冊制度等相關問題的研究基本成熟，基本體系也已建立，這爲我們當前的研究奠定了良好的基礎。本文即擬在此基礎上，通過對上海圖書館藏公文紙本古籍紙背新發現的明代北方山西地區賦役黃冊的分析和解讀，進一步豐富明代黄冊實物研究資料，以期推進明代賦役黃冊制度的研究走向深入和細化。

（一）古籍紙背山西黃冊文本綴合與解析

近年來，筆者在整理公文紙本古籍紙背文獻過程中，發現有北方地區黃冊五種，其中山東地區二種：一是上圖藏《樂府詩集》紙背"成化八年（1472）山東東昌府茌平縣叁鄉第壹圖賦役黃冊"，一是《趙元哲詩集》紙背"萬曆十年（1582）山東兗州府東平州東阿縣賦役黃冊（草冊）"；山西地區三種：一是《樂府詩集》紙背"嘉靖四十一年（1562）山西汾州南郭西廂關厢第拾壹圖賦役黄冊"，一是《樂府詩集》紙背"嘉靖四十一年

---

① （明）趙官等編：《後湖志》，南京出版社 2011 年版。
② （萬曆）《大明會典》，中華書局 1989 年版。
③ 《明實錄》，臺北"中央"研究院歷史語言研究所校印本，1962 年。
④ 韋慶遠：《明代黃冊制度》，中華書局 1961 年版。
⑤ 欒成顯：《明代黃冊研究》，中國社會科學出版社 1998 年版。

(1562)山西太原府代州崞縣王董都賦役黃冊（存疑）"，一是《梁昭明太子集》紙背"嘉靖年間山西大同府應州泰定坊賦役黃冊"。

限於篇幅，本文僅擬就《樂府詩集》紙背"嘉靖四十一年（1562）山西汾州南郭西厢關厢第拾壹圖賦役黃冊"和《梁昭明太子集》紙背"嘉靖年間山西大同府應州泰定坊賦役黃冊"展開分析探討，其餘幾種北方黃冊，留待另文。

經筆者整理後發現，"嘉靖四十一年（1562）山西汾州南郭西厢關厢第拾壹圖賦役黃冊"共32葉，分別爲：《樂府詩集》目錄上第2—11、20—32葉，卷三第15、17葉，卷八十一第5、6、8—12葉；"嘉靖年間山西大同府應州泰定坊賦役黃冊"共計18葉，分別爲《梁昭明太子集》題詞第1、2葉，目錄第1—6葉，卷全第1—3、6、18—21、23、47葉。

以下即主要選取其中最具代表性和比較特殊的黃册，對其進行簡要的綴合與解析。

1. 古籍紙背二葉山西汾州黃册綴合復原

上圖藏《樂府詩集》卷三第15和17葉紙背爲山西汾州黃冊的代表。現迻錄如下：

卷三第15葉背載：

（前缺）

1.　　　壹戶史永吉，係山西汾州南郭西厢關厢第拾▢▢▢▢▢
2.　　　舊管：
3.　　　　　人丁：計家男婦叁拾肆口。
　　　　　　　（中缺2行）①
4.　　　事產：
5.　　　　　民地壹頃捌畝肆分貳厘柒毫，共▢▢▢▢▢
　　　　　　　（中缺2行）
5.　　　　　平地壹頃伍畝玖分貳厘柒毫，共▢▢▢▢▢
　　　　　　　（中缺2行）
6.　　　　　鹻地貳畝伍分，共該秋糧米正耗▢▢▢▢▢

---

① 據文義及紙背同一黃冊書寫格式推斷，此處所缺2行爲"男子數"和"婦女數"。

7.　　　　　　　油房壹座，歲徵鈔柒貫貳伯☐▭
8.　　　　房屋：
9.　　　　　　瓦房叁間，
10.　　　　　　瓦廈房叁廈。
11.　　　車輛：大車壹輛。
12.　　　頭匹：牛大壹隻，
13.　　　　　　驢大壹頭。
14.　　開除：
15.　　　　人口：正除死亡男婦壹拾口。
　　　　　　　　（後缺）

卷三第 17 葉背載：

　　　　　　　　（前缺）
1.　　　　　　　　　　史其妻阿李▭
2.　　　　　　　　　　史永祥妻阿▭
3.　　　　　　　　　　史啟蒙妻阿安▭
4.　　　　　　　　　　史曹撞妻阿▭
5.　　　事產：
6.　　　　　民地壹頃柒畝叁分捌厘柒毫，共▭
　　　　　　　　（中缺 2 行）
7.　　　　　平地壹頃肆畝捌分捌厘柒毫，▭
　　　　　　　　（中缺 2 行）
8.　　　　　本圖黐地貳畝伍分，每畝科正叁▭
9.　　　　　油房壹座，歲徵鈔柒貫貳伯文，▭
10.　　　　房屋：
11.　　　　　　瓦房叁間，
12.　　　　　　瓦廈房叁廈。

13.　　　　　車輛：大車壹輛。
14.　　　　　頭匹：
15.　　　　　　　牛大壹隻，
16.　　　　　　　驢大壹頭。
17.　壹戶胡得保故，下胡防秋，係山西汾州南 郭☐☐☐
18.　　　　　舊管：

（後缺）

　　由以上錄文可知，該兩葉賦役黃冊在內容上具有較強的關聯性。具體言之：其一，第 15 葉賦役黃冊戶主姓名爲"史永吉"，第 17 葉中則有"史永祥"之名，而且二者在"事產"項下都有"油房壹座，歲徵鈔柒貫貳百 文 ☐☐"之特殊內容，此類內容在其它賦役黃冊中並未發現，由此更體現了二者之間的關聯性；其二，在土地、房屋、頭匹和車輛幾個具體登載項內容上，兩葉黃冊也都一致，皆爲房屋"瓦房叁間，瓦廈房叁廈"，車輛"大車壹輛"，頭匹"牛大壹隻，驢大壹頭"，離地"貳畝伍分"；最後，經筆者詳細比對，可以確定該兩葉黃冊在紙張、筆跡、墨色和字體大小等方面基本匹配。因此，無論從書寫格式，抑或書寫內容來看，這兩葉賦役黃冊都存在綴合的可能。

　　但在具體內容上，二者還略有不同。就格式而言，第 15 葉黃冊爲明代黃冊登載格式"四柱式"中"舊管"項內容，即一戶在上一次大造黃冊時家裏的人口和事產情況；第 17 葉黃冊則爲"四柱式"中"實在"項內容，但人口項登載內容並不完整，祇存"婦女大肆口"之內容；在土地登載方面，二者"民平地"項也略有不同，第 15 葉黃冊中舊管爲"壹頃伍畝玖分貳厘柒毫"，第 17 葉黃冊中"實在"項爲"壹頃肆畝捌分捌厘柒毫"，可見此處土地缺少的"壹畝肆厘"，應爲"開除"項下缺失部分內容；在人口登載方面，舊管"人丁計家男婦叁拾肆口"，開除"人口正除死亡男婦壹拾口"，如若無新收人口變動，實在項下應爲"人丁計家男婦貳拾口"，但這是在有前提的條件下，含有不確定性，故暫且不做補充。至此，在補充上土地部分內容後，這兩葉賦役黃冊可綴合爲一葉新的明代汾州賦役黃冊，其前 33 行可看作較爲完整的一戶黃冊登載內容，且登載格式和各個項目等方面保存相對完整，對我們下文探究明代北方黃冊的特點，比較南北方黃冊的差別，及總體把握黃冊制度提供了便利。①

2. 古籍紙背山西汾州黃冊所見"絕戶"登載格式

《樂府詩集》紙背山西汾州賦役黃冊中，除了上述兩葉可以綴合者之外，還發現有其它登載格式的黃冊，即上圖藏《樂府詩集》目錄上第3葉背和目錄上第24葉背的"绝戶"黃冊。現迻錄如下：

目錄上第3葉背：

（前缺）

1. 　　　　軍，將男田又丁紀錄在官後，幼出又②之時原□□□□□
2. 　　舊管實在：
3. 　　人口：男婦貳口。
4. 　　　　男子成丁壹口：本身，年肆拾伍[歲]。
5. 　　　　婦女大壹口：本身妻阿王，年肆□□□
6. 　　事產：
7. 　　　　本圖舍後民平地壹畞貳分肆厘□□□□□
8. 　　房屋：
9. 　　　　瓦屋叁間，
10. 　　　　瓦厦房貳厦。
11. 　　頭匹：
12. 　　　　牛大壹隻，
13. 　　　　驢大壹頭。
14. 　壹戶田鎖住，係山西汾州南郭西廂關廂第[拾]□□□□
15. 　　祖軍壹名田剛，先於宣德叁年爲清理[軍]□□□□□

---

① 此處僅作基本綴合，具體分析留待後文。
② 據本葉第16行可知，"幼出又"應爲"又出幼"之訛，"出幼"指成丁。

16.　　　　將男田又丁①紀録在官後，又出幼之時替☐☐☐☐☐
17.　　　　舊管實在：
18.　　　　　人口：男子不成丁壹口：本身年捌 拾 ☐☐☐
19.　　　　　事產：
20.　　　　　　房屋：賃住。
21.　　　　　　營生：貨郎。
22.　　　 壹戶 ☐☐， 係山西汾州南郭西厢關 ☐☐☐☐
　　　　　　　　　（後缺）

目録上第 24 葉背：

　　　　　　　　　（前缺）
1.　　　　祖軍壹名李昭先，於洪武年間爲吏役事，問 發 ☐☐☐
2.　　　　禦千戶所百戶范下軍帶操，於成化叁年死亡 後 ☐☐
3.　　　　舊管實在：
4.　　　　　人口：男子不成丁壹口：本身，年壹百肆拾 玖 ☐。②
5.　　　　　房屋：
6.　　　　　　瓦房叁間，
7.　　　　　　瓦厦房貳厦。
8.　　　　壹戶曹壯壯，係山西汾州南郭西厢關厢第拾壹 圖 ☐
9.　　　　祖軍壹名曹壯壯，先於洪武貳拾伍年爲抽取人 丁 ☐☐

---

① 本戶"男田又丁"與同書第 1 行"男田又丁"分屬兩戶，疑有一處有誤。
② 據文義推斷此處所缺文字應爲"歲"。

10.　　　　舊管實在：
11.　　　　　　人口：男子不成丁壹口：本身，年壹百捌拾玖 歲 。
12.　　　　　　房屋：賃住。
13.　　　壹戶田李鄭，係山西汾州南郭西廂關廂第拾壹 圖
14.　　　　　舊管實在：
15.　　　　　　人口：男子不成丁①：本身，年壹百伍拾叁歲。
16.　　　　　　事產：
17.　　　　　　　民平地伍厘，每畝科正柒升伍合，每斗帶耗
　　　　　　　　 柒
18.　　　　　　房屋：瓦房壹間。
19.　　　壹戶任收兒，係山西汾州南郭西廂關廂第拾壹圖
20.　　　　　舊管實在：
21.　　　　　　人口：男子不成丁壹口：本身年壹百叁拾歲。
　　　　　　　　　　　　（後缺）

　　上舉兩葉賦役黃冊中保存有較完整的五戶人家的登載內容。其戶主分別為：田鎖住、李某某、曹壯壯、李鄭和任收兒。其中，田鎖住戶、李某某戶和曹壯壯戶為軍戶，田李鄭戶和任收兒戶為民戶。明代賦役黃冊制度規定："凡各處有司，十年一造黃冊，分豁上中下三等人戶，仍開軍民灶匠等籍，除排年里甲依次充當外，其大小雜泛差役，各照所分上中下三等人戶點差。"② 可見軍民灶匠等各類戶都要需登著賦役黃冊中納糧當差，按照順序編排里甲，因而此處所見之軍戶與民戶混合編排登載完全符合規定。此后在弘治三年（1490）還進一步明確規定："其軍籍，就於戶下開寫，先前祖父於某年間為某事發充某衛所軍。如有一衛二衛，各照衛分明白填寫。庶得軍民戶籍明白，不致埋沒隱瞞。"③ 以上所錄黃冊中軍戶即明確開寫此項內容，因而這幾葉黃冊的登載也完全符合制度規定，屬於明代正式賦役黃冊無疑。

---

①　據同葉類似內容可知，"丁"字後應脫"壹口"二字。
②　《後湖志》卷4《事例一》，第53頁。
③　《後湖志》卷5《事例二》，第68頁。

筆者在整理古籍紙背賦役黃册資料時還發現，軍户、灶户、匠户、當户和站户等各類人户的混同登載屢見不鮮，可見明代賦役黃册所登載的並非僅是民户，亦非嚴格將軍、民、灶和匠等户分類登載，其主要基於控制人口和徵派賦役之目的，將各類人户按里混同編排。

以上迻錄這三户軍户人口項下登載内容皆爲"男子不成丁壹口本身"，且其年紀分别爲："捌拾"、"壹百肆拾玖歲"和"壹百捌拾玖歲"，如此異常歲數不太合乎常理。結合户主的年齡數字和登載内容來看，户主應已不在人世，所以其可能屬於"絶户"。

關於明代賦役黃册登載中的"絶户"，據《後湖志》載：萬曆十一年（1583）十月，南京户科等衙門管理黃册給事中等官余懋學，在"爲條議大查事宜以裨册務事"中曾提及："臣等竊見，各處解到黃册開報人户中，有事産、收除俱無，而實在人丁項下又開本身故絶者，此絶户也……除軍、匠二籍仍棄原户以補稽考外，其餘係民户者，查果故絶，即便備開明白，登註駁册，解報本湖"，並進一步指出"緣各該有司恐失舊額，故凡絶户，祇實徵册内開除，而黃册則仍存户籍。此名有而實亡者，委宜查豁"。[①]

由此可知，絶户在黃册中主要登載特點爲：該户無事産、新收和開除項，另在實在人丁項下標明本身故絶。結合上文筆者所迻錄黃册來看，没有新收和開除項，實在項人丁下標明本身情況，基本符合史籍記載，但因該部分内容後有所殘缺，故而不能斷定其後是否有自稱故絶的内容。另有部分人户雖存在事産，與史籍記載略有不同，但明朝制定黃册重賦税而輕人丁，有田地事産在而進行登記黃册收税似又有情可原。此外，關於軍匠户與民户等其他户還是區别對待，因爲明朝對軍户的管理尤爲嚴格，嚴禁其分家析户，且衛所軍户無人時需要在其州縣的原籍軍户來勾補，故而此處雖是絶户，但還須在黃册上保留登載"以補稽考"。基於以上分析，我們可以判定，以上所迻錄賦役黃册中五户確爲"絶户"。其中雖有軍有民，但在格式上具有高度一致性。

具體言之，明代黃册"絶户"格式主要是將"開除"和"新收"項省略，因是絶户，並無相關的土地和人口變動，故而將"舊管"和"實在"項合併到一起。其實質即在黃册上保留户頭，軍户是爲方便勾補，民户則是

---

① 《後湖志》卷10《事例七》，第176—177頁。

爲應付朝廷下派的賦役徵派。雖然絕戶是人口故絕，但其事產下還存有土地、車輛、頭匹和房屋等內容，其應是黃冊上保留絕戶重要原因之一。在"舊管實在"下就是人口和事產，人口登載即戶主本身，祇是在每十年的黃冊大造之時進行年歲增加，而且都登記爲"不成丁"。從明代對男子成年的規定是十五歲，通過此處實際登載的年歲，再結合不成丁的年齡限制和明朝每隔十年一大造黃冊的規定，我們可以大概推斷該戶絕戶的時間，此可看作從絕戶內容探析的結果。

3. 古籍紙背所見山西應州黃冊簡析

上圖藏《梁昭明太子集》紙背文獻中存有明代山西大同府應州攢造的18葉賦役黃冊。此僅迻錄其中最具代表性的卷全第3葉背黃冊如下：

（前缺）

1. 壹戶何旺故，孫何良，係山西大同府應州泰定坊民戶。
2. 　　舊管：
3. 　　　　人丁：計家男婦叁口。
　　　　　　（中缺2行）
4. 　　　　事產：
5. 　　　　　　官民地壹拾陸畝伍分。
　　　　　　（中缺2行）
6. 　　　　　　官平地捌畝，夏稅正耗玖斗捌升捌合捌▢▢▢
7. 　　　　　　　　平地捌畝捌分。
　　　　　　（中缺）
8. 　　　　　　房屋土房壹間。
9. 　　開收無。
10. 　　實在：
11. 　　　　人口：男婦叁口。
12. 　　　　　　男子貳口：
13. 　　　　　　　　成丁壹口：何良，年捌拾捌歲；
14. 　　　　　　　　不成丁壹口：▢▢▢▢▢歲。
　　　　　　（後缺）

由以上錄文内容可知，該葉黃册爲較完整的一户登載格式與内容，結合其它17葉同类黃册可知，這批黃册攢造地爲"山西大同府應州泰定坊"，時間爲明嘉靖時期。由此我們可將這批黃册定爲明嘉靖時期山西大同府應州賦役黄册，其與前面綴合的汾州黄册格式基本無異，僅一些細節之處略有不同，如房屋是土房，車輛是小車，還有一些土地稅收情況。

概言之，筆者所迻錄上述五葉賦役黄册具有以下幾個特點：其一，同屬明山西地區，具體包含"山西汾州南郭西廂關廂第拾壹圖"和"山西大同府應州泰定坊"兩個不同地域；其二，同屬明嘉靖時期，一爲嘉靖四十一年（1562），一衹判定爲嘉靖時期；其三，體現了明代兩種不同的賦役黃册登載格式，一種爲明代嘉靖時期北方山西地區的普通黃册人户登載格式，另一種爲明代嘉靖山西汾州地區的絕户登載格式。

總之，該批古籍紙背新見明代山西地區的賦役黃册資料爲我們研究明代賦役黃册制度，尤其是爲明代南北不同地域黃册的比較研究提供了資料基礎。

（二）古籍紙背所見山西賦役黃册特點概述

通過上文筆者的分析和整理，我們對明嘉靖時期北方山西汾州和大同府應州兩個地區黃册的基本格式已有基本瞭解。作爲目前學界比較少見的明代北方地區黃册文書，其册籍本身的所屬地域、登載内容及專屬特點等方面都非常值得我們關注。

首先，黃册登載地域。上圖藏紙背文獻所見這兩種北方賦役黃册的户籍所屬地爲"山西汾州南郭西廂關廂第拾壹圖"和"山西大同府應州泰定坊"。其中，汾州，"洪武九年（1376）直隸布政司，萬曆二十三年（1595）五月升爲府，領州一，縣七。東北距布政二百里。"[①] 本文所論賦役黃册屬明嘉靖四十一年（1562），還未升府，所以還稱爲汾州，位於山西中部，屬晉中地區。大同府，"洪武二年（1369）爲府，領州四，縣七。南距布政司六百七十里。"[②] 應州屬其中所領四州之一，位於山西北

---

① （清）張廷玉等：《明史》卷41《地理二》，中華書局1974年版，第965頁。
② 《明史》卷41《地理二》，第967頁。

部，屬晉北地區。明代制定賦役黃冊之初曾規定，"……在城曰坊，近城曰廂，鄉都曰里。里編爲冊，冊首總爲一圖。"① 其目的是爲了區分不同區域人戶登記的籍貫，由此我們可以確定，"大同府應州泰定坊"即指居住在應州城中的泰定坊居民。

需要注意的一點是，該批賦役黃冊所屬地"汾州南郭西廂關廂第拾壹圖"中"郭"一般理解爲外城，而"南郭"就應該指城南邊的外城，"廂"此前提到"近城爲廂"，"西廂"，結合前面對"南郭"的分析，其應爲外城的西邊區域。有學者已指出："關廂也稱關城、附郭，主要指進出城市的主要城門外附近和道路兩旁形成的經濟發達人口聚居的地區，與主城緊密相連。"② 由此可知"汾州南郭西廂關廂"應指汾州城南門外的關廂靠西邊街道的區域。明清時期，由於戰爭和商業等因素，山西各地區關廂修建非常頻繁，汾州所屬的晉中地區尤爲突出。這些關廂城規模巨大，有些甚至比主城還大，而關廂內也逐步發展爲重要的市場。據研究，"汾州府（汾陽縣），明景泰二年（1451）修（主）城；明嘉靖十九年（1540），以東門外居民殷衆，知州張管築東郭堡；明嘉靖二十一年（1542），'知州曹寵竟，復築南郭堡'；明隆慶三年（1569），知州寧策又築北郭堡；明隆慶五年（1571），始甃城；明萬曆六年（1578），知州張一敬甃東郭堡；明萬曆十二年（1584），知州白夏築西郭堡。"③ 從中我們可以明確，汾州治所汾陽城有主城一座和四座關廂城，其中"東門外居民殷衆"和"郭堡"反映了該地區商業發展和應對蒙古軍事的築城特點。汾州南郭修築時間是嘉靖二十一年（1542），本文中汾州地區黃冊是嘉靖四十一年（1562）大造產物，從時間上看也符合邏輯，可見該地居民應爲新近編戶。相比南方地區黃冊戶主籍貫登記中多以"某府某縣某鄉某都某圖"的登記形式出現，文中山西汾州和應州兩種黃冊載戶主籍貫爲"某州某郭某廂關廂"形式，總體上反映了明代南北方黃冊由地域差異在書寫戶主籍貫時的特點和區別，進一步體現了明代黃冊書寫格式的多樣性和豐富性。

---

① 《明史》卷77《食貨一》，第1878頁。
② 裴欣：《明清時期晉中地區城鎮形態專題研究》，陝西師範大學碩士學位論文，2015年，第85頁。
③ 裴欣：《明清時期晉中地區城鎮形態專題研究》，第29頁。

其次，黃冊具體登載事項。上文綴合的山西汾州地區黃冊可以作爲古籍紙背新發現山西地區賦役黃冊的代表。賦役黃冊登載內容以人口和事產爲核心，可一分爲二展開分析。

其一，"人口"項。現存黃冊內容較少，但我們經過分析仍然能有所收穫。該戶10年前爲34口人，在過去十年中開除10口人，新收部分缺失，最後實在的人口，祇保留了4大口女性部分。通過此類資料可知：一是該戶是個大戶，人口超過30口。欒成顯先生在《明代黃冊研究》中曾根據黃冊等資料分析過朱學源戶人口情況，其戶黃冊上人口數爲48口，且是匠籍，因此不許分戶，所以人口有如此之多。① 該件黃冊戶主身份因黃冊殘損而未可知，但明朝一般人戶規模爲2—3口左右，該黃冊34口里應包含子戶，也很可能是匠戶。從後面迻錄的登載有軍戶的賦役黃冊也能看出軍需詳列祖軍等情況，而此處並無此類內容，所以不應是軍戶。另，該批山西黃冊中一般民戶人口都未超過10口，所以也可排除民戶可能。在該戶的事產中有一座油房，這也應該是匠戶。在上圖藏《樂府詩集》第十四冊卷八十一第9葉的紙背文獻中出現了"油匠壹戶"的內容，可見該戶極可能爲油匠戶。二是該戶在十年間人口的損失爲10口，人口損失的比例高達30%，而通觀整體山西黃冊中的人戶在這十年的人口損失，都未超過5口，該戶比較多的人口損或與該戶較大的人口總數有關。

其二，"事產"項。該部分主要包含土地、房屋、車輛、頭匹等幾個小項。其中土地登載無疑是最大主項，一般黃冊的土地首先是分爲官和民，此在原來發現黃冊中較常見，其後再按土地類型分爲田、地、山、塘四項。此處我們所探討的北方山西地區黃冊，在土地分官民之後又分平地和離地，在其他黃冊中還出現坡地。且在此三項土地分類前還出現許多具體地名，經筆者統計共18個②，這些地名以方位性和村名性居多，對我們具體判定這批黃冊具體位置很有幫助。其中在今天的汾陽市下轄村鎮中還保留有田村和張家莊這樣的村名，雷家和關東等也有相似的村名，這些村距離汾陽市都不遠。

---

① 欒成顯：《明代黃冊研究》，第378—381頁。
② 具體村名包括：田村、舍後、長彌、東西彌、簡河、水坡、洪寺、雷家、河南、汾壹、尖角、汾河、子城方、澗河、幹河、伍道、張家莊和關東等。

汾陽明代爲汾州治所，故而大體這批黃冊是在如今汾陽市。南方黃冊中田土類型主要分爲田、地、山、塘、蕩五種，代表了南方地區的自然和農業特點，而北方山西的黃冊中土地項僅僅分爲平地、坡地和鹼地，這也是北方山西地區自然和農業特點所決定。此外，南北方黃冊在土地方面的明顯不同，一方面顯示出了北方山西地區黃冊的特點，另一方面也體現了黃冊制度本身在不同地域的適應性和變通性，這一點在未發現這批新的北方山西地區黃冊之前，極少爲學界所關注。

在房屋登載方面，前引黃冊中主要分瓦房和瓦厦房兩類，瓦房以間計，瓦厦房以厦計。還有一種比較特殊的土房，其應指北方山西地區比較特有的土坯做的房子或者窯洞。此處多登載爲"房屋賃住"，這也可以看出該地區的經濟發展狀況還有階層分化。"房屋賃住"更多的會出現在僕奴階層，其大量出現更是說明底層人民佔有絕大多數。結合前面三者的分析，從低到高應該是：房屋賃住——土房——瓦房——瓦厦房，此處僅僅從房屋這一個小項上看社會階層的分化，這一點在北方山西地區也體現的更爲明顯。車輛分爲大車和小車，此處"大車"應指牛車，也稱方箱車，主要以牛拉爲主，亦可用於載人，但主要用作運輸貨物。"小車"一般指馬車，源自先秦的戰車，以單轅爲主，多爲曲狀轅，服用馬，車廂用輿制，較輕巧，上張傘蓋，以坐人爲主。由此可知，大車運貨爲主，用牛拉，小車以拉人爲主，用馬拉，此爲二者用途上之顯著差別。而且車輛登載在南方地區的黃冊極爲少見，這也可算作北方山西地區特點之一。在頭匹方面，這裏出現的是牛和驢，牛在南方黃冊中也有，但是南方的應該是水牛居多，北方山西地區應是黃牛，驢則適應北方山西地區土地耕種和運輸。

此外，黃冊登載項中還有"營生"這一項，目前發現的僅有兩戶，一戶是"貨郎"，一戶是"賣菜"。這也可以看作明中後期山西汾州地區商業發展的體現，而且"營生"的登載也進一步完善了黃冊登載內容，也有助我們了解明代山西汾州地區人民謀生的方式。其中"油房壹座，歲徵鈔柒貫貳百文"中"油房"指榨油作坊，一般爲大戶或地主所有，其每年徵收稅以鈔結算。宣德四年（1429）規定："又令油房、磨房，每座逐月連納門攤鈔五百貫",① 後正統七年（1442）改爲"（每季）油磨、糖、機、粉、茶食、木植、剪裁繡作等鋪三十六貫"。② 如此油房一年納稅鈔額爲"一百四十四貫"，顯然明朝政府對以油房爲代表的商業徵稅較重，此處黃冊中出現的油房"歲徵鈔柒貫貳百文"則顯的稅率過低。具體是記載登載失誤或實際徵收稅額即如此低，還不得而知，但此處黃冊登載有"油房"應值得關注。

概言之，北方山西地區的黃冊在人口登載方面特點並不突出，在事產這一大項下的土地、房屋、車輛、頭匹等四個小項，及"營生"項上都明顯體現了自身的特點。尤其是在土地、車輛和新增的營生項上，體現的尤爲明顯，此應是山西地區的特點。

前文迻錄賦役黃冊中還存在一種將"四柱式"中"舊管"和"實在"兩大項合併的登載格式，缺少"開除"和"新收"兩項内容，此種格式多出現在絕户之中。因爲絕户基本没有變化，人口祇是簡單增加年歲，事產上没有變化，更多的是起到一種作爲户頭且在徵稅派役上名義化作用。在普通民户中也有類似情況，更可能是該民户的事產在十年大造期間没有變化，故而進行格式上的簡化與合併，這一點在其他黃冊也有體現，比如"開收無"即將"開除"和"新收"兩個大項合併爲一的格式簡化。

綜上所述，無論是新格式的絕户，還是普通的民户，都體現了明代賦役黃冊在登載格式上具有靈活應變的特點。結合明代攢造黃冊目的我們可以發現，明廷實行黃冊大造，其本身即爲了掌握百姓人口和事產，最終爲了實現徵收賦稅和僉派徭役。賦役黃冊格式祇是作爲達到這一目的的手段之一，所以其在不同地區之間推行的黃冊登載格式有所不同也不足爲奇。

（三）古籍紙背所見山西賦役黃冊價值簡析

通過前文對該批北方賦役黃冊的分析和解讀，我們已總結出山西汾州和應州黃冊的内容和特點，可見該批山西黃冊對明代黃冊制度研究有着較爲重要的史料價值。大略而言，可歸納爲以下兩個方面：

---

① （萬曆）《大明會典》卷31《户部第十八》，第224頁。
② （萬曆）《大明會典》卷31《户部第十八》，第225頁。

1. 體現出珍貴且獨特的史料價值

據欒成顯先生《明代黃冊研究》一書統計，學界已知傳世黃冊原本共十二種。具體如下：

1. 明永樂至宣德徽州府祁門縣李務本戶黃冊抄底，抄件，2葉。
2. 永樂徽州府歙縣胡成祖等戶黃冊抄底，抄件，7葉。
3. 成化嘉興府嘉興縣清冊供單殘件，古籍紙背文獻，六冊。
4. 嘉靖四十一年嚴州府遂安縣十八都下一圖六甲黃冊原本，32葉。
5. 萬曆徽州府休寧縣二十七都五圖黃冊底籍，清抄本，四冊，1159葉。
6. 萬曆二十年嚴州府遂安縣十都上一圖五甲黃冊殘件，原件，30葉。
7. 天啟二年徽州府休寧縣二十四都一圖五甲黃冊草冊，原件，56葉。
8. 崇禎五年徽州府休寧縣十八都九圖黃冊殘篇，原件，74葉。
9. 崇禎十五年徽州府休寧縣二十五都三圖二甲黃冊底籍，原件，75葉。
10. 天啟元年徽州府休寧縣二十四都一圖六甲徐美威供單，1葉。
11. 崇禎十四年祁門縣洪公壽戶清冊供單，清冊供單，7葉。
12. 黃冊歸戶底籍：萬曆徽州府祁門縣吳自祥戶黃冊歸戶冊底，抄件，1冊；嘉靖徽州府歙縣程立信黃冊析戶冊底，抄本，26葉。①

有關這十二種黃冊遺存文書，我們可以從性質、數量、歸屬地和所屬年份四方面進行分析。

其一，冊籍性質。日本學者岩井茂樹先生在《〈嘉靖四十一年浙江嚴州府遂安縣十八都下一圖賦役黃冊殘本〉考》一文中曾有詳細分析，認爲："供單"是編造黃冊過程中由各戶申報的文書，包括上面羅列的第三、十、十一這三種文書；"抄底"或"底籍"是據黃冊而謄寫部分內容的簿冊，包

---

① 欒成顯：《明代黃冊研究》，第41—85頁。

括上面羅列的第一、二、五、九這四種文書；據"原本"謄寫或者改造的有關黃冊文書，包括上面羅列的第八這一種文書；黃冊原本，有官印、有騎縫印，包括上面的第六、七這兩種文書。① 如果按岩井茂樹先生的論斷，上述欒成顯先生所著錄的十二種黃冊遺存文書，祇有第四、六、七這三種爲真正的黃冊原本。因爲第四種文書是岩井茂樹先生文中所論證的，也屬黃冊原本；第十二種按上面的性質界定，則屬"底籍"類並非黃冊原本。筆者基本同意岩井茂樹先生的性質分類。其實從上文筆者羅列也可以看出一些痕跡，"清冊供單"類自不必說，排除在黃冊之外，第三、十、十一這三種排除。抄件的有第一、二、五、十二這四種，原件的祇有第四、六、七、八、九這五種，這是筆者的一個基本認定。這是性質上對這批黃冊遺存文書的認識，可以看出真正的黃冊原本還是稀少。

其二，冊籍數量。就上文羅列的黃冊遺存文書而言，除第五種文書的數量達到1159葉，剩下的祇是幾十件，還有幾件的，上面有明確葉數的總共也不過將近1500葉左右，和明代黃冊總數在200萬本以上這個總數相比，確實太少。如此數量對分析明代黃冊明顯不夠，且按上面劃分真正黃冊原本僅118葉左右，這樣的數量更是無法探知真正黃冊制度的原貌。

其三，冊籍歸屬地。其中屬徽州府的包括第一、二、五、七、八、九、十、十一和十二這九種文書，其中屬祁門縣有第一、十一和十二這三種；屬休寧縣有第五、七、八、九和十這五種；屬歙縣的有第二這一種；屬嘉興府嘉興縣的有第三這一種文書，屬嚴州府遂安縣的有第四和六這兩種文書。如此看來，目前存世的主要黃冊遺存文書就集中在這三個府，都屬南方，且基本在長江三角洲附近。黃冊的所屬地太過集中，祇是少數的兩三個府，地區又相近，從地域上同樣不能涵蓋大部分地區，同樣也不能反映整體黃冊的原貌。

最後，冊籍所屬年份。其中，嘉靖、萬曆有五件，天啟、崇禎的有四件，剩下三件屬永樂和成化年間。這樣看來，整體這批黃冊遺存文書也基本上是明代中晚期爲主，明代早期、甚至中期較少，對從長時段分析和把握明

---

① ［日］岩井茂樹：《〈嘉靖四十一年浙江嚴州府遂安縣十八都下一圖賦役黃冊殘本〉考》，載馬進夫主編《中國明清地方檔案研究》（研究成果報告書），2000 年，第 37—56 頁。

代黃冊制度的產生、發展和衰落過程也非常不利。

綜合以上性質、數量、歸屬地和所屬年份這四方面來看，現存十二種黃冊遺存文書並不能真正反映明代賦役黃冊制度原貌，還需要更多黃冊文書來豐富其研究。該十二種黃冊遺存文書全部都集中在南方長江三角洲地區，且大多數集中在徽州府，在地域上就顯得過於集中，不具有廣闊地域代表性。所以古籍紙背新發現的明代嘉靖時期北方山西汾州和大同府應州地區的黃冊資料，無疑可在黃冊地域分佈上對已知黃冊文獻做出極大補充，其不僅是珍貴的黃冊資料，更是珍貴的明代史料。

2. 保存了明代賦役黃冊中較爲少見的"絕戶"登載形式

目前明史學界對明代"絕戶"並無專門論述，主要在研究明代人口和家庭財產繼承等相關問題時略有涉及。其中周紹泉、落合惠美子和侯楊方先生《明代黃冊底籍中的人口與家庭——以萬曆徽州黃冊底籍爲中心》一文，主要對《萬曆徽州府休寧縣二十七都五圖黃冊底籍》中"萬曆三十年"和"萬曆四十年"相關內容進行了量化分析。文中對"絕戶"問題也有所涉及和論述，認爲黃冊中出現大量絕戶的原因有二：一是官府的規定；二是絕戶並非沒有財產，至少還有房屋，即事產尚存，所以其也需要保留，等待有人來繼承。其還提到"異常大戶的存續"問題，指出黃冊中所見大戶，主要是軍戶、匠戶和灶戶不許析戶，雖然實際中已經是多個小戶，但是在黃冊中還是登錄爲是一戶，且其中大多數因爲徭役負擔沉重，已經淪爲絕戶。這也可以解釋許多里長戶中的大戶爲軍戶和匠戶，而絕戶中軍戶占多數這一現象形成的原因。[①] 欒城顯先生在《明代黃冊研究》一書中也提到了在帶管人戶後各甲附載了一些"絕戶"，具體包括：絕軍、民絕戶和絕匠，並分別列舉了一戶的實例，其中軍絕戶最多，其次民絕戶，最後匠絕戶。對此種情況的出現，欒先生認定其主要原因是：各級官府恐失舊額，故而黃冊中不敢開除，並提到民絕戶按規定應開除，但是還存在，反映了黃冊積弊仍存，又提到這種每次大造照常開報可能是怕子孫更改戶籍，以備查考。[②] 此外，黃忠

[①] 周紹泉、落合惠美子、侯楊方：《明代黃冊底籍中的人口與家庭——以萬曆徽州黃冊底籍爲中心》，載張國剛主編《家庭史研究的新視野》，生活・讀書・新知三聯書店 2004 年版，第 218—262 頁。

[②] 欒成顯：《明代黃冊研究》，第 188 頁。

鑫先生《明清徽州圖甲絶戶承繼與宗族發展——以祁門瀛洲黃氏爲中心的考察》一文從絶戶承繼的角度來探討宗族的問題，亦是明代絶戶的一種探究方法。其將絶戶定義爲"由社會經濟的變動，諸如天災兵燹、外出經商等緣故，圖甲戶名往往會出現絶戶、空戶，抑或戶丁不足以負擔賦稅的情形，或可統稱爲'絶戶'。"① 總而言之，目前學界對明代絶戶問題還缺乏整體且系統的論述，對其所反映的問題還未全部解決，也給我們留下了廣闊的研究空間。

從現存史料來看，明代絶戶大多數爲軍戶，在民戶和其它戶中相對較少。以《後湖志》爲例，明成化十五年（1479）九月初十日南京廣東道監察御史李紀奏准"爲陳言時政以圖資治事"中提到，軍戶爲了躲避軍役和清勾，"……則泯其軍籍，捏作戶絶，而所分之戶，盡爲民矣""……及至原衛發冊清勾，有司里老人等受囑，祇作本軍丁盡戶絶回申，隱瞞作弊"。② 此處提及軍戶爲逃避軍役和清勾軍，以"丁盡戶絶"爲由賄賂里老隱瞞作弊。另在嘉靖元年（1522）六月，易瓚等題准"爲乞懲奸弊以清版圖事"中也提到："凡軍籍，丁盡戶絶者不許開除，見有人丁者不許析戶"。③ 此處明廷對軍戶進行了嚴格規定，"丁盡戶絶者不許開除"也是我們現在得以在黃冊軍戶中看到如此多絶戶記載的重要原因。隨後，在隆慶四年（1570）三月，南京戶科等衙門管理黃冊給事中等官張渙等謹奏"爲敷陳愚見以慎重圖版事"中亦提到："至軍匠丁盡戶絶者不許開除，見有人丁者不許析戶。務使狡猾積慣之徒，不得行私左臂其間。"④ 由此可知，明代匠戶和軍戶一樣"丁盡戶絶不許開除"。綜合以上三條史料我們可以大致看出，明代軍匠戶出現絶戶較多的原因可能有兩種情況：一種是爲了躲避軍役而作弊謊稱戶絶；另一種則是朝廷規定其不許析戶、不許開除，因此存在絶戶。

上文主要分析了軍戶和匠戶，關於民戶和其它戶的情況，從《明實錄》中可以發現蛛絲馬跡。《明太祖實錄》卷一百三十"洪武十三年（1380）二月二十六日"條載："丁亥，戶部奏定文移減繁之式。凡天下郡縣，如歲終

---

① 黃忠鑫：《明清徽州圖甲絶戶承繼與宗族發展——以祁門瀛洲黃氏爲中心的考察》，《安徽史學》2016年第6期。
② 《後湖志》卷4《事例一》，第59頁。
③ 《後湖志》卷9《事例六》，第107頁。
④ 《後湖志》卷10《事例七》，第152頁。

所報戶口，戶絕者，明言其故。有析合者，有司裁定之，不必申請，但五年一具冊……"① 由此可知，在正式黃冊頒佈之前，"絕戶"即作爲一種普通人戶對待，祇需"明言其故"，而且這裏並沒有對民戶、軍戶和其它戶進行嚴格區別對待。隨後洪武二十九年（1396），"丙戌，陝西漢中府漢陰縣知縣郭鼎言：'人民戶絕者衆，田地荒蕪，宜免其賦。'從之。"② 此處"絕戶"可以享受"免賦"的優免政策。永樂八年（1410），"甲申，皇太子除廣東肇慶等府戶絕租稅九百八十石有奇"③，此處"絕戶"的優免即爲"除租稅"。總之，明代"絕戶"可以享受賦稅優免的政策可以明確。此外，在永樂三年（1405），"甲子，免泗州陵戶單仲一等租稅。泗州祖陵，洪武初設守陵三百十四戶，後有戶絕者，至是以仲一等補之，而循例免租稅云。"④ 此處提到"祖陵戶"同樣可以享受賦稅優免的政策。所以明代對"絕戶"有賦稅優免政策，而且其政策更多面向民戶和其它類戶。

通過以上分析史料，我們對明代"絕戶"的基本情況業已明瞭。明代軍戶和匠戶等特殊戶籍主要是受朝廷政策的影響，不許開除，而且有謊稱絕戶逃避軍役之情況，故而黃冊中保存較多；而民戶和其它戶類中所存之"絕戶"，主要是因爲可以享受優免賦稅的政策優惠。

前文迻錄上圖藏《樂府詩集》紙背文獻第一冊第 3 葉和第 24 葉即有絕戶登載。爲方便比較，現節錄一戶完整絕戶內容如下：

（前略）

13.　　壹戶田李鄭，係山西汾州南郭西廂關廂第拾壹
　　　 圖▭▭▭▭▭

14.　　　　舊管實在：
15.　　　　人口：男子不成丁⑤：本身，年壹百伍拾叁歲。
16.　　　　事產：

---

① 《明太祖實錄》卷130 "洪武十三年（1380）二月二十六日"條，第 2063 頁。
② 《明太祖實錄》卷245 "洪武二十九年（1396）三月二十九日"條，第 3558 頁。
③ 《明太宗實錄》卷100 "永樂八年（1410）正月十七日"條，第 1304 頁。
④ 《明太宗實錄》卷49 "永樂三年（1405）十二月二日"條，第 737 頁。
⑤ 據同葉類似內容可知，"丁"字後應脫"壹口"二字。

17.　　　　　　　民平地伍厘，每畝科正柒升伍合，每斗帶
　　　　　　　　耗柒▢

18.　　　　　　　房屋：瓦房壹间。
　　　　　　　　　（後略）

由上可知，該葉賦役黃冊絕戶登載格式的最大特點是，將原有黃冊"四柱式"登載格式進行了簡化和融合，即取消了"新收"和"開除"項，祇剩"舊管"和"實在"項，且將其合爲"舊管實在"一個大項。另，欒成顯先生《明代黃冊研究》一書中也有"絕戶"文書資料，現轉錄如下：

第十七戶
　　一戶詹旺，民絕戶。
　　實在：
　　　　人口四口：男子不成丁二口：本身，一百四十四；
　　　　　　　　　　　　　　　男齊隆，一百二
　　　　　　　　　　　　　　　十二。
　　　　　　　婦女二口：妻王氏，一百三十八；
　　　　　　　　　　　　男婦程氏，一百一
　　　　　　　　　　　　十五。
　　民瓦房三間①。

通過對比我們可以發現，欒成顯先生書中所引民絕戶上明確書寫有"民絕戶"的字樣，且直接登錄在"實在"項下，事產也並未書寫，而是直接書寫"民瓦房三間"。上文我們迻錄山西汾州賦役黃冊中的絕戶則並未書寫明顯絕戶內容，祇是我們根據年齡推斷的結果。與普通的黃冊登載戶主內容一樣，該戶鄉貫都有詳細登錄，小項的人口和事產都完整的保留，祇將"舊管"和"實在"融合爲一個大項，但其實際體現的亦可當作絕戶分析。由

---

① 欒成顯：《明代黃冊研究》，第188頁。

此來看，此絕戶格式可能是明代北方山西汾州的獨特格式，同時也爲我們提供了新的黃冊絕戶登載格式。總之，這幾葉賦役黃冊中的絕戶資料，爲我們了解明賦役黃冊制度多樣的登載格式提供了寶貴資料，也讓我們明白黃冊的登載格式並非一成不變，對不同戶種和戶的類型也存在許多不同的格式，這爲明代賦役黃冊制度本身的研究提供了新的思路和方向。

綜上所述，之前學界所見明代賦役黃冊文書大多以南方爲主，且多集中在徽州一帶，北方地區黃冊文書並未發現。上圖藏《樂府詩集》和《梁昭明太子集》紙背新發現的明代山西汾州和應州的賦役黃冊，無疑填補了這一空白。該批明代北方賦役黃冊的出現，對明代黃冊制度研究的意義不容忽視，具體言之：其一，彌補了目前明史學界北方地區黃冊研究的空缺，豐富了黃冊所屬地區的多樣性；其二，爲探究明代北方地區黃冊的特點和形制提供了原本，爲進一步研究賦役黃冊制度探索了道路；其三，爲探析黃冊中出現不同戶種"絕戶"的書寫形式和特點提供了便利；最後，通過對南北方黃冊的比較，整體上可以嘗試對明代賦役黃冊制度的綜合特點進行把握。當然，該批北方山西地區賦役黃冊的價值遠不止此，更多論述祇能留待它文。

（本文作者張恆，曾以《新見明代山西汾、應二州賦役黃冊考釋》刊於《文史》2020年第3輯，收入本書時，略有修訂。）

第四章　新發現上海圖書館藏古籍紙背明代賦役黃冊復原與研究　597

五　《樂府詩集》紙背明賦役黃冊殘葉所見墨戳文字內涵淺析

　　《樂府詩集》第五冊卷十八第 9 葉背（編號 ST・YFSJ［J18：Y9］）有一帶墨戳字跡的明代賦役黃冊殘葉，現存文字 10 行，今據圖版迻錄如下：

（前缺）
1.　　舊管：
2.　　　　人丁：計家男婦叁口。
3.　　　　　男子貳口，
4.　　　　　婦女壹口。
5.　　事產：
6.　　　　官民田地貳拾
（中缺）
7.　　　　官田地貳
8.　　　　民田地貳
（中缺）
9.　　　　　　田
10.　　　　　 地
（後缺）

　　從圖版可見，以上錄文祇是該葉文書的主要內容，並非文字信息的全部。祇要仔細觀察，在圖版右側上部邊緣可以發現還有一濃墨殘字。
　　我們知道，《樂府詩集》紙背文書都是明代賦役黃冊，而且是進呈朝廷戶部、收藏後湖黃冊檔案庫的賦役黃冊。在明代各個層級各種形式的公私賦役黃冊中，應是最高等級的黃冊檔案。在我們過目的紙背黃冊文書中，進呈本不僅字跡工整，而且葉面從未見到隨意塗抹和亂寫亂畫。因此可以肯定，此一濃墨殘字一定具有特定內涵，一定與賦役黃冊制度密切相關。

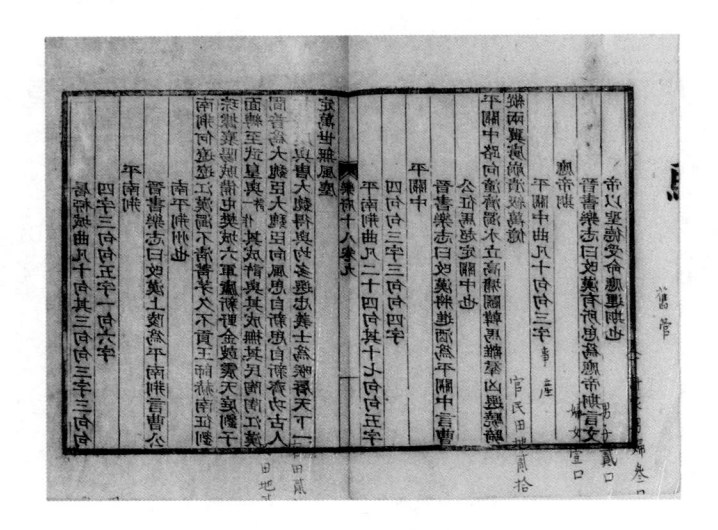

那麼，此一濃墨殘字具有什麼內涵？我們不妨做一些具體推定。

首先，第一步需要確認此一濃墨殘字的內容。從圖版看，此一墨字殘缺過甚，祇剩半字或不及半字，應是賦役黃冊在廢棄後被用來印書時裁切所致。此一墨字殘筆，其完整文字應該是哪個字呢？根據殘存筆劃結構，無非有兩種可能，一種是"馬"字，另外一種則是以馬字作偏旁的文字。我們雖然暫時無法做最終判斷，但這兩種可能性應該沒有什麼疑義。

其次，第二步需要確認此一濃墨殘字的性質。從圖版看，此一濃墨殘字與該葉面的主體內容文字細小、墨色淺淡、筆劃纖瘦形成強烈的對比，即文字碩大、墨色濃重、筆劃粗重，這令人不禁聯想到明代公文中經常見到的夾雜其中的戳印文字。例如瀋陽師範大學圖書館藏古籍善本《文苑英華》封皮裱紙文書就有不少明代公文殘件，其中多見戳印文字，我們試引其中第三函第十二冊封三裱紙《明萬曆三十八年（1610）閏三月邵武縣申狀殘件》一件內容如下（並附圖版）：

（前缺）

1. _____同票繳查等因。蒙此，遵依蒙發下
2. _____今具領狀見在，合就繳報。為此，卑縣今將收到銀數_____

（中缺 2 行）

第四章　新發現上海圖書館藏古籍紙背明代賦役黃冊復原與研究　599

3. ☐☐☐☐☐萬曆叁拾捌年閏叁月廿☐☐①
4. ☐☐☐☐☐日知縣宋良翰　　縣丞梅鳳祚　　主簿楊萬民
　　　　（後缺）②

根據錄文和圖版可知，《明萬曆三十八年（1610）閏三月邵武縣申狀殘件》1行、2行和4行文字爲手寫體，而3行的"萬曆叁拾捌年閏叁月"則爲戳印文字。類似的戳印文字在《文苑英華》封皮裱紙文書中還有多件。其它明代紙背文書中也時常可見，如上圖藏公文紙本《陶朱新錄》正文第35葉背明嘉靖年間公文載：

（前缺）

1. ☐☐☐☐☐即責差馬夫星馳前去，拘拿抄報寫字人役李偉到官，

① 此行現存文字爲藍色戳印，其中"廿"字爲手書。另，據其他同類文書可知，末尾所缺二字應爲"日到"，同爲藍色戳印文字。
② 據紙背同類文書可知，此處應缺1行，內容應爲"☐☐事典史姓名"。

審係正身，如法鎖項，差人管☐☐☐☐☐☐☐
（中缺）

2.　　　　　本年六月十四日到①
（後缺）

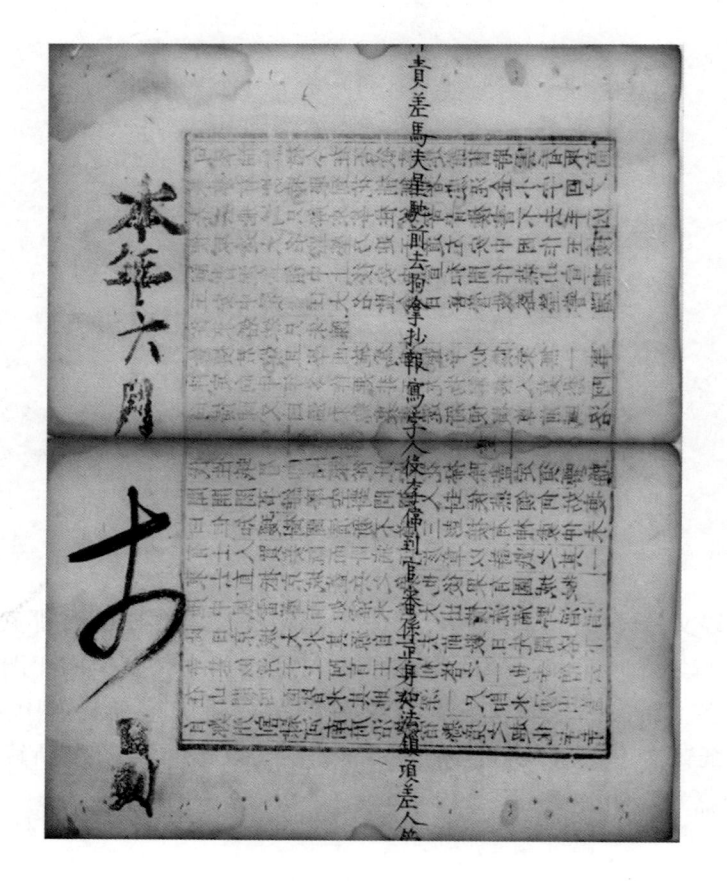

其中第 2 行與上引《文苑英華》裱紙公文相同，爲日期戳印，後手書填寫具體日期。又如，上圖藏《選詩》卷三第 33 葉，也保存有一墨戳殘痕，

---

① 本行文字爲戳印，其中"六"、"十四"爲墨書填寫。

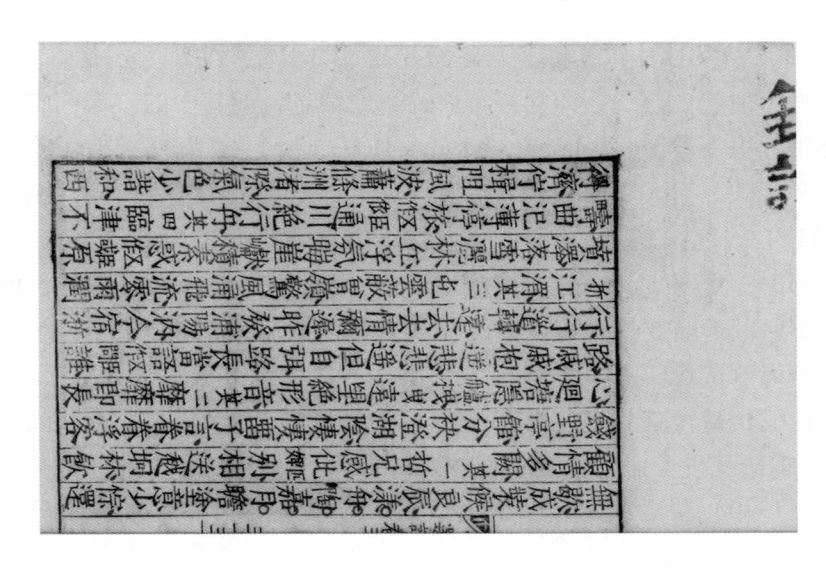

第四章　新發現上海圖書館藏古籍紙背明代賦役黃冊復原與研究　601

此墨戳殘痕，位於《選詩》版框之外，可知非《選詩》內容，應爲原公文紙上戳印，印書之時被裁切，據考證其應爲卷宗文書中常見的"錯訛"兩字。

這些戳印文字中，雖然有些是藍色字體（如《文苑英華》裱紙文書），與賦役黃冊濃墨殘字的顏色不同，但在文字碩大、用墨濃重、筆劃粗重方面完全一致，因此可以逆推賦役黃冊的濃墨殘字也應該是戳印文字。換言之，賦役黃冊濃墨殘字的"馬"字或以馬字作偏旁的文字應是鈐蓋於賦役黃冊之上的墨戳文字。

再次，第三步需要確認鈐有墨戳文字的賦役黃冊的歸屬。如前所述，該賦役黃冊殘葉位於《樂府詩集》第五冊卷十八第 9 葉背（編號 ST・YFSJ［J18：Y9］），而第五冊紙背文書從目前掌握的情況看共有 77 葉，均爲賦役黃冊文書，且筆跡和墨色也一致，因此可以斷定第五冊黃冊應是同一批賦役黃冊。在第五冊 77 葉黃冊文書中，第五冊卷十三第 2 葉背編號 ST・YFSJ［J13：Y2］、卷十三第 6 葉背編號 ST・YFSJ［J13：Y6］、卷十三第 7 葉背編號 ST・YFSJ［J13：Y7］、卷十三第 9 葉背編號 ST・YFSJ［J13：Y9］、卷十三第 11 葉背編號 ST・YFSJ［J13：Y11］、卷十三第 13 葉背編號 ST・YFSJ［J13：Y13］、卷十四第 4 葉背編號 ST・YFSJ［J14：Y4］、卷十五第 3 葉背編號 ST・YFSJ［J15：Y3］、卷十五第 7 葉背編號 ST・YFSJ［J15：Y7］、卷十六第 7 葉背編號 ST・YFSJ［J16：Y7］、卷十七第 9 葉背編號 ST・YFSJ

[J17：Y9]、卷十八第13葉正編號ST·YFSJ［J18：Y13］等11葉，均有賦役黃冊戶主項的內容，亦即含有黃冊歸屬地信息，如其中的"泰州寧海鄉貳拾伍都第壹里軍戶"（見於ST·YFSJ［J13：Y2］）、"海鄉貳拾伍都第壹里民灶戶"（ST·YFSJ［J13：Y6］）、"一戶韓轉狗故弟瘦毛，係直隸揚州"（ST·YFSJ［J17：Y9］）、"一戶張秀，係直隸揚州府泰州"（ST·YFSJ［J18：Y13］）等。這些戶主項的內容儘管每條都因缺字而不完整，但彙集起各個層級的地名要素就可以構成一個完整的歸屬地信息，即："直隸揚州府泰州寧海鄉貳拾伍都第壹里"。

關於明代賦役黃冊的冊本，《後湖志》卷四《事例四》稱洪武十四年（1381）編造賦役黃冊時是"每里編為一冊"①。《明太祖實錄》記載洪武二十三年（1390）明廷制定第二次大造黃冊方案時亦稱"一百一十戶攢成一本"②，也是一里賦役黃冊攢成一冊。顯而易見，墨戳文字所在的賦役黃冊殘葉與第五冊的其他黃冊殘葉同屬於明代直隸揚州府泰州寧海鄉貳拾伍都第壹里黃冊應無疑問，墨戳文字是明代直隸揚州府泰州寧海鄉貳拾伍都第壹里賦役黃冊的構成內容之一。

第四步，需要確認鈐有墨戳文字的賦役黃冊亦即泰州寧海鄉貳拾伍都第壹里賦役黃冊的攢造年代。《樂府詩集》第五冊卷十四第4葉背編號ST·YFSJ［J14：Y4］第17行殘存有一失名戶主信息："貳拾伍都第壹里民戶，充正德拾柒年甲首。"我們知道，賦役黃冊基本上是每十年一大造③，其內容之一是預排未來十年的里甲正役。泰州寧海鄉貳拾伍都第壹里賦役黃冊既然預排甲首之役至"正德拾柒年"（1522），則說明此次大造年份應在此年之前。那麼，自洪武十四年（1381）第一次大造黃冊起至正德十七年之前共有14次大造黃冊，分別是洪武十四年（1381）、洪武二十四年（1391）、永樂元年（1403）、永樂十年（1412）、永樂二十年（1422）、宣德七年（1432）、正統七年（1442）、景泰三年（1452）、天順六年（1462）、成化八

---

① （明）趙官等編：《後湖志》卷4《事例一》，南京出版社2011年版，第53頁。
② 《明太祖實錄》卷203"洪武二十三年（1390）八月丙寅"條，臺北"中央"研究院歷史語言研究所校印本，1962年，第3044頁。
③ 第二次大造與第三次大造相隔12年，第三次與第四次相隔9年，永樂十年（1412）以後才是十年一大造。

年（1472）、成化十八年（1482）、弘治五年（1492）、弘治十五年（1502）和正德七年（1512），而距正德十七年（1522）最近的大造年份無疑是正德七年的大造黃冊，所以，泰州寧海鄉貳拾伍都第壹里賦役黃冊攢造時間應是正德七年（1512）。

第五步，需要確認賦役黃冊之上墨戳文字與黃冊主體內容的關聯。作爲明朝"冊籍大典"①、"一代要典"② 的賦役黃冊是以人丁和事產爲核心的賦役冊籍，所謂"人丁、事產二者，其經也；舊管、新收、開除、實在四者，其緯也。"③ 黃冊有關登載的內容、項目、行款、格式，直至文字書寫、使用紙張和冊本裝訂等，都有着嚴格而細密的規定，要求必須按照"奏准攢造黃冊格式"來"依式開寫"，"凡冊式內定到田地、山塘、房屋、車船各項款目，所到官司，有者如式開寫，無者不許虛開。"④ 因此，官府收存的正式黃冊，尤其是屬於上繳朝廷戶部後湖黃冊庫的進呈本不可能允許無關的內容闌入其中。所以，泰州寧海鄉貳拾伍都第壹里賦役黃冊既然出現了墨戳文字，那麼祇能說明在正德七年（1512）大造黃冊之前黃冊冊面的書寫已經出現了制度性的改變，而我們也恰恰在史籍文獻中發現了相關的記載。

據《後湖志》載弘治十二年（1499）五月"雲南道監察御史史載德題請清理版圖"云：

> 國朝版圖歸一，又命十年一造，收架後湖，以杜窺伺。其差官清理飛走、埋没、詭寄等項，一切查駁，另行改造，即此冊面上印一"駁"字，遂爲廢冊。待改造之冊到部卻爲正冊，此舊例也。但改造之冊不復清查，天下皆知，乘機作弊，變亂良多。照得成化十八年編冊，如直隸常州府宜興縣五賢鄉二十九都第一冊第一甲一戶謝得安，爲因以民作軍，駁回改造。今查改造冊內，除謝得安改正外，□□□亞興等一十一戶俱行變亂。山東濟南府□丘縣明秀鄉九冊第五甲王九住等三戶，爲因以驢站戶作民戶等弊，駁回改造。今查改造冊內除王九住等改正外，卻

---

① 《後湖志》卷10《事例七》，第197頁。
② 《後湖志·徐文濤跋》，第290頁。
③ 《後湖志·楊廉序》，第1頁。
④ 《後湖志》卷4《事例一》，第53頁。

將闞長等一十二戶俱行變亂。況弘治五年編冊，顛倒錯亂，不可勝言。去歲，該官已經覆命駁改。去後，恐如是變亂，則革弊不一二，生弊常十百。異日，改造冊即為正冊。以後編冊，依此查對，同者留，易者駁。變亂者爲是，負冤者莫伸矣。如蒙乞敕該部，轉行後湖，將弘治五年該駁編冊，惟於該戶下印一"駁"字，仍收作正冊，通行各處。止將所駁人戶聲說改正，類造總冊。每一布政司並直隸一府，少者一本半本，多者或二三本，造完送湖。以後清查到有"駁"字處，即揭改造總冊一對，則是非明白矣。若是，弊革而不生，籍定而不亂，且省小民百倍之費，而爲皇圖萬世之休矣。

奉聖旨："該衙門知道。"初十日，戶部覆題，看得御史史載德題稱前項弊端，並處置事宜，緣造冊有弊，查駁改正，此固舊例。既改之後，尤須復查，弊乃可絕。故本部先因查駁之奏，有再行查對無差方與交收之議，已經通行。但恐改正之冊未完，攢造之期復至，新舊相仍，事務繁冗。雖欲復查，其精詳的確，比之始查之時，不無有間。積年以來，未聞再駁。是豈改正之冊俱無奸弊？蓋以多則忽怠，久則因循，理勢然也。由是，天下之吏書，逆知其然。凡有規避，坐視駁冊至日，方才攬入，以遂前日之謀、以爲他日之地者，往往有之。今御史史載德所言，蓋誠有見於此，合無依其所議。本部移諮南京戶部，通行天下，將今次查駁文冊，不必通造，止將所駁人戶聲說改正，類造總冊。每一布政司並直隸一府，並其餘衙門，少者一二本，多則三四本，差人解送南京戶部，轉送後湖查冊官處。查對無差，明白照款改正，備行南京戶部各該司掌印官親請會同各用司印鈐蓋。仍將改正過人戶數目，並略節緣由，開寫書面副葉，亦用印記，以防日後蓄計乘機攬入混亂之弊。其改正文冊既少，書寫不難，合令有布政司，有州去處，造五本，其餘或二本，或三本，各類送本部，並各該上司，以備參考。本部仍候下次造冊之年，行移查冊官員。但有查出各項奸弊，祇於本戶下印一"駁"字，通將所駁緣由，類行改正，不必因一二人戶，遂廢一冊，致復生弊。改正到日，一體施行。其餘參問官吏等項事理，悉照舊例。十三日，奉聖旨："是。"①

從史載德題本的内容看，大造黃冊進入後湖黃冊庫後，接着進入黃冊的駁查階段，駁查的重點是"清理飛走、埋没、詭寄等項"。查出問題後，一方面在原進呈本冊面上印上一個"駁"字，此進呈本就成了廢冊；一方面要求原攢造單位重新改造出新本黃冊。新本黃冊進呈到户部後就替代廢冊成了正冊。但史載德發現這種以改造新本替代進呈原本的舊制存在很大弊端，主要是人們都知道改造後的新本黃冊不再重新清查，於是乘機作弊，在新本黃冊上大動手脚。他舉了成化十八年（1482）大造黃冊上的兩個實例：一是直隸常州府宜興縣五賢鄉二十九都第一冊第一甲一户謝得安，駁冊要求當地改正的問題是"以民作軍"，但回饋的改造冊内除謝得安問題改正外，其他"□□□亞興等一十一户"的原始登記内容卻被改得一塌糊塗；二是山東濟南府章丘縣明秀鄉九冊第五甲王九住等三户，駁冊要求當地改正的問題是"爲因以驢站户作民户等弊"，但改造冊内除了將王九住等問題改正外，其他闞長等一十二户的原始内容也遭到了肆意篡改。成化十八年（1482）的黃冊如此，弘治五年（1492）的黃冊更是"顛倒錯亂，不可勝言"。史載德不由得感歎駁查的效果"革弊不一二，生弊常十百"。他因此建議改變過去在問題進呈本冊面印上"駁"字即成爲廢冊的辦法，衹在進呈本内有問題的户頭上印一"駁"字，仍然收作正冊，然後再將有問題的人户信息彙集起來形成駁查的"類造總冊"，並將這些駁查結果的總冊以各布政司和直隸各府爲單位發回各地，各地改正之後再回饋給後湖黃冊庫。届時黃冊庫清查人員衹要將進呈冊上帶"駁"字信息的户頭與各地回饋的改正結果一對照，則改正結果"是非明白"、一目了然。史載德的這一建議，弘治皇帝於五月初十日批示給户部處理，户部覆題提出具體實施意見後，皇帝又於十三日批示"是"，肯定了這次駁查補造結果在賦役黃冊登載形式上的制度性改變。

根據史載德題本和户部覆題所述，可以看出弘治十二年（1499）以前黃冊"駁查補造"的形式是在問題進呈本冊面上印上"駁"字作爲廢冊，然後責成當地另外改造新冊報送後湖，後湖黃冊庫則以"改造新本"取代

---

① 《後湖志》卷6《事例三》，第76—77頁。

有問題的"進呈原本"。弘治十二年（1499）實施"駁查補造"新規之後，有問題的進呈本由進呈本冊面上印一"駁"字改爲在冊內問題人戶上印一"駁"字，進呈本不再被整冊廢除，而各地將問題人戶駁查改正的信息彙集在總冊後回饋給後湖黃冊庫，後湖黃冊庫人員則將各地回饋的改正信息填註於進呈本"書面副葉"之上，亦即在黃冊問題人戶冊面的天頭位置上填寫相關改正信息而成爲"眉批"的形式。由此可見，以弘治十二年（1499）實施"駁查補造"新規爲契機，明代賦役黃冊"駁查補造"結果的登載形式，實現了由"改造新本"到"眉批原本"的轉變。

不言而喻，賦役黃冊"駁查補造"結果的登載形式在弘治十二年（1499）由"改造新本"改爲"眉批原本"，就是正德七年（1512）大造黃冊之前賦役黃冊冊面書寫形式的制度性改變。至此，我們也就在泰州寧海鄉貳拾伍都第壹里賦役黃冊之上發現了墨戳文字與黃冊主體內容之間關聯的契機。

第六步，可以確認賦役黃冊殘葉上墨戳文字的完整內容應爲"駁"字印。根據上一步確認的賦役黃冊登載形式在弘治十二年（1499）以後由"改造新本"到"眉批原本"的改變，可以知道黃冊葉面的登載形式除了人丁和事產信息以外，在駁查階段發現的問題人戶部分還增加了兩點新內容：一是在"該戶下印一'駁'字"、"祇於本戶下印一'駁'字"，亦即在問題人戶的戶頭部分蓋上"駁"字印；二是將改正信息"開寫書面副葉"，亦即將改錯爲正的信息填註於眉批位置（此類眉批黃冊已經發現多葉，詳見另文）。我們在前面第二步已經推定墨戳殘字應爲"馬"字或以馬字作偏旁的文字，而這個墨戳殘字的位置，據圖版可知位於該葉 1 行"舊管"的上方右側。

明代賦役黃冊有關人戶信息的登載形式，通常由五部分構成：一是戶頭部分，包括戶主姓名、籍貫、人戶性質（民軍匠等）、充任里長甲首年份等；二是人丁事產的舊管；三是人丁事產的新收；四是人丁事產的開除；五是人丁事產的實在。戶頭部分，若是民戶，多由一行文字構成，若是軍戶，則由多行文字構成。舊管、新收、開除和實在四部分，因爲項目和分類的繁多，往往由多行、十幾行甚至幾十行文字構成。因此，在民戶的戶頭和舊管之間，往往就是該戶第 1 行和第 2 行依次緊挨的關係，例如以下所見《樂府詩集》第五冊卷十五第 3 葉背編號 ST·YFSJ［J15：Y3］4 行戶頭和 5 行"舊管"就是如此：

（前缺）
1. 　　　　　　　　　　　地一則☐☐☐☐☐
2. 　　　　　　　　　民草房壹間。
3. 　　　　　　　　　民水牛壹隻。
4. 　　一戶孫移安，係直隸揚州府泰州寧海☐☐☐☐☐
5. 　　　　舊管：
6. 　　　　　　人口：計家男婦伍口。
7. 　　　　　　　　　男子叁口，
8. 　　　　　　　　　婦女貳口。
9. 　　　　事產：
　　　　　　　　（後缺）

　　以上第 4 行 "一戶孫移安，係直隸揚州府泰州寧海☐☐☐☐☐" 即是寧海鄉貳拾伍都第壹里賦役黃冊孫移安戶的戶頭部分，第 5 行即是 "舊管" 部分的第一行。由此推知，《樂府詩集》第五冊卷十八第 9 葉背（編號 ST·YFSJ［J18：Y9］）第 1 行 "舊管" 之前被裁掉的文字至少有戶頭一行以上的內容，這恰巧可以說明墨戳殘字應是位於該行戶頭文字之上，完全符合《後湖志》所言 "該戶下印一'駁'字" 和 "祇於本戶下印一'駁'字" 的記載。無需贅言，墨戳殘字顯然應爲 "駁" 字的殘筆而非以馬字作偏旁的其它文字。《樂府詩集》第五冊卷十八第 9 葉背出現的墨戳殘字應爲泰州寧海鄉貳拾伍都第壹里賦役黃冊某戶戶頭之上鈐印的 "駁" 字墨戳，這就是我們得出的結論。

　　第五冊卷十八第 9 葉背（編號 ST·YFSJ［J18：Y9］）第 1 行文字之前 "駁" 字印的確認，對於我們認識泰州寧海鄉貳拾伍都第壹里賦役黃冊的性質很有幫助。它不僅說明該黃冊在正德七年（1512）大造黃冊之後被作爲進呈本上繳到了戶部屬下的後湖黃冊庫，在 "駁查補造" 階段被查冊人員發現存在問題，因而在問題人戶戶頭之上被鈐印上 "駁" 字墨戳，還說明弘治十二年（1499）史載德建議、弘治皇帝批准的 "駁查補造" 登載形式由 "改造新本" 到 "眉批原本" 的改革，在正德七年（1512）大造黃冊的駁查過程中得到了實施。第五冊卷十八第 9 葉背（編號 ST・YFSJ［J18：Y9］）黃冊殘葉提供了賦役黃冊"駁查補造"登載形式由"改造新本"到"眉批原本"變化的文獻和實物的雙重證據。

（本文作者孫繼民，爲首次刊發。）

六 《樂府詩集》紙背明代揚州府泰州寧海鄉賦役黃冊所見軍戶登載格式探析

明代戶籍管理一定程度上沿襲元代，"凡戶三等，曰民、曰軍、曰匠。"[1] 其中，軍戶占了相當大的比例。據《明實錄》載，永樂年間，明代軍戶曾約占全國人口總數的五分之一。[2] 學界關於明代軍戶的研究，從開始利用傳世史料，再到後來利用族譜、徽州文書、武職選簿和遼東殘檔等資料，都取得了一定成果，也顯示了通過不斷利用新材料推進明代軍戶研究的軌跡。[3] 上海圖書館藏《樂府詩集》紙背有四葉詳細登載明代州縣軍戶充發衛所等事項的賦役黃冊，爲研究明代黃冊、軍戶和衛所三者之間的關係，及州縣軍戶勾補等細節問題提供了珍貴資料。

---

[1] （清）張廷玉等：《明史》卷77《食貨志一·戶口》，中華書局1974年版，第1878頁。
[2] 《明實錄》載："天下通計人民不下一千萬戶，軍官不下二百萬。"（《明太宗實錄》卷33"永樂二年（1404）八月庚寅"條，臺北"中央"研究院歷史語言研究所校印本，1962年，第589頁。）
[3] 學界對於明代軍戶的研究，主要成果有：王毓銓《明代的軍戶》（《歷史研究》1959年第8期）；周遠廉、謝肇華《明代遼東軍戶制初探——明代遼東檔案研究之一》（《社會科學集刊》1980年第2期）；李龍潛《明代軍戶制淺論》（《北京師範學院學報（社會科學版）》1982年第1期）；顧誠《談明代的衛籍》（《北京師範大學學報》1989年第8期）；彭超《從兩份檔案材料看明代徽州的軍戶》（《明史研究論叢》（第五輯），1991年，第86—104頁）；于志嘉《試論族譜所見的明代軍戶》（中華書局編輯部編：《中研院歷史語言研究所集刊論文類編》，《歷史編·明清卷四》，中華書局2009年版，第3507—3540頁）、《再論族譜中所見的明代軍戶——幾個個案的研究》（《中研院歷史語言研究所集刊論文類編》，《歷史編·明清卷四》，第3867—3906頁）、《試論明代衛軍原籍與衛所分配的關係》（《中研院歷史語言研究所集刊論文類編》，《歷史編·明清卷四》，第3617—3700頁）、《明代兩京建都與衛所軍戶遷徙之關係》（《中研院歷史語言研究所集刊論文類編》，《歷史編·明清卷四》，第3907—3946頁）、《明代軍戶世襲制度》（臺灣學生書局1987年版）、《衛所、軍戶與軍役——以明清江西地區爲中心的研究》（北京大學出版社2010年版）；陳文石《明代衛所的軍》（《中研院歷史語言研究所集刊論文類編》，《歷史編·明清卷四》，第3257—3284頁）；張金奎《明代衛所軍戶研究》（綫裝書局2007年版）；彭勇《論明代州縣軍戶制度——以嘉靖〈商城縣志〉爲例》（《中州學刊》2003年第1期）；趙世瑜《衛所軍戶制度與明代中國社會——社會史的視角》（《清華大學學報（哲學社會科學版）》2015年第3期）；韋慶遠《明代黃冊制度》（中華書局1961年版）；欒成顯《明代黃冊研究》（中國社會科學出版社1998年版）。近年來明代軍戶相關研究成果的梳理可參看：彭勇《學術分野與方法整合：近三十年中國大陸明代衛所制度研究述評》，（《中國史研究》第24卷，京都：朋友書店，2014年）及吳才茂《20世紀以來明代衛所制度研究述評》（常建華主編《中國社會歷史評論》第十九卷，天津古籍出版社2017年版，第195—213頁。）

（一）《樂府詩集》紙背明代軍籍人戶黃冊解析

上圖藏《樂府詩集》紙背現存四葉軍籍人戶的賦役黃冊殘葉，爲方便論述，特此迻錄如下：

目錄上第 18 葉背：

（前缺）

1.　　　　　　　　　　　　合，共該貳斗柒升貳合玖勺。
2.　　　　　　　　正麥貳斗伍升伍合，
3.　　　　　　　　耗麥壹升柒合玖勺。
4.　　　　　　　　秋糧黃豆每畝科正豆伍升，每斗帶耗豆柒
5.　　　　　　　　　　　　合，共該肆斗伍升肆合捌勺。
6.　　　　　　　　正豆肆斗貳升伍合，
7.　　　　　　　　耗豆貳升玖合捌勺。

（中缺 3 行）

8.　————————————————｜州｜寧海鄉貳拾伍都第壹里軍戶，充正德拾柒年甲首。
9.　　　　　　　　　　　　有祖福貳，洪武叁年爲同名
10.　　　　　　　　　　　軍役事，發洪塘胡①屯田千戶所
11.　　　　　　　　　　　充軍。洪武貳拾肆年勾戶
12.　　　　　　　　　　　丁徐丑驢補役，

---

①　據文義及相關史籍記載，"胡"應爲"湖"之訛。

第四章 新發現上海圖書館藏古籍紙背明代賦役黃冊復原與研究　611

13.　　　　　　　　　　　　故；將營丁徐狗、
　　　　　　　　　　　　　　徐王補役，俱
14.　　　　　　　　　　　　故；宣德伍年
　　　　　　　　　　　　　　將營丁徐安補
15.　　　　　　　　　　　　役，見在本所
　　　　　　　　　　　　　　百戶朱瑛、總旗
　　　　　　　　　　　　　　李成、小旗張
16.　　　　　　　　　　　　荣下當軍不缺。

　　　　　　　（中缺 1 行）①
17.　　　　☐☐☐☐☐ 叁 口：
　　　　　　　　（後缺）

目錄上第 19 葉背：

　　　　　　　　（前缺）
1.　　　　　　　　正豆貳斗，
2.　　　　　　　　耗豆壹升肆合。
　　　　　　　（中缺 2 行）
3.　☐☐☐☐☐ 鄉 貳拾伍都第壹圖軍籍，充正德拾壹年里長。有祖
4.　　　　　　　　　　　　周均仁男周伴叔，洪武貳拾柒
5.　　　　　　　　　　　　年爲窑戶事，發興州左屯衛
6.　　　　　　　　　　　　充軍，故；宣德元年清理遠
7.　　　　　　　　　　　　年不勾，將戶丁周毛☐照

---

①　據文義及紙背同一黃冊書寫格式推斷，此處所缺 1 行文字應爲 "舊管"。

　　　　　　　　　　　　　　例解
8.　　　　　　　　　　　附近泰州守禦千戶所
　　　　　　　　　　　　　收操，
9.　　　　　　　　　　　宣德肆年選調南京金吾後
10.　　　　　　　　　　衛充軍，故；正統肆年節
　　　　　　　　　　　　　勾戶
11.　　　　　　　　　　丁周興兒、周狗兒補役，
　　　　　　　　　　　　　俱故；天
12.　　　　　　　　　　順元年勾戶丁周呆子補
　　　　　　　　　　　　　役，見
13.　　　　　　　　　　在本衛左所百戶職忠、總
　　　　　　　　　　　　　旗缺
14.　　　　　　　　　　下當軍不缺。
　　　　　　　（後缺）

卷一第8葉背：

　　　　　　　（前缺）
1.　　　　　　　　　　　　　耗米柒合，共
　　　　　　　　　　　　　　該貳斗伍
2.　　　　　　　　　　　　　升陸合捌勺。
3.　　　　　　　　　　　正米貳斗肆升，
4.　　　　　　　　　　　耗米壹升陸合捌勺。
5.　　　　　　　　陸地叁畝叁分。
6.　　　　　　　　　　夏稅小麥每畝科正麥叁升，
　　　　　　　　　　　　每斗帶
7.　　　　　　　　　　　　　耗麥柒合，共
　　　　　　　　　　　　　　該壹升伍合
8.　　　　　　　　　　　　　玖勺。
9.　　　　　　　　　　　正麥玖升玖合，

第四章　新發現上海圖書館藏古籍紙背明代賦役黃冊復原與研究　613

10.　　　　　　　　　　　　耗麥陸合玖勺。
11.　　　　　　　　　　　　秋糧黄豆每畝科正豆伍
　　　　　　　　　　　　　　升，每斗帶
12.　　　　　　　　　　　　　　耗豆柒合，共
　　　　　　　　　　　　　　該壹斗柒
13.　　　　　　　　　　　　升陸合陸勺。
14.　　　　　　　　　　　　正豆壹斗陸升伍合，
15.　　　　　　　　　　　　耗豆壹升壹合陸勺。
　　　　　　　　　　（中缺 2 行）
16.　▢▢▢▢▢▢▢▢海鄉貳拾伍都第壹里軍戶，充正德
拾肆
17.　　　　　　　　　　　　年甲首。有祖
　　　　　　　　　　　　　張安叄、有叔
18.　　　　　　　　　　　　祖張玄子即張
　　　　　　　　　　　　　旺，洪武叄
19.　　　　　　　　　　　　年 張 ▢▢
　　　　　　　　　　　　　　▢▢

　　　　　　　　　　　（後缺）

卷十三第 2 葉背：

　　　　　　　　　　　（前缺）
1.　　　　　　　　▢▢①，年 柒拾叄歲；弟保兒，年伍拾
　　　　　　　　　　玖歲；
2.　　　　　　　　　▢▢狗，年叄拾肆歲。
　　　　　　　（中缺 1 行）②

---

① 據文義及紙背同一黄冊書寫格式推斷，此處所缺文字應爲"本身"。
② 據文義及紙背同一黄冊書寫格式推斷，此處所缺 1 行文字應爲"婦女大貳口"。

3.　　　　　　　　　□□王氏，年柒拾陸歲；弟婦張氏，年柒拾歲。

（中缺 1 行）①

4.　　　　　　　　　□□□□□□□□②分，秋糧米每畝科正米伍升，每斗帶耗米柒合，共

5.　　　　　　　　　　　　　　　該肆升捌合貳勺。

6.　　　　　　　　　　　　　　　正米肆升伍合，

7.　　　　　　　　　　　　　　　耗米叁合貳勺。

（中缺 2 行）

8.　▭▭▭▭▭▭▭▭▭泰州寧海鄉貳拾伍都第壹里軍戶。有祖邵興壹

9.　　　　　　　　　　　　　　　弟邵興貳，洪武貳拾捌年

10.　　　　　　　　　　　　　　爲同名軍役事，蒙徐州衛

11.　　　　　　　　　　　　　　勾取充軍，故；永樂元年節

12.　　　　　　　　　　　　　　將營丁邵馬兒、邵滿兒補役，

13.　　　　　　　　　　　　　　俱故；景泰叁年勾戶丁邵

（後缺）

上述四葉賦役黃冊分屬《樂府詩集》目錄第 18 葉背，編號 ST・YFSJ［MS：Y18］③；第 19 葉背，編號 ST・YFSJ［MS：Y19］；卷一第 8 葉，編號

---

① 據文義及紙背同一黃冊書寫格式推斷，此處所缺 1 行文字應爲"事產"。
② 據文義及紙背同一黃冊書寫格式推斷，此處所缺文字應爲"民本都田一則蕩田玖"。
③ 筆者此處所使用之編號，其中"ST"表示上海圖書館，"YFSJ"表示《樂府詩集》，"MS"表示目錄（上），"Y18"表示第十八葉背。本文所有引用之文書編號，皆遵照此原則，後不贅述。

ST·YFSJ［J1：Y8］；卷十三第 2 葉，編號 ST·YFSJ［J13：Y2］，皆與正面古籍文字成平行狀。這四葉黃冊所登載皆爲軍戶，基本按照明代賦役黃冊"四柱式"（舊管、新收、開除、實在）等載。尤其值得注意的是，其在登載完戶籍爲軍戶后，又具體開列祖軍充軍的具體事由，及衛所勾補人員與具體時間的内容，此部分内容爲一般黃冊所無，史料價值較高。

具體而言，從圖版來看，該四葉黃冊皆有如下相同特徵：字體較小，墨色較淡，紙張泛白，其中"拾"、"年"和"都"等字書寫筆跡也相同，可見其應屬同一批冊籍；從具體分佈看，該四葉黃冊分屬《樂府詩集》紙背第一冊、第三冊和第五冊，總體分佈比較分散，應爲印刷之時造成的錯簡問題；從時間看，上述四葉黃冊中所見土地買賣和人口生死集中於"弘治拾陸年"——"正德伍年"（1503——1510）這一時段；從輪充里甲正役看，雖然這四葉黃冊登載的皆爲軍戶，但其中有三戶軍戶輪充甲首，一戶甚至輪充里長，這一點似乎與民戶輪役無異[1]，且第一葉載"充正德拾柒年甲首"，第二葉載"充正德拾壹年里長"，第三葉載"充正德拾肆年甲首"，結合明代大造黃冊時間可知，其應爲正德七年（1512）黃冊；從所屬地域看，該四葉黃冊中三葉戶主籍貫登載爲"貳拾伍都第壹里"，另一葉爲"貳拾伍都第壹圖"，在列"都圖"之前，第一葉黃冊前還登載"……寧海鄉"内容，第二葉爲"……鄉"，第三葉黃冊爲"……海鄉"，第四葉黃冊爲"……泰州寧海鄉"，據此可知其所屬地點應爲"直隸揚州府泰州寧海鄉貳拾伍都第壹圖"。[2]

---

[1] 關於此點，王毓銓先生曾指出"軍戶的軍差既繁重如此，軍戶戶下還有未免除的糧和'里甲'、'均徭'等差。"（《明代的軍戶》，《歷史研究》1959 年第 8 期。）其中"里甲"差就是指輪充里長和甲首，然後履行里長甲首的職責。王毓銓先生在文中並没有實例來論證此觀點，但該四葉黃冊中的軍戶輪充里長和甲首，證實了王毓銓先生的結論，同時也可看出明代軍戶除了承擔到衛所充軍之役，還要承擔里甲正役，其"差役繁重"可見一斑。

[2] 泰州在明朝屬南直隸揚州府，"古名海陵，編戶二百八十七里，海陵縣倚郭，本朝併入州。領縣一（如皋縣）、守禦千戶所，西溪、海安、寧鄉鎮。如皋縣，州東南一百四十里，編戶四十里，掘港、西場、石莊。"（參見（清）顧炎武撰《肇域志》，上海古籍出版社 2004 年版，第 49—50 頁。）而"寧海"爲如皋古縣名之沿襲，古代既曾領轄如皋，又曾爲如皋的一部分，如城的寧海路即源於此。（參見（明）胡植撰《惟揚志》卷 2《沿革》，上海古籍書店 1963 年版，第 88、89 頁。）今如皋縣屬江蘇省南通市，在長江三角洲北翼。所以該四葉黃冊所屬地所書"（南直隸揚州府）泰州寧海鄉二十五都"應指江蘇南通市如皋縣如城鎮的一部分。

綜上，上述四葉黃冊應爲明正德七年（1512）南直隸揚州府泰州寧海鄉貳拾伍都賦役黃冊殘葉。

文中所載軍戶所涉及的充軍事由主要有"爲同名軍役事"與"爲窩戶事"兩種，書寫格式亦有"發……充軍"和"蒙……勾取充軍"兩種。明代史籍載："國初軍役，多取歸附投充之衆，其後又多以罪謫發。……有同名同姓而冒勾者……"①，可見"爲同名軍役事"應指因同名而冒勾之軍戶。"窩戶"，指藏匿罪犯、贓物或違禁品的人或人家，與"窩主"或"窩家"含義相近。關於明代軍戶的充軍方式，于志嘉先生在《明代軍戶世襲制度》一書中將其分爲兩部分：從徵、歸附和謫發爲一類，主要見於《明史·兵志》；垛集和抽籍爲一類，主要見於《明實錄》和一些地方志。②依此分類方式，"爲同名軍役事"應屬"垛集爲軍"，因爲在明朝建立後的主要徵兵方式即爲"垛集"。王毓銓先生曾指出"垛集是抑配民戶爲軍的一種辦法。……其法要點是集民戶三戶爲一垛集單位，其中一戶爲正戶，應當軍役；其他二戶爲貼戶，幫貼正戶。"③根據"軍役"，一般民戶轉爲軍戶應屬"垛集爲軍"。"爲窩戶事"指因藏匿罪犯而犯罪被發配充軍，應屬"謫發爲軍"。《明代遼東檔案總匯》中有關軍戶謫發充軍事由有幾十種之多，包括"爲剁指事"、"爲不應事"、"爲違法事"等。④明律規定"合編充軍"緣由則爲二十二條：

> 販賣私鹽、詭寄田糧、私充牙行、私自下海、閑吏、土豪、應合抄劄家屬、積年民害官吏、誣告人充軍、無籍戶、攬納戶、舊日山寨頭目、更名易姓家屬、不務生理、遊食、斷指誹謗、小書生、主文、野牢子、幫虎、伴當、直司。⑤

---

① 謝國楨：《明代社會經濟史料（下）》，福建人民出版社1980年版，第15—16頁。
② 于志嘉：《明代軍戶世襲制度》，臺北：臺灣學生書局1987年版，第1頁。
③ 王毓銓：《明代的軍戶》，《歷史研究》1959年第8期。
④ 遼寧省檔案館、遼寧省社會科學院編：《明代遼東檔案總匯》，第一部分《遼東都指揮司·軍政》，遼瀋書社1985年版，第1—45頁。
⑤ 《諸司職掌·刑部·編發囚軍》，《續修四庫全書》第748冊，上海古籍出版社2002年版，第739頁。

與明律規定的二十二條充軍事由相比，遼東檔案中所見的各類充軍事由起了極大的補充作用，但筆者前引黃冊中"窩戶事"在"遼東檔"和明律中也未予記錄，可進一步補充明代"謫發"充軍事由。由此可見，明代初期律令對軍戶充軍事由登載應僅是列其主要，實際施行中體現的充軍事由則更爲豐富，此處"爲窩戶事"即爲例證。

（二）《樂府詩集》紙背明代軍籍人戶黃冊登載格式演變

　　明代對軍戶的登載，早在建國之初即有明確規定。洪武元年（1368），"凡軍、民、醫、匠、陰陽諸色戶計，各以原報抄籍爲定，不得妄行變亂。違者治罪，仍從原籍。"[1] 後在洪武十三年（1380）進一步規定："兵部，尚書、侍郎各一人，總掌天下武官勳祿品命之政令，山川險易之圖，廄牧甲仗之數。其屬有四部焉：曰總部，掌武官勳祿品命誥敕，及軍戶版籍、符驗、盤詰、巡防、公廨之屬，郎中、員外郎、主事各一人，都吏一人，令史二人，典吏四人。"[2] 可見建國之初，戶籍已按照原有戶籍確定，原屬於軍戶的仍登錄爲軍戶。後在兵部下屬總部職掌設置中包含"掌軍戶版籍"，則此時軍戶已經有戶籍登載。但此時明朝還未推行賦役黃冊制度，所以此處"軍戶版籍"很可能指軍戶"原報抄籍"。

　　衆所周知，明朝於洪武十四年（1381）正式推行賦役黃冊制度，其基本內容可概括爲"凡各處有司，十年一造黃冊，分豁上中下三等人戶，仍開軍、民、灶、匠等籍，除排年里甲依次充當外，其大小雜泛差役，各照所分上中下三等人戶點差。"[3] 由此可見，最初黃冊登載人戶包含軍籍人戶，登載內容則應與一般民戶並無不同。洪武二十一年（1387），"戊戌，上以內外衛所軍伍有缺，遣人追取戶丁，往往鬻法且又騷動於民，乃詔自今衛所以亡故軍士姓名鄉貫編成圖籍，送兵部，然後照籍移文取之，毋擅遣人，違者坐罪。尋又詔天下郡縣以軍戶類造爲冊，具載其丁口之數，如遇取丁補伍，

---

[1]《皇明制書》卷1《大明令·戶令》，《北京圖書館古籍珍本叢刊》第46冊，書目文獻出版社影印1998年版，第9頁。
[2]《明太祖實錄》卷130"洪武十三年（1380）三月戊申"條，第2070頁。
[3]（明）趙官等編：《後湖志》卷4《事例一》，南京出版社2011年版，第53頁。

有司按籍遣之，無丁者止。自是無詐冒不實、役及親屬同姓者矣。"① 此處提到的軍籍戶口冊乃是爲了勾補軍戶之用，主要爲明初軍戶登載，但還未明確規定軍戶內詳細充軍内容的登載。

宣德八年（1443），對軍戶内容登載有了更詳細的規定：

> 河南南陽府知府陳正倫言：天下衛所軍士，或從徵、或屯守、或爲事，調發邊衛，其鄉貫姓名詐冒更改者多。洪武中二次勘實造冊，經歷年久，簿籍鮮存，致多埋没，有詐名冒勾者，官府無可考驗虛實。乞敕兵部議定冊式，頒諸天下軍衛有司，凡軍戶審問明白，開寫父祖某於某年月日充某衛軍戶，有人丁實在下分豁在營若干、原籍若干，造冊繳付上司，且自存備照，永爲定規，以革宿弊。上命行在兵部議行之。②

此處明確提到"天下軍衛有司"，其中包含衛所和州縣兩方，"在營若干"和"原籍若干"，也證明其包含衛所和州縣兩個層面軍戶的記載，主要登載内容爲："開寫父祖某於某年月日充某衛軍戶，有人丁實在下分豁在營若干、原籍若干"，其目的依然是"考驗虛實"，核查軍戶信息。至景泰和成化年間，黄冊中軍戶登載和管理出現了較多弊病，主要包括軍戶下田產的爭奪和脱軍爲民等，如"（成化十五年）照得天下府、州、縣軍民人戶雖有版籍，十年一造，然軍籍之家卒多奸佞，欲脱爲民，往往買求造冊書手，妄開戶籍，謂之'小戶'。有丁少分作二戶者，有丁多分作三四戶者。其原戶止存一二老弱人丁，各當差役……泯其軍籍，捏作戶絕。"③ 爲了杜絕此類事件繼續發生，弘治三年（1490）十一月南京吏科給事中邵誠在爲黄冊事奏議中云："一件，備開鄉貫。……照得弘治五年（1492）例該大造黄冊，合無通行天下司、府、州、縣，今後造冊，各戶項下，備寫某府某州某縣某鄉某圖軍民等籍。其軍籍，就於戶下開寫，先前祖父於某年間爲某事發充某衛所軍。如有一衛二衛，各照衛分明白填寫，庶得軍民籍明白，不致埋没隱

---

① 《明太祖實錄》卷193"洪武二十一年（1388）九月戊戌"條，第2907頁。
② 《明宣宗實錄》卷104"宣德八年（1433）八月壬午"條，第2322—2323頁。
③ 《後湖志》卷4《事例一》，第59頁。

瞞。"① 明確提出了在賦役黃冊中軍籍人戶戶下，詳細開寫"祖父於某年間爲某事發充某衛所軍"的建議。該建議在弘治十三年（1500）得到了正式執行。

《皇明世法錄》載：

  （弘治）十三年，令攢造黃冊係軍戶者，務備開列某戶某人及某年月日爲某事發充某衛所軍。其有事故等項，亦備細開具以便查考。②

《後湖志》弘治十三年（1500）"令軍戶備造軍由"載：

  凡攢造黃冊，係軍戶者，務備開某戶某人，及某年月日某事發充某衛所軍。其有事故等項，亦備細開具，以便查考。③

《明孝宗實錄》卷一百六十四"弘治十三年（1500）七月甲戌"條則言：

  有司黃冊，凡遇軍戶，宜備開充軍來歷、衛所年分，而軍冊宜開重造歲月，庶便查究。及照南京兵部武庫司所貯洪武、永樂以來軍籍，年久泯爛，乞命修庋如法。④

  上引三條資料記載基本相同，主要包括規定黃冊攢造中，對於軍籍人戶需要詳細開列"充軍來歷"、"衛所年分"和"事故"等内容，目的是"以便查考"。明代幾種重要史籍的一致記載足以證明，弘治十三年（1500）黃冊中軍戶開列詳細信息的規定乃是官方正式規定。
  綜上可知，上文迻錄的四葉揚州府泰州寧海鄉賦役黃冊的造冊年代爲正德七年（1512），時間正處於弘治十三年（1500）明廷頒佈正式規定之後。

---

① 《後湖志》卷5《事例二》，第68頁。
② （明）陳仁錫撰：《皇明世法錄》卷39《黃冊》，臺北：學生書局1965年版，第1113頁。
③ 《後湖志》卷6《事例三》，第78頁。
④ 《明孝宗實錄》卷164"弘治十三年（1500）七月甲戌"條，第2990—2991頁。

此時明政府明確規定在黃冊中須詳細登載軍戶的充軍信息，具體包括："充軍來歷"、"衛所年分"和"改調事故"等内容，可見該規定在黃冊攢造過程中得到了切實執行。此外，該處黃冊中還有"現在本所……當軍不缺"内容，可補史籍記載所缺，更體現了明代對黃冊中軍戶登載内容的嚴格規定和要求。

（三）《樂府詩集》紙背明代軍籍人戶黃冊價值簡析

通過上述分析可見，此四葉文書屬明正德七年（1512）南直隸揚州府泰州寧海鄉貳拾伍都第壹圖攢造之軍籍人戶黃冊。此類黃冊中的州縣軍戶資料，可進一步彌補以往賦役黃冊登載下州縣軍戶研究資料的不足，具有重要史料價值和學術意義。具體而言，其價值主要表現爲以下四個方面：

其一，爲我們理解明代軍戶制度與賦役黃冊制度二者間的關聯提供了具體史料。一般而言，明代登載軍戶的冊籍主要是軍黃冊、清勾冊、武職選簿、軍戶冊等，目前能見到的僅有清勾冊和武職選簿。有關黃冊中軍戶登記目前還没有引起學界的足夠重視，一是黃冊原本傳世數量較少；二是現存冊中軍戶記載較少。上述四葉黃冊的發現爲理解軍戶制度與黃冊之間關係提供一些綫索和信息。

明代賦役黃冊一般與本文選取的四葉黃冊第一部分基本一致，即按貫籍和輪充里甲順序登載；第二部分明顯不同，民黃冊其後爲開列"舊管、開除、新收和實在"的四柱式登載，該四葉黃冊則先羅列軍戶充軍緣由與勾補過程。需要指出的是，本文所探討的四葉文書屬賦役黃冊中的軍籍人戶登載。明代軍戶冊籍另有專籍"軍黃冊"，但可惜的是截止現在還未發現明代存世"軍黃冊"文本。韋慶遠先生《明代黃冊制度》中"軍黃冊和民黃冊的關係"一節和欒成顯《明代黃冊研究》中"專職戶籍冊"部分，均曾對軍黃冊做過簡單介紹。關於明代軍黃冊，《明會典·軍政二·冊單》載：

> 國初令衛所有司各造軍冊，遇有逃故等項，按籍勾解。其後編造有式，齊送有限。有戶口冊、有收軍冊、有清勾冊。近年編造四冊：曰軍黃、曰兜底、曰類衛、曰類姓。其勾軍，另給軍單，法例益密矣。今備

第四章　新發現上海圖書館藏古籍紙背明代賦役黃冊復原與研究　621

載而事產戶籍附焉。①

....

（嘉靖）十年題准：凡造送總會軍冊，務要將各軍戶祖名、充調接補來歷、子孫枝派，盡行查明。各州、縣開造軍數大總，各坊、都、圖開造軍數小總。各軍戶下分別收、除、實在數目。冊後俱要開寫承委官吏職名，每里下開寫里書姓名，另造委官職名小冊。通行如法裝訂、印記，差委的當人員依限解部。各司、府、州縣仍存一本備照。②

由上可知，明初軍冊分為三類：戶口冊、收軍冊和清勾冊，後來發展為四類：軍黃冊、兜底冊、類衛冊和類姓冊。而且軍冊上必須寫明"軍戶祖名、充調接補來歷和子孫枝派"。這應是軍黃冊最核心和最關鍵的內容。其與上文四葉黃冊中軍戶登載相比較，"有祖……"即祖軍姓名；"為……事，發……充軍"即充調來歷；"勾戶丁……補役"即接補及子孫枝派，其內容基本可以一一對應，可見賦役黃冊中軍戶充軍內容與軍黃冊應存在某種聯繫。對此，韋慶遠先生在《明代黃冊制度》一書"軍黃冊和民黃冊的關係"一節已提到："編制軍黃冊的基層機構有兩類：一類是全國各個內外衛、所，它根據本衛、所在衛現役軍丁的情況，本衛所轄屬軍戶分佈在各地的情況以及本衛、所逃亡軍丁的情況來編冊。另一類為地方的司、府、州、縣行政衙門及所在的清軍御史、清軍官，他們根據住在本地區軍戶的情況，在本地區徵調入伍軍丁及本籍逃軍的情況來編冊。這兩類冊籍都叫做軍黃冊。"③ 欒成顯先生在《明代黃冊研究》一書中亦曾指出，軍黃冊分州縣和衛所兩類，還提到"軍黃等冊的內容大致是，將民黃冊所載各軍戶摘出，並登載有關軍戶的各項內容，分類彙編成各種冊籍。"④ 由此可見，軍黃冊應分為州縣軍黃冊和衛所軍黃冊兩在類，其各有側重，州縣軍黃冊側重州縣軍戶，衛所軍黃冊則側重衛所軍戶，核心內容應是《明會典》中"軍戶祖名、充調接補來歷和子孫枝派"等內容。《樂府詩集》紙背四葉揚州府泰州寧海鄉賦役黃

---

① （萬曆）《大明會典》卷155《軍政二·冊單》，中華書局1989年版，第796頁。
② （萬曆）《大明會典》卷155《軍政二·冊單》，第797頁。
③ 韋慶遠：《明代黃冊制度》，第57頁。
④ 欒成顯：《明代黃冊研究》，第37頁。

冊中軍戶內容登載也包含這一內容。從某種程度講，各種冊籍中軍戶核心內容的一致是明朝統治者對軍戶嚴格管控的體現，其最終目的還是保證國家對軍隊數量的絕對控制和國家的穩定和安全。

概言之，明代賦役黃冊中軍戶的登載需詳細記錄該戶充軍事由和充軍衛所等內容，是明代軍戶管控中的重要一環。明代在軍戶管理和清勾軍戶過程中主要參考的"軍黃二冊"中的民黃冊部分應指此處黃冊中對軍戶細節內容的登載。另外，鑒於目前很少見到此類民黃冊中登載詳細軍戶信息的原始文本資料，《樂府詩集》紙背四葉登載軍戶內容的特殊黃冊無疑填補了這一空白，同時也爲學界從州縣層面解讀明代軍戶制度提供了第一手資料。

其二，反映了明代衛所冊籍與賦役黃冊間登載內容的一致性。以上迻錄四葉黃冊中有三葉詳細登載各自服軍役的衛所，具體包括：第一葉的"洪塘湖屯田千戶所"，第二葉的"興州左屯衛"、"泰州守禦千戶所"和"金吾後衛左所"，第三葉的"徐州衛"。關於明代的衛所，《明史》載：

  革諸將襲元舊制樞密、平章、元帥、總管、萬戶諸官號，而核其所部兵五千人爲指揮，千人爲千戶，百人爲百戶，五十人爲總旗，十人爲小旗。天下既定，度要害地，係一郡者設所，連郡者設衛。大率五千六百人爲衛，千一百二十人爲千戶所，百十有二人爲百戶所。所設總旗二，小旗十，大小聯比以成軍。①

明代衛所的基本編制爲：一衛下轄五個千戶所，一個千戶所下轄十個百戶所，一個百戶所下轄二個總旗，一個總旗下轄五個小旗，每個小旗下管十個士兵。具體到文中黃冊涉及衛所，南京金吾後衛左所屬上十二衛，掌守衛巡警，洪武十五年（1382）設置，屬親軍，直接聽命皇帝，一般不受五軍都督府的管轄。② 徐州衛，吳元年（1367）置，後屬中軍都督府下南直隸地區統管。③ 興州左屯衛，明洪武年間置，治所最早在今河北承德市灤河鎮西

---

① 《明史》卷90《兵二》，第2193頁。
② 《明史》卷90《兵志二》，第2204—2205頁。
③ 參見郭紅、靳潤成主編《中國行政區劃通史‧明代卷》，復旦大學出版社2007年版，第529—530頁。

南，永樂元年（1403）遷徙治所到玉田縣（今河北玉田縣），改屬直隸後軍都督府。①　泰州守禦千戶所，據嘉靖《惟揚志》卷十《軍政志》載："泰州守禦千戶所，在州治，洪武元年置。"②　《明太祖實錄》則載洪武三年（1370）二月"丁亥，長淮、泰州衛軍士運糧……"，洪武四年（1371）閏三月"置泰州守禦千戶所"③，故洪武元年（1568）設置的應爲泰州衛，至洪武四年（1371）改設爲泰州守禦千戶所，屬中軍都督府。另嘉靖《惟揚志》卷十《軍政志》言："揚州衛……通州、泰州（二所）……在外"，則該所隸揚州衛，衛所治泰州，即今江蘇泰州市。④　洪塘湖屯田千戶所，據《明史》記載，僅有"洪塘千戶所"，⑤　其治所在安徽鳳陽東北，衛所初設之時，相繼隸屬臨濠大都督府、中立大都督府、鳳陽行都督府，在洪武十三年（1380）正月隸屬中軍都督府，隨後在十四年九月改隸中都留守司。

概言之，從泰州出發充軍的這三個軍戶中，在就近江蘇省內徐州"徐州衛"充軍的有，到安徽鳳陽"洪塘湖屯田千戶所"充軍的亦有，還有到河北承德"興州左屯衛"、泰州"泰州守禦千戶所"、南京"金吾後衛左所"等地輾轉充軍的。其充軍地域明顯是經過宣德年間軍士充軍南北政策的改變，主要是軍士於就近衛所充軍，即爲南人充南軍。這一點在這三戶軍戶的充軍衛所登載中也有明顯體現。

關於"洪塘湖屯田千戶所"，此前錄文中還有"百戶朱瑛、總旗李成、小旗張榮下，當軍不缺"內容。明朝千戶所，設置正千戶一人，正五品；副千戶二人，從五品；鎮撫二人，正六品；還有吏目一人，共計六人。其中正

---

①　郭紅、荊潤成主編：《中國行政區劃通史·明代卷》，第313頁。
②　（嘉靖）《惟揚志》卷10《軍政志》，《天一閣藏明代方志選刊》，上海古籍書店1963年版，第14頁。
③　參見《明太祖實錄》卷49"洪武三年（1370）二月丁亥"條，第972頁；《明太祖實錄》卷63"洪武四年（1371）閏三月"條，第1208頁。
④　郭紅、荊潤成主編：《中國行政區劃通史·明代卷》，第545頁。
⑤　關於此點，郭培貴先生曾據《明會典》和《明實錄》考證後指出缺一"湖"字，此處"胡"通"湖"，所以其完整名字應該是"洪塘湖屯田千戶所"，洪武四年（1371）設。成化《中都志》卷3言所在"在府治東北四十里，洪武四年千戶石樑創建"。《大清一統志》卷87也記"洪塘湖屯田千戶所，在府城東北三十餘里，明洪武四年置"。《滎陽外史集》卷63收錄了洪武六年（1373）閏月廿四日《濠梁洪塘湖屯田千戶所正旦表箋三道》，這也說明該所設置較早。《明史》卷40《地理志一》所謂"東北有洪塘湖屯田守禦千戶所，洪武十一年置"實誤。參見龐乃明《〈明史·地理志〉疑誤考證》，社會科學文獻出版社2012年版，第52頁。

千戶和副千戶一人掌印，一人僉書，稱爲"管軍"，鎮撫掌管軍中刑獄，也可監管軍士，代充百戶。①《明朝檔案總匯·六十二》中亦有洪塘湖屯田千戶所，所載主要官員有26人，含正千戶2人，副千戶7人（一人署副千戶事，實授百戶），鎮撫1人（署鎮撫事，試百戶），百戶16人（世襲百戶10人，實授百戶5人，試百戶1人）。② 按制度規定官員應是16人，此處爲26人，可以看出衛所中冗員現象極爲嚴重。其中有一名百戶"朱勳"，其"四輩朱瑛，舊選簿查有，宣德六年（1431）七月朱瑛年十六歲，係洪塘湖屯田所故世襲百戶朱晃嫡長男。"③ 黃冊中"朱瑛"與武職選簿中"朱瑛"是否爲同一人呢？

該葉賦役黃冊中提到"宣德五年（1430），將營丁徐安補役，現在本所百戶朱瑛、總旗李成、小旗張榮下，當軍不缺"，可見該軍戶在宣德五年又一次進行補役，聯繫該批黃冊的大造時間是正德七年（1512），當是"現在本所百戶朱瑛"的時間。武職選簿中提及朱瑛在宣德六年（1431）七月世襲百戶，此後該軍戶"五輩朱鳳"及"六輩朱玉"承襲的時間分別是天順七年（1463）及弘治十三年（1500）。④ 照此記載，黃冊中登載的百戶應是"朱玉"，但此仍記作"朱瑛"，原因何在呢？我們發現，該朱姓世襲百戶，自"朱瑛"後的承襲人已從其原籍州縣層面進行補充。另，黃冊攢造本身亦存在錯漏，更何況與衛所畢竟相隔較遠，信息不流通。因此，此黃冊登載時應以宣德五年（1430）時"徐安"補役前後的百戶"朱瑛"爲名。此外，朱氏百戶是從祖上洪武十五年（1382）調任洪塘湖屯田千戶所到萬曆十五（1587）年前後歷經十世共200年以上的"世襲百戶"軍戶，可以說人丁興旺。該戶祖籍"湖廣黃州府黃坡縣"，"始始祖朱興，甲辰年（1364）歸附，選充小旗"，可以看出其是"歸附從軍"；"洪武十五年除授洪塘湖屯田千戶所流官百戶"，此處"流官"應指"百戶"職位不能世襲；洪武二十五年

---

① 《明史》卷76《職官五》，第1873—1874頁。
② 中國第一歷史檔案館、遼寧省檔案館編：《中國明朝檔案總匯》第62冊"萬曆二十二年（1594）武職選簿·懷遠衛·洪湖屯田所官員"，廣西師範大學出版社2001年版，第438—467頁。
③ 《中國明朝檔案總匯》第62冊"萬曆二十二年（1594）武職選簿·懷遠衛·洪湖屯田所官員·朱勳"，第458頁。
④ 《中國明朝檔案總匯》第62冊"萬曆二十二年（1594）武職選簿·懷遠衛·洪湖屯田所官員·朱勳"，第458頁。

（1392）變爲可以世襲，表明已由流官百戶成爲實授百戶。此外，該檔案總匯中還記有"景泰元年（1450）八月李成，係洪塘湖屯田千戶所故世襲百戶李清親侄"內容①，此處"百戶李成"和黃冊中的"總旗李成"不知是否爲同一人，因爲宣德五年（1430）到景泰元年（1450）相距將近20年，此李成是以侄子的身份世襲，該檔案爲武職選官簿，所以很可能李成在世襲他叔叔李清的百戶職位之前是在該所擔任總旗的職位。

此處有關"百戶"兩種資料的互相印證，一方面可以證實該黃冊中關於軍戶登載的準確性和真實性；另一方面也可以看出明代各種冊籍的互通性和互證性。以管控人口及徵派賦役爲主旨的賦役黃冊和以統計武官信息爲核心的"武職選簿"如此緊密關聯可以看出，明代各個職能機構都是在一個嚴密的體系之下運作，相互之間信息也保持一致。通常來講，研究明史，利用正史和大量的筆記小說資料是主要的研究路徑，筆者此處大膽嘗試將新發現紙背黃冊文獻與"武職選簿"資料結合互證。如此史料之間的互證和利用，無疑對黃冊和"武職選簿"這樣原始資料的利用和研究都提供了一種新思路和方法，同時也爲明史研究提供了一批有價值的新史料。

其三，反映了明代宣德時期整頓衛所的細節內容。以上迻錄第二葉黃冊載"宣德元年清理遠年不勾，將戶丁周宅年照例解附近泰州守禦千戶所收操；宣德肆年選調南京金吾後衛充軍，故"。關於明代宣德年間整頓衛所的概況，《明史·兵四》載：

> 已而宣宗立，軍弊益滋，點者往往匿其籍，或誣攀良民充伍。帝諭兵部曰："朝廷軍民，如舟車任載，不可偏重。有司宜審實毋混。"乃分遣吏部侍郎黃宗載等清理天下軍衛。三年敕給事、御史清軍，定十一條例，榜示天下。明年復增爲二十二條。五年從尚書張本請，令天下官吏、軍旗公勘自洪、永來勾軍之無蹤者，豁免之。六年，令勾軍有親老疾獨子者，編之近地，餘丁赴工逋亡者例發口外，改爲罰工一年，示優

---

① 《中國明朝檔案總匯》第62冊"萬曆二十二年（1594）武職選簿·懷遠衛·洪湖屯田所官員·年遠事故"，第461頁。

恤焉。①

明宣德元年（1426）確實有清理軍衛之事。在黃冊中則書寫爲"清理遠年，不勾"，"遠年"應是明朝建國到今將近六十年，此處並非不清勾，而是暫時停止，且把該勾戶丁就近在附近衛所帶管收操也是明制。明憲宗曾在宣德初年發佈有清理軍伍的條例，對此，明人楊士奇在《論勾補南北邊軍疏》中提到：

為兵備事。切見今差監察御史清軍，有以陝西、山西、山東、河南、北直隸之人起解南方極邊補伍者，有以兩廣、四川、貴州、雲南、江西、福建、湖廣、浙江、南直隸之人起解北方極邊補役者。彼此不服水土，南方之人死於寒凍；北方之人死於瘴氣。且衛所去本鄉或萬里或七八千里，路遠艱難，盤纏不得接濟，在途逃死者多，到衛者少。……宣德二年三月初一日，宣宗皇帝准兵部奏，令雲南、四川、兩廣、福建、湖廣該勾軍丁，除逃軍正身及已解軍丁外，其餘留所在附近衛所帶管食糧操備。……宣德三年四月二十一日又准兵部奏，今江西、貴州等布政司軍丁該解遼東、甘肅等處，並山西等布政司軍丁該解雲南、兩廣等處，動經萬里及七八千里者，皆照例留附近衛所帶管收操當軍。又奉聖旨，腹裏地方該勾的軍，離原衛二千里以裏的還發去，二千里以外的都留在附近衛所收操。②

據此可知，在宣德初年，明統治者致力解決南人充北軍和北人充南軍所帶來的弊病，通過南北各就近充軍的方法來解決問題。這一點我們從黃冊後面"宣德四年，選調南京金吾後衛充軍"也可以看出來。然後重新釐定條例，減少南人北兵，北人南兵的長距離充軍所造成的軍士逃亡。上舉第二葉黃冊所載軍戶，原定從泰州到興州左屯衛充軍，這無疑就是南人充北兵。經

―――――

① 《明史》卷92《兵四》，第2256頁。
② （明）陳子龍輯：《明經世文編》卷15《論勾捕南北邊軍疏》，明崇禎平露堂刻本，第93—94頁。

宣德初年改革，其先被本地泰州守禦千戶所收操，然後選調到南京金吾後衛充軍，改爲了南人充南兵。這無疑是明代選取軍士充軍的一次重大軍制改革，也一定程度上緩解了軍士逃亡的現象，使得明代衛所軍制得以繼續存在。該葉黃冊輾轉充軍的內容，一方面反映了明朝在宣德年間確實有一次較大範圍的清理軍衛活動，另一方面也證實了明代在宣德時期軍隊已經出現逃軍等弊病，需要整頓。

此外，該黃冊中"選調"的記載令人費解，其一般指"候補官員等待遷調或者選拔抽調"，但此處似乎另有含義。爲方便對比，我們節錄一葉黃冊中登載軍戶充軍後的普通調動來作對比，內容如下：

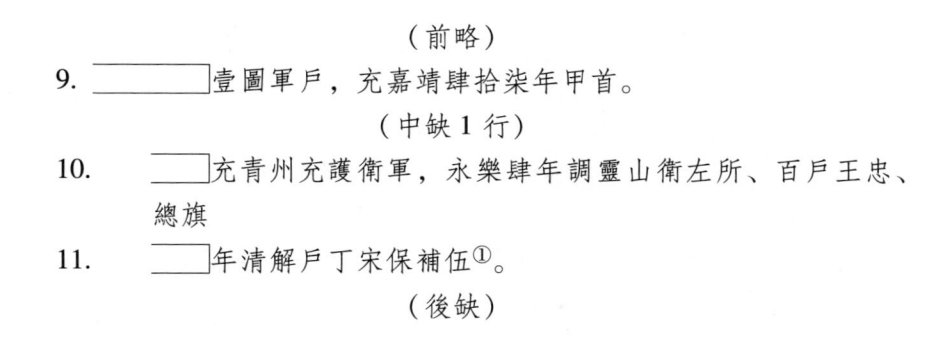

（前略）
9. ＿＿＿＿壹圖軍戶，充嘉靖肆拾柒年甲首。
（中缺 1 行）
10. ＿＿＿＿充青州充護衛軍，永樂肆年調靈山衛左所、百戶王忠、總旗
11. ＿＿＿＿年清解戶丁宋保補伍①。
（後缺）

該軍戶從青州充護衛軍到靈山衛用詞爲"調"，這應是一般的衛所之間的調動，並未用"選調"，也應不能用"選調"。第二葉黃冊所載軍戶涉及的是普通衛所與京城衛所的調動，一般調往京城（南京）的都是選拔優秀的兵士，所以軍戶的調動稱爲"選調"。

當然，此處還存在另一種可能，即該軍戶所在衛所涉及"京操"，被"選調"到南京操練。"京操"即指"自永樂末年始抽調在外衛所的旗軍週期性地到京師從事操練和戍守的軍事調動"。② 一般衛所進京操練即用"選調"。具體到上述黃冊所涉及的"泰州守禦千戶所"，目前史學界一般認爲

---

① 該葉黃冊屬於上海圖書館藏《樂府詩集》目錄（下）第 23 葉背，共存文字 11 行，此處僅節錄最後 3 行文字內容。
② 參見彭勇：《明代京操班軍來源衛所考——以川越泰博的研究爲基礎》，《明清論叢》第 6 輯，紫禁城出版社 2005 年版，第 175 頁。

"泰州所"（即泰州守禦千戶所）參與京操的時間是正統十四年（1449），且是北京。① 參與南京京操的衛所則包含：建陽衛、安慶衛、宣州衛、鎮江衛、六安衛、寧國衛、和應天衛。② 此處涉及參與南京京操的泰州守禦千戶所，如此說成立，泰州所參與京操（南京）的時間爲宣德四年（1429），且增加了一個參加南京操的衛所，這還是實行"京操"制度的初期。學界一般研究的均是北京的"京操"，此則材料似乎可以證明在"京操"制度實行開始很有可能南、北二京同時進行，最初參加北京操是北京附近的衛所軍，參加南京操是南京附近的衛所軍。這對史學界研究南京操衛所，尤其是個別衛所的參與時間和軍士參與選調的過程至關重要。

其四，爲我們進一步了解明代衛所勾補州縣軍戶原則提供了典型案例。上述四葉賦役黃冊所載軍戶補役情況，頻繁出現"營丁"和"戶丁"。按，"戶丁"指家中的成年男子；"營丁"乃"在營餘丁"的簡稱，應指衛所中的成年男子。明代軍戶制度要求，每一個軍戶由長子充當衛所軍的士卒，稱爲"正軍"，其餘家庭成員如次子、三子……等，稱爲"餘丁"。一人充軍，至少有一餘丁跟隨，幫助正軍日常生活和供給軍裝。當然餘丁最重要的任務是正軍亡故時，頂上該軍役。黃冊中對營丁登載爲"將營丁……補役"，對戶丁登載爲"勾戶丁……補役"。第三葉黃冊中存在先勾取兩營丁，亡故後再勾取戶丁這一過程。類似記載在《明會典》中也存在，"宣德四年，令凡正軍在營有丁，不許於原籍勾取。如已行文，有司覈實回報，本衛以在營之丁收役。"③ 所以，勾取的順序是先營丁後戶丁，如果沒有營丁就直接勾取戶丁。我們也看到第一葉黃冊中連續兩次勾取都是營丁，共計三人。在第二葉黃冊也出現了連續三次勾取的都是戶丁，共計四人的情況。在此處連續勾取兩人次以上的用"節"字，表依次之意。由此可以看出，營丁不一定是一人，最多可能三人，其變動範圍較大。以垜集爲例，明代充軍的一個基本流程是：垜集爲軍，亡故後先看是否有營丁，如果有就先採取就近的原則將

---

① 彭勇先生持此觀點，並認爲"據嘉靖《通州志》和《惟揚志》，通州所、泰州所、鹽城所和揚州衛均在正統末年就已經參與京操。"參見彭勇《明代班軍制度研究：以京操班軍爲中心》，中央民族大學出版社2006年版，第159頁。

② 彭勇：《明代班軍制度研究：以京操班軍爲中心》，第109頁。

③ （萬曆）《大明會典》卷154《軍政一·勾捕》，第787頁。

其勾取充軍；如果沒有營丁，就對原州縣的戶丁進行勾取充軍。勾軍原則爲"先營丁，後戶丁"，最終要達到的目的即爲保證國家控制一定數量的軍隊，軍士人數不能少。另，勾軍勾到何地步爲止呢？恰好第一和第二葉黃冊提供了很好的答案，勾到最後有"現在本所……下，當軍不缺"內容，此處"現在"當指造冊統計之年，亦即前文已確定黃冊的年份——正德七年，該軍戶在衛所有人在服軍役、當軍差。"當軍不缺"同樣體現出明代對軍戶管理的最終目的是保證軍隊數量。

近來宋坤在《新見明代勾軍文冊初探》一文中復原了嘉靖三十年（1551）浙江杭州府仁和縣勾軍回答冊的基本書式。爲便於分析，特轉引如下：

嘉靖某年分（年號目前見有貳拾貳年、貳拾肆年、貳拾陸年、貳拾柒年、貳拾捌年）
　　丁盡戶絕
　　　兵部順差浙江某府（某縣）某官賷單
　　　　某衛
　　　　　　一名某，係（或原籍）浙江布政司杭州府仁和縣某都（隅、鄉、坊）人，[本軍及戶丁服、補役履歷]，名伍見缺，合行勾補。
　　　　　　前件行據某圖里老某勘得，[本軍及戶丁服、補役履歷]，原籍並無以次人丁，亦無贅繼兒男，田糧在里戶籍，某年除豁。已經結申 N 次回答在官外，某年某衛單勾，節蒙府縣清審戶絕，嘉靖叁拾年柒月內類冊送蒙
　　　　　　浙江按察司副使陳　　會審冊開戶絕
　　　　　　浙江布政司右布政使汪　　會審

册開戶絕無丁審同

欽差巡按浙江監察御史霍會審冊開丁盡戶絕，於本年拾貳月內蒙本縣黃縣丞覆審本里已將本軍戶絕緣由，具結造冊登答外，未及次數存單未繳，節蒙本縣清軍縣丞黃尚賓、劉淮、顧於道、錢隆清審戶絕，理合回報。

　　一名某，⋯⋯
　　　　前件行據⋯⋯

挨無名籍

　兵部順差浙江某府（某縣）某官賫單

　　某衛

　　　一名某，係（或原籍）浙江布政司杭州府仁和縣某都（隅、鄉、坊）人，［本軍及戶丁服、補役履歷］，名伍見缺，合行勾補。

　　　　前件行據本縣義和等坊隅壹等都圖里老陳江、黃袍等勘得本軍自發單到縣，吊查洪武以來軍黃二冊，逐一挨查，並無本軍姓名來歷，已經結勘伍次回答外，嘉靖叁拾年柒月內類冊送蒙

　　　　　　浙江按察司副使陳　　會審冊開通挨，

　　　　　　浙江布政司右布政使汪　　會審冊開詳勘通挨，另報（或會審冊開本軍曾有勾補，豈應挨無，合研勘實報）

欽差巡按浙江監察御史霍會審冊開，仰照例通挨造報（或挨無名籍），隨於本年拾貳月內蒙

　　　　　　本縣縣丞黃尚賓覆勘挨無，具結造冊登答外，節蒙本縣清軍縣丞黃尚賓、劉淮、顧於道、錢隆清審挨無，理合回答。

一名某，……
　　　前件行據……①

　　此是州縣爲應對衛所清勾軍戶所制作的"丁盡戶絕"與"挨無名籍"兩類回答文冊，展現了明代州縣層面在清勾軍戶過程中實際的運作流程。另據《後湖志》載，明代賦役黃冊上報過程中的"駁查補造"基本流程有二：其一即明後湖管冊官員督同應查監生等員役與上次黃冊磨對核查，如有飛詭、埋没等弊，摘駁發回，此爲黃冊的"駁查"環節；其二爲後湖查冊官及監生在收到原造冊衙門，對駁查出有誤黃冊改正的"回稱"後，即在原來出錯的黃冊上，以"眉批補注"的形式二次書寫以更正，此過程即黃冊"補造"環節。② 其中亦有州縣官員登答回報的環節，聯係此處勾軍回答冊來看，二者實際流程極爲相似。但在這一流程中缺失了最重要的一環，即實際勾補原則。上述所引四葉賦役黃冊中的軍戶內容則爲我們彌補了這一缺環，即面對軍戶勾補，衛所和州縣官員依照"先營丁，後戶丁"的原則開展。

　　基於以上分析，我們可以將明代清勾軍戶的流程簡單復原如下：衛所清查官員在發現充軍兵士因逃跑或死亡各種原因缺失後，即展開勾補，勾補原則爲"先營丁，后戶丁"。具體則可分爲兩種情況：一是該軍士在衛所有營丁，直接補充即可，即衛所勾補；一是在衛所無營丁，此時就要發文往該戶的所屬州縣，進行勾補，即州縣勾補。衛所勾補較爲簡單，州縣勾補過程則比較繁瑣。州縣官員在接到衛所官員發來的勾軍文書後，要實際核查該戶是否有人丁可以補充，如有則如實"登答回報"衛所，此過程產生的就是如上引之宋坤文中所復原的文書格式一樣，衛所官員據此進行再補充，勾補過程完成後要在相應冊籍上進行登載。這種在冊籍中登載是必不可少的，上引賦役黃冊中州縣軍戶內容，衛所武官檔案及勾軍回答文冊皆可作爲例證，再次顯示了明代官府所掌握的冊籍系統實則具有高度一致性。

　　綜上所述，明代登載軍戶的冊籍主要以軍黃冊、清勾冊、武職選簿和軍

---

① 宋坤：《新見明代勾軍文冊初探》，《軍事歷史研究》2016 年第 1 期。
② 《後湖志》卷 6《事例三》，第 76—77 頁。

户册爲主，目前我們所能見到的僅有清勾册和武職選簿。有關明代賦役黄册中軍户登載問題，目前還没有引起學界的足夠重視。新發現《樂府詩集》紙背四葉記載有軍户充軍具體信息内容的黄册，可爲我們理解軍户制度與賦役黄册制度間的關係提供一些綫索和史料，其登載詳細的充軍事由和充軍衛所等内容是明代軍户管控中重要一環。换言之，明代在其軍户管理和清勾軍户過程中主要參考的"軍民二册"中民册部分就應指此處黄册對軍户具體内容的登載。鑒於目前較少見到此類民黄册原始文本，該類民黄册無疑填補了這一空白，同時也爲學界從州縣層面解讀明代軍户制度提供了第一手資料。此類紙背文書資料可看作明代州縣層面清勾軍士細節材料的保留，對明代軍户清勾制度的研究，尤其是州縣軍户一方，無疑具有更大的史料價值。

（本文作者張恒，曾以《明代賦役黄册所見州縣軍户探研——以上海圖書館藏古籍紙背文獻爲中心》爲名刊於《中華文史論叢》2020年第2期，收入本書時，略有修訂。）

七 《趙元哲詩集》紙背明代兗州府東阿縣賦役黃冊所見軍戶應役問題探析

上海圖書館藏《趙元哲詩集》紙背文獻，經考證爲明萬曆十年（1582）山東兗州府東平州東阿縣賦役黃冊。其中，有六葉黃冊登載有州縣軍戶內容。目前學界關於明代軍戶的研究，偏重於衛所軍戶，較少關注州縣軍戶。① 基於此，本文即主要擬對《趙元哲詩集》紙背六葉登載軍戶內容的黃冊所反映的埧集問題及州縣軍戶應役問題進行簡要分析。

（一）六葉登載軍戶的黃冊殘葉錄文及分析

《趙元哲詩集》紙背明萬曆十年（1582）山東兗州府東平州東阿縣賦役黃冊中，有六葉黃冊登載內容較爲特殊，登載人戶爲軍戶，戶主信息較爲詳盡。爲方便研究，現將其迻錄如下：

《趙元哲詩集》第一冊正文第 16 葉背：

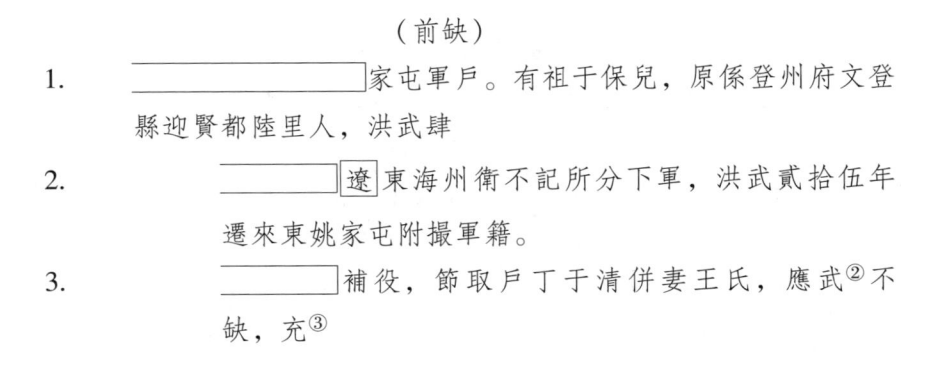

（前缺）

1. ▢▢▢▢▢▢▢▢家屯軍戶。有祖于保兒，原係登州府文登縣迎賢都陸里人，洪武肆
2. ▢▢▢▢▢遼東海州衛不記所分下軍，洪武貳拾伍年遷來東姚家屯附撮軍籍。
3. ▢▢▢▢▢補役，節取戶丁于清併妻王氏，應武②不缺，充③

---

① 學界關於明代軍戶的研究中，州縣軍戶層面，李龍潛《明代軍戶制淺論》（《北京師範學院學報（社會科學版）》1982 年第 1 期）一文，將軍戶分爲在營軍戶和郡縣軍戶兩類；顧誠《談明代的衛籍》（《北京師範大學學報》1989 年第 8 期）一文，談及了衛籍與州縣軍戶的聯繫和區別；彭勇《論明代州縣軍戶制度——以嘉靖《商城縣志》爲例》（《中州學刊》2003 年第 1 期）一文，對州縣軍戶的人口比例、州縣軍戶應役衛所的分佈等問題，提出了獨到見解。

② 據文義推斷，"武"應爲"伍"之訛。

③ 據明代黃冊書寫格式推斷，"充"字後應脫輪役"里長"或"甲首"年分。

　　　　　　　　　（中缺1行）
4.　　□□□□□□□□屯驢夫戶，充①
　　　　　　　　　　（中缺）
5.　　　　　□□□□毫。
6.　　　　　　　□□柒抄，
7.　　　　　　　□□絲。
　　　　　　　　（中缺1行）
8.　　　　　　□□伍勺壹抄參撮。
　　　　　　　　　（後缺）

《趙元哲詩集》第二冊第 22 葉背：

　　　　　　　　　（前缺）
1.　　　　　　　事產俱無。
2.　　甲首：
3.　　　下戶：
4.　　　　　壹戶馬來兒，係山東兗州府東平州東□□□□
5.　　　　　　　事發烏撒衛軍，洪武貳拾□□□□
　　　　　　　（中缺1行）
6.　　　　　舊管：
7.　　　　　　人口：
8.　　　　　　　遠年絕乞。
9.　　　　　新收。
10.　　　　　開除。
11.　　　　　實在俱無。
12.　　甲首：
13.　　　下戶：

---

①　據明代黃冊書寫格式推斷，"充"字後應脫輪役"里長"或"甲首"年分。

第四章　新發現上海圖書館藏古籍紙背明代賦役黃冊復原與研究　635

14.　　　　　壹戶趙絞群，係山東兖州府東平州 東☐☐☐☐
15.　　　　　　　舊管：
16.　　　　　　　　　人口：
17.　　　　　　　　　　　遠年死絕。
18.　帶管：
19.　　第肆甲：
20.　　　里長：
21.　　　下戶：
　　　　　　　　　（後缺）

《趙元哲詩集》第三冊第 1 葉背：

　　　　　　　　　（前缺）

1.　　**正七甲二〇五号**
2.　　　　　　　　　　頭匹：
3.　　　　　　　　　　　黃牛壹隻。
4.　　甲首：
5.　　　下戶：
6.　　　　　壹戶趙堂，係山東兖州府東平州東阿 縣☐☐☐☐
7.　　　　　　　第肆圖叁貼戶宋伴驢叁 戶☐☐☐☐
8.　　　　　　　百戶官昇下軍，見有戶丁 趙☐☐☐☐
9.　　　　　　　舊管：
10.　　　　　　　　人口：男壹口：
11.　　　　　　　　　　男子成丁壹口。
12.　　　　　　　　房屋：
13.　　　　　　　　　　民草房貳間。
14.　　　　　新收。
15.　　　　　開除。
16.　　　　　實在：

636　新發現古籍紙背明代黃冊文獻復原與研究

17.　　　　　　　人口：男壹口。
18.　　　　　　　　　　男子不成丁壹口：
19.　　　　　　　　　　　　　本身，年陸拾☐
20.　　　　　　事產：
21.　　　　　　　　房屋：
22.　　　　　　　　　　民草房貳間。
　　　　　　　　（後缺）

《趙元哲詩集》第三冊第 10 葉背：

　　　　　　　　（前缺）
1.　　　　　　　　房屋：
2.　　　　　　　　　　民草房貳間。
3.　　　　　　　　頭匹：
4.　　　　　　　　　　黄牛貳隻。
5.　　　　下戶：
6.　　　　　　壹戶王潤，係山東兖州府東平州東☐☐☐☐☐☐☐
7.　　　　　　　　事，起發海州衛後所百戶☐☐☐☐☐☐☐
8.　　　　　　　　德拾年節取戶丁王狗兒併☐☐☐☐☐☐☐
9.　　　　　　舊管：
10.　　　　　　　　人口：男婦玖口：
11.　　　　　　　　　　男子陸口，
12.　　　　　　　　　　婦女叁口。
13.　　　　　　事產：
14.　　　　　　　　民地伍拾壹畝伍分壹厘。
15.　　　　　　　　　夏稅地拾伍畝肆分伍厘伍☐☐☐☐☐
16.　　　　　　　　　　麥正耗共該捌斗貳升陸☐☐☐☐☐
17.　　　　　　　　　　絲綿共該肆錢陸分叁厘☐☐☐☐
18.　　　　　　　　　秋糧地叁拾陸畝陸厘壹毫☐☐☐☐

第四章　新發現上海圖書館藏古籍紙背明代賦役黃冊復原與研究　637

19.　　　　　　　　　　米正耗共該壹石玖斗貳☐
20.　　　　　　　　　　馬草肆束肆分捌厘壹☐
21.　　　　　　　　綿花地柒分貳厘壹毫貳☐

　　　　　　　　　（後缺）

《趙元哲詩集》第三冊第16葉背：

　　　　　　　　　（前缺）
1.　　　　　　**正管六甲一〇六十八号**

2.　　　　　　　　　正麥壹石捌斗柒升
　　　　　　　　　　貳☐

3.　　　　　　　　　耗麥壹斗叁升壹合
　　　　　　　　　　柒☐

4.　　　　　　　　絲綿每畝科叁分，共該
　　　　　　　　　　壹☐

5.　　　　　　　　　絲伍錢陸分壹厘柒
　　　　　　　　　　毫☐

6.　　　　　　　　　綿伍錢陸分壹厘柒
　　　　　　　　　　毫☐

7.　　　　　　　秋糧地捌拾柒畝叁分捌
　　　　　　　　　　厘☐

8.　　　　　　　米每畝科正米伍升，每
　　　　　　　　　　斗☐

9.　　　　　　　　　正米肆石叁斗陸升
　　　　　　　　　　柒☐

10.　　　　　　　　耗米叁斗伍合捌勺

638　新發現古籍紙背明代黃冊文獻復原與研究

```
                                     叁☐
11.                      馬 草 拾 束 捌 厘 陸 毫 貳
                         ☐
12.                    綿 花 地 壹 畞 柒 分 肆 厘 柒
                        毫☐
13.                      花絨每畞科肆兩，共陸兩
                              玖☐
14.              房屋：
15.                民草房貳間。
16.              頭匹：
17.                黃牛貳隻。
18.      甲首：
19.        下戶：
20.          壹戶陳守信，係山東兖州府東平州東
              阿☐
21.                圖軍頭趙成，本都第壹圖
                    叁☐
22.                百戶郭旺、總小旗缺下軍
                    ☐
                    （後缺）
```

《趙元哲詩集》第四冊第22葉背：

```
                    （前缺）
1.          ☐共該柒石貳斗捌升肆合貳抄伍撮。①
              （中缺1行）②
```

---

①　據同書紙背其他黃冊書寫格式推斷，此行文字應爲"秋糧米"數目。
②　據同書紙背其他黃冊書寫格式推斷，此處所缺1行文字應爲"正米"數目。

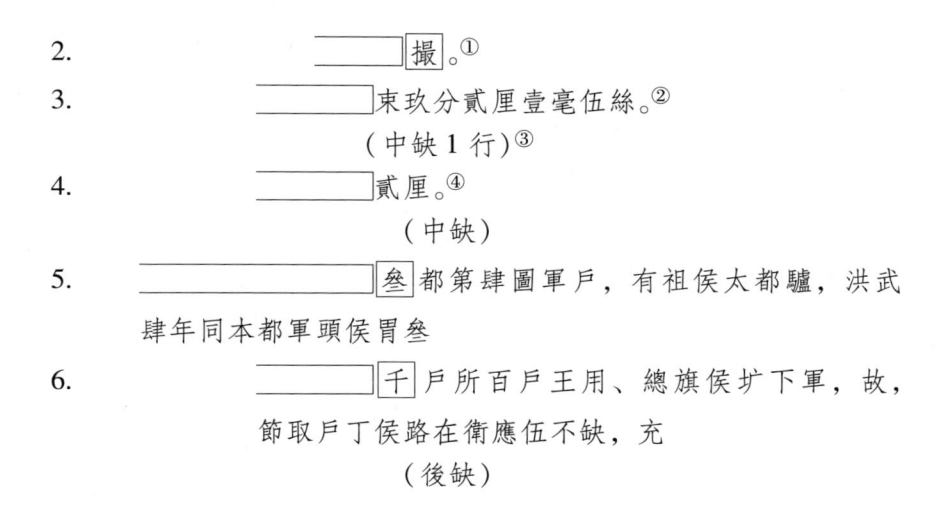

2. ☐撮。①
3. ☐束玖分貳厘壹毫伍絲。②
　　　　　（中缺 1 行）③
4. ☐貳厘。④
　　　　　（中缺）
5. ☐叁都第肆圖軍戶，有祖侯太都驢，洪武
　肆年同本都軍頭侯冑叁
6. ☐千戶所百戶王用、總旗侯圹下軍，故，
　節取戶丁侯路在衛應伍不缺，充
　　　　　（後缺）

　　整體來看，上述六葉黃冊，文字皆爲楷體書寫，字體較小，與正面古籍的文字呈平行狀，墨色也較爲一致，大小行款、間隔較爲統一。從黃冊的分佈位置來看，《趙元哲詩集》第一冊 1 葉，第二冊 2 葉，第三冊 3 葉，第四冊 1 葉。
　　從內容來看，此六葉黃冊殘葉均保存有人戶戶頭信息，且戶主相關情況介紹較爲詳盡。其中，第二葉、第三葉、第四葉、第五葉文書，現存上半葉；第一葉和第六葉，現存下半葉。其中，第一葉和第六葉登載人戶，皆明言其爲"軍戶"，其餘四葉文書內容雖殘缺不全，但人戶戶頭信息與此兩葉類似，涉及到祖軍的姓名、籍貫、充軍來歷、調補衛所的情況及現今在營（衛）的丁口之數和服役情況，也可確定其所載人戶應爲軍戶。
　　明代承襲元制，將承擔不同徭役的人戶通過嚴格的戶籍制度管理起來，大體將戶籍分爲軍、民、匠三類。由於軍戶係維護國家安全的關鍵，因此明代關於軍戶的管理，從建國之始便非常重視。洪武二年（1369）朱元璋詔："凡軍、民、醫、匠、陰陽諸色戶，許各以原報抄籍爲定，不許妄行變亂，

---

① 據同書紙背其他黃冊書寫格式推斷，此行文字應爲"耗米"數目。
② 據同書紙背其他黃冊書寫格式推斷，此行文字應爲"馬草"數目。
③ 據同書紙背其他黃冊書寫格式推斷，此處所缺 1 行文字應爲"綿花地"數目。
④ 據同書紙背其他黃冊書寫格式推斷，此行文字應爲"花絨"數目。

違者治罪，仍從原籍。"① 通過這一規定，明代將之前元朝的軍戶納入到了自己的管控範圍之中。至洪武三年（1370），朱元璋又置戶帖，登載各類人戶及其事產信息。② 軍戶的信息，亦和其餘幾類人戶一樣，需於戶帖之上按照一戶一帖之方式進行登載，由戶部進行管理。隨着洪武十四年（1381）賦役黃冊的推行③，明代對於戶籍人口的管控更加規範和嚴格，"凡各處有司，十年一造黃冊，分豁上、中、下三等人戶，仍開軍、民、灶、匠等籍，除排年里甲依次充當外，其大小雜泛差役，各照所分上、中、下三等人戶點差。"④ 明代的賦役黃冊，在原有戶帖制度的基礎上進行了補充和完善。因十年一大造，因此可清晰地反映人丁事產的變化，對於軍戶亦是如此。⑤ 再加上明朝建國後軍戶逃亡的現象屢禁不止，明廷於洪武二十一年（1388）頒行了較之前更爲詳盡的軍戶制度，以圖通過詳盡的戶籍制度保證應役的軍人數量：

  帝以軍伍有缺，遣人追取，往往駭法擾民，乃詔自今衛所將逃故軍姓名鄉貫編成圖籍，送兵部，照名行取，不許差人。又詔天下郡縣，以軍戶類造爲冊，具載丁口之數。取丁則按籍追之，無丁者止。又命兵部

---

① （萬曆）《大明會典》卷19《戶口一·戶口總數》，中華書局1989年版，第129頁。
② 《續文獻通考》載："（洪武三年）十一月詔戶部籍天下戶口，置戶帖……民者，國之本也。今天下已定，而民數未核實。其命戶部籍天下戶口，每戶給以戶帖。於是戶部制戶籍戶帖，各書戶之鄉貫、丁口、名歲，以字號編爲勘合，用半鈐印記。籍藏於部，帖給於民，仍令有司歲計其戶口之登耗以聞，着爲令。"（（明）王圻：《續文獻通考》卷13《戶口二》，浙江古籍出版社1988年版，第2891頁。）
③ 洪武十四年（1382），明代推行賦役黃冊制度："詔天下府、州、縣編賦役黃冊。以一百一十戶爲里，推丁多者十人爲長。餘百戶爲十甲，甲凡十人。歲役里長一人，管攝一里之事。城中曰坊，近城曰廂，鄉都曰里。凡十年一週，先後則各以丁數多寡爲次。每里編爲一冊，冊首總爲一圖。鰥寡孤獨不任役者，則帶管於百一十戶之外，列於圖後，名曰畸零。冊成一本，進戶部，布政司及府、州、縣各存一本。"（（明）趙官：《後湖志》，南京出版社2011年版，第53頁。）推行黃冊制度後，洪武十六年（1384），朱元璋又下令："命給事中及國子生、各衛舍人分行天下，清理軍籍。"（《續文獻通考》卷123《兵制三》，第3891頁。）
④ （明）趙官等編：《後湖志》卷4《事例一》，第53頁。
⑤ 關於此點，欒成顯先生在其《明初地主制經濟之一考察——兼叙明初的戶帖與黃冊制度》（《東洋學報》1987年第68卷第1—2號）一文中指出："儘管戶帖上詳錄人丁事產各項情況，但卻不能反映人丁事產的變化狀態。而黃冊制度正是在這方面彌補了戶帖制度的不足。黃冊制度規定每十年重造一次，其上列有舊管、新收、開除、實在四大項，將人口的生死增減、土地的買賣和產權的轉移，詳細登錄在冊，完全可以反映出人口及事產的變動情況。"

置軍籍勘合，遣人分給內外衛所軍士，謂之勘合戶由。其中開寫從軍來歷，調補衛所年月及在營丁口之數。如遇點閱，以此爲驗。底籍則藏於內府。①

相較之前對於軍戶戶籍的登載，洪武二十一年（1388）頒行的政令，軍戶冊登載的軍戶內容更爲詳盡。軍籍冊中的內容，除涉及以往登載的姓名、鄉貫、丁口之數外，亦包括"從軍來歷"、"調補衛所年月"及"在營丁口之數"。通過細化軍籍冊中對於軍戶的記錄，以圖減少逃軍的數量，最大程度地保證軍源。

至宣德初，"軍弊益滋，點者往往匿其籍，或誣攘良民充伍。"② 有鑒於此，明朝於宣德八年（1433）頒佈詔令，軍戶登載更加詳細：

> 乞敕兵部議定冊式，頒諸天下軍衛有司。凡軍戶，審問明白，開寫父祖某於某年月日充某衛軍戶，有人丁於實在下分豁在營若干、原籍若干，造冊繳付上司，且自存備照，永爲定規，以革宿弊。上命行在兵部議行之。③

此條詔令所提及的"在營若干"及"原籍若干"，實際上是將軍戶分爲衛所軍戶和州縣軍戶兩類。需要說明的是，宣德年間距洪武年間已有幾十年的時間，冊籍之上登載的軍戶，也已更新換代。雖不能明確冊籍之上登載的軍戶經歷幾代，但明制規定，在軍者終身爲軍，且父死子繼，兄終弟及，世代爲兵。在應役方式上，一戶軍戶具有一定時段的前後延續性應是沒有問題的。因此，相比於洪武二十一年（1388）頒佈的詔令，宣德八年（1433）的詔令增加了父、祖充衛所的相關內容。這一內容，一方面是軍戶勾軍制度發展幾十年的客觀產物，另一方面也是爲了明確清勾軍戶的家族世系，來保證國家的軍源。

---

① 《續文獻通考》卷122《兵二》，第3891—3892頁。
② （清）張廷玉等撰：《明史》卷92《兵志四·清理軍伍》，中華書局1974年版，第2256頁。
③ 《明宣宗實錄》卷104"宣德八年（1433）八月壬午"條，臺北"中央"研究院歷史語言研究所校印本，1962年，第2322—2323頁。

至正統年間，經歷了"土木堡之變"，衛所建制元氣大傷。數十萬軍士傷亡的結果，使得明廷不得不更加重視清勾軍伍，將其制度化，以保障國家的穩定與安全。① 與此同時，黃冊之中登載的軍戶，也出現了軍戶脫籍爲民的現象，如正統《軍政條例》中記載的一條史料：

……浙江等布政司並直隸蘇松等府州縣，人民中間，多有父祖從軍，子孫畏繼軍役，不於本戶附籍，卻於別州縣過繼作贅，或冒他人籍，或寄異姓戶內。父祖事故勾丁，有司里老受囑，即以丁盡戶絕回申。又有爲事充軍在後，原籍共戶伯叔弟姪畏懼勾繼，買囑里書人等，各另開作民戶，或頂死絕，影射捏作戶絕。②

這條史料表明，洪武年間推行的賦役黃冊制度，至正統年間已經出現了"不實"的問題。由於明代黃冊制度在具體執行過程中，具有以地方向中央逐層上呈的特點。因此，買通作爲地方層級中最爲基礎但卻能夠發揮實際作用的里書，"開作戶絕"，便可以脫軍爲民。在這樣的情況下，黃冊中登載軍戶的真實性大打折扣，原本作爲勾軍重要依據的黃冊制度遭到破壞。針對這樣的現象，明廷於弘治十三年（1500）正式規定在黃冊中詳細登載軍戶的相關內容，以便稽考，並被之後明代的皇帝所沿用：

有司黃冊，凡遇軍戶，宜備開充軍來歷、衛所年分，而軍冊宜開重造歲月，庶便查究。及照南京兵部武庫司所貯洪武、永樂以來軍籍，年久湮爛，乞命修庋如法。③

至明代中後期，明廷在繼承原有軍戶登載制度的基礎上，規定凡遇大造

---

① 《明實錄》載："丙寅，巡撫陝西右副都御史項忠奏：'各邊軍馬城堡圖冊歲再報，官軍戶口文冊歲一報，未免煩費，請並省之。'上命自後三歲一報，着爲令。"（《明憲宗實錄》卷19"成化元年（1465）七月丙寅"條，第389頁。）

② （明）霍冀輯：《軍政條例》卷3《清審條例·軍戶子孫抄民》，書目文獻出版社2003年版，第527頁。

③ 《明孝宗實錄》卷164"弘治十三年（1500）七月甲戌"條，第2990—2991頁。

之年，需攢造與軍戶相關的四種冊籍：即軍黃冊、類姓冊、類衛冊及兜底冊。① 以隆慶六年（1572）的政令爲例，這一細則便是明代繼承弘治十三年（1500）軍戶登載制度的具體體現：

> （隆慶）六年，令凡攢造軍冊，務照兵部節題事理，並發去格式。除祖戶名不許擅爲更易外，其餘戶丁，審據的確正名，照例分立新收、開除、實在。仍於實在項下另立二款：一曰現役，下係軍丁某人；二曰聽繼，下係軍丁某人。其除去本身者，務要開收之數相當，以備勾解。凡清軍有司，務將應清軍丁及充發永遠軍人查審詳明。每解軍一起，即造爲一冊。將本軍丁產、貫址及所定衛分俱開寫在内，以便查考。以後每遇大造黃冊之年，總造送部，名曰軍籍文冊。其各軍由帖，亦十年一次更給。凡各清軍御史，務督所屬清軍官將見年均徭冊内人丁審係，軍戶者，摘入軍黃冊内，仍將祖軍名籍、充調衛分、接補來歷填造民黃及均徭冊内，貫穿歸一，不許隱漏壯丁。其兜底三冊，一體查同登造。②

明制，賦役黃冊十年一造，隆慶六年（1572）是爲大造賦役黃冊之年。這條政令規定，地方在大造賦役黃冊的同時，也需要對軍黃冊進行攢造。以軍黃冊等軍籍冊籍爲例，其攢造的重要目的，在於對分散於民間的軍戶加以嚴格的管控，以便更好地清軍、勾軍，以此來保證軍源。軍黃冊、民黃冊兩項冊籍攢造工作同時進行，將均徭冊、民黃冊内的軍戶摘錄入軍黃冊，並將軍黃冊中軍戶的"祖軍名籍"、"充調衛分"、"接補來歷"等内容摘錄於民黃冊、均徭冊之中，也是爲了互相查對，防止欺瞞，保證更好地清軍和勾軍。

---

① 關於此點，《大明會典》載："又題准，凡大造之年，除軍黃總冊照舊攢造外，又造兜底一冊，細開各軍名貫、充調來歷、接補戶丁，務將歷年軍戶底查對明白，毋得脫漏差錯。又別造類姓一冊，不拘都圖衛所，但係同姓者，摘出類編。又別造類衛一冊，以各衛隷各省，以各都隷各衛，務在編類詳明，不許混亂。其節年問發、永遠新軍，亦要附入各冊。前葉先查該縣軍戶總數，以遞合圖，以圖合都，以都合縣，不許戶存戶絕，有無勾單，務尋節年故牘，補足前數。每遇造冊之年，另造一次，有增無減，有收無除。每縣每冊各造一樣四本，三本存各司府州縣，一本送兵部備照。冊高闊各止一尺二寸，不許寬大，以致吏書作弊。"（（萬曆）《大明會典》卷155《軍政二·冊單》，第798頁。）

② （萬曆）《大明會典》卷155《軍政二·冊軍》，第798頁。

實際上，上述六葉明萬曆十年（1582）大造賦役黃冊，也是延續隆慶六年（1572）詔令之中所提及的攢造體例，於民黃冊之中如實登載州縣軍戶的詳細信息，包含"祖軍名籍"、"充調衛分"、"接補來歷"、"在營丁數"等，以便於之後的核對勾補。

學界目前較少見到有民黃冊中詳細登載軍戶信息的原始材料。鑒於此，上述六葉登載軍戶信息的賦役黃冊，可爲學界研究軍戶問題提供一筆新的寶貴資料，同時亦爲學界解讀州縣軍戶制度提供了新的契機。

（二）紙背黃冊所見明代垛集軍問題

1、黃冊所見州縣軍戶充軍事由分析

上述六葉黃冊殘葉中，有三葉所載人戶祖軍的從軍事由相同，分別是第三葉、第五葉和第六葉。第三葉載趙堂戶祖軍充軍緣由與"叁貼戶"有關；第五葉載陳守信戶充軍緣由與本都軍頭趙成有關，且其祖軍爲"本都第壹圖叁☐☐☐☐"，此與第三葉所載"第肆圖叁貼戶宋伴驢"近似，故其亦應與"叁貼戶"有關；第六葉載該戶"有祖 侯 太都驢，洪武四年同本都軍頭侯 胄 叁"，也登載有"軍頭"一詞。此三葉黃冊所載"貼戶"、"軍頭"等內容，實際上與明代的垛集制度密切相關。

有明一代，軍戶的來源主要有從徵、歸附、謫發、垛集四類。[1] 明朝特別是洪武年間，垛集軍戶的數量較多。《西園聞見錄》載："當高皇帝時，多垛充及從徵兩端耳。"[2] 因垛集制度下的軍戶較多，明代對於這種方式垛集之下的軍戶非常重視。如正統年間朱鑒《請補軍民冊籍疏》云：

　　國家以民數爲重，軍民以冊籍爲先。……臣近往太原等府，遼、沁等州縣清理軍伍，爲因各處軍民告訐軍役，要吊洪武初年原垛軍冊，查理分豁。其各該官吏推稱年久，俱各無存，多被吏書更改作弊，將軍作

---

[1] 張金奎先生《明代衛所軍戶研究》一書，大體按此分類。（張金奎：《明代衛所軍戶研究》，綫裝書局2007年版，第20—49頁。）

[2] （明）張萱輯、吳豐培整理：《西園聞見錄》卷64《兵部十三·清軍》，全國圖書館文獻縮微復製中心，1996年，第1247頁。

民，民揑爲軍，以致連年告訐，互相推調，空歇軍伍。乞各府州縣掌印官員，查自洪武元年以來原造軍民籍冊，並節次原垛及抽丁等項軍冊到官，逐一點看寫補，修整完備。其迷失損壞，燒毀無存者，着令吏書前赴各該上司查寫回還，務要不失祖戶姓名、原垛丁口，其充軍來歷、衛所、鄉貫，備細緣由，依式補造，照舊改正。比對無差，發庫收架，……庶版籍定、軍伍清，而偷盜棄毀之弊亦可革矣。①

朱鑒於正統十二年（1447）上呈的這篇奏疏，體現了明朝建國後對於戶籍特別是垛集爲軍的軍戶戶籍的重視。具體實施過程中，主要以冊籍爲依據來清理軍伍。奏疏中所談及的"原垛丁口"，便是清軍過程中的一個重要依據。

明代的垛集制度，實則與蒙古的合戶制度有一定的關係。② 關於此點，于志嘉先生於其《明代軍戶世襲制度》一書中有所論及。③ 趙世瑜先生亦有此觀點，並從民俗學的角度對於"垛集"一詞進行了闡釋。④ 據史籍載，至元十八年（1281），元代在原有從民戶中抽丁的基礎上，完善了其抽丁制度，特別於正軍戶及貼軍戶之間的應役關係給予了詳細的規定：

---

① （明）陳子龍等選輯：《明經世文編》卷35《朱簡齋先生奏議·請補軍民冊籍疏》，中華書局1962年版，第263頁。

② 關於垛集制度，早在成吉思汗時期，金朝降將郭寶玉便已經提出了雛形："……漢人有田四頃、人三丁者簽一軍。年十五以上成丁，六十破老，站戶與軍戶同……"（（明）宋濂等撰：《元史》卷149《郭寶玉傳》，中華書局1976年版，第3521頁）。

③ 于志嘉：《明代軍戶世襲研究》，臺北：臺灣學生書局1987年版，第12頁。關於合戶制度，《元史》載：既平中原，發民爲卒，是爲漢軍。或以貧富爲甲乙，戶出一人，曰獨戶軍；合二三而出一人，則爲正軍戶，餘爲貼軍戶。或以男丁論，嘗以二十丁出一卒，至元七年十丁出一卒。或以戶論，二十戶出一卒，而限年二十以上者充。士卒之家，爲富商大賈，則又取一人，曰餘丁軍，至十五年免。或取匠爲軍，曰匠軍。或取諸侯將校之子弟充軍，曰質子軍，又曰秃魯華軍。（《元史》卷98《兵志一·兵制》，第2508頁）這一史料說明，元朝在完成全國統一後，立卽向民戶中僉發充軍，保證軍源。政令中涉及的軍役徵派方式，雖並不統一，但從民戶中抽取部分數量的戶與丁，實際上已經成爲定制。所抽之民戶，大體分爲正軍戶和貼軍戶兩類。

④ 趙世瑜《兩則墓志所見之明初軍戶的垛集》一文中認爲："以民俗學的知識，'垛集'這個詞匯，似應來源於'箭垛'，即採用箭垛集箭的方式，把射自不同的箭隻匯集到一個箭垛之上，類似'草船借箭'的方式，這應該也與蒙古人或遊獵民族的傳統有關。這個箭垛便是軍戶，箭便是軍丁，而發自不同的'弓'實際上就是原來各自無關的民戶。"（收於陳春聲，劉志偉主編：《遺大投艱集：紀念梁方仲教授誕辰一百周年》（上），廣東人民出版社2012年版，第527頁）。

（元世祖）十八年二月，併貧乏軍人三萬戶爲一萬五千，取貼戶津貼正軍充役。四月，置蒙古、漢人、新附軍總管。六月，樞密院議："正軍貧乏無丁者，令富強丁多貼戶權充正軍應役，驗正軍物力，卻令津濟貼戶，其正軍仍爲軍頭如故。"①

關於正軍戶和貼軍戶，一如史料中所說，正軍戶主要出丁作軍，服軍役；貼軍戶的主要任務，則是出錢幫貼正軍戶，提供相應的裝備及盤纏。樞密院所議之內容，實際涉及的就是正軍戶和貼軍戶的應役關係。由於這一徵兵制度很大程度上要依靠合戶，因此，處理好正軍戶和貼軍戶之間的關係便顯得十分重要。當正軍戶無丁時，則需要資產富裕且丁多的貼軍進行輪役。出人當兵的戶，即爲正軍戶；正軍戶中當兵應役之人，即爲軍頭。

上述六葉黃冊所涉及的山東地區，洪武初年便是實行垛集制度的重要區域。山東於洪武元年（1368）二月平定，當時的明王朝雖已建立，但尚未統一全國，所轄區域有限。平定山東地區後，朱元璋將其作爲統一天下的重要區域，將軍人輸送至前線。明初戰事頻繁，本着補充軍源的重要目的，明朝於山東地區實行垛集制度，以補充軍伍。上述第五葉黃冊，登載有人戶陳守信的祖先，與厶圖軍頭趙成合戶的情況，這屬於不同姓氏人戶的合戶。因趙成爲軍頭（正軍戶），則以陳氏祖軍爲貼戶，即貼軍戶。因此，可判定陳守信祖軍的充軍事由爲垛集充軍。第六葉黃冊內容涉及"有祖侯太都驢，洪武四年同本都軍頭侯胃叁"，雖不能明確侯氏祖軍與軍頭是否爲同一家，但可以明確的是，軍頭爲正軍戶，侯氏的祖軍爲貼軍戶，二者實質上構成了垛集軍的合戶狀況。因此，侯氏祖軍的充軍事由亦爲垛集充軍。

明朝建立後，在繼承元代合戶制度的基礎上，於洪武三十五年（1398）將垛集徵兵的方式制度化："（洪武）三十五年，定垛集軍。正軍、貼戶造冊，輪流更代。貼戶止一丁者免役，當軍之家免一丁差役。"② 據此可知，垛集制度通過征民戶使其變爲軍戶，這點是非常明確的。在民戶變爲軍戶之

---

① 《元史》卷98《兵志一·兵制》，第2518頁。
② （萬曆）《大明會典》卷154《軍政一·勾補》，第786頁。

後，軍戶之中的正軍戶和貼軍戶均需造冊，輪流更役。

按此，上述第三葉黃冊載"第肆圖叁貼戶宋伴驢"，其中"叁貼戶"即說明趙堂祖軍與貼戶相關，實際上也是反映了貼戶在州縣之中的應役情況。因此，可明確第三葉黃冊所載戶主趙堂祖軍的充軍事由也爲垜集充軍。故上引第三葉、第五葉、第六葉黃冊，登載人戶祖軍的充軍事由均爲垜集爲軍。

由於明代垜集制度的一個突出特點是從民戶中抽取人丁爲軍，且主要實施地點爲州縣地區，明代的垜集制度實質反映了民戶轉化爲軍戶的動態變化過程。這一過程，一是從民籍轉化爲軍籍的過程，二是民差轉化爲軍役的過程。

2. 黃冊所見州縣軍戶垜集情況分析

關於明代垜集軍的記載，正史及地方志均有所涉及。正史方面，萬曆《大明會典》載："（洪武）三十五年，定垜集軍。正軍、貼戶造冊，輪流更代。貼戶止一丁者免役，當軍之家免一丁差役"①，大體闡明了明代垜集制度的規制，即正戶、貼戶兩類人戶輪流更代服役。《明史》載："明初，垜集令行，民出一丁爲軍，衛所無缺伍，且有羨丁"②，則說明明廷從民戶之中取一丁垜集爲軍，衛所之中無缺額，且有多餘的兵丁。地方志方面，乾隆《陸豐縣志》的登載較爲詳細："（洪武）三十五年，行垜集法。凡民戶三丁者垜集一兵。其二丁、一丁者，輳爲正、貼二戶，共垜一兵。其貼戶止一丁者免役。當軍之家，免丁差役。"③ 史料闡釋了正軍戶和貼軍戶兩戶的應役情況，言及正、貼兩戶。當民戶之中有三丁時，便抽丁一名垜集爲軍；當民戶之中不足三丁之時，便將其中有二丁、一丁的人戶合併，兩戶出丁一名，垜集爲軍。從學界的研究情況來看，王毓銓先生關於明代垜集戶數的觀點，爲學界的主流觀點。王毓銓先生認爲："垜集軍法開始於洪武初年，具體年月尚未考出。其法要點是集民戶三戶爲一垜集單位，其中一戶爲正戶，應當軍役；其他二戶爲貼戶，幫貼正戶。"④ 王氏之後的學者，大多沿用此說，

---

① （萬曆）《大明會典》卷154《軍政一·勾補》，第786頁。
② 《明史》卷92《兵志四·清理軍伍》，第2255頁。
③ （乾隆）《陸豐縣志》卷11《兵防》，《中國方志叢書》第十一號，臺北成文出版社有限公司1966年版，第149頁。
④ 王毓銓：《萊蕪集》，中華書局1983年版，第346頁。

認爲"三戶一垛"爲明代垛集的唯一一種征役標準。①

以三戶一垛集的征役方法，爲史料中所常見。嘉靖《貴州通志》載："貴、前等二十衛所軍伍，多係三戶垛充。"② 隆慶《儀真縣志》中亦載明代的三戶一垛集制度，云："其先世，或由抽集，或由收集，或以罪充發，或三戶垛充。垛充者，正戶絶，則二戶補；二戶絶，則三戶補；俱絶，然後勘結以免勾稽。"③ 這兩條史料，言及明代的垛集制度，均爲三戶一垛集。

上引傳世文獻之中的史料，均言及三戶一垛集。從上述六葉黃冊來看，第三葉和第五葉黃冊，涉及到垛集軍之中的貼戶垛集問題。第三葉黃冊雖殘缺下半部分，但大體内容仍可明瞭。該葉載軍戶趙堂戶籍爲山東兗州府東平州東阿縣人，其祖軍充軍與"第肆圖叁貼戶宋伴驢"有關。其中"叁貼戶"一詞，即説明其祖軍應爲垛集軍中一員。其應役的情況，應是作爲一戶正軍應役的替補人戶，接替補伍。

第五葉黃冊載戶主陳守信爲軍戶，是山東兗州府東平州東阿縣人，文中所載其祖軍充軍與"圖軍頭趙成本都第壹圖叁☐☐☐☐☐☐"有關。上文已論及，第五葉和第三葉黃冊所記載内容近似，且"叁"字的書寫一致，故此處内容，可補爲"圖軍頭趙成，本都第壹圖叁 貼戶 ☐☐☐☐☐☐"。該葉文書中貼戶應役的情況，一如第三葉黃冊中軍戶應役的情況。正軍死，則二貼戶補；二貼戶死，則三貼戶補。

關於明代垛集軍戶的數量問題，張金奎先生認爲："明代的垛集主要施行於從徵、歸附等軍數不足使用的地區，因人口數量、缺軍數量等方面的差

---

① 彭勇先生於其專著《明代班軍制度研究》中指出："明初政府實行三戶垛抽一丁制度，衛所軍丁尚足，一旦正軍病故，貼戶丁補役……"（彭勇：《明代班軍制度研究——以京操班軍爲中心》，中央民族大學出版社 2006 年版，第 230 頁）；漆俠先生在其主編的《中國改革史》中言："所謂垛集，即民戶每三戶垛一丁多的戶爲'軍戶'，其餘兩戶爲'貼戶'。"（漆俠主編：《中國改革史》，河北教育出版社 1997 年版，第 428 頁）；王曉衛、赫治清合著《中國兵制史》中，亦有類似觀點："通過抑配民戶爲軍戶。具體辦法是，將三個民戶定爲一垛，每一垛集單位，讓其中一戶爲正軍，承擔軍役，其他兩戶爲貼戶，幫補正軍戶出丁當軍。"（王曉衛、赫治清著：《中國兵制史》，臺北文津出版社 1997 年版，第 260 頁。）

② （嘉靖）《貴州通志》卷 10《經略志·王杏清理屯田事議》，《天一閣藏明代方志選刊續編》第 69 冊，上海書店 1990 年版，第 456 頁。

③ （隆慶）《儀真縣志》卷 6《戶口考》，《天一閣藏明代方志選刊》，上海古籍書店 1963 年版，第 1 頁。

異而有所不同。"① 上面所論及的兩葉黄册，涉及的均爲明代三户垜集爲一軍的實例，正可與正史及地方志關於明代垜集軍垜户數量問題記載相互印證。

（三）紙背黄册所見明代州縣軍户應役情况

關於明代軍户的劃分，顧誠先生傾向於將軍户分爲衛所軍户和州縣軍户兩種，這一觀點筆者非常認同。② 但顧誠先生僅言及軍户之劃分，並未涉及這兩類明代軍户的户籍管理問題。關於明代軍户的户籍管理，吴晗先生認爲："軍是一種特殊的制度，自有軍籍。在明代户口中，軍籍和民籍、匠籍平行，軍籍屬於都督府，民籍屬於户部，匠籍屬於工部。軍不受普通行政官吏的管轄，在身份、法律和經濟上的地位都和民不同。軍和民是截然地分開的……軍是世襲的、家族的、固定的，一經爲軍，他的一家系便永遠世代充軍，住在被指定的衛所。直系壯丁死亡或老病，便須由次丁或餘丁替補。如在衛所的一家已全部死亡，還須到原籍勾族人頂充。"③ 王毓銓先生亦有與之類似的觀點："現在要討論的軍户，就是民人之中供應軍差的特定人户。軍户着軍籍，隸兵部。"④ 實際上，軍户和民户的户籍管理與劃分，並非如兩位先生所説的那般簡單。在明朝建國後的洪武初年，軍户與各類人户共同登載於册籍之上。

洪武三年（1370），朱元璋於全國頒行户帖制度，對其所統治區域的人口進行登記。此時，軍户與民户、匠户、灶户應是平行管理的關係，幾類人户均按照一户一帖的原則，登載於册籍之上，並由管理户籍人口的户部所統轄。至洪武十四年（1381），朱元璋於全國頒行賦役黄册制度，收天下之户口版籍。嘉靖《海寧縣志》載：

> 國朝定制，凡府、縣、都、里，每十年一造賦役黄册，分豁上、

---

① 張金奎：《明代衛所軍户研究》，第40頁。
② 顧誠：《談明代的衛籍》，《北京師範大學學報》1989年第8期。
③ 吴晗：《讀史劄記》，生活・讀書・新知三聯書店1956年版，第92頁。
④ 王毓銓：《明代的軍屯》，第224頁。

中、下人戶三戶。三等人戶內，不揀軍、民、匠、灶等籍……①

這條史料說明，軍戶仍與民、灶、匠等人戶共同登載於黃冊之上，歸戶部管轄。直至洪武二十一年（1388），明制規定各府始造專門的衛所軍籍文冊："令各衛所將逃故軍編成圖冊，送本部照名行取，不許差人。各府州縣類造軍戶文冊，遇有勾丁，按籍起解。"② 至此時，軍黃冊出現，軍籍之登載遂與民籍逐步分離。但衛所軍戶與州縣軍戶的戶籍管理，仍有所區別。韋慶遠先生《明代黃冊制度》一書提及："編制軍黃冊的基層機構有兩類，一類是全國各個內外衛、所，它根據本衛、所在衛現役軍丁的情況，本衛所轄屬軍戶分佈在各地的情況以及從本衛、所逃亡軍丁的情況來編冊。另一類是地方的司、府、州、縣行政衙門及所在的清軍御史、清軍官，他們根據住在本地區軍戶的情況，在本地區徵調入伍軍丁及本籍逃軍的情況來編冊。這兩類冊籍都叫做軍黃冊。"③

本文所引六葉賦役黃冊所涉及的明代州縣軍戶，即爲州縣系統管轄的成丁軍戶。其身份，爲指定衛所正軍缺額的替補人員。若與其所相對應的正軍因逃亡或病故等原因導致缺額，同時衛所之中又無軍丁協同補役，那麼，賦役黃冊之中所登載的州縣軍戶成丁人員，即需要前往衛所應役，然後再從本戶中另找一個人丁做替補，成爲黃冊所載戶主。州縣軍戶還需承擔衛所軍丁的後勤補給任務，正如明人尹耕所謂"兵役之家，一補伍，餘供裝，於是稱軍戶"④ 者。需要說明的是，若衛所軍戶可自己承擔所有差役，則不需州縣軍戶幫貼。如弘治十年（1497）規定："其不奉冊勾之家，以五年爲率，着令戶下應繼人丁給與供送批文，就於戶內量丁追與盤纏，不拘多寡，明白照數開寫……若彼處軍中十分富足，不願供送者，聽其告明本衛，備開粘結批回，以免下次再去供送。"⑤

州縣軍戶因衛所軍戶而存在，衛所正軍、餘丁則因爲州縣應繼軍丁的存在得

---

① （嘉靖）《海寧縣志》卷2《田賦志·徭役》，方志出版社2011年版，第37頁。
② （萬曆）《大明會典》卷155《軍政二·冊單》，第796頁。
③ 韋慶遠：《明代黃冊制度》，中華書局1961年版，第57頁。
④ 謝國楨選編：《明代社會經濟史料選編》（下冊），福建人民出版社1981年版，第16頁。
⑤ （明）霍翼輯：《軍政條例》卷3《清審條例·五年一送軍裝》，第529頁。

以延續。而使二者能夠連接起來的橋梁，便是爲方便勾補軍丁而攢造的軍戶黃冊。"軍黃等冊的内容大致是，將民黄冊所載各軍戶摘出，並登載有關軍戶的各項内容，分類匯編成各種冊籍。"① 上文已論及，明代於民黄冊之中詳細登載軍戶信息的原因，就是爲了軍黄冊與民黄冊相互對照，以便勾補軍丁。

明制，一旦爲軍，脱籍極其困難。《明史·食貨志二》載："凡軍、匠、灶戶，役皆永充。軍戶死若逃者，於原籍勾補。"② 上述六葉黃冊，就體現了現役軍戶與其祖軍在軍役方面的繼承性。其中，有四葉黄冊明確記載了該戶軍丁的勾補過程：第一葉第 3 行載"□□□□補後節取戶丁于清併妻王氏，應武不缺，充"，說明軍戶于清被勾補前往衛所服役；第三葉第 8 行載"見有戶丁趙□□□□"，亦是言及所登載的軍戶趙堂一家在衛所中的應役情況；第四葉第 8 行載"德拾年，節取戶丁王狗兒並□□□□"、第六葉第 6 行載"節取戶丁侯路在衛，應伍不缺，充"均涉及勾補問題。特别是第三葉和第六葉黄冊中的軍戶，應役方式較爲特殊。上文已明確，此兩葉黃冊中，兩戶軍戶祖軍的充軍方式爲垜集充軍，其於衛所應役的方式，嚴格意義上應叫做貼戶輪役。關於此點，《明史》中有詳細記載：

　　明初，垜集令行，民出一丁爲軍，衛所無缺伍，且有羨丁……成祖繼位，遣給事等官分閲天下軍，重定垜集軍更代法。初，三丁以上，垜正軍一，别有貼戶，正軍死，貼戶丁補。至是，令正軍、貼戶更代，貼戶單丁者免；當軍家蠲其一丁徭。③

通過《明史》記載的這段史料，我們可以明確明朝垜集軍制度的前後變化：明太祖朱元璋時期，僅爲正戶應役，貼戶幫貼；至永樂後，無論是正戶還是貼戶，都要輪流服役，輪番更替。關於這條史料，王毓銓先生有類似的看法④，筆

---

① 欒成顯：《明代黄册研究》，第 42 頁。
② 《明史》卷 78《食貨志二·賦役》，第 1906 頁。
③ 《明史》卷 92《兵志四·清理軍伍》，1974 年，第 2255—2256 頁。
④ 王毓銓先生《明代的軍屯》指出："垜集軍，永樂以前只是正戶應役，貼戶只供幫貼義務。遇正戶軍亡故，戶下止有一丁，這才勾有丁的貼戶解補。永樂以後，正貼戶輪番更代，但遇貼戶止有一丁時，還是免貼戶的軍役。"（王毓銓：《明代的軍屯》，第 229 頁。）

者非常認同王氏的這一觀點。第三葉及第六葉黃冊，即具體反映了永樂之後貼戶輪役的特點。

　　第一葉和第五葉黃冊，雖因內容殘缺不明實際的勾補情況，但通過復原的明代賦役黃冊中軍戶的登載格式，可明確其也應登載軍戶現今在衛所之中的應役情況。值得注意的是，在第一葉和第五葉黃冊中，均有"應伍不缺"四字，這一方面體現了明代對於軍戶應役的審核流程，以"應伍不缺"四字作爲其應役的依據；另一方面，體現了明代對於軍隊的重視。

　　關於州縣軍戶的應役問題，通過上引六葉黃冊，亦可從其與民戶的對比來分析出其具體情況。明代的里甲制度，在洪武十四年（1381）編制賦役黃冊後，成爲通行全國的定制："以一百一十戶爲里，推丁多者十人爲長。餘百戶爲十甲，甲凡十人。歲役里長一人，管攝一里之事。"① 萬曆《慈利縣志》載："國朝役民之制，里甲謂之正役。其均徭、驛傳，皆泛役也。各以丁糧等第差充正役。"② 這批黃冊中，民戶擔任里長、甲首較多，如《趙元哲詩集》第1冊正文第7葉背第19行載："甲首"，第20行載民戶貫籍："一戶徐仲仁，係山東兗州府東平州東阿縣西▢▢▢▢▢▢▢"；再如《趙元哲詩集》第一冊正文第17葉背，第1行載"甲首"二字，第3行載民戶貫籍："一戶黃朝章，係山東兗州府東平州東阿▢▢▢▢▢"。而觀之上述六葉黃冊中所登載的州縣軍戶，有三葉黃冊均涉及到州縣軍戶與里甲正役之關係。在第二葉中，第2行存"甲首"一詞，說明軍戶馬來兒充當萬曆年間的甲首，應里甲正役；第三葉中，第4行存"甲首"一詞，說明軍戶趙堂充當萬曆年間的甲首，應里甲正役；第五葉中，第18行載"甲首"一詞，說明軍戶陳守信充當萬曆年間的甲首，應里甲正役。

　　軍戶當民差的情況，爲史書所載。如《明英宗實錄》載：

> 各軍所支月糧，養贍不敷，以故丁多之家，先於洪武、永樂間分房於成都等府州縣附籍，種田納糧，既當民差，又貼軍役。今發回各衛，無田

---

① （萬曆）《大明會典》卷20《戶部二·黃冊》，第132頁。
② （萬曆）《慈利縣志》卷9《職役》，《天一閣藏明代方志選刊》，上海古籍書店1964年版，第5頁。

可耕，供給不敷，愈見凋敝。宜令各衛正軍在營有餘丁者，其民籍戶丁如舊應當民差；若在營無餘丁者，其民籍戶丁專一貼備軍裝。從之。①

正統《軍政條例》亦載：

三戶垛充軍士。正戶升官，除已清解貼戶補役，食糧年遠不動外，今後有此正戶升官差操不缺者，將原衛軍伍住勾。其二、三貼戶，暫免起解，令其聽繼，應當民差。以後本官設有事故，照舊解補原伍。②

但兩則史料中所謂的"民差"，是否包括應里甲正役，這裏並不能確定。王毓銓先生曾認爲："軍戶的軍差既繁重如此，軍戶戶下還有未免除的糧和'里甲'、'均徭'等差。"③ 于志嘉先生亦有此觀點，認爲："原籍戶丁平時則服民役、納民賦，與一般民籍無異，但另外卻又多了對衛所軍戶補役、幫帖的義務，也就是在衛所缺丁時由原籍勾補戶丁繼役，軍丁赴衛時由原籍戶丁供應軍裝、盤纏，平時則對衛軍提供經濟上的支援。"④ 此外，陳文石先生、彭勇先生、秦進才先生亦有類似的觀點。⑤ 但幾位先生均祇是提出軍戶服民役，而並未舉出具體實例。而以上涉及的這三葉黃冊，則證明萬曆時期的部分州縣軍戶如民戶一般，編入里甲之中，服里甲正役，爲相關認識提供了具體的實例。

（本文作者李俊斌，爲首次刊發。）

---

① 《明英宗實錄》卷175"正統十四年（1449）二月己巳"條，第3375—3376頁。
② （明）霍冀輯：《軍政條例》卷3《清審條例·垛戶》，第524頁。
③ 王毓銓：《萊蕪集》，第357頁。
④ 于志嘉：《明清時代軍戶的家族關係——衛所軍戶與原籍軍戶之間》，臺北：《"中央"研究院歷史語言研究所集刊》第74本第1分，2003年，第100頁。
⑤ 陳文石先生認爲："又垛集雖爲籍民爲軍，但其入軍籍之後，義務權利，與其他軍戶同……"。（陳文石《明代衛所的軍》，中華書局編輯部編：《中研院歷史語言研究所集刊論文類編》，《歷史編·明清卷五》，中華書局2009年版，第3259頁。）彭勇先生認爲："軍餘與州縣應繼軍丁都有遞補正軍之義務，都具有亦軍亦民的身份……"（彭勇：《明代班軍制度研究——以京操班軍爲中心》，第230頁。）秦進才先生則認爲："其（州縣軍戶——筆者補）主要職責是遞補衛所正軍的缺額、部分資助正軍生理，平時與民戶一樣承擔政府的賦役，這是史志中的軍、民、匠、灶等戶別之一。"（秦進才：《明代薊鎮長城碑刻與戚繼光籍貫再探》，收於戴建兵主編《明代的府縣》，天津古籍出版社2007年版，第49頁。）

八 《樂府詩集》紙背明代賦役黃冊所見田土推收過割問題探析

　　明代賦役黃冊制度主要以人口和事產爲登載內容，事產項下又主要以田土登載爲主，體現了明統治者推行賦役黃冊制度目的除了控制人口之外，更爲重要是爲了徵收賦稅，因而強調"田地有買賣者，即令過割，務在不虧原額"。[①] 關於明代田土流轉問題研究，目前史學界也已經取得了諸多成果，但多從整體制度層面對其進行探究，從黃冊具體登載內容角度入手分析的論著並不多見。[②] 有鑒於此，本文利用上海圖書館藏《樂府詩集》紙背文獻中所保存的明代賦役黃冊資料進行整理和分類。在此基礎上，通過比對和分析其中所保存的數量衆多但以前不爲人所知的明代田土"推收過割"原始信息，對明代田土流轉的不同方式和實質進行探討，以期推動明代土地制度中田土買賣等相關問題的研究走向深入。

(一)《樂府詩集》紙背登載田土"推收過割"黃冊概述

　　本文所使用登載田土"推收過割"的明代賦役黃冊，皆出自上海圖書館藏《樂府詩集》紙背。該書爲明末毛氏汲古閣刻公文紙印本，共一百卷，十六冊，計1336葉，其中公文紙1318葉，紙背均爲明代賦役黃冊，目前可確定攢造時間和地區者計19種，就時間而言含永樂二十年（1422）、成化八年（1472）、弘治五年（1492）、正德七年（1512）、嘉靖十一年（1532）、嘉靖四十一年（1562）等六次大造黃冊；就地域而言，則包含有浙江金華

[①] 《明太祖實錄》卷203"洪武二十三年（1390）八月七日丙寅"條，臺北"中央"研究院歷史語言研究所校印本，1962年，第3044頁。

[②] 目前，學界關於明代土地買賣問題的研究成果主要包括：傅衣凌《明清封建土地所有制論綱》（人民出版社1992年版），章有義《明清徽州土地關係研究》（中國社會科學出版社1984年版），葉顯恩《明清徽州農村社會與佃僕制》（安徽人民出版社1983年版），王毓銓主編《中國經濟通史・明代經濟卷》（經濟日報出版社2000年版），林金樹、張德信《關於明代田土管理系統問題》（《歷史研究》1990年第4期）等論著。其共同點是皆從整體對明代土地制度和買賣問題進行研究，尤其以徽州文書爲基礎的學術研究更佔據主導。此外，欒成顯先生《明代土地買賣推收過割制度之演變》（《中國經濟史研究》1997年第4期）一文對明代田土買賣"推收過割"問題有過較爲全面和細緻的研究。

府永康縣、嘉興府桐鄉縣、台州府臨海縣、直隸揚州府泰州、直隸蘇州府崑山縣、直隸常州府武進縣、直隸寧國府寧國縣、直隸應天府上元縣、山東東昌府茌平縣、山西汾州、太原府代州崞縣、福建汀州府永定縣、興化府莆田縣、湖廣衡州府衡陽縣等 14 個州縣。

據筆者統計，這其中能基本明確年代且比較詳細登載田土"推收過割"的賦役黃冊共計 258 葉，根據田土"推收過割"的方式和接收雙方的不同，可將其分爲買、賣、兑和分併等四種不同類型。爲便於分析，現分別迻錄一葉代表性賦役黃冊如下：

卷四十三第 10 葉背：

（前缺）

1.   秋糧：
2.   米正耗陸合玖勺。
3. |塘|貳分。
4.   夏稅：
5.   麥正耗貳抄。
6.   秋糧：
7.   米正耗叁勺。

（中缺 2 行）

8. ☐①|畆|。
9.   夏稅：
10.   麥正耗捌合伍勺。
11.   秋糧：
12.   米正耗柒升貳合陸勺。
13.   一本圖内平田壹畆，係買到本圖陳牙戶下田。
14.   夏稅：
15.   麥每畆科正麥叁合玖勺陸抄陸撮，每斗

---

① 據文義及紙背同一黃冊書寫格式推斷，此處所缺文字疑爲"民田轉收田貳"。

16. 　　　　　　　秋糧：
17. 　　　　　　　米每畝科正米叁升叁合玖勺柒撮伍圭，
　　　　　　　　每斗帶耗米柒合，共該叁升陸合叁勺。
18. 　　　　　　一本圖內平田壹畝，係買到本都壹圖盧道林戶
　　　　　　　　下田。
19. 　　　　　　　夏稅：
20. 　　　　　　　麥每畝科正麥叁合玖勺陸抄陸撮，每斗
　　　　　　　　帶耗麥柒合，共該肆合叁勺。
21. 　　　　　　　秋糧：
22. 　　　　　　　米每畝科正米叁升叁合玖勺柒撮伍圭，
　　　　　　　　每斗帶耗米柒合，共該叁升陸合叁勺。
　　　　　　　　（後缺）

該葉據考證應爲明永樂二十年（1422）浙江金華府永康縣義豐鄉壹都陸里賦役黃冊殘葉，所載爲一戶"新收"田土信息。

卷四十第 4 葉背載：

　　　　　　　　（前缺）
1. 　　　　　　　⬜⬜⬜⬜⬜分。
　　　　　　　　（中缺 1 行）①
2. 　　　　　　　麥每畝科正麥伍升，每斗帶耗柒合，共
　　　　　　　　該壹斗陸升捌合伍勺貳抄伍撮。
3. 　　　　　　　絲綿每畝科正絲壹分伍厘、綿壹分伍厘，
　　　　　　　　共該玖分肆厘伍毫。
　　　　　　　　（中缺 1 行）②

---

① 據文義及紙背同一黃冊書寫格式推斷，此處所缺 1 行文字應爲"夏稅"。
② 據文義及紙背同一黃冊書寫格式推斷，此處所缺 1 行文字應爲"秋糧"。

4. 米 每畝科正米伍升，每斗帶耗柒合，共該叁斗玖升叁合貳勺貳抄伍撮。

5. ＿＿＿＿畝伍分，於成化捌年典賣過割與侯瑾承種。

　　（中缺 1 行）①

6. 麥 正耗貳升肆合柒勺伍抄，

7. 絲 綿壹分叁厘伍毫。

　　（中缺 1 行）②

8. 米 正耗伍升陸合壹勺柒抄伍撮。

9. ＿＿＿＿畝，於成化捌年典賣過割與侯受山承種。

　　（中缺 1 行）③

10. 麥 正耗肆升捌合壹勺伍抄，

11. 絲 綿貳分柒厘。

　　（中缺 1 行）④

12. □⑤正耗壹斗壹升貳合叁勺伍抄。

13. ＿＿＿＿成化捌年典賣過割與周良承種。

　　（中缺 1 行）⑥

14. 麥 正耗叁升貳合壹勺，

15. 絲 綿壹分捌厘。

　　（中缺 1 行）⑦

16. 米 正耗柒升肆合玖勺。

---

① 據文義及紙背同一黃冊書寫格式推斷，此處所缺 1 行文字應爲"夏稅"。
② 據文義及紙背同一黃冊書寫格式推斷，此處所缺 1 行文字應爲"秋糧"。
③ 據文義及紙背同一黃冊書寫格式推斷，此處所缺 1 行文字應爲"夏稅"。
④ 據文義及紙背同一黃冊書寫格式推斷，此處所缺 1 行文字應爲"秋糧"。
⑤ 據文義及紙背同一黃冊書寫格式推斷，此處所缺文字應爲"米"字。
⑥ 據文義及紙背同一黃冊書寫格式推斷，此處所缺 1 行文字應爲"夏稅"。
⑦ 據文義及紙背同一黃冊書寫格式推斷，此處所缺 1 行文字應爲"秋糧"。

17.　　　　　　　　］於成化捌年典賣過割與王拳承種。
　　　　　　　　（後缺）

該葉據考證爲明成化八年（1472）山東東昌府茌平縣叁鄉第壹圖賦役黄冊殘葉，所載爲一戶"開除"田土信息。

卷四十四第 11 葉背載：

　　　　　　　　　（前缺）
1.　　　　　　　　麥正耗壹升伍合柒勺，
2.　　　　　　　　絲貳分伍厘。
3.　　　　　□①糧米正耗貳石捌升壹合伍勺。
4.　　　□□□□，□□②米正耗貳石捌升壹合伍勺。
5.　　　　　　　］糧田陸分，秋糧米每畝科正米叁斗柒升壹合，每斗帶耗米柒合，共
6.　　　　　　　　該貳斗叁升捌合叁勺，於正德貳年兑佃過
7.　　　　　　　　割與薛祥承種。
8.　　　　　　　］田貳畝伍分，秋糧米每畝科正米叁斗柒升壹合，每斗帶耗米柒合，共
9.　　　　　　　　該玖斗玖升貳合肆勺，於正德叁年兑佃過割與
10.　　　　　　　陸昊承種。
11.　　　　　　　］糧田壹畝捌分柒厘，秋糧米每畝科正米貳斗陸升肆合，每斗帶耗米柒
12.　　　　　　　合，共該伍斗貳升捌合貳勺，於正德叁年兑佃過

---

① 據文義及紙背同一黄冊書寫格式推斷，此處所缺文字應爲"秋"。
② 據文義及紙背同一黄冊書寫格式推斷，此處所缺文字應爲"田玖畝柒分，秋糧"。

第四章　新發現上海圖書館藏古籍紙背明代賦役黃冊復原與研究　659

13.　　　　　　　　割與陸昊承種。
14.　　　　　[▭▭▭▭]叁畝肆分叁厘，秋糧米每畝科正米伍升，每斗帶耗米柒合，共該
15.　　　　　　　　壹斗捌升叁合伍勺，於正德貳年兑佃過割與
16.　　　　　　　　葉昇承種。
17.　　　　　[▭▭▭▭]壹畝叁分，秋糧米每畝科正米壹斗，每斗帶耗米柒合，共該壹斗
18.　　　　　　　　叁升玖合壹勺，於正德貳年兑佃過割與葉
19.　　　　　　　　昇承種。
20.　　　　　[▭▭▭▭▭]伍分，於正德叁年賣與陳阿狗爲業。
21.　　　　　　　　麥每畝科正麥叁升，每斗帶耗麥叁合伍勺，共該壹升伍合柒勺。
　　　　　　　　　（後缺）

該葉據考證爲明正德七年（1512）直隸蘇州府崑山縣全吳鄉第陸保第拾圖賦役黃冊殘葉，所載也爲一戶"開除"田土信息。

卷八十一第 1 葉背載：

　　　　　　　　　（前缺）
1.　　　　秋糧米正耗壹碩捌斗叁升玖合伍勺。
2.　　　　□□□①肆畝肆分柒厘，歸併本圖徐慶叁戶下田。
3.　　　　夏税每畝科正麥貳升，每斗帶耗叁合伍勺，共麥玖升貳合伍勺。
4.　　　　秋糧每畝科正米貳斗叁升，每斗帶耗柒合，共米壹碩壹斗壹勺。

---

① 據文義及紙背同一黃冊書寫格式推斷，此處所缺文字應爲"一則田"。

5.　　□□①田叄畝柒分壹厘，歸併與本圖徐慶叄戶內爲業。
6.　　　　夏稅每畝科正麥貳升，每斗帶耗叄合伍勺，共麥柒升陸合捌勺。
7.　　　　秋糧每畝科正米伍升，每斗帶耗柒合，共米壹斗玖升捌合伍勺。
8.　　□□□②叄畝壹分伍厘，出賣與本圖徐慶叄爲業。
9.　　　　夏稅每畝科絲壹分，計絲叄分貳厘。
10.　　　秋糧每畝科正米伍升，每斗帶耗柒合，共米壹斗陸升捌合伍勺。
11.　　□□③田陸畝貳分捌厘，歸併與本圖徐慶叄爲業。
12.　　　夏稅每畝科絲壹分，計絲陸分叄厘。
13.　　　秋糧每畝科正米伍升，每斗帶耗柒合，共米叄斗叄升陸合。
14.　　□□④田陸分捌厘，出賣與本圖陸阿福爲業。
15.　　　夏稅每畝科正絲壹分，計絲柒厘。
16.　　　秋糧每畝科正米伍升，每斗帶耗柒合，共米叄升陸合肆勺。

（後缺）

該葉據考證爲明成化八年（1472）浙江嘉興府桐鄉縣永新鄉貳拾捌都第叄圖賦役黃冊殘葉，所載爲一戶"開除"田土信息。

以上四葉賦役黃冊散存於《樂府詩集》第九冊卷四十三第 10 葉背，編號 ST·YFSJ［J43：Y10］，第九冊卷四十第 4 葉背，編號 ST·YFSJ［J40：Y4］，第九冊卷四十四第 11 葉背，編號 ST·YFSJ［J44：Y11］，及第十四冊卷八十一第 1 葉背，編號 ST·YFSJ［J81：Y1］，分屬 4 種不同的黃冊，

---

① 據文義及紙背同一黃冊書寫格式推斷，此處所缺文字應爲"一則"。
② 據文義及紙背同一黃冊書寫格式推斷，此處所缺文字應爲"一則田"。
③ 據文義及紙背同一黃冊書寫格式推斷，此處所缺文字應爲"一則"。
④ 據文義及紙背同一黃冊書寫格式推斷，此處所缺文字應爲"一則"。

攢造時間分別爲永樂二十年（1422）、成化八年（1472）和正德七年（1512），其中成化八年2種；攢造都里則分別爲浙江金華府永康縣義豐鄉壹都陸里、山東東昌府茌平縣叁鄉第壹圖、直隸蘇州府崑山縣全吳鄉第陸保第拾圖和浙江嘉興府桐鄉縣永新鄉貳拾捌都第叁圖。

從以上錄文內容可知，第一葉ST·YFSJ［J43：Y1］黃冊所載田土流轉部分的核心內容爲"買到"，可看作買田土類的代表；第二葉ST·YFSJ［J40：Y4］黃冊所載田土流轉部分的核心內容爲"典賣過割與"，可看作賣田土類的代表；第三葉ST·YFSJ［J44：Y11］黃冊核心內容爲"兌佃過割與"，可看作兌田土類的代表；第四葉ST·YFSJ［J81：Y1］黃冊核心內容爲"歸併與"，可看作分併類的代表。此四葉賦役黃冊雖不能涵蓋《樂府詩集》258葉紙背所載田土"推收過割"的全部內容，但其具有代表性和典型性，可幫助我們了解明代黃冊中登載田土推收過割的基本形式和格式。

此處還需說明一點，上引四葉黃冊所涉及田土推收過割內容皆在明代賦役黃冊登載規定"四柱計帳法"新收、開除兩部分之下。後文在具體引證之時，皆徑直選取與田土推收過割內容有關之部分，其登載格式皆與此四葉黃冊相同。

據《明實錄》載，明代朝廷設立賦役黃冊制度最初即强調"田地有買賣者，即令過割，務在不虧原額"[1]，亦可體現明代賦役黃冊制度下田土流轉登載的核心環節即爲"推收過割"。另，明初頒行的《大明令·戶令》下"典賣田土"條載：

> 凡典賣田土、過割稅糧，各州縣置簿，附寫正官提調收掌，隨即推收，年終通行造冊解府，毋令産去稅存，與民爲害。[2]

據此可知，過割指"過割稅糧"，其與典賣田土過程同時進行，而田土買賣加過割稅糧的完整過程即可視爲推收。明廷要求土地過割的同時"隨即

---

[1] 《明太祖實錄》卷203"洪武二十三年（1390）八月七日丙寅"條，第3044頁。
[2] （明）刑部修，懷效鋒點校：《大明律》（附《大明令》），法律出版社1999年版，第244頁。

推收",目的是爲了防止"產去稅存,與民爲害",可見在明代田土流轉中,"推收"強調田賦的轉移,保證人戶、田地和稅糧三者合一,最終達到"地有所歸,糧有所稽"之目的。概言之,"推收過割"即指田土所有權及其田賦經過合法登記手續最終完成從買方到賣方轉移過程的合稱。

另,上引第三葉賦役黃冊中保存田土"兌佃"的登載。關於田土"兌佃",元代已有,《元典章》和《至正條格》等均有記載,主要指佃種官田,其延續到明代仍然如此。《天下郡國利病書·常鎮備錄》引《武進縣志·徵輸》云:

> 嘉靖中,歐陽公定賦法,於是汰去則數之繁冗者,統之爲官民二則,所謂極重極輕之田,視文襄時益多調停。而本、折二項,又俱照糧併派,畝畝有之,人人有之,不得復以意指某田派某糧矣。此法之變而加密者也。然而官田、民田猶自角立,嘉靖末則以官民田並言之,無復差別,而止以平坦極低極高,分則派徵,蓋又法之變而加密者也。(唐鶴徵曰:官民一則之說,殊為可恨,何也?官田者,朝廷之有,而非細民之產;耕之者乃佃種之人,而非得業之主;所費者乃兌佃之需,而非轉鬻之價;所輸者乃完官之租,而非民田之賦。惟奸宄之徒,則據以爲業,良民不敢有也。不揣其本,而齊其末,以租爲賦,而病其過重,俾民田均而任之,是上奪朝廷之田,以惠奸宄;下又苦純良之民,代任其租也,是遵何說哉?藉令可行,何應公之智不及此也。又藉令有宣力暨勳者起,朝廷錫之土田於何取給乎?即不能復其賦額,而其田額終不可使之漸減也。)①

據此可知,官田爲朝廷所有,並非普通百姓之產,"耕之者乃佃種之人,而非得業之主;所費者乃兌佃之需,而非轉鬻之價;所輸者乃完官之租,而非民田之賦"等語則道破了兌佃與官田之間的玄機。具體而言,兌佃即指土地租佃權的轉讓。在元、明兩代租佃官田的人戶兌佃之時,需由原佃人向本

---

① (明)顧炎武:《天下郡國利病書》第7冊《常鎮備錄》,上海古籍出版社2012年版,第752—753頁。

地官府提出申請，經核准後改定居名，立定文契。承佃人向原佃人交付錢鈔，作爲兌佃的代價，並到稅務納稅。兌佃後，由承佃人依數納租。民田佃戶兌佃，田主如不承認，可收回土地。由此也可看出，田土兌佃大多數涉及官田，有較爲規範的流程和懲罰措施，其核心實質爲土地租佃權的轉讓。

此外，明代田土流轉過程中對"典"和"賣"的界定也有明顯之別，《明律集解·戶律·田宅》下"典賣田宅"條載："以田宅質人，而取其財，曰典；以田宅與人，而易其財，曰賣。典可贖，而賣不可贖也。"[①] 據此可知，典與賣有"典可贖，賣不可贖"之別。

(二)《樂府詩集》紙背登載"推收過割"黃冊分類

賦役黃冊登載的田土"推收過割"內容，含"典"、"賣"和"兌佃"等不同書寫表達方式。據此，我們可將《樂府詩集》紙背可確定具體攢造時間、鄉都的賦役黃冊所登載的田土"推收過割"細分爲："買"田土、"賣"田土、"兌"田土和"分併"田土等四大類。根據田土流轉過程中推收過割書寫方式的不同及是否過割等，又可細分爲十九小類。具體情況如下：

1. "買"田土類

據統計，《樂府詩集》紙背賦役黃冊登載有"買"入田土內容者總計63葉。根據"買"入田土登載格式的不同及是否過割等，其下可細分爲"買到"、"（典）買過割"、"典買過割到"、"典買到"和"實買到"等五種不同類別。具體情況俱見表一：

表一　　　　　紙背賦役黃冊登載"買"田土情況統計表

項目／類型	所屬年代	基本內容	數量（葉）
買到	永樂二十年（1422）	一某田某畝，係買到某地某戶下田。	22
	成化八年（1472）		4
	弘治五年（1492）		3

---

① （明）刑部修：《大明律集解附例》，光緒重刊本，第43—44頁。

買過割到	正德七年（1512）	一某田某畆，係某年買過割到某地某戶下田。	15
典買過割到	成化八年（1472）	一某田某畆，係典買過割到某戶下田。	15
典買到	弘治五年（1492）	一某地某田某畆，係典買到某戶下田。	3
實買到	嘉靖十一年（1532）	一某地某田某畆，係某年實買到某地某戶下田。	1
總計			63

資料來源：此表爲筆者根據上圖藏《樂府詩集》紙背賦役黃冊資料整理分析所繪製，所屬年代根據黃冊內容結合明代大造賦役黃冊的時間而確定；基本內容則根據黃冊中登載此類田土流轉內容歸納總結而來，特此說明。後文表二、表三及表四資料來源與此相同，不再贅述。

就數量而言，載有該類內容的賦役黃冊總計63葉，其中直接書寫"買到"田土者計29葉，占總數的46%；書寫"（典）買過割"田土者30葉，占總數的47%；其它形式祇有4葉，占7%。由此可見，"買到"和"（典）買過割"在黃冊登載"買田土"格式中佔據主導。換言之，這兩種格式也應是明代賦役黃冊登載買入田土的主要書寫形式。

從表達形式來看，賦役黃冊中關於買入田土的登載格式主要包括三部分：

第一部分主要書寫該則田土的所在地、類型和大小，"所在地"主要指"某都某圖"；"類型"表示田土的分類，包括總的田、地、山和塘，或更細化將田分爲平田、高田等內容；"大小"即田土"幾畆幾分幾厘"。

第二部分即爲區分這五小類的核心主題用語，具體包括買、典買、實買、買過割和典買過割等。雖然總體上皆爲買入田土，但又由於田土所有權轉讓程度的差異，導致了書寫用語的不同。

第三部分主要書寫該則田土的原戶主信息，主要包括原戶主所屬都圖、姓名。原戶主姓名及都圖籍貫，書寫格式爲"某都某圖某戶"。

綜合以上分析，賦役黃冊中關於"買入田土"的登載格式可概括爲：一則某都某圖（田/地/山/塘）某畆某分某厘，係買/典買/實買/買過割/典買過割到某都某圖某戶下（田/地/山/塘）。

從田土所有權的轉變來看，買入田土基本可分爲兩類：第一類是完全意義上的田土買入，即擁有該塊田土的完全所有權，其表達方式爲"買過割到"或"實買到"；另一類屬於並未完全佔有該塊田土，表達方式包括"買到"、"典買過割到"和"典買到"這三種，此類的田土買賣祇是暫時擁有該則田土或擁有田土的田面權。

2. "賣"田土類

《樂府詩集》紙背賦役黃冊載有"賣"出田土內容者總計 116 葉。根據"賣"出田土登載格式的不同及是否過割等，又可細分爲"（出）賣與"、"（出）賣過割與"、"典賣過割與"、"實賣與"和"賣與……轉賣與"這五小類。具體情況如下表二：

表二　　　　　　　　紙背賦役黃冊登載"買"田土情況統計表

類型＼項目	所屬年代	基本內容	數量（葉）
（出）賣與	成化八年（1472）	一某地某畝，於（某年出）賣與某戶爲業。	8
	弘治五年（1492）		5
	正德七年（1512）		17
（出）賣過割與	永樂二十年（1422）	一某地某田某畝，於（某年某月出）賣過割與某地某戶爲業。	32
	正德七年（1512）		23
典賣過割與	成化八年（1472）	一某田某畝，於某年（某月）典賣過割與某戶爲業。	27
	弘治五年（1492）		2
實賣與	嘉靖十一年（1532）	一某地某田某畝，某年某月實賣與某地某戶下田。	1
賣與……轉賣與	嘉靖四十一年（1562）	一某地某田某畝，係某年賣與某地某戶，某年又轉與某地某戶爲業。	1
總計			116

就數量而言，載有該類內容的賦役黃冊總計 116 葉，直接書寫"（典/出）賣過割與"田土者 84 葉，占總數的 72%；書寫"（出）賣與"田土者 30 葉，占總數的 26%；其它形式僅 2 葉，占 2%。由此可見，"（典/出）賣過割與"和"（出）賣與"應是黃冊登載出賣田土情況的主要形式。

賦役黃冊中，關於"賣"出田土的登載格式與"買"入田土的登載格式大體相同，但又加入了具體賣出時間，這一點似乎說明對田土買賣中賣方的登記更爲詳細。綜合來看，黃冊中"賣"田土的登載格式可概括爲：一則某都某圖內（田/地/山/塘）某畝某分某厘，於某年某月出賣/實賣/出賣過割/典賣過割/賣……又轉……與某都某圖某戶爲業。

如果從田土買賣的完成角度來看，祇有"實賣"和"出賣過割"是完全意義上完成了田土所有權的出賣；而"出賣"、"典賣過割"和"賣與……轉賣與"並未完成完全意義上的土地所有權轉讓，有的是沒有完成過割手續，有的是有一定的條件限制，還有的是將田土的田面權賣出等等。

3. "兌佃"田土類

《樂府詩集》紙背賦役黃冊登載有"兌佃"田土內容者總計 58 葉。根據"兌佃"田土登載方式的不同及是否過割等，又可細分爲"兌佃過割與"、"兌佃過割到"、"兌到"、"兌（佃）與"和"典賣兌佃與"這五種不同的類別。黃冊中"兌佃"田土的登載比較特殊，既包含田土的"兌入"，也包含田土的"兌出"。具體情況如下表三：

表三　　　　　　　**紙背賦役黃冊登載"兌佃"田土情況統計表**

項目＼類型	所屬年代	基本內容	數量（葉）
兌到	永樂二十五年（1422）	一某地某田某畝，（共該糧多少），係某年兌到（某地）某戶下田。	3
	正德七年（1512）		4
	嘉靖四十一年（1562）		1
兌佃過割與	永樂二十年（1422）	一某田某畝，於某年兌佃過割與某地某戶承種（佃）。	2
	正德七年（1512）		31

第四章　新發現上海圖書館藏古籍紙背明代賦役黃冊復原與研究　667

续表

類型\項目	所屬年代	基本内容	數量（葉）
兌佃過割到	正德七年（1512）	一某田某畝，秋糧共該多少，係某年某月内過割到某地某戶下某田。	14
兌（佃）與	正德七年（1512）	一某田某畝，（共該秋糧多少），於某年兌（佃）與（某地）某戶承種（收）。	2
典賣兌佃與	成化八年（1472）	一某田某畝，於某年典賣兌佃與某地某戶爲業。	1
總計			58

就數量而言，載有該類内容的賦役黃冊總計58葉，其中直接書寫"兌（佃過割）與"者41葉，占總數的71%；書寫"兌（佃過割）到"者16葉，占總數的28%；其他形式祇有1葉，占1%。由此可見，"兌（佃過割）與"和"兌（佃過割）到"應是黃冊登載田土兌佃變化的主要形式。

從結構分析，賦役黃冊中該類内容的登載亦由三部分組成，在第三部分同樣加入了具體年月，還有一點不同的就是，在第一和第二部分中間加入了稅糧的内容。其中，"兌佃入"田土的登載格式爲"一則田土……，秋糧……，係某年某月……兌到……戶下官田"；"兌出"田土的登載格式爲"一則田土……，秋糧……，於某年某月……兌與……承種"。綜合以上分析，我們可將黃冊中"兌佃"田土情況的登載格式概括爲：一則某都某圖内（田/地/山/塘）某畝某分某厘，秋糧……，係/於某年某月兌/兌佃/兌佃過割/典賣兌佃到/與某都某圖某戶下官田/承種。

4. "分併"田土類

《樂府詩集》紙背登載有"分併"田土内容者計21葉，根據登載格式的不同又可分爲"分析與"、"分拆到"、"分佃與"和"歸併"四類。具體情況如下表四：

表四　　　　　紙背賦役黃冊登載"分併"田土情況統計表

類型＼項目	所屬年代	基本內容	數量（葉）
分析與	永樂二十年（1422）	一某田某畝，係分析與某地某戶爲業。	2
	正德七年（1512）		4
分拆到	永樂二十年（1422）	一某田某畝，係分拆到某地某戶下田。	3
分佃與	永樂二十年（1422）	一某田某畝，係分佃與某地某戶承種。	2
歸併	永樂二十年（1422）	一某田某畝，係歸併到（於）某地某戶下田（爲業）。	10
總計			21

　　賦役黃冊中"分併"田土的登載格式與此前三類田土買賣登載格式基本一致，基本登載格式可簡單歸納爲：一則某都某圖內（田/地/山/塘）某畝某分某厘，係分析/分拆/分佃/歸併到/與某都某圖某戶下田/爲業。其中，"分拆"、"分析"、"分佃"和"歸併"等均體現了田土的轉移，而且基本與家族或宗族有一定關係，爲我們進一步了解明代田土轉移的細節提供了豐富的史料。

　　通過上述分析，我們可以得出以下三點認知：

　　其一，通過對史籍記載和賦役黃冊原件的綜合分析，我們對明代田土"推收過割"內容、格式和實質有了更深入的了解。無論是田土買、賣，還是兌佃和分併，明代賦役黃冊中田土"推收過割"的登載格式都是先交代田土所在都圖和大小，同時還需記載田土轉移另一方的都圖籍貫和姓名，這一點充分體現了明代官府對於田土流轉的控制。黃冊中登載田土流轉情況的目的，應是爲強調田賦的轉移，明代田土買賣中產權和稅糧轉移的關鍵就在於此。

　　其二，通過細化分類，一方面可以總結歸納出黃冊中登載田土推收過割的通行格式，從而進行整體把握；另一方面也可以通過特點總結，更爲直觀的瞭解明代田土流轉的各種不同形式。明代賦役黃冊中田土推收過割的登載形式雖有所不同，但其特點和格式又無一例外地凸顯出各種田土流轉的實質。

其三，明代賦役黃冊登載田土"推收過割"的基本形式可分爲四種不同類型，分別以買、賣、兑（佃）和歸併爲核心。通過分析可見，不同類型的土地流轉，在賦役黃冊中均對應着不同的登載格式，且同一類型的土地流轉中，根據流轉完成程度的不同，黃冊登載格式也不同。因此，通過對明代黃冊中田土"推收過割"不同書寫方式的總結，我們可以進一步從賦役黃冊角度去分析明代田土流轉中的一些具體問題。

（三）《樂府詩集》紙背登載"推收過割"黃冊價值簡析

通過上文對上圖藏《樂府詩集》紙背黃冊中田土"推收過割"情況的分析，可將其價值主要歸納爲以下幾個方面。

其一，爲我們展現了明代賦役黃冊中豐富多樣的田土"推收過割"登載格式。

衆所周知，明代統治者對於田土流轉一直頗爲重視。而賦役黃冊制度作爲一項以控制人口和徵收賦役爲主的制度，對土地流轉的登載則更爲重視，這一點從史籍記載中可見一斑。

史載，洪武二十三年（1391）要求"通計其數，比照十四年原造黃冊，如丁口有增減者，即爲收除；田地有買賣者，即令過割，務在不虧原額"，[①]其將田土買賣和人口增減作爲賦役黃冊登載最重要的兩項內容予以強調，表明早在賦役黃冊制度制定之初，田土買賣就作爲重要部分被列入其中。洪武二十六年（1393），明廷又做出了更爲具體的規定，要求"凡各州縣田土，必須開豁各戶若干及條段四至。係官田者，照依官田則例起科；係民田者，照依民田則例徵收。務要編入黃冊，以憑徵收税糧。如有出賣，其買者聽令增收，賣者即當過割，不許攤派、詭寄，犯者律有常審"。[②] 此時進一步對賦役黃冊中田土流轉變動的登載，按照官田和民田，及買者和賣者進行了嚴

---

① 《明太祖實錄》卷203 "洪武二十三年（1390）八月七日丙寅"條，第3044頁。
② （萬曆）《大明會典》卷17《户部四·田土》，中華書局1989年版，第112頁

格區分，還對不如實登記將執行懲罰的措施作了詳細規定和完善。此後，正德六年（1511）又進一步明確田土買賣必須於賦役黄册"册内收除項下，務要明白開具。某戶田土，因是消乏，於某年月日立券出賣，隨田税糧即與開除。不許勢家勒買，以致地盡糧存。某戶田土，除原額頃畝之外，近於某年月日又新增若干，應辦税糧俱照數徵納。"① 此規定要求黄册新收和開除項下，需要明白開具田土新增和"立券"賣出的時間。隆慶四年（1570）又規定："田糧，如有人戶買賣田地應該過割者，即於各戶收除、實在項下，明白填註作數，不許有收無除，有除無收。"② 再次強調田土買賣過割需要在各戶登載中明確填寫，表明推收。

由此，我們可以認爲：明洪武時期朝廷在不斷完善賦役黄册制度的同時，對黄册具體登載内容中田土買賣的規定亦在逐步規範和細化。黄册中所見不同含義的田土買賣用語並非隨意爲之，意在強調田土"推收過割"的登載必須嚴格執行，最終以達到朝廷"以憑徵收税糧"之目的。

上文中筆者列舉了不同類型的田土"推收過割"在賦役黄册中的具體登載格式。登載格式的不同，一方面是執行賦役黄册攢造登載制度的規定，另一方面又是爲了方便根據實際情况進行區分。例如，同爲"買"入田土，但根據實際情况的不同，賦役黄册登載中細分爲了"買到"、"典買到"、"實買到"、"買過割到"和"典買過割到"等五種表達方式，代表了五種不同的田土買入情况。

换言之，在明代田土流轉"即令過割"和"不失原額"的整體要求下，賦役黄册中對田土"推收過割"的登載會根據實際情况的不同，有所變通。而傳世史籍中，一般多是僅僅強調田土買賣流轉需要在黄册中進行登載，但未對黄册登載的具體方式進行細緻交代。紙背賦役黄册原件的發現，正可彌補這一史籍記載的不足，使我們得以明了田土流轉在賦役黄册中登載方式的不同，即體現着田土流轉方式的不同，也體現着田土"推收過割"的完成情况。

其二，體現了明代賦役黄册制度下堅持遵循的田土買賣"過割"原則。

---

① （明）趙官等編：《後湖志》卷8《事例五》，南京出版社2011年版，第89頁。
② 《後湖志》卷10《事例七》，第154頁。

《大明律》卷五《田宅·典賣田宅》中載明代田土買賣綱領性規定云：

> 凡典買田宅不稅契者，笞五十，仍追田宅價錢一半入官。不過割者，一畝至五畝，笞四十，每五畝加一等罪，止杖一百，其田入官。……令曰：凡買賣田宅，務赴投稅。除正課外，每契本一□，納工本銅錢四十文，餘外不許多取。又曰：凡典賣田土、過割稅糧，各州縣置簿，附寫正官提調收掌，隨即推收，年終通行造冊解府。毋令產去稅存，與民爲害。釋義曰：以田宅質人而取其財，曰典；以田宅與人而易其財，曰賣。典可贖，賣不可贖也。①

據此可知，明代對百姓田宅典賣有着嚴格的規定和要求。田土買賣，一方面需辦理"稅契"，否則會受到"笞五十，仍追田宅價錢一半入官"的懲罰；另一方面田土買賣還須"過割"，未予過割，同樣會受到懲罰，具體量畝而定，"一畝至五畝，笞四十，每五畝加一等罪，止杖一百，其田入官"，可見在田土買賣中，辦理"稅契"和"過割"手續極爲重要。

學界關於明代稅契已做了較爲深入的研究，筆者不再過多贅述。此處僅結合賦役黃冊制度略作申說。

《後湖志》載萬曆二十年（1592）正月南京戶科給事中郝世科奏"時值大造、積弊當釐、敬陳稅契末議以塞貪竇、以一法守事"云：

> ……臣請言稅契之弊，而並及一得之愚，惟皇上其鑒察焉。內除在京縣分並差重處所年年稅契者應否，照舊不敢概議外，竊見天下各府、州、縣，每遇壬年開局，推收造冊，民間有置買田地事產等項，例應過割人戶。有司拘其文契，不論升合毫釐，片紙隻字，俱盡數到官。仍查其契內所載價值多少，在各省直事例不同。有契價一兩而稅銀三分者，有稅銀四五分者。納銀上官後，各以印信契尾給之。其所收稅契銀兩，隨其申報上司，截數起解府、司，轉解戶部，聽備邊之用。此稅契之大略。然也，查《會典》亦未見開載詳悉，顧其通行，亦既久矣。夫契

---

① 《大明律釋義》卷5《田宅·典賣田宅》，明嘉靖刻本，第232頁。

在民間充棟布散，本甚浩繁，而價載契中，數目漫茫，亦從何究詰其拘契到官也？……大要，稅價不如稅畆，驗契不如驗冊。使朝廷無虛名而百姓蒙實惠者，其利害固較然也，抑臣尤有說焉。夫稅契之設，因於過割，而過割之例，因於大造，其大造黃冊，又必以十年爲期也。今各省事體不同，十年一稅者十之八九，年年俱稅者十之二三。夫年年契稅，則必年年推收，亂版冊而僞戶口，其滋弊亦有不可勝言者，甚非國家畫一之制也。臣請敕下戶部，詳查議覆。如果臣言不謬，轉行各撫、按官與同督冊道，將前議等事虛心講求，酌量施行，一以貽便民之利，一以昭一體之法，庶足國裕民，懲貪恤隱，或亦少補於萬一也。臣無任隕越，待命之至。奉聖旨："戶部知道。"①

郝世科此奏議中有幾點內容值得我們關注。

首先，他對稅契的基本情況進行了詳細說明，明確指出稅契爲"天下各府、州、縣，每遇壬年開局，推收造冊，民間有置買田地事產等項，例應過割人戶。有司拘其文契，俱盡數到官。納銀上官後，各以印信契尾給之"，稅契"所收稅契銀兩，隨其申報上司，截數起解府、司，轉解戶部，聽備邊之用"。

其次，他提議"稅價不如稅畆，驗契不如驗冊"，使得"朝廷無虛名而百姓蒙實惠"，最終"一以貽便民之利，一以昭一體之法"。

最後，他還明確指出"稅契之設因於過割，而過割之例因於大造"，此將稅契、過割與明代賦役黃冊大造三者之間的關係點明，同時還提到目前田土買賣"十年一稅者十之八九，年年俱稅者十之二三。夫年年契稅，則必年年推收"，因此提倡遵循十年一稅一推收。郝世科當時作爲掌管後湖黃冊之南京戶科給事中，有督冊之職責，同時又值賦役黃冊大造之年，所以此處他所論之事應是符合實際情況的。

關於田土買賣中的"過割"，前引《明太祖實錄》"洪武二十三年（1390）八月丙寅"條已明確記載"田地有買賣者，即令過割，務不虧原

---

① 《後湖志》卷10《事例七》，第186—187頁。

額"，① 此可看作明初制定賦役黃冊制度之初的細緻規定。其要求田土買賣必須"即令過割"，可見對田土買賣中"過割"的重視。明人呂坤也認爲："照得過割之制，祖宗自有成法"，並進一步解釋云：

> 大誥固言之矣，曰：凡買地賣地，務要過割，不許寄莊。又曰：移坵換段者，全家化外。過割寄莊，移坵換段，此八字者，講求分明，而後知祖宗過割之法。曰過割者，謂北里趙甲買南里錢乙之地，錢乙割地過於趙甲名下，非謂割錢乙之南里過於趙甲之北里也。曰不許寄莊者，錢乙之地，錢乙爲莊，仍在錢乙名下納糧，謂之寄莊，言仍寄錢乙以爲莊，而避地多家富之門戶也。曰移坵換段，則今日之過割是已。②

另，《大明會典》卷十七《戶部四·田土》載："（洪武）二十六年定，凡各州縣田土，必須開豁各戶若干及條段四至。係官田者，照依官田則例起科；係民田者，照依民田則例徵收。務要編入黃冊，以憑徵收稅糧。如有出賣，其買者聽令增收，賣者即當過割，不許攤派、詭寄，犯者律有常審。"③由上引兩條資料可知，田土買賣之"過割"指"謂北里趙甲買南里錢乙之地，錢乙割地過於趙甲名下"，簡言之，即"其買者聽令增收，賣者即當過割"。因爲"過割"實際上是統治者徵收稅糧的"憑據"，因而要求田土買賣完成，"即當過割"。賦役黃冊關於田土流轉的登載中，頻繁出現"買過割"、"賣過割"和"兑過割"等語，即是"過割"在田土買賣中重要性的一個體現。

另外，由史籍記載可知，各州縣在典賣田土、過割稅糧之時，還要造一個"過割"簿，具體登載田土過割內容，"附寫正官提調收掌，隨即推收，年終通過造冊解府"，最終要達到"毋令產去稅存，與民爲害"之目的。關於此簿，明人呂坤《實政錄》中云：

---

① 《明太祖實錄》卷 203 "洪武二十三年（1390）八月七日丙寅"條，第 3044 頁。
② （明）呂坤：《實政錄》卷 4《民務·改復過割》，中華書局 2008 年版，第 1023 頁。
③ （萬曆）《大明會典》卷 17《戶部四·田土》，第 112 頁。

一州縣置一過割簿，每里空餘三五張。凡買地、賣地交價已完，買主、賣主、甲正同到縣堂稅契訖，縣官即將買地里分註云：某年月某里某人買本里幾甲地若干，割趙甲之地過與錢乙名下。趙甲仍在該里納糧，不許收入自己里中，違者以移邱論；不許仍在賣主名下納糧，違者以寄莊論。①

由此可見，"過割簿"是買賣土地交價完成之後，由買主、賣主和里正一同到縣堂辦理稅契之後，由縣官在買地里甲之中所做的登記簿冊。此舉一方面可以防止"移邱"和"寄莊"，更爲重要的是爲了政府對治下田土數量和具體流轉情況的掌握，以保證稅收的穩定。

賦役黄冊中，關於田土買賣"過割"的登載包括："典賣過割與"、"買過割到"和"兑佃過割與"等，其中未明確書寫田土買賣"過割"的登載則包括"買到"、"賣與"和"兑到"等。其中，未明確書寫田土買賣"過割"的應是對應尚未完成過割手續，但已進行了初步田土買賣的情況；而明確標註過割的應是對應已經完成了全部買賣過割手續，此也可視爲該批黄冊資料的重要價值之一。

雖然當前學界對賦役黄冊所涉及田土"推收過割"問題有所論述，如欒先生文中曾指出從明代田土的"推收過割"經歷了明初的隨即過割，到黄冊實行時的十年一過割，再到明後期再次變爲隨即過割的變化過程。② 但黄冊中如何體現土地買賣"推收過割"的各種完成程度這一點，學界並未進行過相關論述。本文所論明代賦役黄冊中田土"推收過割"的登載，正好可以補充研究中的缺失環節。

目前史學界多利用徽州契約文書探究明代田土買賣問題。如，有學者根據契約文書將賣產契文歸納了二十一項內容，其中即有"推收過割"一項。③ 王毓銓先生曾將徽州文書中的田地赤契與賦役黄冊進行勾連分析後指出："也可以想見洪武二十四年（1391）攢造黄冊格式規定明白推收過割以

---

① 呂坤：《實政錄》卷4《民務·改復過割》，第1026頁。
② 欒成顯：《明代土地買賣推收過割制度之演變》，《中國經濟史研究》1997年第4期。
③ 王毓銓主編：《中國經濟通史·明代經濟卷（上）》，第176—177頁。

及田地赤契中寫明推收過割糧差文字的來歷。"① 近來，阿風先生基於徽州文書中的訴訟文書，亦指出："從現存的徽州文書可以看出，到了明代中後期，黄册仍然例行攢造。雖然其人戶統計的功能逐漸削弱，但其在賦役徵收、產權確認等方面仍然發揮着重要作用。特别是徽州文書中保留下來的一些明代後期與黄册有關的產權糾紛案件，爲從訴訟角度理解黄册的作用提供了條件"，"即使到了明代後期，黄册與魚鱗册一樣，仍然是確認產權的重要册籍。'魚鱗册爲經，土田之訟質焉；黄册爲緯，賦役之法定焉'，這一基本原則仍然發揮着重要的作用。"② 既然黄册可以作爲田土訴訟案中的重要書證，我們就有理由相信，賦役黄册在攢造之時對田土買賣的登載應是認真的，尤其是牽涉是否完成過割時，更爲謹慎。

概言之，一方面學界缺乏從官府所掌管册籍的角度去分析明代的田土買賣，因而無法獲知在官府層面的登載究竟是何種形式；另一方面以往對明代賦役黄册的認識過於簡單化，導致對其登載內容和格式的利用無法更好地開展。此兩點可視作筆者本文基於賦役黄册角度去分析明代田土買賣"推收過割"的主要意圖。

（本文作者張恒，爲首次刊發。）

---

① 王毓銓：《明朝田地赤契與賦役黄册》，《中國經濟史研究》1991年第1期。
② 阿風：《明代大造黄册與水權訴訟——以〈萬曆四十一年至四十三年休寧縣升科水利河稅事抄招〉爲中心》，《安徽大學學報（哲學社會科學版）》2019年第3期。

附　　錄

一　新發現古籍紙背明洪武三年(1370)小黃冊復原

（一）洪武三年（1370）處州府青田縣四都小黃冊復原

1. 處州府青田縣四都承奉
2. 本縣旨揮該：奉
3. 處州府旨揮爲稅糧黃冊事，仰將本都有田人戶，每壹百家分爲十甲，內選田糧丁力近上之家壹拾名，定爲里長，每一年挨次一名承當，十年週□□□①。
4. 其餘人戶，初年亦以頭名承充甲首，下年一體挨次輪當。保內但有編排不盡畸零戶數貳拾、叁拾、肆拾戶，務要不出本保，一體設立甲首，鄰近里□□□②。
5. 帶管；如及伍拾戶者，另立里長一名，排編成甲，置立小黃冊一本，開寫各戶田糧數目，令當該里長收受，相沿交割，催辦錢糧。奉此，今將攢造到□□③

---

① 日本靜嘉堂文庫藏《漢書》傳六九上第41葉紙背爲"青田縣坊郭"小黃冊冊首呈文，與本葉內容基本相同。據其內容可知，本葉此處所缺文字應爲"而復始"。
② 據日本靜嘉堂文庫藏《漢書》傳六九上第41葉紙背可知，此處所缺文字應爲"長通行"。
③ 據日本靜嘉堂文庫藏《漢書》傳六九上第41葉紙背可知，此處所缺文字應爲"人丁"。

6. 田糧黃冊，編排里長、甲首資次，備細數目，開具於後：
7. 　　　本都
8. 　　　　　一各各起科則例：
9. 　　　　　　　　没官田每畝照依民田則例起科：夏稅正麥陸勺，秋糧正米照依舊額起科不等；
10. 　　　　　　　　　　　　　　　　　　　　　

（中缺各項田土科則和本都人口總數）

·················（以上卷四第 13 葉）·················

11. 　　　　　外役壹百壹拾伍戶，計人丁男女肆百壹拾捌口。
12. 　　　　　　　　男子貳百捌拾柒口：
13. 　　　　　　　　　　　　成丁壹百捌拾貳口，
14. 　　　　　　　　　　　　不成丁壹百五口。
15. 　　　　　　　　婦女壹百叁拾壹口。
16. 　　　　　編排不盡人戶叁拾戶，計人丁男女陸拾玖口：
17. 　　　　　　　　男子肆拾肆口：
18. 　　　　　　　　　　　　成丁叁拾叁口，
19. 　　　　　　　　　　　　不成丁壹拾壹口。

·················（以上卷四第 14 葉）·················

20. 　　　　　　　　婦女貳拾伍口。
21. 　　　寄莊：
22. 　　　　　外役鋪兵陸戶，
23. 　　　　　編排不盡人戶貳拾戶。
24. 　　田產官民田土壹百貳拾肆頃壹拾柒畝肆分陸厘柒毫陸絲陸忽。
25. 　　　　　　　　夏稅：
26. 　　　　　　　　　　官：
27. 　　　　　　　　　　　　正麥伍升肆合陸勺肆

28.　　　　　　　　　　　抄伍撮，
　　　　　　　　　　　　耗麥叁合捌勺貳抄伍
　　　　　　　　　　　　撮壹圭伍粟。
29.　　　　　　　　民：
　　　（中缺部分税糧信息）
················（以上卷四第 15 葉）················
30.　　　　　　　　　　　正麥壹升肆合叁勺
　　　　　　　　　　　　捌抄伍撮，
31.　　　　　　　　　　　耗麥壹合陸撮玖圭
　　　　　　　　　　　　伍粟。
32.　　　　　　　　秋糧：
33.　　　　　　　　　　　正米陸石捌斗陸升貳
　　　　　　　　　　　　合貳勺，
34.　　　　　　　　　　　耗米貳斗肆升壹勺柒
　　　　　　　　　　　　抄柒撮。
35.　　　學田陸拾柒畝壹分。
36.　　　　　　　　夏税：
37.　　　　　　　　　　　正麥肆升貳勺陸抄，
38.　　　　　　　　　　　耗麥貳合捌勺壹抄捌
　　　　　　　　　　　　撮貳圭。
39.　　　　　　　　秋糧：
40.　　　　　　　　　　　正米貳拾伍石柒斗玖
　　　　　　　　　　　　升叁合肆勺壹抄，
················（以上卷四第 16 葉）················
41.　　　　　　　　　　　耗米玖斗貳合柒勺陸
　　　　　　　　　　　　抄玖撮叁圭伍粟。
42.　　　民田壹百貳拾貳頃柒拾貳畝玖分柒厘貳毫肆絲貳忽。
43.　　　　　　　　夏税：
44.　　　　　　　　　　　正麥柒石叁斗陸升叁
　　　　　　　　　　　　合柒勺捌抄叁撮肆圭
　　　　　　　　　　　　伍粟貳粒，

45.　　　　　　　　　　　　　　耗麥伍斗壹升伍合肆
　　　　　　　　　　　　　　　勺陸抄肆撮捌圭肆粟
　　　　　　　　　　　　　　　壹粒陸微肆塵。
46.　　　　　　　　　　秋糧：
47.　　　　　　　　　　　　　正米陸拾壹石叁斗陸
　　　　　　　　　　　　　　　升肆合捌勺陸抄貳撮
　　　　　　　　　　　　　　　壹圭，

（後缺耗米數）
…………………（以上卷四第17葉）…………………

			洪武十三年	洪武十二年	洪武十一年	洪武十年	洪武九年
遞運夫 陳實保	弓兵 徐子和		蔣宗仁	陳如圭	林奕達	林文達	孫均礼
鋪兵 徐仲詳	水站夫 李置壽		夏承德	林開十三	葉德伏	王達名	徐賢善
鋪兵 单景升	水站夫 徐伯雨		林登三	陳文方	林壽十九	吳賢十五	珠②賢二
遞運夫 林申二	弓兵 徐伯齊		鄭再一	陳堅三	夏茂十	金朋一	富惠三四
	鋪兵 周登十□①	帶管外役人戶	孫谷良	葉景銘	李壽四	周福三	珠仲四
	鋪兵 夏仲遠		彭再三	吳再銘	葉申戒	林名達	朱德四
	禁子 蔣仲保		鄒德盛	林富四	金秀一	徐達三	林志一
	弓兵 陳伯起		陳興二	金進二十	季龍六	葉貴三	葉曾八
	遞運夫 葉濤舉		林敬六	夏福七	芦桂二	珠茂十	林茂三
	弓兵 蔣德遠		張保一	珠保三	夏達四	周興二	季仲一

…………………（以上卷四第18葉）…………………

---

① "□"字被裱糊。
② 據文義推斷，"珠"應爲"朱"。下同，不再另做說明。

編排不盡人戶

洪武十年	洪武九年	洪武八年	洪武七年	洪武六年	洪武五年	洪武四年	
林學十二	林壽十八	陳德十二	珠延四	林福十二	林保三	林茂八	甲首

················（以上為卷四第 19 葉）················

48. 人丁①：
49. 總計 民壹百貳拾肆戶，計人丁男女叁百口②。
50. 男子貳百叁口③：
51. 成丁壹百肆拾口④，
52. 不成丁陸拾叁口⑤。
53. 婦女玖拾柒口。
54. 本都：
55. 民壹百戶，計人丁男女貳百叁拾貳口。
56. 男子壹百伍拾捌口：
57. 成丁壹百壹拾貳，
58. 不成丁肆拾陸口。
59. 婦女柒拾肆口。
60. 外役弓兵等戶壹拾叁戶，計人丁男女肆拾肆口。
61. 男子叁拾壹口：

················（以上卷四第 20 葉）················

---

① 該行據綴合后文意補。
② 該行據綴合后下文各項人丁中戶數和男女之數總和補。
③ 該行據綴合后下文各項人丁中男子之數總和補。
④ 該行據綴合后下文各項人丁中成丁之數總和補。
⑤ 該行據綴合后下文各項人丁中不成丁之數總和補。

62. 　　　　　　　　成丁壹拾柒
　　　　　　　　　　口，
63. 　　　　　　　　不成丁壹拾
　　　　　　　　　　肆口。
64. 　　　　　　婦女壹拾叁口。
65. 　　本都：
66. 　　　　編排不盡人戶壹拾戶，計人丁男女貳拾
　　　　肆口。
67. 　　　　　　男子壹拾肆口：
68. 　　　　　　　　成丁壹拾
　　　　　　　　　　壹口；
69. 　　　　　　　　不成丁叁口。
70. 　　　　　　婦女壹拾口。
71. 　　寄庄：
　　（中缺寄莊人戶之數和該里田土稅糧總數）
……………（以上卷四第22葉）……………
72. 　　　　　　耗米壹斗壹升捌合
　　　　　　　　叁勺伍抄柒撮肆圭
　　　　　　　　捌粟捌粒。
73. 　　　　　　民：
74. 　　　　　　正米柒石肆斗叁升
　　　　　　　　伍合肆勺柒抄，
75. 　　　　　　耗米伍斗貳升肆勺
　　　　　　　　捌抄貳撮玖圭。
76. 　　　　　　夏麥①：
77. 　　　　　　正麥叁升貳合叁抄
　　　　　　　　捌撮捌圭，
78. 　　　　　　耗麥貳合貳勺肆抄

---

① 原文如此。

　　　　　　　　　　　　貳撮柒圭壹粟陸粒。
79.　　　　　學田捌畝柒分玖厘陸毫。
80.　　　　　　　　　　夏稅：
………………（以上卷四第 23 葉）………………
81.　　　　　　　　　　正麥伍合貳勺柒抄
　　　　　　　　　　　柒撮陸圭，
82.　　　　　　　　　　耗麥叄勺陸抄玖撮
　　　　　　　　　　　肆圭叄粟貳粒。
83.　　　　　　　　　　秋糧：
84.　　　　　　　　　　正米叄石叄斗捌升
　　　　　　　　　　　壹合陸勺肆抄貳撮
　　　　　　　　　　　伍圭壹粟貳粒，
85.　　　　　　　　　　耗米壹斗壹升捌合
　　　　　　　　　　　叄勺伍抄柒撮肆圭
　　　　　　　　　　　捌粟捌粒。
86.　　　民田壹拾肆頃捌拾柒畝玖厘肆毫。
87.　　　　　　　　　　夏稅：
88.　　　　　　　　　　正麥捌斗玖升貳合
　　　　　　　　　　　貳勺伍抄陸撮肆圭，
89.　　　　　　　　　　耗麥陸升貳合肆勺
　　　　　　　　　　　伍抄柒撮玖圭肆粟
　　　　　　　　　　　捌粒。
90.　　　　　　　　　　秋糧：
（中缺部分民田稅糧信息、洪武四年里長戶信息和洪武四年 3 個甲首戶信息）
………………（以上卷四第 24 葉）………………

91.　　　　　　　　　　秋糧：
92.　　　　　　　　　　正米伍升捌合柒勺
　　　　　　　　　　　伍抄，

93. 耗米肆合壹勺壹抄貳撮伍圭。
94. 一戶朱仲三，係本都民戶，洪武四年甲首。
95. 人丁叁口：
96. 男子貳口：
97. 成丁貳口。
98. 婦女壹口。
99. 田產民田柒畝貳分玖厘伍毫。
100. 夏稅：
101. 正麥肆合叁勺柒抄柒撮，
102. 耗麥叁勺陸撮叁圭玖粟。
103. 秋糧：
104. 正米叁升陸合肆勺柒抄伍圭，
105. 耗米貳合伍勺伍抄叁撮貳圭伍粟。

......................（以上卷四第 25 葉）...................

（中缺某甲首戶信息）

106. 夏稅：
107. 正麥貳合伍勺柒抄柒撮，
108. 耗麥壹勺捌抄叁圭玖粟。
109. 秋糧：
110. 正米貳升壹合肆勺柒抄伍撮，
111. 耗米壹合伍勺叁撮

貳圭伍粟。

112. 一戶吳保一，係本都民戶，洪武四年甲首。
113. 　　　人丁叁口：
114. 　　　　　男子貳口：
115. 　　　　　　　成丁壹口，
116. 　　　　　　　不成丁壹口。
117. 　　　　　婦女壹口。
118. 　　　田產官民田：
119. 　　　　　學田捌畝柒分玖厘陸毫。

············（以上卷四第26葉）············

120. 　　　　　夏稅：
121. 　　　　　　　正麥伍合貳勺柒抄柒撮陸圭，
122. 　　　　　　　耗麥叁勺陸抄玖撮肆圭叁粟貳粒。
123. 　　　　　秋糧：
124. 　　　　　　　正米叁石叁斗捌升壹合陸勺肆抄貳撮伍圭壹粟貳粒，
125. 　　　　　　　耗米壹斗壹升捌合叁勺伍抄柒撮肆圭捌粟捌粒。
126. 　　　民田叁畝伍分貳厘柒毫。
127. 　　　　　夏稅：
128. 　　　　　　　正麥貳合壹勺壹抄陸撮貳圭，
129. 　　　　　　　耗麥壹勺肆抄捌撮壹圭叁粟肆粒。
130. 　　　　　秋糧：
131. 　　　　　　　正米壹升柒合陸勺

132. 叁抄伍撮，
耗米壹合贰勺叁抄肆撮肆圭伍粟。
133. 一戶吳容二，係本都民戶，洪武四年甲首。
（中缺人口、田產、夏稅信息）
·········（以上卷四第27葉）·········
134. 秋糧①：
135. 正米壹升壹合玖抄，
136. 耗米柒勺柒抄陸撮叁圭。
137. 一戶陳亞傑，係本都民戶，洪武四年甲首。
138. 人丁貳口：
139. 男子壹口：
140. 成丁壹口。
141. 婦女壹口。
142. 田產民田壹畝柒分陸厘伍毫。
143. 夏稅：
144. 正麥壹合伍抄玖撮，
145. 耗麥柒抄肆撮壹圭叁粟。
146. 秋糧：
147. 正米捌合捌勺貳抄伍撮，
148. 耗米陸勺壹抄柒撮柒圭伍粟。
149. 一戶王桂二，係本都民戶，洪武四年甲首。
·········（以上卷四第21葉）·········

① 該行據上下文意補。

150.　　　　人丁貳口：
151.　　　　　　　男子貳口：
152.　　　　　　　　　成丁壹口，
153.　　　　　　　　　不成丁壹口。
154.　　　　田產民田地：
155.　　　　　　　民田壹畝貳分陸毫。
156.　　　　　　　夏稅：
157.　　　　　　　　　正麥柒勺貳抄叁撮陸圭，
158.　　　　　　　　　耗麥玖抄陸圭伍粟貳粒。
159.　　　　　　　秋糧：
160.　　　　　　　　　正米陸合叁抄，
161.　　　　　　　　　耗米肆勺貳抄貳撮壹圭。
162.　　　　　　　民地|貳|分捌厘陸毫肆絲捌忽。
163.　　　　　　　夏麥：
（中缺洪武五年里長戶信息和洪武五年某甲首戶信息）
……………………（以上卷四第28葉）………………

164.　　　|一戶厶厶，係本都民戶，洪武五年甲首①。|
165.　　　　人丁壹口：
166.　　　　　　　男子壹口：
167.　　　　　　　　　成丁壹口。
168.　　　　田產民田壹拾壹畝柒分叁厘。
169.　　　　　　　夏稅：
170.　　　　　　　　　正麥柒合叁勺捌抄，
171.　　　　　　　　　耗麥肆勺玖抄貳撮

---

① 該行據文意補。

附　　錄　687

　　　　　　　　　　　　陸圭陸粟。
172.　　　　　　　秋糧：
173.　　　　　　　　　正米伍升捌合陸勺
　　　　　　　　　　　伍抄，
174.　　　　　　　　　耗米肆合壹勺伍撮
　　　　　　　　　　　伍圭。
175.　　一戶林福九，係本都民戶，洪武五年甲首。
176.　　　人丁肆口：
177.　　　　　男子叁口：
178.　　　　　　　成丁壹口，
179.　　　　　　　不成丁貳口。
180.　　　　　婦女壹口①。

（中缺田產稅糧信息和洪武五年至十三年間甲首戶信息）
　　…………………（以上卷四第29葉）…………………
190.　　　　　　　秋糧②：
191.　　　　　　　　　正米壹升捌勺捌抄
　　　　　　　　　　　伍撮，
192.　　　　　　　　　耗米柒勺陸抄壹撮
　　　　　　　　　　　□圭伍粟。
193.　　一戶林敬六，係本都民戶，洪武十三年甲首。
194.　　　人丁壹口：
195.　　　　　男子壹口：
196.　　　　　　　成丁壹口。
197.　　　田產民田壹畞柒分陸毫。
198.　　　　　　　夏稅：
199.　　　　　　　　　正麥壹合貳抄叁撮
　　　　　　　　　　　陸圭，

---

①　該行據上文人丁總數和男子口數補。
②　該行據上下文意補。

120.　　　　　　　　　耗麥柒抄壹撮陸圭
　　　　　　　　　　　伍粟貳粒。
121.　　　　　　秋糧：
122.　　　　　　　　　正米捌合伍勺陸抄，
123.　　　　　　　　　耗米伍勺玖抄柒撮
　　　　　　　　　　　陸圭。
124.　　一戶張保一，係本都民戶，洪武十三年甲首。
125.　　　　人丁壹口：
（中缺人口細目、田產稅糧信息、洪武十三年甲首戶和外役人戶信息）

……………………（以上卷六第15葉）……………………

126.　　　　　　　　　不成丁貳口。
127.　　　　　婦女壹口。
128.　　　　田產民田柒拾伍畝陸分玖厘陸毫。
129.　　　　　　夏稅：
130.　　　　　　　　　正麥肆升伍合肆勺
　　　　　　　　　　　壹抄柒撮陸圭，
131.　　　　　　　　　耗麥叁合壹勺柒抄
　　　　　　　　　　　玖撮貳圭叁粟貳粒。
132.　　　　　　秋糧：
133.　　　　　　　　　正米叁斗柒升捌合
　　　　　　　　　　　肆勺捌抄，
134.　　　　　　　　　耗米貳升陸合肆勺
　　　　　　　　　　　玖抄叁撮陸圭。
135.　　一戶徐伯雨，係本都民戶，充水站夫。
136.　　　　人丁叁口：
137.　　　　　　男子貳口：
138.　　　　　　　　　成丁壹口，
139.　　　　　　　　　不成丁壹口。

140.　　　　　　婦女壹口。

·········（以上卷六第17葉）·········

141.　　　田產民田伍拾肆畝柒分貳厘貳毫。
142.　　　　　夏稅：
143.　　　　　　　正麥叁升貳合捌勺叁抄叁撮貳圭，
144.　　　　　　　耗麥貳合貳勺玖抄捌撮叁圭貳粟肆粒。
145.　　　　　秋糧：
146.　　　　　　　正米貳斗柒升叁合陸勺壹抄，
147.　　　　　　　耗米壹升玖合壹勺伍抄貳撮柒圭。
148.　　　一戶徐伯齊，係本都民戶，充弓兵。
149.　　　　　人丁肆口：
150.　　　　　　　男子叁口：
151.　　　　　　　　　成丁壹口，
152.　　　　　　　　　不成丁貳口。
153.　　　　　　　婦女壹口。
154.　　　　　田產民田：
155.　　　　　　　民田肆拾叁畝陸分叁毫。
　　　　　　　（後缺）

·········（以上卷六第18葉）·········

（錄文釋錄、綴合復原耿洪利，校對宋坤。）

卷四第 13 葉圖版

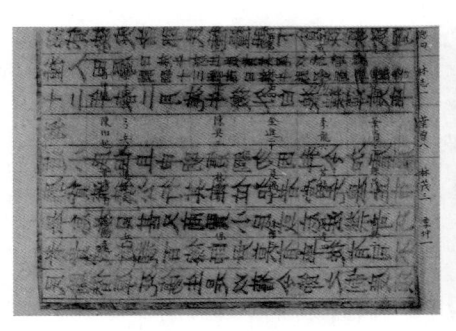

卷四第 18 葉圖版

卷四第 19 葉圖版

（二）洪武三年（1370）處州府龍泉縣二都小黃冊復原

（前缺編訂稅糧黃冊的上級部門公文引文、各類田土稅糧科則和該都各類人戶總數細目）

（前缺）

1. 官民僧寺等田總計田貳拾頃壹拾畝伍分柒厘捌毫叁絲伍忽。

2. 夏耗①正耗麥柒碩叁斗叁升叁合叁勺貳抄捌撮捌圭肆粟陸粒。

3. 正麥陸碩捌斗伍升叁合伍勺柒抄柒撮伍粟貳粒，

4. 耗麥肆斗柒升玖合柒勺伍抄壹撮柒圭玖粟肆粒。

5. 秋糧正耗米陸拾捌碩壹斗陸升捌合柒勺貳撮陸圭壹粟玖粒。

6. 正米陸拾叁碩玖斗肆升陸合貳勺壹抄玖撮玖圭，

7. 耗米肆碩貳斗貳升貳合肆勺捌抄貳撮柒圭壹粟玖粒。

8. 民田壹拾玖頃玖拾壹畝叁分壹厘壹毫陸絲柒忽。

9. 延慶□□壹拾陸頃柒拾畝捌分玖厘捌絲叁忽。

（中缺僧寺、學田及其它田土信息）

·········（以上卷四十五第21葉）·········

---

① 據文義推斷，此處"耗"應爲"稅"字之訛。

一各年里長輪流

洪武玖年	洪武捌年	洪武柒年	洪武陸年	洪武伍年	洪武肆年	
崇德寺	江達卿	張惠觀	陳厚壹	萬象庄	葉彥璋	里長
吳平叁	吳達叁	吳天貳	葉正壽	毛景叁	葉崇拾	甲首
徐貴貳	鮑君澤	季彥通	葉信叁	葉進貳	徐隆貳	甲首
鮑謙伍	陳厚貳	陳福柒	王禮陸	鮑天民	葉崇陸	甲首
葉坡壹	葉壽卿	王廣陸	鮑崇二叁	徐彥叁	葉劉叁	甲首
葉備貳	暨付叁	李和卿	葉奉壹	李肆官	王斌玖	甲首
吳方捌	金瓊壹	梅轉叁	全智肆	鮑顕肆	鮑惠叁	甲首
葉玉環	徐立貳	徐和壹	周森二叁	何德溫	張亨貳	甲首
吾太伍	鮑遠賢	沈高壹	陳兆玖	葉序壹	徐和肆	甲首
趙敬壹	葉龍貳	陳觀五	何德陸	陳之叁	梅轉壹	甲首

（中缺外役和編排不盡人戶"圖"、某"里"各類人戶總計信息）
………………（以上卷四十五第23葉）………………

10.　　　　　　　男子叁百柒口：
11.　　　　　　　成丁壹百捌拾肆口，
12.　　　　　　　不成丁壹百貳拾叁口。
13.　　　　　　　婦女壹百玖拾玖口。
14.　　　寄莊外縣民戶肆戶。
15.　　　田柒頃伍拾捌畝貳分捌厘伍毫。
16.　　　　　　　夏稅正耗麥貳碩捌斗叁合玖勺叁抄肆撮陸圭。
17.　　　　　　　正麥貳碩陸斗貳升肆勺玖抄玖撮陸圭，
18.　　　　　　　耗麥壹斗捌升叁合肆勺叁抄伍撮。
19.　　　　　　　秋糧正耗米貳拾叁碩叁斗陸升陸合壹勺貳抄壹撮捌圭。
20.　　　　　　　正米貳拾壹碩捌斗叁升柒合

附　　錄　693

21.　　　　　　　肆勺玖抄柒撮，
　　　　　　　耗米壹碩伍斗叁升捌合陸勺
　　　　　　　貳抄肆撮捌圭①。

（中缺部分田土稅糧信息）
…………………（以上卷四十五第26葉）…………………

22.　　　　　　秋糧正耗米壹斗柒升貳合肆勺玖抄
　　　　　　　肆撮②。

23.　　　　　　　正米壹斗陸升壹合壹勺貳抄
　　　　　　　伍撮貳圭，

24.　　　　　　　耗米壹升壹合貳勺柒抄捌撮
　　　　　　　捌圭。

25.　　　官租田壹拾叁畝捌分玖厘伍毫捌絲肆忽。

26.　　　　　　夏稅正耗麥伍升叁合伍勺貳抄捌撮壹
　　　　　　　圭柒粟陸粒。

27.　　　　　　　正麥伍升貳抄伍撮貳粟
　　　　　　　肆粒，

28.　　　　　　　耗麥叁合伍勺叁撮壹圭伍粟
　　　　　　　貳粒。

29.　　　　　　秋糧正耗米柒碩伍斗叁合陸勺玖抄
　　　　　　　柒撮。

30.　　　　　　　正米柒碩貳斗肆升玖合玖勺
　　　　　　　伍抄叁撮，

31.　　　　　　　耗米貳斗伍升叁合柒勺肆抄
　　　　　　　肆撮。

（中缺民田等田土、稅糧信息）
…………………（以上卷四十五第24葉）…………………

①　該行據上文秋糧米數和正米之數補。
②　該行據下文正米、耗米之數補。

32. 　一戶葉彥璋，係浦城縣登俊里住民，洪武肆年里長。
33. 　　　　田貳頃叁拾玖畝陸分玖厘伍毫捌絲叁忽。
34. 　　　　夏稅正耗麥玖斗貳升叁合叁勺捌撮叁圭。
35. 　　　　　　　正麥捌斗陸升貳合玖勺伍撮，
36. 　　　　　　　耗麥陸升肆勺叁撮叁圭。
37. 　　　　秋糧正耗米柒碩陸斗玖升肆合貳勺叁抄陸撮貳圭。
38. 　　　　　　　正米柒碩壹斗玖升捌勺柒抄伍撮，
39. 　　　　　　　耗米伍斗叁合叁勺陸抄壹撮貳圭。
40. 　一戶萬象庄，係麗水縣住本都安如山收，充洪武伍年里長。
41. 　　　僧人壹口：
42. 　　　　　　成丁壹口。
（中缺田產、稅糧信息和洪武六年"陳厚壹"里長戶信息）
……………（以上卷四十五第28葉）……………
43. 　　　　秋糧正耗米壹碩玖斗陸升伍合伍勺玖抄①。
44. 　　　　　　　正米壹碩捌斗叁升柒合，
45. 　　　　　　　耗米壹斗貳升捌合伍勺玖抄。
46. 　一戶張惠觀，係本都民戶，洪武柒年里長。
47. 　　　人丁捌口：
48. 　　　　　　男子肆口：
49. 　　　　　　　　成丁叁口，

---

① 該行據下文正米、耗米之數補。

附　　錄　695

50. 　　　　　　　　　不成丁壹口。
51. 　　　　　　婦女肆口。
52. 　　　　田肆拾捌畆伍分叁厘肆毫壹絲柒忽。
53. 　　　　　　夏稅正耗麥壹斗陸升伍合捌勺肆抄柒撮
　　　　　　　　貳圭。
54. 　　　　　　　　　正麥壹斗伍升肆合玖勺捌抄
　　　　　　　　　　壹撮，
55. 　　　　　　　耗麥壹升捌勺陸抄陸撮貳圭①。
（中缺秋糧信息和洪武八年至十三年里長信息，"里甲輪流圖"
　　　中第 2 行洪武四年至六年甲首戶信息）
………………（以上卷四十五第 27 葉）………………
56. 　一戶吳天貳，係本都民戶，洪武柒年甲首②。
57. 　　　人丁厶口③：
58. 　　　　　男子厶口④：
59. 　　　　　　成丁厶口⑤，
60. 　　　　　　不成丁厶口⑥。
61. 　　　　　婦女叁口。
62. 　　　　田壹畆陸分捌厘叁毫叁絲叁忽。
63. 　　　　　　夏稅正耗⑦陸合肆勺捌抄肆撮。
64. 　　　　　　　　正麥陸合陸抄，
65. 　　　　　　　　耗麥肆勺貳抄肆撮。
66. 　　　　　　秋糧正耗米伍升肆合叁抄

---

① 該行據上文夏稅麥總數和正麥之數補。
② 該行據卷四十五第 23 葉紙背 "里長甲首輪流圖" 補。
③ 該行據上下文意補。
④ 該行據上下文意補。
⑤ 該行據上下文意補。
⑥ 該行據上下文意補。
⑦ 原文如此，據前後文意知此處脫一 "麥" 字。

　　　　　　　　　　　　　　　　伍撮。
67.　　　　　　　　　　　正米伍升伍勺，
68.　　　　　　　　　　　耗米叁合伍勺叁抄
　　　　　　　　　　　　　　伍撮。
69.　　一戶吳達三，係本都民戶，洪武捌年甲首。
70.　　　　人丁陸口：
71.　　　　　　男子肆口：
72.　　　　　　　　成丁厶口①，
73.　　　　　　　　不成丁厶口②。
74.　　　　　　婦女貳口③。
（中缺田產稅糧信息和"里甲輪流圖"中第2行洪武九年至十
　　年甲首戶信息）
·················（以上卷四十六第1葉）·················
75.　　　　　　　　夏稅正耗麥貳合貳勺肆抄
　　　　　　　　　　柒撮④。
76.　　　　　　　　　　　正麥貳合壹勺，
77.　　　　　　　　　　　耗麥壹勺肆抄柒撮。
78.　　　　秋糧正耗米壹升捌合柒勺貳抄伍撮。
79.　　　　　　　　　　　正米壹升柒合伍勺，
80.　　　　　　　　　　　耗米壹合壹勺貳抄
　　　　　　　　　　　　　　伍撮。
81.　　一戶范千伍公醮，係本都民戶，洪武拾壹年甲首。
82.　　　　人丁貳口：
83.　　　　　　男子貳口：
84.　　　　　　　　成丁壹口，

---

① 該行據上下文意補。
② 該行據上下文意補。
③ 該行據上文人丁總數和男子口數補。
④ 該行據下文正、耗麥數補。

85. 　　　　　　　　　　不成丁壹口。
86. 　　　　　　　田肆 分 伍厘。
　　（中缺稅糧信息和洪武十二年甲首戶信息）
…………………（以上卷四十六第 2 葉）…………………
87. 　　　　　　　　　　耗米柒勺。
88. 　一戶葉盛一公醮，係本都民戶，洪武拾叁年甲首。
89. 　　　　　田貳分壹厘陸毫陸絲柒忽。
90. 　　　　　　　夏稅正耗麥捌勺肆抄伍撮。
91. 　　　　　　　　　　正麥柒勺捌抄，
92. 　　　　　　　　　　耗麥陸抄伍撮。
93. 　　　　　　　秋糧正耗米陸合玖勺伍抄伍撮。
94. 　　　　　　　　　　正米陸合伍勺，
95. 　　　　　　　　　　耗米肆勺伍抄伍撮。
96. 甲下第貳甲甲首徐隆二等壹拾名。
97. 　一戶徐隆二，係本都民戶，洪武肆年甲首。
…………………（以上卷四十六第 3 葉）…………………
98. 　　　人丁陸口 ①：
99. 　　　　　男子肆口 ②：
100. 　　　　　　　　　　成丁貳口，
101. 　　　　　　　　　　不成丁貳口。
102. 　　　　　　　婦女貳口。
103. 　　　　　田壹拾畝肆分陸厘貳毫伍絲。
104. 　　　　　　　夏稅正耗麥肆升叁勺壹撮伍圭。
105. 　　　　　　　　　　正麥叁升柒合陸勺陸
　　　　　　　　　　　　抄伍撮，
106. 　　　　　　　　　　耗麥貳合陸勺叁抄陸

────────

① 該行據下文男子口數和婦女之數補。
② 該行據下文成丁、不成丁之數補。

107.　　　　　　　　　　　秋糧正耗米叄斗叄升肆合捌勺
　　　　　　　　　　　　　肆抄陸撮叄圭。
108.　　　　　　　　　　　　　正米叄斗壹升叄合捌
　　　　　　　　　　　　　勺柒抄伍撮，
109.　　　　　　　　　　　　　耗米貳升壹合玖勺柒
　　　　　　　　　　　　　抄壹撮叄圭。
110.　一戶葉進二，係本都民戶，洪武伍年甲首。
　　　　（中缺人口、田土稅糧信息）
·················（以上卷四十六第4葉）·················
111.　一戶葉信叄，係本都民戶，洪武陸年甲首①。
112.　　人丁厶口②：
113.　　　男子厶口③：
114.　　　　成丁厶口④，
115.　　　　不成丁厶口⑤。
116.　　　婦女口口⑥。
117.　田貳畝捌分捌毫叄絲叄忽。
118.　　　　　　　夏稅正耗麥壹升捌勺壹抄柒撮柒圭。
119.　　　　　　　　　　　正米⑦壹升壹勺壹抄，
120.　　　　　　　　　　　耗米⑧柒勺柒撮柒圭。
121.　　　　　　　秋糧正耗米玖升壹勺肆抄柒撮伍圭。

---

① 該行據卷四十五第23葉紙背"里長甲首輪流圖"補。
② 該行據上下文意補。
③ 該行據上下文意補。
④ 該行據上下文意補。
⑤ 該行據上下文意補。
⑥ 此行被裁切，僅存左側殘痕，茲據殘存字跡釋錄。
⑦ 據文義推斷，此"米"應爲"麥"字之訛。
⑧ 據文義推斷，此"米"應爲"麥"字之訛。

附　錄　699

122.　　　　　　　　　　　　　正米捌升肆合貳勺
伍抄，
123.　　　　　　　　　　　　　耗米伍合捌勺玖抄柒
撮伍圭。
124.　　一戶季彥通，係本都民戶，洪武柒年甲首。
125.　　　人丁陸口：
126.　　　　　男子叁口：
127.　　　　　　　成丁厶口①，
128.　　　　　　　不成丁厶口②。
129.　　　　　婦女叁口③。
··················（以上卷四十六第5葉）··················
130.　　　田壹畝陸分陸厘陸毫陸絲柒忽。
131.　　　　　　　　　夏稅正耗麥陸合肆勺貳抄。
132.　　　　　　　　　正米④陸合，
133.　　　　　　　　　耗⑤肆勺貳抄。
134.　　　　　　　　　秋糧正耗米伍升叁合伍勺。
135.　　　　　　　　　正⑥伍升，
136.　　　　　　　　　耗米叁合伍勺。
137.　　一戶鮑君澤，係本都民戶，洪武捌年甲首。
138.　　　人丁叁口：
139.　　　　　男子叁口：
140.　　　　　　　成丁貳口，
141.　　　　　　　不成丁貳口⑦。

---

① 該行據上下文意補。
② 該行據上下文意補。
③ 該行據上文人丁總數和男子口數補。
④ 據文義推斷，此"米"應爲"麥"字之訛。
⑤ 據文義推斷，"耗"字後應脫一"麥"字。
⑥ 據文義推斷，"正"字後應脫一"米"字。
⑦ 該行據上文男子口數和成丁之數補。

（中缺田產稅糧信息和"里甲輪流圖"中第3行洪武九年至十一年甲首戶信息）

……………（以上卷四十六第6葉）……………

142. 　　　　　　　　　秋糧正耗米壹升貳合玖勺陸抄肆撮①。

143. 　　　　　　　　　正米壹升貳合壹勺貳抄伍撮，

144. 　　　　　　　　　耗米捌勺肆抄玖撮。

145. 　一戶徐名門，係本都民戶，洪武拾貳年甲首。

146. 　　　人丁肆口：

147. 　　　　　男子貳口：

148. 　　　　　　　成丁壹口，

149. 　　　　　　　不成丁壹口。

150. 　　　　　婦女貳口。

151. 　　田叁分。

152. 　　　　　　　　　夏稅正耗麥壹合壹勺伍抄陸撮。

153. 　　　　　　　　　正麥壹合捌抄，

154. 　　　　　　　　　耗麥柒抄陸撮②。

（中缺秋糧信息和"里甲輪流圖"中第4行10個甲首戶信息、第5行洪武四年"葉劉叁"甲首戶人口、田產信息）

……………（以上卷四十六第7葉）……………

155. 　　　　　　　　　夏稅正耗麥貳升陸合陸勺肆抄叁撮③。

156. 　　　　　　　　　正麥貳升肆合玖勺，

157. 　　　　　　　　　耗麥壹合柒勺肆抄

---

① 該行據下文正米、耗米之數補。
② 該行據上文夏稅麥數和正麥之數補
③ 該行據下文正麥、耗麥之數補。

158. 　　　　　　　　　　叁撮。
　　　　　　　　秋糧正耗米貳斗貳升貳合貳抄伍撮。
159. 　　　　　　　　正米貳斗柒合伍勺，
160. 　　　　　　　　耗米壹升肆合伍勺貳抄伍撮。
161. 一戶徐彥叁，係本都民戶，洪武伍年甲首。
162. 　　人丁□□①：
163. 　　　　男子叁口：
164. 　　　　　　成丁貳口，
165. 　　　　　　不成丁壹口。
166. 　　　　婦女貳口。
（中缺田產稅糧信息和洪武六年"范崇二叁"甲首戶信息）
……………………（以上卷四十五第1葉）……………………
167. 　　　　　　　　秋糧正耗米柒升柒合叁勺柒撮②。
168. 　　　　　　　　正③柒升貳合貳勺伍抄，
169. 　　　　　　　　耗米伍合伍抄柒撮。
170. 一戶王廣六，係本都民戶，洪武柒年甲首。
171. 　　人丁貳口：
172. 　　　　男子壹口：
173. 　　　　　　成丁壹口。
174. 　　　　婦女壹口。
175. 　　田壹畝肆分。
176. 　　　　　　　　夏稅正耗麥伍合玖抄叁撮。

---

① 據下文男子、婦女數可知，此處所缺文字應爲"伍口"。
② 該行據下文正米、耗米之數補。
③ 據文義及紙背其他小黃冊書寫格式推斷，"正"字後應脫一"米"字。

177.　　　　　　　　　　　　正麥伍合肆抄，
178.　　　　　　　　　　　　耗麥叁勺伍抄叁撮。
……………（以上卷四十五第 2 葉）………………
　　　　（中缺秋糧米總數和正米之數）
179.　　　　　　　　　　　　耗米貳合玖勺肆抄。
180.　一戶葉壽卿醮，係本都民戶，洪武捌年甲首。
181.　　　田壹畝①。
182.　　　夏稅正耗麥叁合捌勺伍抄
　　　　貳撮。
183.　　　　　　　　　　　　正麥叁合陸勺，
184.　　　　　　　　　　　　耗麥伍勺貳抄貳撮。
185.　　　秋糧正耗米叁升貳合壹勺。
186.　　　　　　　　　　　　正米叁升，
187.　　　　　　　　　　　　耗米貳合壹勺。
188.　一戶葉坡一，係本都民戶，洪武玖年甲首。
189.　　　人丁貳口：
　　　（中缺人口細目和田產、夏稅信息）
……………（以上卷四十五第 3 葉）………………
190.　　　　　　　　　　　　耗麥壹勺伍撮。
191.　　　秋糧正耗米壹升叁合叁勺柒抄
　　　　伍撮。
192.　　　　　　　　　　　　正米壹升貳合伍勺，
193.　　　　　　　　　　　　耗米捌勺陸抄伍撮。
194.　一戶陳名伍，係本都民戶，洪武拾壹年甲首。
195.　　　人丁拾柒口：
196.　　　　　男子拾壹口：
197.　　　　　　　成丁伍口，
198.　　　　　　　不成丁陸口。

---

①　該戶非寄莊戶，但未載人丁信息。

199. 婦女陸口。
200. 田叄☐

（中缺稅糧信息和洪武四年"王斌玖"甲首戶信息）
……………（以上卷四十五第4葉）……………

201. 一戶李四官，係本都民戶，洪武伍年甲首。
202. 人丁玖口：
203. 男子肆口：
204. 成丁貳口，
205. 不成丁貳口。
206. 婦女伍口。
207. 田叄畝陸分陸厘陸毫陸絲柒忽。
208. 夏稅正耗麥壹升肆合壹勺貳抄肆撮。
209. 正麥壹升叁合貳勺，
210. 耗麥玖勺貳抄肆撮。
211. 秋糧正耗米壹斗壹升柒合柒勺。

（中缺正、耗米細目和洪武六年"葉奉壹"甲首戶信息、七年"李和卿"甲首戶人口、田產信息）
……………（以上卷四十五第5葉）……………

212. 夏稅正耗麥伍合貳勺玖抄陸撮①。
213. 正麥肆合玖勺伍抄，
214. 耗麥叁勺肆抄陸撮。
215. 秋糧正耗米肆升肆合壹勺叁抄柒撮。
216. 正米肆升壹合貳勺

---

① 該行據下文正麥、耗麥之數補。

217.　　　　　　　　　　　　　　　　伍抄，
　　　　　　　　　　　　　　　耗米貳合捌勺捌抄
　　　　　　　　　　　　　　　柒撮。
218.　一戶暨付叁，本都民戶，係洪武捌年甲首。
219.　　　人丁伍口：
220.　　　　　男子肆口：
221.　　　　　　　成丁壹口，
222.　　　　　　　不成丁叁口。
223.　　　　　婦女壹口。
　　　　（中缺田產信息）
……………………（以上卷四十五第 6 葉）………………
224.　　　　　　　夏稅正耗麥伍合貳勺玖抄
　　　　　　　　陸撮①。
225.　　　　　　　　　　正麥叁合叁勺陸抄，
226.　　　　　　　　　　耗麥貳合叁抄伍撮。
227.　　　　　　　秋糧正耗米貳升玖合玖勺
　　　　　　　　陸抄。
228.　　　　　　　　　　正米貳升捌合，
229.　　　　　　　　　　耗米壹合玖勺陸抄。
230.　一戶葉備二，係本都民戶，洪武玖年甲首。
231.　　　人丁柒口：
232.　　　　　男子肆口：
233.　　　　　　　成丁貳口，
234.　　　　　　　不成丁貳口。
235.　　　　　婦女叁口。
　　　（中缺田產稅糧信息和洪武十年甲首戶人丁、田產、夏稅麥信息）
……………………（以上卷四十五第 7 葉）………………

---

① 該行據下文正麥、耗麥之數補。

附　　錄　705

236.　　　　　　　　　秋糧正耗米壹升陸合伍抄①。
237.　　　　　　　　　　　　正米壹升伍合，
238.　　　　　　　　　　　　耗米壹合伍抄。
239.　一戶沈明三，係本都民戶，洪武拾壹甲首。
240.　　人丁伍口：
241.　　　　男子叁口：
242.　　　　　　成丁壹口，
243.　　　　　　不成丁貳口。
244.　　　　婦女貳口。
245.　　田肆分肆毫壹絲柒忽。
246.　　　　　　　　夏稅正耗麥壹合柒勺肆撮。
247.　　　　　　　　　　　正麥壹合肆勺玖抄
　　　　　　　　　　　　　玖撮，
248.　　　　　　　　　　　　耗麥貳勺五撮②。
（中缺秋糧米信息和洪武十二年、十三年甲首戶信息，
"里長甲首輪流"中第7行洪武四年至六年甲首戶信息）
························（以上卷四十五第8葉）························
249.　一戶梅轉叁，係本都民戶，洪武柒年甲首③。
250.　　人丁厶口④：
251.　　　　男子厶口⑤：
252.　　　　　成丁厶口⑥，
253.　　　　　不成丁厶口⑦。

---

① 該行據下文正米、耗米之數補。
② 該行據上文夏稅麥數和正麥之數補。
③ 該行據卷四十五第23葉紙背"里長甲首輪流圖"補。
④ 該行據上下文意補。
⑤ 該行據上下文意補。
⑥ 該行據上下文意補。
⑦ 該行據上下文意補。

254. 　　　　　　婦女肆口。
255. 　　　　田壹畝叁分貳厘伍毫。
256. 　　　　　　　　夏稅正耗麥伍合壹勺叁抄玖撮。
257. 　　　　　　　　　　正麥肆合柒勺柒抄，
258. 　　　　　　　　　　耗麥叁抄叁撮玖圭。
259. 　　　　　　　　秋糧正耗米肆升貳合伍勺叁抄貳撮伍圭。
260. 　　　　　　　　　　正米叁升玖合柒勺伍抄，
261. 　　　　　　　　　　耗米貳合柒勺捌抄貳撮伍圭。
262. 一戶金瓊壹，係本都民戶，洪武捌年甲首。
263. 　　　人丁柒口：
264. 　　　　　　男子肆口：
265. 　　　　　　　　成丁厶口①，
266. 　　　　　　　　不成丁厶口②。
267. 　　　　　　婦女叁口③。
　　　　…………（以上卷四十五第9葉）…………
268. 　　　　田捌分柒厘玖毫壹絲柒忽。
269. 　　　　　　　　夏稅正耗麥叁合叁勺捌抄柒撮。
270. 　　　　　　　　　　正麥叁合壹勺陸抄伍撮，
271. 　　　　　　　　　　耗麥貳勺貳抄貳撮。
272. 　　　　　　　　秋糧正耗米貳升捌合貳勺貳抄壹撮。
273. 　　　　　　　　　　正米貳升陸合叁勺柒

---

① 該行據上下文意補。
② 該行據上下文意補。
③ 該行據上文人丁總數和男子口數補。

274.　　　　　　　　　　　抄伍撮，
　　　　　　　　　　　　耗米壹合捌勺肆抄
　　　　　　　　　　　　陸撮。
275.　一戶吳方八，係本都民戶，洪武玖年甲首。
276.　　　人丁陸口：
277.　　　　　男子肆口：
278.　　　　　　　成丁貳口，
279.　　　　　　　不成丁貳口①。
280.　　　　　婦女貳口②。
（中缺田產、稅糧信息和洪武十一年至十三年甲首戶信息，洪武四年"張亨貳"甲首戶信息、五年"何德溫"甲首戶人口田產信息）
················（以上卷四十五第16葉）················
281.　　　　　　　　夏稅正耗麥壹升貳合柒勺柒抄伍撮捌圭。
282.　　　　　　　　　　正麥壹升壹合玖勺肆抄，
283.　　　　　　　　　　耗麥捌勺叁抄五撮捌圭。
284.　　　　　　　　秋糧正耗米壹斗陸合肆勺陸抄伍撮。
285.　　　　　　　　　　正米玖升玖合伍勺，
286.　　　　　　　　　　耗米陸合玖勺陸抄伍撮。
287.　一戶周森二，係本都民戶，洪武六年甲首。
288.　　　人丁肆口：

---

① 該行據上文男子口數和成丁之數補。
② 該行據上文人丁總數和男子口數補。

289. 　　　　　男子貳口：
290. 　　　　　　　　成丁壹口，
291. 　　　　　　　　不成丁壹口。
292. 　　　　　婦女貳口①。

（中缺田產稅糧信息和洪武七年"徐和壹"、八年"徐立貳"甲首戶信息）

……………（以上卷四十五第10葉）……………

293. 　　　　　　　　耗米壹合捌勺叄抄柒撮。
294. 一戶葉玉還，係本都民戶，洪武玖年甲首。
295. 　　　人丁貳口：
296. 　　　　　男子壹口：
297. 　　　　　　　　成丁壹口。
298. 　　　　　婦女壹口。
299. 　　　田陸分伍厘。
300. 　　　　　　　　夏稅正耗麥貳合伍勺肆撮。
301. 　　　　　　　　　　正麥貳合叄勺肆抄，
302. 　　　　　　　　　　耗麥壹勺陸抄肆撮。
303. 　　　　　　　　秋糧正耗米貳升捌勺陸抄肆撮。

（中缺正、耗米細目和洪武十年甲首戶人口田產信息）

……………（以上卷四十五第12葉）……………

304. 　　　　　　　　夏稅正耗麥貳合伍抄肆撮②。
305. 　　　　　　　　　　正麥壹合玖勺貳抄，
306. 　　　　　　　　　　耗麥壹勺叄抄肆撮。
307. 　　　　　　　　秋糧正耗米壹升柒合壹勺貳抄。

---

① 該行據上文人丁總數和男子口數補。
② 該行據下文正麥、耗麥之數補。

308.　　　　　　　　　　　正米壹升陸合，
309.　　　　　　　　　　　耗米壹合壹勺貳抄。
310.　一戶葉伏四，係本都民戶，洪武拾壹年甲首。
311.　　　人丁柒口：
312.　　　　　男子叁口：
313.　　　　　　　成丁叁口。
314.　　　　　婦女肆口。
315.　　　田肆分壹厘陸毫陸絲柒忽。

（中缺稅糧信息和洪武十二年、十三年甲首戶信息）

·················（以上卷四十五第25葉）·················

（中缺洪武四年至九年甲首戶信息）

316.　一戶厶厶，係本都民戶，洪武拾年甲首①。
317.　　　人丁壹口：
318.　　　　　僧人壹口：
319.　　　　　　　成丁壹口。
320.　　　田壹拾捌畝肆毫壹絲柒忽。
321.　　　夏稅正耗麥陸升柒合肆勺貳抄陸撮。
322.　　　　　　　　　　　正麥陸升叁合壹抄伍撮，
323.　　　　　　　　　　　耗麥肆合肆勺壹抄壹撮。
324.　　　秋糧正耗米伍斗陸升壹合捌勺捌抄肆撮。
325.　　　　　　　　　　　正米伍斗貳升伍合壹勺貳抄伍撮，
326.　　　　　　　　　　　耗米叁升陸合柒勺伍

---

①　該行據文意補。

抄玖撮。

327. 一戶長壽庵，係本都鮑英貳收，洪武拾壹年甲首。
⋯⋯⋯⋯⋯⋯⋯⋯⋯（以上卷四十五第29葉）⋯⋯⋯⋯⋯⋯⋯⋯⋯

328. 人丁陸口①：
329. 　　　男子肆口②：
330. 　　　　　成丁貳口，
331. 　　　　　不成丁貳口。
332. 　　　婦女貳口。
333. 田壹拾肆畝捌分捌厘叄毫叄絲。
334. 　　　　夏稅正耗麥伍升柒合叄勺叄抄壹撮。
335. 　　　　　　正麥伍升叄合伍勺捌抄，
336. 　　　　　　耗麥叄合柒勺伍抄壹撮。
337. 　　　　秋糧正耗米肆斗柒升柒合柒勺伍抄伍撮。
338. 　　　　　　正米肆斗肆升陸合伍勺，
339. 　　　　　　耗米叄升壹合貳勺伍抄伍撮。

（後缺）
⋯⋯⋯⋯⋯⋯⋯⋯⋯（以上卷四十五第30葉）⋯⋯⋯⋯⋯⋯⋯⋯⋯

（錄文釋錄、綴合復原耿洪利，校對宋坤。）

---

① 該行據下文男子口數和婦女口數補。
② 該行據下文成丁、不成丁之數補。

卷四十五第21葉圖版

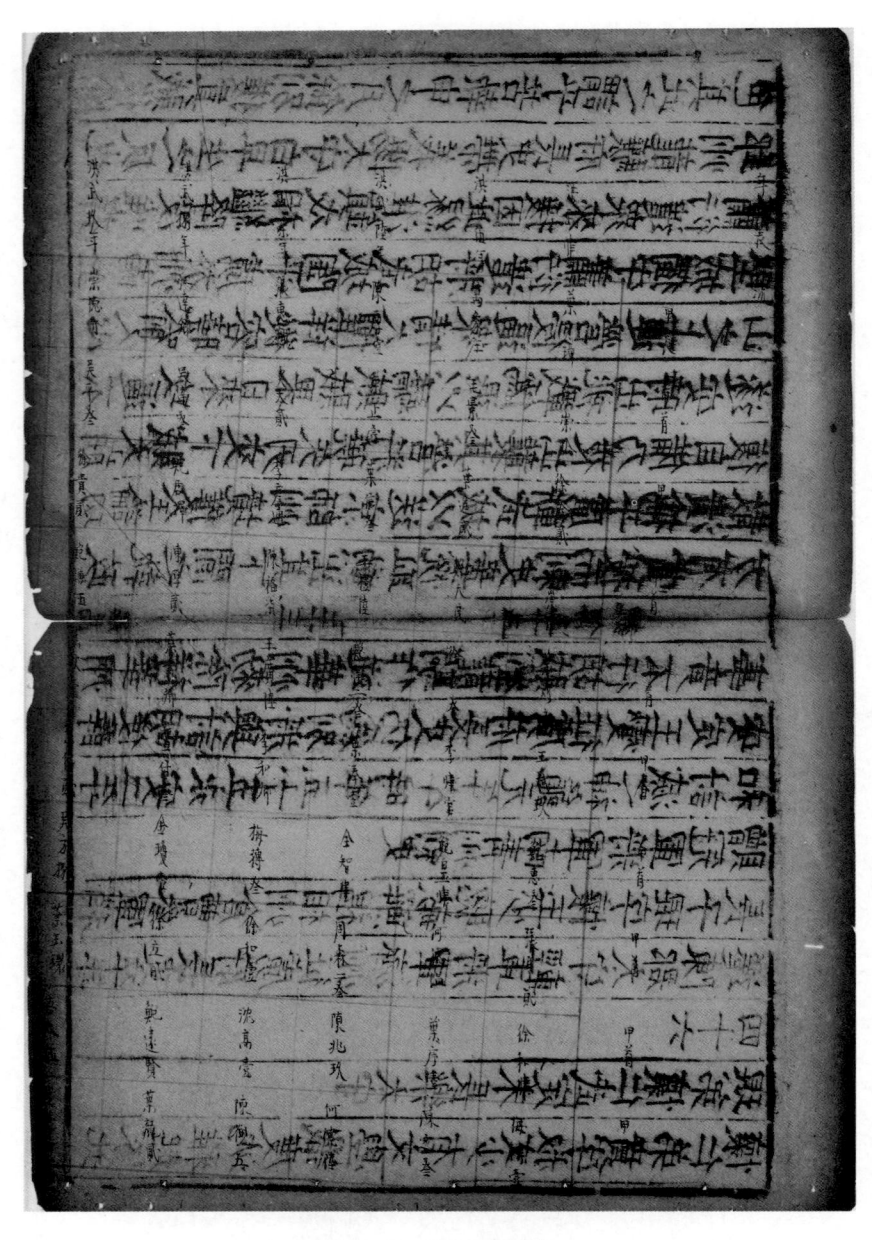

卷四十五第 23 葉圖版

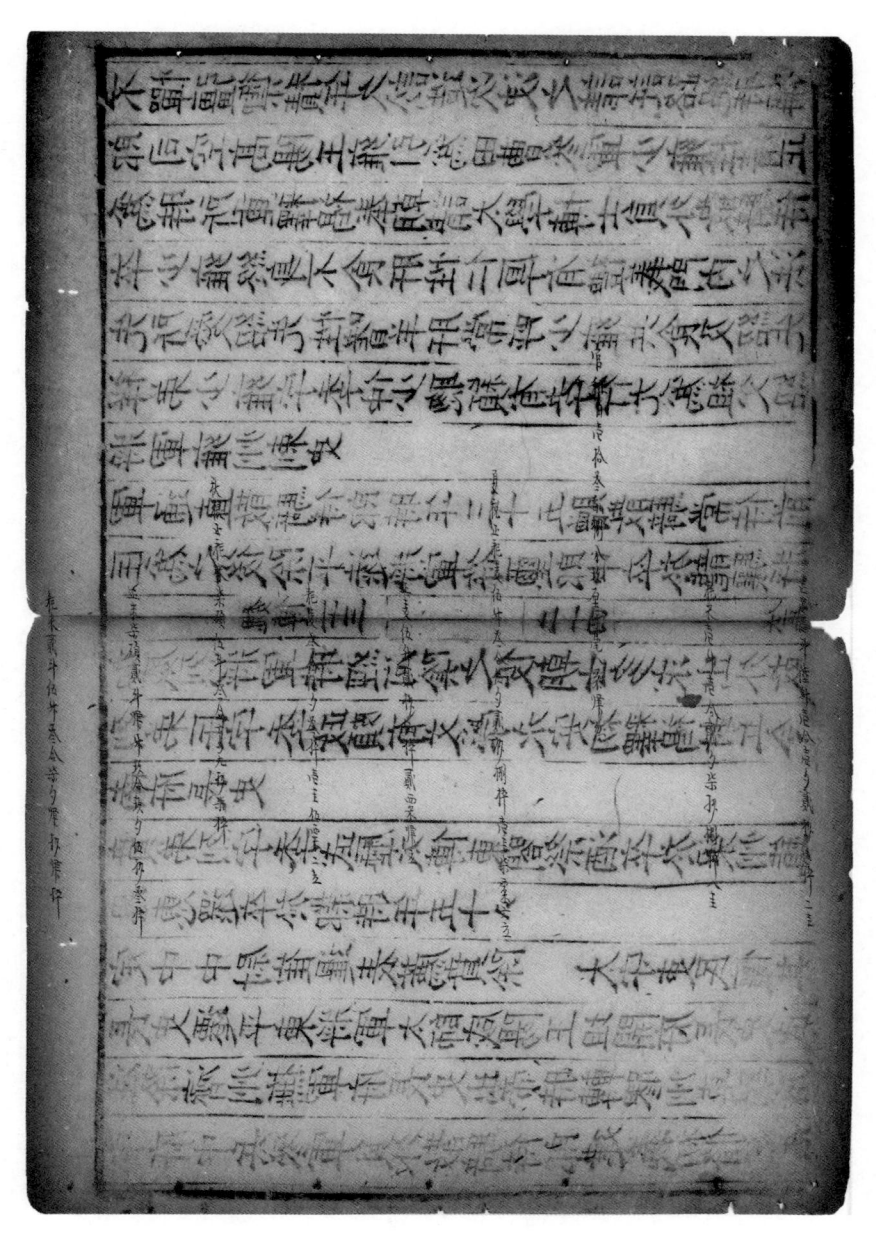

卷四十五第 24 葉圖版

卷四十五第 26 葉圖版

卷四十五第27葉圖版

二　新發現古籍紙背明代賦役黃冊示例

本附錄所舉各示例賦役黃冊，攢造時間和所屬地域的判定見本書第二章。

(一) 永樂二十年（1422）浙江金華府永康縣義豐鄉壹都陸里賦役黃冊

1.《樂府詩集》卷六第 4 葉背：

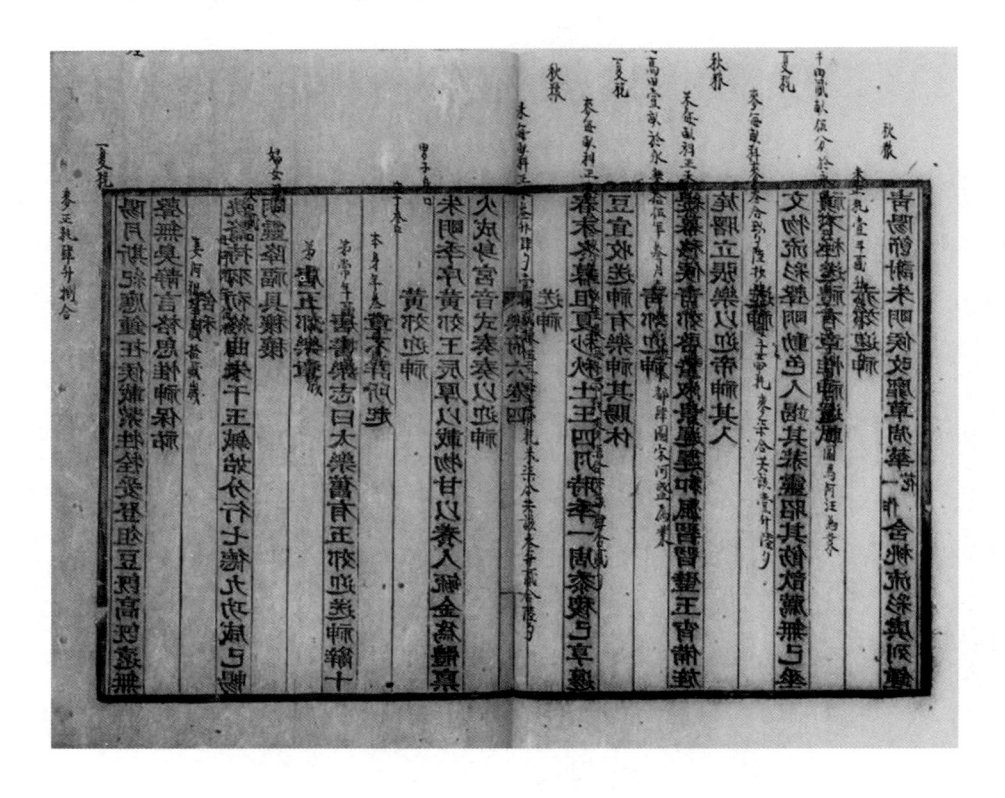

【錄文】

(前缺)

1.　　　　　　　秋糧：

2. 　　　　　　　　　米正耗壹斗貳升叁合叁勺。
3. ☐平田貳畝伍分，於永樂拾玖年貳月賣過割與南隅壹圖馬阿汪爲業。
4. 　　夏税：
5. 　　　　麥每畝科正麥叁合玖勺陸抄陸撮，每斗帶耗麥柒合，共該壹升陸勺。
6. 　　秋糧：
7. 　　　　米每畝科正米叁升叁合玖勺柒撮伍圭，每斗帶耗米柒合，共該玖升柒勺。
8. ☐圖高田壹畝，於永樂拾伍年叁月賣過割與本都肆圖宋河盛爲業。
9. 　　夏税：
10. 　　　麥每畝科正麥叁合玖勺陸抄陸撮，每斗帶耗麥柒合，共該肆合貳勺。
11. 　　秋糧：
12. 　　　米每畝科正米叁升肆勺壹抄貳撮伍圭，每斗帶耗米柒合，共該叁升貳合陸勺。
　　　　　　（中缺2行）①
13. 　　　　男子叁口：
14. 　　　　　成丁叁口：
15. 　　　　　　本身，年叁拾貳歲；
16. 　　　　　　弟常，年貳拾捌歲；
17. 　　　　　　弟賢，年貳拾伍歲。
18. 　　　　婦女貳口：
19. 　　　　　大口貳口：
20. 　　　　　　母阿倪，年伍拾叁歲；
21. 　　　　　　妻阿祝，年貳拾貳歲。

---

① 據文義及同書紙背同一黃冊書寫格式推斷，此處所缺2行文字應爲"實在：／人口伍口"。

（中缺 1 行）①

22. ☐☐☐☐厘。

22. 　　　　　夏稅：

23. 　　　　　　　麥正耗肆升捌合。

24. 　　　秋糧：

（後缺）

2. 《樂府詩集》卷六第 6 葉背

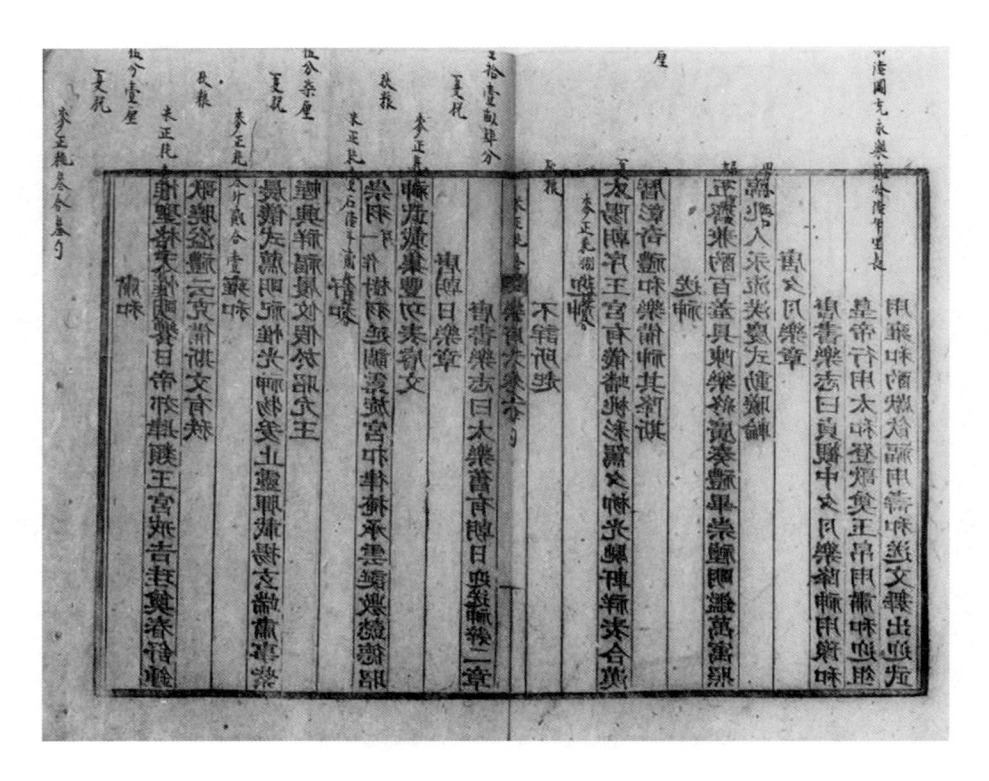

---

① 據文義及同書紙背同一黃冊書寫格式推斷，此處所缺 1 行文字應爲"事產"。

【錄文】

　　　　　　　　　　　　（前缺）
1.　　▭第陸圖，充永樂貳拾陸年里長。
　　　　　　　　（中缺 2 行）①
2.　　　　　　　　　　男子伍口，
3.　　　　　　　　　　婦女肆口。
　　　　　　　　（中缺 1 行）②
4.　　▭厘。
5.　　　　　　　　夏稅：
6.　　　　　　　　　麥正耗捌升肆合。
7.　　　　　　　　秋糧：
8.　　　　　　　　　米正耗壹石玖斗玖升叁合
　　　　　　　　　肆勺。
9.　　▭壹拾壹畝肆分。
10.　　　　　　　　夏稅：
11.　　　　　　　　　麥正耗叁升陸合捌勺。
12.　　　　　　　　秋糧：
13.　　　　　　　　　米正耗壹石陸斗貳升肆合。
14.　　▭伍分柒厘。
15.　　　　　　　　夏稅：
16.　　　　　　　　　麥正耗叁升貳合壹勺。
17.　　　　　　　　秋糧：
18.　　　　　　　　　米正耗壹石伍斗陸升柒合。
19.　　▭伍分壹厘。
20.　　　　　　　　夏稅：

---

　① 據文義及同書紙背同一黃冊書寫格式推斷，此處所缺 2 行文字應爲"舊管：/人丁計家男婦玖口"。
　② 據文義及同書紙背同一黃冊書寫格式推斷，此處所缺 1 行文字應爲"事產"。

21. 麥正耗叁合叁勺。

(後缺)

3.《樂府詩集》卷四十八第 11 葉背

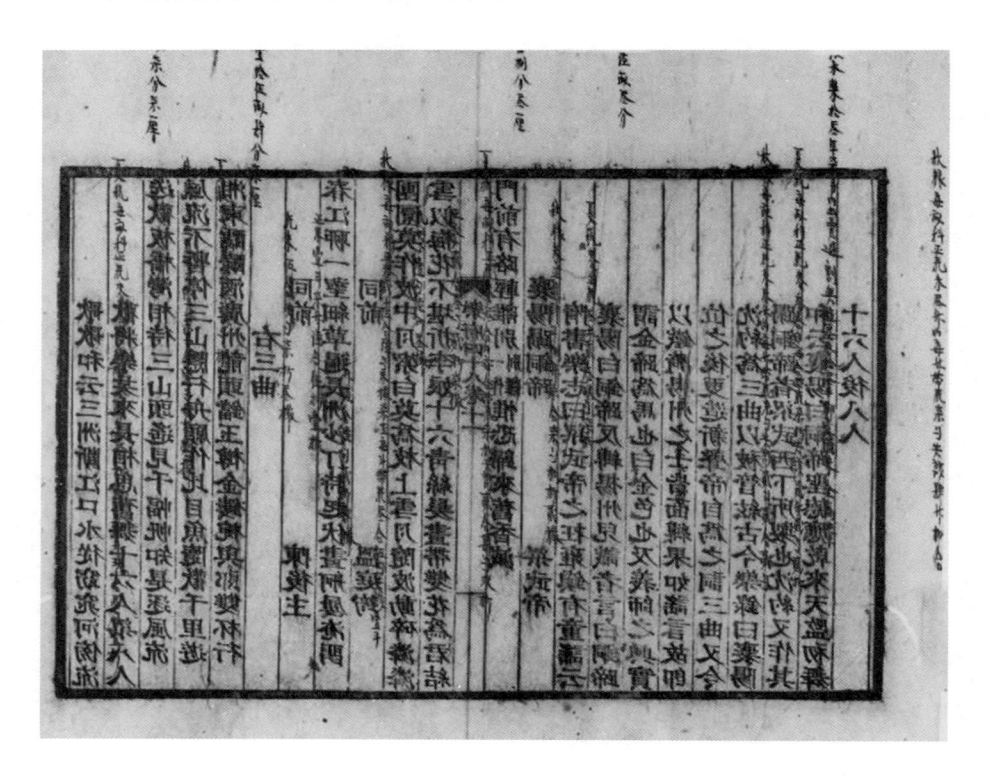

【錄文】

(前缺)

1. 秋糧每畞科正耗米叁升內每升帶耗柒勺，共該肆升捌合。

(中缺 2 行)

2. _____於永樂拾叁年柒月內出賣過割與遊僥叁拾叁半都壹圖朱全爲業。

附　　錄　721

3.　　　　　　夏稅每畝科正耗麥叁合內每合帶耗柒抄，
　　　　　　　共該貳升貳勺貳抄。
4.　　　　　　秋糧每畝科正耗米叁升內每升帶耗柒勺，
　　　　　　　共該貳斗貳合貳勺。
　　　　　　　(中缺2行)①
5.　　　　　　　　　　　本身，年叁拾柒歲。
　　　　　　　(中缺1行)②
6.　　▭▭▭▭陸畝叁分。
7.　　　　　　夏稅麥正耗叁升貳合玖勺柒抄，
8.　　　　　　秋糧米正耗肆斗捌升柒合柒勺捌抄
　　　　　　　貳撮。
9.　　▭▭▭□捌分叁厘。
10.　　　　　 夏稅每畝科正耗麥叁合內每合帶耗柒抄，
　　　　　　　共該貳合肆勺玖抄。
11.　　　　　 正麥貳合叁勺貳抄柒撮，
12.　　　　　 耗麥壹勺陸抄叁撮。
13.　　　　　 秋糧每畝科正米貳斗伍合陸勺叁撮柒圭，
　　　　　　　每斗帶耗叁合伍勺，共該壹斗
14.　　　　　　　　　　柒升陸合陸勺貳抄肆撮。
15.　　　　　 正米壹斗柒升陸勺伍抄壹撮，
16.　　　　　 耗米伍合玖勺柒抄叁撮。
17.　　▭▭▭壹拾伍畝肆分柒厘。
18.　　　　　 夏稅麥正耗叁升肆勺捌抄，
19.　　　　　 秋糧米正耗叁斗壹升壹合壹勺伍抄捌撮。
20.　　▭▭▭畝柒分柒厘。
21.　　　　　 夏稅每畝科正耗麥叁合內每合帶耗柒抄，

---

① 據文義及紙背同一黃冊書寫格式推斷，此處所缺2行文字應爲"實在：/人口：男子成丁壹口。"
② 據文義及紙背同一黃冊書寫格式推斷，此處所缺1行文字應爲"事產"。

722　新發現古籍紙背明代黃冊文獻復原與研究

共該貳升玖合叁勺壹抄。

（後缺）

4.《樂府詩集》第十五冊卷九十一第 3 葉背

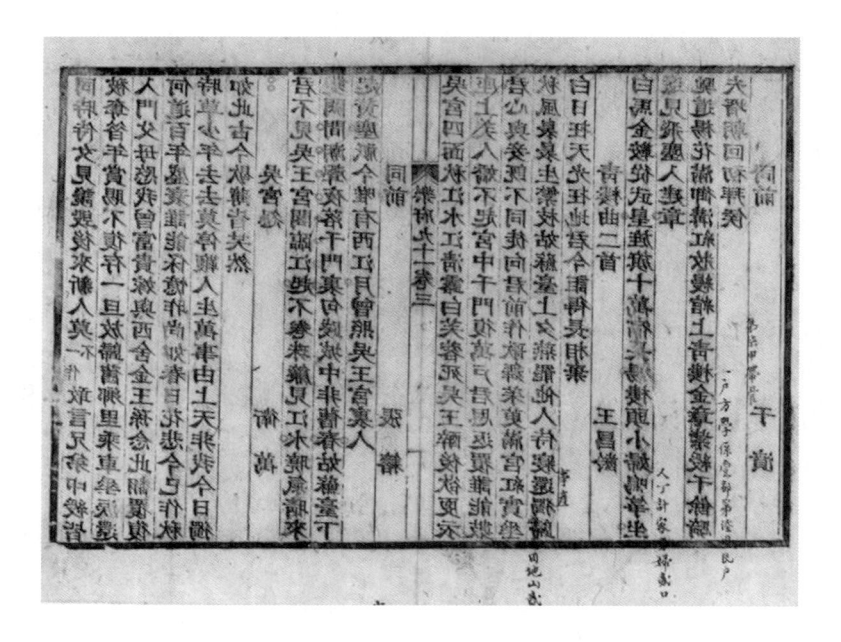

【錄文】

（前缺）

1.　　第柒甲帶管：
2.　　　　一戶方學，係壹都第陸里民戶。
3.　　　　舊管：
4.　　　　　　人丁：計家男婦貳口。
　　　　（中缺 2 行）①
5.　　　　　　事產：

---

①　據文義及紙背同一黃冊書寫格式推斷，此處所缺 2 行文字應爲"男子壹口，/婦女壹口"。

附　　錄　723

6.　　　　　　　　官民田地山貳☐☐☐☐
　　　　　　（中缺 4 行）
7.　　　　　　　　　　　　官☐☐☐☐
　　　　　　（後缺）

5.《樂府詩集》第十六冊卷九十八第 4 葉

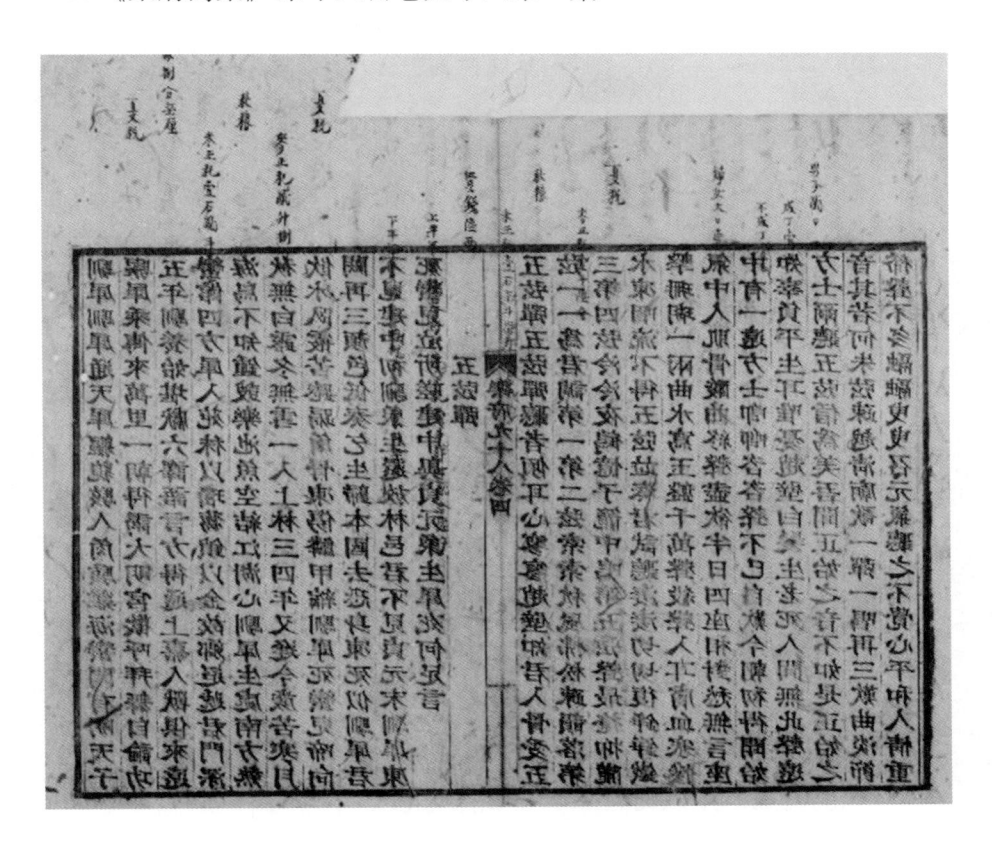

【錄文】
　　　　　　　　　（前缺）
1.　　　　　　　　男子貳口：
2.　　　　　　　　　　成丁壹口，

3.　　　　　　　　不成丁壹口。
4.　　　　　　　　婦女大口壹口。
　　　　　　　　（中缺2行）
5.　　　　　　　　夏稅：
6.　　　　　　　　　麥正耗壹斗陸合。
7.　　　　　　　　秋糧：
8.　　　　　　　　　米正耗壹石柒斗柒升陸合玖勺。
9.　　　　　　　　賃錢陸兩：
10.　　　　　　　　上半年賃錢叁兩，折麥正耗壹斗肆升貳合陸勺；
11.　　　　　　　　下半年賃錢叁兩，折米正耗壹斗柒合。
12.　　　_____|柒厘|。
13.　　　　　　　　夏稅：
14.　　　　　　　　　麥正耗貳升捌勺。
15.　　　　　　　　秋糧：
16.　　　　　　　　　米正耗壹石貳斗壹升。
17.　　　_____|畝捌分柒厘。
18.　　　　　　　　夏稅：
　　　　　　　　（後缺）

（二）成化八年（1472）山東東昌府茌平縣叁鄉第壹圖賦役黃冊

1.《樂府詩集》第六冊卷二十五第7葉正

附　錄　725

【錄文】

(前缺)

1. 　　　　　房屋：草房貳間。
2. 　　　　　頭匹：牛貳隻。
3. 　一戶劉樧枚，係叁鄉第壹圖軍戶，充成化拾▢▢▢▢▢
4. 　　舊管：
5. 　　　　人丁：計家男婦壹拾陸口。
6. 　　　　　　男子壹拾▢▢①，
7. 　　　　　　婦女肆▢②。
8. 　　　事產：
9. 　　　　　民地陸拾伍畝。
10. 　　　　　　　　　　夏稅：

---

① 據文義及紙背同一黃冊書寫格式推斷，此處所缺文字應爲"貳口"。
② 據文義及紙背同一黃冊書寫格式推斷，此處所缺文字應爲"口"。

（中缺2行）

11.　　　　　　　　　　秋糧：
12.　　　　　　　　　　　　　　米□
13.　　　　　　　　房屋：草房貳間。
14.　　　　　　　　頭匹：牛肆隻。
15.　　　　新收：
16.　　　　　　　　人口：正收男子不成丁肆口。

（中缺2行）

17.　　　　開除：
18.　　　　　　　　人口：正除男子成丁肆口。

（後缺）

2.《樂府詩集》第六冊卷二十五第8葉

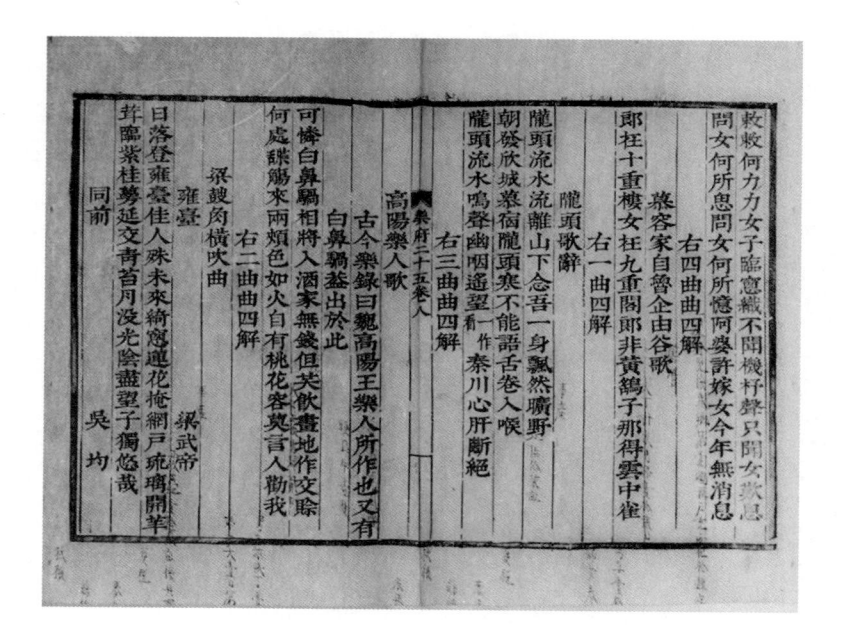

【錄文】

　　　　　　　　　　　（前缺）

1.　　一戶王倉兒，係叁鄉第壹圖匠戶，充成化拾肆年□□①。
2.　　　舊管：
3.　　　　人丁：計家男婦壹拾柒口。
4.　　　　　　　男子壹拾□□②，
5.　　　　　　　婦女叁□③。
6.　　　事產：
7.　　　　民地陸拾柒畝。
8.　　　　　　　夏稅：
9.　　　　　　　　麥 正□
10.　　　　　　　 絲 綿□
11.　　　　　　　秋糧：
12.　　　　　　　　米正 耗□
13.　　　　房屋：草房貳間。
14.　　　　頭匹：牛壹隻。
15.　　　新收：
16.　　　　人口：正收男婦貳口。
17.　　　　　　　男子不成丁 壹□
18.　　　　　　　婦女大壹口：弟□
19.　　　事產：
20.　　　　　正收民地壹拾貳畝，係典 買□
21.　　　　　　　夏稅：
22.　　　　　　　　麥 每□

---

① 據明代黃冊書寫格式可知，此處所缺文字應爲"甲首"或"里長"。
② 據文義及紙背同一黃冊書寫格式推斷，此處所缺文字應爲"肆口"。
③ 據文義及紙背同一黃冊書寫格式推斷，此處所缺文字應爲"口"。

23. 　　　　　　　　　　　　　　絲綿□

24. 　　　　　　　　　　　　　秋糧：

25. 　　　　　　　　　　　　　　米每□

　　　　　　　（後缺）

3.《樂府詩集》第七冊卷二十七第 1 葉背

【錄文】

　　　　　　　　（前缺）

1. 　　　　　　房屋：草房壹間。

2. 　一戶金得林，係叁鄉第壹圖驢站戶。

3. 　　　舊管：

4.　　　　　　　人丁：計家男婦肆口。
5.　　　　　　　　　　　　　　　　　男□□□，
6.　　　　　　　　　　　　　　　　　婦□□□。
7.　　　　　事產：
8.　　　　　　　　民地貳拾肆畝。
9.　　　　　　　　　　　　　　　　　夏□①：
　　　　　　（中缺 2 行）
10.　　　　　　　　　　　　　　　　秋□②：
　　　　　　（中缺 1 行）
11.　　　　　　房屋：草房壹間。
12.　　　開除：事產轉除本圖民地叁畝，於成化捌年□□□
13.　　　　　　　　　　　　　　　　夏□③：
　　　　　　（中缺 2 行）
14.　　　　　　　　　　　　　　　　秋□④：
　　　　　　（中缺 1 行）
15.　　　實在：
　　　　　　　（後缺）

4.《樂府詩集》第十二冊卷六十二第 4 葉背

---

① 據文義及紙背同一黃冊書寫格式推斷，此處所缺文字應爲"稅"。
② 據文義及紙背同一黃冊書寫格式推斷，此處所缺文字應爲"糧"。
③ 據文義及紙背同一黃冊書寫格式推斷，此處所缺文字應爲"稅"。
④ 據文義及紙背同一黃冊書寫格式推斷，此處所缺文字應爲"糧"。

【錄文】

　　　　　　　　　　（前缺）

1. ☐☐☐☐☐ 拾 捌頭。

　　　　　　　　（中缺2行）

2. 　　☐☐① 貳 百玖拾貳口：

3. 　　　　 成 丁貳百貳拾玖口，

4. 　　　　 不 成丁陸拾叄口。

---

① 據文義及紙背同一黃冊書寫格式推斷，此處所缺文字應爲"男子"。

附　　錄　731

5.　　　　□□①壹百叁拾肆口：
6.　　　　　□□②壹百叁拾叁口，
7.　　　　　□□③壹口。
　　　　　　　（中缺1行）④
8.　　　　　　　叁畝。
9.　　　　　　地貳拾捌頃壹拾玖畝伍分。
10.　　　夏稅：
11.　　　　麥正耗肆拾伍石叁斗貳升柒合肆勺玖抄伍撮，
12.　　　　絲綿壹觔玖兩叁錢柒分伍厘伍毫。
13.　　　□⑤糧：
14.　　　　米正耗壹百陸石伍斗捌升伍合肆勺貳抄伍撮。
15.　　　　　拾畝。
16.　　　夏稅：
17.　　　　麥每畝科正麥壹斗貳升，每斗帶耗叁合伍勺，共該柒斗肆升伍合貳勺。
18.　　　　　　正麥柒斗貳升，
19.　　　　　　耗麥貳升伍合貳勺。
20.　　　　絲綿每畝科絲壹分伍厘、綿壹分伍厘，共該壹錢捌分。
21.　　　　　　絲玖分，
　　　　　　　（後缺）

---

① 據文義及紙背同一黃冊書寫格式推斷，此處所缺文字應爲"婦女"。
② 據文義及紙背同一黃冊書寫格式推斷，此處所缺文字應爲"大口"。
③ 據文義及紙背同一黃冊書寫格式推斷，此處所缺文字應爲"小口"。
④ 據文義及紙背同一黃冊書寫格式推斷，此處所缺1行文字應爲"事產"。
⑤ 據文義及紙背同一黃冊書寫格式推斷，此處所缺文字應爲"秋"字。

5.《樂府詩集》第十二冊卷六十五第 6 葉背

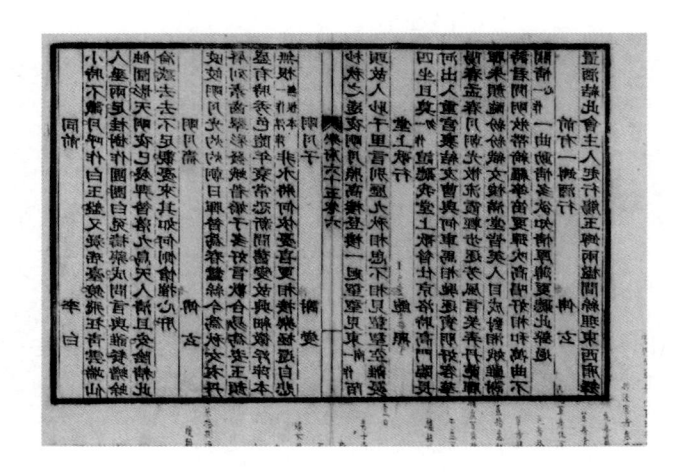

【錄文】

（前缺）

1.　　　　　　官民瓦草房伍百玖拾伍☐①。
2.　　　　　　抄没官房叁拾☐☐：
3.　　　　　　瓦房貳☐☐☐，
4.　　　　　　草房壹☐☐☐。
5.　　　　　民瓦草房伍百☐☐
6.　　　　　　　瓦房玖☐☐
7.　　　　　　　草房肆☐☐
8.　　　　車輛：大車貳拾叁輛。
9.　　　　頭匹：牛驢叁百柒拾☐
10.　　　　　　　牛叁百☐☐
11.　　　　　　　驢肆拾☐☐

---

① 據文義及紙背同一黃冊書寫格式推斷，此處所缺文字應爲"間"。

12.　　　軍戶壹百壹拾貳戶：
13.　　　　人口：貳千壹百壹拾壹口：
14.　　　　　　　　　　　　　男子 壹
15.　　　　　　　　　　　　　　　成
16.　　　　　　　　　　　　　　　不
17.　　　　　　　　　　　　　婦女 陸
18.　　　　　　　　　　　　　　　大
19.　　　　　　　　　　　　　　　小
20.　　　事產：
21.　　　　　官民地壹百柒拾捌 頃
22.　　　　　　　　　　　　　　稅糧
　　　　　　　　（後缺）

（三）弘治五年（1492）浙江台州府臨海縣貳拾玖都第貳圖賦役黃冊

1. 《樂府詩集》第八冊卷三十八第 1 葉背

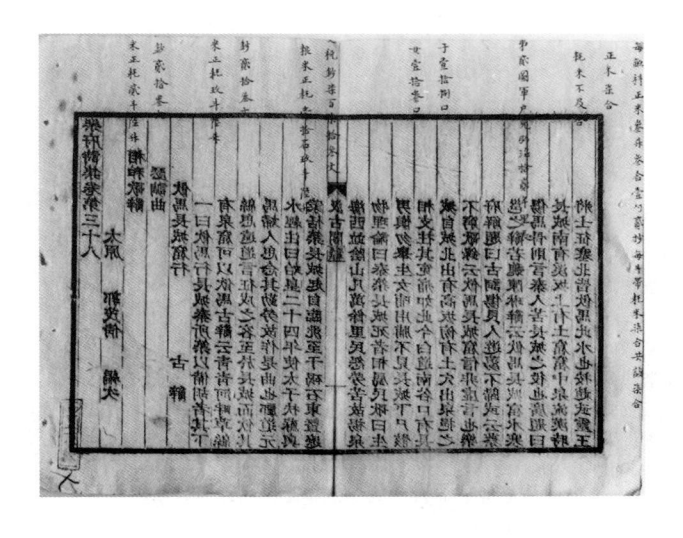

【錄文】

（前缺）

1. □□①每畝科正米叁升叁合壹勺貳抄，每斗帶耗米柒合，共該柒合。
2. 　　　　　正米柒合，
3. 　　　　　耗米不及合。

（中缺 1 行）

4. _____]第貳圖軍戶，充弘治拾貳年里長。

（中缺 2 行）②

5. □③子壹拾捌口，
6. □④女壹拾叁口。

（中缺 2 行）

7. 夏 稅鈔柒百柒拾叁文，
8. □⑤糧米正耗壹拾玖斗陸升。

（中缺 1 行）

9. □□⑥鈔貳拾叁文，
10. □□⑦米正耗玖斗陸升。

（中缺 1 行）

11. □□⑧鈔貳拾叁文，
12. □□⑨米正耗貳斗陸升捌合。

---

① 據文義及紙背同一黃冊書寫格式推斷，此處所缺文字應爲"秋糧米"。
② 據文義及紙背同一黃冊書寫格式推斷，此處所缺2行文字應爲"舊管：／人丁：計家男婦叁拾壹口"。
③ 據文義及紙背同一黃冊書寫格式推斷，此處所缺文字應爲"男"。
④ 據文義及紙背同一黃冊書寫格式推斷，此處所缺文字應爲"婦"。
⑤ 據文義及紙背同一黃冊書寫格式推斷，此處所缺文字應爲"秋"。
⑥ 據文義及紙背同一黃冊書寫格式推斷，此處所缺文字應爲"夏稅"。
⑦ 據文義及紙背同一黃冊書寫格式推斷，此處所缺文字應爲"秋糧"。
⑧ 據文義及紙背同一黃冊書寫格式推斷，此處所缺文字應爲"夏稅"。
⑨ 據文義及紙背同一黃冊書寫格式推斷，此處所缺文字應爲"秋糧"。

附　　錄　735

13.　　　　　　　　　　　　　　　五百六十八張①

　　　　　（後缺）

2.《樂府詩集》第八冊卷三十八第3葉背

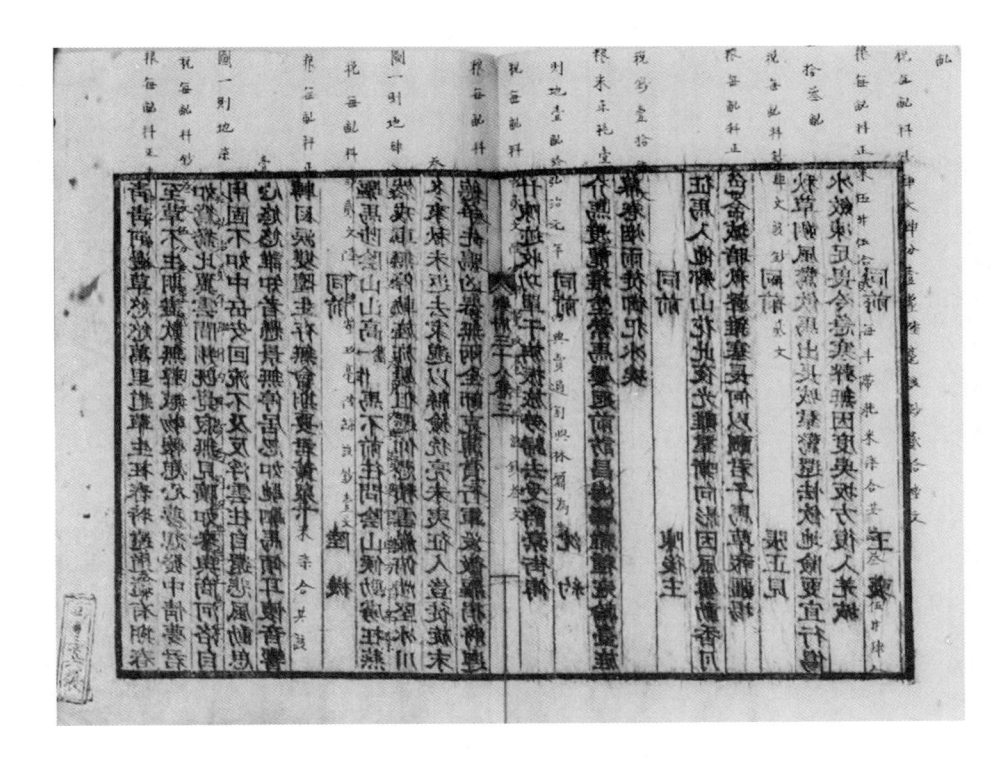

【錄文】

　　　　　　　　　　　　（前缺）

1. ▭▭▭▭▭▭▭▭▭▭畝。
2. 　　　　　　　□②稅每畝科鈔肆文肆分壹厘陸毫，該鈔貳拾陸文；

---

① 此應爲用紙編號。
② 據文義及紙背同一黃冊書寫格式推斷，此處所缺文字應爲"夏"。

3. 　　　　　　　□①糧每畝科正米伍升伍合貳勺，每斗帶耗米柒合，共該叁斗伍升肆合。
4. 　　　　―――――壹拾叁畝。
5. 　　　　　　　□②稅每畝科鈔肆文，該鈔伍拾貳文；
6. 　　　　　　　□③糧每畝科正米伍升，每斗帶耗米柒合，共該肆石玖升伍合。

（中缺 1 行）

7. 　　　　　　　□④稅鈔壹拾肆文；
8. 　　　　　　　□⑤糧米正耗壹斗捌升貳合。
9. 　　　　―――――則地壹畝，於弘治元年正月內典賣過割與林蕭爲業。
10. 　　　　　　　□⑥稅每畝科鈔貳文陸分肆厘玖毫陸絲，該鈔叁文；
11. 　　　　　　　□⑦糧每畝科正米叁升叁合壹勺貳抄，每斗帶耗米柒合，共該
12. 　　　　　　　　　　　　　叁升陸合。
13. 　　　　―――――圖一則地肆分，於成化貳拾貳年叁月內典賣過割與方焰爲業。
14. 　　　　　　　□⑧稅每畝科鈔貳文陸分肆厘玖毫陸絲，該鈔壹文；
15. 　　　　　　　□⑨糧每畝科正米叁升叁合壹勺貳抄，每斗帶耗米柒合，共該

―――――――――――

① 據文義及紙背同一黃冊書寫格式推斷，此處所缺文字應爲"秋"。
② 據文義及紙背同一黃冊書寫格式推斷，此處所缺文字應爲"夏"。
③ 據文義及紙背同一黃冊書寫格式推斷，此處所缺文字應爲"秋"。
④ 據文義及紙背同一黃冊書寫格式推斷，此處所缺文字應爲"夏"。
⑤ 據文義及紙背同一黃冊書寫格式推斷，此處所缺文字應爲"秋"。
⑥ 據文義及紙背同一黃冊書寫格式推斷，此處所缺文字應爲"夏"。
⑦ 據文義及紙背同一黃冊書寫格式推斷，此處所缺文字應爲"秋"。
⑧ 據文義及紙背同一黃冊書寫格式推斷，此處所缺文字應爲"夏"。
⑨ 據文義及紙背同一黃冊書寫格式推斷，此處所缺文字應爲"秋"。

附　錄　737

16.　　　　　　　　　　　壹升伍合。
17.　　　　　　☐圖一則地柒分，於弘治貳年肆月內典賣過割與洪學正爲業。
18.　　　　　　□①稅每畝科鈔叁文伍分叁厘貳毫捌絲，該鈔貳文；
19.　　　　　　□②糧每畝科正米肆升肆合壹勺陸抄，每斗帶耗米柒合，共該叁升叁合。
20.　　　　　　　　　　　☐四百三十六張☐③

（後缺）

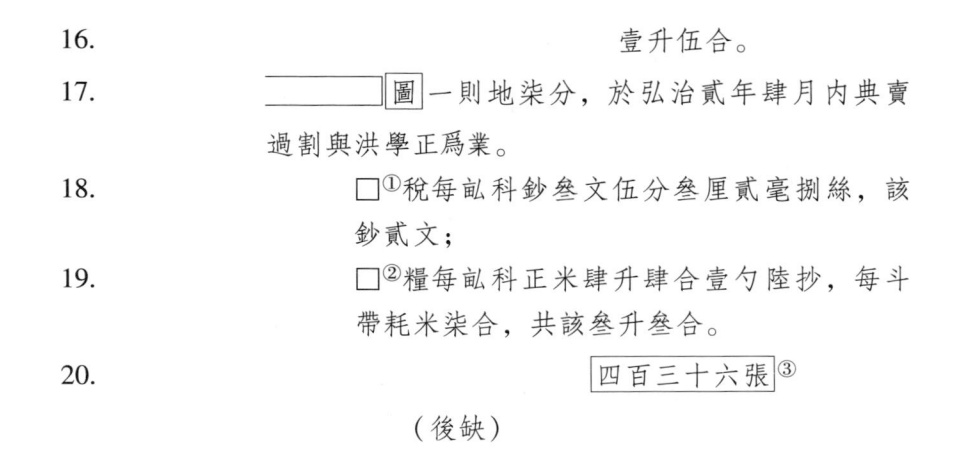

3.《樂府詩集》第八冊卷三十八第 9 葉背

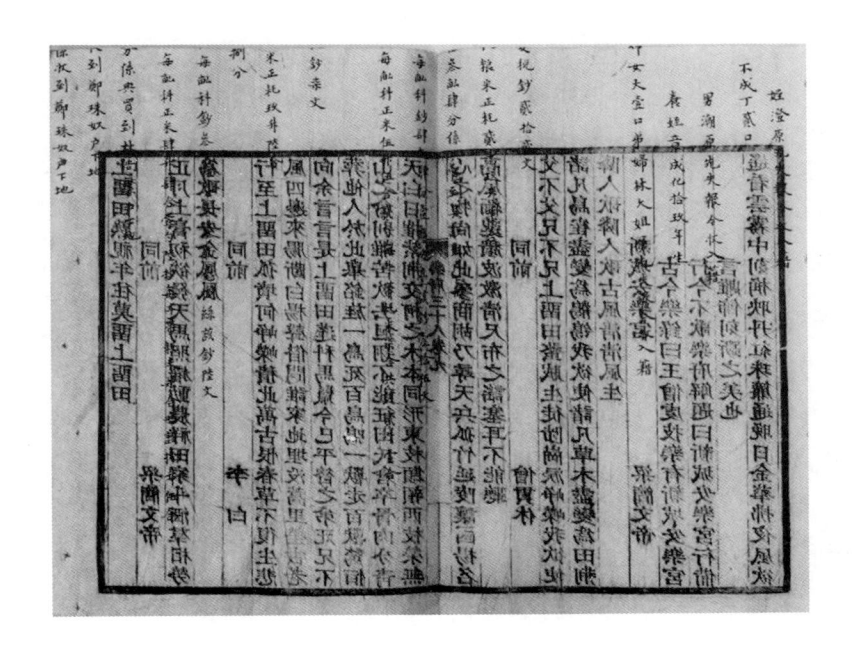

---

①　據文義及紙背同一黃冊書寫格式推斷，此處所缺文字應爲"夏"。
②　據文義及紙背同一黃冊書寫格式推斷，此處所缺文字應爲"秋"。
③　此應爲用紙編號。

【録文】

　　　　　　　　　　（前缺）

1.　　　　　姪澄，原先失報，今收入籍。
2.　　　不成丁貳口：
3.　　　　　男潮，原先失報，今收入籍；
4.　　　　　養姪章，成化拾玖年生。
5.　婦女大壹口：弟婦林大姐，原先失報，今收入籍。

　　　　　　　（中缺 2 行）

6.　夏稅鈔貳拾貳文，
7.　秋糧米正耗貳斗玖升柒合。
8.　_____田叁畝肆分，係典買到吳誤生戶下田。
9.　□□①每畝科鈔肆文肆分壹厘陸毫，該鈔壹拾伍文；
10.　□□②每畝科正米伍升伍合貳勺，每斗帶耗米柒合，共該貳斗壹合。

　　　　　　　（中缺 1 行）

11.　□□③鈔柒文；
12.　□□④米正耗玖升陸合。
13.　_____捌分。
14.　□□⑤每畝科鈔叁文伍分叁厘貳毫捌絲，該鈔陸文；
15.　□□⑥每畝科正米肆升肆合壹勺陸抄，每斗帶耗米柒合，共該捌升伍合。
16.　_____分，係典買到林尚繁戶下地；
17.　_____收到鄭珠奴戶下地；

---

① 據文義及紙背同一黃冊書寫格式推斷，此處所缺文字應爲"夏稅"。
② 據文義及紙背同一黃冊書寫格式推斷，此處所缺文字應爲"秋糧"。
③ 據文義及紙背同一黃冊書寫格式推斷，此處所缺文字應爲"夏稅"。
④ 據文義及紙背同一黃冊書寫格式推斷，此處所缺文字應爲"秋糧"。
⑤ 據文義及紙背同一黃冊書寫格式推斷，此處所缺文字應爲"夏稅"。
⑥ 據文義及紙背同一黃冊書寫格式推斷，此處所缺文字應爲"秋糧"。

18. ☐☐☐☐係收到鄭珠奴戶下地；

（後缺）

4.《樂府詩集》第十二冊卷六十八第 5 葉背

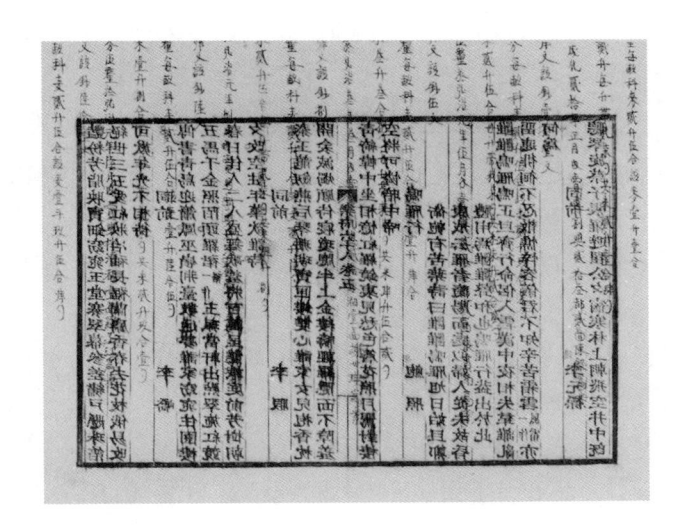

【錄文】

（前缺）

1. ☐☐☐☐☐☐☐①厘，每畝科麥貳升伍合，該麥壹升壹合；
2. ☐☐☐☐☐☐☐②貳升，每升帶耗柒勺，共米貳升壹合肆勺。
3. ☐☐☐☐☐☐☐☐☐☐☐☐☐成化貳拾年正月內賣過割與貳拾叁都貳圖陳綏爲業。
4. ☐☐☐☐☐☐☐③肆文，該鈔壹拾壹文；

---

① 據文義及紙背同一黃冊書寫格式推斷，此處所缺文字應爲"麥苗麥田肆分肆"。
② 據文義及紙背同一黃冊書寫格式推斷，此處所缺文字應爲"秋糧米每畝科正米"。
③ 據文義及紙背同一黃冊書寫格式推斷，此處所缺文字應爲"夏稅鈔每畝科鈔"。

5. □□□□□□□①分，每畝科麥貳升伍合，該麥貳升玖合柒勺；

6. □□□□□□□②[米]貳升伍合，每升帶耗柒勺，共米柒升貳合貳勺。

7. _____□厘，於弘治元年伍月內賣與貳拾叁都貳圖張育弟爲業。

8. □□□□□□□③[肆]文，該鈔伍文；

9. □□□□□□④厘，每畝科麥貳升伍合，該麥壹升肆合；

10. □□□□□□□⑤[米]叁升叁合捌勺，每升帶耗柒勺，共米肆升伍合貳勺。

11. _____於弘治叁年叁月內賣過割與貳拾柒都壹圖謝世瑛爲業。

12. □□□□□□□⑥肆文，該鈔捌文；

13. □□□□□□□⑦厘，每畝科麥貳升伍合，該麥貳升陸勺；

14. □□□□□□□⑧米貳升伍合，每升帶耗柒勺，共米伍升捌勺。

15. _____[於]弘治元年捌月內賣過割與杜瀆都壹圖王若川爲業。

16. □□□□□□⑨肆文，該鈔陸文；

---

① 據文義及紙背同一黃冊書寫格式推斷，此處所缺文字應爲"麥苗麥田壹畝貳"。
② 據文義及紙背同一黃冊書寫格式推斷，此處所缺文字應爲"秋糧米每畝科正"。
③ 據文義及紙背同一黃冊書寫格式推斷，此處所缺文字應爲"夏稅鈔每畝科鈔"。
④ 據文義及紙背同一黃冊書寫格式推斷，此處所缺文字應爲"麥苗麥田伍分陸"。
⑤ 據文義及紙背同一黃冊書寫格式推斷，此處所缺文字應爲"秋糧米每畝科正"。
⑥ 據文義及紙背同一黃冊書寫格式推斷，此處所缺文字應爲"夏稅鈔每畝科鈔"。
⑦ 據文義及紙背同一黃冊書寫格式推斷，此處所缺文字應爲"麥苗麥田捌分貳"。
⑧ 據文義及紙背同一黃冊書寫格式推斷，此處所缺文字應爲"秋糧米每畝科正"。
⑨ 據文義及紙背同一黃冊書寫格式推斷，此處所缺文字應爲"夏稅鈔每畝科鈔"。

17.　　　　□□□□□□①厘，每畝科麥貳升伍合，該麥壹升陸合伍勺；

18.　　　　□□□□□□②米壹升捌合壹勺，每升帶耗柒勺，共米貳升玖合壹勺。

19.　　　　────────分伍厘，於弘治元年陸月內賣與杜瀆都壹圖羅子江為業。

20.　　　　□□□□□□□③文，該鈔陸拾壹文；

21.　　　　□□□□□□□□④畝科麥貳升伍合，該麥壹斗玖升伍合肆勺；

　　　　　　　　　（後缺）

（四）正德七年（1512）直隸蘇州府崑山縣全吳鄉第陸保第拾圖賦役黃冊

1. 《樂府詩集》第六冊卷二十一第 4 葉背

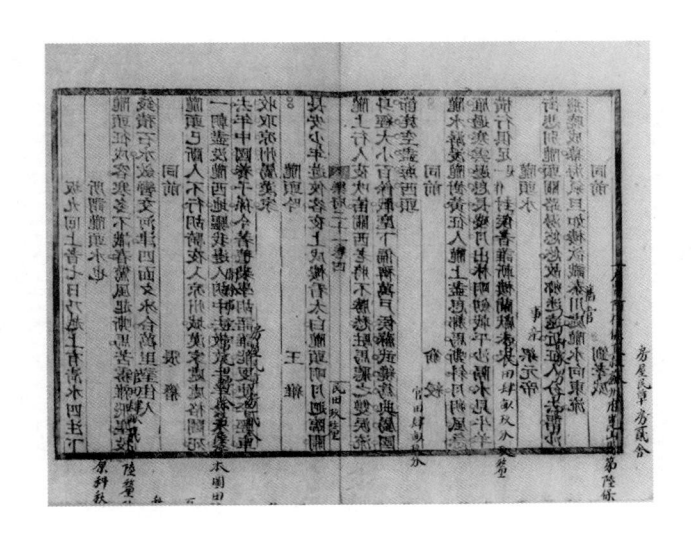

---

①　據文義及紙背同一黃冊書寫格式推斷，此處所缺文字應為"麥苗麥田陸分陸"。
②　據文義及紙背同一黃冊書寫格式推斷，此處所缺文字應為"秋糧米每畝科正"。
③　據文義及紙背同一黃冊書寫格式推斷，此處所缺文字應為"夏稅鈔每畝科鈔肆"。
④　據文義及紙背同一黃冊書寫格式推斷，此處所缺文字應為"麥苗麥田柒畝捌分，每"。

【錄文】

（前缺）

1. 　　　　　　房屋：民草房貳舍。
2. 　一戶曹阿祥，係直隸蘇州府崑山縣第陸保▢▢▢▢
3. 　　舊管：
4. 　　　人丁：計家男子壹口。
5. 　　事產：
6. 　　　　官民田肆畝玖分玖厘。

（中缺2行）

7. 　　　　　官田肆畝玖分。

（中缺2行）

8. 　　　　　民田玖厘。
9. 　　　　　　　　　　　　　　夏▢▢▢▢
10. 　　　　　　　　　　　　　　秋▢▢▢▢
11. 　　　房屋：民草房貳舍。
12. 　開除：事產官民田轉除第陸保本圖田▢▢▢▢
13. 　　　　　　　　　　　　　　夏▢▢▢▢
14. 　　　　　　　　　　　　　　秋▢▢▢▢
15. 　　　　官田肆畝貳分陸厘，秋▢▢▢▢
16. 　　　　　　　　原科秋▢▢▢▢

（後缺）

2.《樂府詩集》第六冊卷二十二第 7 葉背

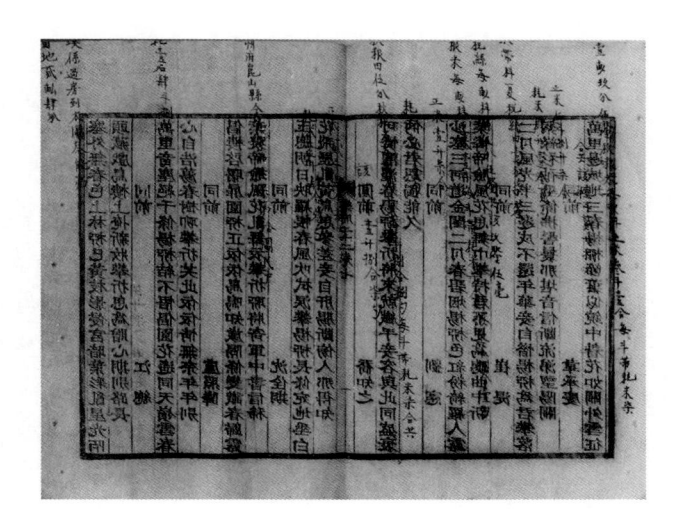

【錄文】

（前缺）

1. ☐壹畝玖分伍厘，秋糧米每畝科正米叁斗壹合，每斗帶耗米柒

2. 　　　　　　　　　　合，共該陸斗貳升捌合貳勺。

3. 　　　　　　　　正米伍斗捌升柒合，

4. 　　　　　　　　耗米肆升壹合貳勺。

5. ☐糧帶科夏稅絲田壹分柒厘。

6. 　　　□①稅絲每畝科絲伍分伍厘，共該玖厘伍毫。

7. 　　　□②糧米每畝科正米壹斗，每斗帶耗米柒

---

① 據文義及紙背同一黃冊書寫格式推斷，此處所缺文字應爲"夏"。
② 據文義及紙背同一黃冊書寫格式推斷，此處所缺文字應爲"秋"。

合，共該壹升捌合壹勺。

8.　　　　　　　　　正米壹升柒合，
9.　　　　　　　　　耗米壹合壹勺。
10.　　▭秋 糧田伍分，秋糧米每畝科正米肆斗捌合捌勺，每斗帶耗米柒合，共
11.　　　　　　　　　　　　該貳斗壹升捌合柒勺。
12.　　　　　　　　　正米貳斗肆合肆勺，
13.　　　　　　　　　耗米壹升肆合叁勺。

（中缺 1 行）

14.　　▭州府崑山縣全吳鄉第陸保第拾圖民戶。

（中缺 3 行）

15.　　▭耗 壹石肆斗捌升柒勺。

（中缺 3 行）

16.　　□，係過房到本圖蔡能弟。
17.　　▭田地貳畝肆分。

（後缺）

3.《樂府詩集》第十冊卷四十七第 4 葉背

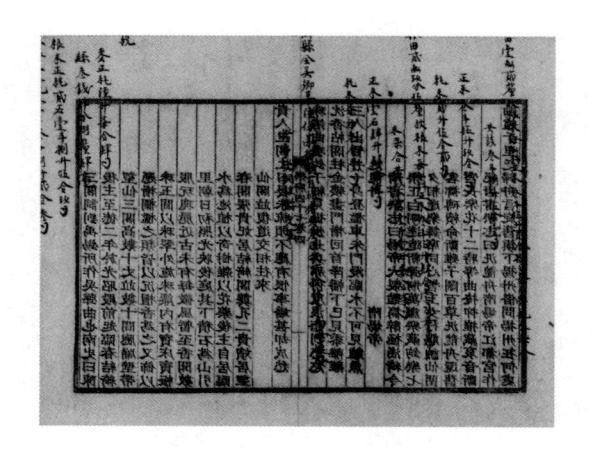

【錄文】

（前缺）

1. ☐田壹畝貳厘，秋糧米每畝科正米叁斗伍升貳合捌勺，每斗帶耗米柒合，
2. 共該叁斗捌升伍合壹勺。
3. 正米叁斗伍升玖合玖勺，
4. 耗米貳升伍合貳勺。
5. ☐糧田貳畝玖分伍厘，秋糧米每畝科正米叁斗伍升肆合壹勺，每斗帶耗
6. 米柒合，共該壹石壹斗壹升柒合柒勺。
7. 正米壹石肆升肆合陸勺，
8. 耗米柒升叁合壹勺。

（中缺1行）

9. ☐山縣全吳鄉第陸保第拾圖，有祖屠興叁，洪武貳拾玖年爲海運糧
10. 儲事，發銅鼓衛充軍。

（中缺）

11. ☐①稅：
12. 麥正耗陸升柒合肆勺，
13. 絲叁錢肆分捌厘肆毫。
14. ☐②糧米正耗貳石壹斗捌升伍合玖勺，
15. ☐糧米正耗☐石☐斗捌升貳合叁勺。

（後缺）

---

① 據文義及紙背同一黃冊書寫格式推斷，此處所缺文字應爲"夏"。
② 據文義及紙背同一黃冊書寫格式推斷，此處所缺文字應爲"秋"。

4. 《樂府詩集》第十一冊卷六十第 11 葉背

【錄文】

(前缺)

1. 　　　　　　　　正米肆升陸勺，
2. 　　　　　　　　耗米貳合捌勺。

(中缺 1 行)

3. ＿＿＿＿＿＿州府崑山縣全吳鄉第陸保第拾圖民戶，編當正德拾陸年甲首。

(中缺 4 行)

4. 　　　　　夏稅絲叁厘叁毫，
5. 　　　　　秋糧米正耗貳升陸合貳勺。

(中缺 2 行)

6. 　　　　＿＿永，於正德叁年病故；
7. 　　　　＿＿瑄，於正德肆年病故。

附　　錄　747

（中缺 1 行）

8.　　　　　　□宗，係過房到第陸保本圖陳玩弟。

9.　　　　　　　　□地捌畝柒分陸厘。

10.　　　　　　夏稅：

11.　　　　　　　麥正耗玖升貳勺，

12.　　　　　　　絲叁錢捌分壹厘玖毫。

（後缺）

（五）嘉靖四十一年（1562）山西汾州南郭西廂關廂第拾壹圖賦役黃冊
1.《樂府詩集》目錄上第 2 葉背

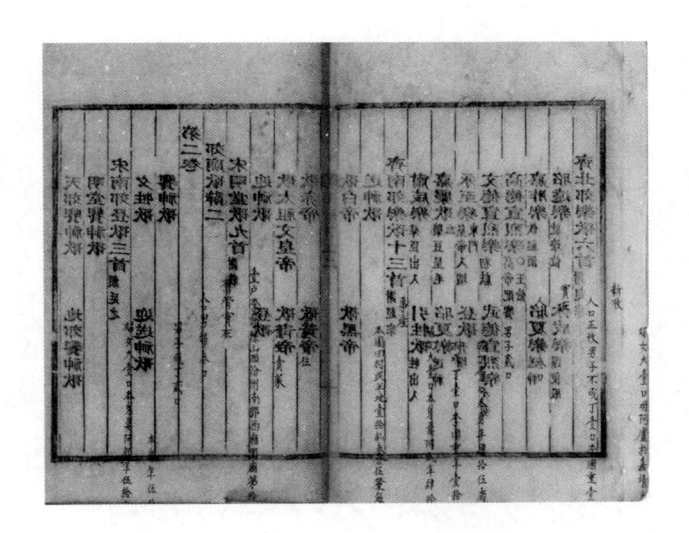

【錄文】

（前缺）

1.　　　　　妇女大壹口：母阿盧，於嘉靖叁

2.　　　新收：

3.　　　　　人口：正收男子不成丁壹口：李圖重，壹

4. 實在：
5. 　　　人口：男婦叁口。
6. 　　　　　男子貳口：
7. 　　　　　　　成丁壹口：本身，年肆拾伍歲；
8. 　　　　　　　不成丁壹口：李圖重，年壹拾☐☐
9. 　　　　　婦女大壹口：本身妻阿武，年肆拾☐☐
10. 　　事產：
11. 　　　　　本圖田村民平地壹拾畒叁分伍厘，每☐
12. 　　　　　房屋：賃住。
13. 　　　　　營生：賣菜。
14. 壹戶李訪，係山西汾州南郭西厢關厢第拾☐☐☐☐
15. 　　舊管實在：
16. 　　　人口：男婦叁口。
17. 　　　　　男子成丁貳口：
18. 　　　　　　　　　本身，年伍拾☐☐
19. 　　　　　婦女大壹口：本身妻阿郭，年伍拾☐☐
　　　　　　　　（後缺）

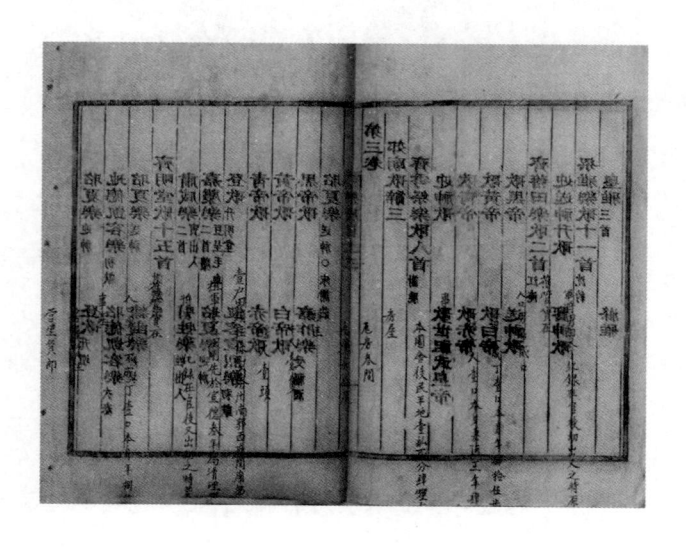

2.《樂府詩集》目錄上第 3 葉背

【錄文】

(前缺)
1. 　　　　軍，將男田又丁紀錄在官後，幼出又①之時原□□□
2. 　　舊管實在：
3. 　　　　人口：男婦貳口。
4. 　　　　　　男子成丁壹口：本身，年肆拾伍 歲 。
5. 　　　　　　婦女大壹口：本身妻阿王，年肆□□□
6. 　　　　事產：
7. 　　　　　　本圖舍後民平地壹畝貳分肆厘□□
8. 　　　　　　房屋：
9. 　　　　　　　　瓦屋叁間，
10. 　　　　　　　　瓦厦房貳厦。
11. 　　　　　　頭匹：
12. 　　　　　　　　牛大壹隻，
13. 　　　　　　　　驢大壹頭。
14. 　　壹戶田鎖住，係山西汾州南郭西廂關廂第 拾 □□
15. 　　祖軍壹名田剛，先於宣德叁年爲清理 軍 □□
16. 　　將男田又丁②紀錄在官後，又出幼之時替□□□
17. 　　舊管實在：
18. 　　　　人口：男子不成丁壹口：本身年捌 拾 □□
19. 　　　　事產：
20. 　　　　　　房屋：賃住。
21. 　　　　　　營生：貨郎。

---

① 據本葉第 16 行可知，"幼出又"應爲"又出幼"之訛，"出幼"指成丁。
② 本戶"男田又丁"與同書第 1 行"男田又丁"分屬兩戶，疑有一處有誤。

22.　　壹戶□□，係山西汾州南郭西廂關▯▯▯▯▯▯▯
　　　　　　　　　（後缺）

3.《樂府詩集》目錄上第 11 葉背

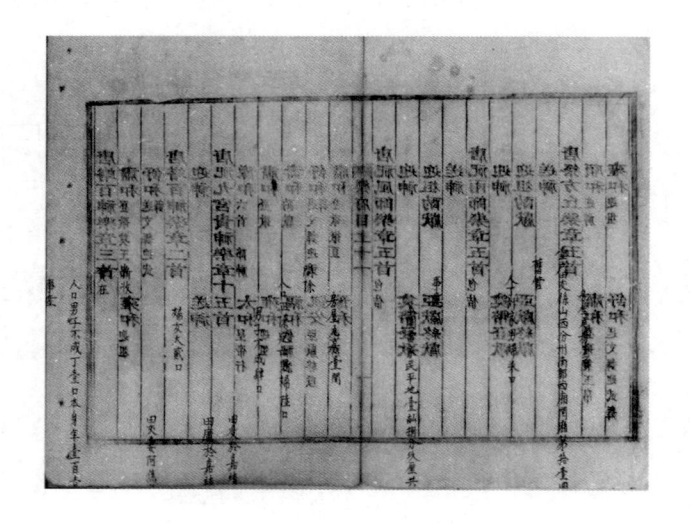

【錄文】
　　　　　　　　　　（前缺）
1.　　　　　房屋：瓦房壹間。
2.　　壹戶田友，係山西汾州南郭西廂關廂第拾壹圖▯▯▯▯▯
3.　　　舊管：
4.　　　　　人丁：計家男婦柒口。
　　　　　　　（中缺 2 行）①
5.　　　　　事產：
6.　　　　　　本圖雷家民平地壹畝捌分玖厘，共▯▯▯▯
　　　　　　　（中缺 2 行）

---

① 據文義及明代黃冊書寫格式推斷，此處所缺 2 行文字應爲"男子"和"婦女"各自數目。

附　錄　751

7.　　　　　房屋：瓦房壹間。
8.　　　開除：
9.　　　　　人口：正除死亡男婦陸口。
10.　　　　　　男子不成①肆口：
11.　　　　　　　　　田受，於嘉靖☐☐☐☐
12.　　　　　　　　　田廣，於嘉靖☐☐☐
13.　　　　　　婦女大貳口：
14.　　　　　　　　　田友妻阿焦，☐☐☐
15.　　　新收無。
16.　　　實在：
17.　　　　　人口：男子不成丁壹口：本身，年壹百壹☐☐
18.　　　　　事產：
　　　　　　　　　（後缺）

4.《樂府詩集》目錄上第 20 葉背

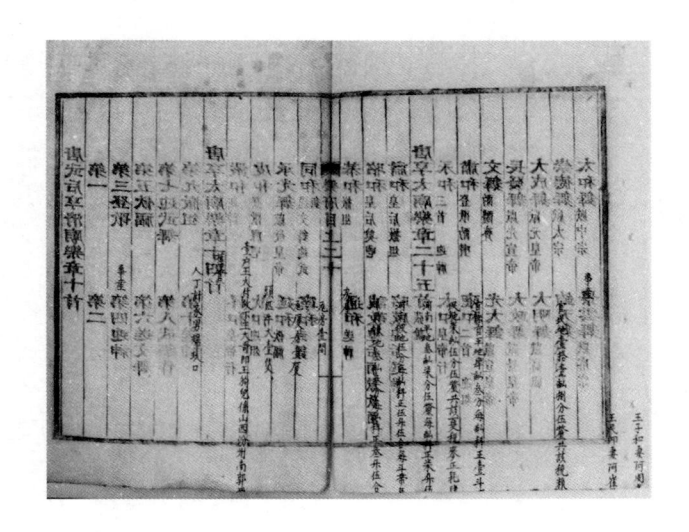

---

① 據文義及明代黃冊書寫格式推斷，"成"字後應脫一"丁"字。

【錄文】
　　　　　　　　　　　（前缺）
1.　　　　　　　　　　　　　王子和妻阿周，
　　　　　　　　　　　　　　年☐
2.　　　　　　　　　　　　　王民仰妻阿崔，
　　　　　　　　　　　　　　☐
3.　　　事產：
4.　　　　官民地壹拾壹畝捌分伍厘，共該稅
　　　　　糧☐
　　　　　（中缺2行）①
5.　　　　官係官平地肆畝叁分，每畝科正壹
　　　　　斗☐
6.　　　　民地柒畝伍分伍厘，共該夏稅麥正耗
　　　　　肆☐
7.　　　　河南平地叁畝柒分伍厘，每畝科正柒升
　　　　　伍☐
8.　　　　河南坡地伍分，每畝科正伍升伍合，每斗帶
　　　　　耗☐
9.　　　　河南蘇地叁畝叁分，每畝科正叁升伍
　　　　　合☐
10.　　　房屋：
11.　　　　瓦房壹間，
12.　　　　瓦厦房壹厦。
13.　　　頭匹：牛大壹隻。
14.　　壹戶王大付故下王大哥，即王狗兒，係山西汾州南郭
　　　　　西☐
15.　　　　舊管：

---

① 據文義及同書紙背同一黃冊書寫格式推斷，此處所缺2行文字應爲"夏稅"和"秋糧"數。

附　錄　753

16.　　　　　　人丁：計家男婦玖口。
　　　　　　　　　　（中缺 2 行）①
17.　　　　　　事產：
　　　　　　　　　　　　（後缺）

5.《樂府詩集》第十四冊卷八十一第 8 葉背

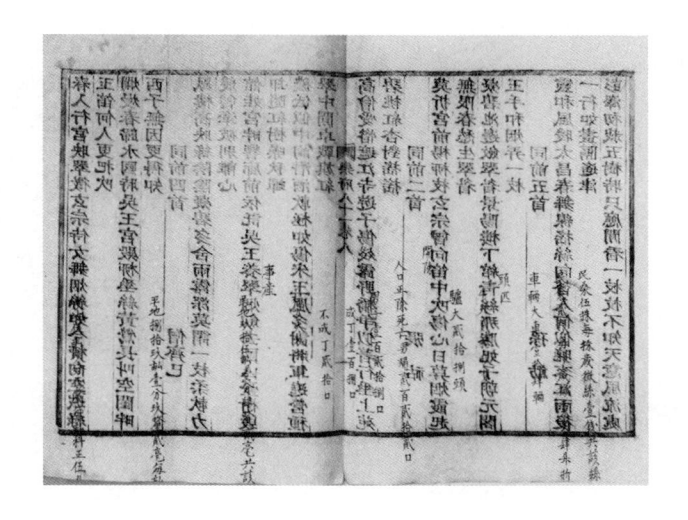

【錄文】
　　　　　　　　　　　（前缺）
1.　　　　　　平地貳拾柒畝貳厘陸毫，每畝科正
　　　　　　　柒☐☐☐
　　　　　　（中缺 2 行）
2.　　　　　　坡地壹畝貳厘，每畝科正伍升伍合，
　　　　　　　每☐☐☐
3.　　　　　　房屋：
4.　　　　　　瓦房玖間，

---

① 據文義及同書紙背同一黃冊書寫格式推斷，此處所缺 2 行文字應爲"男子"和"婦女"數。

5.　　　　　　瓦厦房貳厦，
6.　　　　　　土房壹厦。
7.　　　　　頭匹：
8.　　　　　　牛大壹隻，
9.　　　　　　驢大貳頭。
10.　　　油匠壹戶：
11.　　　　人口：男婦捌口。
12.　　　　　男子成丁叁口，
13.　　　　　婦女大伍口。
14.　　　　事產：
15.　　　　　民地叁拾陸畝伍分肆厘貳毫，共該稅☐☐☐☐
　　　　（中缺2行）
16.　　　　　平地叁拾壹畝肆分肆厘貳毫，每畝科☐☐☐☐
　　　　（後缺）

6.《樂府詩集》第十四冊卷八十一第9葉背

【錄文】

　　　　　　　　　　　（前缺）
1.　　　　　　　　房屋賃住。
2.　　　　　　　　頭匹：牛大壹隻。
3.　　開除：
4.　　　　　人口：正除死亡婦女大壹口：李成妻阿王，於
5.　　　　　事產：
6.　　　　　　　　民坡地貳畝伍分伍厘，於嘉靖叁拾
7.　　　　　　　　　　每畝科正伍升伍合
8.　　新收：
9.　　　　　人口：男婦貳口。
10.　　　　　　正收：男子不成丁壹口：李散悶，於嘉靖
11.　　　　　　轉收：婦女大壹口：李付妻阿葉，係娶
12.　　實在：
13.　　　　　人口：男婦玖口。
14.　　　　　　　男子陸口：
15.　　　　　　　　　成丁伍口：
16.　　　　　　　　　　　本身，年肆拾
17.　　　　　　　　　　　弟李大厫，年肆
18.　　　　　　　　　　　弟李大益，年叁
19.　　　　　　　　　不成丁壹口：李散悶，年玖歲。
20.　　　　　　　婦女大叁口：
　　　　　　　　　　　（後缺）

（六）萬曆十年（1582）山東兗州府東平州東阿縣賦役黃冊

1. 《趙元哲詩集》第 1 冊後序第 2 葉背

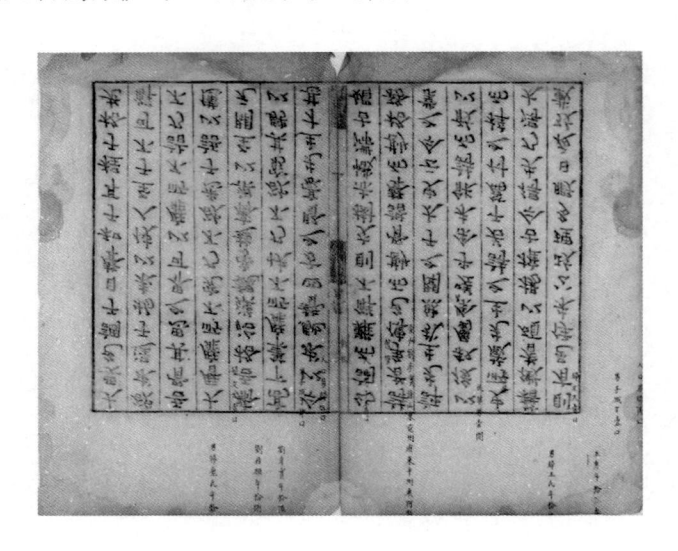

【錄文】

（前缺）

1. 　　　　　　　　人口：男婦貳口。
2. 　　　　　　　　　　男子成丁壹口：
3. 　　　　　　　　　　　　本身，年拾伍 歲 。
4. 　　　　　　　　　　婦女大壹口：
5. 　　　　　　　　　　　　男婦王氏，年拾 陸 □ ①。
6. 　　　　　　　　　　事產：
7. 　　　　　　　　　　　　房屋：
8. 　　　　　　　　　　　　　　民草房壹間。
9. 　　　　甲首：

---

① 據文義推斷，此處所缺文字應爲"歲"。

附　錄　757

10.　　　下戶：
11.　　　　　壹戶劉彥實，係山東兗州府東平州東阿縣☐☐☐☐
12.　　　　　　舊管：
13.　　　　　　　　人口：男子壹口。
14.　　　　　新收：
15.　　　　　　　人口：男婦伍口。
16.　　　　　　　　男子成丁肆口：
17.　　　　　　　　　劉彥實，年拾陸歲；☐☐
18.　　　　　　　　　劉君相，年拾捌歲；☐☐
19.　　　　　　　　婦女大壹口：
20.　　　　　　　　　男婦鹿氏，年拾伍☐①。

（後缺）

2.《趙元哲詩集》第 1 冊正文第 7 葉背

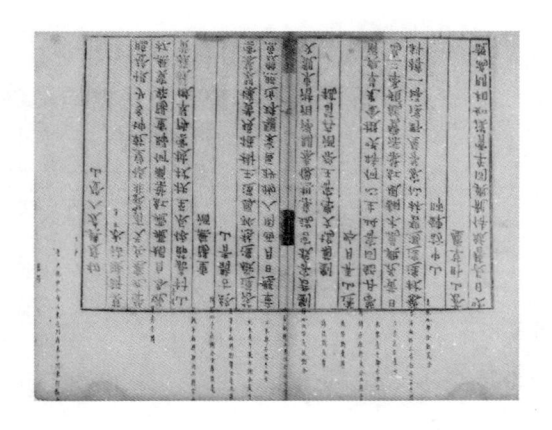

---

① 據文義推斷，此處所缺文字應爲"歲"。

【錄文】

（前缺）

1. 夏税地肆拾貳分。
2. 麥每畝科正麥伍升，每斗帶 □□□□
3. 正麥貳石壹升，
4. 耗麥壹斗肆升柒勺。
5. 絲綿每畝科叁分，共該壹 □□□□①。
6. 絲陸錢叁厘，
7. 綿陸錢叁厘。
8. 秋糧地玖拾叁畝捌分。
9. 米每畝科正米伍升，每斗帶 耗□
10. 正米肆石陸斗玖升，
11. 耗米叁斗貳升捌合叁勺。
12. 馬草每畝科捌厘柒毫，共該 □
13. 綿花地壹畝捌分柒厘陸毫。
14. 花絨每畝科肆兩，共該柒 兩□□
15. 房屋：
16. 民草房壹間。
17. 畸零：
18. 第伍甲：
19. 甲首：

---

① 據上下文義推斷，此處所缺文字應爲"兩貳錢陸厘"。

20.　　　　下戶：
21.　　　　　　壹戶徐仲仁，係山東兗州府東平州東阿縣西☐☐☐☐
22.　　　　　　舊管：
　　　　　　　　　　（後缺）

3.《趙元哲詩集》第 1 冊正文第 17 葉背

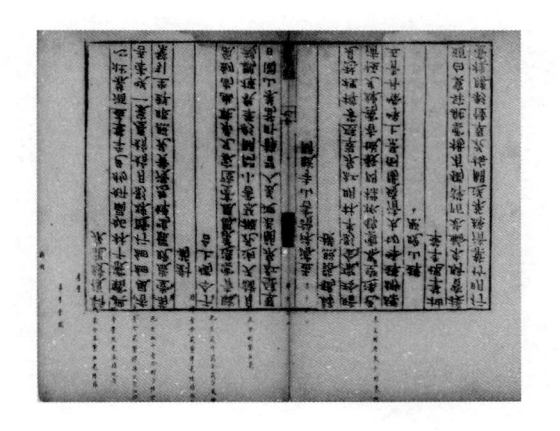

【錄文】
　　　　　　　　　　（前缺）
1.　　甲首：
2.　　　下戶：
3.　　　　壹戶黃朝章，係山東兗州府東平州東阿☐☐☐☐
4.　　　　　實在：①
5.　　　　　　人口：
6.　　　　　　　男婦叁口。
7.　　　　　　　　男子貳口，
8.　　　　　　　　婦女壹口。

---

① 據明代黃冊書寫格式推斷，此"實在"應爲"舊管"之訛。

9.　　　　　　　事產：
10.　　　　　　　　　民地壹畝叄分捌厘玖毫。
11.　　　　　　　　夏稅：
12.　　　　　　　　　　麥正耗共貳升貳合貳勺貳抄☐☐☐☐
13.　　　　　　　　　　絲綿壹分貳厘肆毫陸絲伍忽☐☐☐☐
14.　　　　　　　　秋糧：
15.　　　　　　　　　　米正耗共伍升壹合捌勺陸抄☐☐☐☐
16.　　　　　　　　　　馬草壹分貳厘肆絲玖忽伍微。
17.　　　　　　　　　　綿花地壹厘玖毫叄絲玖忽。
18.　　　　　　　　　　花絨柒分柒厘伍毫陸絲。
19.　　　　　　　房屋：
20.　　　　　　　　　草房壹間。
21.　　　　新收：

　　　　　　　　　（後缺）

4.《趙元哲詩集》第 2 冊第 3 葉背

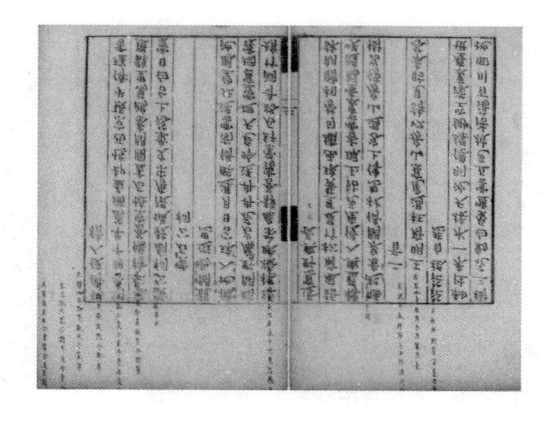

附　　錄　761

【錄文】
　　　　　　　　　（前缺）
1.　　　　　　　　　　馬草每畞科捌厘柒毫，共
　　　　　　　　　　　該☐
2.　　　　　　　　　　綿花地壹畞陸分陸厘陸毫。
3.　　　　　　　　　　花絨每畞科肆兩，共該陸
　　　　　　　　　　　兩 陸 ☐
4.　　　　　　　　房屋：
5.　　　　　　　　民草房壹間。
6.　正管：
7.　　第玖甲：
8.　　　里長：
9.　　　　☐☐：①
10.　　　　壹戶李好學，係山東兗州府東平州東阿縣
　　　　　　西☐
11.　　　　　舊管：
12.　　　　　　人口：男婦玖口。
13.　　　　　　　男子陸口，
14.　　　　　　　婦女叁口。
15.　　　　　事產：
16.　　　　　　民地柒拾伍畞陸分。
17.　　　　　　夏稅地貳拾貳畞陸分捌厘。
18.　　　　　　　麥正耗共壹石貳斗壹升叁
　　　　　　　　　合 ☐
19.　　　　　　絲綿共陸錢捌分肆毫。
20.　　　　　　秋糧地伍拾貳畞玖分貳厘。

───────
① 此二字處於中縫位置，據紙背其他黃冊推斷，應爲上、中、下三種戶等之一。

21.　　　　　　　　　　　米正耗共貳石捌斗叄升壹
　　　　　　　　　　　　　合☐☐☐☐☐☐
22.　　　　　　　　　　　馬草陸束伍分柒厘柒毫
　　　　　　　　　　　　　貳絲。
　　　　　　　（後缺）

5.《趙元哲詩集》第 2 冊第 22 葉背

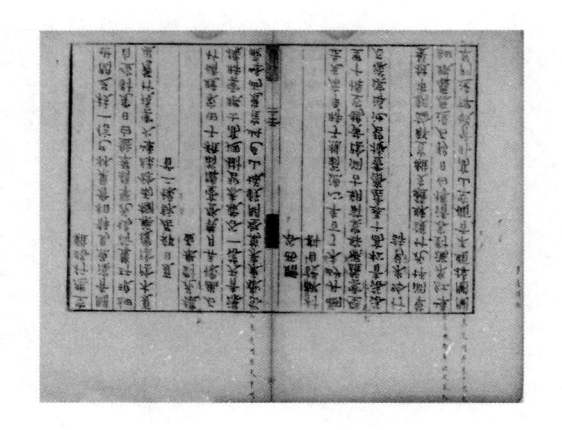

【錄文】
　　　　　　　　　（前缺）
1.　　　　　　　　事產俱無。
2.　　　甲首：
3.　　　　　下戶：
4.　　　　　　　壹戶馬来兒，係山東兗州府東平州東☐☐☐☐☐
5.　　　　　　　　　　事發烏撒衛軍，洪武貳拾☐☐☐☐
　　　　　　　（中缺 1 行）
6.　　　　　舊管：
7.　　　　　　　人口：
8.　　　　　　　　　遠年絕乞。

9. 　　　　　　新收。
10. 　　　　　　開除。
11. 　　　　　　實在俱無。
12. 　　甲首：
13. 　　　下戶：
14. 　　　　壹戶趙絞群，係山東兗州府東平州 東
15. 　　　　　舊管：
16. 　　　　　　人口：
17. 　　　　　　　遠年死絕。
18. 　帶管：
19. 　　第肆甲：
20. 　　　里長：
21. 　　　　下戶：
　　　　　　　（後缺）

（七）某年湖廣衡州府衡陽縣賦役黃冊

1. 《樂府詩集》第十二冊卷七十第 1 葉背

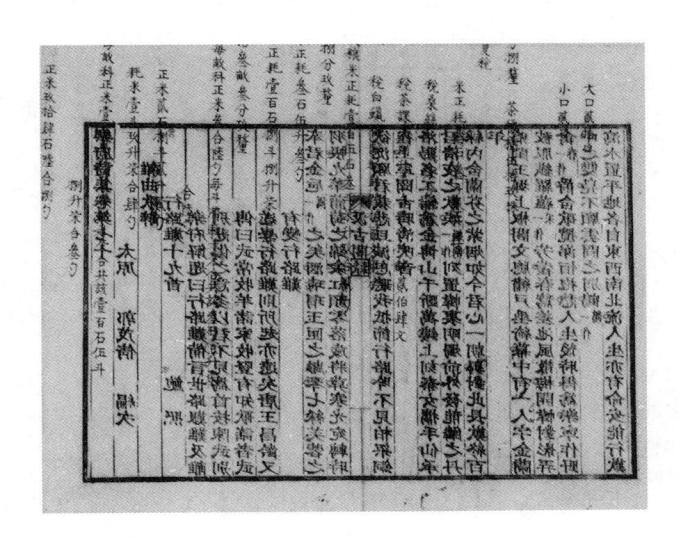

【録文】

(前缺)

1. 　　　　　　　大口貳拾口，
2. 　　　　　　　小口貳口。
　　　　　　(中缺1行)①
3. ☐☐☐☐☐☐分捌厘，　茶蠟樹伍拾玖株。
4. 　　　　　夏稅：
5. 　　　　　　米正耗叁石叁斗叁升叁勺；
6. 　　　　　　稅桑絲玖錢柒分伍厘；
7. 　　　　　　稅茶課米捌升壹合陸勺，折鈔貳伯肆文；
8. 　　　　　　稅白蠟伍錢，折鈔陸拾貳文伍分。
9. 　　　　　秋糧米正耗壹百伍石叁斗柒升玖合貳勺。
10. ☐☐☐☐捌分玖厘。
11. 　　　☐☐②米正耗叁石伍升叁勺，
12. 　　　☐☐③米正耗壹百石捌斗捌升柒合肆勺。
13. ☐☐☐☐拾叁畝叁分玖厘。
14. 　　　☐☐☐④每畝科正米叁合陸勺，每斗帶耗米柒合，共該叁石壹升柒
15. 　　　　　　　　　　合陸勺。
16. 　　　　　正米貳石捌斗貳升貳勺，
17. 　　　　　耗米壹斗玖升柒合肆勺。

---

① 據文義及紙背同一黃冊書寫格式推斷，此處所缺1行文字應爲"事產"。
② 據文義及紙背同一黃冊書寫格式推斷，此處所缺文字應爲"夏稅"。
③ 據文義及紙背同一黃冊書寫格式推斷，此處所缺文字應爲"秋糧"。
④ 據文義及紙背同一黃冊書寫格式推斷，此處所缺文字應爲"夏稅米"。

附　錄　765

18.　　　　　□□□① 每 畒科正米壹斗貳升，每斗帶耗米柒
　　　　　　合，共該壹百石伍斗
19.　　　　　　　　　　　　　捌升柒合叁勺。
20.　　　　　　　　正米玖拾肆石陸合捌勺，
　　　　　　（後缺）

2.《樂府詩集》第十三冊卷七十八第 9 葉背

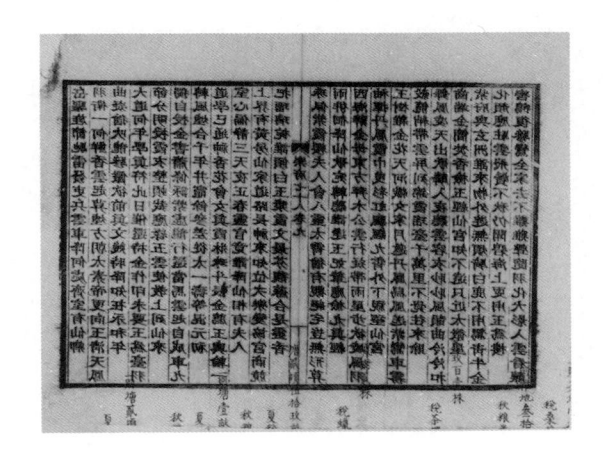

【錄文】
　　　　　　　　　（前缺）
1.　　　　　 一則雜地壹拾 　　　
2.　　　　　　　稅桑 絲 　　　
3.　　　　　 一則雜地叁拾　　　
4.　　　　　　　秋糧 米 　　　
　　　　　　（中缺 1 行）
5.　　　　茶玖百壹株：

① 據文義及紙背同一黃冊書寫格式推斷，此處所缺文字應爲"夏稅米"。

6. 　　　　　　　稅茶課☐
　　　　　（中缺 2 行）
7. 　　　蠟樹貳株：
8. 　　　　　　　稅蠟☐
　　　　　（中缺 1 行）
9. 　　　塘貳頃伍拾玖畝☐
10. 　　　　　　　夏稅☐
11. 　　　　　　　秋糧☐
12. 　　　　一則塘壹畝☐
13. 　　　　　　　夏稅☐
14. 　　　　　　　秋糧☐
　　　　　（中缺 1 行）
15. 　　　　一則塘貳頃☐
16. 　　　　　　　夏☐
　　　　　（後缺）

3. 《樂府詩集》第十三冊卷七十九第 11 葉背

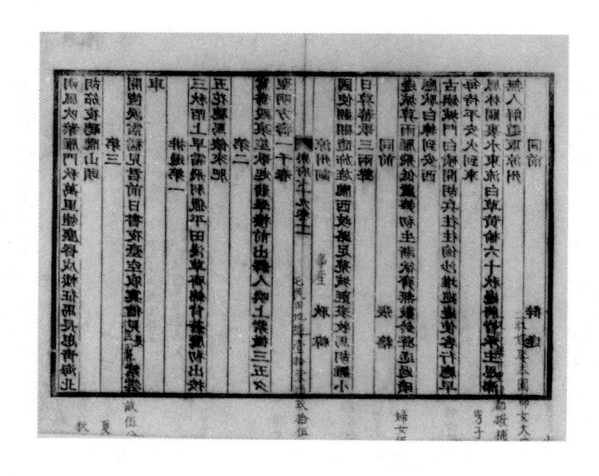

【錄文】
（前缺）
1. 　　　　　　　　　　　　大□
2. 　　　　　　　　　　　　小□
3. 　　一收嫁娶本圖婦女大口□
4. 　　一收長樂下里肆都撥補□
5. 　　　　　　　　　　男子□
6. 　　　　　　　　　　　　成□
7. 　　　　　　　　　　　　不□
7. 　　　　　　　　　　婦女伍□
（中缺2行）
8. 　　事產：
9. 　　　屯民田地塘壹拾柒頃玖拾伍畝□
（中缺7行）
10. 　　　　正收民田壹拾伍畝伍分□
11. 　　　　　　　　　　　　夏稅□
12. 　　　　　　　　　　　　秋糧□
（後缺）

（錄文釋錄張恆、校對宋坤。）

三　哈佛藏《韻學集成》《直音篇》紙背明代賦役黃冊綴合復原

（一）哈佛藏《韻學集成》《直音篇》紙背明代賦役黃冊的發現及價值

如所周知，美國哈佛大學燕京圖書館是聞名於世的收藏我國域外漢籍的重要機構，曾長期工作於此的沈津先生最先在該館中發現了多種公文紙本漢籍，其通過《公文紙印本——〈重刊併音連聲韻學集成〉》[1]《明代公文紙抄本兩種——〈明文記類〉〈觀象玩占〉》[2] 兩文，介紹了該館收藏的公文紙印本《重刊併音連聲韻學集成》（以下簡稱《韻學集成》）《直音篇》以及公文紙抄本《明文記類》《觀象玩占》等文獻。從此，哈佛大學所藏的公文紙本文獻開始走進了人們的視野。

據沈先生介紹，《韻學集成》《直音篇》爲明萬曆六年（1578）揚州知府虞德燁維陽資政左室刻印，有康有爲題記，二書所用公文紙有"嘉靖四十三年"、"隆慶四年"以及揚州等字樣。[3] 由此可以確認，上述二書的紙背文獻屬於明代文獻。然除此之外，這批紙背文獻的數量、性質、內容等情況，沈先生並未談及。又，因沈先生一書所提供的該批文獻的圖版有限，故關於該批文獻的有關問題，據之尚難判定。恰逢近年來中國國家圖書館與美國哈佛大學圖書館開展了相關古籍數字化合作項目，《韻學集成》《直音篇》等古籍名列其中。因此，筆者有幸通過哈佛大學燕京圖書館網站得見此二書的全部圖版。

據哈佛大學燕京圖書館網站介紹，《韻學集成》《直音篇》爲揚州知府虞德燁維揚資政左室明萬曆戊寅（1578）刻本，四周雙邊，白口，雙魚尾，書口下有刻工及字數，框高 23.6×14.1 厘米。然而，該網站所刊布的圖版僅爲古籍的正面部分，其紙背文獻並不在刊布之列，爲查看相關紙背文獻，

---

[1] 沈津：《公文紙印本——〈重刊併音連聲韻學集成〉》，收於氏著《書林物語》，上海辭書出版社 2011 年版，第 53—60 頁。

[2] 沈津：《明代公文紙抄本兩種——〈明文記類〉〈觀象玩占〉》，收於氏著《書林物語》，第 61—66 頁。

[3] 沈津：《書林物語》，第 56 頁。

筆者又通過對圖版的翻轉處理，才得以在正面文獻的縫隙和背影間，隱約看到其紙背文獻的內容。此後，經過數年之整理，該批紙背文獻的真容方逐漸浮出水面。

經過整理發現，《韻學集成》《直音篇》係用同一類公文紙印製，其中《韻學集成》共十三卷、十三冊，《直音篇》七卷、七冊。除《韻學集成》第一冊第一卷外，其他十九冊十九卷絕大多數均爲公文紙本文獻，其中亦有少數用後補紙張所印，而該類後補紙張並非是公文紙。《韻學集成》《直音篇》的紙背文獻，絕大多數係明代直隸揚州府的賦役黃冊，且主要涉及揚州府泰州如皋縣縣市西廂第壹里（或圖）、泰興縣順得鄉貳拾壹都第拾伍里（或圖）、江都縣青草沙第肆圖等地。就相關賦役黃冊的攢造時間而言，其主要是在嘉靖三十一年（1552）和隆慶六年（1572）兩個年份攢造。該批賦役黃冊的總數超1600葉（件），是目前所知明代賦役黃冊中數量最多的一批，同時也是目前所知有關明代揚州地區數量最多的一批黃冊。該批紙背文獻除包含明代軍、民、匠、灶等戶的賦役黃冊外，還包含一些明代灶戶的專門冊籍，對於明代賦役黃冊制度和明代經濟問題、軍政問題、歷史地理問題等研究，以及軍、匠、灶戶等戶籍的管理問題研究，均具有重要價值和意義。

明代的賦役黃冊原件或抄件等，目前已不鮮見，孔繁敏、趙金敏、岩井茂樹、欒成顯等先生對此都曾有過著錄和說明，但規模如此之大，且是主要涉及揚州地區黃冊的出現，確屬罕見。該批黃冊不僅數量眾多，且內容非常豐富，下面試就該批黃冊所反映的明代黃冊制度，以及其對於明代社會、經濟等多方面問題研究的重要價值，略作陳述。

1. 該批賦役黃冊提供了明代揚州地區科則的具體史料。

正如梁方仲等先生所說，明代黃冊"編制的主要目的是在作徵派賦役的根據"[1]，而萬曆《明會典》則載其是"以憑徵收稅糧"，"遇有差役，以憑點差"的。因此，黃冊中有關科則的記載尤爲重要，這些內容成爲我們瞭解明代賦役徵收情況的重要一手資料。然而，據欒成顯先生統計，在此之前我們所知的明代存世黃冊共計12種，僅涉及徽州、嚴州、嘉興等三府，而尤

---

[1] 梁方仲：《明代賦役制度》，中華書局2008年版，第378頁。

以徽州地區居多，新發現的《韻學集成》《直音篇》紙背明代黃冊，成爲了以上三地之外地區的黃冊新史料。

由於明代賦役黃冊十年一更造，在攢造之時，需將攢造之前十年內的田畝變化情況進行登記，同時還要將甲首、里長的服役情況載入黃冊的"編次格眼"。《韻學集成》《直音篇》紙背賦役黃冊從其所載的田畝變化以及甲首、里長的編排等情況來看，該批黃冊當主要是在嘉靖三十一年（1552）和隆慶六年（1572）所攢造。這反映出，這些賦役黃冊所載的科則，反映的是明嘉靖中期以後揚州地區的賦役徵收情況。

由《韻學集成》《直音篇》紙背黃冊的記載來看，因田地性質、地段等不同，其科則不一。以秋糧"米"爲例，如第二冊第10葉背所載屬於民田的"一則蕩田"，"秋糧米每畝科正米伍升"，第七冊卷七第98葉背載："一則蕩田"，"秋糧米每畝科正米壹斗貳升"，第十二冊第84葉背記載："一則重租田"，"秋糧米每畝科正米壹斗"等。而官田的科則亦不一致，如第二冊第17葉記載："一則沒官蕩田"，"秋糧米每畝科正米壹斗貳升"，第二冊第116葉背載："袁成入官田"，"秋糧米每畝科正米壹斗肆升"等。雖然秋糧"米"的科則不同，但值得注意的是，該黃冊在登記完上述"科米"數量後，無論官、民田地，均統一登載了"每斗帶耗柒合"一語。除"秋糧"外，"夏稅"亦如之，且無論稅糧是"米"，是"麥"，還是"黃豆"。

早在宣德八年（1433），周忱就上奏《加耗折徵例》，在江南施行了"正米"與"耗米"相結合的"平米法"賦稅改革。此時他提出的"加耗"辦法有"論糧加耗和論田加耗法"兩種①，到嘉靖後期至萬曆前期，據唐文基先生研究，南方的寧國、應天、鎮江三府及浙江、福建、江西等地，均出現了"官民一則起科的改革"，而與揚州府緊鄰的松江府，隆慶之後也逐步實現了從"論田加耗"到"官民一則"起科的轉變。②《韻學集成》《直音篇》紙背黃冊就時間範圍而言，與唐先生所言大略相當，但該黃冊卻反映出，揚州地區的科則與南方各地不盡相同，即使是與相鄰的"松江府"也不一致。這一時期的揚州地區，科則依然衆多，尚未出現"官民一則"的

---

① 唐文基：《明代賦役制度史》，中國社會科學出版社1991年版，第132頁。
② 唐文基：《明代賦役制度史》，第179—183頁。

現象，但卻出現了統一加耗的情況，而此加耗的方法，既非論糧，亦非論田。這反映出，這一時期揚州地區的賦稅徵收自有其特點，但似乎也表現出了統一的趨勢。此前，我們對於嘉靖中後期揚州地區賦稅的徵收情況不甚瞭然，《韻學集成》《直音篇》紙背黃冊無疑爲我們提供了珍貴史料。

2. 該批賦役黃冊展現了明代黃冊中軍戶、匠戶、灶戶等人戶的登記實態。

對於明代黃冊所載人戶的情況，欒成顯先生指出："各里黃冊雖亦稱民黃冊，但實際上載有各種戶籍的人戶。"[①] 然而，此前已知的傳世黃冊，對民戶以外的"人戶"卻鮮有記載，而《韻學集成》《直音篇》紙背黃冊在這方面恰恰提供了豐富的資料。

除普通民戶外，《韻學集成》《直音篇》紙背黃冊中涉及最多的則是"軍戶"，共有 20 多葉文書涉及於此，如第二冊第 36 葉背 1 至 6 行所載："（前缺）隸揚州府泰州如皋縣縣市西廂第壹里軍戶，有祖吳遵與本廂另籍吳進合軍於吳元年克取蘇州，收集充軍。洪武三年起，調虎賁左衛右所百戶買通下軍，正德貳年解吳洋補役逃回，嘉靖元年仍解原吳洋補役，充萬曆貳年甲首。"由此可知，此件作爲軍戶吳某的黃冊，不僅記載其所屬的具體廂里，還載錄其先祖從軍來歷，即因祖"吳遵"在吳元年充軍而襲爲軍戶，然後載其家族服役的衛所和軍隊，以及其戶丁吳詳勾補充軍的時間、緣由及戶主充任甲首的時間等信息。由此看來，作爲軍戶的吳某和普通民戶相似，需納入里甲正役的編次之中。而較之一般的民戶，賦役黃冊中對軍戶的登載還需對軍戶身份的來源等進行詳細的交代。除以上外，軍戶吳某黃冊的其他內容，與一般民戶黃冊並無二致。

除登載"軍戶"的賦役黃冊外，《韻學集成》《直音篇》紙背文獻中還有很多登載"匠戶"、"皮匠戶"、"木匠戶"、"軍鑄匠戶"、"軍木匠戶"以及"灶戶"等戶籍人戶的黃冊。包含以上人戶的黃冊冊籍，在此之前鮮有所見，《韻學集成》《直音篇》紙背文獻展現了這些特殊戶籍黃冊文書的真實狀態，這對於明代黃冊制度以及明代軍戶、匠戶、灶戶等戶籍研究的價值和意義，不言而喻。

3. 該批賦役黃冊反映了明代土地租佃關係的多樣性。

對於明代土地的租佃關係，傳世典籍及徽州文書都不乏記載，以往學者

---

① 欒成顯：《明代黃冊研究（增訂本）》，中國社會科學出版社 2007 年版，第 33 頁。

對該問題的探討，也主要依據以上文獻展開。《韻學集成》《直音篇》紙背黃冊在這方面也提供了一些新的史料。明代黃冊在登載有關人戶田產時，往往載其變動情況，而很多土地的租佃信息因此得以保留。《韻學集成》《直音篇》紙背黃冊中所記載的土地租佃形式主要有如下幾種：

首先是"兌佃"。該批黃冊中有關於官、民田地"兌佃與"、"兌佃到"、"兌到"、"兌佃過割與"等情況的大量記載，這些記載可能都與"兌佃"有關。"兌佃"，又稱"轉佃"、"交佃"或"過佃"等，是土地的租佃人將土地租佃權轉讓並獲得收益的一種租佃形式，該種租佃形式在宋代時已經出現，至元代時得到了官方認可。《韻學集成》《直音篇》紙背黃冊中有關"兌佃"的大量記載表明，至少在明代的揚州地區這一租佃形式已經非常普遍。同時，通過該批黃冊來看，即使同屬於"兌佃"，但情況似乎還不太一致，如有的記載為"兌佃與"，有的則載其為"兌佃過割與"，如第二冊第27葉背記載："一則沒官陸地"，"於嘉靖肆拾伍年兌佃與拾伍都貳圖朱盤承種"，第四冊第90葉背則記載："一則沒官陸地"，"兌佃過割與貳拾都叄圖錢堂為業"。同是"沒官陸地"，前者說其"兌佃與""朱盤承種"，而後者則是"兌佃過割與""錢堂為業"。"過割"一詞本身就有過戶之意，一詞之差，似乎反映出"兌佃"的內容可能還是有所區別的。以往學界對於"兌佃"的研究主要涉及宋元時期，對於明代的這一問題關注不多，通過《韻學集成》《直音篇》紙背黃冊可見，在明代嘉靖中後期的揚州地區"兌佃"已成為重要的租佃形式，值得引起注意。

其次則是"佃與"、"佃種"等，《韻學集成》《直音篇》紙背黃冊有關土地"佃種"等的記載，當是普通的土地租佃形式的體現。《韻學集成》《直音篇》紙背黃冊中多種土地租佃形式的存在，反映出明代租佃關係的多樣性和複雜性，這內容無疑為研究明代租佃關係又提供了新資料。

總之，《韻學集成》《直音篇》紙背黃冊不僅數量出衆，且內容豐富，此不失為明代黃冊制度研究，以及明代相關政治、經濟、軍事等制度研究資料的重要發現。

（本文作者杜立暉，曾以《哈佛藏黃冊的重要价值》為名刊於《光明日報·史學理論版》2017年8月21日，收入本書時，略有改動。）

（二）哈佛藏《韻學集成》《直音篇》紙背賦役明代黃冊綴合復原

目前已知，哈佛大學燕京圖書館所藏《重刊併音連聲韻學集成》（爲簡便期間，以下簡稱《韻學集成》）《直音篇》是利用明嘉靖三十一年（1552）和隆慶六年（1572）等年份揚州府攢造的賦役黃冊印刷而成。因印書之故，原黃冊被裁切，且順序均已被打亂，故該批黃冊的原始面貌已無蹤跡可尋。如所周知，文書的綴合復原，是對文書進行深入研究的基礎。爲此，筆者根據該批黃冊的有關文本信息等線索，嘗試對《韻學集成》《直音篇》紙背黃冊進行了初步的綴合與復原工作。現以《韻學集成》第二冊紙背黃冊爲例，試做說明如下。

1. 綴合之一

《韻學集成》第二冊卷二第 2 葉背，編號爲 HV・YXJC［J2：Y2］，上下完整，前後均缺，現存文字 19 行，與正面古籍文字成經緯狀。此葉爲明代某戶的賦役黃冊，因該批紙背已知攢造機構的黃冊均屬於直隸揚州府，故此葉亦應屬於該機構。另，明代賦役黃冊在攢造之時往往會登載攢造之前十年內的田畝變化等情況，文中載有土地的"佃與"時間"嘉靖肆拾肆年"（1565）、"嘉靖肆拾伍年"（1566），而此後的隆慶陸年（1572）爲黃冊的攢造年份，據此可知，此件當係該年攢造的賦役黃冊。此葉與《韻學集成》第二冊卷二第 3 葉背，HV・YXJC［J2：Y3］格式相同、內容相關，前後相連，攢造時間一致，故應屬於同一戶的黃冊，可綴合爲一。按照行文的先後順序，此葉在前，HV・YXJC［J2：Y3］在後。綴合後文書前後均缺，中有缺行，現存文字 40 行，具體如下：

（前缺）

1. 　　　　　　　　　　種。
2. 　　　　夏稅：小麥每畝科正麥壹斗捌合，每斗帶耗
3. 　　　　　　　　　柒合，共該陸升貳合柒勺。
4. 　　　　秋糧：黃豆每畝科正豆壹斗貳升，每斗帶耗
5. 　　　　　　　　　柒合，共該陸升玖合柒勺。
6. 　　一本圖一則沒官陸地柒分柒厘陸毫，於嘉靖肆拾肆

7. 　　　　　　　　　年陸月內係佃與貳拾都叁圖纪
8. 　　　　　　鎮承種。
9. 　　　夏稅：小麥每畝科正麥壹斗捌合，每斗帶耗柒
10. 　　　　　　合，共該捌升玖合陸勺。
11. 　　　秋糧：黃豆每畝科正豆壹斗貳升，每斗帶耗柒
12. 　　　　　　合，共該陸升玖合柒勺。
13. 一本圖一則沒官陸地玖厘陸毫，於嘉靖肆拾伍年壹拾
14. 　　　　　　月內係佃與貳拾壹都壹圖楊發承
15. 　　　　　　種。
16. 　　　夏稅：小麥每畝科正麥壹斗捌合，每斗帶耗柒
17. 　　　　　　合，共該壹升壹合壹勺。
18. 　　　秋糧：黃豆每畝科正豆壹斗貳升，每斗帶耗柒
19. 　　　　　　合，共該壹升貳合叁勺。
　　　　　　　（中缺）
·························（以上卷二第2葉背）·························
20. 　　　　　　□佃與拾貳都貳圖薛俊承
21. 　　　　　　種。
22. 　　　夏稅：小麥每畝科正麥壹斗捌合，每斗帶耗柒
23. 　　　　　　合，共該肆斗柒升陸合。
24. 　　　秋糧：黃豆每畝科正豆壹斗貳升，每斗帶耗柒
25. 　　　　　　合，共該伍斗貳升玖合。
26. 一本圖一則沒官陸地壹分陸厘壹毫，於嘉靖肆拾伍
27. 　　　　　　年玖月內兌佃與貳拾都叁圖惆
28. 　　　　　　□承種。
29. 　　　夏稅：小麥每畝科正麥壹斗捌合，每斗帶耗柒合，
30. 　　　　　　共該壹升捌合陸勺。
31. 　　　秋糧：黃豆每畝科正豆壹斗貳升，每斗帶耗柒合，
32. 　　　　　　共該貳升柒勺。
33. 一本圖一則沒官陸地壹畝玖分叁厘肆毫，於嘉靖肆

附　錄　775

34.　　　　　　　　　　拾肆年捌月內係兌佃與南廂范杰承
35.　　　　　　　　　　種。
36.　　　　　　　夏稅：小麥每畝科正麥壹斗捌合，每斗帶耗柒
37.　　　　　　　　　　合，共該貳斗貳升叁合伍勺。
38.　　　　　　　秋糧：黃豆每畝科正豆壹斗貳升，每斗帶耗柒
39.　　　　　　　　　　合，共該貳斗肆升捌合叁勺。
40.　　一本圖一則沒官陸地貳分肆厘肆毫，於嘉靖肆拾伍
　　　　　　　　　　　　（後缺）
·························（以上卷二第 3 葉背）·························

2. 綴合之二

《韻學集成》第二冊卷二第 9 葉背，編號爲 HV・YXJC［J2：Y9］，上下完整，前後均缺，現存文字 19 行，與正面古籍文字成經緯狀。此葉爲明代某戶的賦役黃冊，據文中所載男子姓名知，此黃冊的戶頭當爲吳某。又，因該批紙背已知攢造機構的黃冊均屬於直隸揚州府，故此葉亦應屬於該機構。另，此葉第 10 至 19 行之格式、內容與《韻學集成》第二冊卷二第 8 葉背 HV・YXJC［J2：Y8］相關，兩件前後相連，且所載男子均爲"吳"姓，故據之推斷，此兩葉實爲同一戶黃冊，可以綴合爲一。跟據兩葉文書內容的先後關係，此葉當在前，HV・YXJC［J2：Y8］在後。綴合後文書前後均缺，綴合處或有缺行，現存文字 38 行，具體如下：

（前缺）

1.　　　　　　　　　夏稅：小麥每畝科正麥貳升，每
　　　　　　　　　　斗帶耗柒合，共
2.　　　　　　　　　　　　　　該伍升伍合壹勺。
3.　　　　　　　　　秋糧：黃豆每畝科正豆伍升，每
　　　　　　　　　　斗帶耗柒合，
4.　　　　　　　　　　　　　　共該壹斗叁升柒合
　　　　　　　　　　捌勺。

5.　　　　　　民桑本圖桑壹株。夏稅：絲每株科絲壹兩，共該壹兩，係買到
6.　　　　　　　　　　　　　　　北廂王價戶下桑。
7.　　□在：
8.　　　　人口：計家男婦柒拾陸丁。
9.　　　　男子成丁伍拾貳丁：
10.　　　　　本身，年柒拾伍歲；
11.　　　　　姪吳相，年伍拾歲；
12.　　　　　弟吳崔，年伍拾肆歲；
13.　　　　　姪吳橋，年伍拾叁歲；
14.　　　　　姪吳邦彥，年伍拾叁歲；
15.　　　　　弟吳言，年伍拾貳歲；
16.　　　　　姪吳邦閏，年伍拾歲；
17.　　　　　姪吳連，年肆拾伍歲；
18.　　　　　姪吳休，年肆拾陸歲。
19.　　　　　弟吳誦，年肆拾陸歲；
　　　　　　（中或缺行）
·············（以上卷二第9葉背）·············
20.　　　　　姪吳迁，年叁拾歲；
21.　　　　　姪吳篆，年叁拾歲；
22.　　　　　姪吳簹，年叁拾歲；
23.　　　　　姪吳筐，年貳拾捌歲；
24.　　　　　姪吳違，年叁拾歲；
25.　　　　　姪吳還，年叁拾歲；
26.　　　　　姪吳樻，年叁拾歲；
27.　　　　　弟吳悠，年叁拾壹歲；
28.　　　　　姪吳远，年叁拾歲；
29.　　　　　孫吳坦，年壹拾玖歲；
30.　　　　　孫吳承祖，年壹拾玖歲；
31.　　　　　孫吳遣，年壹拾捌歲；

32.	孫吳㳸，年壹拾捌歲；
33.	姪吳涓，年壹拾貳歲；
34.	姪吳達，年壹拾叁歲；
35.	姪吳邦真，年壹拾伍歲；
36.	姪吳杰，年壹拾伍歲；
37.	姪吳長，年壹拾伍歲；
38.	孫吳官，年壹拾叁歲；
	（後缺）

·························（以上卷二第 8 葉背）·························

3. 綴合之三

《韻學集成》第二冊卷二第 14 葉背，編號爲 HV·YXJC ［J2：Y14］，上下完整，前後均缺，現存文字 19 行，與正面古籍文字成經緯狀。此葉爲明代某戶的賦役黃冊，因該批紙背已知攢造機構的黃冊均屬於直隸揚州府，故此葉亦應屬於該機構。另，明代賦役黃冊在攢造之時往往會登載攢造之前十年內的田畝變化等情況，文中載有土地的"出賣"時間"嘉靖肆拾伍年"（1566）、"嘉靖肆拾肆年"（1565）、"隆慶肆年"（1570），而此後的隆慶陸年（1572）爲黃冊的攢造年份，據此可知，此葉當係該年攢造的賦役黃冊。另，按此件與《韻學集成》第二冊卷二第 15 葉背 HV·YXJC ［J2：Y15］格式相同、內容相關，前後相連，攢造時間一致，故推斷它們應屬於同一戶的黃冊，可以綴合。根據此兩葉行文的先後順序，此葉當在前，卷二第 15 葉背在後。綴合後文書前後均缺，中有缺行，現存文字 38 行，具體如下：

	（前缺）
1.	圖錢億爲業。
2.	夏稅：小麥每畝科正麥貳升，每斗帶耗柒合，共
3.	該壹斗壹升壹合肆勺。
4.	秋糧：黃豆每畝科正豆伍升，每斗帶耗柒合，共該
5.	貳斗柒升捌合陸勺。

6. 　一本圖一則陸地貳分叁厘貳毫，嘉靖肆拾伍年出賣
7. 　　　　　　　　　與拾伍都貳圖朱槃爲業。
8. 　　　　夏稅：小麥每畝科正麥貳升，每斗帶耗柒合，共
9. 　　　　　　　　　該柒合壹勺。
10. 　　　　秋糧：黃豆每畝科正豆伍升，每斗帶耗柒合，共
11. 　　　　　　　　　該壹升柒合捌勺。
12. 　一本圖一則陸地壹畝貳分捌厘柒毫，嘉靖肆拾肆年
13. 　　　　　　　　　出賣與本圖陳慄爲業。
14. 　　　　夏稅：小麥每畝科正麥貳升，每斗帶耗柒合，共
15. 　　　　　　　　　該貳升柒合伍勺。
16. 　　　　秋糧：黃豆每畝科正豆伍升，每斗帶耗柒合，共
17. 　　　　　　　　　該陸升捌合捌勺。
18. 　一本圖一則陸地壹畝伍分柒厘，於隆慶肆年出賣與本
19. 　　　　　　　　　圖□□爲業。

（中缺）

…………………（以上卷二第 14 葉背）…………………

20. 　　　　　　　　　畝科正麥貳升，每斗帶耗柒合，共
21. 　　　　　　　　　該叁合玖勺。
22. 　　　　秋糧：黃豆每畝科正豆伍升，每斗帶耗柒合，共
23. 　　　　　　　　　該玖合柒勺。
24. 　一本圖一則陸地捌分壹厘柒毫，隆慶陸年出賣與
25. 　　　　　　　　　拾 肆 都壹圖夏積爲業。
26. 　　　　夏稅：小麥每畝科正麥貳升，每斗帶耗柒合，共
27. 　　　　　　　　　該壹升柒合伍勺。
28. 　　　　秋糧：黃豆每畝科正豆伍升，每斗帶耗柒合，共
29. 　　　　　　　　　該肆升叁合柒勺。
30. 　一本圖一則陸地肆畝玖分，於隆慶陸年出賣與柒都貳
31. 　　　　　　　　　圖姚佈太爲業。
32. 　　　　夏稅：小麥每畝科正麥貳升，每斗帶耗柒合，

33.　　　　　　　　共該壹斗伍合壹勺。
34.　　　　　秋糧：黃豆每畝科正豆伍升，每斗帶耗柒合，共
35.　　　　　　　　該貳斗陸升貳合貳勺。
36.　　一本圖一則陸地壹分叁厘叁毫，於隆慶伍年出賣與
37.　　　　　　　　貳拾壹都貳圖許梅爲業。
38.　　　　　夏稅：小麥每畝科正麥貳升，每斗帶耗柒合，共該
　　　　　　　（後缺）
‥‥‥‥‥‥‥‥‥‥‥（以上卷二第15葉背）‥‥‥‥‥‥‥‥‥‥‥

4. 綴合之四

《韻學集成》第二冊卷二第20葉背，編號爲HV·YXJC［J2：Y20］，上下完整，前後均缺，現存文字20行，與正面古籍文字成經緯狀。此葉爲明代某戶的賦役黃冊，因該批紙背已知攢造機構的黃冊均屬於直隸揚州府，故此葉亦應屬於該機構。另，明代賦役黃冊在攢造之時往往會登載攢造之前十年內的田畝變化等情況，文中載有土地的"出賣"時間"嘉靖肆拾肆年"（1565）、"嘉靖肆拾叁年"（1564）、"嘉靖肆拾伍年"（1566），而此後的隆慶陸年（1572）爲黃冊的攢造年份，據此可知，此葉當係該年攢造的賦役黃冊。另，按此葉與《韻學集成》第二冊卷二第21葉背HV·YXJC［J2：Y21］格式相同、內容相關，前後相連，攢造時間一致，故推斷它們應屬於同一戶的黃冊，可以綴合。根據行文的先後順序，此葉在前，HV·YXJC［J2：Y21］在後。綴合後文書前後均缺，中有缺行，現存文字38行，具體如下：

　　　　　　　　（前缺）
1.　　一本圖一則蕩田伍勺。秋糧米每畝科正米伍升，每斗帶
2.　　　　　　　　耗柒合，共該貳升陸合捌勺，於嘉靖
3.　　　　　　　　肆拾肆年出賣與拾貳都壹圖劉存爲
4.　　　　　　　　業。
5.　　一本圖一則蕩田貳畝叁分貳毫。秋糧米每畝科正米
6.　　　　　　　　伍升，每斗帶耗柒合，共該壹斗貳升

7.　　　　　　　　　叁合貳勺，於嘉靖肆拾叁年出賣與
8.　　　　　　　　　叁都叁圖吳春爲業。
9.　　一本圖一則蕩田□畝玖分柒厘玖毫。秋糧米每畝科
10.　　　　　　　　　正米伍升，每斗帶耗柒合，共該貳斗
11.　　　　　　　　　壹升 肆 合玖勺，於嘉靖肆拾叁年出
12.　　　　　　　　　賣與拾貳都貳圖郝祖爲業。
13.　　一本圖一則蕩田壹畝壹分柒厘伍毫。秋糧米每畝科
14.　　　　　　　　　正米伍升，每斗帶耗柒合，共該陸升
15.　　　　　　　　　貳合玖勺，於嘉靖肆拾叁年出賣與
16.　　　　　　　　　叁都叁圖馬計祖爲業。
17.　　一本圖一則蕩田壹分伍厘捌毫。秋糧米每畝科正米伍
18.　　　　　　　　　升，每斗帶耗柒合，共該柒合玖
　　　　　　　　　　勺，於
19.　　　　　　　　　嘉靖肆拾伍年出賣與壹都伍圖管
20.　　　　　　　　　愷爲業。

（中缺）

·············（以上卷二第20葉背）·············

21.　　　　　　　　　合，於隆慶元年出賣與貳拾壹都
22.　　　　　　　　　壹圖張儻爲業。
23.　　一本圖一則蕩田柒分貳厘。秋糧米每畝科正米伍升
24.　　　　　　　　　每斗帶耗柒合，共該叁升捌合伍
　　　　　　　　　　勺，於
25.　　　　　　　　　嘉靖肆拾肆年出賣與貳拾壹都壹
26.　　　　　　　　　圖楊鎬爲業。
27.　　一本圖一則蕩田壹分叁厘伍毫。秋糧米每畝科正米
28.　　　　　　　　　伍升，每斗帶耗柒合，共該柒合，於
29.　　　　　　　　　肆拾肆年出賣與南廂程頂爲
30.　　　　　　　　　業。

31.　　一本圖一則蕩田捌厘柒毫。秋糧米每畝科正米伍升，
32.　　　　　　　　每斗帶耗柒合，共該肆合柒勺，於
33.　　　　　　　　肆拾肆年出賣與本圖劉橋爲
34.　　　　　　　　業。
35.　　一本圖一則蕩田壹分叄厘壹毫。秋糧米每畝科正米
36.　　　　　　　　伍升，每斗帶耗柒合，共該柒合，於隆
37.　　　　　　　　慶貳年出賣與北厢張賢爲業。
38.　　一本圖一則蕩田伍分玖厘。秋糧米每畝科正米伍升，
　　　　　　　　　　（後缺）
……………………（以上卷二第 21 葉背）……………………

5. 綴合之五

《韻學集成》第二冊卷二第 22 葉背，編號爲 HV・YXJC［J2：Y22］，其前後均缺，上殘下完，中有缺行，現存文字 16 行，與正面古籍文字成經緯狀。此葉爲明代兩戶的賦役黃冊，其中第 1 行爲一戶，第 2 至 16 行係直隸揚州府泰州如皋縣縣市西厢第壹里民戶紀沐之黃冊。另，按照明代賦役黃冊的攢造規定，攢造之時需對下一輪十年內各戶充任里長、甲首情況做出預先安排，第 2 行所載紀沐充甲首的時間爲"萬曆元年"（1573），而此前的隆慶陸年（1572）爲黃冊的攢造年份，據此可知，此件當係該年攢造的賦役黃冊。另，此葉中"紀沐"一名又見於《韻學集成》第二冊卷二第 98 葉背 HV・YXJC［J2：Y98］，且 HV・YXJC［J2：Y98］中所載紀沐一戶的新收人口數量爲貳口，而此葉中紀沐一戶的新收人口數正爲貳口，且兩葉的房屋、頭匹數量亦相同。據此推斷，此兩葉中紀沐一戶的黃冊實爲同一戶黃冊，可以綴合。根據所載內容的先後順序知，此葉當在前，HV・YXJC［J2：Y98］在後。綴合後文書前後均缺，中有缺行，現存文字 35 行，具體如下：

（前缺）

1. 　　　　　房屋：民草房叁間。
2. 　　　☐男紀沐，係直隸揚州府泰州如皋縣縣市西廂第壹里民戶，充萬曆元年甲
3. 　　　　　　　　　　　　　　首。

（中缺1行）

4. 　　　☐①丁：計家男婦叁口。
5. 　　　　　　　　男子貳口，
6. 　　　　　　　　婦女壹口。
7. 　　事產：
8. 　　　　　房屋：民草房叁間。
9. 　　　　　頭匹：水牛壹隻。

（中缺1行）

10. 　　☐②口：正除男婦叁口。
11. 　　　　　　　　男子貳口：
12. 　　　　　　　　　　父紀昆，於隆慶貳年病故；
13. 　　　　　　　　　　叔紀春，於隆慶伍年病故。
14. 　　　　　　　　婦女大壹口：
15. 　　　　　　　　　　古氏，於嘉靖肆拾伍年病故。

（中缺1行）

16. 　　☐③口：收男婦貳口。

（中缺）

··················（以上卷二第22葉背）··················

---

① 據明代黃冊書寫格式及文義推斷，此處所缺文字應爲"人"。
② 據明代黃冊書寫格式及文義推斷，此處所缺文字應爲"人"。
③ 據明代黃冊書寫格式及文義推斷，此處所缺文字應爲"人"。

附　　錄　801

16.　　　　　　　內係兌佃與本圖劉橋承種。
17.　一本圖一則沒官蕩田壹分叁厘玖毫。秋糧米每畝科
18.　　　　　　　正米壹斗貳升，每斗帶耗柒合，共
19.　　　　　　　該壹升柒合捌勺，於嘉靖肆拾伍
　　　　　　（中缺）
………………………（以上卷二第100葉背）………………………
20.　　　　　　　叁圖吳春承種。
21.　一本圖一則沒官蕩田肆畝壹分陸厘。秋糧米每畝
22.　　　　　　　科正米壹斗貳升，每斗帶耗柒合，
23.　　　　　　　共該伍斗叁升伍合，於嘉靖肆拾
24.　　　　　　　叁年拾月內係兌佃與拾貳都貳
25.　　　　　　　圖郟祖承種。
26.　一本圖一則沒官蕩田壹畝貳分貳厘玖毫。秋糧米
27.　　　　　　　每畝科正米壹斗貳升，每斗帶耗
28.　　　　　　　柒合，共該壹斗伍升柒合捌勺，於
29.　　　　　　　嘉靖肆拾叁年正月內係兌佃與叁
30.　　　　　　　都叁圖馬經祖承種。
31.　一本圖一則沒官蕩田壹分陸厘伍毫。秋糧米每畝
32.　　　　　　　科正米壹斗貳升，每斗帶耗柒合，
33.　　　　　　　共該貳升壹合貳勺，於嘉靖肆拾
34.　　　　　　　伍年係兌佃與壹都伍圖管愷承
35.　　　　　　　種。
36.　一本圖一則沒官蕩田貳畝貳分肆厘肆毫。秋糧米
37.　　　　　　　每畝科正米壹斗貳升，每斗帶耗
38.　　　　　　　柒合，共該貳斗捌升捌合壹勺，
　　　　　　（後缺）
………………………（以上卷二第101葉背）………………………

　　總之，由以上對文書的綴合可見，《韻學集成》第二冊紙背的有關賦役黃冊，可以直接綴合者，至少有十四組，共涉及文書28葉。由以上對相關

黃冊的綴合又可以大略發現，該批黃冊的綴合似有一些規律可尋：

其一，凡能綴合者，多係前後相連者。在前文的十四組可綴合的黃冊中，除第五組，《韻學集成》第二冊卷二第22葉背與《韻學集成》第二冊卷二第98葉背的綴合，出現了"跳躍式"的綴合外，其他十三組可綴合的文書，均屬於對前後相連的兩件文書進行的綴合。這無疑說明，雖然目前《韻學集成》《直音篇》紙背黃冊的原有順序已經被打亂，但被打亂的並不完全"徹底"，而攢造時間相同，且前後相連的黃冊，最有可能是來自同一里的同一份黃冊。這無疑爲該批紙背文獻中更多黃冊的綴合提供了思路。

其二，在兩兩綴合的基礎上，可以再做相關黃冊的更進一步綴合和推定。由前文綴合的文書可知，凡能綴合者，以"兩件"居多，且兩件之間均有必然的聯繫和共同之處，如格式相同、內容相關、前後相連、攢造時間一致，以及相關田地畝數之間相合，所載人員姓氏有關等等。可以說，前文十四組文書的綴合，基本遵循了文書綴合的上述幾項"硬指標"。凡存在上述"硬指標"的多件文書，其綴合，基本是板上釘釘，沒有太多的異議。但是，由前文的綴合又可進一步發現，如第六組的綴合涉及《韻學集成》第二冊卷二第24葉背與第25葉背，第七組的綴合涉及《韻學集成》第二冊卷二第26葉背與第27葉背，第八組的綴合涉及《韻學集成》第二冊卷二第28葉背與第29葉背。這6件文書，均可以兩兩綴合，但同時又可見，第七組是對"一本圖一則没官陸地"的數量，以及在"隆慶陸年"之前土地交易情況，應納"夏稅"、"秋糧"情況的登載；而第八組，則是對"一本圖一則没官蕩田"的數量，以及在"隆慶陸年"之前土地交易情況，應納"夏稅"、"秋糧"情況的登載。無疑，這兩組文書均應屬於對"没官田地"的登載，不過具體的田地有別，其一登載的是"没官陸地"，其二登載的是"没官蕩田"。除此之外，這兩組文書中其他信息的登記格式等幾乎完全相同，且兩組文書的攢造時間一致，又前後相連。而據相關賦役黃冊的登記內容已知，"没官田地"一般即由"没官田"及"没官陸地"構成。因此，有理由相信，第七組與第八組文書，很可能是來自同一戶的黃冊，故它們又可以做進一步的綴合。同時，又因爲這兩組文書與第六組文書前後相連，且它們的攢造時間一致，因此，又進一步推定，第六組，可能又與第七組、第八組屬於同一戶的黃冊。若以上推定不誤，則第九組與第十組文書，第十二組與第十三組文書，同樣亦可以進一步綴合。若前文的十四組文書屬於根據文書綴合的"硬指標"進行的"硬綴合"，那麼，根據各組文書的格式、內容相關的"軟指標"進行的進一步綴合，似可稱之爲"軟綴合"。因此，由以上對相關黃冊的綴合推見，進行《韻學集成》《直音篇》紙背黃冊的綴合與復原，似可以先通過兩兩的"硬綴合"，將具備"硬指標"條件的文書先行綴合，然後，再通過"軟綴合"，結合明代賦役黃冊的基本登記格式及相對固定的內容等，再對有關"硬綴合"的文書進行進一步的綴合。如此則可以在更大範圍內，實現對該批黃冊的綴合與復原。

當然，文書的綴合還可以採取比對文字字跡、墨色、行款、紙張顔色等物理性質的方法來進行，但因該批紙背黃冊，目前並無背面的圖版，對相關文字的識讀是通過翻轉正面的圖版後來進行的，所以，在這一情形下，相關紙背文字中，除天頭地腳未被遮擋而略微清晰者外，其他絕大部分文字均已模糊不清，它們的物理屬性已被正面圖版大量的過濾，故通過這一辦法來進行文書間關係的辨識，難度較大。因此，前面所提到的先進行"硬綴合"，再進行"軟綴合"的方式，或不失爲針對該批黃冊的最有效和最可靠的綴合方法。

（本文作者杜立暉，爲首次刊發）

索　引

B

編排不盡人戶　61,64,66,71—73,75,
　77,337,349,384—387,396,398,
　400,408,409,411,412,431,432,
　452,453,459—464,470,471,476,
　479—481,483,486,495,677,680,
　681,692

裱紙文獻　43,48—51

駁查補造　153,214,224,232,242,
　605—608,631

C

處州府　54—57,59,63,64,70—73,
　332—339,341,342,344—347,381,
　387,390,392—395,427,430,440,
　450,451,453,455,460,461,464,
　467,476,478,481,484,488,490,
　491,493,495,498,676,690

穿甲法　61,65—67,71,399,416,417,
　419—422,429,440,444,449,450

崔豹古今註　232

D

大造黃冊　79,109,110,122,127,134,
　136,149,160,165,170,172,176,
　188,195,199,208,233,241,242,
　252,254,260,267,272,274,280,
　283,286,296,303,318,329,475,
　489,490,532,543—545,579,584,
　602,603,605—607,615,618,643,
　654,672,675

帶管外役戶　66,73,74,77,396,398,
　405,409,411,452,457,459,484,485

東阿縣　297,298,300,302,411,458,
　473,576,633,648,652,755,757,
　759,761

都圖　83,120,195,208,209,260,272,
　286—288,300,302,336,422,424,
　425,427,532,535,543—545,615,
　630,642,664,668

垛集　616,628,633,644—649,651,653

F

汾州　185—188,191,192,197,198,310,

552,576,577,579—582,585—589,
592,594—596,655,747—750,752

賦稅　50,132,133,141,210,263,267,
285,405,408,422,428,449—451,
474,479,498,499,576,583,589,
593,594,654,770,771

賦役黃冊　43,53,54,76—80,83,86,
88,89,91,99,106,108,111,119,
120,126,127,132—134,136,147—
149,153,155,156,163,165,167,
169,171,172,175,176,178,180,
185,187,188,190,192,194,197,
198,204,207,208,211,215,222,
227,232,235,240,241,244—246,
250,252,254,258—260,262,264,
266,269,271,272,274,277,278,
280,282,285,286,288,291,292,
297,298,302,305,310,314,316,
319,320,325—329,331,332,336,
347,392,395,397,401,406—416,
420—422,424—426,428,450,452,
454,458—460,471—477,479,482,
488—491,498,500,501,515,519,
521,532—538,540—542,544—
548,551—553,576,577,579,580,
582—587,589—592,595—598,
601—603,605—609,614—617,
619—622,624,625,628,631—633,
640,642—644,649,650,652,654—
656,658—675,715,716,724,733,
741,747,755,763,768—771,773,

775,777,779,781,784—787,789,
792,794,796,798,800—803

公文紙本古籍　1,5—13,17,23,24,
26—29,31—34,36—39,42—47,
53,54,77,232,314,331,333,394,
396,401,451,458,479,576

H

漢書　6,19,26,55—61,63,67,68,73,
333—335,393—395,405,412,461,
464,467,476,676

耗麥　59,62,68—70,74—76,81,82,
88—90,94—99,101—107,134,
140,141,150,151,176,177,179—
181,184,185,198,215—222,226,
229,230,235—240,243—245,249,
250,257,258,289—291,299—301,
306,316—318,322,337,341,344,
349—381,386,397,399,404,411,
418,433,443,445,446,453,455,
456,469,470,480—483,485—488,
492—494,504,506,508,510,513,
514,610,612,613,637,656,659,
678,679,681—686,688,689,691—
710,717,721,731,758

耗米　62,63,68—70,74—76,81,82,
86,88—90,94—98,101—107,126,
131,138,140,141,147—152,154,
155,164,174,176,177,179—181,
184,199,210,213—222,226,229—
231,236—240,243,245,249,250,

253,257,258,268,269,273,276,
289—291,299,301,306,316,317,
322—324,337,341,344,349—377,
379,380,397,399,404,405,411,
419,433,434,442,453,455,456,
470,485—488,492—494,504,506,
507,509,512—514,540,553,612,
614,637,639,656,658,659,678,
679,681—689,691—710,717,720,
721,734,736—738,743—746,758,
764,765,770

後漢書　6,14,20,55,57—67,69,70,
73—76,333—339,345,347,348,
381,382,384—386,392,394,395,
408,409,411,412,417,419,420,
425,430,440,452,454—458,460,
462—464,467,471,476,479,481—
487,489—496

後湖黃冊庫　53,78,232,291,297,331,
500,533,603,605—607

後湖志　119,145,208,272,286,310,
313,413—416,422,428,471,473,
475,476,490,491,493,539,540,
543—545,576,582,583,593,602,
603,605,607,617—619,631,640,
670—672

戶帖　194,320,401—405,407,408,
426,479,640,649

J

畸零戶　57—59,334,393,394,411—
414,426,428,450—453,459—462,
464,467,470—476,486,491,495—
497,676

寄莊戶　73,76,77,124—126,165,229,
342,384,387,397,399,405,409,
445,448,451,452,457,458,463,
472,473,478—481,485—499,548,
559,702

甲首　54—57,59—73,76,77,80,81,
99,108,130,135,136,143,144,154,
155,157,158,160,164,165,167,
171,172,188,194—196,198,199,
232,251—254,258—260,273,274,
292—296,298—300,302—305,
310—312,316,318,326,328,329,
333—335,338,342,345,347,348,
353—384,388,390,392,394—401,
404,406,408—421,424—426,
428—451,455,458—464,467,
471—476,482—487,491,492,495,
504,508,510,513,533—535,540—
542,547,553,602,606,610,613,
615,627,633—635,638,652,676,
677,680,682—688,692,695—710,
727,746,756,758,759,762,763,
770,771,781,783,789,790

進呈本　78,232,291,500,533,597,
603,605—607

絕戶　192,245,263,264,310,312,313,
496,580,583—585,589,592—596

軍戶　111—115,119,126,127,135,136,

142—145,147,190,192,195,241,243,259,260,279,302,303,313,324,327,331,504,510,512,544,547,582,583,587,592—594,602,606,609,610,613—633,639—653,725,733,734,771,789,790

軍黃冊　620,621,631,642,643,650,651

軍籍　119,143,303,310,313,325,544,582,593,609,611,617—620,633,640—643,647,649,650,653

L

樂府詩集　18,21,24,25,47,78—80,83,86,97,106,108,109,114,119,120,126,127,130—134,136,147,149,153,156,160,163,165,167,171,172,175,177,178,180,185,188,194,195,198,199,204,205,207—209,215,216,222—224,232,250,258,297,310,331,458,472,473,475,500—502,504,505,507—509,515,519—521,532—534,536,537,540,544,546,552,557,576,577,580,587,594,596,597,601,602,606,607,609,614,615,617,620—622,627,632,654,660,661,663—667,669,716,718,720,722—724,726,728,729,732,733,735,737,739,741,743,744,746,747,749—751,753,754,763,765,766

里長　54—61,64—73,77—79,99,108,113,126,127,143,232,251,252,300,303,304,311,321,323,333—335,338,341,342,345,347—353,361,362,364,371,377,381,382,384,388,390—392,394—397,399—401,408—421,424—426,428—444,446,448—450,454,455,458—462,464,467,471—473,475—477,482,484,486—488,491—493,495,498,503,511,514,515,533—535,539,592,606,611,615,633—635,640,652,676,677,682,686,692,694,695,698,705,719,727,734,761,763,770,781,789

里籍　77,113

里甲編排　61,77,392,408,410,420,421,429,432,438,440,442,445,449,498

里甲正戶　61,64—67,72,73,77,99,113,114,167,338,345,347,383,387,390,392,426,451,452,473—475,491

里甲制度　56,57,77,393,408,414—416,424,426,427,429,652

梁昭明太子集　232,233,240,241,246,552,577,584,596

輪役　58,61,77,303,304,347,394,395,414—419,421,422,424,425,429—431,440,441,444,449,450,460,462,475,615,633,634,646,651,652

N

寧海鄉　134—136,142,143,145,458,
　　475,500—502,511,514,515,541,
　　552,602,603,606,607,609,610,
　　614—616,619—621

P

莆田縣　204,205,207,208,519—521,
　　530—536,546,655
人丁　56—59,62,63,68—70,73—75,
　　77,78,80,84,86,88,89,91,99,100,
　　102,104,108,115,119,120,126,
　　131,156,159,163,189,190,205,
　　234,235,240,242,243,251—253,
　　258,260,262,265,266,269,270,
　　272,278—282,285,286,288,292,
　　293,295,296,310,313—315,322,
　　325,329,334,335,337,340,345,
　　349—382,384,385,391,395—400,
　　404—410,412,418,419,431—438,
　　440,442—450,452,453,455—458,
　　461—470,472,474,476,479—484,
　　486,488—490,493,497,498,502,
　　511,521,535,547,548,556,564,
　　566,568—570,572,577,579,583,
　　584,593,597,603,606,618,624,
　　629,631,640,641,643,647,650,
　　676,677,680,681,683—689,694—
　　710,719,722,725,727,729,734,
　　742,750,753,783

S

三貼戶　648,653
事產　77,78,80,84,86—89,91—93,
　　95—103,105,107—109,112,115,
　　120,122,123,125,131,132,136,
　　139,141,149,152,154—156,159,
　　163,166,178,180,186,187,189—
　　193,198—201,203,204,208,209,
　　212,214,223,227,231,234,235,
　　242,243,251—254,258,261—266,
　　269—271,277—280,282,285—
　　288,292—298,306,310,312—315,
　　322,328,329,402,403,405—408,
　　417,431,450,472,475,482,484,
　　488—490,498,500,502,511,523,
　　525—528,530,535,547,548,551,
　　556,557,559,562—564,566—572,
　　577—584,587,589,592,594,595,
　　597,603,606,607,614,621,634,
　　636,640,654,671,672,718,719,
　　721,722,725,727,729,731,733,
　　742,748—750,752—756,760—
　　762,764,767,782,783,790
稅糧黃冊　56,57,59,73,334,335,
　　394—396,400,460,676,690
順甲法　61,66,67,399,416,417,419—
　　422,429,430,440,449,450

T

泰州　134—136,142,144,326—328,
　　458,475,500—502,505,509—511,

513—515,541,552,602,603,606,607,609,612,615,616,619—623,625—628,655,769,771,781—783,789,790

推收過割　654,655,661—663,668—670,674,675

W

魏書　6,9,15,16,29,30,43,55,67—73,333,339—342,344,345,347,382,394,404,405,409,430,440—442,454,458,471,476,481,483,485—488,490—492,495,496

X

鄉村組織　422—426

小黃冊　54—63,65,67—73,76,77,124,167,194,332—342,344—348,350,352,355,356,358—360,362,363,365—374,376—379,381,383—387,391—397,399—401,404—414,416,417,420—422,424—432,438,440—442,450—464,467,471—479,481—485,487—499,676,690,701

徐僕射集　232,259,260,263,264,266,269,271,272,274,278,280,282,285—288,291,319,552

Y

應州　232,240—243,552,577,584—586,589,592,596

永定縣　163,165,472,533,536—542,545,546,548,552,553,555,563,565,568—572,655

Z

增修復古編　17,232,252,254

張司業詩集　6,232,250

趙元哲詩集　232,297,300,411,458,473,576,633—639,652,755,757,759,760,762

正麥　57—59,62,68—70,74—76,81,82,88—91,93—99,101—107,121,134,140,141,150,151,162,168,174,176,177,179—181,184,185,198,218—221,226,228—230,235—240,243—245,248,250,254—258,289—291,299,301,306,317,318,320—322,335—337,341,344,349—381,385,386,388,395,397,399,404,411,418,435,436,453,455,456,461,470,480—483,485—488,492,494,504,506,508—510,513,514,610,612,637,655,656,659,660,677,678,681—689,691—697,700,702—710,717,721,731,758,773—775,777—779,784—787,792—795,798,799

正米　59,62,63,70,74—76,81,82,88—91,93—98,101—107,126,128,131,138,140,141,147—152,

154,155,162,164,167,168,176,
179—181,184,199,210,213,214,
218—222,226,228—231,236—
238,240,243—245,248—250,
253—258,276,289—291,299,301,
306,316,317,320,321,331,335,
337,341,344,349—377,379,380,
388,395,397,399,404,411,419,
442,453,455,456,461,470,485—
488,492—494,504,506,507,509,
512—514,540,553,612,614,637,
638,656—660,677—679,681—
689,691—694,696—707,709,710,
717,721,734,736—739,743—746,
758,764,765,770,779—781,788,
789,794—797,800,801

紙背文獻　1,3,10,32—37,42—45,47,
48,50—52,54,59,78,153,232,298,
319,326,332,333,429,459,464,
520,576,584,585,587,590,594,
632,633,654,768,769,771,802

圖書在版編目(CIP)數據

新發現古籍紙背明代黃冊文獻復原與研究 / 孫繼民，宋坤著. —北京：中國社會科學出版社，2021.3
（國家哲學社會科學成果文庫）
ISBN 978 - 7 - 5203 - 8052 - 2

Ⅰ.①新… Ⅱ.①孫…②宋… Ⅲ.①賦稅制度—研究—中國—明代 ②户籍制度—研究—中國—明代 Ⅳ.①F812.948②D691.6

中國版本圖書館 CIP 數據核字（2021）第 040728 號

出 版 人	趙劍英
責任編輯	宋燕鵬
責任校對	韓海超
封面設計	肖　輝　宋微微
責任印製	戴　寬

出　　版	中國社會科學出版社
社　　址	北京鼓樓西大街甲 158 號
郵　　編	100720
網　　址	http://www.csspw.cn
發 行 部	010 - 84083685
門 市 部	010 - 84029450
經　　銷	新華書店及其他書店

印刷裝訂	北京君昇印刷有限公司
版　　次	2021 年 3 月第 1 版
印　　次	2021 年 3 月第 1 次印刷

開　　本	710×1000　1/16
印　　張	52.5
字　　數	861 千字
定　　價	318.00 元

凡購買中國社會科學出版社圖書，如有質量問題請與本社營銷中心聯繫調換
電話：010 - 84083683
版權所有　侵權必究